21世纪西班牙语系列教材

20世纪西班牙小说

王军 编著

图书在版编目(CIP)数据

20世纪西班牙小说/王军编著. —北京:北京大学出版社,2007.3
(21世纪西班牙语系列教材)
ISBN 978-7-301-11710-1

I. 2… II. 王… III. ①西班牙语—高等学校—教材②小说—文学研究—西班牙—20世纪 IV. H34 I551.074

中国版本图书馆CIP数据核字(2007)第038917号

书　　　名：20世纪西班牙小说
著作责任者：王　军　编著
责 任 编 辑：初艳红
标 准 书 号：ISBN 978-7-301-11710-1/I·0900
出 版 发 行：北京大学出版社
地　　　址：北京市海淀区成府路205号 100871
网　　　址：http://www.pup.cn 新浪官方微博:@北京大学出版社
电 子 信 箱：alice1979pku@163.com
电　　　话：邮购部 62752015　发行部 62750672　编辑部 62759634　出版部 62754962
印 刷 者：北京大学印刷厂
经 销 者：新华书店
　　　　　787毫米×1092毫米　16开本　20.25印张　443千字
　　　　　2007年3月第1版　2014年1月第2次印刷
定　　　价：36.00元

未经许可,不得以任何方式复制或抄袭本书之部分或全部内容。
版权所有,侵权必究　举报电话：010-62752024
　　　　　　　　　电子信箱：fd@pup.pku.edu.cn

绪 论

《20世纪西班牙小说》这本书的写作要追溯到1994年,那年我去西班牙马德里康普登塞大学攻读博士学位课程,曾选修"西班牙战后小说"(1939—1975)这门课,任教老师就是西班牙当代小说的权威学者桑托斯·桑司·比亚努艾瓦。由于当时在国内对这一领域知之甚少,所以这门课给我的印象最深,也最终促使我把博士论文的方向定在西班牙当代小说,选择了著名女作家索莱达·普埃托拉斯作为具体的研究对象。转眼十多年过去了,我的博士论文《索莱达·普埃托拉斯的小说世界》也于2000年在西班牙出版,但本人对这个领域的兴趣未曾减少。再加上需要给本专业研究生开设"西班牙战后小说"课程,于是不断完善和补充这一课题的讲义。在此基础上我又扩大了研究范围,把西班牙内战前30年和1975年以后的25年的小说历史纳入自己的视野,这样就形成了《20世纪西班牙小说》。2005年10月我又重返西班牙格拉纳达大学做访问学者,于是利用这一年的宝贵时间搜集了大量第一手的资料和信息,最终完成《20世纪西班牙小说》。此书既是这些年来本人研究成果的总结,也希望能弥补当前国内对这一领域研究的空白。

20世纪西班牙小说通常是以"1898年一代"为开端,直至20世纪末。这一百年西班牙经历了美西战争(1898)、第一次和第二次世界大战(虽然都是中立国的身份)、西班牙内战(1936—1939)、西班牙政治民主化(1975)等一系列重大历史、政治、军事事件。先从一个老牌的殖民帝国沦为二流的欧洲国家,又在上世纪下半叶打开国门,摆脱外交孤立的局面,迅速复兴,实现经济腾飞和政治民主。在此背景下,西班牙的文化、艺术也发生强烈的变革和起伏,文学的政治和社会使命感增强。因此西班牙小说的一个重要特征是现实主义流派的长期兴盛,但这并不意味着它一枝独秀。相反,在西班牙小说界,无论是战前30年还是20世纪后30年,各种流派、思潮、团体、观念争奇斗艳,使得这个欧洲现代小说的发源地在小说领域取得了长足的进步。西班牙小说家卡米洛·何塞·塞拉于1989年荣获诺贝尔文学奖,这便是国际社会对西班牙当代小说成就的肯定。

为研究方便起见,第一,我把20世纪西班牙小说分为8个阶段(基本上以重大历史事件为分水岭),此举是为了把小说放在宏观的社会背景下进行研究,因为脱离了这一点就无法真正了解西班牙小说的发展脉络和内在原因。第二,把它置于欧洲文学的框架内,因为西班牙始终与欧洲其他强国,如法国、德国、英国保持着既密切又矛盾的关系

(很长一段时间内它游离于欧洲大家庭之外,"欧化"和"西化"的争论延续了好几代人)。它的文学既受欧洲的影响,又始终力求保持自己的纯正性、独特性。第三,重视西班牙小说与拉美文学、阿拉伯文学的关系。由于历史原因,西班牙与拉美、北非的民族交往和文化融合根深蒂固,20世纪的拉美"文学爆炸"和穆斯林宗教文化对许多西班牙作家产生了深刻的影响,这些都反映在他们的作品中。第四,关注流亡海外的西班牙作家和女性小说。1939年内战结束后大批共和派知识分子流亡海外,他们的作品曾长期被禁止在西班牙出版,对这些作家的研究也很少(女作家也面临相同的问题)。因此本书在现有资料的条件下,对这两个领域进行了初步的探讨和介绍。

《20世纪西班牙小说》力图为中国读者勾勒出一条西班牙当代小说发展的清晰脉络,介绍和分析这一百年间西班牙小说界的重要流派、思潮、团体、作家和作品,使读者从中获得有益的启迪(因为西班牙的当代历史和文学与中国有许多相似之处)。由于本人学疏才浅,加上这一课题由于缺乏历史时间的评价,很多方面尚未有定论,因此会有不少值得商榷、改正的地方。希抛砖引玉,得到同行和西班牙语专业学生的指教。

目录

第一章 "98年一代" ………………………………………………………… 1
    第一节 米盖尔·德·乌纳穆诺的"尼波拉" …………………………… 2
    第二节 从颓废主义到表现主义 ……………………………………… 4
    第三节 印象主义小说的两个变例 …………………………………… 6

第二章 战前的西班牙小说 ……………………………………………… 10
    第一节 知识小说 ……………………………………………………… 11
    第二节 先锋派实验小说 ……………………………………………… 14
    第三节 战前的社会现实主义小说 …………………………………… 17

第三章 1939—1950:战后的凋零与初步复苏 ………………………… 20
    第一节 "可怕主义"流派 …………………………………………… 21
    第二节 存在主义小说 ………………………………………………… 25
    第三节 传统现实主义小说 …………………………………………… 30

第四章 1951—1962:现实主义小说与"半个世纪派" ……………… 36
    第一节 "半个世纪派" ……………………………………………… 39
    第二节 "新现实主义"小说 ………………………………………… 41
    第三节 "社会小说" …………………………………………………… 46
    第四节 战后第一代女性小说 ………………………………………… 54
    第五节 魔幻小说 ……………………………………………………… 65

第五章 1962—1975:决裂与创新 ……………………………………… 67
    第一节 与"社会小说"的决裂 ……………………………………… 68
    第二节 玄学小说 ……………………………………………………… 79
    第三节 元小说 ………………………………………………………… 83
    第四节 反小说 ………………………………………………………… 93
    第五节 回归叙事传统 ………………………………………………… 105

　　　　第六节　"1968年一代" …………………………………………… 109

第六章　西班牙民主过渡时期的小说 …………………………………… 123
　　　　第一节　纪实小说 …………………………………………………… 127
　　　　第二节　侦探小说 …………………………………………………… 131
　　　　第三节　心理小说 …………………………………………………… 136
　　　　第四节　文化小说 …………………………………………………… 142
　　　　第五节　历史小说 …………………………………………………… 146
　　　　第六节　表现主义小说 ……………………………………………… 159
　　　　第七节　战后第二代女性小说 ……………………………………… 162

第七章　世纪末的西班牙小说 …………………………………………… 186
　　　　第一节　"1980年一代" …………………………………………… 186
　　　　第二节　"莱昂派" ………………………………………………… 199
　　　　第三节　战后第三代女性小说 ……………………………………… 209
　　　　第四节　"X一代"作家 …………………………………………… 216

第八章　流亡小说 ………………………………………………………… 227
　　　　第一节　内战结束前已发表作品的流亡作家 ……………………… 228
　　　　第二节　内战后发表作品的流亡作家 ……………………………… 236

参考书目 …………………………………………………………………… 239
作家作品中西文对照表 …………………………………………………… 247
西班牙主要文学奖获奖名单 ……………………………………………… 308

第一章
"98年一代"

"98年一代"是西班牙现代文学开端的标志,因而在西班牙文学史上占据重要地位。这一团体集合了一群出生于1864—1875年的西班牙小说家、诗人、散文家和思想家,他们的家庭背景和教育环境比较接近,同时接受了欧洲的文艺和哲学思潮,不同程度地融合了审美和知识创新。1898年西班牙在美西战争中失败,丧失了它在美洲和亚洲的最后几个殖民地(古巴获得独立,菲律宾和波多黎各从此被美国掌管),西班牙帝国衰败的悲惨现状引发这代知识分子对西班牙的问题和未来的忧虑和深思,他们为祖国的命运大声疾呼,试图探索出一条拯救西班牙的道路,为西班牙复兴而奋斗,因而被称为"98年一代"。其代表作家有阿索林(他在1910年发表的名为《两代人》的文章中对此团体命名)、比奥·巴罗哈、拉米罗·德·马埃斯图①、米盖尔·德·乌纳穆诺、巴列-因克兰和诗人安东尼奥·马查多。

"98年一代"提出根除西班牙社会弊端的方法,一些人倾向于全盘"欧化"(把外国文艺界和思想界的动向介绍给西班牙,使西班牙人民从现代世界的角度出发,重新估价自己的价值);另一些人则认为西班牙的问题不能照搬英国、法国的模式,而是要对自身传统进行内部革新。他们主张在文化上重建西班牙,既研究和吸纳欧洲先进的文化思想,也继承和发扬本国文化传统中有益的成分。同时他们对人类和祖国命运的担忧体现在强烈的生存痛苦中,乌纳穆诺便发出了"西班牙让我痛心"的名言。"98年一代"从未形成运动或流派,他们在不同的领域以不同的方式从事工作,在研究或解决西班牙问题方面很少取得一致,但他们有共同的愿望,即使西班牙人民从冷漠的状态中惊醒,恢复民族自豪感。

随着这些主题重要性的加强,精致的艺术形式降到次要地位。为此"98年一代"对文学进行创新,主张文体简洁、用词精确,倾向于简单的句子(经常是名词性句子),反对19世纪作家咬文嚼字的写作技巧,但所有的人都利用了印象主义和象征主义的技巧。他们一方面注重个人的主观感受,另一方面向古典和民间文学汲取营养,丰富自己作品

---

① 拉米罗·德·马埃斯图(1874—1936):职业记者,1901年与阿索林、比奥·巴罗哈组成"仨人"集团。1905—1919年为驻伦敦记者,还曾前往德国攻读哲学(康德和叔本华的哲学思想对他影响很大),任西班牙驻阿根廷大使。1935年当选西班牙皇家院士,内战爆发后不久被枪毙。

的题材和语言。"98年一代"对西班牙文学的一大贡献是完善和普及了一个新的体裁——随笔,并赋予它浓烈的主观抒情色彩,使西班牙数世纪以来在学术和文学方面失去的卓越地位得以恢复。

"98年一代"创作的小说经历了重要的变化,远离19世纪的模式。它具有了抒情的特征,变得更加主观和印象主义(阿索林和巴列-因克兰的行文节奏和抒情意象把每一页都变成了一首诗)。对人物内心世界及其感受的兴趣超过对外部世界的关注,情节的构架和连贯性让位于智性的题外话和个人感情的表达。情节解构为零散的场景,风景不再是一个框架,而是象征。全知全能、缺乏激情的叙述者的干预减少,主人公的长篇独白或自我对白常常赋予小说戏剧的腔调,传统的体裁划分模糊了,在小说中加入了散文、诗歌和戏剧的因素。

1902年,阿方索十三世加冕,开始执掌朝政。这一年也标志着西班牙小说的新起点,4部代表风格和情调变革的作品问世:乌纳穆诺的《爱情与教育》、巴罗哈的《完美之路》、阿索林的《志向》和巴列-因克兰的《秋季奏鸣曲》。这4位小说家被卡斯蒂利亚、马德里和萨拉曼卡所吸引,在这些地方的风景和人民中找到西班牙民族的真正根源和灵魂,即乌纳穆诺所谓的"内在历史"(intrahistoria)。

第一节

米盖尔·德·乌纳穆诺的"尼波拉"

乌纳穆诺(1864—1936),小说家、散文家、思想家、戏剧家、诗人[①]。他接受的是传统教育,宗教影响一直持续到1880年,那年他前往马德里大学攻读哲学和文学,发现了黑格尔,于是放弃宗教信仰。从1891年起乌纳穆诺定居萨拉曼卡,在那所大学获得希腊语教授职位。1931年担任萨拉曼卡大学校长、西班牙皇家院士。乌纳穆诺一生充满斗争,1924—1930年因批评国王阿方索十三世和军事独裁者普利莫·德·里维拉将军而被迫先后流亡福艾德本杜拉岛和法国。

乌纳穆诺的小说与哲学交融,他把小说视为反思生命和死亡的最理想渠道(其创作主题为西班牙的问题和人生的意义),把它变成一种认识和探索人物最隐秘世界的方式。乌纳穆诺从一开始就打破传统叙事模式,放弃对环境、风景、习俗、场景甚至一个具体时空的描写(外在时空被人物内心意识的隐秘时间所代替)。小说通过对话和内心独白揭示人物的性格和生存矛盾,不以情节取胜,不遵循小说虚构情节的原则(这给了他更大的幻想自由)。为了避免别人指责他的作品不具备小说的特点,喜好文字游戏,乌

[①] 乌纳穆诺著有《诗集》(1907)、《抒情十四行诗系列》(1911)、《西班牙游历和景象》(1922)、《内心的韵律》(1923)、《特雷莎》(1924)、《委拉斯开兹的基督像》(1920)、《从福艾德本杜拉岛到巴黎》(1925)、《流亡谣曲》(1928)、《歌谣集》(1953);散文《堂吉诃德与桑乔的生活》(1905)、《关于生活的悲剧情感》(1913);小说《堂桑达里奥,象棋手》(1933)。

纳穆诺于是发明了一个按"我喜欢的规则"叙事的体裁,并取名为"尼波拉"①。

处女作《战争中的和平》(1897)以作家本人少年时代在故乡毕尔巴鄂所经历的第二次卡洛斯战争为素材(1874年毕尔巴鄂被围困,遭到卡洛斯党军队的炮击),两个主要人物巴齐科和伊格那西奥反映了乌纳穆诺的双重性格。作品叙述了西班牙政治家和军人为各自的利益而爆发的冲突和斗争,但作家力图反映的是"内在历史",即不会出现在官方史书里的普通人的历史。同时这是一部表现乌纳穆诺人道主义和社会主义思想的小说(1894—1897年他在《阶级斗争》周刊上撰文表达了这些观点),也反映了他思想的矛盾和精神的困惑:小说结尾巴齐科在战争中寻找和平。

《爱情与教育》开启了一个新的小说形式,主人公堂阿威多是一个荒谬的人,深受"实证主义"科学的影响。他以这个学派的概念为名,掏空了生活的实质内容。阿威多准备"推论式"地娶他按照社会学和生理学标准挑选的女人雷昂西娅,以便她成为经合适教育而诞生的天才之母。当阿威多向雷昂西娅递交求爱信时(更像一封科学报告),他被后者的女友玛里娜的目光吸引,最后向她求爱,并"归纳式"地与玛里娜结婚。当他们的儿子出生后,阿威多把他当作未来的天才加以培养,结果却造成儿子自杀。在这部作品中乌纳穆诺无情地嘲讽了实证主义,表达了他对一种假定科学的质疑。人类必须抛弃外在强制的虚假、冰冷的信条,跟真正的人接触才能创造天才。

《迷雾》(1914)是乌纳穆诺的成熟之作,也开辟了20世纪西方现代派小说先河。在他看来,小说"是迷雾,是尼波拉,是传说,是永恒的生活"。作家宣称"我准备把所有想到的东西都塞进这部小说",同时他本人出现在自己虚构的作品里,并与其他人物直接对话,甚至双方为了小说的走向和结局发生正面冲突:一方面乌纳穆诺告诫主人公奥古斯托,他只是自己笔下的一个人物,他的幸福与不幸、生与死都取决于作者;另一方面,主人公不满作者的安排,他拜访乌纳穆诺,并与之展开对话,讨论生活与梦想、现实与虚构,死的必然和生的愿望,质疑现实与虚构、作家与人物之间的关系。《迷雾》的结构也很特殊,奥古斯托是情节的焦点,在他周围出现一些次要人物(女钢琴师欧亨尼娅、女裁缝罗莎里奥、他的狗奥尔费奥),他们的生活与奥古斯托交织在一起(他爱上了欧亨尼娅,却被她戏弄抛弃;他离不开罗莎里奥,但并不爱她;奥尔费奥极通人性,是主人最忠实的听众和伴侣)。它由一主要情节和一系列次要情节构成,后者中的人物和事件似乎与前者独立,可以单独展开。但实际上插入这些副线并非偶然或任意,它们或说明主人公的心理,或预告未来的事件,或强调过去发生的故事。乌纳穆诺在这部"尼波拉"中避免景色描写,因为他不愿意拖累情节的进展,让读者分心。

《阿维尔·桑切斯》(1917)的副标题为"一段激情故事",主题为现代版的"该隐的嫉妒",情节通过两个平行的生活展开:医生华金和画家阿维尔。前者的女儿嫁给了后者的儿子,孙子更喜欢爷爷阿维尔。他因心脏病突发死在华金的怀里,后者自认为是亲家

---

① "诺维拉"(novela)在西班牙语里的意思是"小说","尼波拉"(nivola)与"诺维拉"虽然词形相近,但在西语里并不存在,是乌纳穆诺发明的一个词。

的凶手,这一良心谴责一直伴随着华金。乌纳穆诺描绘了一个可怕的西班牙小城市所遭遇的一出日常悲剧,即"对他人的嫉妒"。《三部训诫小说和一个前言》(1920)里的人物与前两部小说一样,3个故事都围绕着一位决定征服或毁灭所有与自己意愿作对的东西、蔑视一切伦理或社会常规的主人公,是一个"意志三部曲"。这3部短篇小说的兴趣点在于抹去了叙事因素,整个外在环境几乎完全消失,与易卜森的戏剧相似,构成一出纯粹的激情现象学。《图拉姨妈》(1921)比前几部作品更传统一些,因为小说不再是揭示人物灵魂的借口,而是对母性、爱情、婚姻、性欲等问题进行思考。单身的图拉具有强烈的母性激情,但认为肉欲是污秽的,因此拒绝任何一个男人的求婚(实际上她爱着姐夫,却不愿伤害姐姐的幸福)。在姐姐去世后与姐夫一家共同生活(姐夫再婚),她甘愿牺牲自己的个人生活,在他们都离开人世后独自把5个年幼的外甥抚养成人,自己最后却孤独地死去。

乌纳穆诺长期遭受宗教信仰危机,始终在理性和信仰之间徘徊。"他特别注意生与死的问题,宗教问题,尤其是个人的永生问题。理性与宗教信仰之间的矛盾,人对永生的强烈向往与理性主义者理解的人生有限间的矛盾,渴望认识上帝与理性不可能认识上帝之间的矛盾,是他哲学探索的基础。他觉得有些问题理性和哲学解释不了,就格外重视艺术创作,当作直觉认识的手段。他把自己的作品视作自我表现的方式,经常不断地自白。"[①]这一精神困惑反映在《殉教者圣马努埃尔·布埃诺》(1931)里,它是乌纳穆诺最深刻、最感人的作品。小说一开头便引用了《新约》里的一句话:我们若今生只等待基督,那我们是人类最可怜的人。主人公堂马努埃尔,一个乡村神父,挣扎在一个无法解脱的悲剧困境里,即他本人并不相信永生和来世,但一辈子都始终维护教民的信仰,不愿剥夺他们的精神寄托。为此马努埃尔承受着巨大的内心不安和思想重负,他试图让其他人替自己获得信仰,或帮他找到信仰,直到去世前才把这一心灵秘密透露给同样不信教的青年拉撒罗,而后者为了维护神父的形象,伪装皈依天主教。小说便是由拉撒罗的妹妹安赫拉以回忆录的形式写成,通过她单纯的信教者眼光向我们揭示了一个充满信仰危机的神父内心的挣扎和苦闷。

第二节

从颓废主义到表现主义

巴列-因克兰(1866—1936),小说家、戏剧家。受拉美现代主义大师卢文·达里奥以及19世纪法国美学运动影响,其创作首先经历了现代主义的颓废阶段(1894—1905)。小说风格为怀旧、伤感、优雅,有些淫荡风流,如《女性。6个爱情故事》(1895);另一些

[①] 《迷雾》中译本(方予译),上海译文出版社,1988年。

神秘和恐怖,如《阴郁的花园》(1903)。《神圣之花》(1904)描写的是加里西亚农村一个迷信和野蛮的故事,女主人公献身于一个朝圣者,怀孕之后以为自己怀的是圣胎,因为她误把那位朝圣者看成是上帝。

这一时期的代表作为以"现代主义"手法撰写的"四季奏鸣曲",由《秋季奏鸣曲》(1902)、《夏季奏鸣曲》(1903)、《春季奏鸣曲》(1904)和《冬季奏鸣曲》(1905)组成。作品以布拉多明侯爵人生4个阶段的恋爱经历为主线,以他步入老年时的回忆为形式,讲述往昔的爱情经历。舞台则从故乡加里西亚到墨西哥、意大利,再回到西班牙纳瓦罗;描写的环境幽雅(贵族的豪华宫殿和梦幻般的花园),具有异国情调(那里是布拉多明侯爵猎艳的舞台),因主人公堂璜式的性格而充满声色肉欲的氛围。作家致力于传递形式美,他精致的修饰语言具有高蹈派诗歌的回声;大自然也再现于十分美丽的画面里,是对唯美主义和肉欲主义的炫耀。

巴列-因克兰创作的第二阶段以"埃斯佩尔蓬托"为特征,即表现奇怪、愚蠢或荒诞的人与物。历史小说三部曲《卡洛斯战争》由《事业的十字军》(1908)、《篝火的光芒》(1909)和《昔日的鹰隼》(1909)组成,以伊萨贝尔二世统治时期的西班牙为背景,描写当时帝国的衰败和内乱。作品把真实人物与虚构人物混合在历史画面里,以"内在历史"的视角来回顾那段往事:作家感兴趣的不是外部的重大历史事件,而是日常生活中所发生的小事。卡洛斯派与自由派之间的内战具有史诗的所有要素,虽然情节发生在并不遥远的过去,但仿佛把我们带到一个远古的英雄世界。面对所描写的残酷现实,巴列-因克兰放弃了"四季奏鸣曲"的唯美主义,采用一种深沉的文笔,某些段落和场面显得放肆和粗俗。这个"十字军三部曲"远离了贵族的舞台,主角转移到农村环境、群山和尘土飞扬的山路。

《班德拉斯暴君》(1926)开美洲反独裁小说之先河,作为"埃斯佩尔蓬托"处理的对象,主人公夸张、胡乱的言行成为(他无限的权力为各种暴行开了绿灯,导致这位独裁者最终的灾难和死亡)让人自然联想到20年代西班牙独裁者普利莫·德·里维拉将军。小说所描写的美洲暴力国家以残酷和无情的方式呈现在我们眼前,其风格介于表现主义恐怖的夸张和以立体主义技巧瓦解现实的意象之间。语言上突出的是适当地运用了美洲方言。

巴列-因克兰的小说演变以《伊比利亚斗牛场》为顶峰,这是一个未完成的宏大创作计划,只出了3部小说:《神奇的宫廷》(1927)、《吾主万岁》(1928)和《剑的机遇》(1932)。在这组对伊萨贝尔二世执政后期至阿丰索十三世时期的怪诞模仿作品里,片段化达到了极点:每本书由一组极短的画面构成,彼此独立自足,以至于读者不是总能找到联系它们的线索。这些画面粗俗、滑稽,以印象主义的技巧加以勾勒,服从于嘲讽历史现实的宗旨,涵盖了所有的社会阶层和团体,揭露了西班牙当时正面临的严重问题。

第三节

印象主义小说的两个变例

1. 比奥·巴罗哈（1872—1956）

巴罗哈是继塞万提斯和加尔多斯之后西班牙最伟大的小说家（海明威视其为自己的老师），作品全集达75卷。他出生于圣塞巴斯蒂安一个富裕和有文化的资产阶级家庭，在马德里学医并于1893年获得博士学位。但巴罗哈对行医没有兴趣，于是经营姑妈的面包房，业余时间从事写作。1934年成为西班牙皇家院士，他与阿索林是莫逆之交，是尼采的忠实信徒和"贵族式的无政府主义者"。

巴罗哈打破传统小说模式，认为小说是"一个可以装进任何东西的麻袋"，"只有一种小说吗？我认为不是这样。如今的小说是一个多元、多变、形成中、酝酿中的体裁，它包含了所有的东西：哲学、心理、冒险、乌托邦、史诗，一切的一切。"[1]

巴罗哈的作品构成生活的片段，以印象派手法挑选他认为最能展示现实的细节。他把故事分割成零散的场景或画面（舞台主要是巴斯克地区和马德里），一个主要人物贯穿始终，围绕着他在一定环境里的所作所为而展开（与不同的环境和人物建立接触）。因此小说结构松散，呈开放式，可以随意添加新的情节和故事。巴罗哈从观察现实出发，但在他的小说里最重要的是现实所引发的感觉和反思。其作品反映了作家本人的经历和回忆、内心的渴望和失意、思想和知识方面的志向。巴罗哈的风格直接、富有表现力，力图把文学语言从19世纪的雕琢传统中解放出来。对他来说重要的不是修饰或文才，而是清晰、准确和平直。

尽管巴罗哈的整体作品在风格和观念上基本一致，但不难发现各部小说仍具有显著的不同之处：《艾斯戈里一家》的加尔多斯式悲剧场面、《西尔威斯特雷·巴拉多克斯的发明、冒险和变为神话》中的表现主义漫画、《完美之路》和《知善恶树》里的复兴主义、《拉布拉斯的长子继承权制》中的颓废主义、《寻觅》里的边缘人和流浪汉世界、《红色曙光》的革命色彩、《冒险家萨拉卡因》的历险氛围。

巴罗哈不习惯深入人物的内心，而是从外部观察人物的情绪、外表、性格和活动。巴罗哈笔下的英雄通常是反社会的，崇拜自由，具有浪漫主义精神，在现实面前感到失意。这些人物表现得不安分、好走动，这种不安、好游走的怪癖使他们无法停留在固定的地方，而是四处飘荡。不仅主人公有意思，而且在他周围活动的大批次要人物也很有特点。许多作品的主人公其实就是作家本人的忠实化身，如《完美之路》里的费尔南多·奥索里奥、《知善恶树》的安德烈斯·乌尔塔多、《堕落的淫荡》（1920）的路易斯·穆尔吉

---

[1] Jesús Menéndez Peláez (coor). *Historia de la literatura española*, Vol. III, León: Everest, p. 488.

亚、《我们时代的衰落》(1926—1927)三部曲的何塞·拉腊尼亚加。巴罗哈的创作可以分为三个阶段：

第一阶段：处女作《黑暗的生活》(1900)收录了巴罗哈最早创作的33个短篇小说，反映了他的阅历和所关心的社会问题。

《巴斯克土地》三部曲：《艾斯戈里一家》(1900)、《拉布拉斯的长子继承权制》(1903)、《冒险家萨拉卡因》(1909)。它们都以巴斯克地区为舞台，第一部以对话为主，讲述一个贵族女子如何通过个人奋斗重振没落的家业；第二部还是以贵族家庭的危机为主题；第三部较为成熟，以第二次卡洛斯战争为背景，描写萨拉卡因在乱世中的冒险和求胜经历；

《神奇的生活》三部曲：《西尔威斯特雷·巴拉多克斯的冒险、发明和欺骗》(1901)、《完美之路》(1902)、《国王巴拉多克斯》(1906)。第一部和第三部的主人公相同，讲述巴拉多克斯在非洲推行无政府主义思想的失败过程，意味着巴罗哈的无政府主义倾向和悲观的哲学思想形成。第二部则是巴罗哈的最佳作品之一，"着重卡斯蒂利亚景观的细致描写，对话大为减少，情节进展缓慢。主人公达到他那'完美之路'的心理演变是推动情节的唯一脉络"，是一部"反映19世纪末思想危机的代表作，表达了'98年一代'作家青年时期所关注的共同问题：对人生的忧患。"①

《为生活而奋斗》三部曲：《寻觅》(1904)、《莠草》(1904)、《红色曙光》(1905)，描写马德里贫民窟的生活，其中前两部具有流浪汉小说的特征，第三部则接近"社会小说"，因为它涉及20世纪初西班牙的许多社会问题。

《往事》三部曲(回忆历史)：《谨慎人的集会》(1905)、《最后的浪漫者》(1906)、《荒诞的悲剧》(1907)。

《种族》三部曲：《游荡的贵夫人》(1908)、《雾都》(1909)《知善恶树》(1911)，其中前两部在情节上一脉相承，描写一对无政府主义父女因谋害国王未遂而逃亡到雾都伦敦，父亲远走新大陆，女儿放弃政治理想，回到马德里，过着资产阶级的平庸主妇生活。第三部是巴罗哈的巅峰之作，也最好地体现了他的哲学思想和精神。主人公安德烈斯·乌尔塔多的大部分经历与作家本人吻合(他在马德里的求学经历、他在农村当医生的遭遇、他与父亲的疏远关系)，这位充满矛盾、悲观的人物(弟弟病逝，妻子死于难产)最后选择了自杀，因为"一个人由于不知道怎样生活，没有规划，缺乏目标，无所适从，就会感到苦恼和绝望"。

第二阶段："城市"三部曲：《要么当恺撒要么什么也不是》(1910)、《世界就是这样》(1912)、《堕落的淫荡》(1920)。

"大海"三部曲：《桑蒂·安迪亚的志向》(1911)、《美人鱼的迷宫》(1923)、《齐米斯塔船长之星》(1930)。第一部是巴罗哈19世纪末在圣塞巴斯蒂安生活期间与认识的两位老水手之间谈话的翻版。

---

① 沈石岩：《西班牙文学史》，北京大学出版社，2006年，第256页。

多卷集历史小说巨著《一个活动家的回忆录》(1913—1935,22卷),以19世纪前半叶的西班牙为背景,以冒险家、自由派分子阿维拉内塔的亲身经历为主线(他在卡洛斯战争期间生活在巴罗哈的故乡巴斯克地区,是他的远房亲戚),再现这一时期的西班牙风貌。

《我们时代的衰竭》三部曲:《世上的大风潮》(1926)、《命运的起伏》(1927)、《迟到的爱情》(1927)。

《幽黑的丛林》三部曲:《艾罗达乔一家》(1931)、《风暴角》(1932)、《想入非非的人》(1932)。

《失去的青春》三部曲:《雷蒂罗公园之夜》(1934)、《蒙雷温的神父》(1936)、《狂欢节的疯狂》(1937)。

第三阶段:内战爆发后巴罗哈流亡法国,直至1940年才回国。归来后巴罗哈已是一个疲倦的老人,远离尘世,但依然创作了《艾尔拉易思的骑士》(1941)、《幽魂之桥》(1944)、《天鹅饭店》(1940—1946)、《流浪歌手》(1950)、《农神节》(1951)、《灰色别墅的晚会》(1951)、自传《自道路的最后一个转弯处》(1944—1949)。

2006年出版了巴罗哈的遗作《战争苦难》,它是主人公卡洛斯(一位住在内战初期被围困的马德里的英国外交官兼军人)的日记,几经转折落到了叙述者的手里。他的一些观点其实就是巴罗哈本人的思想。之后卡洛斯转移到巴黎,那部分故事基于使馆司机威尔写的几封信和其他一些见证。

2. 阿索林(1873—1967)

原名为何塞·马丁内斯·鲁伊斯,杰出的散文家[①]、文体学家,但他的思想摇摆不定,从最初的反教权的激进分子转变为怀疑主义者,继而成为虔诚的天主教徒、坚定的教会利益拥护者。1924年当选西班牙皇家院士,1936年内战爆发后逃亡巴黎,1939年8月回国。

阿索林首先是个伟大的记者,他的小说结构受报刊文章的影响,风格简洁、明确。与"98年一代"其他成员一样,远离惯常的小说模式。阿索林认为对现实的精确观察至关重要,但并不试图描摹一个完整的世界,而仅仅是抓住重要的细节。因此他的作品结构分散、不连贯,有时像是一幅素描或某个未完成的草案。

阿索林提倡的是一种不具有任何传统小说特征要素的诗意小说、"反小说",情节稀少,抒情性强,常常被题外话和景色描写打断(行文的节奏感强,表达方式简洁明快,具有印象派特征)。小说的注意力分散在众多的事物里,叙述者的目光愉快地停留在它们身上。作家向我们呈现的不是现实本身,而是现实给他留下的印象。人物之间的对话实际上往往为长篇独白,用来表述他们的观点,其中一位对话者采取被动的、纯粹接受的态度。

[①] 他著有散文集《堂吉诃德之路》(1906)、《卡斯蒂利亚的灵魂》(1907)、《卡斯蒂利亚》(1912);文学评论集《西班牙阅读》(1912)、《近年的评论》(1967,遗作)。

阿索林作品的基本主题是他一直所关注的问题:思考生存、死亡、时间的流逝、积极生活与静观生活之间的对立、意志的瓦解;对西班牙村镇的描写。他的哲理思考集中在一个悖论上:无限的时间长河和短暂的人生旅途。

阿索林的顶峰之作是第一阶段的自传三部曲:《志向》(1902)、《安东尼奥·阿索林》(1903)和《一个小哲学家的表白》(1904)。这一"安东尼奥·阿索林传奇"(从此他以"阿索林"为笔名)以作家个人的童年和少年时代生活为背景,描写他在巴伦西亚和马德里居住期间所经历的事件。第一部是优秀的小说—散文范例,服从于作家的哲学观点和复兴志向。作品代表了与过去准则的决裂,促进了西班牙小说的创新。《志向》的男主人公在心理上切断了与周围环境的所有联系,绝望而真诚地寻找自己的生存目的。他的故事成为整整一代西班牙人的记录,在精神上体会到自己的生活与所面临的历史事件之间的矛盾。自私、失望的主人公象征着某种"世纪之病",但受叔本华和尼采的影响,阿索林加深了对人物的分析。《志向》所表达的危机不仅是一个思想家而且是一位小说家的危机,他从自己的经历和观察出发,强调必须改变固守传统和信仰的西班牙社会。具有象征意义的是主人公在小说结尾死去,随他而去的是停滞在过去的西班牙的前途。三部曲宣扬虚无主义,情调低沉;不注重情节,而偏重对各式人物的描摹;人物对话及主人公阿索林的沉思构成作品的主体,十分接近他的散文随笔。

第二阶段阿索林主要是反思一些文学神话,选择一些有影响的代表性文学形象进行再创作,使他们与自己相似,在这些著名的故事中增加细微的不同色彩而非喧闹的插曲:《托马斯·鲁艾达》(1915)、《唐璜》(1922)和《堂娜伊内斯》(1925)。后两部把关于唐璜和他的情人堂娜伊内斯的传奇现实化,时间则移到19世纪下半叶。社会学家变得抒情,沉浸在幻想中。

第三阶段与"先锋派"的成功吻合,对阿索林来说,超现实主义不过是超越真实的现实,代之以一个"更加敏锐、细腻、宏大,同时更加坚韧、牢固、持久的现实——这是奇妙的悖论"。

他创作了几部实验性小说:《费力克斯·巴尔加斯,非现时的骑士》(1928)、《黎凡特之书》(1929)、《超现实主义》(1929)和《民族》(1930)。第四阶段:《作家》(1942)、《怪癖》(1943)、《没有黎明的岛屿》(1944)、《玛利亚·丰丹》(1944)、《奥尔贝娜的女救星》(1944)。

总之,"乌纳穆诺最大限度地深入人物的灵魂,有时甚至是无情的残酷,并借他们之口表达自己的思想和感情。而巴列-因克兰的'四季奏鸣曲'呈现的是一种坚定的现代主义意图,注重形式;阿索林的小说情节少而静、节奏慢,不勾勒主人公的心理,并且性情极似作家本人。"[1]

---

[1] Jesús Menéndez Peláez (coor). *Historia de la literatura española*, Vol. III, p.489.

第二章
战前的西班牙小说

在"98年一代"和"先锋派"艺术之间有一个被称为"1900年一代"的运动,其桥梁角色使得它的特征被模糊化。既无一个界定它的明确、准确的定义,也没有对它在西方美学演变过程中的意义做一清晰的定位,其成员也缺乏没有团体的意识,这导致它的发展轨迹比通常的要分散。"1900年一代"这个术语是由思想家、散文家欧亨尼奥·多尔斯(1887—1955)于1906年首创的,他用这个名称来定义出生于1879—1889年间的一批学者型文人作家,这些人认为自己不仅在思想上而且在所受的教育上都不同于"98年一代",确信自己已具备20世纪人的条件。"1900年一代"还被称为"欧化的一代"或"知识分子一代",因为他们与"98年一代"不同,不像前代那样信守西班牙的纯正性、依附于卡斯蒂利亚,而是把关注的目光投向欧洲(奥尔特加·伊·加塞特在海德堡和马尔堡攻读哲学,马拉农在法兰克福学医,阿美里戈·卡斯特罗在法国索庞大学攻读语言学,佩雷斯·德·阿亚拉在英国留学,萨尔瓦多·德·马达里亚加在英、法生活,精通英语和法语)。由于这批人都经历了第一次世界大战,所以又被称为"1914年一代"。那一年,奥尔特加·伊·加塞特演说了著名的讲座《新旧政治》,号召知识分子改革所继承的旧体制。

1900年对他们来说是决定性的一年,发生了3件事:(1)建立了历史研究中心和"大学生公寓",目的是"培养一个有意识、忠诚和有文化的阶级"。(2)两位年轻人考取了大学教授职位:"1900年一代"的精神领袖、西班牙现代哲学奠基者、散文家奥尔特加·伊·加塞特(1883—1955)为马德里大学玄学教授;费德里科·德·奥尼斯为奥维多大学语言文学教授。(3)奥尔特加·伊·加塞特在毕尔巴鄂发表了题为《作为政治问题的社会教育学》的讲座。

这些事件显示了"1900年一代"的最重要特征:他们从资产阶级自由派立场出发,具有严格的科学性,崇尚唯理主义(有别于"98年一代"的主观主义、非理性主义和无政府主义特征);希望创新大学机制,进行文化革新;注重从政治上教育民众。"1900年一代"并非肤浅地欧化,也不意味着与西班牙传统决裂,而是将西班牙视为欧洲的一部分,赋予他们的创作以世界性。在文学创作上态度严谨,注重文体的雕琢,倾向于"为艺术而艺术",认为作品的首要价值是美学而非其现实内涵。这些作家加入到反对19世纪"实证主义"和"自然主义"的十字军中,之后许多年他们还保持甚至强化了对一种基于回忆和联想世界的病态性感的喜好,但轻视主观性,赞美智力和客观性。

第二章
战前的西班牙小说

"1900年一代"的某些成员在后现代主义的第一个阶段（1905—1915）开始出成果，他们的鼎盛期大致从1915年延续到1925年。1925年以后尽管"先锋派"强有力地出现，但他们依旧影响着西班牙的文学，甚至政治的命运，战后这些作家在祖国或流亡中继续创作。在"1900年一代"小说的文学主角地位让给了散文，但并不因此而失去它在知识界和大众中的巨大影响，在以后几年则转向实验性和社会承诺两大方向。

第一节
知识小说

"1900年一代"传承"98年一代"开始的小说创新，他们所创作的"知识小说"把小说情节与哲理或美学的散文思考融合起来，于是在其他时代为大众体裁的小说进而变成面向精英阶层的文化产品（这一演变源自此前的自然主义和印象主义小说的逐渐衰败），语言和视角游戏的重要性超过了主题和情节因素。拉蒙·佩雷斯·德·阿亚拉的特点是喜爱透视法，喜欢现实的反差和双重视觉；加夫列尔·米罗则强化印象主义特征，加强其抒情性，夸大主观的感官性；拉蒙·戈麦斯·德拉·塞尔纳采用"诙谐＋隐喻"的手法，创造了一种独特的短小尖锐的文体，抒情—幽默的意象获得了前所未有的地位，其他要素退居其次，被称为"格雷戈里阿"①。

这一阶段叙事文学的丰富还包括了一些从事其他体裁的作家的贡献，如欧亨尼奥·多尔斯、萨尔瓦多·德·马达里亚加、曼努埃尔·阿萨尼亚和路易斯·阿拉基斯塔因②。介于"1900年一代"和"先锋派"之间的是科尔普斯·巴尔加（1887—1975），他的小说，如《被粉碎的生活》（1910），1973年再版时改名为《刽子手猎兔狗》，具有出人意料的独创性。叙述者质问人物，运用混乱的罗列法、先锋派的意象和立体派的机智描写。

1. 拉蒙·佩雷斯·德·阿亚拉（1880—1962）

佩雷斯·德·阿亚拉是典型的知识分子作家，具有古典和现代文化素养，精通语言。

---

① 格雷戈里阿（greguería）一词的西语原意为"嘈杂、喧闹"，而戈麦斯·德拉·塞尔纳宣称他的"格雷戈里厅"无任何含义，只是一种带有文字游戏性质的短句（或短诗）。其特点是把毫无逻辑联系的词汇、思想、事物随意加以组合，用短小、概括的方式（或谚语形式）进行表达，给某些客观事物或某一生活侧面下一个概括性极强的定义。见《西班牙文学史》（沈石岩）第287页。

② 萨尔瓦多·德·马达里亚加（1886—1978）：曾任牛津大学西班牙文学教师，1936年当选西班牙皇家院士，内战爆发后前往日内瓦，1976年回国。他创作过所有文学体裁，其中包括小说《阿塞瓦尔和英国人》（1925）、《神圣的长颈鹿》（1925）、《上帝的敌人》（1926）、《连串的错误》（1952）、《安娜同志》（1956）、《桑科·邦克》（1964）、《我—我和我—他》（1967）、历史小说《埃斯基韦尔们和曼里克们》系列。

曼努埃尔·阿萨尼亚（1880—1940）：政治家、小说家和文学评论家，1936—1939年任西班牙第二共和国总统。战后流亡法国，不久病逝。

路易斯·阿拉基斯塔因（1886—1959）：西班牙共产党成员，在第二共和国期间担任重要政治职务。1939年流亡海外。写过散文、新闻报道、讽刺小说《赫丘利的廊柱》（1921）和乌托邦题材的《美妙的群岛》（1923）、短篇小说集《死者的归来》（1924）。

在奥维多大学攻读法律时的老师就是著名作家克拉林,他是佩雷斯·德·阿亚拉的文学启蒙老师,让学生了解当时文学、美学的创新动态和最新作品。大学毕业后前往马德里攻读博士学位并开始文学创作,1903年佩雷斯·德·阿亚拉与他人共同创办了现代主义文学杂志《埃利奥斯》,同年去英国留学,直到1907年回国。英国文化、英国人的优雅和精神深深影响了佩雷斯·德·阿亚拉,第二共和国期间他曾任西班牙驻英国大使(1931—1936)。内战爆发后流亡美国、阿根廷,1954年回国,后当选西班牙皇家院士。

佩雷斯·德·阿亚拉的小说创作曾受到"98年一代"的影响,他特别崇拜克拉林,视其为自己的精神导师。他的小说延续的是克拉林的路线,即富有思想和忧虑的知识小说,对西班牙现实持批评、嘲讽和苦涩的观点,舞台一般设在一个省会城市(将其命名为"比拉雷斯")。佩雷斯·德·阿亚拉的小说可以分成两个阶段,它们之间还有一个过渡阶段。第一个是自传阶段,发表了4部以"阿尔贝托·迪亚斯·德·古斯曼"为主人公的小说(具有明显的自传成分)。作家本人声明这组小说试图"反映和分析20世纪初西班牙的良心危机",它们描写了阿尔贝托在耶稣会学校的学习和生活(对教会提出批评)、女友菲娜的死亡、阿尔贝托前往马德里尝试当作家的运气、他在首都的经历。这些作品的价值在于它们的见证性,战后这些书被禁:

《山顶上的黑暗》(1907)是一出关于平庸的人类命运的寓言,讲述一队妓女和一些好逸恶劳的人去郊游,观看月食。妓女这个人物,与大众小说里的英雄相似,代表着民众强烈的孤独和妇女的奴役地位,她们注定要承受日常的麻木和世俗的淫荡。《A.M.D.G.》(1910)曾长期被视为西班牙教育机构耶稣会学校的忠实再现(它的压抑制度更适合培养学生的狡猾、虚伪和撒谎,而不像更加自由的教育所鼓励和加强的创新品质)。《狐狸的爪子》(1912)塑造了一个哈姆雷特似的少年,丧失意志,摇摆于感官与升华之间。尽管年轻,却被一种乌纳穆诺式的念头,即灵魂的缺乏所支配。《疾驰和舞蹈》(1913)再现了1910年马德里知识界和艺术界放荡不羁的生活(摇身一变为艺术家的妓女罗西娜与失败的诗人和作家为伍),主要人物的漫画化(他们的真实身份很容易辨认)关于艺术和美学话题的长篇论述暴露了阿亚拉小说的缺点和弱点。

过渡阶段的作品有1916年出版的3部描写"西班牙生活的诗意小说",这些短篇小说的基本情节是西班牙的生活片段,它们对一些风景的描写充满诗意,另外有些作品的章节由诗歌开头,揭示将要叙述的事件。《普罗米修斯》是对皮格玛利翁神话的翻版,显示了作家对古典文化的了解。小说叙述一位父亲决定生育一个英雄,但只孕育出一个邪恶、扭曲的怪物,因而非常失望。这篇寓言具有十分西班牙化的象征主义,父亲这一形象徒劳地捍卫一种失败的进步观。

《主日之光》是最优美的作品,在两个残酷交战的派别中(以一个小镇上的冲突来代表西班牙政治力量可悲的分裂)闪烁着卡斯托和巴尔比娜的形象,他们因爱而结合,却成为仇恨的牺牲品。巴尔比娜当着她恋人的面被强奸,为了逃避检举和生下因强奸而怀上的孩子所带来的耻辱,她从一个城市逃到另一个城市,直到死亡。死后这对恋人上了天堂,那里永远闪耀着纯洁的主日之光。

《利莫内斯一家的罪过》通过描写西班牙社会的等级制、排他性和不宽容,揭露了族长制的丑恶。这是一出交织着鲜血与死亡的悲剧故事,在利蒙一家开的客栈里,我们认识了利蒙家的两个女人,她们的弟弟刚被处决,而客人们受女主人的邀请祝贺她孙子的出世,生命与死亡、欢乐与痛苦交织在一起。

第二阶段是以世界性题材为主的长篇智性小说,提倡重建某些永恒的价值和规则:《贝拉米诺和阿波洛尼奥》(1921)探讨语言表达和交流的问题:取自民间小说的两位人物将讨论那些最理论的、最微妙的问题,贝拉尔米诺扮演苏格拉底或柏拉图的角色,而阿波罗尼奥则为卡尔德隆的化身。《蜜月,苦月》(1923)揭露了西班牙教育体制的一个弊端,即缺乏性教育,《乌尔巴诺和西蒙娜的工作》(1923)则关注爱情和性教育;《胡安老虎》(1926 年"全国文学奖")和《治其情操的庸医》(1926)涉及荣誉和女性。①

2. 加夫列尔·米罗(1879—1930)

米罗的小说观是"通过暗示叙事。从美学角度看无需讲尽故事。"他早期发表了几部"现代主义"风格的短篇小说集,其中抒情性超过故事情节(他非常了解语言的音乐根源和可塑性),人物的刻画和情节的构思让位于对大自然的入迷欣赏;小说的结构在一种节奏非常平缓的旋律(被梦想及平庸环境窒息的主人公的浪漫歌谣)面前变得散淡;人物常常是自身想象力或物质条件恶化的牺牲品(预示着道德堕落)。在《场景编织》(1903)中米罗指出"由于人与人之间缺乏爱,所以犯下坏事";《流浪者》(1908 年"星期短篇小说奖")的主人公堂迭戈,一位高贵的骑士,他的生命因为缺乏爱而痛苦。小说委婉地揭露了当时社会的虚伪,外省封闭、暗淡的环境,伴随柔情和哀宛忧伤的是残酷和嘲讽。

从《我朋友的小说》(1908)、《上帝的节日》(1908)起米罗开始发生变化,超越了"现代主义"技巧。米罗的文学成熟期开始于《坟场樱桃》(1910),小说以抒情的、内心化的笔调涉及了性爱、疾病和死亡 3 个主题。之后陆续出版了《国王的祖父》(1915)、《耶稣受难图》(1916)、自传体小说《西关萨之书》(1917)、《孩子与大人》(1922)。《我们的圣达尼埃尔神甫》(1921)和《麻风病主教》(1926)对西班牙教会和保守势力提出批评,米罗因此遭到打击,被禁止当选西班牙皇家院士。他还著有短篇小说集《断裂的棕榈》(1909)、《纹丝不动的烟》(关于时间的主题,1919)和《天使》(1921)。

3. 拉蒙·戈麦斯·德拉·塞尔纳(1888—1963)

曾学习法律,但不久就转而从事文学和新闻。他是"1900 年一代"最年轻的作家,几乎与"先锋派"同代。从 1908 年起由戈麦斯·德拉·塞尔纳领导的杂志《普罗米修斯》努力向新艺术打开大门,1909 年发表《未来主义宣言》,1 年后发表由马里内蒂写下的《向西班牙人发出的未来主义演说》。他的"格雷戈里阿"作品为第一阶段的"先锋派"开

---

① 阿亚拉还发表了诗集《小径的平静》(1904)、《无数的小径》(1916)、《行走的小径》(1922);报刊文集《政治与斗牛》(1918)、《向英国致敬》;戏剧评论《面具》(1917—1919);短篇小说《另一个兄弟佛朗西斯科》(1902)和《在阿耳忒弥斯的标志下》。

辟了道路（在西班牙采取了"极端主义"的形式）。内战时流亡阿根廷,战后他的小说属禁书之列,从此再也没有返回祖国。

戈麦斯·德拉·塞尔纳的早期作品《开火》(1905)、《娇嫩》(1908)、《我的7个词》(1910)和《无声的书》(1911)已经显示了他反对传统观念、面对当时社会和文学的不羁态度。除了一些对小说体裁的反思之外,他的大部分作品是风俗主义和连载小说,外在情节很少,所叙述的事情往往是不真实的,在这类环境下出现的主人公一般也并非常人。他从外部观察人物古怪离奇的一面,不深入这些人物的内心情绪,强化远离日常的现实。小说的容量很容易扩大,缺乏骨架。爱情冲突（更确切地说,两性之间的生理冲突）常常构成情节的主线。

戈麦斯·德拉·塞尔纳选择的是杂拼法,采用片段化结构和多重性原则,糅合了各种话题的主观诗意笔记与混乱、兴奋的观察的,如《乳房,格雷戈里阿》(1917)、《马戏团》(1917)、《足迹,庞波》(1918)和《黎明》(1923)。《水渠的秘密》(1922)是一部反教会作品,其中"格雷戈里阿"的技巧与俄狄浦斯情结融合在一起。

在《黑白寡妇》(1917)中女性的性感体现在雪白肌肤与黑色孝服的强烈反差上,它对男主人公造成视觉眩晕。这是一种与时间及周围环境和谐的色情,它再现于《帕尔米拉庄园》(1923)中,只是强度有些减弱。《不连贯的人》(1922)接近荒诞,达到了想象的极点。《斗牛士卡拉乔》(1926)试图模仿通俗文学,复兴以斗牛为题材的小说。

戈麦斯·德拉·塞尔纳常常把灵活的语言与离奇心理的独特分析或文学创作过程结合起来,如《小说家》(1923)和《晚香玉》(1930)。前者基于作家的自传,采取"镜子小说"的格式,宣告了"新小说"对复杂、不可理喻的人类社会、大千世界的探索。后者以左拉的自然主义风格描绘这座城市的诗意风貌,回忆在马德里发生的一段激情故事。《吕贝卡!》(1936)则为作家本人命名的"迷雾小说",人物的意识和故事情节融于一种梦幻之中,强化了想象的自由。

他还著有《不可信的大夫》(1914)、《大饭店》(1922)、《6部虚假小说》(1926)、《香味女人》(1927)、《戴灰色圆顶毡帽的骑士》(1928)和《底楼》(1961)。

第二节

先锋派实验小说

先锋派小说家的作品出现在普里莫·德·里维拉独裁统治时期,跟整个欧洲一样,当时洋溢着乐观和充满活力的氛围。在审美感觉上出现的变化体现在不同的世界观和小说创作观里。年轻作家极端排斥现实主义—自然主义的形式和语言,希望从新开始,从零开始。先锋派创作的实验小说,具有大都市的精神,把目光投向现代城市生活和那一时代的科技创新。19世纪的全知全能叙述者逐步让位于处于具体视角、不具备神性的一个或多个叙事声音。奥尔特加·伊·加塞特在两篇著名文章《艺术的非人性化》(1925)和《关于小说的观点》(1925)中指出艺术作品只有摆脱现实才能成为真正的艺术品,艺术是一种纯粹、高雅的游戏,不应有社会作用。艺术的本质是追求风格,而风格化就是"对现实的扭曲,非现实化。风格化意味着非人性化"。奥尔特加·伊·加塞特号召不要用小说、戏剧来描写人类的不幸,因为风格化与对人类疾苦的关注是水火不容的。他的观点最具争议的一点是将艺术非人性化的倾向,把绘画、诗歌、小说变成纯粹的形式创作,远离现实和人类情感的直接表达。

奥尔特加·伊·加塞特认为现实主义—自然主义小说面临危机不等于进入致命的衰落,更不意味着死亡,而是一个变化的过程,可以从中诞生一个新生命。如果在技巧和题材方面放弃一些旧做法,致力于探索新路,比如分析人物的内心世界(弗洛伊德的心理分析为理论支柱),拓宽内容范围,把现实的其他领域也融进小说里。新小说期望创造一个自主、深奥、脱离现实世界、由自身规律支配的世界;重要的是它的内在语言和结构的一致性。

超现实主义的出现,虽然对小说的影响有限,但还是为一种非理性的荒诞小说提供了机会,在这类作品中接连出现梦呓的意象,没有形成可理解的情节。这个新的艺术小说中不可或缺的要素是幻想、想象、独创性、生机论和感官的赞美,常常选择传说和神话作为表达的渠道。小说家利用幽默和嘲讽来划清他与现实的距离,出现了一种寓言性或象征性的小说,本质是抒情和智性,带有浓厚的自传性。主题模糊,情节稀少,纯粹是为钻研哲学和表现才能当借口。西班牙小说家与外国作家(如季洛杜、科克托、莫朗和普鲁斯特)有相似之处,求助感官世界来回忆模糊的、几乎消失的意象,并加以重塑。

这一流派试图把诗歌中占主导地位的比喻、以电影为灵感的快速场景、立体主义和未来主义绘画的片段化结构加入到小说叙事技巧里,知识性战胜对现实性和具体性的关注。大胆和具有联想的意象是其特征之一。这些作家的理想是创作一种纯粹的、摆脱所有承诺、对形式的兴趣占主导位置的艺术,这就导致他们被指责是肤浅的、非人性化的。但也有评论家认为在其表面过分讲究风格的空洞艺术游戏背后隐藏着某种更深刻的东西:明显排斥现存的压抑、无活力的现实,渴望一种新的、基于人类与大自然整体愉悦的现实。尽管它追求审美主义的形式,但并不是彻底的非人性化艺术。这些作家仅仅是反对虚假的伤感主义和常规表达。与诗人不同,小说家的成熟过程相对较慢,这使得他们中的一些人,尽管是先锋派的代表人物,其巅峰之作出现在后来的岁月。

本哈明·哈内斯(1888—1949)是"1914年一代"成员、"非人性化"小说的代表作家之一。处女作《无能的老师》(1926)由3个故事组成,头两个分别叙述了萨拉戈萨一位教师与一个学生的姐姐、与一个女学生的恋爱经历;第3个故事则简短地描写了一位女生在图书馆沉思的情景,没有传统小说的开头和结尾,类似散文。第二部小说《纸客人》(1928)则以作家本人在萨拉戈萨神学院的求学经历为蓝本,描写一个神学院学生的生活。

接下来问世的《小人物的疯狂和死亡》(1929)、《陀螺鞭的理论》(1930)和《红与蓝》

(1931)加入了更多的故事情节,并且显示了作家的政治意识。《红与蓝》以司汤达的《红与黑》为榜样,讲述一个士兵在萨拉戈萨与一位少女相爱并有机会跻身上流社会,后来他接受革命思想,参加萨拉戈萨的武装起义,但在红(为革命献身)与蓝(贪生怕死)之间无法做出选择。《与死亡在一起的场面》(1932)描写西班牙当时的矿工罢工和军队镇压、第二共和国的成立等。

战后哈内斯一度被关在法国南部的集中营,身心受到严重摧残。流亡墨西哥之后在那里从事教育和新闻工作,并发表了小说《风的女友》(1940)、《充满活力的维纳斯》(1943);对话体结构的散文小说《欧佛洛绪涅或优雅女神》(1940);传记《斯台方·茨威格。冰冷的山峰》(1942)和《塞万提斯》(1944)。1948年重病回到西班牙,次年病逝于马德里。《他的火线阵地》写于1938—1940年,但直到1980年才发表。这是一部对西班牙内战的真实记录和反思,以战地医院为舞台。作者对战争引发的武力激情(不论是共和派还是国民派)持审慎态度,对受战争摧残的人们表示同情。

罗萨·查塞尔(1898—1994),小说家、散文家、诗人、奥尔特加·伊加塞特的女弟子。曾在马德里圣费尔南多高等美术学院学习雕塑,与当时的马德里艺术界建立联系,并认识了她未来的丈夫、画家佩雷斯·鲁比奥。1922—1927年随丈夫留学意大利,在那里参加了"极端主义"诗歌运动。回国后加入"27年一代",为《西方杂志》和《西班牙时间》撰稿,成为当时西班牙独立知识女性的代表。

从处女作《车站,往返》(1930)起查塞尔一直忠实于奥尔特加·伊加塞特的"非人性化"小说观,她对现实主义小说十分反感,认为它是19世纪文学的最重要失败之一。"在我的文学里没有观察。什么都有,除了观察。沉思,情感,激情,欲望,想象。"查塞尔申明《车站,往返》是自传体小说,"虽然几乎与我的生活事件毫不吻合"。对她来说小说"不复制构成作者生活的那些个人事件和环境……只对心理张力感兴趣"。《车站,往返》几乎没有情节(主要是一个人物头脑中的思维语流),它以小说的形式阐述了这位哲学家关于生命理性的思想,被认为是法国新小说的先声。查塞尔作品展示的不是从或近或远的距离观察到的人类现实,而是上演一出意识戏,与现实事物不可破解的特点作斗争。

弗朗西斯科·阿亚拉(1906),思想家、社会学家、小说家、散文家,"27年一代"典型代表。出生于格拉纳达,1929—1930年留学柏林,1931年获马德里大学法学博士学位,1934年取得马德里大学政治法教授职位。《一个没有灵魂的人的悲喜剧》(1925)显示出阿亚拉善于描写心理活动和运用隐喻,但对故事的叙述缺乏兴趣。《一个黎明的故事》(1926)属于传统小说行列;短篇小说集《拳击手和一个天使》(1929)及《黎明的猎人》(1930)具有"超现实主义"文学的特征。前者由5个故事,后者由两个故事构成,其共同特征是运用隐喻风格,表达出色,具有抒情性,对情节缺乏兴趣,对现代世界(特别是电影)着迷。

安东尼奥·博廷·波朗克(1898—1956):毕业于法律专业,曾为报纸《声音》撰稿。他的作品受戈麦斯·德拉·塞尔纳的影响,属于幽默小说,曾发表《幽默主义宣言》(1951)。

《对数》(1933)的主人公是那一时代青年的代表,不满现状、丧失意志、多愁善感。还著有《神曲》(1928)、《他,她和他们》(1929)、《海风》(1931)、《快活的鱼》(1934)。①

第三节

战前的社会现实主义小说

普里莫·德·里维拉独裁统治末期,出现了一股"承诺小说"潮流,作为对少数精英纯文学的补充和修正。它的代表作家试图把小说重新定位于社会、政治现实中(先锋派艺术将两者分离),引导他们的理想是互助、进步和社会正义。个体让位于集体,空洞的技巧让位于情感,主人公则为劳动阶级(不论在城市还是农村)。

通常把1928年视为这一流派的开端,那年"新历史"出版社开始出版"社会小说"。第二共和国成立后这一社会艺术获得了彻底的胜利,产生了方向性的变化。大部分作家尽管出身小资产阶级(只有个别人是工人领袖),但持有阶级斗争的意识形态观点,捍卫革命运动,把它获得看作社会结构深层变化的唯一可行之路。1933年11月右派在大选中获胜,局势变得紧张,社会小说遭遇倒退。内战爆发后这一小说流派完全中断,作家不得不投入真正的行动。

那些年工人和农民的罢工、暴动,特别是他们所遭受的镇压,成为这些"社会小说"的常见主题。另一个重要题材是知识分子的意识逐渐醒悟,开始站在劳动者一边,投入革命斗争。其和平理想导致他们视战争为最荒唐、最愚蠢的行为,北非的摩洛哥战争为几部著名小说提供了素材(基调是狂热的理想主义,主人公为反叛者,他们不得不面对逆境)。

从艺术角度看,他们不放弃世纪初的文学新理念和新技巧,但其目标和接近大众的愿望使之倾向于现实主义,通常运用简洁、口语化的语言。他们的作品构成先锋派的抒情与客观主义之间的桥梁,将主观的诗意与社会性内容结合起来。②这类作家有:

何塞·迪亚斯·费尔南德斯(1898—1941)曾从事新闻职业,为《太阳报》的编辑,1930—1931年与华金·阿德柳斯和安东尼奥·埃斯皮纳共同创办了《新西班牙》杂志。他积极参与政治,支持第二共和国。内战后曾被关入集中营,后定居法国图卢兹。处女作《掩体》(1928)具有社会批判意图,分成7个场景(主人公讲述自己的战地经历和生活片段),其共同主题是摩洛哥战争。《机械的维纳斯》(1929)通过先锋派和现实主义技巧

---

① 先锋派作品还有安东尼奥·埃斯皮纳(1894—1972)的《杂色鸟》(1927)、阿古斯丁·埃斯皮诺萨(1897—1939)的《罪行》(1934)、马里奥·贝达格尔(1885—1963)的《一个知识分子和他的烦恼》(1934)、萨穆埃尔·罗斯(1904—1945)的《口技艺人和哑女》(1930)。

② Pedraza Jiménez, Felipe B. y Milagros Rodríguez Cáceres. *Las épocas de la literatura española*, Barcelona: Ariel, 1997, pp. 325-330.

再现了普里莫·德·里维拉独裁统治时期马德里的社会画面(女主人公为了过上好日子,甘心沦为一个富翁的情妇),抨击了男权社会对妇女的玩弄和蹂躏。美学散文《新浪漫主义——关于艺术、政治和文学的论争》(1930)捍卫艺术"重新人性化"的必要。他还与华金·阿德柳斯合著了传记《费尔明·卡兰的生平》(1931),出版了报告文学《阿斯图里亚斯的红色十月》(1935)。

拉蒙·何塞·森德尔(1901—1982)大学教授、诗人、文学评论家、散文家、戏剧家、"27年一代"及流亡文学最重要的小说家。他的作品以西班牙历史和社会问题为题材,追求个人在哲学和伦理方面的满足。1922—1924年森德尔在西班牙驻摩洛哥军队服役时参加了摩洛哥战争,处女作《磁石》(1930)就是根据作家本人的亲身经历描写一位西班牙士兵在摩洛哥战场的浴血战斗和回国后的不公平待遇,主人公就像一块磁石那样专门吸引厄运,因而外号叫"磁石"。小说尖锐抨击了西班牙政府发动的摩洛哥战争,揭示了普通人在生存极限下的本能挣扎和求生希望。

1931年森德尔因从事反对普里莫·德·里维拉将军的独裁政府而被监禁了几个月,利用这个机会他创作了《公共秩序》(1931),反映西班牙的监狱生活,这是《预兆的术语》三部曲的第一部。后两部分别为《犯罪村庄之行》(1933),记录了对一个村庄的镇压;《100个人头的夜晚》(1934),对资产阶级社会和文明进行了辛辣的讽刺。属于这类反映社会问题的纪实小说还有《7个红色星期天》(1932),描写30年代马德里的一次罢工,强调社会正义的重要性。森德尔战前最好的作品是历史小说《威特先生在这地区》(1935),描写1873年西班牙第一共和国期间发生在卡塔赫纳地区的分裂主义运动,作家指出,缺乏领导和政治意识只能导致起义的革命行动失败。

塞萨尔·阿尔科纳达(1898—1964)战前属于"非人性化"文学团体,1923—1926年为《阿尔法报》评论欧洲先锋派音乐,撰写了《关于德彪西》一书。之后创作了几部电影明星传记,如《格莱达·嘉宝的生平》(1929)、《电影业的3个喜剧演员》(1931)和《影像传记》(1931)。从1929年起阿尔科纳达关注俄国革命,1931年加入西班牙共产党,参与了左派所有文化活动和杂志的撰稿。

1930年出版的第一部社会小说《叶轮机》描写3个工人(文明进步的代表)到一个原始落后的村子安装电线,遭到无知农民的冷落。以磨房主为首的落后势力千方百计阻挠工人送光明行动,最后还是光明战胜黑暗,磨房被改造成叶轮机发电厂,农民告别了煤油灯,用上了电灯。作品刻画了西班牙社会进步与落后势力之间的冲突和斗争。流亡之前还发表了《战争谣曲》(1937)、滑稽剧《占领马德里》(1937)。

华金·阿德柳斯(1885—1969)放弃了工程师专业,从事文学和新闻。作为左派积极的政治家,在内战中曾担任国际红色救援团主席,1939年流亡海外。他的小说,如《我的乞丐》(1915)、《查拉图斯特拉就这样让我多产》(1923)、《尼特女公爵》(1926)、《马刺》(1927)、《相同的王子》(1927)、《威尼斯客栈的食堂》(1930)从表现主义的基调、尼采的影响和色情的内容进步到具有明显政治意图的"社会小说",如《农民》(1931)和《犯罪》(1934)。

曼努埃尔·贝纳比德斯(1895—1947):记者出身,曾为西班牙社会工人党党员。内战期间担任过各种职务,战后流亡墨西哥。在那里做杂志《重新征服西班牙》的编辑秘书,去世前不久加入西班牙共产党。在贝纳比德斯的早期小说里,如《哀叹》(1922)、《在最深处》(1923)、《坎迪多,坎迪多的儿子》(1924),心理分析和色情内容占主导地位。从《一个30岁的男人》(1933)起,对社会和政治的关注上升到第一位,这部小说有很多自传素材,是对作家那代人的分析和对西班牙现状的纪实描写。他还出版了小说《地中海的最后一个海盗》(1934)、《神甫和乞丐》(1936)和文献性作品《一场革命的日记》(红色和黑色十月)(1935)、《欧洲的罪行》(我们的战争)(1937)。在墨西哥发表了《新预言家》(1942)和《班长指挥这个班》(1944)。

安德烈斯·卡兰克·德·里奥斯(1902—1936)是位自学成才的作家,从事过各种职业。他曾参加根据比奥·巴罗哈的小说《冒险家萨拉卡因》改编而成的同名电影的拍摄,有幸结识了巴罗哈,后者为反映其个人经历的小说处女作《一个人》(1934)作序。卡兰克·德·里奥斯还作为西班牙代表团成员参加了在巴黎举行的第一届保卫文化国际大会,他的作品通过现实主义的技巧向我们展示了作家对现存制度、意识形态体系以及支持它们的文化艺术的批判和否定态度。《困难的生活》(1935)和《电影人》(1936)以新兴的电影产业为主题,指出它变成了又一个剥削人的工具。

第三章
1939—1950：战后的凋零与初步复苏

　　1936—1939年的西班牙内战成为20世纪西班牙历史的分水岭，它彻底改变了这个国家的政治、社会、文化、外交等方面的生活。在小说领域，一方面战前对各种小说流派的探索，如"社会小说"和"非人性化"先锋派小说，都被迫中止；另一方面，内战期间盛行的为交战双方服务的"承诺文学"大都缺乏艺术价值。内战结束后佛朗哥建立起独裁政权，实行严格的新闻审检制度，禁止作家的自由创作。战前那些既反映现实又给人启迪的"社会小说"作家、共和派知识分子被迫流亡国外，这一切造成20世纪西班牙文学史的严重断代和分裂。

　　在整个西班牙当代小说史上，由于内战的消极后果影响，40年代毫无疑问是文学创作最贫乏的10年。虽然在第二次大战期间西班牙保持中立，但实际上佛朗哥的长枪党政权与德国、意大利保持着非常良好的关系，并确信战后将建立一个法西斯的欧洲。这一幻想在二战结束后破灭，欧美盟国与西班牙断绝外交关系，边境被关闭，西班牙处于国际政治和外交的孤立状态。佛朗哥的独裁统治也造成西班牙作家与欧美现代文化的隔阂，本世纪最有价值的文学（乔伊斯、萨特、加缪、普鲁斯特、纪德、卡夫卡、吴尔弗、福克纳、米勒、海明威、多斯·帕索斯）都很难在国内流传。为了填补西班牙出版界的空白，他们翻译一些经过严格挑选、平庸的外国作品（一般在本国没有什么名气）。

　　战后创作与战前的文学传统基本断裂，其中小说是最难传承战前"非人性化"和"承诺文学"流派的体裁。缺乏大师（"98年一代"作家基本上退出历史舞台），大批共和派知识分子作家流亡海外，他们的作品在国内成为禁书。战后初期西班牙小说创作受制于佛朗哥政权的需要，大多采取宣扬民族主义的题材。文坛盛行的是逃避现实的小说或战争小说，为胜利者歌功颂德，无法客观地进行文学批评。他们运用的小说技巧局限于过时的乡土主义和自然主义。佛朗哥于1942年以笔名"哈易梅·德·安德拉地"发表了一部题为《种族》的小说/电影剧本。这不是第一部歌颂内战胜利者的小说，但鉴于作者的身份以及在作品中所明确表达的战后西班牙小说的意识形态原则和方向，有必要对它加以介绍。《种族》缺乏文学水准，但有很大的历史价值（作品搬上银幕后还有很强的宣传功效）。小说试图用各种手段来赞美一个新的西班牙人，即为了民族主义、天主教、英雄主义、反共产主义而与资产阶级的舒适享乐决裂，这部作品奠定了此后同类作品的基调和纲领。

第三章

1939—1950：战后的凋零与初步复苏

另外 1936 年通过法律禁止发行和流通"色情的、马克思主义的或堕落的书籍和宣传册子",1938 年正式建立审查制度(由天主教会和长枪党双重负责),它不仅是政治性的,而且是宗教和道德性的,造成作家的自我审查心理。在这一缺乏信息和自由的体制下,西班牙作家的创作空间变得十分狭窄,他们的许多作品被禁止在国内出版。作家们迷失了创作方向,小说界一度出现空白,这一时期发表的作品只有少数因其历史和文学价值而免遭世人遗忘。但另一方面 40 年代也为文坛新人提供了某些便利,如胡安·阿帕里西奥创建的民族出版社为他们敞开大门,其手下的报刊,像《西班牙人》报也刊登作家每周的投稿,目的是"表明在当今我们的作家中崭露出一些优秀的小说家,他们有能力让最苛刻的读者满意。"那些年新创办的文学奖项,如"纳达尔小说奖",宗旨也是帮助年轻的新作家尽快成材。于是西班牙文坛涌现出一批文学新人(内战爆发时年仅 25 岁左右的一代作家),其代表性人物为卡米洛·何塞·塞拉、卡门·拉福雷、笛亚斯、米格尔·德利韦斯、贡萨洛·托伦特·巴列斯特尔等。他们的成长介于西班牙内战末期和第二次世界大战初期,是这些历史事件的见证者和受害者(有些人表现出明显的政治立场,如塞拉与审查制度合作,甚至当过审查员;德利韦斯积极拥护佛朗哥政权;托伦特·巴列斯特尔曾加入长枪党)。虽然彼此并没有同代人之间的互助,但他们在小说创作中都真实地反映了内战前后的西班牙现实,因而被称为"1936 年一代"或"战争中的一代"。也由于他们看到了内战产生的后果,所以又称之为"分裂的一代"或"被摧毁的一代"。这批人的作品风格各异,分属"可怕主义"、"存在主义"和传统现实主义流派。

第一节 "可怕主义"流派

伴随着"1936 年一代"在西班牙文坛出现了一种新的现实主义和存在主义小说,它的根源来自"98 年一代"这棵大树,基于一种奇怪的风格融合(巴列-因克兰的怪诞小说＋巴罗哈无情粗暴的语言＋古典流浪汉小说露骨的现实手法＋18 世纪画家戈雅[①]的绘画技巧)。从形式和技巧的角度来说,它倾向于取消 19 世纪小说的环境布景和大幅详细的场景描写,把情节的发展分割成一段段的场景和事件,有时缺乏一条明晰的情节主线。至于它所描写的世界,无论是对农村原始生活的回忆还是对城市社会环境的刻画,都不试图全面涵盖一个较长的历史时期或整个时代的生活,而是围绕某个社会阶层的一些代表性人物的人生经历,反映他们周围世界日常生活的一个具体方面。与古典现实主义小说的广度和多样性(对一个家族或一个时代社会历史的全面记录)相比,战后新小说的特点是有意限制和缩小它所描写的世界,避开对人物的外在定义、角色的心理

[①] 戈雅(1746—1828):西班牙著名画家,他在铜版画和素描中常常对艺术形象进行极度的夸张和强调,并采用怪诞的手法,把怪诞作品在艺术上提到空前的高度,开辟了通向新时代怪诞作品和漫画的道路。

分析、概念性的主张和意识形态的批评。它受一种粗暴的、放肆的活力论支配,显示出对人类生存的原始本能、基本方式的自然主义喜好,偏爱描写一个贫穷、下贱世界里的残酷场面,这便是当时西班牙文坛流行的"可怕主义"流派(这个名称是由安东尼奥·德·苏维奥雷提出的)。它是对歌功颂德、缺乏现实意义的官方高调文学的戏谑嘲讽,与城市文明的精神和观念格格不入,表现出一种反资产阶级和非欧洲化的姿态,具有强烈的伊比利亚色彩。

"可怕主义"体现了战后西班牙现实主义文学最早的创新意图,其主要影响在小说领域,但也波及到其他文学体裁。"可怕主义"小说的特点是从存在主义的角度出发,选择日常生活最艰难的方面加以悲苦地反映,因此它的基本主题是孤独、不适、失意和死亡。人物多半是些边缘化、无根、痛苦和无求生方向的社会底层民众,他们的命运是上天注定的,不可避免。尽管"可怕主义"小说一般着眼于个体的生存状态,刻画个人的命运,但所有这一切最终都揭示了一个社会不公问题。在"可怕主义"小说中最重要的不是情节如何发展,而是"通过人物的行动或语言探讨他们是什么样的人"。在作品字里行间活动的人因"他们的不幸、他们的不正常、他们的活力、他们的痛苦、他们的悲惨、与当代生活相关的因素"而使我们感兴趣,它是一种"在暴力方面对现实的夸大,或者是对使人讨厌的、甚至叫人恶心的事实的夸大"。

这种恐怖的、表现主义的现实小说,将残酷的内容与精细的结构结合起来,虽然具有悠久的本土传统,与同一时间国外流行的模式也没有什么不同,但在它们出现的具体环境里,这些暴力的、撕心裂肺的、呈现人类生活堕落景象的小说还是引起了强烈的震动。而西班牙刚刚结束的内战之残酷令人难以忘却,促使了这一文学流派的流行。像托马斯·博拉斯(1891—1976)的《马德里秘密警察》(1940)、拉斐尔·加西亚·塞拉诺的《忠诚的步兵》(1943)和佩德罗·加西亚·苏亚雷斯(1925—)的《36军团》(1945)都展示了战争的恐怖。另一些作品则揭示了更深刻的人类悲剧,不受简单的党派善恶对立论支配,居首位的就是卡米洛·何塞·塞拉的《帕斯夸尔·杜阿尔特一家》,它在40年代西班牙小说停滞的局面中充当了导火索。之后不久卡门·拉福雷的《一无所获》(1945)因出色地刻画了战后女性的奋斗历程和巴塞罗那的萧条而引起一阵期望的热潮,成为出版界最大的成功之一。"可怕主义"美学在它的初始阶段便具有了两部优秀的作品,它们能够"复活在我们文坛几乎显得耸人听闻的兴趣来征服西班牙公众的兴趣"。由于模仿者滥用、重复"可怕主义"模式,到50年代中期这一流派已失去了当初《帕斯夸尔·杜阿尔特一家》的轰动效应,在西班牙文坛宣告结束。一些学者强调"可怕主义"小说与存在主义小说之间的关系,对他们而言,前者是西班牙存在主义的一个方面,或者说是存在主义的西班牙版本;另一些人则断然拒绝任何将两者等同的企图。

卡米洛·何塞·塞拉(1916—2002)1942年发表的处女作《帕斯夸尔·杜阿尔特一家》拉开了战后小说的序幕,赋予了西班牙文学新的生命,也奠定了他在欧洲的声誉,被认为是"西班牙战后文学复兴的最杰出人物"。1957年当选为西班牙皇家院士,1977—

第三章

1939—1950：战后的凋零与初步复苏

1979年被西班牙国王任命为参议员，1989年因"他的叙事作品内容丰富，感情强烈，以克制的同情描绘了无依无靠的人们触目惊心的生存世界"而成为西班牙迄今为止唯一荣获诺贝尔文学奖的小说家。

内战前后塞拉就读于马德里大学，内战期间在佛朗哥军队服役。他的第一部长篇小说《帕斯夸尔·杜阿尔特一家》曾被8家出版社拒之门外，因为小说的内容过于血腥和残暴。作品讲述了30年代西班牙偏僻农村帕斯夸尔·杜阿尔特一家在特定的社会历史条件下演绎的一出充满血腥暴力和丑态的人生悲剧，揭示了人性的野蛮和原始本能的破坏力。这部作品倾向于强调暴力和怪诞形象，它一问世旋即被评论界贴上"可怕主义"的标签。在塑造主人公帕斯夸尔这个反英雄人物时，塞拉采用了西班牙流浪汉小说的模式，以第一人称回忆录的形式讲述主人公一生的遭遇（前后还附加了那位发现并整理这部回忆录手稿的人的说明，以期造成"真实效果"）。帕斯夸尔出生在一个贫困、愚昧、落后的农村家庭，父亲因走私坐过牢，出狱后酗酒，打骂妻儿，最终他们忍无可忍将父亲杀死。母亲既愚昧无知又粗野冷酷，对子女毫无母爱，与别人私通。帕斯夸尔从小受父母虐待，长大成家后，妻子受马惊吓小产，又被妹妹的男友侮辱，他一气之下将这个流氓踩死，结果被判28年徒刑。出狱后又因不堪忍受母亲的骚扰，用菜刀将这个泼妇砍死，再次受到法律的制裁，被判处绞刑。

塞拉试图通过塑造帕斯夸尔这样的底层人物来揭示人类最野蛮、最无知的一面，反映人类生存的无意义、无出路，这显然受到二次大战后欧洲存在主义思潮的影响，但又与欧洲存在主义小说有所不同。这些作品中的人物一般都能够进行自我反思和剖析，而塞拉笔下的帕斯夸尔则枉活了一辈子，不知道为何活在这世上，也不知是受什么魔鬼的驱使一次又一次地杀人犯罪，是个可怜又可悲的人物。同时，塞拉有意使用现实主义和自然主义的白描手法，将西班牙30年代农村落后闭塞的真实面貌赤裸裸地呈现出来。有人认为作者在描写社会阴暗面时过于夸张、恐怖，但这正是作品在西班牙引起强烈反响的主要原因，它的出版是对当时顺从官方旨意的正统文学的巨大冲击。小说不仅描写了帕斯夸尔一家的生存危机，也对整个西班牙30至40年代的社会进行了尖锐无情的抨击。

塞拉在他的处女作中创造了一种独特的"暴力美学"，显示了作家的不凡之处："《帕斯夸尔·杜阿尔特一家》的问世，一举证明了西班牙小说界蕴藏着巨大的、新的活力，为复苏和重建西班牙现代小说埋下了第一块基石，同时也从根本上扭转了40年代西班牙知识界只注重外国翻译小说的风气。"[①]1975年这部作品被成功地搬上银幕，同时被翻译成64种外语，仅次于《堂吉诃德》。

卡门·拉福雷·笛亚斯（1921—2004）是"1936年一代"中唯一的女作家，出生于巴塞罗那，两岁时随家人移居拉斯帕尔马斯群岛。战后回到巴塞罗那上大学，攻读法律和文哲专业（但都未完成）。3年后转往马德里，在那里定居并开始文学创作。拉福雷笔下

[①] 《诺贝尔文学奖辞典》（吴岳添主编），敦煌文艺出版社，1993年，第895页。

的女主人公具有强烈的自传色彩,细腻的心理刻画和真实的环境描写是她创作的两大特征。其小说主题只有一个,即一个慷慨、善解人意的童年、少年心灵,在向成年过渡时,面对周围肮脏的世界所产生的失望(青年的纯真理想主义与平庸环境之间的反差),而它又大多体现在女性人物身上,如《一无所获》中的安德烈娅、《岛屿和魔鬼》(1952)中的玛尔塔及《新女性》(1955)的女主人公。[①]

1944年拉福雷以处女作《一无所获》赢得第一届"纳达尔小说奖",立刻引起评论界和读者的赞誉。它是拉福雷的最佳之作,也是西班牙战后小说最具代表性的作品之一。小说描写一位外省年轻女子安德烈娅战后充满幻想来到巴塞罗那求学,寄居在家道中落的外祖母家,她发现到处是肮脏混乱的气氛和精神空虚。女主人公身陷家庭和学校的各种复杂关系中,挣扎在封闭窒息的环境里,强烈地意识到在战后表面的太平盛世下正发生着一场道德没落、经济贫困的生存危机。这一经历(包括初恋的失败)使安德烈娅对正处于解体关头的西班牙传统社会产生强烈不满,并从此走向成熟。有意思的是在这部小说里安德烈娅尚未完全凭借自己的力量战胜周围的环境,她前往马德里寻找新出路的决定也要归功于一位男性的保护。拉福雷在《一无所获》里提出的许多基本问题(爱情与婚姻、家庭与事业、男性与女性、自立与依附)在后来的女性文学中经常出现,她刻画了一组来自不同阶层、年龄、思维价值观的妇女,这些人物构成了西班牙现代女性群像。《一无所获》代表了"作为杰出的文学典型的一个少女人物的诞生,她是试图在被战争毁灭、被传统束缚的西班牙找到自己位置的一代妇女的象征"[②]。

拉福雷运用"可怕主义"的叙事技巧,强调痛苦和怪诞意象(如战后巴塞罗那的萧条和外祖母家的破败景象)。小说的结构和语言简单,以真实取胜,具有浓厚的存在主义色彩。《一无所获》尽管流露出某种程度的幼稚和个人传记的痕迹,仍为西班牙战后小说的发展提供了一条可尝试的新路。

拉斐尔·加西亚·塞拉诺(1911—1988)是胜利者小说的最忠实代表,从小爱好文学,写过诗和剧本,在马德里攻读文哲专业,同时也积极参加政治活动。1934年加入长枪党,内战中在佛朗哥的军队效力。后因患肺结核离开战场,转而从事新闻、文学和电影编剧工作,以笔为武器,为长枪党的宗旨服务。他捍卫天主教,极力反对民主与共和,1950年获得"弗朗西斯科·佛朗哥新闻奖"。

[①] 《岛屿和魔鬼》从一个精神有些失常的女孩玛尔塔的视角描写加那利岛上一户人家非正常的不幸生活(她母亲是个疯女人,被关在家里的阁楼上;同父异母的兄弟姊妹或卑鄙吝啬,或放荡不羁;舅舅是个无名的艺术家,姨妈则有些男性化)。在女主人公——叙述者看来,这些家人、亲戚都是些魔鬼的化身。1951年拉福雷改信天主教,这一人生经历直接反映在《新女性》中,小说描写一个世俗妇女重新发现了宗教信仰。她还著有《时间之外的三步》三部曲:《中暑》(1962)、《转过街角的时候》和《将死》;短篇小说集《女死者》(1952)、《女孩和其他故事》(1970);小说《召唤》(1954)、《一对夫妻》(1956);散文集《文学文章》(1977)、游记《纬度35》(1967)。

[②] Biruté Ciplijauckaité. *La novela femenina contemporánea (1970—1985). Hacia una tipología de la narración en primera persona*, Barcelona: Anthropos, 1988, p.47.

加西亚·塞拉诺所塑造的主人公完美地体现了长枪党的理想:青年英雄时刻准备着为一个更加美好的西班牙献身,他们一半像战士、一半像修士,为神话般的理想而生活、战斗和牺牲。加西亚·塞拉诺与"可怕主义"的关联在于他热情歌颂战争的恐怖(称内战为"解放者十字军"),热衷风险和极端的英雄主义。内战经历成为加西亚·塞拉诺小说的中心主题,他创作了一个战争系列小说:《欧亨尼奥或春天的宣告》(1938)、《忠诚的步兵》(1943年"国家文学奖")和《城堡广场》(1951)。这3部作品具有很大的自传成分,主要描写内战以及战前的那些岁月,歌颂在内战中与共和国为敌的长枪党青年。小说的情节不多,倾向于题外话的展开,不注重作品的结构和人物的刻画,更多的是自传的见证、小说化的报告文学。《城堡广场》的时间浓缩在1936年7月6日至19日之间(正好是奔牛节),舞台为潘普洛纳的城堡广场。那些天既是喧闹的日子,也是内战前夕敌对双方暂时的平静期。整个城市为小说的集体主人公,这一技巧使得作家能够简洁、素描似的刻画人物,把重点放在对战争本身的反思和见证上。

加西亚·塞拉诺的另一些作品如《在河的另一边》(1954)、《失去的眼睛》(1958)、《和平持续了15天》(1960)、《窗户面对着河》(1963)、《飞船》(1964)和短篇小说集《北方前线》(1982)也都涉及战争的各个方面。《失去的眼睛》与其他小说不同,描述即将上前线的士兵对战争的恐惧,展示了战争的另一面。《当神诞生在厄斯特拉马杜拉》(1973)则讲述了科尔特斯征服墨西哥的经历,为西班牙殖民者歌功颂德。加西亚·塞拉诺还出版了《为一个背包准备的字典》(1964)、回忆录《伟大的希望》(1983)和科幻政治小说《500周年》(1986)。

第二节

存在主义小说

存在主义小说的概念应该理解为一种人生态度或情感,而非哲学体系。作家关注的中心是个体的人及其内心的忧虑。这类作品从一个消极的立场揭示人类生存的空虚和无意义,主要围绕两大主题展开:一是人类命运的动荡不安,二是人际交流和沟通的缺乏或困难,群体间没有互助的纽带。这一流派不是朝抽象的概念化发展,而是把人类的痛苦体现在具体的情状和感情上,贴近周围的现实,而非人类生存的玄学范畴。如果把它与其他欧洲国家的作品相比,可以发现西班牙的存在主义小说在更大程度上关注社会矛盾,因为这里的作家每时每刻都会遭遇生活的匮乏,无法实现个人理想,同时独裁统治的压制氛围对人的欲念和期望造成很大的影响。

这一流派的作家属于现实主义范畴,但他们逃避了乡土主义和自然主义的典型模式,以新的技巧来丰富自己的创作(主要是吸取了美国"垮掉的一代"小说技巧,如视角的变化,时空的交错,倒叙,内心独白等)。主人公往往是个体的、失败的、迷失方向的人,在一个稀奇的环境里遭遇无法承受的压力,处于窘迫的极限生存状态;小说的时空有限,多采用第一人称叙事的形式和内心独白的技巧。作品介于主观抒情和客观写实之间,一般都具有较高的艺术水准(有时表现出创新的倾向,有时与传统现实主义相近),这一流派一直延续到整个50年代。

米格尔·德利韦斯(1920)在西班牙文坛与塞拉齐名,1972年当选西班牙皇家院士。在长达50多年的文学生涯里他的小说风格不断变化,经历了漫长的自我超越和完善过程。德利韦斯在40年代的创作特点是基本上采用19世纪现实主义的传统情节框架,探讨一些抽象的哲学问题,以基督教存在主义的名义为人类生存的荒诞寻找秩序和意义。小说的主人公往往生性孤僻,非常敏感,悲剧色彩浓厚,这一切造成了他们在当今冷酷社会中的边缘化地位。

德利韦斯的成名作《柏树的影子拉长了》(1947)是一部典型的存在主义小说,它的许多主题,如死亡、孤独、童年、卡斯蒂利亚的灵魂(这部作品的舞台被安排在古城阿维拉),都成为德利韦斯整体创作的基本要素。在主人公佩德罗的自传叙述中我们得知他童年的伙伴阿尔弗莱多之死影响到他一生的处世态度,佩德罗无法摆脱死亡的阴影,他对时间的流逝和人类的消亡有了深切的认识,这妨碍他积极投入生活。而他的老师所传授的"放弃一切"的哲学观点使他明白幸福的秘密就在于抛弃世俗的一切,不为其所累。最后已成年的佩德罗在宗教中学会忍耐,那艘封在瓶子里的巡洋舰玩具正是他面对生活和死亡的妥协。

《柏树的影子拉长了》流露出一种决定论的思想,即有些人被宿命所支配,在他们身上投下的是柏树消瘦的影子(西班牙的柏树一般种在陵墓周围,是死亡的象征);而在另一些人身上投射的却是松树又圆又好客的影子。无疑佩德罗属于第一种人,所以德利韦斯花了大量笔墨描写他所受的教育和生活环境(严厉而刻板的老师,他寄宿的那家人的生硬和消沉),这一切都渗透进主人公的心灵。

《还是白天呢》(1949)也是一部充满痛苦的存在主义作品,主人公塞巴斯蒂安是个残疾人,在百货公司当学徒。他遭受周围环境的冒犯,却勇敢地与各种不幸抗争:母亲酗酒,看不起他;同伴们嘲弄他;恋爱失败;日常生活平庸又贫困;失业……然而身陷巨大孤独的塞巴斯蒂安对城里最美、最富有的小姐产生了柏拉图式的爱情,这一爱情使他不断净化,"心灵美的怪物感到被一个极其美丽的女人天使般地吸引住,对他来说单单欣赏她就构成了变得高尚的动机。"塞巴斯蒂安在宗教和爱情里找到安慰,鼓舞他追求精神的完美,超越个体生存的不幸和自卑。小说的题目正是这种乐观主义的体现,但作品描写过于细节化,缺乏概括。

贡萨洛·托伦特·巴列斯特尔(1910—1999)长期以来是作为文学评论家和散文家而闻名,内战爆发时正在巴黎准备作博士论文,几经犹豫之后还是携家人回到西班牙。在一位神父朋友的劝告下加入长枪党,1937年结识了"布尔戈斯团体"的长枪党精英知识分子,参与他们的政治和文化活动。从1949年起开始在西班牙国家电台担

第三章

1939—1950：战后的凋零与初步复苏

任戏剧评论家（1962年因支持阿斯图里亚斯矿工罢工而丢掉这个职位）①，1966—1973年应邀在美国纽约阿尔巴尼大学任教。1977年当选为西班牙皇家院士，1988年荣获法国"艺术和文学荣誉骑士"勋章，1998年被授予葡萄牙"圣地亚哥骑士团"勋章。托伦特·巴列斯特尔是长枪党知识分子出人意料地受到民主时期新生代作家欢迎和敬佩的一个特例。

1943年托伦特·巴列斯特尔发表了第一部小说《哈维尔·马里尼奥》，采用的是线型结构和传统技巧，没有引起什么反响。在这部具有浓厚存在主义色彩的作品里，作家以非常学者化的方式探讨了主人公哈维尔在宗教与道德、爱情与政治之间的冲突：他是一个出身富裕家庭的小资产阶级知识分子，优柔寡断，充满偏见，既没有宗教信念，也无法与现实承诺。西班牙内战爆发后避居巴黎，在那里他爱上了女共产党员玛格达莱娜，这时哈维尔才第一次反思自己的人生态度。作者对小说的结尾做过两次改动，以便通过佛朗哥政权的审查。最终的版本是哈维尔皈依天主教，放弃在法国的舒适地位，回到西班牙加入到佛朗哥的行列，同时又使女友脱离共产党，与他为伍。但这些改动无济于事，小说出版后没几天就被列为禁书（对天主教审检员来说，此书包含了太多的淫秽意象）。事实上《哈维尔·马里尼奥》的真正主题是宗教（或政治）信仰与怀疑主义之间的内在斗争，另外受乔伊斯的影响，托伦特·巴列斯特尔加入了各种文化参照，将人物、叙述者及作者的视角重叠起来，并且从小说一开头就建立起西班牙/特洛伊、哈维尔/埃涅阿斯之间的平行关系。

《瓜达卢佩·利蒙的政变》(1946)与处女作相比在风格和形式上发生了根本的变化（不再表现出如此明显的党派倾向），它是历史小说、历险小说和滑稽剧的一种混合（讲述一个安第斯国家充满阴谋和冒险的历史），幽默和嘲讽扮演了重要角色。作品揭露了官方历史与真相之间的反差，戏谑了历史进程的客观性和真实性，同时影射佛朗哥政权的意识形态与大部分现实的矛盾冲突。《伊菲格涅亚》(1949)则表现了作家与古典神话相左的观点。②

何塞·苏亚雷斯·卡雷尼奥(1914—2002)出生于墨西哥，6岁时回到西班牙接受教育。他创作诗歌、小说、戏剧和电影剧本，并很早就获得成功，如诗集《人类时代》1944年被授予"阿多纳依斯诗歌奖"，小说代表作《最后几个小时》获1949年"纳达尔小说奖"，剧本《判刑者》于1951年获"洛佩·德·维加奖"，还被改编成电影，但如此有前途的文学生涯因作家本人参加地下政治活动而搁浅。

《最后几个小时》(1950)的问世代表了西班牙文学第一次有意识地吸收福克纳的诗意现实主义和格林的伦理主义，同时结合了连载小说与怪诞小说的特征。作品以马德

---

① 他著有《西班牙当代戏剧》(1957)、《西班牙当代文学概况》(1961)、《作为游戏的堂吉诃德》(1975)、《评论文章》(1982)。文学回忆录《一个懒散诗人的笔记》(1984)对自身的文学创作过程进行反思。

② 在古希腊神话中伊菲格涅亚是希腊联军统帅阿伽门农的女儿。阿伽门农最初率军远征特洛伊时，遇海上逆风，无法开航，只好忍痛杀了自己的女儿来祭祀女猎神阿尔特弥斯，以平息神怒，获得顺风。

里忧郁的凌晨为舞台(在那种龌龊的环境里流浪徘徊着妓女、醉汉和地痞流氓),试图捕捉当时西班牙社会的生存痛苦。不同社会阶层的人物暂时相会了,他们的生活条件形成强烈反差:一位富有的企业主、一个出生小资产阶级的妓女、一个为生存而挣扎的流氓(他鄙视那位心理有问题的资本家)。这部作品试图反映我们时代生存的痛苦、生活的荒诞和道德的沦丧。它既有社会见证的一面,也有存在主义的虚无和乡土主义的描摹,因此体现了存在主义小说与"可怕主义"小说的关联。

苏亚雷斯·卡雷尼奥的第二部小说《个人审判》(1955)揭露了内战所造成的一个可怕后果,即西班牙社会的道德松弛。主人公出生于大资产阶级家庭,是内战的胜利者,他利用自己的地位不择手段地发迹。许多年后因一次检举而差点破产,这时他开始审视自己的良心,决定向当局自首,为所犯下的罪孽付出代价。作品的情节是侦探式的,作家对西班牙社会进行了无情的嘲讽,点明这一切是因为旧的社会秩序和道德发生混乱,已失去了存在的价值。

里卡多·费尔南德斯·德·拉雷盖拉(1916)在智利度过童年,13岁回国,在马德里和巴塞罗那攻读文学。内战中在佛朗哥军队服役,战后在巴塞罗那大学文学系任教。处女作《一个随波逐流的人》(1945)描写一个男人为爱情所累,成为激情的牺牲品,最终自我毁灭。他的成名作《当我即将死去的时候》(1950)以抒情的语调展示了存在主义文学典型的基调和主题,小说的情节十分浓缩,主人公阿雷克西斯在临死之前以第一人称的口吻回顾自己的一生:他的青少年时代、在马德里和巴塞罗那的求学经历、他与女教师克拉拉的爱情悲剧。阿雷克西斯承认自己应对这一结局负责,但也强调遗传因素和环境的制约对他人生的影响。

费尔南德斯·德·拉雷盖拉的最佳之作是《匍匐在地上》(1954),小说试图客观全面地描写西班牙内战,呈现出赤裸裸的现实主义风格。主人公是一位普通士兵,在战争中遭受死亡的威胁,与恐惧和痛苦为伍。激烈残酷的战斗场面在作品中占据首位,使用的是"战壕语言",即短小的对话和令人心碎的句子。但作品基本上是在一个比较抽象的环境里展开,作家的主要意图是揭露所有战争(不光是西班牙内战)的残酷和荒谬,展示那些无辜的牺牲品在战争中的悲剧。具有讽刺意味的是,主人公没有死在前线,而是偶然死于战斗结束时。

《我们失去了天堂》(1955)回忆童年世界,《祝相爱的人幸福》(1956)讲述第二共和国及内战期间一位受到妻子欺骗的丈夫最终赢得对方的尊重。《临时流浪汉》(1959)描写的是一群来自良好家庭的流浪汉,与他们的社会关系决裂而投身冒险。同样的题材还出现在短篇小说集《谍报》里。其他作品有《英国老师》(1964)和《梦想家的共和国》(1977)。

费尔南德斯·德·拉雷盖拉还与夫人苏珊娜·玛奇(小说家兼诗人)合作完成了长篇系列小说《当代国家逸事》(1963—1972),第一部为《古巴英雄》,最后一部为《共和国》。小说以客观的手法描写加泰罗尼亚地区的工人生活,其主角为一户工人家庭和一户资产阶级家庭,作品的艺术成就不高。

第三章

1939—1950：战后的凋零与初步复苏

何塞·路易斯·卡斯蒂略-普切(1919—2004)内战期间在共和派军队服役,战后毕业于马德里新闻学院,担任联合国《信息报》记者(他对美国社会十分了解,与海明威私交甚深)①,主编《西班牙语世界》,并在马德里康普登塞大学新闻系任教。他的作品介于小说——历史与自传体小说之间,从一开始就在叙述中表现出恐怖的感官色彩,在某种程度上继承了"可怕主义"风格。此外卡斯蒂略-普切的行文紧张、短促,许多小说渗透着基督教存在主义精神,具有一系列固定要素:一个象征的空间(一个矛盾的社会,人的道德原则和他的自私行为永远无法达成一致);自传性;对死亡、孤独、失意、生存和宗教问题的关注;被生活环境压制的人物。

从1944年起卡斯蒂略-普切开始创作具有很强自传性的小说《无路》,主人公恩里克在修道院求学的时候,身陷虚假的宗教志向与个性发展之间的冲突,他的反抗态度为其余同伴所效仿。作品揭露了神学院学生的虚伪、道德沦丧、没有真正的信仰、献身和爱心,矛头直指西班牙天主教会,因而受到新闻审查的阻拦,1956年才在阿根廷出版。《如同绵羊被送到屠宰场》(1971)和《无政府主义者耶利米》(1975)依然涉及的是宗教信仰和从事神父职业的志向问题(作家本人便放弃了这条为上帝服务之路)。

神话化的城市"艾古拉"三部曲以作家故乡叶克拉为蓝本,第一部《肩负着死亡》(1954)是一部典型的存在主义小说,主人公胡利奥痴迷于死亡,坚信自己将像全家人那样死于肺结核,因此他唯一的生活目的就是为那一结局做准备。胡利奥靠写作来压制内心的不安,并把手稿交给自己的同乡好友卡斯蒂略-普切,由后者发表(这里使用了元小说技巧,作者可以表达与主人公不同的观点)。但小说的结尾具有悲剧的讽刺性:胡利奥死于暗杀,而尸体解剖时发现他并未染上肺结核。第二部《报复者》(1956)面对的是战争的责任问题,这一主题在第三部《划分遗产》(1957)中再次出现,同时还触及争夺遗产和金钱的肮脏现实。从70年代起卡斯蒂略-普切创作了"解放三部曲":《幻觉和幽灵之书》(1977)、《金雀花的苦气味》(1979)和《你将认识虚无的痕迹》(1982),再次回到艾古拉,叙述贝比克一家的家族史,重点是主人公贝比克对自己一生的回顾。

---

① 卡斯蒂略-普切对美国的兴趣体现在《白金》(1963)和《在40纬度线上》(1963)这两部小说里。前者描写的是移民美国爱达荷州的巴斯克牧民的生活,他们所有的奋斗都集中在唯一的财富来源上:羊毛生意。后者触及驻扎在西班牙的美军基地这个话题,它所代表的文明与落后的西班牙形成强烈反差。小说的主人公是一位西班牙共产党员,他潜入美军基地准备进行一项破坏活动,以保持自己在共产党内的地位,并报复美国人。但他与一个美国黑人士兵的友情导致他最后不得不放弃这一计划,小说揭露了美国军人与西班牙贫民之间悬殊的生活差别。其他作品有《阿威拉内塔的私密回忆录》(1953)、《疯狗》(1965)、《在皮肤里面》(1971)、《麻风病人和其他故事》(1981)和《蝙蝠不是鸟》(1986)。

第三节

传统现实主义小说

由于这一时期新的政治环境不允许批判现实主义的创作,形式主义的实验和智力游戏也因故中断,因此不足为怪的是有些西班牙作家继续沿用19世纪末"98年一代"的现实主义、自然主义及流浪汉小说的创作手法,以巴罗哈的作品为榜样,对西班牙战后社会的现状加以真实的描摹。一些评论家认为"风格的精致、聪敏的想法、技巧的实验、文笔的厚重都与他们无关",另一些人则评价他们"态度和技巧都更依赖过去,而非出自未来",因而是"落伍"的,然而这些小说家还是留下了一些值得赞赏的作品。

胡安·安东尼奥·德·松苏内吉(1901—1982)出生于比斯开一个富有的家庭,与当地金融界关系密切,曾在德乌斯特、萨拉曼卡、马德里、巴黎和罗马大学攻读法律。从1939年起定居马德里,在当时最重要的报纸杂志上撰稿,是连接西班牙战前和战后小说创作的桥梁(1960年当选为西班牙皇家学院院士)。他的风格主要介于加尔多斯与巴罗哈两位大师之间,以细腻的现实主义手法和社会批评著称,融合了"98年一代"对语言的关注、巴罗哈式的狂妄、幽默的嘲讽和感伤。松苏内吉把小说视为"生活片段",企望记录下对现实的仔细观察,不回避肮脏、赤裸裸的描写。尽管在审美上贴近传统,但他彻底的悲观主义还是与盲目的顺从相差甚远。

松苏内吉是一位多产作家,40—60年代初是其创作的鼎盛时期,之后放慢了写作节奏,但从未中断。1926—1950年间的小说大都描写北方城市毕尔巴鄂的当代生活,如短篇小说集《毕尔巴鄂的生活和景色》(1926)批评西班牙伤风败俗的社会风气;《奇里皮》(1931)和续集《奇普利昌德莱》(1940)是现代流浪汉小说,描写一个足球运动员的成功和衰落,批评金钱社会允许一个无耻的小人往上爬;《啊呀!这些孩子!》(1943)描写毕尔巴鄂有钱阶层的家庭生活。

从《死亡之船》(1945)起松苏内吉放弃了前面作品的幽默,小说的主人公从新大陆返回西班牙故乡,开办了一家殡仪馆,靠挣死人钱发家,结果触犯了乡亲,被闹事者杀死。《破产》(1947)分上下两部,描写毕尔巴鄂一个银行家坐吃山空,导致家族银行破产,最后只能依靠与人私奔的妻子度日,作品呈现了战前西班牙社会道德的崩溃和衰败。《溃疡》(1948年"国家文学奖")则是一部怪诞地歪曲人物形象的自然主义小说,一位从美洲回来的人物患了溃疡,以此博取他人的同情,以便获得一个职位。最后溃疡病治愈了,而他却抑郁地死了。《按合同生的儿子》(1956)讲述毕尔巴鄂的一个人发迹、获得金融权势后,为了有个儿子以继承家业而与一个女侯爵结婚。儿子是生了,但结果是个颓废无用的人。父亲自认为是失败者,母亲则变成基督教忍耐的典范。

第三章

1939—1950：战后的凋零与初步复苏

松苏内吉 50 年代的作品转而以马德里为舞台,像《至高无上的利益》(1951)、《主持正义的卡车》(1956)和《生活继续》(1960)。这些小说是对西班牙当代社会的详尽写照,他常常刻画那些仅够温饱的平民百姓,语言直白,很少雕琢,人物塑造缺乏深度。《这次暗淡的溃散》(1952)被认为是他的最佳之作,小说描写一对从事股票生意的夫妇想为儿子留下一份家业,内战的爆发使他们的计划落空。儿子不务正业,是个败家子,在他周围活跃着各色人等,他们的唯一目的是大发战争的不义之财,作品揭露了战后马德里社会的实用主义和理想的缺乏。

《生活就是这样》(1954)是一部开放式小说,以 20 年代马德里中心一个老城区为舞台,主要描写一家小酒吧老板与红杏出墙的妻子之间的感情纠葛,而出入酒吧的顾客及各自的遭遇构成情节副线。作品运用了地道的民间语言(行话、黑话)来展示马德里中下层百姓的生活场面,具有流浪汉小说的特征。《土地上的一个女人》(1959)还是以马德里中产阶级为主角,女主人公曾是个地主,在内战中失去了在故乡穆尔西亚的土地。为了重新得到它,不惜采取各种残酷的手段盘剥、欺诈房客的钱。《奖金》(1961)讽刺西班牙各种文学奖,却获得了"米格尔·德·塞万提斯奖"。

松苏内吉的另一些作品描写不理智的激情造成女性人物毁灭的悲剧,如《两个男人之间的两个女人》(1944)、《船上的老鼠》(1950)、《两个女人之间的一个男人》(1966)和《夭折的女儿》(1973)。松苏内吉最初的意识形态十分接近内战的胜利者,但由于佛朗哥独裁政权的腐败与作家极端的道德主义相冲突,于是他拒绝继续支持这一体制,导致《最优美的才能》遭禁,直到 1979 年才出版,这部小说揭露了酋长制、对宗教的利用以及 50—60 年代西班牙社会的道德堕落。最后一部作品《生与死》(1984)时空范围比较广(从内战中的毕尔巴鄂到战后的马德里),触及同居、乱伦等敏感问题(一位寡妇与自己未来的女婿保持不正常的关系),对西班牙 30—70 年代的社会生活进行了广泛地分析和批判。[①]

"松苏内吉在系统地摧毁我们社会的神话方面超过了所有'半个世纪派'作家。他们之间的区别在于后者指责社会,展示出牺牲品,希望未来的世界更加公平。而在松苏内吉的作品中既无牺牲品也没有无辜者,或许其结果正好适得其反:在西班牙资产阶级中松苏内吉的读者远比'社会小说'作家多得多。"[②]

伊格纳西奥·阿古斯蒂(1913—1974)战前以加泰罗尼亚语从事诗歌创作,内战爆发时作为记者和评论家的阿古斯蒂离开了巴塞罗那,在德国难民营逗留一段时间,1937 年返回西班牙,开始用西班牙语写作。他是长枪党的文化活动家,杂志《命运》的创办者之一,"纳达尔小说奖"便是由他设立的。早期的《犁沟》(1942)是一部新浪漫主义的诗

[①] 松苏内吉的其他作品有《我的海湾故事和谎言》(1926—1944)、《三者为一或烦人的名声》(1935)、《准备当塑像的人》(1942)、《上帝之路》(1959)、《快乐之路》(1963)、《一切都留在家里》(1965)。

[②] Ignacio Soldevila Durante. *Historia de la novela española (1936—2000)*, Vol. I, Madrid: Cátedra, 2003,p. 378.

意小说，描写一个男子在妻子去世后依然怀有的醋意。这部作品的时空不确定，因为作家想避免所有的地方主义以获取世界性。在小说中用诗意的语言大量篇幅地描写人物的心理状态、风景，不惜放弃现实主义的真实性原则，因为人物（不论是农民还是叙述者）的语言都采用现代主义雕琢精致的风格。

阿古斯蒂的代表作是创作时间长达近三十年的五部曲《灰烬曾是树木》：《马里奥娜·雷武利》(1944)、《鳏夫里乌斯》(1945)、《德西德里奥》(1957)、《7月19号》(1965)及《内战》(1972)。这是西班牙当代文学史上最宏大的小说之一（其中第一部艺术成就最高），作家采用传统现实主义与自然主义的写作技巧，描写20世纪初加泰罗尼亚地区手工纺织业主里乌斯如何从家庭式作坊起家，在经历了一系列磨难之后终于成为当地赫赫有名的企业家，并培养他的孙子继承家业。里乌斯家族发迹史是整个巴塞罗那民族资产阶级从19世纪到西班牙内战结束后的一个缩影，呈现了一个世纪加泰罗尼亚工业从无到有、从强到弱的历史画面和道德危机。阿古斯蒂去世后出版了回忆录《说的欲望》(1974)，还著有杂文集《加泰罗尼亚的一个世纪》。

何塞·玛丽娅·希罗内利亚(1917—2003)是一位自学成才的畅销小说家，内战期间在佛朗哥军队中作战。他在独裁统治时期发表的作品具有明显的党派色彩、存在主义和心理决定论因素，1996年希罗内利亚公开表示对自己过去的政治立场感到后悔。他的成名作为存在主义小说《一个男人》(1946)，它是作家多种经历、阅读和法国之行的积累。《潮汐》(1948)的舞台是第二次世界大战中的德国，对希特勒政权进行批评。

希罗内利亚的代表作为描写西班牙内战的动荡历史、反映战前战后西班牙现实生活及内战后果的一个系列小说（以作家的故乡赫罗纳为舞台，在那个小小的省会城市发生了许多历史事件和悲剧），其目的是从西班牙内在的角度提出一个关于内战及起因的公正说法，反驳外国同行在这一历史问题上虚假、不全面、离奇的观点。希罗内利亚利用了战前和内战中自己的亲身经历、他人的见证，并做了详实的考证工作。第一部《柏树相信上帝》(1953年"国家文学奖")从1931年4月至内战开始，以一个中产阶级家庭的冲突来象征从第二共和国到内战初期西班牙人民意见的分歧，对内战的起因率先作出了为西班牙人所接受的解释（丈夫马蒂亚斯是电报员，思想开明，是自由派；妻子卡门是保守的天主教徒，受其影响，几个儿子都当了神甫。其中一个即作家本人的化身，最后放弃了神学院，变成一个优柔寡断、内心复杂的人）。希罗内利亚认为，西班牙内战的爆发是宗教信仰和社会不公之间在伦理方面发生的冲突。第二部《一百万死者》(1961)描写1936年7月—1939年4月交战双方的残酷厮杀；第三部《和平爆发了》(1966)再现了战后整个40年代的凋零；第四部《被诅咒活下去》(1971)不如第一部那么成功，舞台转到巴塞罗那，时间跨度从战后到70年代，拥有广泛的历史、社会资料，描写一群来自不同社会阶层和意识形态的集体人物的生活遭遇。第五部为《男人们独自哭泣》(1986)。

第三章

1939—1950：战后的凋零与初步复苏

希罗内利亚 80 年代的两部作品题材发生了明显的变化，《不安的疑虑》(1988) 描写一位曾经的神父在肉体之爱的诱惑下，放弃了自己的职业（虽然没有放弃宗教信仰），重回世俗社会，与相爱的女人结婚生子。《心里藏有许多阴影》(1995) 则很难归类为小说还是散文，因为在这部作品里希罗内利亚把 16 位来自不同时代、国籍、意识形态、职业的历史人物召集到赫罗纳的墓地，进行一场对话。他本人担任协调员，并且也阐述了对历史、教义等问题的看法，引出其他人物的提问和对答。①

达里奥·费尔南德斯·弗洛雷斯(1909—1977) 曾在马德里学习法律和文哲专业，两次世界大战期间周游欧洲，对欧洲文化有亲身了解。回国后在西班牙国家电台担任文学评论工作，是个多面作家，出版了文集《随风而逝的报道》(1948)、《佛罗里达的西班牙人的悲剧和历险》(1963) 和《美国的西班牙遗产》(1965)；剧本《云的女主人》(1944) 和《赢得的生命》(1944)。

内战前费尔南德斯·弗洛雷斯发表了两部没有什么影响的小说《不安》(1931) 和《巨大的漩涡》(1932)，战后的《喧闹》(1944) 利用作家本人的经历，描写西班牙学生在国外大学留学时所遇到的文化冲突。他的小说家生涯转折点是 1950 年发表的《劳拉，模糊的镜子》，在当时引起巨大轰动。这部作品意味着费尔南德斯·弗洛雷斯放弃了虚假的文学语言，用一个真实的声音来反映现实。作为妓女劳拉的回忆录，她以第一人称的方式毫无顾忌地讲述自己的卖淫生活。劳拉善于利用自己的美貌周旋于各式男人之间，享有很高的身价。但她仇视这些嫖客，以征服和侮辱他们为乐事。为此劳拉也付出了健康的代价，患病的身体靠吗啡维持。通过她的生活经历我们看到了 40 年代在审查制度和同谋关系的庇护下马德里上流社会资产阶级的腐化、贪婪、淫荡和堕落。小说是对那个时代的批判和见证，同时具有某种教化意图。

70 年代费尔南德斯·弗洛雷斯继续创作了《劳拉的新事件和淫邪言行，模糊的镜子》(1971)、《暗杀劳拉，模糊的镜子》(1974) 和《劳拉的秘密回忆录，模糊的镜子》(1978) 等系列小说。性爱和调情依然是这些作品的基本要素，人物为激情所累。在小说结构上作家倾向于把叙事分解成相对独立的插曲，总体来说这些作品远没有第一部那么成功。②

塞巴斯蒂安·胡安·阿尔伯(1902—1984) 是位自学成才的作家，出生于埃布罗流域的一个农庄，12 岁便辍学开始谋生。20 岁移民到巴塞罗那，曾当过加泰罗尼亚政府公

---

① 希罗内利亚还著有文集《我头脑里的幽灵》(1958)、《我们都注定要消亡》(1961)、《人物、观点、海浪》(1963)、《日本和它的精灵》(1964)、《中国，无数的眼泪》(1965)、《大海的呼唤》(1967)、《与堂胡安·德·波旁的谈话》(1968)、《在亚洲死于星星下》(1968)、《100 个西班牙人与上帝》(1969)、《地球的呼喊》(1970)、《圣地的丑闻》(1977)、《100 个西班牙人与佛朗哥》(1979)、《温柔的世界，真实的世界》(1981)、《在墓地约会》(1983)、《福音书的耶路撒冷》(1989)、《我，穆罕默德》(1989)、《在肖邦的影子下》(1990)、《致我亡父的信》(1992)、《致我亡母的信》(1992)；小说《女人，你起来，走开》(1962)、《路是走出来的》(1997)。

② 费尔南德斯·弗洛雷斯的其他作品有《边界》(1953)、《高级缝纫》(1954)、《一位少爷的回忆录》(1956)、《我在里面》(1961)、《法官先生》和短篇小说集《3 个被嘲弄的丈夫》(1957)。

务员、加泰罗尼亚语教师,以加泰罗尼亚语创作成名。但内战使他失去这一切,被迫开始用西班牙语写作。阿尔伯的作品有农村小说和城市小说两种模式,第一类大部分是用加泰罗尼亚语创作的,如描写童年环境的《埃布罗河流域》(1932)、《夜路》(1937)和《等待》(1968)。阿尔伯关注人与大自然的关系,擅长景色描写,大自然在他的作品中以恢弘的气势出现。第二类用西班牙创作,以巴塞罗那老区为舞台,如《在灰石上》(1949)、流浪汉小说《马丁·德·卡雷达斯》(1955)和《警报夜曲》(1957)。《玛利亚·莫里那利》(1954)的主人公是一个记者,被妻子抛弃。他的朋友玛利亚与别人通奸,也经受了一场不幸。小说描写了战后巴塞罗那的黑暗与光明,艺术界和知识界的空白和匮乏、红灯区的堕落。阿尔伯还著有《蒂诺·科斯塔》(1947)、《庄园》(1975)、《风暴》(1975)、《大地与大海之间》(1975)和《启示录第二部》(1981);关于作家童年的回忆录《大地与大海上的男人》(1961)和《回忆录:城市人》(1982);传记《塞万提斯》(1948),散文《比奥·巴罗哈和他的时代》(1963)。

曼努埃尔·阿尔贡(1903—1989)出身安达卢西亚贵族家庭,内战期间从事新闻,担任长枪党的顾问,领导杂志《顶点》,创办《星期》,建立"西班牙文化学院",1962年当选西班牙皇家院士。他的创作介于表达内心衷情与现实主义描写之间,倾向于孤独的静观,细腻委婉地与人物保持距离,与风景、动物和事物融合。阿尔贡的小说大多以安达卢西亚农村为舞台,人物出自上流社会(这是作家最熟悉的阶层),尤其偏爱少爷这一形象。他代表着一个即将消亡的世界,骑在马上,统治着自己的农村领地,如《胡安·卢卡斯的历险》(1944)、《大醉》(1953)和《杜艾尼亚斯一家》(1958)。阿尔贡还喜欢深入女性人物的性爱隐私空间,塑造了许多既性感又温柔、既大胆又嘲讽、既复杂又矛盾的女英雄,像《一个冷漠女人的内心独白》(1960)、《赤裸裸的廉耻》(1965)、《曼努埃拉》(1970)。还著有《更进一步》(1967)和《好心情的故事》(1979)。

孔查·埃斯皮纳(1877—1955)出身于桑坦德尔一个富裕家庭,1892年母亲去世后随父亲移居阿斯图里亚斯(其父在矿山当会计),1893年结婚后随丈夫去了智利,1898年回国,开始在报纸上撰稿。内战前埃斯皮纳就在文坛崭露头角,她的小说属于19世纪现实主义,捍卫传统价值体系。《为了死而觉醒》(1910)批评马德里有钱阶级;《马拉加台利亚的神秘女人》(1914年"西班牙皇家学院奖")描写莱昂省马拉加台利亚地区一个小镇的妇女迫于周围环境的压力而结婚,以致一生不幸的遭遇,塑造了一个典型的封闭落后的农村世界。《死人的金属》(1920)从客观的角度叙述了1917年里奥丁多的矿工和农民与负责开采本地矿山的英国公司发生冲突引发的大罢工,作家出于基督教人道主义对穷苦百姓表示同情。

埃斯皮纳的另一些作品以分析女性心理为主,如成名作《露丝美拉的女孩》(1909)、《雪水》(1911)、《风之玫瑰》(1916,具有自传色彩)、《甜蜜的名字》(1921)、《红花萼》(1923)、《爱情治疗法》(1925)、《失踪的女孩》(1927)和《慎重的处女》(1929)。后期小说《后方》(1937)、《灰色卷宗》(1938)、《不可战胜的翅膀》(1938)和《红月亮》(1939)描写内

第三章

1939—1950：战后的凋零与初步复苏

战对个人命运所造成巨大的冲击，歌颂内战的胜利者。①

托尔夸托·鲁卡·德·特纳(1923—2000)出身报业世家，本人也是知名记者。1962—1975年任《ABC》报社长，同时领导杂志《白与黑》，1973年当选西班牙皇家院士。晚年移居墨西哥，但一直与西班牙新闻界保持联系。《地狱里的大使》(1955)是鲁卡·德·特纳小说的起点，在这部报告文学式的作品中，他与巴拉西奥斯少校合作，讲述这位军人在俄国作为战俘的经历。《被禁的年代》(1958)是鲁卡·德·特纳的成名作，主题是少年世界（其中包含了作者的回忆）。两位来自同一社会背景的人物却有着相反的行为，数年后再次相遇时命运赋予他们不同的角色：一个是法律的代表，另一个是触犯法律的人。②

---

① 埃斯皮纳还著有小说《北极大地》(1924年"西班牙皇家学院奖")、《桅杆》(1925)、《主祭坛》(1926年"国家文学奖")、《7道太阳光》(1930)、《昨日之花》(1932)、《多枝烛台》(1933)、《金黄色沙漠》(1938)、奴役和自由。一位女囚的日记》(1938)、《受难的公主》(1939)、《年幼的修道士》(1942)、《在美洲的胜利》(1944)、《最强的人》(1947)、《一道海谷》(1949)和《一部爱情小说》(1950)；短篇小说集《生活片段》(1907)、《致星星的爱》(1916)；诗集《我的鲜花》(1904)、《在夜与海之间》(1933)；散文《堂吉诃德的女人们》(1903)、《种子》(1918)；剧本《燃烧的黑暗》(1940)和《银币》(1942)。

② 鲁卡·德·特纳的其他作品有《冈德雷拉上校的另一个生活》(1953)、《别人的女人》(1961)、《疯狂的指南针》(1964)、《贝芭·尼艾布拉》(1970年"塞维利亚协会奖")、《前任部长先生》(1977)、《致另一世界的信》(1978)、《写在浪花上》、《上帝歪曲的文章》(1979)、《佛朗哥，是的，但是……》(1993)、《一个正派女孩的烦恼》(1995)、《冷冻的岁月》(1995)、《梅塞德丝，梅塞德丝！》(1999)。

第 四 章
1951—1962：现实主义小说与"半个世纪派"

西班牙战后小说的真正复苏应该说是从 50 年代开始的。1950 年联合国取消了第二次世界大战后对西班牙的制裁，恢复了它的国际外交关系。1952 年西班牙加入联合国教科文组织，1953 年美国出于推行冷战政策的需要，与西班牙签定《马德里条约》并为其提供 6200 万美元的贷款，同时获准在西班牙本土建立军事基地。1955 年西班牙加入联合国，这是它走向开放的最显著象征。但这一时期的经济仍十分困难，特别是在农村，大量农民涌入城市谋生，大批西班牙人去国外打工。1959 年在西欧一体化进程的影响下佛朗哥政权开始制定"稳定发展计划"，开放边境和贸易，实现了由管制经济向自由市场经济的转轨。国内社会、政治和经济形势开始好转，西班牙的经济水平得到了较大程度的提高。私人汽车、电视开始进入百姓家庭，大批外国游客的到来既为西班牙创造了外汇财源，也带来了欧美的新思潮、生活方式和习惯。

国门的打开使得审查制度变得相对灵活，一些左派作家开始在长枪党主办的杂志上发表作品，大学生和工人从事反独裁的地下政治活动。50 年代的文坛新人有条件（虽然是以地下的方式）接触到一些在国内遭禁的西方思想和小说流派，他们的艺术视野相对拓宽了许多。"这些小说家所接受的美学和知识影响有几个方面。首先是萨特的社会承诺观点；其次，美国'垮掉的一代'小说家的批判态度。此外还显露了意大利新现实主义的强烈冲击（通过书籍和电影两种途径，或许可能更多的是通过后者），至于技巧，法国的客观主义影响了他们。"[①]

另外"命运"和"塞易克斯·巴拉尔"两大出版社推出了世界文学最重要的作品，使得西班牙作家能够借鉴和吸纳法国"新小说"（注重客观描述）、美国"垮掉的一代"以及拉丁美洲作家的小说。1956 年塞易克斯和巴拉尔两位出版商与几位作家达成一个协议，即运用小说作为反对佛朗哥政权的武器。此外 1952 年和 1958 年分别创立了"行星奖"和"小图书馆奖"，它们的重要性在于传播和推广了新一代小说家的作品。

---

① Santos Sanz Villanueva. *Historia de la literatura española 6/2*, *Literatura actual*, Barcelona: Arial, 1988, pp. 105—106.

第 四 章

1951—1962：现实主义小说与"半个世纪派"

1951年塞拉的又一部力作《蜂房》因新闻审检的刁难而被迫首先在阿根廷出版，1962年才在西班牙问世。它"是对日常的、苦涩的、痛苦的、令人心酸的现实所做的苍白反映，是现实世界投下的卑微阴影"。《蜂房》标志着西班牙文坛出现了新的文学标准和价值观，战后小说的美学方向发生了适时、机智的转变，开始进入"新现实主义"阶段，在这点上塞拉对"半个世纪派"作家的影响极为深远。

《蜂房》是一部描写战后马德里中下层居民日常生活的全景式群像小说，塞拉特意使用蜂房作为40年代马德里社会的象征，以罗莎太太开的咖啡馆为主要舞台，描写1942年12月短短3天里在这里出没的形形色色人物和发生在他们身上及周围的各种事件：青年诗人马丁失业，生活无着落。一天他在罗莎的咖啡馆吃了东西而付不起钱，被老板娘当众逐出门外。小说以此为线索，围绕着活动在咖啡馆周围的一百六十余名各色人等展开，其中有工人、职员、医生、警察、小贩、妓女、流氓、同性恋、跑堂的、放债的、巡夜的、擦皮鞋的……小说最后以妓女马戈特被人勒死在厕所、警察准备传讯马丁作为结束。这部作品没有一根情节主线，也没有一个贯穿全书的主人公，是集体人物式的小说。塞拉引用了美国作家多斯·帕索斯《曼哈顿中转站》(1925)的"摄影机镜头"技巧，一个全知全能的旁观者——叙事者用全景、远景、近景、特写、融入、切入、闪回等电影手段将众多人物的生活和他们周围发生的各种琐碎事件一一展现给读者，有时一件事由不同的当事人从各自的角度加以叙述。总之，作者从革新和透视的角度描绘了战后马德里的景象。

在《蜂房》交响曲式的结构中，饥饿、性、恐怖成为小说的三大主旋律。这些灰色人物终日为日常生活的一些最基本的需求奔波忙碌，仿佛一只只疲于奔命的蜜蜂。无论是没落的中产阶级，还是与贫困为伍的下层人，都对前途毫无幻想和希望，只求在各种性爱游戏中获得短暂的解脱。通过对这组群像人物的塑造，塞拉为我们展示了在官方宣传的歌舞升平的西班牙背后被人遗忘的另一个边缘西班牙，表明了作者对西班牙现实的批评态度，而他对性爱游戏的渲染旨在抨击西班牙天主教社会虚伪的道德伦理体系，这点在50年代的西班牙小说创作中是相当大胆新颖的。《蜂房》为"社会小说"提供了3个结构特征：时间的浓缩，空间的局限和集体人物的刻画。塞拉开"新现实主义"之先河，成为同辈作家及"半个世纪派"效仿的榜样。①

从50年代起**德利韦斯**开始创作农村小说系列，把注意力转向现实生活更加具体的方

---

① 在紧随《蜂房》之后问世的《考德威尔太太跟她儿子说话》(1953)中，塞拉试图摆脱传统叙事文学的模式，全书以女主人公独白的形式描写精神不正常的考德威尔太太因陷于乱伦的臆想而借书信抒发对死去的儿子的爱恋之情。小说没有连贯的叙述，读者可以从任何一页开始阅读。作品完全靠人物的语言来刻画考德威尔太太复杂晦涩的心理，显示了塞拉高超的语言驾驭能力，这一特征同样体现在《小赖子新传》(1954)里。塞拉在西班牙农村地区旅游时写就的游记也明显表现出他敏锐的观察力以及富有色彩的描绘技巧，如《阿尔卡里亚之行》(1948)，文笔清新自然，对阿尔卡里亚地区的风土人情、自然景观和社会历史环境做了生动描述。还著有《从米尼奥河到比达索》(1952)和《犹太人、摩尔人和基督徒》(1956)。1968年开始出版多卷本《俚语词典》，其中编录了"不宜付印"但家喻户晓的单词和短语。

面。他密切观察卡斯蒂利亚农村在工业文明的侵蚀下所发生的重大变化,并将农村与城市、落后与文明的对立反映在作品中。写作技巧也比第一阶段成熟,综合概括代替了详细分析,作者的评论几乎消失,主要由人物自己来表述,作品充满令人回想的抒情气息。

《道路》(1950)从一个儿童回忆的角度来描写德利韦斯所钟爱的农村世界:11岁的丹尼尔即将被父亲送到城里的一所寄宿学校读书,因为他希望儿子成为一个有文化的进步人。临行前丹尼尔回顾自己的童年和在村里的生活,一边是他在大自然中所享受的自由以及对其他人、动物的热爱,另一边是寄宿学校所代表的可怕陌生的城市,这是他眼前的未来,但丹尼尔并不向往。小说从主人公的视角来回顾他从童年到成年的成长过程中与社会现实的冲突,另一方面由一位全知全能的叙述者来审视人物的心理发展历程。随着小说的展开、人物的成长,丹尼尔与那位全知全能叙述者的视角逐渐重合,在个体生存发展的背后是大自然与工业文明的对立以及后者对前者的毁灭。

《我崇拜的儿子西西》(1953)描写西班牙外省中产阶级的生活、习俗和观念,分析他们的夫妻关系和父子关系。西西的父亲鲁贝斯是一个平庸保守的人,可以为儿子牺牲自己的一切。鲁贝斯认为在婚姻中不应限制孩子的数量,独生子会因过多的溺爱和自由而不成才。结果他的努力白费:西西无法与父亲沟通,他们之间的亲情关系逐渐断裂,最后西西夭折,父亲精神崩溃,因为他的生活已丧失意义。这部作品是对马尔萨斯人口论的批判,不涉及任何外在现实。

德利韦斯还创作了以一个普通校工洛伦索为主人公的三部曲,其意图是批判西班牙社会,歌颂像洛伦索这样远离城市腐败和麻木的自然人,他在打猎中寻找真正的自由和广阔的天地。德利韦斯使用暗示的技巧来揭示生活的复杂,他对大自然的热爱和作家的观察能力在此也得到体现。在《一个猎人的日记》(1955)中洛伦索热衷打猎,并以日记的方式记录他打猎的历险和日常生活琐事;在《一个移民的日记》(1958)里洛伦索移民到智利,准备在新大陆猎取财富。但他的经历是灾难性的,在外游历一年后又回到家乡,重操旧业。《一个退休者的日记》(1995)描写六十多岁的洛伦索提前退休后一年半的生活,他不再是那个热爱大自然的年轻猎手,而是被一些鸡毛蒜皮小事和物质主义思想所困惑,参与了一个房地产投资项目,结果亏本。在这个人物身上体现了生命、时间的无情流逝(人类只能顺从地看着时光飞逝),同时对西班牙当代无情的商品社会进行了嘲讽。

《红纸页》(1959)的主题是死亡和孤独,但这次更加具体化,体现在一个退休小职员的孤独和对死亡临近的恐惧。卷烟本上的最后一页红纸象征着男主人公的死亡,于是他把时间花在对红纸页的忘却,向女仆讲述自己过去的生活,与她分享这一孤独。最后两人结为夫妻,彼此的关爱巩固了他们的生活信念。

《老鼠》(1962)传达的信息是《道路》的延续,即保护农民和卡斯蒂利亚农村,捍卫一种即将消失的生活制度,展现西班牙农村不发达的悲剧和痛苦。小说的结构是环型的,围绕着一群封闭的农村居民,他们的生活受制于每年的播种和收割。小说的时间具有社会意义,从1955年10月到1956年7月,正好是西班牙农民大批移民到城市的年代。在这一人和大地的自然轮回中,作家想分析他们失败的社会原因。小说描写了3个社

第四章

1951—1962：现实主义小说与"半个世纪派"

会阶层：城市的国家官僚机器（因为无知而反对农村公社的良好运作）、村里的居民和拉德罗大叔一家。后者不是农民，但生活在农村，靠捕捉、贩卖老鼠为生，是自由、原始、反社会的象征。他们反对第一阶层，与第二阶层和睦共处。小说中最重要的人物是拉德罗大叔的儿子尼尼，他象征着大自然与农村公社的联系。

托伦特·巴列斯特尔的《快乐与忧郁》三部曲——《先生来临》(1957)、《风儿转向的地方》(1960)和《凄凉的复活节》(1962)——是他按传统现实主义风格进行创作的第一个尝试，接近欧洲小说的知识分子心绪（1982年西班牙电视台将它改编成多集电视剧，观众反响强烈）。《快乐与忧郁》以19世纪北欧神话为模式，结合现实主义的叙事手法，描写30年代加里西亚一个沿海工业小城两大家族之间个人和社会的冲突（医生卡洛斯是新生事物的代表，而船厂主卡耶塔诺则为正在衰败的旧势力的化身）。三部曲塑造了一系列充满矛盾和痛苦的英雄人物（其中女性人物克拉拉的刻画十分重要），体现了新旧两种不同的生活方式、政治立场和文化价值观，最后获胜的是新生派。虽然《快乐与忧郁》发表时西班牙文坛正盛行"社会小说"，但它并不属于这个流派。托伦特·巴列斯特尔对现实的描写不仅是为了呈现和揭露战前西班牙社会的种种矛盾，而且试图探讨人性更深层次的问题，在这点上《快乐与忧郁》与当时西班牙文学主流并不合拍：

"这位加里西亚作家除了惯常的远距离嘲讽，还有对当时流行的社会现实主义典型人物的放逐。他没有申明自己的批判意图，但在这三部曲中呈现的加里西亚农村印象能够像任何一部社会现实主义作品那样让读者意识到一些不公正的社会关系的存在，而且它的优势是，不论怎样看它都具有更高的文学品质和更大的文本复杂性。"[①]

第一节

"半个世纪派"

"半个世纪派"作家大多出生于1924—1935年，来自中上层社会（除了胡安·马塞），没有参加过内战，对内战只有一些模糊的记忆，因而被称为"内战的孩子"。但他们成长于战后困难时期，在学校接受的是独裁政权严格的意识形态教育（被严格地洗脑），在长枪党的影响之下。虽然这些作家一般都上过大学，但他们的文化养成主要是靠自学。很多人以其他职业为生，如医生、工程师和公务员。生活在马德里和巴塞罗那两大城市，分别聚集在马德里的《西班牙杂志》、《文化口音》、《时光》、巴塞罗那的《拉曳》等杂志周围，彼此建立了深厚的友情。作为这代作家的理论支柱，需要提到3本书：何塞·玛利亚·卡斯特野的《读者时刻》(1957)、胡安·戈伊狄索洛的《小说的问题》(1959)和阿方索·萨斯特雷的《现实主义的解剖》(1965)。《小说的问题》

---

① Óscar Barrero Pérez. *Historia de la literatura española contemporánea (1939—1990)*, Madrid: Edición Istmo, 1992, pp. 141—142.

比《读者时刻》还要激进,探讨作家对待小说与现实的立场,里面包含了一个倡导西班牙人民文学的宣言。

在意识形态上,大部分作家反对佛朗哥政权(一些人甚至倾向于马克思主义,曾是西班牙共产党员),这就导致他们采取对社会批判和承诺的立场,对宗教持冷漠甚至排斥的态度。"半个世纪派"确信文学是"有前途的武器",应该用来伸张社会正义,针砭时弊。他们更看重和肯定的是小说的政治、社会功能,把小说视为改变世界、改造社会的一个工具,期望他们的作品能够帮助下层人民;忽视作品的审美、文学功能,把它的艺术性置于次要地位。但这并不意味着所有的作家都是如此,我们还是能够看到伊格纳西奥·阿尔德科亚和桑切斯·费洛西奥的精致文笔,加西亚·奥特拉诺和胡安·戈伊狄索洛对语言和形式的关注。

出于文学为政治服务的宗旨,"半个世纪派"在干预社会的阶段(后来大多数人都经历了文学观念和形式的转变),客观地描写西班牙现实(基于自身在内战及战后的经历),把想象和幻想置于严格的控制之下,焦点集中在日常的而非奇异的事物上。他们偏爱纯客观的叙述,叙述者置身事外,因此小说家反映的现实犹如摄像机拍摄出来的真实画面。这些小说大部分是围绕两组人物展开的:工人和资产阶级,他们总是以集体人物的形式出现(人物是典型化的,缺乏对个体心理的挖掘和分析)。采用线形结构,时空被压缩到最小程度(时间一般是现在,对应着作家揭露现实的共同意图);语言平淡、简洁、直白,没有修饰,词汇有意显得贫瘠,几乎是新闻报道式的;倾向于采纳民间或口语最表面的语言形式,善于模仿人物所属的社会阶层的生活语言,对话占据了主要地位。在这些小说里重要的是内容,技巧服从内容,拒绝纯粹的实验手法或形式美。"这样写小说的方式要求一个自我的风格:句子短小,句法简单;陈述式和独立句占主导地位,它们如此频繁以至于开创了一种写破句的方式。"①

与"1936 年一代"相比,内战不再是"半个世纪派"关注的直接对象,他们不愿在自己的作品里直接谈论内战,而是把它作为小说的背景、参照点和人物的回忆。他们的视线首先集中在战后西班牙社会、经济、政治和文化的特殊境遇上,批判现有的体制,寻找改变现状的途径,以纪实临摹现实为小说的创作目标。塞拉的《蜂房》也为他们提供了一个观察现实的有效视角,尤其是它表面纯客观的叙事技巧为 50 年代许多作家所效仿。这个时期小说的基本主题是失意、孤独、对内战的回忆和它的后果。主人公不是以个体而是以社会群体的方式(街区、圈子、团体)经受孤独,那是一种由于穷人和富人、劳动和资本、农村和城市、百姓和国家之间分离而造成的孤独。在这些作品中突出的是从个体转向集体(工人、雇工、战败者、资产阶级),整个西班牙社会成为小说的题材,场景大多为田野、矿山、大海、村庄、郊区等。涉及的领域有:农村的艰苦生活、劳动者世界、劳动关系、城市世界(包括上、中、下各个阶层)、资产阶级的衰落和腐败、个人理想的无

---

① María Dolores de Asís. *Última hora de la novela en España*, Madrid: Península, 1996, p.30.

第四章

1951—1962：现实主义小说与"半个世纪派"

法实现。

1954年"半个世纪派"发表了6部重要作品,标志着这个文学团体的巩固:《好样的》、《火光与鲜血》、《变戏法》、《小剧场》、《温泉疗养地》和《上帝的吊杆》。1956年拉斐尔·桑切斯·费洛西奥出版《哈拉马河》,它既是"新现实主义"的巅峰之作,也是这个流派的终结之作,对"半个世纪派"的其他成员及后代作家产生了深刻影响。1958年"半个世纪派"的创作达到高潮,出版了《光头》、《酒后不适》、《节日》、《郊外》、《恐惧的军号》、《电站》和《窗纱之间》。

这些小说家以极大的勇气投入到"赋予生活的神秘以意义"的工作中,虽然是以客观写实的小说形式进行,但仍然力求"整理自我的内心隐秘"。他们以一种确切的、照相式的现实主义来塑造代表性的集体人物,偏爱全景式的静态小说,不注重情节,寻找一种叙事者/证人表面的无动于衷。但在这种试图避免概念化图解宣传的表象之下流动着不同性质的象征因素:出生于资产阶级的20、30岁的人这样创作预示着他们事先已痛苦地发现了官方宣传所刻意隐瞒的西班牙真正现实。尽管他们的文学观点基本一致,但在小说介入社会现实的程度及政治与艺术的相互关系上,这批作家之间仍存在着很大差别。一派属于尚能注重艺术技巧的"新现实主义",另一派则从事强调批判性的"社会小说"创作。两派之间的界线有时不太分明,从事后一种小说写作的作家(如奥特拉诺)也采用客观写实的技巧。

第二节

"新现实主义"小说

"新现实主义"的特点是客观描摹"卑贱的地方主义,没有生气的生活,孤立和失去方向的人们的不安,战后充满俗规、保守、虚伪和丑恶的城市,抵抗永恒的灰色乡土主义,它的典型残酷,投射在人物生活中的暗淡而压抑的战争阴影描绘出一个平淡、多疑、狭隘和令人窒息的社会,与获胜的、帝国的、没有问题和创伤的、胜利者所向往的那个西班牙毫不相符。"[1]对人物内心的探索让位于照相式的行为描写;不直接进行社会批评,不做价值评判,也不把小说视为解决社会政治问题或唤起爱国意识的工具。它对现实的反映是冷静的,并更多地从人道而非政治的角度来进行。作家揭露社会的不公,探讨普通人所面临的问题,如孤独、屈辱、失落和无力改变自己的现状,但没有将世事的不平简单地归结为社会斗争。他们具有反叛精神,但不政治化。

这一流派的作家形成了一个比较统一的团体,他们都受过高等教育,互相之间是朋友甚至结为夫妻,如桑切斯·费洛西奥与卡门·马丁·盖特1953年结婚(1970年两

---

[1] Francisco Álamo Felices. *La novela social española. Conformación ideológica, teoría y crítica*, Universidad de Almería, 1996, p.95.

人分手),后者与伊格纳西奥·阿尔德科亚是同学和好友,而阿尔德科亚与何塞菲娜·罗德里格斯也是夫妻。50年代最受关注的"新现实主义"小说是《蜂房》、《哈拉马河》及《水车》,但这一流派最终因作家内在的消耗,特别是因为作家严重的意识危机而结束。这一方面与他们徒劳的爱国努力所造成的普遍失望有关,另一方面与所采用的艺术手段有关,特别是他们明确放弃了文学风格,把小说作为解释现实的合适工具。

伊格纳西奥·阿尔德科亚(1925—1969)曾在萨拉曼卡大学和马德里大学攻读文学和哲学专业,与"半个世纪派"的一些年轻作家建立联系,同时为报刊撰稿,1947—1956年任"长枪党之声"电台播音员。尽管他英年早逝,留下的作品不多,但在西班牙战后文学史上占据重要地位。阿尔德科亚声称其文学宗旨是要同非正义进行抗争,但在具体创作时则显得冷静,较少感情色彩。他力求超越倾向性,从更严格的客观立场理解生活,把对西班牙及其百姓的深切感受化作淡淡的素描,不以情节取胜,而是生动地再现生活。阿尔德科亚保持着"一种对语言准确的渴望",他的小说既客观又抒情地反映了一个"残酷同时柔情的现实",关注"西班牙所有的穷人"(劳动者、中产阶级、儿童和老人、斗牛士、拳击手、渔民、边缘人),批评有钱人空洞的社会责任感。阿尔德科亚不想通过他的作品传达某个具体的批判意图,在这点上与"半个世纪派"的许多作家不同,但他的人物所付出的辛劳、所遭受的贫穷和苦难,是对西班牙下层生活的真实写照。

阿尔德科亚首先是位优秀的短篇小说家,善于描写普通劳动者(他们的希望、恐惧以及单调的生活),使用各种行业术语以达到艺术效果,作品以地方色彩和精心构思见长。《等待三等车》(1955)是他第一部短篇小说集,《无主人的土地及其他故事》(1970)则是最后一部。《寂静的黄昏》(1955)、《心和其他苦果》(1959)、《考古学》(1961)、《长矛手的马》(1961)、《不偏不倚的角球》(1962)、《鸟儿与轰鸟的稻草人》(1963)、《巴登—巴登的鸟》(1965)及《洛伦萨·里奥斯的思乡》大多描写底层普通人的生活片断(后期也描写上流社会的生活),赋予他们存在的法则(这点是大部分战后文学作品似乎拒绝做的),情节简单,但是充满人情味,这些短篇小说构成了他的"小职业史诗"。

阿尔德科亚还出版了长篇小说《火光和鲜血》(1954),描写一个吉卜赛人意外地杀死了一位农村治安警察,消息不完整地传到警察所,6位警察的妻子焦虑地想弄清楚究竟是谁的丈夫牺牲。这一不安的情绪随着时间的流逝而日益蔓延,从下午2点、3点、4点半、6点到晚上7点,这些时间段构成了小说的叙事结构。《乘着东风》(1956)再现了吉卜赛人的生活,并找出《火光和鲜血》中杀害警察的那位凶手。《大太阳》(1957)以西班牙渔民在爱尔兰海岸附近一个叫"大太阳"的捕鱼区作业为主线,叙述他们艰辛的劳动和枯燥的生活。全书几乎没有任何戏剧性的情节,也没有主人公(全体船员组成一个人物群体),但以其生动真实的场面打动读者,有"小说—通讯"之称。在《一段历史》(1967)里一个来自大城市、迷失生活方向的人回到加那利群岛,但他并不清楚自己在岛上要干什么,要呆多久。他只是冷漠地观察近海渔民的单调劳作,直到有一天4名美国

第四章
1951—1962：现实主义小说与"半个世纪派"

游客遭遇海难,其中一人溺水而死。在这部作品中虚无主义达到了最高程度,人物的生存缺乏意义和方向,只是作为他人生活的看客而存在。阿尔德科亚还著有诗集《生活依旧》(1947)和《海藻之书》(1949)。

拉斐尔·桑切斯·费洛西奥(1927)出生于罗马,母亲是意大利人,父亲拉斐尔·桑切斯·马萨斯为当时西班牙驻意大利的文化参赞及《ABC》报的记者,也是一位优秀作家。父亲藏书丰富的图书馆为他提供了良好的阅读环境,从小便广泛涉猎希腊、罗马、意大利和法国的古典名著。在大学期间与赫苏斯·费尔南德斯·桑托斯、伊格纳西奥·阿尔德科亚及卡门·马丁·盖特等人结下友情。1951年发表处女作《阿尔凡威历险记》,这是一部神奇的"成长小说",描写学徒阿尔凡威的学习、实践、成长历程。作品突出的特点是其东方寓言色彩和意大利小说的技巧(如阿尔凡威学会过滤天空的颜色),与当时盛行的现实主义小说流派相去甚远(但在结构上接近流浪汉小说)。

《哈拉马河》被认为是纯客观主义最著名的作品。小说缺乏个体主人公,主要围绕两组集体人物一天的日常活动展开:一组是11名马德里年轻工人周末去哈拉马河郊游,另一组是哈拉马河附近一个小酒店的当地顾客。整部作品情节平缓简单,描写的是这两组人物单调乏味的日常琐事,只是结尾一个姑娘溺水而死才为小说添加了一份紧张。露西塔的死导致在一群无聊的年轻工人之间出现团结互助或反抗的行动,一个名字缩写为RSF的人(与作家本人名字的缩写吻合)把露西塔从河里捞出来,这个行为是"工人力量和文化力量"联盟的一个微妙建议。

《哈拉马河》缺乏主题,作家只是以不同寻常的精确描摹那一天16个小时中不同时刻的活动,其意图在于表现那个时代的年轻人缺乏生活的动力和希望,从而反映出战后整个西班牙社会的停滞和呆板。哈拉马河代表着事物永恒的流逝、面对时间的偶然性大自然所保持的沉静。它在小说里具有主角地位,因为最终扮演了法官和刽子手的角色,站在自然人一边(他们尊重它,惧怕它),惩罚那些怀着逃避的目的来此地打破乡村平静的城市群体。《哈拉马河》还具有一个象征意义,即年轻人的世界与成年人的资产阶级世界(小酒店的旅客)的对立,对西班牙社会的含蓄批评以及纯客观的描写技巧是桑切斯·费洛西奥对"新现实主义"小说的一大贡献。

从艺术角度看,桑切斯·费洛西奥有意采用客观的白描手法,隐去叙述者(在作品里他一般处于叙事的边缘,只是像电影摄影机那样反映外部世界),完全靠人物的对话和行为(而非作者的评论)来推动故事情节的进展。在这本小说中对话代替了曲折的情节,当地人地道的语言富有表达力;年轻工人的话语贫瘠,缺乏个性。通过对话反映当时社会的无聊空虚,人们只是在寻找打发时间的方式。作者本人对这部作品的定义是"一个划定的时空,仅仅看那里发生的事情。"《哈拉马河》是一部经典之作,"继它之后,在记录现实方面—这是新现实主义文学承认渴望接近的目标—不可能走得更远。可以效仿这个模式,但不会创造什么不同的东西……从这点上看,《哈拉马河》是新现实主义的圆满结束。"①

路易斯·罗梅罗(1916),诗人、小说家、历史学家兼记者。第二次世界大战期间曾参加"蓝色军团",在前苏联作战。战后从事保险业,在布宜诺斯艾利斯短暂生活,并完成了代表作《水车》的写作。1951年这部作品获"纳达尔小说奖",促成罗梅罗回国,并从此致力于文学创作。《水车》受《蜂房》和《曼哈顿中转站》的启发,试图通过描写一群集体人物一天的生活(他们的恶习、贫穷和弊病)来反映大都市居民所遭受的生存痛苦(特别是以无情和放肆的手法阐释对性问题的关注),展现战后巴塞罗那的社会风貌。从早到晚水车戽斗单调不停地转动象征着城市一天的生活,水车把那些无名不幸的人们从大都市无底之井里抽出来,他们时隐时现,向我们神秘地揭示自身的痛苦、幻想或悲剧。"从流动的时间串联起英雄生活的插曲到时间的共时性,将事件叠置起来;作者激情的目光开始被电影摄影机的冷漠注视所代替。"②故事采用了内心独白、意识流等手段和片段化的结构,但由于人物众多(36个不同社会阶层的人物),情节松散,缺乏内在联系,小说显得比较零乱。《潮流》(1962)是《水车》的延续,但对其题材、人物和结构进行了创新。

《昨天的信》(1953)与《水车》不同,从集体主人公转向个体主人公,从个人自传回忆的角度描述"我"(一位年轻作家)与一个比自己年长许多的中年妇女的爱情悲剧。女友对爱情的疯狂和占有欲导致"我"创作能力和人生精力的丧失,最终自私、独立、渴望自由的"我"将她杀害。在这部作品中罗梅罗将艺术创作的痛苦与生活本身的痛苦并置在一起,将外部现实与主人公正在写作的一部小说结合起来("我"在其中叙述自己生活的磨难和不安,在小说结尾"我"意识到为了拯救自己笔下的英雄,必须杀死他的恋人),结果虚构变成现实。

《古老的声音》(1955)从一个在巴塞罗那豪华酒吧接活的高级妓女露丝的角度聚焦世界和男人,对往昔外省生活的回忆(露丝原本是个出身良好的小姐,对生活和爱情报有希望和幻想,但男友死于内战)与现今职业生涯的描写交替发生(她在这个酒吧已干了11年)。小说除了揭露战后的残酷现实之外,其余主题是孤独和时间的流逝。《其他人》(1956)沿用了《水车》的技巧(舞台还是巴塞罗那,时间仅为一个周六上午到周日凌晨),但把情节集中在一个人物身上:一个工厂雇员被派往银行取工资,遭到一个同事的武装抢劫,结果他失手,在逃亡途中被开枪打死。这部作品"一方面是对资产阶级社会盲目的自私和无意识的残酷的苦涩而辛辣的批判,另一方面真实而客观地描写了巴塞

---

① Óscar Barrero Pérez. *Historia de la literatura española contemporánea (1939—1990)*, p.121. 桑切斯·费洛西奥的其他作品有短篇小说《牙齿,火药,二月》(1961)、《花园的星期》(1974—1975,收录了他语言学的研究文章)、散文集《只要神灵没有变化,什么也改变不了》(1986)、《战神的战场。全国演习》(1986)、《老鼠的布道》、《更多的坏年头会来,会让我们更加盲目》(1993)、《那些错误的该死的印第安女人》(1994年"国家散文奖")、《战争的女儿和祖国的母亲》(2002)。

② Felipe B. Pedraza Jiménez/Milagros Rodríguez Cáceres. *Manual de literatura española*. XIII. *Posguerra: narradores*, Pamplona: Cénlit, 2000, p.518.

第四章
1951—1962：现实主义小说与"半个世纪派"

罗那工和职员人阶级艰难的生活条件。"

《圣诞夜》(1960)是部道德教化小说,讲述的是一对穷人夫妻何塞和玛利亚(暗指圣母)不得不栖息在一节废弃的车厢里,玛利亚在那里生产,而远处的城市正在欢快地庆祝圣诞节(作品的社会批评意图显而易见)。《酋长》(1963)是一部典型的"社会小说",舞台由城市转到农村,故事围绕着邻近葡萄牙的一个村子的居民一天半里面对酋长突然之死的反应。他们立刻将死者忘却,因为此人只是靠权势才存在。唯一让居民担心的是如何适应新的形势,正是他们的懦弱、自私和贪婪才造成继任者继续保持独裁的地位。《酋长》也是一出政治寓言,作家对佛朗哥去世后西班牙的前途做了预测。

罗梅罗后期作品主要以西班牙第二共和国及内战为背景,如《7月的3天》(1967)、《卡塔赫纳的灾难》(1971)、《战争尾声》(1976)、《共和国的正反面(1931—1936)》(1980)、《为何及如何杀害了卡尔沃·索特罗》(1982)和《纸牌城堡》(1991)。回忆录《图达》(1957)则记录了作家在前苏联作战的经历。①

赫苏斯·费尔南德斯·桑托斯(1926—1988)曾任《国家报》的电影评论员,导演过电影《更上一层楼》。他的早期作品关注时代问题,有着强烈的社会批判意识。处女作《好样的》(1954)真实地再现了战后西班牙北部莱昂山区一个偏僻农村在族长制统治下的苦难、绝望、无知、冷漠、停滞的世界,故事情节并不多,作家想反映的是村里每个居民的生活(他们之间的批评、关爱和仇恨),其中医生是小说的主要人物,他帮助所有人解决他们的问题。费尔南德斯·桑托斯娴熟的语言表达能力、印象主义的技巧为刻画人物、描写场景提供了便利。

《在篝火里》(1957)和短篇小说《光头》(1958)的社会意义更加明显,是50年代"社会小说"的最早体现。"光头"指的是一个叫巴勃罗的阿斯图里亚斯小伙子,他讲述1939年夏内战即将结束时在故乡农村和马德里郊区的生活片段(巴勃罗结识了一个法国女孩,他的朋友们都爱上了她;两个朋友想当逃兵,结果被抓住,一场轰炸结束了一切)。

此后费尔南德斯·桑托斯的创作转向社会道德问题的探讨,逐步从描写社会现实主义的集体雄心过渡到对个人和历史的关注,心理层面的探索占主导地位,作家最感兴趣的是人的内心问题和孤独。《圣徒的仆人》(1969)的主人公安东尼奥原本幻想当艺术家,结果却成为时间流逝、家庭变故(妻子去世、女儿出嫁、孤独)和西班牙社会的牺牲品,只能靠去村镇修复和绘制圣徒画像谋生。《事实回忆录》(1971)是一部宗教题材的作品,讲述一个新教社团在西班牙的生活。这些人物各异,甚至矛盾,宗教信仰以不同的方式鼓励着他们。

《将皇后的军》(1982)是一部成长小说,讲述女主人公玛尔塔在一个无法承受的世界里从少年到成年几乎无法生存的艰难过程:从战前的少年时代到内战期间从事护士

---

① 罗梅罗还发表了短篇小说集《阴间的那些影子》(1957)、诗集《光洁的绳子》(1950)、散文集《西班牙酒吧之书》(1956)和传记《迷宫般的达利》(1989)。

工作，并与巴勃罗相爱，结尾是战后头几年玛尔塔在丈夫的陪同下前往意大利，结果巴勃罗死于暗杀。守寡的玛尔塔回到故乡，所有的梦想都破灭了。《黎明的良马》(1984)讲述几个被爱情和仇恨驱使的人物在1934至1936年期间的经历，舞台再次回到莱昂山区一个原始村落和周边的温泉浴。仆人马丁为主人看管马匹，并受主人的性侵犯，与他保持着一种类似封建社会的屈从关系。这在马丁心里引发了反抗的想法，他卷入了1934年的大革命。整部作品笼罩着一种窒息的紧张，它是随后爆发的内战的前奏，小说以共和派在山里的失败而告终。①

第三节

"社会小说"

"半个世纪派"的另一些作家创作"社会小说"，又称"批判现实主义"小说。虽然他们基本上出身于资产阶级，却致力于鞭笞本阶级的自私、无聊、苛刻、对工人和农民的残酷剥削，揭露主导其行为的不道德观念和因循守旧。另一方面，他们的兴趣集中在最受压迫的群体身上（工人、农民、矿工、郊区贫民成为作品的主角），反映劳动人民为生计而奔波，遭受种种不公平、不公正的社会待遇。"批判现实主义"强化了客观主义小说里已经浮现的不安和忧虑，创作者急于传达批判社会的信息，想唤起大众的觉悟，因而把形式因素置于次要地位。接近民众的志向使他们将风格和叙事技巧简化，避免任何修饰。这类作品的通病是主题雷同，结构简单，不饰文采，更注重小说的政治效应而非艺术价值。

胡安·戈伊狄索洛(1931)出生于巴塞罗那一个大资产阶级家庭，获巴塞罗那大学法学学位，从事律师职业。作为"半个世纪派"最重要的小说家、理论家和文学评论家，"巴塞罗那派"最杰出的代表，他的创作历程可以体现20世纪50—70年代西班牙小说的演变过程。胡安·戈伊狄索洛第一阶段的创作介于客观与诗意、现实与逃避主义之间，反映出他那一代出身有钱、有闲家庭的资产阶级大学生的苦闷和反抗，想逃离自己所属的社会环境。《障眼法》(1954)描写马德里一群资产阶级有闲学生无意义和无方向的生活，他们对社会活动持悲观的看法（有些是无政府主义者，介入到政治动乱中，结果被关进监狱），也不想寻找生活的真谛，而是成帮结伙地放荡生活，逛妓院、泡酒吧。他们策划暗杀一个右派议员，其中一位通过障眼法将行动责任落在一个与团伙关系最远的人

---

① 费尔南德斯·桑托斯的《迷宫》(1964)描写一群城市知识分子的矛盾和紧张关系；《爱情与孤独的歌谣》(1987)则是一部以生态环境为主题的小说：一场化学灾难发生后，一个村子的河被污染了，河里的鱼也都死了。一位负责调查此事故的化学家，在经历了一系列波折之后，完全消失在山区里，远离人世，走向孤独、衰老和死亡。费尔南德斯·桑托斯还著有《大教堂》(1970)、《关闭的天堂》(1973)、《短篇小说全集》(1978)、《在一位老夫人身边》(1979)和《伊甸园的大门》(1981)。

身上。而这位软弱的人并没有完成暗杀行动,反而死在团伙的手里。《在天堂决斗》(1955)从少年的视角讲述西班牙内战的悲剧,他们受战争环境的影响,也玩战争游戏,结果杀死了一个同伴。这两部小说的叙事主观性强,对话流畅,对现实采取清醒、逃避的解释。

1956年戈伊狄索洛自动流亡法国,在巴黎伽里玛出版社从事编辑和翻译工作,同时进行文学创作。他第二阶段的作品主要是"短暂的未来"三部曲:第一部《马戏团》(1957)描写了布拉瓦海岸一个村庄居民之间相互关联的生活:一位患精神病的画家,从马德里回来,想解决自己的经济困境,却被怀疑杀了人;他的妻子和女儿因受村里富人的歧视而感到失落和痛苦;一群从事抢劫的年轻人策划袭击村里一个富人的财宝箱;一个害羞的老姑娘渴望结婚,受人尊重;村里那些搬弄是非的妇人圈子。三部曲的后两部《节日》(1958)和《酒后不适》(1961)在西班牙都遭禁,因为前者批判了资产阶级的空虚、缺乏希望和无能,嘲讽了加泰罗尼亚地区的陈规陋习;后者以巴塞罗那贫民窟的居民为主角,他们在内战中是失败的一方(在战前只品尝到饥饿和压迫,战后等待他们的是监狱和贫困),如今则成为不公平政权的牺牲品,失去了理想,只能在酒吧借酒浇愁,为基本的生存忙碌。在这些人物中有一个名叫吉内尔的工人,尽管遭受种种逆境(他妻子随遇而安,儿女冷漠,不理解父亲),依然梦想一个美好的明天。在艺术形式上这两部小说占主导地位的是全知全能的叙述者,倾向于全盘的客观描写,批判性和政治性加强,可以看出作家从见证和想象的"新现实主义"朝"社会现实主义"的转变。

第三阶段的《为了在这里生活》(1960)、《岛》(1961)和《节日尾声》(1962)完全呈现"社会现实主义"的倾向,是典型的反资产阶级小说,在这些作品中戈伊狄索洛试图全面展示西班牙人的精神面貌(文化、宗教、传统)。《岛》的女主人公克劳蒂娅讲述她和丈夫在一帮朋友的陪伴下在在太阳海岸一个旅游小镇11天的假日生活,以客观主义的技巧描写了这群有钱人无聊的生活:他们日日酗酒、狂欢、通奸,对周围世界毫不关心、了解。《节日尾声》由4个独立的短篇小说构成,每个故事分别由一个主人公来叙述(一个小伙子、一位丈夫、一个妻子、一对夫妻的朋友),但它们共同的背景是:在一件可以改变因循守旧的稳定生活的事件面前,资产阶级情愿保持现状。这一时期戈伊狄索洛还出版了两本游记《尼哈尔田野》(1959)和《拉羌加》(1962),呈现的是西班牙南部阿尔梅里亚地区的农村和城市贫民区的现状(贫困、落后、愚昧、缺乏水资源),反映了西班牙当时普遍的社会问题。

路易斯·戈伊狄索洛(1935—)作为"社会诗歌派"诗人何塞·阿古斯丁·戈伊狄索洛(1928—1999)和胡安·戈伊狄索洛的胞弟,也是驰名西班牙当代文坛的诗人、小说家,1994年当选西班牙皇家院士。路易斯·戈伊狄索洛在大学期间积极参加地下政治活动,1955—1960年为西班牙共产党员,为此他在1960年遭受了4个月的牢狱之灾。出狱后戈伊狄索洛放弃政治,转向文学创作。

戈伊狄索洛的处女作为短篇小说《坏孩子》(1956年"芝麻奖"),接着《郊外》(1958)

获第一届"简明丛书奖",使他在西班牙文坛崭露头角。《郊外》的结构很特殊,并列了7个独立的短篇小说,故事不同,人物各异(房东、佃户、儿童、穷人),但他们中间许多人的名字相同,小说的时间和地点也都发生在内战结束18年后的巴塞罗那及周围农村。主人公维克多,一位小资分子,与他的农民老友兼过去的仆人西里亚科重逢,这在维克多心中造成了一种不安的意识。路易斯·戈伊狄索洛在这部作品中采取了一种批评和悲观的态度,揭示出人物的孤立状态(不同阶层和年代的人缺乏交流和互助)。小说的片段化结构也强化了这种印象,呈现在读者面前的是一个支离破碎的社会,一个灰色、悲伤和机械的生活,依然被战争的阴影所笼罩,城市、工业、农村的机械化像幽灵一样罩在那些试图远离现代文明的人身上。贫富的强烈反差使作家对资产阶级的特权地位持否定和批判的立场,因此这部作品属于反资产阶级小说,读者无疑也会把它看成是作家对自己被动性的揭露和对失败的某种同情。

《同样的话》(1962)也是一部反资产阶级的作品,与胡安·戈伊狄索洛的《岛》相似。小说包含了3个交替发展的情节,与《郊外》的最后一个故事相连,显示了路易斯·戈伊狄索洛对多重结构的偏爱。《同样的话》讲述的是感恩节那一周从巴塞罗那市区到海滩发生的事件,主人公是3个资产阶级青年,以他们为核心形成3个交际圈。这些年轻人的生活无聊空虚,靠寻欢作乐打发时光。他们没有经历过内战,有能力干一番事业,却死气沉沉:"同样的话,同样的姿势,一切又跟从前一样再次发生。"

洛佩斯·帕切科(1930—1997)的童年是在父亲工作的电站度过的,大学期间开始文学生涯。他最早是以社会诗人成名,创作了《我的心叫古蒂叶罗》(1951)、《你们让这沉默生长吧》(1952)、《我把手放在西班牙上》(1961)和《被禁止的爱之歌》(1961)等社会诗歌。1955—1956年帕切科倡导召开"青年作家大学会议",结果被当局关进监狱。出狱后担任"地平线"出版社和《口音》杂志社的主编,也尝试过戏剧创作。1968年前往加拿大担任西班牙文学教授,直到1997年在那里逝世。

1955年帕切科凭借短篇小说《完美的女模特》获得"芝麻奖"。1958年以童年生活为素材的长篇小说《电站》问世时作家仍被关在狱中。这部作品描写一群农民被迫放弃自己的土地,在上面建造水电站的伤心历史。作家提出了一个无法解决的现实问题,即技术的进步伴随着高昂的社会代价:一方面西班牙存在着许多落后之处(城市与农村之间有巨大反差),另一方面农民成为社会进步的牺牲品。帕切科借工程师安德烈斯之口说出了他的观点:"解决的办法应该更加深刻和普遍。通电可能并不意味着什么。不能只是让电通到一个村庄,在所有的屋子装上灯泡和开关,就算给他们送去光明了……还需要给大脑装上开关。需要成为20世纪的人。"

在《电站》中帕切科塑造了一位以他父亲为原型的装配工领班,这个人物崇尚劳动,是那些缺乏道德原则的工程技术人员中的一个正面形象(电站负责人对工人的死无动于衷)。与一般"社会现实主义"小说轻视艺术风格不同,帕切科的作品结构和语言都很讲究,在描写人类征服自然、农民修建电站时具有史诗的气势,《电站》因而被誉为"战后

第四章

1951—1962：现实主义小说与"半个世纪派"

在西班牙出版的有关工人世界的最佳小说"。①

胡安·加西亚·奥特拉诺（1928—1992）出生于马德里一个小资产阶级家庭，1950年获得政治学院的一份奖学金，但因加入共产党而失去了这次求学的机会，后毕业于马德里大学法律系。加西亚·奥特拉诺致力于政治活动，同时从事新闻和文学创作。1959年处女作《新朋友》获得"简明丛书奖"，从此他与颁发此奖的出版商巴拉尔结下友情，被视为"巴拉尔在马德里的人"，成为沟通"马德里派"和"巴塞罗那派"作家的桥梁。

加西亚·奥特拉诺第一阶段的小说创作属于反资产阶级的"社会小说"流派，一般采用客观白描的手法，叙述者的作用就像一架电影摄影机，不抱偏见，如实细致地记录下资产阶级的言行举止（人物属于有闲资产阶级，沉溺于性和酒精，他们的生活往往被一件意外的事或人打乱），通过对话来揭示各自的性格和思想。另外加西亚·奥特拉诺还善于使用不断移动场景的电影技巧（他曾经从事电影剧本的写作，几乎都是与胡安·马塞合作），从一个场景迅速转移到另一个场景，使事件和对话交叉重叠。《新朋友》（1963年由作家本人搬上银幕）主要描写一群出身于马德里上流社会的大学生空虚无聊、不负责任和颓废的生活，他们整天无所事事，吃喝玩乐，拉帮结派。一次这帮人卷入一个女孩非法堕胎的事件，这使他们暂时放弃惰性以应付事态的发展，同时也接触到马德里下层社会的生活，贫富环境的反差给这些人物的意识打下烙印。

《夏季雷雨》（1961）的主题还是记录资产阶级的生活方式，批评他们的自私和缺乏社会意识，技巧上则更加成熟。主人公是几对在战后发财的资产阶级夫妇，他们来到地中海布拉瓦海滨度假，在海滩上发现一个妓女的尸体。这一事件引发了建筑商哈维尔的精神危机，他开始以另一种方式看待周围的事物以及过去他忽略的人，甚至想摆脱自己的虚假环境。但最后死尸案的解决使哈维尔再次回到自己的生活圈子，之前发生的一切不过是一场"夏季雷雨"吧了。

安东尼奥·费雷斯（1924）是工科出身，在工厂工作过，对工人的生活比较了解。后来他对文学产生兴趣，1956年发表处女作《单桅帆船》，1959年凭借《鹤嘴锤》成名，于是放弃助理工程师的职位专门从事写作。这部小说的情节发生在马德里郊区的一个贫民窟，故事时间局限在一天之内。市政府准备拆除一个从安达卢西亚农村移民到首都的泥瓦匠和他家居住的简陋房子，在邻居们的观望态度中小说闪回到拆房期限到来之前的15天，以客观白描的手法再现了这家人的焦虑和痛苦，最后他们还是眼睁睁地看着市政府的鹤嘴锤把自己的房子拆除了。《鹤嘴锤》触及的是战后西班牙的两个严重的社会问题——农村移民和社会不公——受福克纳和多斯·帕索斯的影响，叙事节奏快，句子简练，以对话为主（特别突出主人公的方言口语），是"社会小

---

① 帕切科的《遮羞布》（1973）辛辣而尖锐地触及了西班牙社会的两大敏感问题，即性压抑和虚伪。作品讲述了一个资产阶级青年新婚之夜的失败经历，他过去曾反抗过自己的出身，但最后还是接受了现行的社会秩序，考取公务员，并定下一门有利可图的婚事。而新娘因所受的愚昧教育，对性生活充满恐惧。帕切科还著有短篇小说《儿子》（1967）、《为呼吸而战及其他叙事练习》（1980）和《与蝙蝠作战及其他故事》（1989）。

说"的代表作之一。

《种子》三部曲也属于揭露现实的"社会小说",第一部《战败者》遭禁,首先于1962年在米兰出了意大利文版,3年后才在巴黎出了西班牙文版。作品以1910年一桩著名的司法错案"昆卡罪行"为素材,这一历史时间距离一方面是想避开审查制度,另一方面间接地批评了佛朗哥政权对无辜者所造成的伤害(当局了解这个现实,但假装不知道)。小说讲述的是几个被关在瓜达拉雷阿尔监狱的政治犯的故事,它不仅是关于战败者的小说,而且触及胜利者与战败者之间的冲突关系,反映了战后西班牙政治的动荡和战败者面对镇压与追捕的困境。三部曲之二《当从博伊拉斯回来》创作于1961年,也被禁止在本国出版,1975年在加拉加斯问世。这部小说继续揭示内战的后果以及暴力行为如何在每天的日常生活中延续,主人公是内战的胜利者,但他们也逐渐感到不适、不满和危机。三部曲中唯一获准在西班牙出版的是《胜利的岁月》(1978),它的故事情节是独立的,描写战败或无法融入独裁政权意识形态中的许多西班牙人在国内的流亡,这依然是一部记录世界被恐惧和无能主宰的作品。

费雷斯是"最后的流亡"成员之一,1965—1976年自动流亡墨西哥、美国和塞内加尔,在海外一些大学任教,佛朗哥死后才回到祖国。由于远离西班牙现实,他后期的小说转向实验主义,写作技巧更加复杂,但并不因此而放弃他一贯关注的问题。这一时期的作品有《两手空空》(1964),讲述一个司法错误的后果;《8、7、6》(1972),描写一位长枪党人的意识觉醒;自传体小说《王国的边界》(1997)则叙述了作家从内战、流亡到回归西班牙的经历。[1]

阿曼多·洛佩斯·萨利纳斯(1925—)是战后"社会现实主义"最突出的推动者之一,他加入了西班牙共产党,捍卫文学的社会使命。处女作《矿山》(1960)关注的是农民的无产阶级化,尤其是矿工在井下的非人道工作条件和为争取自己的权益而进行的斗争。作品讲述安达卢西亚农民华金一家为了摆脱贫穷迁到西班牙北部的一个矿区,他们在那里遇到许多和自己境遇相似的移民。华金在艰苦的工作条件下奋斗,但结局却是死于矿难,成为社会不公的牺牲品。冬天过后,伴随着春天的来临,死者的妻子心里也获得了平静和希望。《一年又一年》(1962)向我们展示的是从战后到1951年大罢工的无产阶级斗争画面,这两部作品的结尾都充满希望。

洛佩斯·萨利纳斯还分别与安东尼奥·费雷斯、阿方索·格罗索、哈维尔·阿尔法亚合作撰写了3部纪实性质的游记:《漫步在乌尔德思山区》(1960)、《顺流而下》(1966)和《加里西亚之行》(1967)。

安赫尔·玛利亚·德·莱拉(1912—1984)曾因支持西班牙第二共和国而于1939—1947年入狱,被判死刑,后得到赦免,出狱后从事新闻和文学创作。莱拉认为小说的

---

[1] 费雷斯还著有《在第二个半球》(1970)、《金蜂鸟和它的长舌头》(1977)、《巨大的享受》(1979)、《自动漩涡》(1982)、《故事集》(1983)、《安东尼奥·费雷斯的短篇小说》(1986)、《迷惑不解的记忆》(1999)、《没有开垦的广阔平原》(2000)、《一个失败男人的回忆录》(2002)、《在约翰明亮的眼睛里》和游记《橄榄树的土地》(1964)。

第四章

1951—1962：现实主义小说与"半个世纪派"

内容比形式更重要，语言是服务于内容的工具，而不是实验的对象。在他的作品中充斥着大量戏剧性的、令人激动的、连载小说式的事件，处女作《被遗忘的人》(1957)属于社会见证性小说，其主题是马德里的贫民窟现象。成名作《恐惧的号角》(1958)描写两位不幸的小斗牛士的悲惨经历，连同《婚礼》(1959)和《闷热》(1960)均被改编成电影。

《我们失去了太阳》(1963)的副标题为"西班牙劳动者的小说"，描写西班牙工人劳务输出到德国的各种戏剧性场景，反映了60年代初西班牙的经济形势以及工人在德国不良的工作和生活条件。作者试图通过该书把西班牙历史的戏剧性置于它应有的地位，并用实证现实主义的手法再现保卫共和国的壮烈战斗场面。①

代表作《最后的旗帜》(1966)是在西班牙发表的第一部由一个共和派作家创作的关于内战的小说，它与《我们这些失败者》(1974)、《无岸之夜》(1976)和《黑暗的黎明》(1977)构成《愤怒的岁月》四部曲。小说以虚构加报道的形式(主要以第一人称叙述)记录了一个内战失败者(即作家本人)的经历，描写了西班牙内战及其后果。虽然情节的发展是战后黑暗压抑的那些年，但其根源和存在主义的需求都出自内战。

《一个人出卖自己》(1973年"塞维利亚协会奖")运用的是流浪汉小说的技巧，主人公/叙述者在监狱干完一天活之后，躺在监狱医院的床上，回顾自己受屈辱的经历(战后他不得不把自己出卖给一系列主子)。不可思议的是，如今身处狱中的他反而感到自己得到救赎，并承诺将来当一个自由人。在《从天堂回来的男人》(1979)中一个男子因车祸而昏迷，他在恢复知觉后接受医生的建议，记录下自己所经历和梦见的事情：他在一个极其无聊乏味的天堂逗留的经历。莱拉的意图是想说明对人类来说世上没有天堂，只能在死后才可以找到它。②

伊萨克·蒙特罗(1936)是"社会小说"最年轻的成员，也是最忠实地捍卫这一流派的作家，从事过新闻、电视、广告等职业。从分析内战胜利者内心意识的中篇小说《一个私人问题》(1964年"芝麻奖")起步，接着又发表了《长时间》(1964)和《在春天的尾声》(1966)，描写作家那代人的失败。蒙特罗因《大概在四月的一天》于1966年遭当局禁令而被读者广泛认识，此书直到1981年才问世，作家对中产阶级虚伪的天主教信仰进行了反思。1970年在一次圆桌讨论会上他与胡安·贝内特关于"社会现实主义"小说的争论引起文坛的极大关注，但蒙特罗还是在小说的形式和结构上有所创新。他从一开始就不赞成艺术的简单化，而是关心小说的结构，善于建构小说世界，使用嘲讽来全面地、批判性地描写那一时代的现实。《"沉默者"大卫的爱情、战争及万能的日子》(1972)就表现出这些特征，作品反映了集体生活的平庸，在现实主义手法中加入了幻想和幽默。

---

① 张绪华：《20世纪西班牙文学》，上海外语教育出版社，1997年，第249—250页。
② 莱拉还发表了《陷阱》(1962)、《葬身之地》(1964)、《肩上扛着行李箱》(1965)、《走在农村医疗的路上》(1966)、《狂热之徒》(1969)、《铁门区的绑架》(1982)、《和平与他们一起来到》(1983)。

1978年蒙特罗发表短篇小说集《秘密文件》第三卷《需要一个自己的名字》，讲述的是内战失败者艰难的求生历程。作者试图分析佛朗哥统治时期西班牙的生活，他发现这个分析植根于内战和它所造成的痛苦。像前两卷一样（分别于1972、1974问世），这一卷也使用了片段结合的技巧，最终呈现出一个整体景象。①

安东尼奥·拉比纳德（1927）是一位被不公平忽视了的小说家，他的童年和少年时代经历了内战及战后的黑暗岁月，所以对战争幽灵着迷。1957—1965年拉比纳德侨居法国和委内瑞拉，回国后从事文学和电影创作。他所有的作品都围绕对内战的记忆展开，小说的舞台就是故乡巴塞罗那克劳特街区。拉比纳德善于将敏锐的观察与内心反省结合起来，赋予小说诗意的色彩。处女作《短暂的接触》于1952年获"何塞·哈内斯奖"，但直到1956年才获准出版。这是五部曲《一个砖头王国》的第一部，描写战后平庸和虚伪的环境里中产阶级所遭受的压抑和挫折，在对这些人物病态心理的探索过程中，与性有关的冲突扮演了一个重要角色。作家虽然对这一社会群体进行了批评，但还是表现出某种程度的感情认同。

第二部《有时在这个时候》（1965）同属现实主义流派，它以集体主人公的形式见证了巴塞罗那一个郊区的生活条件。第三部《惊讶的孩子》（1967）出版时遭到新闻审检的删除，1987年才发行了完整的版本。在这部自传中拉比纳德回忆了从战前到40年代初自己的童年和少年经历，如何满怀惊奇地逐渐认识现实世界，作品传达了拉比纳德的内心活动、思想感情的宣泄和一些外部事件。第四部《死亡时刻》（1983）回顾了女主人公安赫拉的人生轨迹，特别是她与左易罗的关系，以便发现导致她自杀的原因。第五部为《星星的光芒》（1996）。②

---

① 蒙特罗后期的作品依然保持着对西班牙社会变革的关注和承诺，《烟的信号》（1988）见证了"1968年一代"年轻人左派意识形态立场的失败。如今这些反佛朗哥独裁统治的斗士位居政治、经济权力的中心，忘却了过去的理想和原则，失去了情感的寄托。小说对西班牙当代社会的运作进行反思，同时表现了作家那代人的失意和孤独。《情绪》（1994）以幽默和柔情的笔法讲述西班牙当代妇女爱情生活与职业奋斗之间的冲突，主角是一位女经济师，她在职业上达到很高地位，但在个人生活中缺乏爱情，不得不供养一个年轻的情人，结果卷入一个腐败案，情绪逐渐崩溃。《莫斯托列斯之梦》（1995）的主人公/叙述者是一个没有志向的男同性恋，他以内心独白的方式讲述自己和一个妓女的奇怪经历（或者说一场梦）。作品描写了一组边缘人物每天的挣扎，他们迷失了生活方向，陷入没有出路的困境，孤独地游荡在冷酷的金钱社会里。《偷月亮的贼》（1998）是一个充满象征的故事，共和派军人安东尼奥·萨纳乌哈在战后（1939—1945）冒充一个被枪毙的长枪党人安东尼奥·西内斯特拉，跻身于新的政治体系，过上一种双重生活。两个安东尼奥代表了两个西班牙（胜利者的报复、清洗和统治地位，失败者的屈服），主人公是个矛盾的人，他摇摆于真实身份与替身之间，在他的双面性中反映了阴险与慷慨、谎言与忠诚、懦弱与激情（小说是从现在的角度由主人公——叙述者以回忆录形式向他的孙子坦白自己的一生，同时回顾了西班牙的战后重建、西班牙人的集体生活、在政治口号和经济困难中艰难前进的历史过程）。蒙特罗还著有短篇小说集《红色奥罗拉的第一次圣餐和其他故事》（1991）和散文《亚布拉罕·林肯》（1991）。

② 拉比纳德后期的小说依旧以内战和巴塞罗那为创作背景，《无政府主义的修女》（1981）描写一个修女加入到一队无政府主义者的革命斗争中，刻画了内战最残酷的一面。《透明》（1986）也发生在50年代的巴塞罗那，主人公是一个泥瓦匠的儿子，他渴望通过自己的努力往上爬，结果却落入地狱。他寄予所有幻想的女人让他彻底失望，最终选择自杀。《获准的游戏》（1997）是又一部"成长小说"，时空转到80年代的巴塞罗那。一次偶然的相遇激活了男主人公的记忆，他开始从现今30岁的角度去寻找对过去生活的解释。拉比纳德还著有《马克在梦中》（1969）。

第 四 章

1951—1962：现实主义小说与"半个世纪派"

弗朗西斯科·坎德尔(1925)的童年和少年是在巴塞罗那贫民区度过的,长大后从事过各种职业,是典型的自学成才作家,这一切决定了他的人生观和文学观。坎德尔以反唯美主义、社会见证和大众影响为创作目的,在小说技巧上拒绝客观主义,赞成个体的介入。他常常从自身经历出发,在作品中表明个人立场。坎德尔对巴塞罗那的无产阶级问题感兴趣,关注农村移民的生活条件。对他来说,文学的首要目的不是创造美,而是与最大数量的读者进行交流。

《有一个青春在望》(1956)的主题是年轻人在奋斗过程中所遇到的困难,主人公是一个工人,他渴望成为作家(在这个人物身上可以看到坎德尔的影子),但受制于痛苦的不自信。《杀死了一个人,破坏了一处风景》(1959)的主人公死于肺结核(作家本人也曾患此病),小说展示了巴塞罗那下层社区战前和战后的贫困景象。[①]

豪尔赫·费雷尔-比达尔(1926)著有大量的纪实批评性质的小说,如《上帝的吊杆》(1954)见证了巴塞罗那郊区艰难的生活条件;《大猎物》(1961)讲述一个被指控杀人的男人遭追捕的故事,具有强烈的戏剧性,注重人物的心理分析。短篇小说集《在世界的表皮》(1957)和《生活信念》(1959)接近"新现实主义"的见证文学(与基督教的存在主义相关),这点在《星期六,希望》(1972)和《我传唤你,爸爸》(1974)中也呈现出来。费雷尔-比达尔的特点是创造一种沉重的氛围压在人物身上,使他们不可能得到幸福。而短篇小说《你和我的日子就是这样》(1978)的新浪漫主义色彩与存在主义的悲观相去并不远,通过回忆概括了那种失意的情感,追回失去的往昔。[②]

拉蒙·涅托(1934)出生于拉科鲁尼亚,毕业于马德里大学法律系,自1956年起定居首都并开始文学创作。他的早期作品采用传统现实主义和客观主义的手法,揭示无产者的边缘地位和资产阶级的不同情行为。《发烧》(1959年"电波奖")讲述一个外省资产阶级家庭的历史,重点在最后一代子孙(时间跨度从1930—1953年)。小说展示了资产阶级道德的没落和经济的破产,没有能力维持他们的特权地位。《苦涩的太阳》(1960)是一部典型的集体主人公小说,以马德里郊区艾斯科里亚尔皇家修道院为背景,描写一群下层人在旅游业中从事的不体面活动。《祖国和面包》(1962)关注的是农民移居到大城市的问题,同时揭露了两大严重的社会弊端:农村的贫困和马德里贫民区堕落的环境。《绝路》(1963)也是个体失败的故事,主人公在战后发迹,从底层爬到有钱阶层。他在一个不眠之夜回顾自己的一生,体味情感方面的种种不如意。

后期小说《B小姐》(1971)通过运用平行的4个叙事层面(这个数字对应着西班牙的4个社会阶层),向读者展现了一幅西班牙生活的批判性画面,"B小姐"暗示的就是

[①] 坎德尔的其他作品有《城市改变名字的地方》(1957)、《海明威,比一下腕力!》(1959)、《烈性人》(1960)、《重要的人:民众》(1961)、《重要的人:精英》(1962)、《上帝呀,这场吵闹!》(1964)、《候车室》(1964)、《职业》(1965)、《烤肉器上的肉》(1966)、《坏心意的男人》(1967)、《去阿德木思之角的旅行》(1968)、《一个教区的故事》(1971)和《从不表态的人》(1971)。

[②] 费雷尔-比达尔的《劳尔·恩西那斯的小木偶》(1976)属于实验主义小说,他还出版了游记《我的谷地故事》(1964)、《艾利翁山区之行》(1970)、《杜罗河边境之行》(1980);小说《阿尔瓦达娜的日记》(1967)和《鸟人》(1983)。

西班牙。《修道士》(1984)以寓言的方式探讨了恐怖主义问题：一伙恐怖分子计划绑架一名国际官员，并想把他藏在一个修道院里（那里生活着9位修道士）。陪伴恐怖分子的还有一个女孩，她以轻佻的态度改变了两组男人的生活（与一位修道士发生关系）。小说语言精彩，既有宗教人士的圣语，也有恐怖分子的行话和一些国际机构官僚的教条语言。①

何塞·玛利亚·卡斯蒂略·纳瓦罗(1928)1957年凭借《害怕的指甲》一举成名，在此之前还出版过《盐披上孝服》(1957)和《舌头在外》(1957)。之后为《先锋报》及其他刊物撰稿，1958年前往巴黎担任法国一家出版社的顾问。卡斯蒂略·纳瓦罗的小说创作深受美国"垮掉的一代"、特别是福克纳的影响，他的作品既有对社会的关注和批评（但远离当时流行的客观写实主义），也涉及宗教问题、内心私密和神话空间，像《手交叉放在裙子上》(1959)、短篇小说集《嘴上叼着花的孩子》(1959)、《鸽子的喊叫》(1961)②、《女黑人卡里达》(1961)和《狗死在街上》(1961)。

第四节

战后第一代女性小说

20世纪50年代有5位女作家荣获"纳达尔小说奖"，形成了西班牙当代女性小说的第一次高潮。这些作品倾向于自传性，反映女性所面临的社会问题。它们属于现实主义流派，但具有内心化和抒情化的特征，作品中的女性人物也呈现相似的个性："她们是独立、孤独的少女，在肉体或精神上与自己的家庭分离，这在当时的环境下仍然是奇怪的，特别是母亲对女儿的影响和重要性极小，她们或缺席，或保持距离，甚至已去世。女孩们蔑视虚伪的社会规则，生活在自我的世界里，但常常不太清楚该往什么方向走。她们意识到社会的不公平和陈规陋习，她们的生存摇摆于无根与反抗之间。"③

卡门·马丁·盖特(1925—2000)是"半个世纪派"的重要成员之一，以论文《西班牙18世纪的爱情习俗》(1972)获得马德里大学博士学位。对现实的批判构成了她所有作品的要素，马丁·盖特特别关注战后西班牙妇女的情感教育，其基本主题有：俗规生活、城乡对立、童年的最初失意、交流的困难、梦想与行动的不一致、对自由的恐惧。首先，在她的小说里重要的不是情节的构思，不是发生了什么，而是怎么发生的，为什么发生。其次，在马丁·盖特的作品里时间占据了重要地位：有时它扮演主角，控制和奴役人物，而人物作为时间的牺牲品冷漠或痛苦地沉沦在日常琐碎无聊的事物里，以此打发时光；有时它受人物的控制，变成反思的对象。因此她笔下的许多人物喜欢重塑、重温过去，

---

① 涅托还著有短篇小说集《土地》(1957)、《马蹄莲》(1957年"芝麻奖")、《被剥夺继承权的人》(1958年"克拉林奖")；诗集《7年和几天》(1971)；儿童故事集《没有可口可乐的世界》(1991)。
② 1974年再版时改名为《九月疲劳的太阳》(*El cansado sol de septiembre*)。
③ Cristina Ruiz Guerrero. *Panorama de escritoras españolas*, Universidad de Cádiz, 1997, pp. 162—163.

第四章

1951—1962：现实主义小说与"半个世纪派"

把这一活动作为生存的支柱。另外马丁·盖特热衷寻找对话者，向他倾诉；偏爱女性人物，喜欢多种视角。

1954年马丁·盖特凭借处女作《温泉疗养地》荣获"希洪咖啡馆奖"，在文坛崭露头角。作品具有神秘小说和元小说的特点：一开头女主人公向读者讲述一个故事，当我们满怀期望和好奇等待其结局时，它出乎意料地变成了一个梦，女主人公从这个梦里醒来，接着又给我们讲述另一个故事，这次是有关她自己的现实生活。《温泉疗养地》的基调是抒情和内省，显示了作家细腻的感受力和对普通百姓日常生活的兴趣。

真正使马丁·盖特成名的小说是《薄纱窗帘之间》(1958)，其标题已经暗示了西班牙女性的生存环境。这是一部以作家故乡萨拉曼卡为背景的作品，带有一定的自传色彩（从9月份新来一位中学德语老师巴勃罗到圣诞节放假这一期间发生的事件为中心情节）。巴勃罗作为一个外来者和男性，以证人的眼光客观地审视50年代一群禁锢在保守环境里的小资产阶级年轻女子的生活。她们没有前途，没有自由，婚姻是她们的唯一出路。"这些人与外界隔绝，仿佛围坐在带有暖炉的桌子前，透过挂着薄纱窗帘的窗子看待外界，他们被陈规陋习束缚着，彼此维系着互不沟通、虚伪的人际关系。"[①]小说反映了个人的生存危机、现代生活的痛苦以及文学的作用，女主人公娜达丽娅是巴勃罗爱恋的女生（在她身上有作家本人的影子），她以日记方式表达自己与周围环境的不和谐、成长过程中的苦闷和烦恼。虽然对资产阶级生活提出批评（被作家本人视为对"社会现实主义"的唯一贡献），但内心化的视角占据重要地位。马丁·盖特后期的作品都没有放弃这一倾向，可以说1960年以后的西班牙"新现实主义"小说普遍偏爱内心化的手法。

马丁·盖特敢于揭露外省中产阶级的平庸生活或知识分子代表的自我中心主义。短篇小说集《束缚》(1960)的主题就是缺乏沟通、孤独、失败和冷漠，把受家庭纽带或感情承诺制约的人际关系称为"束缚"。《慢节奏》(1963)与50年代盛行的现实主义决裂，把小说的重心转到人物的心理分析和对往昔生活的回忆上。主人公——叙述者大卫原本是个银行雇员，这位极其敏感的青年为了独立、摆脱与父亲的联系而犯事，结果被关进疯人院。在这期间他收到了女友将与别人结婚的来信，于是引发了大卫从童年到现在的不连贯地回忆，寻找生存的意义和理由，并对此进行反思。大卫希望找到一个能让他不孤独的对话者，但这个愿望没有实现。大卫无法与别人沟通，又害怕承受他人的压力。《慢节奏》的另一个主题是时间的流逝和事物的毁灭，大卫无法回避按部就班的社会强加给自己的生活节奏，置他于死地的正是时间。

《连串》(1974)是马丁·盖特的代表作，小说的外在情节很少，主要描写一户人家祖母病危时，姑侄两人从外地赶回故乡加里西亚服侍老人。一天夜里他们在破败的祖宅展开长谈，各自回忆自己从童年到成年的经历和家庭成员间的纠葛。这一段段对话表现了两人的孤独、不满以及时间毁灭性的流逝，在他们对往昔的人、事、景的回忆和交谈中，分析人与人之间沟通的问题以及寻求对话、摆脱恐怖的需求。这部小说的外在形式

---

① 沈石岩：《西班牙文学史》，第434页。

具有重要性,除了前言和后记是以第三人称撰写,小说的主体部分都是以第一人称独白的形式展开(当然他们俩互相扮演听众的角色)。这种口语叙述方式暗示话语才是人类获救之路,通过语言进行交流是可能的,而且是保护人类免受孤独和破坏性力量的唯一途径,作者对小说本身的创作也进行了反思。

《心碎肠断》(1976)再次触及当代西班牙中产阶级家庭成员之间缺乏沟通、彼此感情纽带破裂的主题。小说叙述一名农村姑娘为寻找负心的恋人来到马德里帮佣,并以此为线索,在1975年秋天3天时间里把一个城市中产阶级家庭3个成员(丈夫、妻子、女儿)的不同生活和思想倾向传达给读者(他们的失败、无能和不尽职)。作家以现实主义手法刻画了恋爱中女性脆弱、敏感的心理(特别是对话设计上非常恰当),她不可避免地被周围环境压垮(妻子最后自杀)。①

安娜·玛利娅·马图特(1926)是"半个世纪派"中第一个成名的作家,年轻时学过绘画和音乐,1948年发表《亚伯一家》,获"纳达尔小说奖"。小说描写亚伯家7兄弟之间该隐式的复杂关系(迪多和阿尔多之间的敌对竞争),这部作品与其说是"恐怖主义"小说,不如说是作家第一次接近她独特的内心幽灵,"该隐主义"。马图特不是把这一主题当作抽象的概念,而是直接指向西班牙内战:"该隐和亚伯,兄弟之间的争斗,是我作品的一个真正基本的核心。"

作为女性作家,马图特以丰富细腻的感情和敏锐的艺术感觉见长。她主张小说"应该成为我们时代的文献,提出当代人所面临的问题,同时应当刺痛社会良知,以期改造社会",为此她的作品曾一度被禁止出版。一方面马图特的小说大多以青少年为主人公,反映他们的单纯与成年人的背叛和丑恶所发生的冲突,暗示儿童对现实社会的不适应;另一方面,马图特以内战和战后西班牙社会为解剖对象,从人道主义角度对那场无谓的手足相残以及由此造成的仇视提出含蓄的谴责,对现存的价值观念提出诘问,而把同情给予那些无辜者,特别是儿童和妇女。

《去西北聚会》(1952年"希洪咖啡馆奖")是一部充满主观抒情的小说,回到了农村的荒蛮和兄弟间的对抗,"讲述了一个令人印象深刻的故事,其中有野蛮、死亡、背叛、自杀、乱伦、嫉妒、贪婪和忏悔"。② 短篇小说《小剧场》(1954)以内战时期的走私活动为背景,讲述主人公伊莱受毫无良知的走私犯欺骗的悲惨历史,作品具有明显的象征色彩。从《在这片土地》(1955)③起马图特小说的主题开始接近现实,想象的成分减少。作品描写巴塞罗那上流资产阶级一位16岁女孩索莱达·罗达在内战中的可怕经历以及内战

---

① 马丁·盖特还出版了关于一桩17世纪宗教裁判所审判案的《对马伽那孜的审判》(1970)、《瓜达尔霍塞伯爵,他的时代和他的工作》(1977)、《西班牙战后的爱情习俗》(1987年"阿那格拉马散文奖")、《流过的水》(1993)、《等待未来:纪念伊格纳西奥·阿尔德科亚》(1994)、《我要求话语》(2000)、《杂记笔记本》(2003);短篇小说集《魔鬼的肮脏交易》(1985)、《两个神奇故事》(1986)、《你告诉我》(1999);小说《小风帽在曼哈顿》(1990)、《雪花王后》(1994)、《离家出走》(1998)和《亲戚》(2001);剧本《妹妹》(1999);诗集《连串》。
② Eugenio G de Nora. *La novela española contemporánea*, Tomo II, Madrid: Gredos, 1962, p.297.
③ 此书1993年再版时改名为《萤火虫》(*Luciérnaga*)。

第四章

1951—1962：现实主义小说与"半个世纪派"

带来的后果（她少年时被剥夺了一切，与母亲相依为命，共和国分子在她家避难，索尔便与他萌发了初恋），而巴勃罗和克里斯蒂安两兄弟间的冲突则象征着内战中的交战双方。《死去的孩子》(1958)同样揭示了参与内战的人们无法和平共处的悲剧。

在马图特的《商人》三部曲中，第一部《初忆》(1959)是最成功的作品。小说从一个14岁女孩玛蒂娅的视角刻画内战所造成的人与人之间的仇视与隔阂（共和派子女遭到歧视），故事的发生地马略卡岛影射了"失去理想、失去希望、失去共和国"的西班牙。第二部《战士在夜晚哭泣》(1964年"西班牙皇家学院文学奖")依然以马略卡岛为舞台，讲述一个被枪决的政治家的遗孀玛尔塔的经历。第三部《陷阱》(1969)的主人公则是成年了的玛蒂娅，描写战后的西班牙社会尔虞我诈的丑陋现实。马图特认为如今的西班牙人不过是些"商人"，可以拿最神圣的东西做交易：爱情、道德、公正和高尚的思想。

这一时期马图特还创作了许多儿童文学作品[①]，但此后沉寂多年，她最后选择的是远离集体主义环境，甚至把《瞭望塔》(1971)置于中世纪的背景下（讲述一个英雄的少年经历）。除了短篇小说集《阿尔达米拉的故事》(1975)，没有新的作品问世，直到90年代才再次复出，1996年当选西班牙皇家院士。

孔查·阿洛斯(1922)出身于瓦伦西亚一个工人家庭，后随家人移居拉斯帕尔玛岛，在那里攻读师范专业。毕业后在岛上的一个小镇当老师，并开始为当地报刊撰写文章和短篇小说。从1960年起定居巴塞罗那，全身心投入到文学创作中。阿洛斯的大部分作品属于"见证现实主义"，并没有去适应60年代兴起的小说创新潮流。阿洛斯既关心人物的内心问题，也关注生活环境给他们造成的问题，尤其对处于不利地位的妇女所承受的困难感兴趣。因此她从批评的角度将心理内省和社会聚焦结合起来，一些作品还以个人经历为素材。

《侏儒》(1962)是阿洛斯的成名作，小说的舞台为巴塞罗那的一家寒酸的小客栈，那里居住着面临生活困境的各式人物。作家除了反映客观现实之外，还力图深入人物的内心，比如玛利亚写给想象中的情人的信便揭示了这位少女的隐秘情感。这部作品的基调是忧郁和悲观，生存的需求和压抑的环境使人物都变得像侏儒似的，同时也表明了作家对那些被侮辱的、没有能力摆脱贫困的人的同情。

阿洛斯在《百鸟》(1963)中对妇女的解放持赞同态度，主人公是一位出身贫寒的姑娘，她努力奋斗想走出外省令人窒息的环境，不愿重复母亲被家庭束缚的命运。与富裕阶级的接触使她产生了反抗不平等的心理，但有钱的情人抛弃了已有身孕的她，这使得女主人公陷于绝望和希望交织的境地。她不屈服，不相信谚语"百鸟在飞不如一鸟在手"，依然要寻找那不确定的一百只鸟。

《篝火》(1964)的故事发生在地中海巴利阿里群岛，当地人、外地人和外国人构成了

[①] 马图特的儿童文学作品有：《傻孩子》(1956)、《时间》(1957)、《黑板之国》(1957)、《宝利娜，世界和星星》(1960)、《在半路上》(1961)、《后悔的男人》(1961)、《3人与1个梦想》(1961)、《小疯马和小狂欢节》(1962)、《河》(1963)、《一些小伙子》(1964)和《尤利西斯的流浪汉》(1965)。

岛上3个居民团体,小说描写了他们各自的生活和彼此之间的反差。主人公是两位条件十分不同的女性,却都有性生活方面的问题。作家对这个主题的处理非常克制,避免任何过分的渲染和描写。《红马》(1966)是对内战的见证和回忆,讲述了共和国成员面对佛朗哥军队的步步前进而四处避难的痛苦经历。《夫人》(1969)是阿洛斯最好的作品,作家从不同的角度描写了一个被内战压垮了的家庭历史。《厄勒克特拉和你们说话》(1975)是一种关于人类终结的乌托邦式小说,常常提及古典和《圣经》神话,把它们用作强化当代故事象征意义的因素。《我猜,阿尔黑奥死了》(1982)的主人公是一位摇摆于反抗和屈服之间的女性,她爱着父母收养的男孩阿尔黑奥,但为了适应社会强加的准则和要求,只好牺牲自己的感情,接受家里安排的亲事。她最后意识到自己已经彻底屈服了,那个爱着自己弟弟的女人实际上已经死了。①

埃莱娜·索里亚诺(1917—1996)是一位学者型作家,1969年在马德里创办著名文学杂志《细嘴松鸡》,此刊物成为连接西班牙国内文学与流亡文学的桥梁。1991年被授予"罗莎·曼萨诺奖",以表彰她作为进步女作家的成就。索里亚诺声称自己的创作不受直觉的驱使,而是运用思考、逻辑分析和痛苦的坦诚进行写作。处女作《小猎物》(1951)是一部描写农村生活的小说,书名指的不仅是当地的打猎活动,而且暗示支配人类关系的法则。主人公安娜是一位年轻的外省姑娘,嫁给了一个残疾的地主儿子,婚后性生活不美满。安娜的小叔子安德烈斯又看上了她,把嫂子当作猎物来追求,最终她在逃跑时被害。索里亚诺在这部作品里分析了男女之间的爱情意识,以此来探索人性,两兄弟之间的不和也暗示着西班牙内战的序幕。

三部曲《女人和男人》(1955)具有明显的女权主义意图,展示了3种男女关系失败的例子,爱情成为不能给予幸福的一种象征。三部曲的故事情节并不连贯,人物不同,但贯穿了一个基本主题,即西班牙资产阶级社会里的性爱关系:男女之间复杂的爱情关系、妇女性生活的不如意(害怕衰老)、从开始的相爱到激情的毁灭(男人抛弃女人衰老的肉体)。第一部《疯子的海滩》遭到新闻审查的阻拦,直到1984年才正式出版。小说是一个以想象的信件形式构成的长篇内心独白,由一个成年妇女写给她多年不见的旧爱。作品的舞台就是女主人公年轻时度夏的海滩(位于桑坦德,1952年和1953年索里亚诺曾在此度夏),她来到同一个地方寻找过去的幻想,此刻才意识到寻找失去的爱情已没有意义,她的心灵这时才真正自我解放了。这部作品讲述的是爱情在实现之前便已失败,表现了女主人公从浪漫主义向现实主义的过渡。

第二部《海市蜃楼》的素材来自作家作为女人和妻子的亲身经历,描述了婚姻中爱情的厌倦或消退:一对夫妻的婚姻虽然表面上还保持正常,实际上随着时光的流逝、妻子容貌的衰老,丈夫已另寻新欢,而她只能继续扮演贤妻良母的角色。直到生病动手术,从死神手中逃出,丈夫才对她重生爱意,但这一切可能都是海市蜃楼。第三部《梅德

---

① 阿洛斯还著有电视剧本《在杏仁树下》(1964)、《我是一个自由的男人》(1967)和《第三封信》(1967);小说《当月亮改变颜色的时候》(1958)、《杀害梦想的凶手》(1986);短篇小说集《猫王。食人肉的故事》(1972)。

娅 55》是对古希腊阿尔戈神话中著名巫婆梅德娅的再创造,在这部作品中女人因吃男人的醋而做人流,男人为了实现野心而抛弃女人。索里亚诺分析的不是一个爱情故事,而是痛苦地承认:时间会销蚀一切,没有什么是永恒的。无人像她那么懂得女性的情感,走进女性的心灵,探讨她们面对衰老和失去爱的激情时的困境。

《母性的见证》(1996)叙述了索里亚诺与儿子共同度过的 25 年艰难岁月以及母子之间日益加深的代沟(造成了儿子悲剧性的死亡)。《渺小的生活,过去和现在的故事》(1989)描写的是西班牙中产阶级的日常生活。她还著有三卷散文集《文学与生活》(1992—1993—1995)及《3 个梦想和其他故事》(1996)。

埃莱娜·基罗加(1919—1995)出身贵族家庭,在加里西亚长大,是西班牙第二位当选皇家院士的女作家(1984)。基罗加对分析人际和社会关系感兴趣,为此她深入心理探索和视角化分析;擅长塑造女性形象,爱情(常常是失败的)是其小说的基本要素,并从女性角度来看待情感经历。基罗加小说的主题为人与人之间没有能力进行真正的沟通,其后果是误解、孤独、失意以及随着时间的流逝日益增长的怀旧。处女作《响亮的孤独》(1949)以西班牙内战和第二次世界大战为背景,叙述一位满怀童年记忆的少女走向成熟的生活历程。这部作品没有引起什么反响,但《北风》(1950)则受到评论家的好评。受 19 世纪女作家埃米莉亚·帕尔多·巴桑自然主义流派的影响,《北风》以加里西亚一个庄园的生活为背景,描写年老的主人与年轻天真的女仆之间的爱情关系,显示了基罗加塑造环境和人物的能力。《血》(1952)具有"魔幻现实主义"特征,舞台依然局限在一个加里西亚大家族的花园里,园中的百年老树是家族生活的见证人,它以第一人称的形式讲述这个家族 4 代人的历史。最后一代人的生活已经进入 20 世纪 30 年代,但他们仍旧封闭地生活在自己的庄园里,与外部社会的变迁隔阂。

《街上出事了》(1954)标志着基罗加创作方向的转变,开始朝以城市社会为舞台的小说发展。《面具》(1955)采用俄狄浦斯情结,关注影响到一个男孩一生痛苦和造成痛苦的原因:内战。这又引出基罗加关心的另一个主题:从哲学的角度探讨精神的异化。在《女病人》(1955)中孤独、不满自己婚姻的女主人公与一个女病人认同,后者因爱情的不幸而走向绝望和疯狂。女主人公来自外地,一开始被这位女病人的身世所吸引,想了解她。渐渐地她在女病人这面镜子里看到了自己的身影,由此引发了女主人公的反思,分析自身失败的原因,找寻自我的身份。

《最后一场斗牛》(1958)是西班牙文学里关于斗牛的最佳小说之一,它打破了斗牛界的神话。在这部作品中斗牛是人类生存的寓言:人类就像斗牛,是个牺牲品。人在一个缓慢的、不可遏止的准备过程中屈从命运的安排,直到像斗牛那样被杀死。男主人公是一位著名斗牛士、民间英雄,但他孤独,无法与世界沟通,而且日渐年老的他不得不面临新一代同行的挑战,在即将退休的最后一场斗牛表演中惨死在斗牛场上。

基罗加还从自身童年和少年的记忆中挖掘素材,创作了《悲伤》(1960)、《我写你的名字》(1965)和《一切都结束了,忧伤的女孩》(1976)三部曲。女主人公跟作家一样,出生于农村贵族家庭,第一部描写孤女塔德阿在祖母家度过的苦涩童年,她唯一的安慰是逃到花园里,回忆在父亲身边时所享受的爱和自由。第二部回忆1930年10月—1936年6月内战爆发前塔德阿在一所教会学校的消极经历,在这人生的6年关键岁月她发现了教会和资产阶级的道德虚伪,走向失望,失去信仰,渴望反抗,对传统的教会教育(没有给妇女提供自立于社会的本领和素养,尤其是缺乏对个人的尊重)进行严厉批评。在第三部中塔德阿回到父亲家,不得不面对战争的恐怖以及对她生活的影响。

《深刻的现时》(1973)涉及两个来自不同社会背景、却有着相似经历的妇女:加里西亚女子达里娅因失意的人生而投海自尽,当她跳进海浪时经历了拥有自我的一刻。然而临死之前她却感到自己处于边缘,与家庭隔阂,陷于沉默。别人无法理解这段无言、沉默和死亡的故事,只有索莱达(一位来自外地的单身女子,职业医生,本想研究加里西亚妇女的心理)试图弄清达里娅自杀的真相,这一悲剧导致她对自我心路的关注和剖析,最终索莱达也选择了自杀:

"我贪婪地看着那张脸,仿佛正向我揭开生活的面具,人类美的面具,女性的面具(不是个体的,而是共性的)。同时我内心某种隐秘的东西铺展开来。那个女人极美的头部好像一面镜子,在我眼前展开,我在她那里看到一位可怜女人的、或我的、或全人类的无尽痛苦。"①

何塞菲娜·阿尔德科亚(1926)文学博士,长期从事教育工作,偏爱儿童,在小说中常把他们作为见证人和牺牲品加以刻画,《战争的孩子》(1983)便选择了10个具有代表性的人物来回忆他们儿时所经历的战争。50年代开始在《西班牙杂志》上发表短篇小说和译作,1961年出版短篇小说集《无关紧要》。作为"半个世纪派"的成员她负责丈夫伊格纳西奥·阿尔德科亚遗作的再版和评论。

《曼生植物》(1984)是何塞菲娜·阿尔德科亚第一部长篇小说,运用多声部形式讲述两位不同辈分的女性故事(两人在时间上相差近1个世纪)。她们生活在同一个家族里,遇到同样的问题,却以不同的方式加以解决,由此表明女性内心的觉醒不能独立于具体的社会历史条件。作家胡利娅是年轻一代女性的代表,在她身上体现了时代的进步。而与其构成对立面的是前辈妇女克拉拉的生活经历以及所遭受的感情破裂的痛苦。

《因为那时我们年轻》(1986)是部充满伤感和失意的三重结构小说,通过一位寡妇与亡夫的好友之间的对话以及亡夫情人的来信,刻画了一个经不住诱惑、背叛年轻时代理想的软弱男子形象,对他的生平进行了回顾和评价。《果园》(1988)采用同样片段化的结构和透视法重构一对夫妻的感情历程,他们在田园般的大自然中寻找庇护。

何塞菲娜·阿尔德科亚最重要的作品是三部曲《一个女教师的故事》(1990)、《穿黑

---

① Elena Quiroga. *Presente profundo*, Barcelona: Noguer, 1973, pp. 80—81. 她还著有《恬静的姑娘和其他故事》(1956)、《寄往伽达盖斯的信》(1961)和《致法拉美略的信》(1963)。

第四章
1951—1962：现实主义小说与"半个世纪派"

衣的女人》(1994)和《命运的力量》(1997)。在第一部中乡村女教师加布里埃拉向女儿胡安娜讲述20—30年代的生活以及丈夫被叛乱军队杀害的经历；在第二部中胡安娜描述了她与母亲在内战及战后的流亡生涯（梦想重返祖国，找回失去的天堂）；在第三部中年老的胡安娜于1975年佛朗哥去世后从墨西哥返回西班牙，见到的是一个懒散、怯懦、刚从废墟中走出来的国家。她吃惊地目睹了西班牙的政治民主过渡，明确地不赞同左派政党的功利主义和在意识形态上的让步。三部曲不仅是浓缩的个人纪事，同时记录了从第二共和国至1975年以后的民主西班牙生活，尤其是向它的自由教育制度致敬。《一个祖母的忏悔》(1998)延续的是同一种回忆录形式，讲述女作家与孙子关系的演变。她的最新小说为《在远处》(2004)。

多洛雷斯·梅迪奥(1911—1996)毕业于师范专业，在故乡奥维多旁边的一个小镇获得教职，内战中因支持共和国而遭受了许多不幸。1945年她的短篇小说《尼娜》获"孔查·埃斯皮纳奖"，之后梅迪奥便放弃教师职业，移居马德里，专门从事文学和新闻。1963年曾因支持阿斯图里亚斯地区的矿工罢工而被捕入狱1个月，1981年创办以她名字命名的基金会，其主要目的是推动"阿斯图里亚斯文学奖"。

梅迪奥的小说真实地反映了50—60年代西班牙艰难而顺从的生活，因为她的创作宗旨是记录中下层人的日常生活，对她来说这就是西班牙社会的缩影（以阿斯图里亚斯和马德里为舞台）。梅迪奥喜欢描写环境和条件对人物所起的决定性影响，她的作品"充满存在主义主题：重复、空虚、精神失常、失意、绝望、在窒息的氛围和无人性的时间限制中徒劳地想发现一个真正的生活。"①成名作《我们里维罗一家》(1953)描写1924—1935年故乡一个中产阶级家庭的生活，主人公莱娜·里维罗是一个富于梦想和想象的女孩，青年时代的不安分引致她离家出走，寻找新的天地。日后莱娜成为著名作家，回到故乡，重温过去。通过她的回忆我们目睹了战前那些年一个受人尊重的家族衰败和瓦解的过程：家庭内部有两种对立的力量，里维罗一族具有不安分和反抗精神，而金塔那一族则安于现状。

《公务员》(1956)是第一部符合"社会现实主义"创作原则的女性小说，描写一个生活贫困、受制于常规习俗的小职员的沉沦。他不满意自己的人生，只能通过幻想逃避现实。在《一位女教师的日记》(1961)中梅迪奥把个人的经历与想象力结合起来，是她最出色的作品。小说讲述了女主人公伊雷内1935—1950年在阿斯图里亚斯当农村教师的经历、内战的可怕以及她的一段结局悲惨的爱情生活。小说的意图很明显：捍卫在30年代涌现的、因内战而失败了的自由教育改革潮流。

《比比阿娜》(1966)、《安德烈斯》(1967)和《另一种情况》(1972)构成三部曲《我们那些步行的人》，具有明显的时代见证特点。人物大多是忧郁的失败者和怀疑主义者，作家关注内战对他们的影响。"多洛雷斯·梅迪奥这个时期发表的任何一部作品，在批判

---

① Gonzalo Sobejano. *Novela española de nuestro tiempo (en busca del pueblo perdido)*, Madrid: Ed. Prensa Española, 1975, p. 275.

内容上都不逊于大部分公认的社会小说家的作品。甚至可以说,从某种意义上看,她的小说比一般的社会现实主义走得更远,因为这位女作家觉察到技巧变革的需要,而聚集在西班牙共产党周围的那些作家很晚才意识到这点。"①

卡门·库尔特兹(1911—1999)1929年留学英国,1935年嫁给一个法国人,婚后在法国生活了8年。第二次世界大战中库尔特兹的丈夫曾被俘,在德国集中营关了两年,她则在西班牙驻马赛领事馆工作。1943年夫妻团聚,回到西班牙,但苦难和分离却造成他们感情破裂。这一痛苦经历成为库尔特兹两部小说的素材:一部是《陌生人》(1956),讲述一位曾在前苏联作战的"蓝色军团"军人被俘,1954年获释回到西班牙,与分别12年的妻子相聚。尽管她一直对丈夫忠诚,但两人已找不到彼此关爱的纽带。小说的主题为男女伴侣即使已把心灵和肉体完全付出,互相还是无法沟通。另一部为《在手指尖上》(1968),分析战后塞戈维亚的氛围(库尔特兹夫妇最后几年生活在此地)。

库尔特兹的创作主要以巴塞罗那为舞台,因此她的作品成为了解20世纪巴塞罗那社会变迁不可或缺的参照物。其主题是:批判资产阶级社会,独特的女性观念(描写限止她们生活的压抑环境),剖析男女之间沟通的缺乏。"库尔特兹对中产阶级的冒犯融合了对它的乐观态度,具有一种道德教化功能,寻求唤醒它作为社会中流砥柱的责任感。"②库尔特兹相信承诺文学,她的作品都是纪实反映时代问题(特别是妇女问题)的小说。女性比男性人物更完美,具有更丰富的色彩、更深的心理刻画和更多的现实感。男性在她的作品中是"另一位",是从女性的视角来看待他们的。在库尔特兹笔下有少女时代(这是女人最富激情的时期)、叛逆或顺从的青年时代、妻子—母亲时代,这时的她将自己的一切都赌在婚姻上,这里正是冲突的纽结。

库尔特兹的代表作《在水下入睡》(1955)把作家本人在第二次世界大战期间旅居法国的经历融入到女主人公比拉尔身上。她出生于资产阶级家庭,从少女时代起就力图摆脱自身环境的束缚,对本阶级持批评态度,追求自由和个人的发展。比拉尔的叛逆性格导致中年时代婚姻的失败,因为她不愿将自己圈在家里生儿育女:"这份活是愚蠢的,徒劳无益的。凭借谈论锅碗瓢盆我忘了倾听自己的思想。这些女人是幸福的,因为她们变得粗野。我不愿失去理智。我更愿意受苦。不管怎样受苦是把内心的情感高尚地外化。我将永远抗争。我现在跟你说这些不是因为存在希望,而是要致力于反抗。这样的生活是一种道德监狱,我将粉身碎骨地逃离它。我永远不会放弃逃脱的想法。"

---

① Óscar Barrero Pérez. *Historia de la literatura española contemporánea (1939—1990)*, p. 141. 梅迪奥1981年发表了《没有土地的胡安的神奇王国》,写作风格发生变化,作品运用了幻想小说的技巧。主人公胡安年轻时去新大陆冒险,50岁后回到故乡阿斯图里亚斯靠近海边的一个村庄。他向村里的孩子讲述自己在美洲的各种历险经历(辗转于拉美和美国各地),通过胡安的回忆阿斯图里亚斯的农村世界被拓宽了。其他作品还有短篇小说集《休止》(1954)、《明天》(1954)、《加西亚先生》(1966)、《细嘴松鸡》(1982)、《我记忆中的奥维多》(1990);小说《鱼继续漂游》(1959)和《夏天的闹剧》(1974);回忆录《被关进陷阱里的人:一个女小说家的回忆录》(1980)、《在老阁楼上》(1991)、《科学能唤醒人类?》(1991)和遗作《来自德国的5封信》(1996)。

② Ignacio Soldevila Durante. *Historia de la novela española (1936—2000)*, Volumen 1, Madrid: Cátedra, 2001, p. 500.

库尔特兹的其他作品涉及不同题材,《旧法律》(1956)描写的是战后巴塞罗那年轻妇女被迫卖淫的生活;《在石头后面》(1958)以一个真实的、有记载的事件为蓝本,展示西班牙战后意识形态的迫害;《两种黑暗之间》(1959)揭示表象与现实的对立,反对死刑;《在男人身边》(1961)触及童贞问题。《金牛犊》(1964)批评了资产阶级的金钱观,揭露贪婪是如何吞噬资产阶级;《天真的鸽子》(1975)的主题为女性少年时期的冲突和矛盾。她还著有《7个时代》(1964)、《海藻》(1966)和儿童文学《火的颜色》(1964)。

梅塞德斯·萨利萨奇丝(1916)出生于巴塞罗那,是一位多产和长寿的作家。50年代的早期作品在结构上具有创新特点,在连接不同的时空场景时可以看到福克纳和多斯·帕索斯的影响。之后她对实验和革新兴趣锐减,转向回忆录和忏悔录,对过去的回忆和再现成为其作品的基本要素。处女作为长篇小说《第一个清晨,最后一个清晨》(1955),在它的一部分章节里,主人公罗慕洛在遭遇暗杀之前重构他一生的起伏经历;另一部分章节是连续的对话,阐述他关于绘画和哲学的观点。这两部分交替出现,向我们呈现了一个复杂、敏感、不能适应环境的人物,并通过他的故事接触到一个衰落的世界。

在《一个女人来到村子》(1956)中萨利萨奇丝第一次涉足农村环境,作品虽然属于现实主义流派,但结构并不是直线型的,而是在现时的情节中加入了对过去场景的回忆。小说讲述一位姑娘回到家乡,准备生下她与一位少爷的孩子,因为无人照顾她分娩,结果死于难产。围绕着这场悲剧萨利萨奇丝编织了一幅乡土画面和一组漫画式的人物,对伪善的社会进行了批判。但由于作家对农村环境不像对城市资产阶级那么了解,所以作品没有达到应有的力度。《中断的葡萄收获期》(1960)再次回到农村舞台,其主题是教会的职责。萨利萨奇丝关注教会神父的现状,但这一宗教题材只涉及他们的日常道德方面,很少深入神学家的心理。《黄叶的季节》(1963)以第一人称忏悔的形式勾勒出西班牙自第二共和国到战后那段岁月的苦难画面,作品满怀嘲讽的意图。

萨利萨奇丝的一些作品见证了上流资产阶级的生活方式,揭露了他们的道德恶习:经济的腐败、社会的虚伪、宗教价值观的丧失、双重道德和性生活的糜烂。《最后的冒险》(1967)涉及的是婚姻的矛盾和婚外恋的经历,相同的主题再次出现于《在场》(1979)中:女主人公克里斯蒂娜属于加泰罗尼亚上流社会,在两个夏天与丈夫的朋友克劳蒂奥(一位已婚男子)发生通奸关系。小说一方面描写这段婚外恋激情,另一方面揭示出克里斯蒂娜性格和心理的扭曲,这导致她杀死克劳蒂奥的妻子,最后被送进精神病院的悲剧。

萨利萨奇丝善于利用人物的意识,从意识入手让小说的叙述流动起来,把女性意识的觉醒过程戏剧化地表现在一位成年妇女身上。《你缺席的次数》(1983年"塞维利亚协会奖")通过描写3代妇女来突出世界与她们每个人价值观之间的鸿沟(她们接受的是传统教育,已经不适应所生活的社会)。①

卡门·孔德(1907—1996),诗人,小说家,西班牙皇家学院第一位女院士(1979),打破了该院自1713年创建以来不接纳女性的惯例。孔德出生于一个富裕的商人家庭,是家里的独生女。1914—1920在梅里亚度过童年,她对这些年生活的回忆收录在《生活开始。在摩洛哥度过的童年回忆录》(1955)里。1931年与丈夫诗人奥利瓦共同建立了卡塔赫纳人民大学,1933年创办杂志《出现》,并在马德里结识了拉美女诗人加布列拉·米斯特拉尔(1945年诺贝尔奖得主)。战后她与丈夫在马德里大学建立了"鲁文·达里奥每周档案",并在欧洲研究学院担任西班牙文学教师。

虽然孔德更以诗人著称②,但也创作了一些小说,如早期的《生命面对它的镜子》(1944)、《致凯瑟琳·曼斯菲尔德的信》(1944)和《在沉默的手中》(1950)关注存在主义问题,并与她的诗歌在审美基调上形成统一。《黑暗的根源》(1953)是孔德作为小说家的成名作,获"艾利森达·蒙卡达奖",1954年凭借《世纪的活人》荣获"西蒙·波利瓦尔国际奖"。《拉朗布拉大街》(1977)和《草长密了》(1979)均被改编成电视剧,《我是母亲》则获1980年"塞维利亚协会奖"。

孔德还发表了短篇小说集《一去不复返的风》(1944)、《铜》(1954);小说《蓝色阳台的大街》(1981);文集《西班牙神秘主义女作家》(1981);剧本《乘风筝飞上星球》。1976年曾来中国访问。

梅塞德斯·佛尔米卡(1916)出生于加的斯,在马德里攻读法律专业,后成为马德里仅有的3个女律师之一,一直为争取西班牙妇女平等的就业地位和法律权利而奋斗。佛尔米卡还加入了长枪党,战前和战后领导长枪党女性杂志《美地娜》。处女作《泥球》的主要情节是一对夫妻的分居案;《桑恰山》(1950)受"可怕主义"影响,描写马拉加共和派红色政权的恐怖氛围。《失去的城市》(1951)主题为内战的后遗症,叙述一位被围捕的游击队员与在马德里当人质的妻子之间的关系。《应原告的请求》(1955)触及的是在审判通奸案时对待男人和女人的不同标准,体现了佛尔米卡作为律师和女人的担忧。她还著有自传三部曲《童年,所见和所经历的事》、《我倾听沉默》和《破碎的镜子与眼镜》;小说《琥珀项链》(1989)。

---

① 萨利萨奇丝的《中间公路》(1956)无论结构还是内容都不太新颖,属于那时流行的 novela cosmopolita。女性人物呈现强烈的人性现实,但她们的内心波折没有超出浪漫故事的范围。在《铁轨的那边》(1957)里作家对人类秘密的关注体现在一个哑女身上,她最终让男主人公发疯。《下坡和上坡》(1966)则是一部围绕基督之死的历史题材小说。《花的秘密》(1997)叙述的是陷入情感和凌辱漩涡中的一家人的遭遇,《树皮》(1998)描写一个女孩自从父母在内战中被杀害后为生存而奋斗的经历。其他作品有《亚当直升机》(1957)、《机密的格言》(1972)、《所多玛城之行》(1977)、《苍蝇交响曲》(1982)、《鲑鱼的舞蹈》(1985)、《沉默的呐喊》(2000)、《谈话》(2002)、《从中等规模起》(2003)、《最后的迷宫》(2004)和《月亮的反光》(2005);短篇小说集《熟悉的脚步》(1958);回忆录《废墟》(1981)。

② 孔德的早期诗歌,如《井栏》(1929)和《欢乐》(1934)属于先锋派诗歌(此诗集由加布列拉·米斯特拉作序,博尔赫斯的妹妹诺拉配图)。战后转向关注人性(爱的激情、存在主义、同情他人的痛苦),如《动词的激情》(1944)、《没有伊甸园的女人》(1947)、《天使长被推翻》(1960)、《腐蚀》(1975)、《火山口》(1985)。其《诗歌作品(1929—1966)》获1967年"国家诗歌奖"。

第四章

1951—1962：现实主义小说与"半个世纪派"

第五节

魔幻小说

50年代的西班牙小说并不完全是社会性、批判性、见证性的，另一些作家创作的是神幻小说，打破与现实主义小说在形式和内容上的所有联系。他们的作品避开对周围现实直接和客观的描摹，给现实事物裹上一层神奇幻想和梦幻的境界，在神话、幻想和智力游戏中寻找小说素材。其观点是理性不足以理解世界，需要深入到幻想的深渊里。自由大胆的想象是他们的通行证，唯美抒情则是他们的行文风格。由于与当时主流的现实主义文学很不合拍，因此长期得不到评论界的重视，对这类小说研究不多。

阿尔瓦罗·龚盖罗（1911—1981）是加里西亚文学的代表人物，双语作家（用西班牙语和加里西亚创作），1964年当选加里西亚皇家学院院士。"龚盖罗是当代西班牙大作家中唯一决定逃避他那时代社会和历史形势，创造一个神奇、诗意、充满传奇和美妙世界的人。"[①]他以诗歌开始文学生涯，内战后逐渐向散文和小说发展。龚盖罗的特点是善于创造一个由幻想与现实组成的自我世界，神话和梦幻是它的基础。对他来说，梦想是一种生命需要，在它之上建立文学架构。但龚盖罗也关注周围的日常环境和琐碎故事，他的现实与梦想之间没有差别。寻找并塑造故乡加里西亚的本质是他小说创作的动机，龚盖罗求助于古希腊罗马神话，因为作家把它视为"人类灵魂实质的揭示者"。但在他的小说中这些神话人物凡人化了，失去了史诗的色彩，接近凡夫俗子平常可亲的小世界。龚盖罗的作品还具有阿拉伯文化和意大利文艺复兴素材的回声，哥特式的风格，但情节是巴洛克式的。

龚盖罗的小说包括两种类型，一种是系列短篇：《墨林和家族》（1957）是一组关于法国布列塔尼著名巫师兼贤人墨林在加里西亚大地居住期间的神奇故事，龚盖罗完全不遵从传统版本（从15世纪起在西班牙就有关于墨林的谣曲，他被当作魔鬼的儿子），而是把这位亚瑟王的好友兼顾问塑造成一个友善的智慧老人，他像一个农村高贵的骑士隐居在加里西亚，只是在空余时间从事魔法。故事的叙述者是墨林的侍者费利佩，通过他怀旧地回忆在主人身边度过的岁月，串联起一系列神奇和幻想的故事，并将日常平庸的现实因素引入寓言般的世界。《唱诗班指挥纪事》（1959）也属于"布列塔尼系列"，叙述一个唱诗班指挥查理斯从1793—1797年在外游历的故事。查理斯带着大号离家，准备在邻居的葬礼上吹奏。而用车来接他的死者亲朋好友实际上是那些被判死刑者的幽灵，他们白天保持人型，晚上则恢复幽灵的本来面目。这些幽灵的故事构成了本书的主要内容，龚盖罗再次将现实主义和幻想奇异地融合起来，同时充满幽默、嘲讽和戏谑

[①] Antonio Vilanova. *Novela y sociedad en la España de la posguerra*, Barcelona: Lumen, 1995, p.162.

模仿。

另一种是结构更加小说化的作品,如《尤利西斯的青少年时代》(1960)、《一个像俄瑞斯忒斯的人》(1969)、《范托·范提尼·德拉·格热尔德斯卡的游历和逃匿》(1973)和《彗星之年 4 个国王的战斗》(1974)。《公元 1000 年的花朵和鸟喙》(1968)收录了龚盖罗自 1939 年以来出版的散文体作品,以加里西亚、凯尔特和地中海神话为主题,经常出现加里西亚的大地、风景和神奇氛围,具有抒情和魔幻的色彩。他还著有《昔日贵夫人的歌谣》(1943)、《圣贡萨罗》(1945)、《骑士,死亡和魔鬼》(1956)、以《一千零一夜》为灵感的《当老辛巴达回到海岛》(1962)和《这里和那里的人》(1964)。

胡安·贝鲁超(1920—2003)出生于巴塞罗那,也是一位双语作家(西班牙语和加泰罗尼亚语)和艺术评论家。他涉猎了除戏剧之外的所有文学体裁,从很年轻时起就在加泰罗尼亚文学中占据了突出的地位。贝鲁超喜爱"27 年一代"诗人和法国"超现实主义"诗歌,1947—1956 年从事诗歌创作,出版了诗集《在血下。对你们来说是曙光》(1947)、《巫师》(1953)、《诗歌全集》(1984)。从 1960 年起为《命运》杂志和《先锋报》撰稿,对报刊文章进行了一场真正的改革。

贝鲁超的小说继承了博尔赫斯和洛夫克拉夫特①的风格,总是从文学(或历史学)出发,而不是源自对现实的直接观察。故事情节常常在一个想象的世界展开,神奇和幻想是其作品的基本要素,充满真伪难辨的故事(穿插了许多历史资料)。《骑士小说》(1957)是一部描写骑士冒险的幻想小说(其灵感来自地中海神话和加泰罗尼亚编年史家的历史作品),讲述年轻的工程师托马斯进行的一次奇妙旅行。这次历险使他从消遣和混日子中摆脱出来,通过时空的转移和跳跃(从古到今)托马斯重新体验了伟大的东方之行(曾效力于阿拉贡王国的祖先也参与过这样的征伐)。

《自然的故事》(1960)融合了一个加泰罗尼亚吸血鬼的故事与 19 世纪卡洛斯派为争夺王位而发动的一场真实战役,塑造了一个典型的理性自由主义英雄安东尼奥(这个人物还出现在其他作品中)。《骑士考斯马丝的历险》(1981)属于拜占庭小说类型,主角是拜占庭帝国的收税员,精通神学。公元 6 世纪主人公来到西班牙收税,结果陷入无休止的意外变故中(其中包括他与魔鬼的冲突),地点则从非洲到耶路撒冷、雅典和罗马。《帕美拉》(1983)的时空转到 19 世纪的英国,主人公帕美拉是一位女英雄,在西班牙独立战争中为霍兰男爵效力。②

---

① 洛夫克拉夫特(Lovecraft,1890—1937):美国幻想和恐怖短篇小说与故事作家,20 世纪哥特式恐怖故事大师之一。

② 贝鲁超还出版了小说《巴塞罗那的神秘》(1968)、《交趾支那的战争》(1986)、《阿比西尼亚的皇帝》(1989);短篇小说集《没有尽头的镜子长廊》(1963)、《玫瑰、魔鬼和微笑》(1965)、《尼斯福鲁斯和狮身鹰头兽》(1968)、《温泉疗养地的秘密故事》(1972)、《伪撰的故事》(1974)、《隐秘的植物园或假的帕拉切尔苏斯》(1974)、《神奇的动物寓言集》(1976)、《故事集》(1986);诗意散文《狄安娜和死海》(1952)、随笔集《运用洛夫克拉夫特的技巧》(1952)、《高迪,一种超前的建筑》(1968)、《胡安·米罗与加泰罗尼亚》(1968)、《一种视觉语义》(1986)、游记《拜占庭迷宫》(1989)、回忆录《忧郁的花园》(1993)。

第 五 章
1962—1975：决裂与创新

60年代西班牙社会经历了重大变革，1964—1967年是西班牙第一个发展计划年度，目的是巩固和推动工业的发展。经济呈现繁荣景象：旅游业上升；西班牙移民从海外带回大量外汇；外国资本的投资加大；大学生数量越来越多。但同时也出现了一些问题：罢工、静坐、游行。长期以来"半个世纪派"首要关注的是社会现实问题，如下层百姓的贫困无助，资产阶级的优裕无聊和个人的伦理道德问题。他们的作品更多侧重的是伦理，而非审美，试图用小说来代替报刊新闻，揭露西班牙的社会弊端（这在新闻中是被禁止的）。另外他们以为普通读者对文学不内行，也没有什么审美方面的要求，于是有意降低小说的文学程度，把文学单纯地作为干预社会、改造社会的工具。但实践证明，文学作为改造世界的武器是无效的，"社会现实主义"小说的艺术生命力已经疲软和枯竭，因而一些评论家把"半个世纪派"贬称为"圆白菜一代"。

1962年被视为西班牙小说新时代的开端之年，那年路易斯·马丁·桑托斯的《沉默的时代》和秘鲁作家马里奥·巴尔加斯·略萨的《城市与狗》问世，前者标志着西班牙作家要求摆脱"社会现实主义"创作原则的束缚，提高小说的审美艺术水准；后者则意味着拉美"文学爆炸"在西班牙本土得到承认，有力地推动了宗主国的小说革新。同时大量翻译和再版欧美著名小说家，如乔伊斯、卡夫卡、普鲁斯特、福克纳、吴尔芙等人的作品，积极介绍和引进法国的"新小说"浪潮。1964年塞拉创办"阿尔法瓜拉"出版社，以推出西班牙新作家、新小说为宗旨。可以说新的创作模式、流派、手法在1966—1967年左右取得主导地位，这一切推动了西班牙小说的革新。

一些流亡作家的作品也开始在西班牙国内出版，倡导和实践现实主义原则的小说家逐渐脱离旧的阵营。胡安·戈伊狄索洛远走巴黎，他在60年代法国的先锋派文学中找到自己的转机："使艺术屈从于政治，我们为两者都奉献了微薄的服务：我们的作品政治上没有成效，更有甚者，在文学上又平庸；我们以为创作的是政治文学，结果一样都没做成。"如今作家们开始倾向于形式主义和语言的表现主义，重新重视想象，关注风格、结构和诗意的手法。小说在所有方面都将经受一系列的变化：与线形叙事的决裂、不同时空的混合、情节的处理、人物的刻画、叙事视角和人物的多样化（第一、二、三人称）、结构的复杂化、语言的讲究（对话、内心独白、场景描写、加入专业化、技术化的术语）、打破正常的标点符号规矩、改变通常的字母排版方式、各种体裁融合。

在《沉默的时代》出版之后,一批艺术上更富想象力、形式上更加考究的作品问世变为可能。1966年是西班牙小说彻底转向新美学的一年,那年同时出版了德利韦斯的《为马里奥守灵的五个小时》、胡安·戈伊狄索洛的《身份特征》(第一版在墨西哥问世)及胡安·马尔塞的《和特雷莎度过的最后几个下午》。"作为批判现实主义或社会现实主义运动的小说家,他们创作的小说完全切合那一代人的不安和忧虑,也完全具有不安分和不妥协的作家意识。对他们来说,发展变化不是一种反复无常,而是一种需要和义务。他们开始了一个新的转折,深入到实验主义的善变领域……"①

这些小说的特征是情节不再重要,关键是叙事视角,也就是说,是谁在"叙述"故事。从外在结构看,已经不是按章节分布,而是按照一组连续的场景来设置。在时间的处理上,不再是直线型,而是无序的,前后跳跃。另外,内心独白和自由间接引语也是基本的叙述手法,如德利韦斯的《为马里奥守灵的5个小时》,整个作品分三部分:第一和第三部分较短,被评论家看成前言和后记,由一个第三人称叙述者对小说人物的思想和行为进行介绍和总结。主体为第二部分(共26章),由卡门在为死去的丈夫马里奥守灵时的长篇内心独白构成(轮流使用第一和第二人称)。小说讲述的是人与人之间无法沟通的故事,但几乎没有传统意义上的情节。我们听到的是一对思想观念截然不同的夫妻(马里奥是开明进步的共和派,而卡门则是传统保守的中产阶级代表)在对待现实生活的态度和立场上所存在的分歧和冲突,爱情已经消失,取而代之的是互不理解和冷漠。卡门的内心有两种情感在斗争:一个是通奸的负罪感(尽管她只是想过此事但未真正干过),另一个是受挫感,因为她认为丈夫不公平地把自己置于无足轻重的地位。卡门对丈夫的责备,为自己的辩解,实际上正好反映了西班牙中产阶级的僵化、虚伪、封闭以及两个西班牙的传统对立(时间跨度从阿方索十三世统治末期到内战结束),这部作品也是德利韦斯为数不多的以女性为主角的小说之一。

第一节

与"社会小说"的决裂

路易斯·马丁·桑托斯(1924—1964)是西班牙战后文坛承上启下的一位作家,他唯一的小说《沉默的时代》一方面结束了陈旧的、照相式的"社会小说",另一方面为60—70年代西班牙小说的发展开辟了新方向,从很大程度上讲他的影响可与塞拉媲美。马丁·桑托斯本是职业精神病学家,1947年获得马德里大学精神病学博士学位,从1951年起任圣塞巴斯蒂安精神病疗养院院长。《沉默的时代》是他计划创作的三部曲《摧毁神圣的西班牙》的第一部(此作完整的版本直到1980年才在西班牙出版),可惜的是,在

---

① José Domingo. "Del realismo crítico a la nueva novela", *insula*, No. 290, enero de 1973, p. 5.

第二部《毁灭的时代》尚未完成时便因车祸英年早逝。马丁·桑托斯反对佛朗哥的独裁统治,加入了当时的西班牙社会主义党。他的知识分子立场和精神分析理论属于马克思主义范畴,他的艺术审美观也是现实主义的,这些均与"半个世纪派"作家一致。但是《沉默的时代》对"社会小说"在艺术和精神上的贫乏发出了震耳欲聋的宣言,它的问世意味着可以用叙事技巧的实验性创新来写一部批判现实的作品。

《沉默的时代》揭露的是西班牙战后的现实生活(小说发生在1949年左右的马德里),但艺术风格华丽,是巴洛克式的。它不局限于对一个孤立事件做报道式介绍,而是从历史和哲学的角度来分析生活,借比喻和讽刺来愚弄当局的新闻审查制度。另一方面马丁·桑托斯继承了克维多和巴列-因克兰的文学传统,并融合了20世纪欧洲小说革新的技巧。在40年代"可怕主义"的个体存在主义和50年代的集体社会主义之间马丁·桑托斯试图将萨特与马克思协调起来,因此《沉默的时代》不仅是对现实社会的批判,更是对人类自由发展的可能性的思考。

《沉默的时代》情节很传统,甚至还包含了连载小说的成分,但它构成了作品创新的基础。小说讲述了一个巴罗哈式的年轻人佩德罗的人生失败历程:他本是一个从事癌症研究的医生,不得已去贫民窟为一个与父亲乱伦的姑娘做非法人工流产,病人失血过多死去,佩德罗因此被捕入狱。他的女友(旅店老板娘的外孙女)也死于一场无辜的报复,佩德罗在获释后被研究所开除,登上一列开往农村的火车,准备隐居乡村当一名村医。这一简单情节让佩德罗见识了贫民窟、监狱和知识分子精英的聚会,它是探讨西班牙社会文化的基础(从富人阶层到知识分子,从流氓无业者到小资产阶级)。《沉默的时代》只是某种意义上的"社会小说",因为它没有涉及工人阶级,没有提出明确的社会纲领,也不捍卫某一具体的政治倾向或意识形态,而是传递一个绝望的虚无主义信息,萨特的存在主义思想在男主人公身上得到了充分体现。《沉默的时代》不仅是回顾一个物质的现实,而且也是道德的现实。它力图对一系列官方神话(历史、传统、宗教、文学、政治)提出质疑,如"永恒的、富于创造性的西班牙"(马丁·桑托斯以极度挖苦的态度讽刺西班牙人的创造力,比如他们的能力表现在修建了大量的贫民窟),同时对当局在科学研究方面的无能和轻视予以揭露。

《沉默的时代》的叙事手法丰富多样(全书没有传统的章节,而是分成63个长短不一的镜头组),在很多方面模仿了乔伊斯的《尤利西斯》,同时借用了那时典型的知识分子文学聚会的一些笑话和玩笑。受乔伊斯影响,马丁·桑托斯大量采用意识流和混乱无序的内心独白,任意摆布小说时间,并以第二人称"你"来指代自己,进行自我反思。因他早年曾从事精神病理研究,所以也在《沉默的时代》里运用心理分析的手法挖掘人物的潜意识。在遣词造句上一反"半个世纪派"简单粗糙的语言风格,运用复杂的句式,讽刺性的文雅辞藻,力求形式的完美。同时马丁·桑托斯对小说体裁的独特理解使他在这部作品里添加了不少文学联想和科技术语,不断出现历史和文学的互文性参照。

胡安·贝内特·戈伊塔(1927—1993)是"半个世纪"派的重要成员,西班牙当代小说语言大师,叙事文学最富创新精神的作家之一,以结构复杂的小说和实验性散文文体而闻名(1976年曾来中国访问)。内战期间父亲被枪毙,战后贝内特学习道路工程专业,1954年获得高级学位,在农村任公路工程师。1953—1954年在《西班牙杂志》上发表作品,1961年问世的《你将一事无成》,因尚缺乏个人的美学氛围而没有引起多少反响,但可以看到作者对现实主义题材和技巧的极端排斥以及坚定的创新志向。在这部短篇小说集里还出现了一个虚构的"雷希翁"①,贝内特后来的作品几乎毫无例外都发生在这个神秘的地区。它是一个迷宫般的地方,刚遭受过一场内战,留下苦涩的后遗症:孤独、失败、闭塞、暴力、虚无。它是腐朽、废墟和衰败的象征,是仇视和怨恨之地,时间在这里停滞。每次讲述"雷希翁"的故事,虽然作者从未直接命名,但一看便知是影射西班牙历史,只是在他的小说中象征和比喻替代了单纯的纪录和参照。贝内特的创作为之后20年的西班牙作家提供了一个极富影响的模式,即"诗意小说"。他有意打破传统小说中人物、情节和时空的连贯性,构筑出一个艺术性极高的世界,充满象征色彩,富于智慧和情感。

  第一部长篇小说《你将回到雷希翁》(1967)是以"雷希翁"为舞台的三部曲开端,代表了与"批判现实主义"的决裂。作品从时间上看分三部分:一个现在(60年代某个9月的傍晚至次日上午)、两个过去(一为1936/39年内战时期,另一个为20世纪初)。玛蕾(国民军上校加马略的女儿,路易斯的情妇)回到雷希翁,拜访村里的医生丹尼尔(路易斯的养父)。他离群索居,家里还住着一个年轻的疯子(等待抛弃他的母亲归来)。那天夜里两人通过回忆、思索和反思重构过去,中心是内战期间发生的事件(1936年共和国军队的成立、山上的第一次战役、加马略指挥的作战行动、1939年国民军占领雷希翁、共和国残余士兵撤退进山继续游击战)。第二天清晨玛蕾离去,疯子以为是母亲坐车要走,疯病复发。丹尼尔去安抚他,结果被疯子杀死,并毁掉丹尼尔房子。当疯子恢复镇静时,听到远处一身枪响(守林人误杀了玛蕾),之后雷希翁重归寂静。这部小说的新颖之处在于其主题服从于写作技巧,因而主题不是从情节中冒出来的,而是从形式手法上突出来,"文学的东西只能因风格而从不因事件产生兴趣"。小说具有一个事件,但讲述的东西不是重要的,重要的是如何讲述它。叙述者的话语让位于人物的对话,而他们的对话又趋于独白。因此人物的对话决定了叙事情节的缓慢发展,在那个生存空间里重要的是历史而非现实。小说试图找到解释他们行为的密码,并从更普遍的角度解释整个西班牙民族生存和行为的理由。②

  真正得到评论界肯定和读者关注的是三部曲之二《一段沉思》(1969),其关键之处在于不仅意味着作品与"批判现实主义"、而且与整个西班牙文学的现实传统决裂。小说的叙述者/主人公致力于挖掘过去以获得历史意识,对内战的回忆依旧活跃,而它所派生出来的悲伤和怀旧支配着整部作品。从内容上看,《一段沉思》表面上像是关于雷

---

  ① "雷希翁"在西班牙语里的意思是"地区"。
  ② Pablo Gil Casado. *La novela deshumanizada española (1958—1988)*, Barcelona: Anthropos, 1989, p.159.

希翁3个比邻而居的家族(鲁安、波那瓦尔和叙述者家族)内战前后的遭遇,重点是战争的爆发对他们正常生活的中断(3个家族之间的冲突扮演了重要的角色)。叙述者回到童年的舞台以重塑自己及周围人的经历,力图破译暗含的意义。小说进展到一半时家族传记的色彩消失,取而代之的是卡洛斯·波那瓦尔与劳拉的性爱关系(围绕着性欲、交媾、激情、享乐、本能、良心、意志、梦想等话题)。从叙事手法上看,孩提和成年的主人公痴迷的独白构成一个密集的语流,对话很少,而且没有句号和分段。三部曲之三《冬季之旅》(1972)是对希腊女神得墨忒涅耳的传说[①]再创造:住在雷希翁的得墨忒耳三月份的头10天给朋友寄邀请信,请他们参加一个晚会,这个晚会与她女儿戈蕾的归来重合(戈蕾冬天必须在父亲家度过),这是自从她与阿马特订婚以来一直重复的仪式(但他们的婚姻不久就失败了)。小说结束于"三月的第三星期",在这两周内发生了一些事:一个新仆人的到来、土地的耕种、3次电线短路、一匹马出现在圣栎树林。同时得墨忒耳怀旧地回忆起童年、与父亲的关系、去城市的访问、与年轻的音乐老师的相会、与阿马特的婚姻。虽然作品提及第一次世界大战和西班牙内战,但它关注的是人类永恒的本性,幻想色彩笼罩整部小说。

《马松的另一个家》(1973)讲述的是马松家族从发家到衰败的传奇故事(它也象征着人类的生存不可避免地走向灭亡)。为了制造这一衰败景象,小说突出了大自然对人类的影响,它消耗掉人类机体。作品的舞台还是"雷希翁",时间跨度从19世纪中叶到1954年左右。1954年的一个夜晚,年迈的大地主克里斯蒂诺·马松、他的女仆和一位在与摩尔人作战中淹死的国王幽灵(即旧传统的影子)之间展开了一场对话,谈话的内容涉及性爱、报复、兄弟反目和嫉妒。《你将回到雷希翁》中的一些人物和事件在这里重现,如丹尼尔大夫、共和国军人欧亨尼奥·马松、长枪党的镇压。从这个角度看,《马松的另一个家》是对《你将回到雷希翁》的再创作。

《在国家》(1977)是一出寓言作品,3个疯狂的旅行者(2男1女)在一个冬季乘车前往雷希翁,中途短暂的停车为他们提供了讲述各自生活和人生轨迹的场合。贝内特以此为契机构建了一幅人类生存的表现主义怪诞画面,其中混合了现实、回忆、梦想,从中出现的是夸张的人物(普鲁士、德国和俄国军人,希腊东正教神父和庭丁、同性恋),他们是一个社会政治环境的参照物,是对战争与和平、戏剧与哲学、迷信与政治态度的戏谑讽喻。贝内特试图以象征的方式揭示绝对主义的无法企及和国家的无用。

贝内特的经典之作《扫罗在撒母耳面前》(1980)[②]通过3个人物回忆,从不同的视角讲述了一出发生在内战期间雷希翁的戏剧性家庭故事:两个兄弟不和,他们在不同的前线作战(弟弟扮演扫罗的角色,是个勇敢无畏的英雄,捍卫共和国);同时弟弟还爱上

---

① 得墨忒涅耳的女儿珀耳塞福涅被冥王哈得斯掠到地狱,一年可以返回人间几个月。她每年都准备一场晚会庆祝女儿的到来,而这种新生的节日与春天的来临吻合,因此它意味着冬天走向春天和生命的旅行。

② 扫罗是古以色列第一代王,英勇善战,将非利士人逐出中央山区高地。先知撒母耳对他继承王位表示疑惧,但迫于民众的压力还是给扫罗施行涂油礼。

了嫂子(她有过让丈夫死掉的念头),最终让属于国民派的哥哥死在共和派手里。表弟西蒙扮演先知撒母耳的角色,他作为旁观者和叙述者回忆和反思这些事件,个体的悲剧对应着西班牙内战互相残杀的集体不幸。

系列小说《生锈的长矛》由3卷组成,分别问世于1983、1985和1986年,书名来自西班牙诗人米盖尔·埃尔南德斯的诗集《民族之风》里的一句诗"用生锈的长矛刺穿死亡"。第一卷和第二卷的前部分从共和派角度描写在雷希翁发生的内战及战争的进展(共和军及当地居民如何抵抗国民军的进攻),第二卷的后部分则讲述了19世纪马松的家族史,其背景还是一场内战。作品真正的主人公是雷希翁的居民,没有给个人问题和情感留出空间。第三卷又回到西班牙内战,详细介绍了战术、战役等军事活动。为了赋予故事以真实性,贝内特运用了文件、信函、地图、伤亡统计、脚注等,而且不再使用深奥复杂的语言。这一系列小说采用第三人称叙述,具有荷马史诗的节奏和基调,透明和直线型是其叙事特征。贝内特所要表达的观点是:内战不是英雄主义的巅峰,而是为专门为统治者牟利的合适机会。

这些作品的问世代表了西班牙文学感觉的真正变化,因为贝内特在他小说中加入了当时西班牙文学不太了解的盎格鲁-萨克逊文学传统。通过他的创作打破了抵抗文化所对应的世界观,公众与私人、集体与个体的关系完全改变了。小说不再是公众领域,取而代之的是私人领域,政治不再出现(至少表面上)。最令人惊奇的是这场变革是通过一个小说建议产生的,即把内战从它原先所处的历史、政治地位移到一个不同的地方:神话和私人的领域。把历史变成悲剧,把私人生活变成写作的动机。这就意味着政治作为明确的小说素材消失了,但这并不是说集体性的东西全都丧失。[①]

在贝内特的作品中,话语比故事更重要,小说的基本点不是发生了什么事,而是那些事件留在人物意识中的烙印,这种小说理念与马尔塞所主张的"隐晦的故事,清晰的痛苦"吻合。如果说贝内特的主题和小说世界给人印象深刻,那么他的语言和风格也同样如此。贝内特是当代西班牙文坛行文最统一、最丰富、最晦涩、最深奥的作家之一,大量的象征和比喻为其作品蒙上了一层神秘莫测的氛围,因而它的读者一直局限在较窄的文化圈里。他创新的写作意图取消了一切有意义的透明,把读者卷入作品的再创作,为他们提供几种可能性,几种不同的视角(在独白、叙述、对话及叙述者的变化中以自愿的含糊表达);就好像是对语言的最隐秘之处进行探索,以一个银匠的娴熟手艺告知必要的信息。"从《你将回到雷希翁》和《沉思》到《扫罗在撒母耳面前》(这部小说在很多方面都构成了'雷希翁'传奇的顶峰),贝内特的小说被一些人视为现代性的范例,它的意图是理解一些地方和一些人的毁灭和孤独,他们被刻画成一种当代西班牙及其历史的

[①] 以"雷希翁"为舞台的作品还有《在黑暗中》(1989)。贝内特还发表了《一座坟墓》(1971)、《萨克森的骑士》(1991,为马丁·路德立传);短篇小说集《5个故事和两个寓言》(1972)、《亚玫瑰》(1973)、《13个半寓言》、《故事全集》、《上帝的天使抛弃了多比亚内》(1976);文学话题的散文《灵感与风格》(1966)、《大地之门》(1969);历史散文《在酝酿中》、《内战是什么》(1976)、《关于不真实》、《平民散文》(1994);报刊文集《奇数页》(1996)。

寓言。"①

胡安·马尔塞（1933）是"半个世纪派"中为数不多的出身下层阶级、自学成才的作家，他的创作摆脱并超越了"半个世纪派"的美学倾向。马尔塞幼年时父亲因政治原因几次入狱，他从13岁起就在一个珠宝店当学徒，贴补家用。1959年短篇小说《没有什么值得去死》获"芝麻奖"，1960年发表第一部长篇小说《只带一个玩具隐居》，用传统技巧描写了60年代一户共和派资产阶级破落家庭里父母与子女的冲突，具有很强的自传色彩。这些战败者的孩子随波逐流，没有期望，没有价值观，对人生感到迷茫、虚无，即便他们的"玩具"（性游戏）也无法使他们的生活变得轻松。外在叙述占主导地位，但叙述者的全知全觉有限（如一些无聊的年轻人无缘无故的叛逆），叙事角度和层面不断变化，这些都是与当时其他小说（如安东尼奥·拉比纳德的《短暂的接触》和加西亚·奥特拉诺的《新朋友》）的共同特征。

1961年马尔塞去法国学习法语，其间出版了《月亮的这一面》（1962）。具有讽刺意味的是，这部与加西亚·奥特拉诺的《夏季雷雨》或路易斯·戈伊狄索洛的《同样的话》同一类型的反资产阶级小说，出自马尔塞这个不属于资产阶级的作家之笔。主人公米盖尔是一个失败的记者，因为讨厌父亲而拒绝他的帮助。米盖尔不适应上流社会圈子，逐渐在肉体和精神上堕落，他唯一的幸福就是酗酒和挣钱。马尔塞试图在《月亮的这一面》中反映某些反抗自己出身的资产阶级知识分子的意识危机，被评论家视为西班牙文坛最有潜力和前途的作家之一。

马尔塞早期作品涉及的主题都是一代青年在一个无法实现自我的社会里所遭受的失败，尽管他有意避开内战题材，但仍反映了未直接参加内战的那代西班牙人所承受的战争后果。从法国归来后马尔塞推出代表作《和特雷莎度过的最后几个下午》（1966），标志着作家在不放弃小说聚焦社会的前提下创新形式的一个转机。马尔塞的视线仍对准年轻人，剖析了一群不与社会妥协的大学生的肤浅生活，侧面触及了劳动阶层和巴塞罗那下层人士。从艺术角度讲，小说是对"社会现实主义"文学不注重艺术性的一个批评。作品充满幽默，叙事性强，从中可以看到《沉默的时代》的影响：

首先，两部小说都对某一特定的、企图自我解放、但实际上不太知道现实是如何运作却理想地期望改造它的左派知识分子投以一种有距离的批评眼光。其次，两部小说都明确地与前一时代占主导地位的"客观现实主义"决裂。同时出现一位全知全能的叙述者，他自由任意地摆布手中的小说材料。因此《和特雷莎度过的最后几个下午》开始了一个与60年代中期实验小说相似的复杂化过程：混合不同的观察视角，加入叙事者的主观性，将传统的第三人称和新颖的、自我反思型的第二人称结合起来。马尔塞怀着好奇和兴趣并保持一定距离来观察与资产阶级有关的一切：在《和特雷莎度过的最后几个下午》中一名叫马诺洛的下层无赖（靠偷摩托车为生），抱着成见进入特雷莎的上流社会。马尔塞揭露了不同阶级之间的鸿沟，批评第一代造反的大学生（爱赶时髦，缺乏真

---

① Óscar Barrero Pérez. *Historia de la literatura española contemporánea (1939—1990)*, p. 247.

实性),彻底破除了"学生的进步性和革命的浪漫主义"的神话。

《蒙塞表妹不光彩的故事》(1970)是前部作品主题的延伸,爱上囚犯曼努埃尔的蒙塞＝爱上马诺洛的特雷莎。小说并行展开两个属于不同时间的故事:出生于上流资产阶级的蒙塞在一次探监中认识了囚犯曼努埃尔,并爱上了他,与他发生了一段性爱关系;蒙塞父母不同意这一交往,用优厚的工作收买曼努埃尔,条件是他放弃与蒙塞的关系。结果导致女孩的绝望和自杀,这一悲剧发生在过去。如今努里雅(蒙塞的妹妹)准备离开丈夫与表哥帕科(上流贵妇的私生子,流亡法国)一起出走,而她又与曼努埃尔有了一夜情,这加大了她的悲剧。帕科作为事件的见证者,带着嘲讽注视蒙塞家族的瓦解。在这部小说中讽刺和幽默让位于嘲弄和戏谑,作家对加泰罗尼亚资产阶级的思维方式、行为举止做了入木三分的揭露。

因新闻审检的刁难,《如果告诉你我倒下了》1973年首先在墨西哥发行(获"墨西哥小说国际奖"),1976年才正式在西班牙国内出版。在这部实验小说中马尔塞的晦涩风格达到了顶峰,他运用了大量的创新形式,如多种声音和事件的混合、不同时空的游戏:现时位于70年代初期的一天,主人公尼托是个无政府主义者,他领导巴塞罗那游击队员从事反佛朗哥的政治暴力斗争。同时尼托回忆起30年前的往事,那时他还是个孩子,名叫萨尔尼达,生活在巴塞罗那基那尔多贫民区。他向小伙伴们讲述一些神奇的故事,通过这些故事读者看到了战后初期西班牙社会各阶层的贫困、没落、腐败和对内战失败者的镇压。《如果告诉你我倒下了》叙事隐晦,情节纵横,直到尾声才显现出一个充满激情的故事,作品超越了加泰罗尼亚的范围,反映了战后整个西班牙状况。

《穿金色短裤的姑娘》(1978)构成了马尔塞作品主导题材的一个例外,是一部政治讽刺式的元小说(隐射佛朗哥统治时期的著名知识分子兼政治家佩德罗·拉因·恩特拉戈,他曾与佛朗哥政权有过密切合作。1976年出版了一本书,题为《良心的解脱》,为自己的历史辩护)。男主人公路易斯,一位长枪党知识分子作家,试图写一本书再现自己的政治生涯,但他随意操纵历史事实,为自己的政治行为辩护。另外路易斯在私生活上很不检点,曾与侄女玛里亚娜的母亲有染,如今又与侄女发生性关系(他在玛里亚娜臀部上看到一个金色的三角形内裤,但实际上那是被太阳晒成铜色的皮肤印)。马尔塞在这部小说中第一次把舞台从城市转移到海边(主人公在那里寻找内心所需的平静),戏谑地模仿了西班牙的政治变革时期,嘲讽了政客们操纵新近历史的企图。

《总有一天我会回来》(1982)的注意力集中在简这个神秘人物身上,他曾是职业拳击手,后来从事反佛朗哥统治的政治斗争,服刑13年后回家。他的侄子内斯托把简理想化,期待他的归来,因此在简的周围形成一种期待的氛围。但现在简对政治活动已经不感兴趣了,他想放弃暴力和报复,融入正常的社会秩序,然而对手的一梭子弹让简的希望落空。在《总有一天我会回来》中马尔塞找到了完美的平衡:一方面,他回到了那个感觉自在的叙事世界,从内斯托惊讶的儿童视角关注战后西班牙(定位于50年代末,以一个少年人物为中心);另一方面,马尔塞根据80年代初的主流倾向,减弱了作品结构的复杂性,把它建立在一个侦探小说的叙事结构上。在这个故事中政治和爱情秘密交织,搅动了佛朗哥时期巴塞罗那的腐臭之水。

《基那尔多区巡逻》(1984)是一个从胜利者的角度触及战后创伤的中篇小说,截取了《如果告诉你我倒下了》的一个片段(威尔第大街的孤儿院)。虽然小说世界是同一个,但描写的技巧不同。1945年5月8号德国投降的第二天,一位将要退休的警察探员与一位名叫罗西塔的13岁孤女一起去医院辨认一具尸体(死者被疑为两年前强奸罗西塔的男子)。在这一过程中我们接触到西班牙底层人的生活——卖淫、抢劫、物质和道德的贫乏——,两位人物似乎代表了胜与败的两个西班牙。《基那尔多区巡逻》的构思是直线型的,叙述者单一,表面上没有发生什么大事,但一切尽在不言中。小说用现实主义的手法反映了战后西班牙社会、政治和伦理的卑鄙,但同时又混合了残酷与抒情、粗暴与亲切,这点经常突出了参照物的悲惨。

《双语情人》(1990年"塞维利亚协会奖")让人感兴趣的不是它所讲述的故事,而是作为小说背景的社会现状:一个分裂成两种文化、两种语言和两种社会的加泰罗尼亚,"包含了对政治化的加泰罗尼亚主义的批评"。马尔塞试图剥去资产阶级的欺骗面具,他们一旦在新的民主社会正常化之后,便与平民阶级保持一种暧昧的关系。胡安原本是一个出身卑微的加泰罗尼亚人,为了钻营利益而与上流社会小姐诺尔玛(社会语言学家)结婚。他的手触到了那个不可靠的天堂,但之后又被赶出来了,因为妻子与他分手。10年后为了重新征服前妻,胡安假装成一个来自南方的移民(因为诺尔玛在性生活上喜欢南方人的体格),改名为法内加,最后他在两种不可调和的身份中发疯。在《双语情人》中两个互相补充的叙事声音支配的文本:主人公第一人称的回忆和一个外部叙事者的描写。

《上海魔力》(1993)一方面描写的是战后初期巴塞罗那的生活,主角是一个患肺结核的女孩苏珊娜,她等待因反对佛朗哥统治而流亡海外的父亲基姆归来。另一方面是南杜·福卡特的幻想,他为苏珊娜编造了其父在遥远上海的神奇冒险经历。作者向我们展示了幻想如何落空、梦想如何破灭的过程,而它们是战败者唯一的求生希望。《壁虎的尾巴》(2000)还是以巴塞罗那的街区为舞台,时间依然是战后,人物是内战的失败者。主人公大卫的爱情和幻想构成了小说情节和冲突的中心,但叙述者不是他,而是大卫未出世的兄弟维克多。他从母亲罗莎的肚子里讲述哥哥的故事(大卫与维克多隔着母亲的皮肤进行对话)。这个不寻常的视角使维克多可以摆脱叙事的惯例,在他的叙述中融入现实和想象、人物内在和外在的声音,另外也减轻了悲剧张力,因为他的话语幽默。[1]

---

[1] 他还著有《一个盗贼的自白》(1977)、《暂时的自由》(1977)、《女士们和先生们》(1977)、《罗克西影院的幽灵》(1985)、《在星星上散步》(1995)、《胡安·马塞的女人们》(1997);短篇小说集《布拉沃中尉》(1987)、《伟大的失意》(2004)和《洛丽塔俱乐部的爱情歌曲》。

何塞·曼努埃尔·卡瓦列罗·博纳尔德(1926),诗人、小说家,两次获诗歌"批评奖"[1],1959—1962年在哥伦比亚国立大学教授西班牙文学,曾任西班牙笔会主席(1977—1980)。卡瓦列罗·博纳尔德的小说以故乡赫雷斯·德·拉福龙特拉为中心舞台(称之为"堂尼亚娜"),具有很多真实的甚至自传的因素[2]。主题为内战的回忆、童年的记忆、无节制的性游戏。他对语言的迷恋和对社会道德的思考是其创作的两大冲动,语言在卡瓦列罗·博纳尔德的作品中占据首要地位。巴洛克不仅是一种表达方式,更是认识现实的一个途径,是他的世界观:"把体现过的经历变成文字的经历"。

《九月的两天》与《沉默的时代》同年问世,小说的内容可能还是"社会现实主义"的,但它的语言质量远远超过了这个流派的平均水准。作品围绕着葡萄收获、酿酒、售酒等劳作展开,以电影艺术的客观主义技巧,通过时空的浓缩(一个村庄,两天)和对话讲述了安达卢西亚地区农村的平常生活和不同阶层人物(农民、地主、资产阶级、工头、短工)之间明显的生活条件反差:田间和葡萄压榨坊的辛苦工作,一个摘葡萄的人被一个装满葡萄汁的大桶活活压死,对一起犯罪行为的怀疑,那些靠摘葡萄勉强度日的下层人的激情和希望。小说揭露了社会的不公平,展现了仍受内战影响的安达卢西亚农村的真实画卷。作品语言考究,具有巴洛克风格,充满诗意。"《九月的两天》已显露出未来一种关注风格和形式的制作,但文字的讲究并不意味着放弃做社会的证言。"[3]

《玛瑙,猫眼石》(1974)讲述的是兰贝特一家三代的家族衰败史,作品充满神奇、神话、非理性的因素。小说的开端是一个神秘的诺曼底人佩德罗·兰贝特来到安达卢西亚一块海滨沼泽地,买下一位长着猫眼、能发现密藏东西的曼努艾拉,与她建立家庭。佩德罗在住地找到一块宝石,很快发财,并通过垦荒把沼泽地变成一块神奇的土地。但这个家族的人物身上有沉重的宿命感,驱使他们自我毁灭(弑父、乱伦、遭大自然的报复)。小说的叙述者是第三代兰贝特,他作为灾难的见证人,产生幻觉,回忆一系列童年时期和出生前发生的事件(从19世纪末到内战和战后)。

《整夜听到鸟儿飞过》(1981年"塞维利亚协会奖")书名引用的是哥伦布日记中的一句话(在发现新大陆的前两天哥伦布和同伴们正期待着奇迹的出现),其意图是想说明小说中的人物也正等待着某一不寻常的事情发生。作品以一个爱冒险的英国商人在19世纪头几十年定居西班牙南部沿海城市的经历为主线展开,探讨安达卢西亚工业资产阶级的发展和衰落,同时再现了这一地区的风土人情(涉及许多看似无缘无故的变态行为,如通奸、女同性恋、兽奸、卖淫)。

---

[1] 其诗作有《猜测》(1952)、《短时的回忆录》(1954)、《安特奥》(1956)、《漫长的时光》(1960)、《通俗文艺作品》(1963)、《活着是为了讲述生活》(1969)、《英雄声名狼藉》(1978)、《命运的迷宫》(1984)、《阿尔格尼达日记》(1997)、《情诗》(1999)和《葡萄酒概略》(2006)。

[2] 卡瓦列罗·博纳尔德在《失败战争的时代》(1995)和《生活的习惯》中提出了"回忆录小说"的概念,不仅借助自传,而且引入了突出的想象成分。这一概念源自他的信念,即回忆录是一种虚构小说体裁,因为所有的自传都是自我欺骗。由此在他的回忆录中引入众多的"虚构事实",产生一种艺术文本,用大量的内心审视来构筑小说。

[3] Óscar Barrero Pérez. *Historia de la literatura española contemporánea (1939—1990)*, p.138.

《在父亲家》(1988)是一部传奇小说,描写赫雷斯·德·拉福龙特拉一个从事酒窖业的西班牙民族资产阶级家庭四代人从强盛到没落的过程。随着时代的发展和形势的变化,家族企业受到威胁和挑战,最后被银行和跨国公司打败,过去住豪宅的富人如今不得不栖身于简陋的公寓(小说始终围绕家族创业者建造的那所庄园)。小说有两个叙述者,在双数章节使用第一人称,由一位家族成员(他对自己的家族持异议的态度)以闪回的技巧,从20世纪60年代初开始回忆自玛利亚·克里斯蒂娜摄政起家族的历史。在单数章节以编年史家的方式用第三人称从外部讲述事件,追溯到历史的起源。

《混乱之地》(1992)是卡瓦列罗·博纳尔德的最佳之作,围绕着一起神奇事件展开:在家族木材厂工作的主人公遭受某种感官变异,在他身上出现了一个神秘的听觉预兆现象,既能够在声音发出之前就捕捉到它,甚至能预见未来。比如他梦见一场森林火灾,结果灾难便发生了,他的生活因此摇摆于幻觉和常规之间。这部小说其实是一种预言世界末日、对所有人都不确定的未来隐喻,虽然还是以安达卢西亚农村世界为舞台。

阿方索·格罗索(1928—1995)出生于塞维利亚,曾当过商学院老师、公务员。1956—1967年在国外生活,从事广告、新闻和教育工作。1967年定居马德里,开始文学创作,直到1987年因精神问题被送进精神病医院,在那里度过了人生的最后几年。格罗索是西班牙共产党员,曾几次被捕入狱。他的头几部作品属于"社会小说"流派,揭露社会不公和等级森严的制度,主角由无产者、中间商和剥削者构成。死亡经常出现在格罗索的小说里,对集体问题的兴趣(乡土主义、艰苦条件下的劳动者、社会反差)超过个体的心理分析,舞台一般设置在安达卢西亚地区。它们的情节相似,没有什么新颖之处,但这些作品对语言的关注和形式的讲究预告了拉美新小说巴洛克风格的到来,说明从1960年起甚至一部分"批判现实主义"作家都感到创新的需求。

《沟渠》(1960)出版时被审查机构删掉了部分段落,讲述一个安达卢西亚小村庄的日常生活,故事时间仅为一天,其间发生了一系列的事件,它们彼此独立但连接在统一的结构里。客观主义的视角暗含了对剥削农村劳动者的批评,同时每个人物的表达方式都与各自的身份、修养相对应。《一片很难变蓝的天》(1961)以两位卡车司机4天的行程为线索,让我们有机会看到一个偏僻村庄的农民屈服于酋长的专制和剥削的故事,而这个出身贫民的酋长完全靠与女庄园主的私通关系飞黄腾达。

60年代格罗索还创作了《在太阳的左边》三部曲:第一部《渔网的正面》(1963)描写在直布罗陀海峡捕捞金枪鱼的渔民的艰苦劳作,突出马塞罗的个人悲剧。故事从主人公在一个黎明到达海边,到下一个清晨出海捕鱼、死亡为止,重点是回忆马塞罗和他家两代人的往事(他为没有犯过的罪而入狱5年)。第二部《高帽子》因未通过西班牙审查而被迫于1966年在墨西哥出版,小说描写的是在塞维利亚圣周期间一个农村长工的悲剧:他为了糊口尽管生病还去扛耶稣像,结果被圣像压死,在这部作品里社会矛盾的冲突与节日的气氛形成强烈反差。第三部《献给玛利亚的花》也一直拖到1981年才问世,作品揭露的依然是安达卢西亚不公平的社会。

阿方索·格罗索是较少受非审美因素影响的作家,具有很强的创新能力。但他也承认单纯的语言和形式实验是没有出路的,这就是实验主义衰退的原因。《伊内丝马上就到》(1968)虽然保持着揭露社会的态度,但在形式上朝更复杂、更实验的技巧演变(多画面、内心独白),采用3个不同社会群体的代表人物的视角。故事场景也从本土移到了古巴,向我们展示了古巴革命前后的社会政治形势。《宝座的守军》(1970)描写一个安达卢西亚酒窖主大家族的衰败史(遗产、爱情、金钱、宿命和死亡),其意图是表明一切都是脆弱的、虚无的。情节发生在两个舞台上:一是拉曼切平原上的一条公路,那里发生了一起交通事故,那家安达卢西亚酒窖主的叔侄死于这场车祸;二是南方某城市(从60年代末回忆安达卢西亚酒窖主一家往昔的不凡时光)。小说的结局无特别之处,甚至它的片断化结构在"社会小说"中也不鲜见,作品真正的创新之处是语言的巴洛克风格。[①]

丹尼尔·苏埃罗(1931—1986)出生于加里西亚,在圣地亚哥和马德里大学攻读法律和新闻。他写了大量的电影剧本和纪实报道,如报告文学《烈士谷》(1959年"国家文学奖")。他的早期小说也属于"批判现实主义",《筛子》(1961)一方面揭露了下层社会的生活,另一方面批评了西班牙新闻业及兼职行为。《最炎热的夜晚》(1966)描写阿维拉一个镇子的居民无意义的生活,一群年近四十的男人每天泡在酒吧里酗酒寻事,他们之间的紧张关系集中在两个人物身上:托马斯,参加过内战,在马德里出任过政治职位;马里亚诺,地头蛇,无责任心,但利用一切有利可图的东西。他俩最后在广场上互相开枪对杀,暴力是他们肯定自我的唯一方式,由此揭示了战后西班牙人生存的空虚。

《摩托车独奏》(1967)讲述一位年轻的机械师骑着摩托车,从马德里去外地旅行,目的是与一位外国女人同床(这个愿望最终没有实现)。小说详细描写了男主人公的情感和他一路上发生的事件,使我们了解这种典型的西班牙人调情行为和思维方式。《这些是你的兄弟》因新闻审查的禁止被迫于1965年在墨西哥出版,1977年才在本国再版。小说描写一位共和派人士流亡海外,多年后回到祖国,却遭到家乡亲人和邻里的拒绝。作品反映了西班牙外省平庸暗淡的生活,同时质疑内战的伤口是否真的愈合了。

《脑皮层切口》(1967年"阿尔法瓜拉奖")是一部科幻作品,提出单纯的科技进步给人类带来的冲突:亚当是一位持不同政见的知识分子,学生运动的推动者,他在街上被一个疯子开枪打死。医生准备把亚当的大脑移植到一个田径运动员身上,但面临伦理和宗教等方面的顾虑,尤其是手术之后被移植者的人格问题。这个手术最终失败,亚当不愿保留生命,因为他失去了自我的身份。小说使用了内心独白、自由间接引语、多重视角、多声部、时空的断裂和跳跃等技巧。

遗作《曼萨那雷斯河的叙事歌谣》(1987)的主题是流亡者艰难的回归和对佛朗哥时期的消极评价,小说由若干个声音发出的长篇内心独白组成:一个是里瓦斯,他试图在民主制度下收回被没收的祖宅;另一个是胡利奥,一位老公务员,他怀旧地回想起在独

[①] 他还著有《芽月》(1956年"芝麻奖")、《花开的五月》(1973)、《印度的秋天》(1983)、《街道的驻军》(1984)、《玛利亚的流产》(1985)、《烟草店女店主的犯罪》(1985)、浪漫三部曲《大教堂钟楼》(1982—1986)和《从海峡到西方》(1990)。

裁统治时期度过的好时光,在豪华妓院"金色山谷"(它正是里瓦斯的祖宅)醉生梦死的夜生活。作品审视了战后统治者的胡作非为,指出需要与遗留下来的恶习决裂,对当时的社会道德进行了黑色幽默式的谴责。①

费尔南多·基农内斯(1931—1998)是诗人、小说家,经常为报刊、电台和电视撰写有关文学、斗牛和弗拉门戈音乐的文章。50年代中期开始发表诗歌,著有诗集《残暴的画像》(1963)、《在生命中》(1963)、《美洲纪事》(1973)。他的小说是巴洛克风格与安达卢西亚风格的混合,将博尔赫斯的玄学理念与西班牙民间口头文学传统结合起来。小说处女作《奥邓西娅·罗梅洛的一千夜》(1979)采用流浪汉文学的形式,由一个加的斯妓女奥邓西娅坦白自己的性爱生活和卖淫生涯(从失败的婚礼前夜到受欲火刺激最终堕落在妓院里),其中还包含了她为生存而进行的奋斗。小说语言风趣,充满戏剧性。

《海盗之歌》(1983)重构了17世纪一个著名海盗胡安·冈杜艾索的历史传说(他的生平和航海);《一部故事小说》(1997)收录了一系列短篇小说,其主人公都是作家的化身。《二重唱》(1997)由16个独立的短篇小说组成,但主人公是同一人,即作家金塔纳(他身上有许多基农内斯的自传因素),时间则从19世纪至今。单数作品呈现的是金塔纳所经历、想象和创作的东西(一个高雅神奇的世界),双数作品则采用对话体,描写加的斯地区的现实世界(其方言和民间人物)。《拜访》(1998)以19世纪末的奥维多为舞台,讲述普鲁斯特与西班牙作家克拉林的会晤;《出色的季节》(1998)则是一个以斗牛为题材的短篇小说集。

基农内斯还著有《葡萄酒的5个故事》(1960)、《7个关于斗牛和男人的故事》(1960)、《战争,大海和其他放纵》、《伊比利亚爱情六重奏》、《古老的国家》(1978)、《南风》(1987)、《索莱达·阿克斯塔的爱情》(1989)、《圣胡安·德·阿基塔尼亚的监禁和出逃》(1989)、遗作《时间的眼睛》和《罪人或影子的翅膀》(2006);文集《关于加的斯和它的歌曲》(1964)、《弗拉门戈:生命与死亡》(1982)。

第二节

玄学小说

60年代初期在西班牙文坛出现了一种声音,要求提高西班牙小说的知识性,猛烈抨击"社会现实主义"的贫乏和苍白。托伦特·巴列斯特尔的《唐璜》(1963)呈现了这一流派衰落之后在西班牙孕育的一种新的叙事形式的一些定义性特征,代表了西班牙自20世纪30年代以来未曾创作过的"学者小说"。作品围绕唐璜的传说展开,对这个风

---

① 苏埃罗还发表了短篇小说集《残物及其他不幸》(1958)、《在游戏之外》(1958)、《谋反者》(1964)、《整个星期》(1964);文集《杀人的艺术》(1968,纵览全世界判处死刑的方式)、《西班牙刽子手。民事绞刑的历史与现状》(1971)。

流人物的神话做出知识分子式的深刻注解。小说的情节设置是以抽象、但不是非理性的角色为基础,接近散文的边缘。人物介于文学和生活之间(更接近文学),叙述者是一个文人,当上神学家,他自由地利用时空(从当代到 17、19 世纪)。

1967 年加西亚·比袅出版《西班牙当代小说》,它不是一部小说史,而是一个反对"社会现实主义"的宣言,从而就小说的职责和作用引发了一场持久和激烈的争论。加西亚·比袅认为小说家的职责不是像摄影师那样准确地反映周围的现实,而是要揭示完整的现实。他提倡一种新小说,即"玄学小说",作为深入人性本质的方式。与其他各种现实主义流派不同,"玄学小说"从现实出发,目的是设法将它变形,"超越它、加深它、强化它,把现实置于极限形势下,把它提升到象征的层次"。① 不仅把看到的东西视为现实,而且把看不见的东西也当作现实,如内心世界的问题、感情、梦想等。作家阐述哲学话题,并把它们移植到文学领域,作为认知世界的一个象征性技巧,所以又称它为"知识小说"、"学者小说"或"主题小说"。

与加西亚·比袅结盟的是一群想把小说转向非现实领域的作家,他们一般都受过高等教育(而部分"社会现实主义"作家是自学成才);对主题和表达方式的处理高雅、求新(而"半个世纪派"一般采用通俗化、大众化的手法);将无形和有形的现实放在一起考虑,甚至更重视前者;涉及社会问题,但更多强调的是它的精神冲击,而不是问题的社会学层面。虽然这些作家之间有私交,但彼此的创作不尽相同,艺术水准也有高低之分。他们作品的最大共同点是试图超越"社会现实主义",像曼努埃尔·圣·马丁的《草稿》(1961)、比达尔·卡德洋斯的《献给一位公主的芭蕾》(1963)、何塞·托马斯·卡波特的《小队》(1960)等。

曼努埃尔·加西亚·比袅(1928),诗人、评论家和小说家,曾创办杂志《瓜达尔基维尔河》,担任《文学邮局》的总编(1960—1963)。他领导了反对"社会现实主义"理论和实践的运动,认为"面对当代世界的主题和问题缺乏一种严肃的知识分子态度,这是小说的弊端"。②加西亚·比袅的《关于"西班牙新小说"的资料》(1975)总结了"玄学小说"的发展历程,收录了评论界对这一流派的各种批评和赞扬的评论。

加西亚·比袅最早的两部作品《画家的画架》和《最后的话》于 1958 年在墨西哥出版,但真正的小说起点是三部曲《他们玩着将我们杀死》(1962)、《无聊者的地狱》(1963)和《失去中心》(1964)。这是不妥协的三部曲,或者说是他那代人的抗议,因为他们无法实现自我。小说发生在塞维利亚资产阶级的环境里,主人公是一群年轻人,他们的生活悠闲、无聊、苦闷,作家展示了这代人的集体冲突和失意。

《污染》(1982)③采用科幻小说的模式,描写一位军火商兼艺术家保护者在挣够钱

---

① Manuel García-Viño. *Novela española actual*, Madrid: Guadarrama, 1967, pp. 161–162.
② Francisco Morales Lomas. *Narrativa española contemporánea*, Málaga: Centro de Ediciones de la Diputación de Málaga, 2002, p. 91.
③ 这部作品原创于 1958 年,但没有发表。围绕着其中一个主题加西亚·比袅先推出了《53 号建筑》(1965)。

后想成为上帝,他购买了一个希腊小岛,将它夷平,试图在那儿建造一个机器人社会,实施他的艺术和社会规划,作为一种反抗。最后他失败了,因为主人公崇拜技术,颠覆了大自然的秩序。这部作品探讨的是消费主义、污染、自然资源的枯竭、抽象艺术等当代话题,可以看作是对人类无理性竞赛的警告。①

安德烈斯·波斯奇(1924—1984)是60年代公开反对"社会现实主义"作家之一,他与加西亚·比裒合作的《现实主义与当代小说》(1973)反对"肤浅的、摄影的和录音的现实主义"。波斯奇的小说虽然从现实出发,但很多时候深入到象征、抽象、玄学领域,他希望利用具体的因素来表达具有全球性的内容。波斯奇的作品都围绕着失败和失败者的世界展开,成名作《夜》(1959)描写的是拳击界的生活,主人公路易斯为了出人头地选择了拳击职业。虽然最后等待他的是失败和失明,他仍然幻想成功。波斯奇以第三人称来叙述路易斯的经历,又借主人公之口以第一人称来哲理地反思他的个人奋斗。小说呈现在读者面前的是一个富有哲理和思考精神的拳击手,将情节置于次要地位而注重人物的心理、环境、场面和玄学背景。

《私下的致意》(1962)与前一部作品同属一个类型,讲述的也是因西班牙战后社会和阶级的不公平而造成的个人失败的苦涩故事。亡者B耗费了9年时间准备晋升教授的考试,结果他应得的职位被任意地剥夺了。B辞世前写的回忆录由他的遗嘱执行人整理并出版,在书中他回忆了个人奋斗的几个关键时刻,勾勒出自己的人生轨迹,这个人物的不幸命运象征着人类无穷的悲剧。

《暴动》(1963)是波斯奇的最佳之作,舞台为一个拉美国家,把集群主义②的全景与人物的内心反省结合起来。《欺诈》(1965)关注的是远走新大陆的移民问题,但小说不是仅仅列举外在的事件,而是转向寻找自我这一主题。主人公以为移民美洲就能摆脱日常生活的不如意,就能过上更好的生活。但这一幻想破灭了,光是换个地方并不能找到所追寻的东西,他需要获得内心的自由。《石头猎人》(1974)则尖锐地批评了当权意识形态的虚假价值。代表了对社会现实主义的回归。③

卡洛斯·罗哈斯(1928)出生于巴塞罗那,获马德里大学文学博士学位后从事教育工作。1952—1954年在苏格兰的格拉斯哥大学担任西班牙语外教,从1960年起长期在美国各大学教授西班牙文学,集创作与学术于一身。在美国出版了《从塞拉到卡斯蒂略·纳瓦罗》(1965)和《西班牙人看到和感觉到的现代西班牙》(1966)。罗哈斯赞成一种

---

① 加西亚·比裒的《黄道上的一个交接点》(1992)具有哥特小说的神秘氛围和浪漫传奇的主题(残酷、背叛、牺牲、犯罪、报复、通奸、淫荡),讲述一个农村家族每15年前犯的一桩罪行所主宰的历史(父母道德败坏,家庭成员之间有乱伦关系)。一位修女来到村里,想解开这家的谜,但未能如愿。其他作品有短篇小说《靠山》(1967)、《官僚的黑暗》(1981);小说《西奈协议》(1968)、《孤独者的庄园》(1969)、《蝎子》(1969)、《费德拉》(1975)、《世纪之桥》(1986)、《被愚弄的女人的大会》(1986)和《大岛》(1990);散文集《今天和未来的艺术》;诗集《背景里的夜莺》(1958)、《一个沉没的世界》(1967)、《内外的风景》(1975)、《黄道图符号》(1983)。
② 集群主义:20世纪初法国出现的一个文学流派,主张以社会集群为艺术的表现对象。
③ 波斯奇的其他作品有《世俗的仪式》(1967)、《魔法师和火焰》(1970)、《统治的艺术》(1977)和《今天的回忆》(1982)。

智性的、玄学的文学，认为小说不过是"揭示另一种事实的谎言"，因此他的作品经常表现出对历史进行哲学阐释、深入到人性本质和神秘人格的愿望。早期的创作是在超自然的领域，受英国的赫胥黎、法国的莫里亚克和贝尔纳诺斯模式的影响（他曾翻译了赫胥黎的几部作品）。《由泥土和希望生成》(1957)是一个幽默讽刺的幻想作品，主人公是魔鬼的化身，他戏弄人类的处世观以及对待来世的态度。《未来已经开始》(1958)是一部启示录式的作品，同时具有科幻小说的因素，描写2010年的人类是如何犯下历来同样的错误，从中得出对人类前途的失望教训。

在《刺杀恺撒者》(1959)中罗哈斯放弃了幻想的灵感，转而对一个虚构的加勒比国家的独裁统治进行批评。作家一方面描绘了一场起起伏伏的革命过程，结局是独裁总统死亡，获胜的革命军头领登上权力的顶峰；另一方面对权力和责任的问题进行探讨。《地狱的钥匙》(1962)涉及宗教问题，男主人公和他的朋友生活在一个真正的地狱里，遭受孤独和厌倦。他们是肉体的奴隶，不知道爱别人，并且缺乏对上帝的信仰（这是他们获得救赎的唯一可能）。小说虽然真实地反映了危地马拉的社会现实，但主要是从意识层面展现这些内心冲突，具有智性和玄学的特征。

《无形人的柔情》(1963)关注现代人的身份问题，他变成了自己的复制品，独自站在镜子前，痛苦地寻找自我。但他无法辨认自己，因为在一个群体社会里他被剥夺了个体特征。因此为了战胜生存的空虚，我们必须努力认识和了解自身内部所包含的那个无形人。《阿道夫·希特勒在我家》(1965)是一部奇怪的小说，作品中交织着对过去和现时的叙述、梦幻和现实。

60年代中叶罗哈斯开始小说的创新，在作品中加入历史的因素。也就是从那时起他开始创作历史题材的散文，如《为另一个西班牙对话》(1966，研究自18世纪以来西班牙所失去的和谐精神)、《我们为何输掉战争》(1970)、《内战之前的10个人物》(1972)、《流亡者眼中的内战》(1975)和《反佛朗哥分子的画像》(1977)等。

安东尼奥·普列托(1930)是马德里康普登塞大学的教授，著有文论集《关于文学体系的符号学散文》(1971)、《小说的词法》(1974)、《欧洲文学研究》(1975)及《文本的连贯和重要性》(1980)等。作为一个学者型作家，他利用对西方古典时代及意大利文艺复兴的了解把知识性、文化性的符号与现实主义手法结合起来。面对客观现实主义，他捍卫一种高雅的、具有创造性、想象力和人文主义传统的立场，其中互文性占据重要位置。小说处女作《人的三个脚印》(1955)描写一伙商人在拉美热带地区走私绿宝石、偷越国界的故事。3位主人公相继叙述情节的发展，可以看出作家对叙事技巧的兴趣。《晚安，阿尔奎耶斯》(1956)则放弃异国环境，转而以马德里阿尔奎耶斯街区为舞台，从见证角度讲述那里居民的生活。

从《往后退，小癞子》(1958)起普列托开始写作象征主义小说，如《与伊利蒂娅的相遇》(1961)、《献给一个希望的挽歌》(1962)、《致一个死亡的序言》(1968)和《没有时间的信》(1975)，把现时与历史神话混合在一起，通过非常人性化的人物、近乎抒情的语言来探讨和反思时间、记忆、爱情和死亡（人在死亡面前的极限处境）。《秘密》(1972)是一部结构复杂的作品,在一个假设的未来,那时人类获得了不朽,因而产生了人口过多的问题,而一个年轻人却拒绝被节育。

《大使》(1988)重构了西班牙诗人兼外交官迭哥·乌尔塔多·德·门多萨(他是当时驻意大利大使)的传记,普列托利用真实的资料和可信的虚构,虚构了一位传记作者来讲述门多萨在政治、外交、文学、爱情等方面的经历。《帕尔玛威尔德骑士的放纵历史》(1991)的时间为16、17世纪,舞台转向国内的巴塞罗那、马德里和萨拉曼卡。幻想因素在这里有重要地位,因为它描写的是人类借助炼金术和天文学化身为各种动物。

《爱情的疾病》(1993)是一部回忆录小说,作者隐藏在叙述者背后,回忆他在意大利任教的岁月和一段爱情波折(这一情节被神话化,因为被置于文艺复兴的文化世界)。主人公/叙述者是一位语言学家,他调查一个法国女友死亡一案,这一侦探情节发生在意大利、西班牙、巴黎、纽约等地,围绕着1968年5月的大学生民主运动而展开。除了年轻人的政治反抗(罢课、游行、推翻政府、抗议镇压),还有性自由、文化性(著名意大利画家的作品、爵士乐)和神话因素等。《记忆的广场》(1995)是部小说式自传,普列托再次隐身于男主人公(一位退休的拉丁文学教授),在单数章节里他回顾自己从童年到成年的漫长人生。作者使用了元文学手法,把写作视为记忆的堡垒,与他笔下的小说人物进行对话。与此同时,在复数章节里奥里维里奥(主人公的同事)讲述自己与一位姑娘的爱情,这样每个人都以自己的方式(或以回忆或以行动)来表明他是渴望战胜时间的活生生的人。

《白岛》(1997)则采用侦探小说的构架来探索某一具体的历史时空。女主人公爱蕾娜想调查一件发生在20世纪初马德里的犯罪案,她的祖父米盖尔可能卷入此事。爱蕾娜偶然进入白岛,它是祖父的生活世界。但她并不关心外在空间,而是对散落在图书馆书籍间的祖父笔记产生好奇,因为这些笔记提供了关于那桩犯罪案的零星消息和祖父神秘的爱情关系。爱蕾娜的兄弟卡洛斯也对祖父的回忆发生兴趣,他也参与到此项调查中。随着案情的明朗作者对上世纪初马德里知识界和艺术界的氛围、人物进行了介绍和重塑。历史小说《希俄斯岛的瞎子》(1996)自由地重构了荷马的生活[①],《时间之雨》(1998)则以幽默和怀旧的手法描写几个没落的游侠骑士。

第三节

元小说

20世纪70年代受欧美先锋实验小说的影响,西班牙文坛兴起了一股元小说的创

---

① 希俄斯岛:位于希腊希俄斯州,爱琴海上。此处是荷马学派吟游诗人的发祥地,传说荷马本人也曾在此定居。

作热潮。1970年美国后现代派作家威廉·加斯①在其论著《小说和生活中的人物》中第一次提出"元小说"这个术语。与传统小说相比,它的创作特点是"研究小说的理论体系,小说的创造过程,小说对现实的改造,以及它借助叙述过程和叙述传统对现实的过滤。"②也就是说,元小说关注的重点不是传统小说的情节设置、人物刻画、作品的社会政治意义等等,而是小说自身的创作理论及过程,向读者展示作家如何像建筑师那样一步步搭建自己的文字世界,他在这个过程中会遇到什么样的问题和困难。这类叙事文本不仅是一个小说成品的外在表现,而且是它的成型过程以及作家在这一创作过程中的感受和反思,是把文学嵌入到文学,是对写作的自我批评。

追根溯源,《堂吉诃德》可以说是西班牙元小说的鼻祖,因为塞万提斯在自己的作品里居然与他笔下的人物一起讨论如何写作《堂吉诃德》,如何塑造人物形象,如何阅读这部小说。甚至我们通过堂吉诃德、桑丘和参孙之间的对话得知这部正在续写的作品非常畅销,并且读者的反应不一。与古典小说相比,这些元小说要素使《堂吉诃德》成为欧洲现代小说的先声:

"塞万提斯在《堂吉诃德》里阐述了他的艺术观和世界观,并且把创作过程中的反应融入创作的产物。它是一部自我阅读的小说,赞赏自我的文学性,使故事的叙述者成为一个理论家,批评家,同时也是辩论家。因此有关《堂吉诃德》的思考,无论是对小说的分析还是对它的批评,应该尽可能的开放。为了描述这部小说的结构,我们必须以批评的眼光去阅读它,对小说内外的评论必须把它作为元批评来对待。"③

元小说作为实验文学的一个主要模式,以它对叙事作品的前卫理解和构思赢得了广泛的注意。西班牙小说家不但吸取了本国这些前辈大师的文学营养,而且参照和借鉴了欧美作家(如安德烈·纪德、奥尔德斯·赫胥黎)的元小说理念和技巧,因此他们的作品更加多样化,手法更加娴熟,对小说创作过程的关注和对现实的关照占有同等重要的地位。评论家罗伯特·斯伯雷思把西班牙元小说分成三类④:

1. 写作的元小说

这类作品是指那些聚焦一个虚拟作家的创作行为,通过他的写作来展示小说创作过程的元小说,写作过程作为一个成品出现在读者面前。路易斯·戈伊狄索洛的《对抗》四部曲是西班牙当代元小说创作的整体标志,它既是作家本人的自传,也是关于西班牙社会(特别是加泰罗尼亚地区)的纪实录,同时又是一系列元小说。四部曲没有明确统

---

① 威廉·加斯(William Gass,1924—):因文体手法的实验而著称,他把自己的小说称为"实验结构",每部作品在文体上都有所创新。他那华丽多变的文体被批评是以牺牲人物描写、情节和标点符号等惯例而取得的。

② Larry McCaffery. *The metafictional muse*, Pittsburgh: University of Pittsburgh Press, 1982, p.5.

③ Edward H. Friedman. "*Don Quijote* and the Act of Reading: A Multiperspectivist Approach", *Approaches to Teaching Cervantes' Don Quijote*, Richard Bjornson (ed): New York, the Modern Language Association of America, 1999, p.71.

④ Robert C. Spires. *Beyond the Metafictional Mode. Directions in the Modern Spanish Novel*, University Press of Kentucky, 1984.

一的意义,充满不确定性和嘲讽。作家把个人与集体、意识与无意识混合在一起,以此表明创作过程是个体超越人类生存局限的途径之一,可以说对写作的反思才是这个四部曲真正的中心主题。戈伊狄索洛全身心地投入到对创作活动的分析之中,阐述他的小说理论和原则,试图在不脱离现实的前提下超越现实主义。他把作家的职业与城市建筑师相提并论,因为后者也是根据严格设计的图纸完成"理想之城"的建构。

《对抗》的前两部主要是按照写作的元小说模式来建构一个长篇回忆和叙述,每部作品都分为9个章节,情节呈同心圆展开,最后又回到起点。在叙述主人公劳尔生活经历(他的阅历与戈伊狄索洛吻合)的过程中,加入作家的小说理论。作品的重点是文本自身,戈伊狄索洛的兴趣点集中在叙事技巧和结构上,不惜牺牲对人物心理、性格的刻画。第一部《清单》因为无法通过佛朗哥政权的新闻审检只好于1973年转到墨西哥发行,尽管第二年有了西班牙版本,但直到佛朗哥去世后才与读者见面。小说讲述的是上世纪50—60年代出身于巴塞罗那资产阶级家庭的知识分子劳尔对佛朗哥独裁统治不满,于是背叛自己的阶级,摆脱宗教信仰,转向马克思主义,加入西班牙共产党,结果被关进监狱。在那段失去自由的日子里,为了寻找自我,劳尔计划写一本书,以第一人称来回忆他的过去(从童年、青年到成年),总结自己在政治、社会、宗教、情感等方面的失败和绝望,并记录下这些片段化的记忆。同时戈伊狄索洛还提醒我们,"如果读者不能以不断的努力将自己与本书紧密地结合,就会迷失方向,会很难发现叙述者。读者必须开动脑筋想象,这是在讲什么人,积极地参与其中,解读文本内容,根据想象超越文本表面所述说的内容,抓住文本的真正含义。"①

劳尔在《清单》中的写作计划在四部曲的后三部中确实以作品的形式呈现在读者面前。第二部《五月的绿色延伸到海边》(1976)虽然也有对加泰罗尼亚资产阶级的批判性分析、个人和家庭的回忆、友情、职业和婚姻的变故,但叙事重点放在劳尔的写作过程上。他是一位尝试写作的新手,虚构了一个人物里卡尔多来讲述自己的经历。在此我们目睹了一个真正的创作历程:劳尔如何处理素材,如何探讨各种主题、如何编织作品的内容,最后如何形成两个版本、创作过程与成品之间的关系等等。在这个写作过程中劳尔预先的计划和不连贯的笔记在不断变化,行文优美,充满了梦呓、无意识、寓言和神秘的因素。

戈伊狄索洛的另一部作品《远去的火的余光》(1984)延续了《对抗》的主题和叙事机制,尽管其氛围比四部曲更清晰,甚至可以说其情节线索比前几部更明确,但坐标是相同的:叙事是回忆的支点,语言文本为反思创作服务,心理因素提供了多种神秘和暗示的视角。这一元小说的结构为:成功者A属于加泰罗尼亚进步资产阶级,在学生时代是左派人物,中年时成为舒适有闲阶级的代表(拥有社会、经济、职业和性爱诸多方面的成功,唯一的失败是文学志向)。小说的第一部分以复调形式展现了A的过去和现在,让我们了解其家庭前辈、童年和少年生活、远去的政治活动和兴盛的现状。主题是时间

---

① 沈石岩:《西班牙文学史》,第530页。

的流逝所带来的衰老(它集中体现在 40 岁中年人的危机)、现实与非现实之间的界限、巴塞罗那知识界人士的风貌。在第二部分,A 决定用他积累的笔记写一部小说,把话语权让给这部小说的主人公 B,B 的经历即 A 的翻版,尽管他的语调更加思辨(其中心主题是文学创作和写作的成型,还经常对生活、时间的流逝、文化、政治进行反思)。B 计划写一本能够使他摆脱耻辱和孤独的书,而这本书又基于其主人公 V 的一部手稿,V 一直在翻译一部希腊文本(而它又是一个希伯来人 W 手稿的抄本)。这就形成了一个典型的元小说游戏,小说套小说,文学不再是单纯的个体创作,而是基于许多已有的文本。同时戈伊狄索洛还借主人公之口表达了以下的观点:

"你的生活是由另外一个人书写的故事,当词语用尽时,也是你的生活完结之时,""世人的存在取决于某人的书写。"①

托伦特·巴列斯特尔"幻想三部曲"第二部《启示录片段》(1977)的副标题为"怎么写小说",这就开门见山地挑明了作者创作此书的意图,即通过写一部小说来解释如何创作小说。托伦特·巴列斯特尔在前言中做了如下声明:

"准确地讲,这不是一部小说,至少按照我构思和创作这个体裁的方式来看。在此作为本人解释的出发点,我认为值得提醒的是,一部小说的作者和它的读者之间建立了一种私下协议,可以用三言两语来概括它:在阅读过程中你要把所读到的东西看成是真实的,因为如果你无法相信这是真实的,那我就失败了。当我出版《启示录片段》时,我对读者的建议正好相反,即我在这部书中讲述的所有事情都是严格的真实。我重申,如果你好好注意,奉献给你的读物是一本由一位不隐瞒自己姓名的小说家写的工作日记;一本记录了真实创作过程的工作日记,但只是这样一个创作过程,一条从虚无到成品的路,而不是作品本身。换句话说:这本书不是一个诗歌创作,而是对一个艰难的、最终失败的创作过程的见证;内容将是虚构的(或许有些不是),但过程不是虚构的。《启示录片段》不是一部现实主义作品,而是一种现实的见证。《启示录片段》从头到尾质疑(尽管是善意地)小说本身、小说体裁的实质,试图揭露诸多允许它保持下去的某些惯例,同时借助一些我并不认同的手法和技巧在书中塞进一些真的、无恶意的玩笑。"②

《启示录片段》深入思考小说创作过程中的隐秘问题和乐趣、作家的技巧和圈套,把指涉自我的元小说概念推向极致。它的中心文本是主人公——叙述者详细的工作日记,大部分章节的题目便是日记的日期(标有具体的日期和月份,但没有点明年份),这使作品具有一种真实文件的外表,同时也突出了它结构的片段化。主人公——叙述者一边讲述与雷努特楚卡的恋爱经历,一边与她商量如何创作一部幻想小说。雷努特楚卡作为最接近主人公——叙述者的一个次要人物,其实是叙述者批评意识的化身,她"坚持说服我最好把这工作分配一下,至少把故事的某一部分推到某些人物身上,他们可以替我讲述,甚至她本人可以承担她自认为能够讲述的那些小细节。"(137 页)因此

---

① 沈石岩:《西班牙文学史》,第 529 页。
② 《启示录片段》:巴塞罗那"命运"出版社,1982 年,第 5—6 页。以下引言皆出自这个版本。

在这部幻想小说中存在着多位叙述者,各自讲述一些次要的情节和故事,与中心文本形成多声部。

除了中心文本,《启示录片段》还有两个次要文本,第一个是主人公——叙述者正在创作的那部幻想小说:故事发生在一千年前一个虚构的加里西亚城市"星星圣谷"(以加里西亚首府圣地亚哥·德康普斯特拉为蓝本),比金国的国王奥拉夫来到此地准备带走美丽的爱丝克拉拉梦达,而当地居心不良的主教西斯南多也看上了这位美女。双方的部队因此交战,比金国失败。奥拉夫撤退时发誓要报复"星星圣谷",即便是要花上千年来履行他的誓言。这个誓言构成了"星星圣谷"一个预言的内容,由智者堂胡斯托严加保管。第二个次要文本就是这个预言,由堂胡斯托来叙述它的片段,并以斜体字呈现在作品中。在小说的结尾,奥拉夫死在堂胡斯托手里,它导致了一种最后的审判:从天上掉下一座大钟,不停地哀鸣,直到整个城市化为烈火和灰烬。幸存者有主人公——叙述者,因为他是以文字的形式存在于那个幻想的世界;另一位是堂费利普,一个在整部作品中不断讲笑话的次要人物。作为乐观和幽默的化身,他也战胜了死亡。

《启示录片段》的主人公——叙述者向读者多次声明,我们手头读到的不是一个完整的小说,而是对一个创作过程的描述,日记的每一部分几乎都包含了对这部正在成型的幻想小说的反思和评论。主人公——叙述者想写什么,哪些是他目前的不同选择,如何赋予人物以生命,如何决定小说的中心情节,如何展示所有的细节。读者目睹了主人公许多时候怀有的疑虑以及解决这些疑问的方法,甚至看到堂胡斯托居然敢偷走雷努特楚卡这个人物,把她放入自己的故事中,并赋予她同性恋的倾向。这个举动激怒了主人公——叙述者:"他窃取我的人物,伪造我的人物,糟蹋我的人物,杀害他们……我有义务避免雷努特楚卡这一形象遭到玷污,因为作为这部日记的人物,如同其他一切事物,她是我的创造物。"(第 377 页)

托伦特·巴列斯特尔以惯有的嘲讽质疑小说本身,他毫不羞愧地讥讽自己的创作手法,把《启示录片段》定义为"一堆词语,我本人就在这堆词语中间,也变成了语言;我把底牌都亮出来了,也就是说,我一再声明这部作品根本不是一个真实的故事,不可信,而是一个词语的虚构物"。因此评论界也一致认为《启示录片段》是"一部关于小说创作艺术的小说,一部有趣的故事集,是对文学虚构本体论及现实与幻想之间关系的思考,是通常以戏谑模仿的方式与其他文学作品进行的互文性对话"。(第 6 页)

"幻想三部曲"之三《砍去风信子的岛》(1980)的副标题"穿插着魔力的求爱信"也点明了此书的内容。它是作家自由幻想的产物,小说呈现两个层面。第一个层面是真实的,一位年长的西班牙大学教授、著名作家回忆自己在美国东部一所名牌大学当访问学者时的一段单相思经历:他爱上了一个年轻貌美、富有才华的女学生阿里亚德娜(这个名字具有象征意义。),而她却爱着另一个教授、英国历史学家阿兰(此人在自己的一部著作中称欧洲历史上并没有拿破仑这个人物,而是一些人虚构出来的)。西班牙教授邀请女生跟他到砍去风信子的岛上共同生活,阿里亚德娜虽然不爱他,但尊敬、崇拜这个长者,于是接受了他的请求,两人在岛上像情侣似的生活(尽管他们之间不存在情欲关系)。第二个层面是幻想的,这个西班牙教授为了引诱女生而施展他文学创作的语言魅力,向她讲述一个19世纪的历史故事(Nelson,Metternich 和夏特布莱盎为了消除法国大革命及之后共和国成立的后果,在地中海拉戈尔格那岛上虚构出拿破仑这个人物),以此引证阿兰的说法是有根据的,这就是副标题提到的那股穿插其间的"魔力"。在这封长长的求爱信中叙述者以第二人称向阿里亚德娜倾诉自己的情思,同时把自己内心的孤独、心绪、希望、沮丧记录下来,从一个独特的视角探讨他与阿里亚德娜、阿兰之间复杂的三角恋爱关系,并把他的思考引向文学和历史等不同方面。托伦特·巴列斯特尔在这个虚构的历史故事周围树立起一座惊人的戏谑模仿建筑,一方面是政治的,另一方面是文化和神话的,还对权力和性爱进行了嘲讽的反思。

2. 阅读的元小说

这类作品聚焦一个虚拟读者,通过他的阅读行为展示一部小说的成型过程。《对抗》四部曲之三《阿基里斯的愤怒》(1979)便对阅读进行反思,把它视为写作的补充活动。主人公兼叙述者是劳尔的表妹马蒂尔德,这位成熟的资产阶级女性离异后陷入了与另一位女子卡米拉(里卡尔多的妻子)的秘密情网中。而后者又遭遇一位男子的追求,他的出现对这两个女人的关系构成威胁。马蒂尔德一面讲述这个三角恋爱关系,一面根据自己目前的情况重新审阅几年前她以男性笔名克劳迪奥·门多萨创作的自传《米兰的布告》,并从新的视角评论这部自传体小说(她化身为露西娅),得出一些不太可信但宽慰的结论。《阿基里斯的愤怒》主要的游戏结构还是小说套小说以及马蒂尔德—作者和马蒂尔德—读者的共生二项式。两部作品互相补充,互相加强,因为二者都源自一次失意的爱情,在这两部小说中性爱都占有重要地位,它们甚至可以被看成同一个境遇的不同版本。写作与生活、写作与阅读的关系在《阿基里斯的愤怒》里引发了大量的思考,为了使小说显得更加真实,在这部作品出版后不久戈伊狄索洛又以克劳迪奥·门多萨的名义单独发行了一百本《米兰的布告》。

胡安·何塞·米亚斯的《你的名字无序》(1988)则向读者展示了一个阅读——创作过程,即主人公奥尔加斯从阅读一个作家阿孜伽拉特的短篇小说开始,因为对它不满而自己动手写短篇作品,最终建构出一部长篇小说。《你的名字无序》侧重对主文本所包含的次文本的阅读,这一批评性、创造性的阅读是对写作主文本的一个补充,它在一定程度上决定了主文本的意义和走向。阿孜伽拉特与奥尔加斯在创作上的竞争实际上是短篇小说与长篇小说的竞争,后者最终获得胜利。

《你的名字无序》情节如下:年过40的奥尔加斯离婚后偶然邂逅了已婚女子劳拉,便把她视为刚在车祸中去世的情人特雷莎的化身。奥尔加斯定期去心理医生罗多那里接受心理治疗,向他讲述自己的情感经历。而罗多正是劳拉的丈夫,他成了这场通奸关系的牺牲品,被劳拉毒死。奥尔加斯被提升到出版社的一个重要职位,他利用权力阻止出版年轻作家阿孜伽拉特的短篇小说集《衣柜里的生活》,而这些故事正是围绕职业的成功、通奸和暗杀三大主题创作的,可以说是奥尔加斯本人经历的写照,也是《你的名字无序》的基本主题之一。

奥尔加斯看不起阿孜伽拉特的作品，认为它犯有一些自己作为小说家所不喜欢的毛病：侦探小说的俗套、人物性格的简单化、造作、缺乏生活阅历。而他本人受这位年轻人的刺激并吸取这些写作教训也写了三个短篇小说（在《你的名字无序》中列出了这些作品的梗概），奥尔加斯一面生活，一面创作（或者说一边创作，一边体验其中一个短篇小说的内容）。这部作品逐渐变得复杂和厚重，以至于超出了短篇的范畴，成为一部长篇小说，即《你的名字无序》。读者读完手中的作品时，这部奥尔加斯写的小说也就结束了。

奥尔加斯在这部作品里把自己和周围的人都牵涉进去，他希望在创作中寻找自身的存在价值和自我实现。奥尔加斯在动笔之前已经定好了主题、人物、结构、可能的结局，不断思考小说组织和结构方面的基本问题：他的作品给人的感觉是一位热心的叙述者正在描写主人公日复一日生活和经历的东西，而小说的幽默主要来自奥尔加斯最初作为通奸情人的绝望、平庸作家的失意与最后作为情人、小说家和职业经理的胜利之间形成的讽刺性的对比反差。

阿孜伽拉特在《你的名字无序》中扮演了引诱者的角色，正是读了他的作品之后奥尔加斯才决定与他在创作上一争高低，并设法超越他的短篇小说的局限。米亚斯在《你的名字无序》中成功地虚构了两个作家以及各自的作品（主文本和次文本），让我们见识了短篇和长篇小说之间的争斗，衡量了它们的重要性，比较了各自的权限，赞扬了它们的长处。小说的结局不仅是情爱的胜利（奥尔加斯与劳拉在除掉罗多之后幸福地结合了），而且是写作的胜利（奥尔加斯终于完成了一部复杂的长篇小说的创作，使他的作家生涯达到了一个新的高度）。

米亚斯在这部小说中混淆了现实与虚构之间的界限，赋予纯粹的虚构以真实的表象。我们可以把奥尔加斯和阿孜伽拉特视为米亚斯本人的两个替身，通过他们对小说理论的阐述、见解和创作，读者能够了解到米亚斯的文学观念和原则，这或许就是他这部元小说最成功的地方。

3. 口述的元小说

此类作品的特征是通过人物之间的口头交流探讨如何写小说，虚拟的作者和对话者之间的交谈变成文学写作的产品。卡门·马丁·盖特的《后屋》（1978）突出的便是作家在写作过程中的口头叙述，她以内心独白或对话的形式叙述个人经历，阐释自己的小说理念，反思本人正在创作的小说。马丁·盖特擅长讲故事，重视叙事。而由于叙事活动起源于口语对话，显然在这个过程中不能缺少对话者，因此在她的作品里经常出现一个叙述者和一个对话者，由他俩来完成对故事的叙述和反思。①

《后屋》的女主人公——叙述者（作家本人的化身）在一个失眠之夜接待了一个陌生的黑衣男子的意外来访。在与他数小时的长谈中，女主人公讲述了自己内战前后的经

---

① 马丁·盖特在评论集《寻找对话者和其他寻找》（1973）及《永不结束的故事》（1983）中都阐述了自己的这个创作观点。

历,她的文学观点(比如对现实主义小说和神怪小说的看法),对自己正在创作的一部神秘幻想小说的评价。这位黑衣男子究竟是何人,为何而来,为何关心"我"的生平和创作,他何时离去等等,这些疑问一直没有得到答复。与口语故事不同的是,在文字故事里小说家可以与一个虚构的对话者进行交谈(他可以是作家本人意识的化身)。总而言之,黑衣男子是一个理想的对话者,是文学创作不可或缺的"他者",我们能够与之分享自己的回忆和最隐秘的痛苦。

《后屋》中一些物品的出现(稿纸、黑衣男子的黑帽子、两个茶杯、金盒子等)也具有特殊意义,因为它们是女主人公——叙述者创作活动的见证,是幻想/现实、生活/创作、神秘/回忆之间的界限。当黑衣男子与"我"在客厅入座时,打字机旁的稿纸有15页,他把黑帽子放在那些稿纸上面,问"我"是否在创作一部神秘幻想小说,"我"感到惊讶,因为"我"不记得自己写了这些书稿。在两人的交谈过程中再三提及那堆稿纸,它在黑帽子下面不断增多,最后变成"我"计划创作的那部幻想小说,并且正是读者手头的这部作品《后屋》:

一开始女主人公——叙述者对自己写的东西印象并不很清楚:"一张稿纸露出来,我斜眼读到:'已经看不见那个赤脚的男人了。'我什么时候写了这句话?"①不安的感觉侵入她心里:"不,不是现在写的,我好久没写什么东西了,我自语道,一面不安地朝桌子望去,我看到他黑帽子旁边的那些稿纸还在那里。"(第34页)

接下来,当女主人公把茶端到客厅时,她恐惧地朝打字机望去,"什么手稿也没有,除了右上角的一个数字,79。但这79页是从哪里来的?说的是什么?帽子底下的那堆纸好像又增厚了。"(第101页)一阵风吹来,稿纸在屋里飞扬,那个男人弯腰去捡地毯上的纸,回头对她说:"这么多的稿页啊!——他惊讶地喊到——我没想到您写了这么多。"她似乎没觉得自己就是这些稿纸的作者,还反问他:"您说谁呢?"黑衣男子回答道:"我想是您写的。"(第200页)

女主人公——叙述者仿佛根本没有掌控自己的创作,倒是作为旁观者的那位黑衣男子不断提醒"我"小说的存在和进展,因此这位神秘人物的作用就显得很重要。是他的提问要求"我"回顾自己的过去,每一个回忆引出另一段记忆,比如"我"谈到了《温泉疗养地》的创作以及相关的一些个人回忆,这个细节体现了《后屋》的自传色彩。这就为对话者的出现提供了理由:他引起"我"的自我审视,通过他来进行自我分析,使过去的记忆接近眼前的现实,把它们与梦境融为一体。

这一似真似梦的情节高潮出现在最后一章:女儿叫醒"我",问是否有客人来访过,因为客厅里有两个茶杯。"我"起身去客厅查看,那里的确有两个茶杯。回到床上时"我"碰到一个金盒子,这是黑衣男子送给"我"的,它成为此人来访的最直接证据。这时小说也完成了:"原来放着托多罗夫著作的地方现在被一堆编了号的182页稿纸占据。在第一页上用大写字体和黑色的标题写着《后屋》。"(第210页)

---

① 《后屋》,巴塞罗那"命运"出版社,1979年第二版,第31页。以下引言均出自此版本。

第五章

1962—1975：决裂与创新

托多罗夫的作品出现在女主人公的书桌上绝非偶然，因为她正在创作一部幻想小说，而他的《论幻想小说》恰好是关于这一体裁的理论代表作。① 托多罗夫在读者的体验中寻找幻想作品的体裁特征，认为读者给作品中叙述的怪异情节以合乎情理的解释，就把它看作离奇作品，如果给它以超自然的解释，它就成为志怪作品，只有在读者拿不准它究竟属于哪一类时，它才是幻想作品。② 虽然马丁·盖特并没有点明女主人公看的是托多罗夫的哪部著作，但显然他那些有关幻想作品的观点影响到我们对《后屋》的评判，因为读者拿不准小说中发生的一切到底是女主人公梦中的场景还是发生在她身上的真实故事，另外他的叙事学著作《〈十日谈〉语法》同样也很可能对《后屋》故事套故事的结构产生影响。总之，马丁·盖特的这部作品交织着元小说、回忆录小说和神秘幻想小说的氛围。

加西亚·奥特拉诺从《玛丽·特里布内的伟大时刻》(1972)起改变了创作方向，开始写实验小说，客观白描让位于主观主义。小说里的第一人称叙述者与《夏季雷雨》中保持客观距离的哈维尔完全不同，他以幽默、讽刺和挖苦的方式表达自己的所见所思，对自己与美国寡妇玛丽·特里布内失败的感情生活进行回顾和反思。《肤浅的语法》(1982)更是与作家早期的反资产阶级小说毫无共同之处，是文学经历的反思和关于文学的练习。小说的题目与内容相呼应，因为其中心情节之一就是文学、语法。作家想谈论文学，但不是通过一篇散文，而是通过一部小说。这是对散文体裁的小说化实验，是一种元文学练习，一种语言和智力的游戏。主人公是一个4岁的法国女孩，不识字却想当福楼拜。她的文学志向不可阻挡，当她从事文学创作后逐渐发现，文学与生活太相似了，在学习创作的过程中她还经历了一场情感教育。这部小说具有嘲讽和戏谑的意图，像一本语法教材（大部分章节呈现为语法课），还包含了一些具体的文学文本。它幽默、任意地对作家、爱情、文学理论、意识形态、教育、西班牙、小说技巧、死亡、权力、性等话题进行评论，但主要是针对文学创作。③

《知识理论》(1981)作为《对抗》四部曲的附录部分，是主人公劳尔的总结之作，用戈伊狄索洛的话来说，"他总结了《清单》里的个人阅历，在《五月的绿色延伸到海

---

① 托多罗夫(Todorov,1939)：法国（保加利亚裔）文论家，结构主义叙事学的代表人物。关于他对《后屋》的影响，请参看 Aleida Anselma Rodríguez 的文章"Todorov en *El cuarto de atrás*", *Prismal*, 1983, pp.76—90.

② 张隆溪：《20世纪西方文论述评》，三联书店，1987年版，第144页。

③ 加西亚·奥特拉诺的《井里的牛仔裤》(1979)是一部描写精神变态的小说，女主人公普卢登西雅在靠近森林的自家庄园里接待了几位来访者（4女4男）。在这短暂的共同生活中他们目睹了普卢登西雅的一系列不正常行为和奇怪的事件，如检查位于阁楼上的保险箱，把井里的几条牛仔裤取出来，在女主人的乳头上画画，她展示自己的裸体，她与女仆之间的特殊关系。普卢登西雅是这群人的领导，她控制着每个成员的行动。小说涉及的是一场性别之战，在这里女人是强者、胜者；而男人是弱者，扮演次要角色。《夸张》(1987)收录了20个短篇小说，以简洁的行文和幽默的笔触涉及了许多方面，从内战中的马德里、战后教会学校的教育到当代西班牙失望和荒诞的生活。他还著有短篇小说集《马德里人》(1967)、《寓言和米利都人》(1975)、《秘密档案》(1988)；小说《婚礼的准备工作》(1986)、《娇姑娘和大男人》(1990)；诗集《把雀斑扔到背上》(1977)、《对商业的不理解》(1995)；论文集《50年代的诗歌团体》(1978)；报刊文集《分享的纪实》(1997)。

边》中的文学经历以及那段时间通过他与马蒂尔德的关系而加入的因素。他重新加工、重新构造所有这一切，其最终产品便是《知识理论》。"①劳尔深入分析四部曲前几部作品中有关虚构/创作的原则，认为在小说创作中更多的是对现实的反思，而不是对现实的反映。为了塑造一个更加深刻的世界，必须与客观现实保持距离，以作者的内心视野来丰富那个艺术天地。这些强调艺术是生命动力的理论观点主要是通过3个叙述者（里卡尔多、马蒂尔德及一位老者）之口阐述的，他们向我们讲述各自的隐秘经历，特别是他们的创作活动。大量这类的话题取代了小说通常的情节，它们试图解释生命和艺术的古老秘密。在《对抗》中元小说与对佛朗哥时代的回忆互相渗透，既为我们提供了一个外部世界的多面体影射（几个叙述者从不同角度讲述同一件事），也对写作本身、写作与创造性阅读的互相关联进行了思考。《对抗》的主要意图不是记录一个外在的现实，而是创造一个新的自治/自足的现实，小说的现实。它叠置在生活上，与生活并不完全吻合。②

从对以上几部元小说代表作的分析我们可以看出，"当代西班牙最优秀的小说倾向于把描写一场历险与写作行为本身的冒险紧密结合起来，证明任何一个现实的形象是如何受到写作行为的制约。"③元小说家乐于创造一个自我的世界并生活在其中，其笔下的主人公大多本身就是作家，或者想当作家。与上世纪50、60年代"批判现实主义"和"新现实主义"小说注重反映和揭露现实生活相比，元小说强调作品的虚构性、作家与小说之间自我反映式的关系。元小说世界只是文字虚构的世界，它将小说的叙事过程作为作品的中心，对写作的反思是作品叙事的基本目的之一。小说转向自身：文本为读者提供作家创作的最后结果，同时又指出到达目的地的途径。它讲述一个故事，也提出在它叙述过程中的问题。总而言之，它是一些作品创作和批评的共生现象，是文学中的文学，所以又称"镜子小说"。元小说家不再把小说仅仅当作反映现实、改造世界的工具，而是通过它来探索写作过程、写作理论、文本阅读及口语叙事等小说的内在机制。对小说创作过程（对叙事的叙述）的反思和质疑，使我们由里及外更深刻地认识和体验了小说的酝酿和成型，可以说元小说为作家、人物、读者行走于现实与虚构之间提供了一个上佳的途径。

---

① *El cosmos de Antagonia. Incursiones en la obra de Luis Goytisolo*，Barcelona：Anagrama，1983，p.144.
② 戈伊狄索洛后期的小说《塑像与鸽子》（1992）融合了两个故事情节：一是作家个人回忆录，二是发生在公元1世纪图密善执政末期的一个罗马故事，以罗马帝国雄辩家、历史学家、高级官员塔西佗（56—120）为原型。这部作品的意图是"将虚构与现实、历史与文学融合在一起"。《融化的快感》（1997）是一部性爱小说，他还著有《眼睛，圆圈，雕鹄》（1970）、《吞噬》（1976）、《寓言》（1981）、《克劳迪奥·门多萨的研究和推测》（1985）、《候鸟的悖论》（1987）、《通往天空的楼梯》（1999）和《专心倾听鸟儿》（2006）。
③ Gonzalo Sobejano. "Juan José Millás, fabulador de la extrañeza"，*Nuevos y novísimos*，*Algunas perspectivas críticas sobre la narrativa española desde la década de los setenta*，1987，p.92.

第五章

1962—1975：决裂与创新

第四节

反小说

"反小说"指的是20世纪中叶在欧美文坛出现的先锋派小说,萨特在为萨罗特的《无名氏的画像》(1948)撰写引言时首次使用该词,它意味着彻底背叛传统小说的常规。"反小说"家从下列前提出发:在小说中一切都已完成(整个社会已被完全描绘,人的心理已被细密地探讨)。因此他们力求探索出写小说的新路子,努力克服一些文学描写习惯,并向读者的期望提出挑战。为此,他们有意识地破坏传统文学所期望的东西,完全避免表达作者的个性、爱好或准则;唾弃传统的特征、娱乐、戏剧性进展以及揭示特征或下一步情节的对话等因素,对事件随意安排,造成含义的不确定性。[①]

"反小说"是年轻一代作家文学立场的体现,它意味着对现有规则的反叛,要求冲破"社会现实主义"的狭窄框架,摆脱"半个世纪派"创作的疲软和衰竭。胡安·戈伊狄索洛指出:"西班牙小说目前的危机源自于从许多年前起我们已经用尽了同一种语言,我感到不仅对我,而且对我这一代小说家来说,都需要创作一种有效决裂的作品。"[②]反小说的基本特征有:

(1) 叙事失去了重要性,情节被减到最低程度。

(2) 主人公常常是一个模糊的、不具体的人物,我们对他的历史了解得不确切。很多时候他是一个无用的人,没有毅力去抗衡生活境遇。

(3) 空间趋于缩小,有时只是一个不明确的框架,在那里发生最少的情节。

(4) 小说时间也经受了重大改变。有时情节在一个非常有限的时间内展开。避免直线型的顺时叙述,把倒叙(回忆)与预叙混为一体。时间的混乱可以把文本变成一个迷宫,读者必须用心重构。

(5) 小说的结构设计很多时候恰好是考虑到要制造那种迷宫的感觉,读者得学会在里面穿行。常常放弃惯有的开头、高潮和结尾的模式,在很多情况下结尾不存在,因为小说的结构是开放式的。

(6) 灵活运用叙述者(客观的、全能的、第一人称、第二人称的叙述者),视角也是移动的(多重的变化视角很常见,可以提供现实的不同侧面)。

(7) 语言和风格的创新,通过各种手段和方式把语言变得复杂:雕琢的词汇,句法

[①] William H. Gass 认为,"数学和逻辑学有元定理,伦理学有语言超灵,到处都在创造术语的术语,小说也一样。我不是指那些很明显的有关作家创作的作品,而是指在博尔赫斯、巴思和弗莱恩·奥布赖恩的作品中,小说形式只是更多形式的原材料。实际上,许多反小说都是地地道道的元小说。"见 Fiction and the figures of life, Boston: Nonparei Books, 1971, pp. 24—25.

[②] Mundo Nuevo, París, No. 12, junio de 1967, p. 53.

的破裂,又长又复杂的句子,但有时也用短小的、几乎电报式的句子、口语甚至俚语;有时取消所有的标点符号;或取消段落、章节之间常见的间隔,代之以空白处来区分文本段落。另一方面,对人物心理状态的兴趣导致内心独白和自由间接引语(直接反映一个人物的想法,但不放弃第三人称叙述者)的使用;排版和字体方面的创新,寻找一种视觉效果。"也许,实验作家就像语言检察官,他变换语言,探索语言,目的不是毁灭语言,而是进行一种新的具有言语力量的反创作。"①

对"反小说"的流行起到推动作用的有阿卡尔出版社的"宣言"系列、阿桑卡出版社的"当代小说"系列、马德里何塞菲娜·贝当科尔出版社的"第一创作室"、"第七创作室"系列和马略卡岛的《松·阿尔玛当斯报》②。1973年"反小说"达到顶峰,当年有4部重要作品出版:何塞·莱瓦的《哦,真傻,虽然比土包子强》、马里亚诺·安托林·拉托的《当接近90万马赫》、埃米利奥·桑切斯·奥尔蒂斯的《致三种孤独的独白计划》和胡安·佩德罗·基尼奥内罗的《废墟》③。1974年几乎所有作家都加入到创新实验的潮流中,可以说西班牙文坛"正在建起一座小说的坚实大厦,它从那些已经取得的立场出发,努力寻求自我创新……那些受到谴责的小说家不理睬对他们的指控,他们逐步演变或试图变化,寻找他们的后续小说所能汇入的新潮流。"④

德利韦斯的《海上遇难者的谶语》(1969)与他过去的传统小说有很大的差别,故事情节类似卡夫卡的《变形记》。主人公哈辛托·圣何塞厌倦在公司单调刻板的工作,斗胆向上司询问其工作的意义,因而受到惩罚,变成一头绵羊。一旦他作为人的意识灭绝,只能在野外找到出路。《海上遇难者的谶语》从内容上看应该归入"存在主义"小说,因为它具有深刻的隐喻性,表达了现代人在异化的社会里被取消做人权利的恐惧感。但从形式上讲,接近实验主义的"反小说"。

同样塞拉"多产,但不重复自己;多变,但每次变化均有开创"。他的《1936年马德里圣卡米洛的夕祷、祭日和八日节》(1969)⑤便是一部著名的先锋派小说,其中心主题是:结束西班牙革命与反革命互相暴力残杀的合适方法就是爱情和谦卑,让性爱在这个世界上自由地漫步。在这部具有自传性质的作品中,主人公——叙述者描述了1936年7月18号前夕、18号当天及之后的马德里氛围(尤其是它的妓院),选取的是最肮脏、下流的场面:暴力、变态、性。读者碰到的是一位长着一双悲伤眼睛的年轻人,他混迹于马德里的人群中,凝视着镜中自己辛酸的映像。通过对那一时间西班牙形势的自由回忆,

---

① Jacob Korg. *Language in modern literature*, The Harvester Press Limited, 1979, p. 3.
② 《松·阿尔玛当斯报》(*Papeles de Son Armadans*)是1956—1979年塞拉在帕尔玛·德·马略卡岛创办并领导的著名文学评论刊物,取自他家所在的街区之名。
③ 胡安·佩德罗·基尼奥内罗(1946):文学评论家,还著有《V.N.的文件》(1978)。
④ Jorge Rodríguez Padrón. *Cuadernos hispanoamericanos*, No. 284, febrero de 1974, pp. 320—321.
⑤ 卡米洛·德莱利斯(1550—1614):生前在救助病患者方面做出杰出贡献,死后被封为圣徒,故名圣卡米洛。1936年7月18日是他的忌日,也是塞拉的命名日。而这一天也恰好是西班牙内战爆发的日子。见沈石岩《西班牙文学史》,第411页。

主人公的意识结构与整个社会的结构混合到一起。为了达到这一效果,塞拉纪实地引用了大量当年报纸和广播的原文,真实而艺术地再现了1936年内战爆发前后马德里动荡的社会、政治、革命事件。

从整体结构上看,这部作品是一个不间断的内心独白(主人公以第二人称自我反思的方式进行):第一部分描写1936年马德里的夜生活,尤其是红灯区声色犬马的场面;第二部分叙述主人公主观意识中出现的梦魇和庞然怪物,预示着战争灾难的降临;第三部分讲述怪物的诞生,象征内战的爆发和同胞之间的仇杀。为了使小说更具真实性,塞拉采用"一分钟素描"手法,像电影镜头似的将众多人物一个接一个地亮相给读者。

塞拉的另一部"反小说"《圣周五的早祷仪式》(1973)是一部诗的启示录,一个展示生活黑暗、荒谬和不合逻辑的全景图。它的主题是性、死亡和末世学,叙述者是一个以"你"的口吻来自我反思的人。他孤独,对性爱着迷,像一个笨拙的观众在参与生活。作家通过人物之口传递出一种深刻的悲观主义和虚无主义,最终主人公自杀。这部作品"从头至尾没有大写字母,也不使用标点符号,仅分成长短不等的单元(用两行印刷空白表示),总共1194个单元。最短的只有一句话,最长的竟达两三页纸。其文字如同祈祷的经文。书中既没有人物之间的对抗故事,也不存在时空框架,只有个人内心深处思想斗争,而且只是展现一些混乱事件和视觉形象,均围绕死亡主题展开。全书从头至尾都展现了'我'同自身争辩的全过程,在背叛和放弃之间的挣扎,时而激怒,时而沮丧,成为没有前因后果的意识的闪现,从而引发了许多噩梦般的形象。"①

胡安·戈伊狄索洛的《身份特征》(1966)、《堂胡利安伯爵的要求》(1970)和《没有祖国的胡安》(1975)构成"粉碎神圣西班牙"的三部曲,是西班牙战后小说中最独特的作品之一。其关键主题是破除对西班牙的神化,向我们展现了一幅悲观、嘲讽、苦涩、残酷的西班牙现实画面。戈伊狄索洛放弃了前几部作品中的"社会现实主义",回归早期的主观主义,进入实验主义阶段。他运用的技巧是无序的语流,叙事的片段化,不同叙述声音的结合(包括第二人称),违反标点符号的规则。从《身份特征》几乎自传体的参照性到《堂胡利安伯爵的要求》的互文性游戏和《没有土地的胡安》的自我参照话语,可以发现作家经历了一个实验主义的叙事演变过程。

《身份特征》受《沉默的时代》影响很大,同时也是作家本人的一种自传体小说。主人公阿尔瓦罗(作家的化身)出生于加泰罗尼亚一个大资产阶级家庭,旅居国外多年后重返西班牙,试图寻找一些能使自己与故土认同的身份特征,重温个人和民族往昔的历史、文化和传统。但这一寻根的企图失败了,阿尔瓦罗感到自己在西班牙是个陌生人:"我丢掉了我的土地,失去了我的人民。"作品运用了大量的技巧和语言的创新:使用第一人称演绎主观世界或进行回忆;第二人称进行自我谴责;第三人称分析客观世界;小

---

① 卡米洛·德莱利斯(1550—1614):生前在救助病患者方面做出杰出贡献,死后被封为圣徒,故名圣卡米洛。1936年7月18日是他的忌日,也是塞拉的命名日。而这一天也恰好是西班牙内战爆发的日子。见沈石岩《西班牙文学史》,第411页。

说时间的跳跃,视角的变化,采用各种类型的语言(从冰冷简明的警察报告到内心独白和叙事诗,中间还穿插着报刊文章、文学文本和旅游手册),而且这些不同的文本由众多印刷手段支撑着。有些句子是用法语、德语或英语书写,整页的文字没有标点符号。作家通过这部小说表达了主人公沮丧、无根的失落感,他时而冷静、时而充满激情地分析个人和祖国的命运,逐一剖析各种"身份",从家庭成员到社会关系(大学老师、同学、朋友、战友),从32年前出生到1963年,从历史背景(第二共和国、内战、战后、流亡)到地理环境(巴塞罗那、西班牙南部、巴黎、哈瓦那),呈现出一种被紧张的氛围所笼罩的敌对现实。在这个环境中人们恐惧压抑地活着,有时都没有意识到这点。在最后一章阿尔瓦罗谈到西班牙语:"如今它被诡辩谎言假设玷污/天使般表面的真理/空洞的句子,空空的外壳/雕琢的三段论/好话。"

在《堂胡利安伯爵的要求》中已经很难看到小说的因素,大段的散文传达作家的观点。作品的开场白便是:"忘恩负义的故乡,私生和平庸的土地,我永远不会回到你这里。"主人公阿尔瓦罗流亡到摩洛哥港口城市丹吉尔,不是感到自己处于祖国的边缘,而是仇视它以及它所代表的一切:文化(包括文学)、历史、道德价值观(与之对立的是阿拉伯世界的道德体系)和语言。他就像传说中堂胡利安伯爵,希望摆脱与西班牙的一切联系:"他要破除那些由来已久的、根深蒂固的、让西班牙故步自封的一切神话和象征物:传统宗教、女性贞操、卡斯蒂利亚风光,甚至包括他使用的母语——压迫的象征物。他认为标准的西班牙语——卡斯蒂利亚语是用来说谎、分裂民众的工具,所以作者引用西班牙古典和现代文学加以戏仿,同时还揶揄宗教界、斗牛界,抨击荣誉观、佛朗哥主义、学术上的弄虚作假、让他嗤之以鼻的文学奖项。"①

在写作技巧上《堂胡利安伯爵的要求》也表现出多种实验主义倾向,"现实与人物的幻觉加以混淆,将叙述者——主人公杂乱无章、无逻辑可言的思绪像迷宫似的展现在读者面前;将情节分解为情景单位加以表述;句子和句子之间只用冒号或逗号;散文体与自由体诗换用;动词时态也是随意使用;取消大写字母,嵌入外文语汇,并从文学、宗教以及历史作品里采纳诸多语录,从而增加了阅读难度。"②

《没有祖国的胡安》则与传统小说彻底决裂(在这方面最有意义的是冒号的使用,同时引入了大量其他语言的词、句子甚至整段话)。作品由7部分组成:(1)伪撰的回忆录(回忆阿尔瓦罗的祖先在古巴的生活);(2)主人公胡安的多种幻觉(他游历了非洲、曼哈顿、巴黎),渐渐趋向本能和情绪暴动;(3)胡安游历伊斯兰世界并皈依伊斯兰教;(4)回顾西班牙历史;(5)胡安从古巴开始,面向全世界,推动改革,创造一个新的情爱世界;(6)胡安在不同地方(沙漠、庙宇、诊所、电视台)对现实主义或教条主义进行个人审判;

---

① 据传说,西哥特国王罗德里戈玷污了镇守在北非重镇休达的堂胡利安伯爵的女儿卡娃,为了复仇,伯爵求助于北非的摩尔人,打开休达门户,让摩尔人穿过地中海长驱直入进入伊比利亚半岛,从而使摩尔人统治西班牙达8个世纪之久。引自沈石岩的《西班牙文学史》,第443页。

② 同上书,第444页。

第五章
1962—1975：决裂与创新

(7)阐述决裂的理论、主人公的自白和遗嘱。作者坚持摧毁保守传统的"神圣西班牙"所崇拜的一切价值,他与祖国的唯一联系——西班牙语——也中断了,小说的结尾是用阿拉伯语完成的。戈伊狄索洛有意识地吸收阿拉伯文化(他定居在摩洛哥首都马拉喀什),使它渗透到自己作品中。

职业记者出身的**何塞·莱瓦**(1938)以其对传统小说的系统破坏(情节、人物、时间)代表了60年代西班牙大胆的先锋实验潮流。他的作品晦涩、寓言化,是西班牙文坛最接近卡夫卡和荒诞派文学的作家。莱瓦构思作品的出发点是"把小说的传统因素彻底消除,抱有在小说本身的话语中反映我们时代的迷宫及社会文化瓦解的极端企图"。①他拒绝所有客观的表现,只承认纯粹状态中的主观性是创造力量,非理性和荒诞因素的介入在其作品中没有极限。"他建构了一个不安的、梦呓的世界,非常多样化,同时又非常独特,以对写作令人目眩的操纵为基础。"

莱瓦的处女作《主题》(1972)是对卡夫卡的致敬,因为在长达六百多页的作品里他一直遵循着卡夫卡的理论,让主人公阿尔杜罗游走在一个被非理性支配的世界里,他病态的头脑所编织的话语打破了正常逻辑。小说分成4部分:"祖先"、"公园"、"G"、"旅行"。不存在对外部世界、可触摸现实的参照,所有情节都发生在主人公心理分析的曲折角落里。在"祖先"中阿尔杜罗经历了母亲去世、父亲自杀(先把他的9个姐妹毒死)、妻子被关进疯人院等一系列灾难。这使他产生负罪感,而心理治疗让他回忆起童年最苦难的时刻。"公园"指的是疯人院,"G"是主人公生活的城市或家。当他承认自己的病无法治愈时,"旅行"或心理重建便结束了。《主题》是一部典型的"反小说",叙述一个疯子的想象,语言过于晦涩,绝大部分对话其实是复杂和荒诞的内心独白。

《孤独先生的割礼》(1974)把卡夫卡的灵感与"超现实主义"融为一体,文本简短、谵妄,向读者呈现一系列毁灭和自我毁灭的形象。主人公——叙述者"我"是个病人,50岁时接受心理治疗,通过"我"的反应来描述治疗过程。所有的人物都是抽象的,被命名为"神父"(即心理医生)、"朋友"、"邻居"、"女人"、"闯入者",他们生活在一个极端自闭、毁灭性的世界里,人的自由和个性被取消。小说建构在人物的内心与外在的"我"之间的对话上,"我"不仅是他者,更是所有的人。语言的荒诞随处可见,比如"我把脚掌放在头上"、"我像鸟似的从树上跳到街上,落在我自己的肩膀上"、"在战争中致残的我的朋友早上把鞋子加热"、"山是一片云,云是一个脚印,脚印是一个姿态,姿态是灰烬,灰烬是河,河是细菌,细菌是一个死者"。

莱瓦最创新的作品是《哦,真傻,虽然比土包子强》(1973),其先锋性首先反映在它独特的印刷字体上:极少的标点符号、章节以及由字母组成的图形。这是一部晦涩难懂的文本,描写对一个神志不清的大脑活动所做的实验:一个未出生的人,陷入遗传混乱中,反思并描写从受孕那一刻起引发的孕育过程。这一遗传程序、分子机制、在羊水中

---

① Ángel Basanta. "*Donde dice asimismo debe decir pesimismo. José Leyva*", *ABC literario*, No. 560, 26 de octubre de 1991, p.6.

的发育通过类似心理分析小说的文字符号来表现,成千上万个细胞集中在唯一的思想上。我们看到沉思的主人公的想法分成片段、复制直到无限,造成一种极为特殊的心理状况。语言和情节完全是混乱的,作者大量使用了词语的省略、倒置、迂回法。时空的变换、人物的不确定性超出了读者可接受的界限,所以说我们看到的是一个更接近于心理学而非文学的作品。

《蝙蝠的春天》(1972)把卡夫卡的印象与荒诞派戏剧混合在一起;《树木入睡的大街》(1975)通过349个叙事段落和几个多声部的结合,形成了一篇从无序过渡到压制性的有序和消费社会的政治寓言。这些叙事段落与一份报纸的誊写片段混合,目的是摧毁文学的叙述语流。在经历了近乎十五年的沉寂之后1988年莱瓦发表了《欧洲》,回到他一贯的路线。这是一部隐喻和一种历史小说(但位于一个可预见的未来),另一方面它是对西方文化的一个雄心勃勃的综述(里面汇集了许多不朽的人物)。作者对未来的看法是沮丧和阴暗的,因为小说中呈现的欧洲是一个岛屿,岛上的居民是些卑微的人,他们的生活流逝在"黑暗时代",患有持久倦怠的疾病。①

赫尔曼·桑切斯·埃斯佩索(1940)在德乌斯托大学攻读神学、心理学和精神学,获得哲学和电影学位。1957—1968年加入耶稣会,对古希腊罗马作家和东方文化有浓厚兴趣。在他广博的小说创作中,象征、寓言、《圣经》、情欲、社会政治嘲讽(既指向现时,也指向历史)等因素共存,对现代人缺乏交流这一社会问题提出存在主义见解。在形式上既使用复杂的文学技巧,也采纳通俗的电影手法,具有象征色彩。他以基督教《旧约全书》首五卷为灵感和素材创作了实验小说五部曲《摩西五书》:《〈创世纪〉里的实验》(1967)、《迁徙征兆》(1969)、《利未人的迷宫》(1972)、《数字之间》(1978)和《沙龙的申命记》(1978)。《利未人的迷宫》描写的是安达卢西亚地区保守和传统的世界,刻画了一群虚伪、残酷的资产阶级人物。主人公计划杀害祖母以继承她的遗产,结果他自己被暗杀。这一犯罪行为未受到制裁,并且在《〈创世纪〉里的实验》里已经呈现这一结局。

《数字之间》的风格为巴洛克式的,主题是一个家庭因为性堕落而走向衰败和消亡。小说有3条情节线:第一条是艾尔威特家族最后一名成员科内塔在军队服役的生活,上尉杀死了他的同性恋情人,为复仇科内塔又杀死了上尉,小说的结尾是10年后科内塔被枪毙。第2条为艾尔威特家族的乱伦生活,科内塔是家族里一对表兄妹乱伦的产物,后来他的父亲神秘地死去。第3条线为叙述者回到衰败的故居,那里只住着科内塔的残疾妹妹。他掐死了妹妹唯一的陪伴者,一只白鹦鹉,仅仅因为它回答了一句"是,先生"。

《那喀索斯》(1979)同样是部巴洛克风格的小说,并且再次探索了一个衰败、堕落和非正常的世界。年轻时代的那喀索斯(他的名字来自一个神话人物)原计划强奸未成年的表妹丽雅,但各种计划都落空,于是他在表妹的卧室里放置了一些散发毒气的植物,

---

① 他还著有《运动周》(1975)、《温室》(1988)、《毕加索,你在那里吗?》(1989)、《哪里这么讲都该说悲观主义》(1991)、《通过书信服兵役》(1994)和《死路》(1995)。

将她杀死。年老后的那喀索斯回忆他在一所女子学校任教时企图强奸一个15岁的女生,此事未成功,但女孩5个月后死于流产。作品通过一个矛盾、充满幻觉、疯狂而明智、神奇而现实的人物(那喀索斯将客观与梦呓混合起来,承受着人生的磨难)表达了现实的混乱,概括了人类意识与潜意识的矛盾(包含了弗洛伊德的性心理分析)。另外这部作品也是一种文化主义的戏谑模仿,作家借助于广博的古典传统,以高雅模仿的方式对古希腊罗马的史诗、抒情诗和神话、西班牙黄金世纪的流浪汉小说和哲学伦理小说重新加以改编。作家在《那喀索斯》的结论为生活是似是而非、暧昧双关的,文化传统无法为人类提供任何解决的办法。[1]

后期的《在蝴蝶的翅膀上》(1985)带我们进行了一次历史时间(内战及战后的西班牙)的旅行,同时以简单而不平静的方式发现生活的本质。主人公里桑德罗是一个中年男子,得了不治之症。他突然决定不想死,而是回到童年的故乡。因而这次个人的、私密的旅行不仅包含了个体的历史,也涵盖了集体的历史。它是关于生活、死亡和记忆的故事,作家仍然使用了一些实验技巧,其幽默的意图是为了掩盖一种极端的虚无主义,探讨人类生存的意义、性、母亲的角色等。[2]

胡利安·里奥斯(1941)是实验主义小说最典型的代表人物之一,《大不列颠百科全书》把他的文本定义为"本世纪最混乱的独特风格"。里奥斯为西班牙、法国、英国的杂志当过编辑顾问,为欧美报刊撰稿,与墨西哥诗人奥克塔维奥·帕斯合作撰写了访谈集《二声部独唱》(1973)和《符号的戏剧》(1974)。他的文学世界非常高雅、个人化,与拉伯雷、科塔萨尔相似;他对语言的破坏超过乔伊斯。"里奥斯忠实于自己的文体原则,他的作品呈现的是一个富有创造力的表象,其中语言与自身的意义、句法、语音及叙事因素玩游戏,不乏一些修辞手段,如形音相似词的使用、节奏的变化、叙事人物的交替以及更新固化词语的尝试。同时他继续打破体裁之间(尤其是诗歌与小说)的界限,甚至将它们混合到最模糊的不确定状态。"[3]

《幽灵》(1983)、《庞德魔鬼》(1986)和《凤凰的判决》构成三部曲,其唯一的主人公就是语言,所有的传统因素在它面前都黯然失色。第一部的副标题为"圣胡安一夜的巴别塔",被作者评价为"狂欢节的微观世界"。描写伦敦圣胡安节的一个面具晚会上两个人物分别扮为唐璜和睡美人,在一大群人中间全身心地投入到性爱游戏里。但小说引人注目的是它与西班牙语的决裂,里奥斯的意图是通过这些语言游戏来分解和重构语言的内在结构,表现出语言的可变性(小说包含3个文本:右边是故事,左边是对文本的注释,还有由小画构成的附录)。这部作品可以看成是人类腐化的寓言,作为"反小说"它完成了摧毁语言的任务,从中能够看到马拉美的象征空间、超现实主义的自动写作法和

---

[1] Pablo Gil Casado. *La novela deshumanizada española (1958—1988)*, pp. 192-194.
[2] 桑切斯·埃斯佩索的其他作品有短篇小说集《天堂》(1981)、《假面舞会》(1983);小说《人民万岁!》(1981)、《圣物》(1983)、《冰箱里的炸鸡》(1984)、《梦里的一把刀》(1988)和《该杀的女人》(1991)。
[3] Santos Alonso. *La novela española en el fin de siglo (1975—2001)*, Madrid: Mare Nostrum, 2003, p. 186.

黑色幽默的影响。在这里重要的不是词语的意思,而是它们的声音所暗示和象征的东西。第二部明显是对庞德的致意,小说的舞台是一个类似于《尤利西斯》的城市环境,而它对语言的拆解如同《芬尼根之湖》。

《话语的性生活》(1991)将实验小说和散文、语言和形象混合在一起。《给阿莉西娅的帽子》(1993)是一部画出来的小说,灵感来自卡洛尔,由爱德华·阿罗约配画。这部作品是一系列富有想象力的故事,由23个段落组成,它们又构成23种帽子模式。《束缚的爱情》(1995)的男主人公被女友在伦敦抛弃,于是在一个月里通过回忆一系列曾跟他有过关系的女人(总共26位,她们的名字开头分别对应着从A到Z的字母表,因此小说由26个片段组成)来填补内心的空白。主人公向我们描绘了不同形象、不同人生态度的女性面对爱情所采取的立场:诱惑、屈从、依赖、蔑视、交易。①

拉蒙·埃尔南德斯(1935)是技术工程师,曾在美国的几所大学任教,涉猎了小说、散文、诗歌、剧本、传记文学评论和翻译。埃尔南德斯的作品显露出一个痛苦的内心世界,一种悲惨的生存观以及对人性问题的关注,其中可以看到梦幻与现实、想象与神幻、当代与记忆的力量之间的紧密关系。埃尔南德斯交替使用创新的和传统的手法,揭露堕落的世界,它使人类最崇高的向往也变得卑鄙,但在这种悲观主义中还留有一丝模糊的希望。《屠宰场的公牛》(1967)是西班牙实验小说的先声,表达的是人类长久受同类迫害的观点。主人公从贫寒阶层爬到富裕地位,害怕周围的人会使自己的地位岌岌可危。他所住的那个四周有高墙的城市象征着当代西班牙社会,那里的居民互相监视,彼此无情地吞噬对方。②

接下来的3部作品描写的是封闭、窒息的世界:《墙上的话》(1969)以一个监狱为背景,讲述3个囚徒在狱中的苦难,他们得不到人道主义的待遇,在日常单调的生活中脑力活动是他们逃脱现实的唯一方式。他们可以借此回忆自己的过去,展望未来。《静止的暴君》(1970)的舞台则是一栋公寓;《夜晚的愤怒》(1970)分两部分:前部分讲述一个居住在荷兰的德国姑娘得了精神分裂,后部分则描写她在罗马一所精神病院接受的治疗。小说情节局限在女主人公混乱的头脑里,不仅再现了她各种发疯的念头(真实的和虚幻的),而且分析了导致她精神失常的原因(童年时代曾遭受一个严重冲突)。小说被认为是"一个骚动的分裂过程,当中有意使用了重复、错位的对话和干扰的情景,最后留下这个没有完成的七巧板"。③

在那些封闭的世界里展开的是人物暧昧的关系,揭示了他们对死亡和疯狂和痴迷,这点在《应邀去死》(1972)的主人公身上达到极限。他窥探死刑的执行,最后自己也成了死刑的受害者。从《永恒的记忆》(1973)起埃尔南德斯从现实转向想象和梦呓,小说叙述一个军事题材的故事。第一部分为主人公爱内斯多(一位年轻画家)与即将临产的

---

① 他还著有《基塔伊的印象:画出来的小说》(1989)、《怪物们》(1999)、《灵魂之桥》。
② 这部作品1979年再版时改名为《狼的预感》(*Presentimiento de lobos*)。
③ Angel María de Lera. *ABC*, 13 de agosto de 1970.

妻子在巴黎的生活，接下来情节转到他在德国度过的童年，他与家人、特别是与父亲的关系。作为骑兵将军的父亲认为儿子是一个懦夫，因为他想当画家而不是军人。然后时空又回到巴黎，爱内斯多被3名军人绑架，当上士兵，去了前线。小说的后半部分描写战争灾难、战场生活、主人公的私逃和被行刑队处决。爱内斯多的尸体被送到一所医学院，当学生进行解剖实习时，主人公的记忆仍然活着。小说包含了相当数量的心理分析场面（梦境、噩梦、幻觉、畸变），另外小说的结构也与心理设计吻合，在第一部分确定心理危机的状态，在第二部分对此加以解决。

《在华盖下》（1983）是一部超现实主义的拼贴画，分析了佛朗哥时代一位统治者与他妻子的形象。主人公是一个典型的战争胜利者，对百姓采取愚民政策，只知道使用权力来统治（读者很容易辨认出小说所描写的人物与西班牙当代历史现实的并行关系）。①

马里亚诺·安托林·拉托（1943）是一位以处理文化现象和大众表现而知名的作家，在很大程度上受60年代末反文化潮流的影响。文学、艺术、传媒、冒险、权力、衰落、人造天堂、科幻、城市地狱、摇滚乐和爵士乐构成他小说的主要内容。安托林·拉托曾表示"已经没有可展开的人物，也没有确立内外之间、前后之间明确界限的可能"，他注意到"反小说"倾向里"涌入大量新感受力的因素，如反文化，幻觉主义、流行艺术、摇滚乐"，这些特征都体现在他早期极端的实验主义作品里。

安托林·拉托在很大程度上从巴勒斯②的作品中汲取灵感，创作一种爆发型的科幻小说，文本常常晦涩，引起幻觉，"晦涩是作者对读者的礼貌"。安托林·拉托的头3部小说打破了传统叙事作品的所有要素，包括语言。《De vulgari Zyklon B manifestante》（1975）是对《当接近90万马赫》（1973）的再创作，两本书的内容和手法相似，可以说是西班牙文学里最早描写毒品幻觉的小说。作品的情节发生在一个头脑空间里，去恒星的旅行是对吸毒幻觉的比喻。人格的分裂、半梦幻视觉、飞翔的感觉、心脏的波动，所有这些因吸毒而产生的心理和生理印象都以星际史诗的形式加以描写，小说的副标题"文学化的心理制图因素"点明了外部意象作为显示一种心理过程的意义。《在居中空间之间：哇姆》（1978）也不是科幻小说，所述情节是对毒品效果的讽喻。在吸毒的效应下主人公开始了一场幻觉之旅，他所去的地方只存在于幻觉中。这部作品文本晦涩，运用了大量星球、科幻、医学的意象，以此捕捉人物吸毒时意识与无意识之间的分裂状态。

《蜘蛛世界》（1981）或许是西班牙语最好的科幻小说，它代表了作家的进步和创作方向上的转变。尽管吸毒依然是情节的组成部分，但不再是描写毒品所带来的心理和

---

① 他的《履历》（1993）是人类生活的一个寓言，历史小说《国王的秘密》（1995）描写的是阿尔丰索十三世的生平。还著有《这里正发生着什么》（1976）、《城市寓言》（1979）、《我向国王求死》（1979）、《夕阳情人》（1983）、《逝去的昨天》（1986）、《独自在天堂》（1987）、《各各地》（1989）和《Davos Platz》（1998）。

② 巴勒斯（Burroughs，1914—1997）：美国实验小说家，他对性生活毫不掩饰的描述和坦率地讲述自己作为一个毒品瘾君子的体验使他获得了"避世运动"作家们的钦佩。他认为各种形式的吸毒对写作都是有害无益的，他吸毒15年的唯一收获就是积累了有关吸毒者异乎寻常的狂欢幻觉知识。

生理效应的讽刺寓言。小说的主题是国家政权操纵信息，以此影响大众心理。它所展现的世界是一个未来的、科技高度发达但文化极其野蛮的社会，那里的居民生理退化，平均只能活10年，并且没有思考能力。小说以科幻的形式揭示了一些现代社会的危险倾向和现象，如操纵信息、控制大众心理、使用毒品以改变个体行为、国家政权取消反对党势力、科技过度发达所带来的消极后果（人的心理和生理退化到低等动物水平）。

安托林·拉托80年代的作品大多以他那一代人（在西班牙社会工人党执政期间掌握政治和文化权势的人）为主人公，描写那些"情感上显得很有意义的人类居住的世界"。在《意识的统一领域》(1984)和《流放的海》(1988)里通过对情节、人物和句法的破坏继续与传统小说模式决裂。作品的结构是系列场景，把不同人物（当代生活的代表）引入时空，借助散文式的题外话。《流放的海》里的人物（记者、设计师、影视戏剧界人士、议员、诗人、画家、模特、经理）是福利社会的受益者，时尚之士。但作为后现代知识界的代表，他们肤浅，通过性或毒品进行不严肃的交往，因此这些场面和人物所呈现的是一个缺乏前途、迷失方向的社会画面。《四月布鲁斯》(1990)依然是安托林·拉托作为"1968年一代"政治失意的产物，反映了60年代的意识形态与如今的政治理念之间的强烈反差。其中加入了大量的性爱、酗酒、吸毒描写，但所有这些因素都在传统的叙事结构内，只有作品的片断化为实验小说的后遗症。另外人物更多是虚构的，而非有血有肉（他们屈服于社会环境的压力，追求权力、享乐，变得轻薄、野心勃勃，与过去的理想脱节）。

《西班牙皮靴子》(1995)是对中年生活的反思，主人公回顾一段并不遥远的历史，期望在不失去自我的条件下慢慢衰老，其基调介于伤感、怀疑和失败的意识之间。《唯一的平静》(1999)保留了他早期作品的一些手法，如参照"垮掉的一代"文学，出现禅宗哲学、形式实验、人物的真实性等。其情节为一个前摇滚乐人阅读刚去世的朋友的文章，进入到死者的历史中，直到他不能避免这一历史影响到自己的生活。[1]

胡安·克鲁斯·鲁伊斯(1948)毕业于拉古那大学新闻系，曾任《国家报》驻伦敦记者，领导过"阿尔法瓜拉"出版社，现为《国家报》文化版负责人。"他的小说从一开始就具有内心反省的表现和一些与个人经历、文化和文学参照、梦想、情感及时间流逝的心理感觉相关的恒常主题。"[2]克鲁斯·鲁伊斯承认受卡夫卡、普鲁斯特、科塔萨尔及福克纳等人的影响，他的早期小说，如《变成碎片的虚无纪事》(1971年"贝尼托·佩雷斯·阿尔玛斯奖")、《橘子》(1975)从文化主义角度刻画人物沉重的内心世界，同时克鲁斯·鲁伊斯借主人公之口表达了自己的实验小说观点：

"在一切话语的形成中没有任何凭空的东西，有时当我阅读前面的东西时，我觉得被自己理解了，明白了，这是重要的一步；不管怎样，话语是用来明确表明我与事物、与

---

[1] 安托林·拉托还著有小说《镜中神游》(2001)、《别再说了》(2005)；文集《佛教禅宗入门：教义和文本》(1972)和《鲍勃·迪伦》(1975)。

[2] Santos Alonso. *La novela española en el fin de siglo (1975—2001)*, p.137.

句子、与严肃的和正直的写作完全不一致的立场。"①

《烟的肖像》(1982)基调是反思(回顾主人公一生自我与现实之间的反差),依然采用实验主义手法,叙述者的声音表达了面对痛苦、空虚、虚无、梦想的一腔感受。从《奥斯陆之梦》(1988年"阿索林奖")起克鲁斯·鲁伊斯的风格发生了变化,开始转向存在主义的内心化。小说的结构是非常戏剧性的持续对话和静态的情节,3个人物分享他们在国外旅行的经历、回忆和审美情趣(文学、音乐、绘画)以及梦想和情感,通过语言恢复了各自往昔的生活。

《在平台上》(1989)的主人公——叙述者以一个固执、着迷的声音来回忆过去的一段爱情史,仿佛他正在亲身经历着这一事件。小说最重要的部分还是人物的内心世界、对记忆的重构和通过内心反省而恢复的回忆。这一切赋予作品一种诗意的视角、语言和姿态的强烈快感。

90年代的作品是小说式回忆录,其中具有许多自传色彩。《记忆的领域》(1996)和《瑞典人的照片》(1998)构成一个几乎统一的自传。作家真实的"我"占主导地位;创作是回忆,怀旧与伤感之间的回忆是写一部必要的小说,因为"生活是回归童年","童年是虚构的历史"。在第二部作品中,作家48岁,他把自己描写成一个从未走出童年、走出记忆的人。在欣赏一幅家庭照片时开始回忆,记录下人生最初的一些体验和感受,如阅读、疾病、恐惧、性、死亡、黑暗、电影和电台的影响。

《阿斯旺》(1996)以主人公——叙述者去埃及阿斯旺水库和亚力山大城重建的图书馆旅行为借口,让人物对自己的生平做一次反思,国外之旅只是人生之旅的一个隐喻。《一个悬而未决的故事》(1999)是一部围绕回忆展开的对话体小说,一对男女在分手多年之后相聚在他们曾经居住过的家,做最后的告别。这次聚会意味着回想起他们的个人历史、见证往昔的政治立场和社会承诺。同时他们的交谈也发现了许多真相和冲突、政治操纵和意识形态背叛的消极后果、爱情不忠的负担、失望和失恋。②

埃米利奥·桑切斯·奥尔蒂斯(1933)出生于马德里,毕业于拉古纳大学法律系,并在那所大学领导杂志《我们》和"面具"剧团。从1970年起定居巴黎,为法国国际电台西班牙语节目做编辑。他的早期作品《一个周日5点钟》(1964)、《头几小时》(1965)、《今天,跟所有日子一样》(1968)和《失败者》(1968)属传统现实主义。《致3种孤独的独白计划》(1973)是向实验主义技巧转变的例子,作者从3个角度叙述一个40不惑的男人抛弃妻女、与一个年轻的外国女人生活的故事。由于周围人的压力,他的外遇失败了。但他并没有与妻子和好,而是因愤怒而变得好斗,他因守在孤独里,通过酗酒来逃避后果,在一次自杀未遂后进入一家心理疗所。

---

① 《变成碎片的虚无纪事》,1971年,第45页。
② 克鲁斯·鲁伊斯其他作品有小说《沙刀》(1988)、《记忆的年代》、《一个裸体男人的画像》(2005);小说式回忆录《地平线海滩》;短篇小说集《塞莱娜》;访谈录《名气的分量》(1998);散文《行李超重》、《〈国家报〉的一段回忆》。

《零》(1975)具有元小说特征,故事发生在1973年的巴黎,一位作家开始写一部小说(这里有桑切斯·奥尔蒂斯的影子),但未成型。头74页是一个小说计划,一个草稿。在它与271页的定稿之间,作家塑造人物,铺展情节。他一面想象和创作这部小说,一面沉浸在独白中,思考、观察、离题、自我规劝并决定小说的走向。然而这些草稿和定稿其实都是些借口,桑切斯·奥尔蒂斯以此来虚构一个小说的创作过程。

　　最新作品《回归失去的脚步。瘟疫日记》(2005年"贝尼托·佩雷斯·阿尔玛斯奖")聚焦60年代特内里非岛独特的文化、政治和文学生活(主人公——叙述者是位诗人),那时遭佛朗哥统治镇压的人与曾经的佛朗哥派人士共存,后者开始转向反对派阵营。①

　　安东尼奥·费尔南德斯·莫利纳(1927—2005)是画家、诗人、小说家、艺术文学评论家。1951年创办艺术诗歌杂志《堂娜恩德里娜》,担任《文学办公室》(1951)和《松·阿尔玛当斯报》的编辑(1964—1972年任塞拉的秘书)。费尔南德斯·莫利纳的文学作品与20世纪先锋派紧密相关,在他看来"语言具有一种几乎超自然的力量:音乐、脉搏、一种梦想和祈求的隐秘密码"。他对语言游戏、意象、梦幻、象征和比喻感兴趣,他的小说既有拉美"魔幻现实主义"的特殊视角,也有"超现实主义"的色彩。费尔南德斯·莫利纳借用疯狂和幻象来塑造梦呓般的环境,把诗人克维多、画家戈雅、电影导演布努埃尔等人的艺术手法融合起来,描写侏儒或儿童的边缘世界,如《小号独奏》(1965,这部具有幻想特征的小说笼罩着一层细微的色情氛围)和《厨房里的一只蜗牛》(1970)。在《刚从理发店出来的狮子》(1971)中,幻想色彩不是一开头就有,而是通过对正常、琐碎现象的一步步扭曲而强化。②

　　佩德罗·安东尼奥·乌尔维纳(1936)是哲学家、作家、文学和电影评论家,曾学习法律和哲学,写过诗歌、戏剧、散文和小说。在他的创作中对现实的批判性反思、对人类失望、孤独和无助的反映常常让步于乌托邦社会的建议和超脱性的思考。乌尔维纳虽然与"社会小说"决裂,从事先锋实验创作,但拒绝题材上过分的个人主义。他倾向于摆脱现实主义准则,将现实诗意化。乌尔维纳的小说概念是象征的、理想主义的,涉及存在主义主题。著有小说《空无一物的晚餐》(1967)、《马戏团的大马车》(1968)、《在海滩的日子》(1969)、《丢失的那页》(1969)、《屋顶孤独的麻雀》(1972)、《其中一件事》(1973)、《海鸥在沙子上的脚印》(1977)、《摩涅莫绪涅在美术馆》(1991)、《有权势的巴斯克百万

---

　　① 桑切斯·奥尔蒂斯还著有小说《独自在世界末日》(1981)、《雪眼》(1993);《小说,故事和其他未满足的欲望》(1997);传记散文《爱德华·威斯特达尔》(1992);剧本《不愉快的夜晚》;诗集《逃离这个寂静》(1966)、《打开痛苦的记忆》(1967)。

　　② 费尔南德斯·莫利纳先后出版了诗集《一封泥信》(1953)、《罗伯特·G.的传记》(1953)、《思想的空洞》(1971)、《从一边到另一边》(1974)、《根除的脖子》(1955)、《饼干的香味》;小说《消失的帐篷》(1967)、《在一个陷阱里面》(1973)、《洋蓟的叶子是一个猫头鹰》(1988)、《神秘的进行曲》、《狗世界》、《丝绒球》、《中国式的影子》、《夜晚的果实》、《无形的火焰》;短篇小说集《在塞洪达和加木德》(1969),荒诞派戏剧《每天都很灿烂》,回忆录《现实与黑暗的片段》和散文《思想和梦想的过眼烟云》(1980)。

富翁的神秘案子》(1998)、《奇妙的房间和其他故事》(2000)。①

胡安·赫苏斯·阿马斯·马塞罗(1946)出生于加那利群岛,从马德里大学古典文学专业毕业后在一所中学担任希腊语言和文学教授。自 1971 年起放弃教师职业,创办"临时清单"出版社,同时为西班牙和拉美的报刊、电视、电台撰稿。在他所有的创作中都能看到历史对人类的重大影响、悲观主义和对自由的捍卫,作家具有深刻的社会忧患意识和探究当代人类问题的兴趣,在技巧上有一定的创新。《地毯上的变色龙》(1974)和《昏迷状态》(1976)属于实验主义小说,情节迷失在语言的迂回曲折中,构成一个封闭的世界。②

第五节

回归叙事传统

在经历了几年艺术手法的实验创新之后,实验小说逐渐衰落,与此有关的有两个现象:一是回归一个更传统的小说概念(在这种概念中重要的是讲故事);二是情节小说的日渐增温。胡安·何塞·米亚斯认为:"回归情节小说是对无法忍受的实验主义的一个回应。"西班牙作家开始对小说艺术进行冷静思考,他们中的实力派,在不摒弃新潮技巧的基础上,努力恢复传统小说的情节悬念及其他叙事成分:一方面恢复了叙事的乐趣,但没有忘记当今的技巧手法;另一方面摆脱所有的政治承诺,但在任何时候都不忘记他们那代人所处的历史环境和条件。这就促使作家通过个人或集体的记忆表达对西班牙现实的批评,同时引入神幻和想象力,摆脱以往的文学禁忌。

托伦特·巴列斯特尔"幻想三部曲"的第一部《J.B. 的萨迦/赋格》(1972)是一部史诗性小说,被视为战后小说史上划时代的作品,由此也真正确立了他的小说家地位。《J.B. 的萨迦/赋格》结构复杂,类似复调音乐。作品一开头有个简短的序言,交代哈辛托·巴拉略布雷偷圣徒遗骸一事;接着是关于圣体的叙事歌谣,然后才是小说的主体(由 3 章组成)。序言、歌谣和第二章《回避三月的望日》由第三人称叙述;第一章《何塞·巴斯蒂达的手稿或独白》和第三章《谐谑曲和赋格》则由何塞·巴斯蒂达以第一人称叙述。

《J.B. 的萨迦/赋格》以加里西亚为背景,作者凭借丰富的想象力,虚构了一个充满象征和神话的天地,它与现实的关联建立在不同层次上:故事发生在虚构的卡斯特罗福尔特,它是加里西亚第 5 个省会城市(但实际上加里西亚只有 4 个省)。这座城市的行

---

① 乌尔维纳还发表了传记《阿拉伯的劳伦斯》(1963)、《大卫,国王》(1990);诗集《12 首歌》(1979)、《日常车站》(1984)、《树叶与影子》(1990)、《岁月如镖》(1991)、《不停的呼喊》(2002);短篇小说集《其他人》(1976)、文评《胡安·拉蒙·希梅内斯的现代主义态度》(1994)、剧本《引诱者》、电影评论集《最少的胶片》(2003)。

② 他还著有短篇小说集《内心独白》(1970)、小说《阴霾》(1978)、《马德里,联邦区》(1994)、《当我们是最好的时候》(1997)、《服丧的孩子和教皇的厨师》(2001)、《几乎所有的女人》(2003)、《老虎的命令》(2003);传记《巴尔加斯·略萨。写作的恶习》(1991);文集《当代的冤家对头》(1987)和《另一个群岛》(1988)。

走路线都有密码标志,只有能破译密码的本地人才能在那里自如行动。中世纪的一天,海员巴拉略布雷手捧装着圣徒遗骸的玻璃盒子下船,他得到主教恩准,把遗骸安置在由家族教徒集资修建的教堂里,并保证一定照看好这座教堂。另外当地居民曾遭受西哥特人的统治,他们渴望找到一个解放者,而命中注定此人名和姓的开头字母必须是J和B。于是讲述了一系列以J和B为姓名开头、与本城历史有关的人物故事(包括语言学家哈辛托·巴拉略布雷),但他们都不是当地人所要找的那位救世主,最后才发现何塞·巴斯蒂达,一个清贫的语法教师、专门研究此地风俗传统的学者(本书的叙述者),才是真正的解放者,因为他了解卡斯特罗福尔特的秘密,知道它在某个大雾之日将拔地而起,永远消失。三月十五日(望日)那天,何塞·巴斯蒂达在巫师的女儿胡利娅陪伴下,从城里逃出,躲在外面观看这个城市如何升起并消失。在此之前,哈辛托·巴拉略布雷早已携圣徒遗骸从水路逃走,而那些带有J和B姓氏的人物也随圣体而去。

  托伦特·巴列斯特尔在这部作品中戏剧性地模仿了实验小说的新潮技巧,对西班牙60年代中后期小说一味追求形式和技巧的极端倾向予以反击,发出了一种破除神话和批评的声音。同时恢复了塞万提斯的叙事艺术遗产,标志着幻想和虚构作为一种小说技巧重新在西班牙文学中获得一席之地。他的语言游戏机智、幽默、诙谐,不仅对小说所反映的世界,而且对小说本身都做了哲理性的批判。"其模仿范围之广,触及的文化学科之宽,确实是前所未有的:从伊比利亚半岛上最早的居民塞尔塔人的传说到荷马,从但丁、塞万提斯、莎士比亚到法朗士、乔伊斯、加西亚·马尔克斯、巴列-因克兰以及作者同时代的作家塞拉或贝内特,他对将近50位作家的叙述方式一一加以模仿,显示出作者的渊博学识。这部作品几乎涉及所有社会学科,从繁琐的经院哲学到结构论,从神学到社会语言学。"[1]《J.B.的萨迦/赋格》是西班牙作家面对70年代辉煌的拉美"魔幻现实主义"文学所提供的一份宗主国独到的答复,也对"1968年一代"后起之秀回归传统文学的创作产生了深刻影响。从这部作品起封闭的小说世界、小说的形成、小说的真实性、历史与虚构、文本与作者的关系等主题常常出现在托伦特·巴列斯特尔的创作中。他总是从一种幽默、讽刺或戏谑的视角来看待文学和现实,认为真实存在于神奇中,而神奇又暗含在现实里,但又没有减弱批评与反思的尖锐性和准确性。

  米格尔·埃斯皮诺萨(1926—1982)学法律出身,在故乡穆尔西亚人度过了一生,从事进出口业务,并担任一些跨国公司的法律顾问。他的作品具有"学者小说"的特点,其中有大量诗意的东西和插话,主题是腐败、自由、爱情和资产阶级的平庸。处女作《官僚派》(1974)虽然成就不及《J.B.的萨迦/赋格》,但它以古典小说的形式、智者的处理,对现实世界进行了寓言性描绘,涉及集权、自由和历史等主题,令人想到西班牙巴洛克寓言的巅峰之作、巴尔塔萨的《吹毛求疵的人》,因而对回归小说的传统支柱起了显著作用。

---

[1] 沈石岩:《西班牙文学史》,第527页。

《官僚派》共72章(还有一个前言和后记),故事发生在公元3百万年一个叫"幸福统治"的独裁国家,它有6个社会阶层:官僚、俗人(官员的助手)、助学金生(官员的候补人)、村长、士兵和民众。统治这些人的是一个"伟大的官员父亲",在任职50万年时他微服私访,游历全国,在世界的最高地区遇到了两百万岁的"隐士"。此人向前者讲述自己的生活,抨击现存制度。由于"隐士"向民众布道反对官僚统治,他被逮捕并押送到首都。小说的重点就是叙述"隐士"在这一途中所遇到各种人和事、他与路人的交流和对话,因为谈话内容都是对"幸福统治"国建立在等级制度基础上的不公正的社会、经济、政治、行政、法律、宗教结构及其价值观、风俗、语言、态度的批评。

《弄虚作假的三角犀牛》(1980)出版的时候在作者的故乡引起了不小的震动,因为小说的主要人物和情节是真实的。它的基调是想象和戏谑模仿,这一特点在续集《不知所措的三角犀牛》(1984)中依旧保持。《弄虚作假的三角犀牛》是一出关于复杂的情感关系和写作实验的悲剧性闹剧,主题为女同性恋及表达这一关系的语言。小说讲述"弄虚作假的三角犀牛"达米安娜为了另一个女人露西亚而抛弃自己的情人丹尼尔,引发了他的报复。醋意大发的丹尼尔把情人的家置于一种间谍监控的状态(两个女人正在那里体验着她们的爱情),而他的旧情人胡安娜的出现修复了被达米安娜所打碎的世界。在这场性与爱的游戏里,惯于弄虚作假的达米安娜的经济实力起到了一定的作用。埃斯皮诺萨有意加入了不少情节剧的戏剧性,并吸收了通俗爱情小说和神话小说的手法,把生存的荒诞和情感行为准则中的愚蠢、扭曲和丑陋提升到最高的表现形式上。

《阿斯克勒庇俄斯,最后一个希腊人》(1985)打破了文学作品的体裁界限,是一部抒情小说,奉现了一首人类不同年龄的哀歌(关于生命和死亡)。叙述者——主人公阿斯克勒庇俄斯(即埃斯皮诺萨的化身)是一个流亡在时间中的人,他错误地生在了现代社会里,无法分享和接受它的价值观和习俗。他总是站在弱者一边,遵循古希腊人真、善、美的道德原则,因此在现代社会里遭受了无数的不幸。然而他独自统治着艺术王国,是世上最自由、智慧、幸福的人。小说是阿斯克勒庇俄斯的一个自白,他向自己提出一系列问题,反思回忆童年、少年、青年、大自然、艺术、语言、爱情等。同时他还揭示了希腊人与"野蛮人"(虚伪的人)之间的反差:前者的特点是有"自由的精神,恰当的理智和对弱者的爱",而后者"从不思考,也不按理智得出结论:他们生活在利益关系中"。

《丑陋的资产阶级》(1990)回到了当今世界,通过5个独立的故事刻画了佛朗哥时期几个资产阶级的代表人物虚伪、浮华、平庸、自私、腐败的生活和道德。第一部分(前4章)献给"中产阶级",第二部分(第5章)献给"享受阶级"。

爱德华多·门多萨(1943)出身于巴塞罗那一个检察官家庭,1965年法律系毕业后前往伦敦攻读社会学(英国文学对他日后的文学创作产生重要影响),回国后做过律师和法律顾问。但他厌倦这样的生活,于是侨居纽约(1973—1982),在联合国当同声翻译。《萨沃尔塔事件真相》(1975)是他的成名作,被许多评论家视为西班牙政治民主改革的第一部小说(在它问世之后几个月佛朗哥便去世)。① 这部作品以第一次世界大战期间(1917—1919)的巴塞罗那为背景,描写一个兵工厂老板萨沃尔塔的发迹和破产。故事是由旁观者兼叙述者哈维尔 1928 年在纽约接受此案调查时回忆展开的(他也被卷入一系列有关的事件),其核心就是萨沃尔塔的兵工厂。这位资本家把武器卖给大战中的同盟国,获取暴利,但被暗杀。围绕着萨沃尔塔事件之谜我们看到了政治暗杀、间谍、走私、劳工冲突和畸形的爱情,作者运用追叙、书信、史录、独白和对话等方式和多变的叙述视角,如同剥落笋片似的逐步揭开一起扑朔迷离的多年悬案,勾勒出 20 世纪初巴塞罗那资本主义社会各个阶层的生活,尤其是资本家之间尔虞我诈的关系。作者娴熟地将情节兴奋点与不同的叙述技巧融合起来(戏谑地模仿连载小说、侦探小说、新闻报道、司法文件和警察档案的手法),巩固了对小说叙事功能的恢复,标志着佛朗哥之后西班牙新小说的振兴。

门多萨是"1968 年一代"第一个赢得评论界承认的作家,在他的作品中加入了后来叙事文学的基本方针:一个错综复杂的情节,一种可理解的语言,一定的历史距离感。对社会的批评观点不再孤立自足地出现,而是嵌在情节本身里,作为它自然的派生物出现,由此打开了通往"讲故事"的小说之路。《奇迹之城》(1986)可以被看作是历史小说、社会小说或情感连载小说,它采用环行结构,以第三人称从描写巴塞罗那日常生活和真实人物出发,展现了 1888—1929 年巴塞罗那举行两届世界博览会期间的全面社会历史。又一位带有传统流浪汉典型特征的人物奥诺福雷进行了一场城市冒险(他代表了当时处于上升期的巴塞罗那),行动、阴谋和不知廉耻把这个破产农民变成了城里最富裕、最有影响力的人物之一。然而奥诺福雷已不是前面作品里的反英雄、替罪羊和前途未卜的边缘人,这个从乡下来到都市的现代流浪汉在短时间内通过不择手段终于爬到资产阶级的最高层,但最后又消失在虚无中,他的人生经历就像一场海市蜃楼。总之,门多萨再次构思了一个充满死亡和报复的侦探情节,以幽默和戏谑的语气来处理人物(1999 年马里奥·加穆斯将它搬上银幕)。

《前所未闻的岛屿》(1989)与前几部小说不同:一是舞台改变了,从巴塞罗那转到威尼斯(它代表了一个神话,一个梦想,一个"前所未闻的岛屿");二是叙事方式改变了,结构更加复杂,加入了传说、历史和梦幻,取消嘲讽,放慢节奏。主人公法布雷加斯,一位巴塞罗那企业家,厌倦了办公室无聊的工作,想与自己目前的生活决裂。于是在一个春天的早上决定去威尼斯旅行,到那里追求一个理想、一个不可能的爱情,在一年时间里远离责任和俗规。为此主人公不得不接受谎言和欺诈,因为他确信这是命运的一部分。作家在这部小说里对文明和美进行了反思,但缺乏历史或社会意图。

连载小说《没有古波的消息》(1990)描写一位外星人古波在巴塞罗那附近着陆(他

---

① 《萨沃尔塔事件真相》原名为《加泰罗尼亚的战士》,因引起佛朗哥审查制度的怀疑而改为现在这个书名,中译本取名为《一桩疑案》。1980 年西班牙、法国、意大利三国合作将它改编成电影,由安东尼奥·德罗威(Antonio Drove)担任导演。

化身为女孩玛尔塔),准备对人类社会进行调查。他以惊讶的目光观察加泰罗尼亚形势,特别是1992年奥林匹克运动会的举办城市巴塞罗那。飞船船长与古波失去联系,于是开始在此地寻找他的下落。通过古波的日记我们一步步了解到这个外星人在地球上难以置信的冒险,最后古波离开船长,因为他不愿意自己在人间的私生活被上司掌控。

《洪荒之年》(1992)介于农村小说和情节剧之间,定位于50年代(游击队和国民自卫队交战的背景下),刻画了西班牙战后的农村生活。作品讲述一个有进取心的修女和一个加泰罗尼亚地主之间的激情与失恋的故事,从一开始就把人物各自的世界对立起来,其中幽默对情节的发展起了很大作用:修女冈苏爱罗管理着一个快倒塌的慈善医院,为了筹集资金修复医院她去找村里的地主,结果被后者引诱,陷入情网。[①]

第六节

"1968年一代"

60年代末"半个世纪派"狭隘的现实主义创作走向枯竭,而引领时代潮流的是一批出生于1937—1950年,在佛朗哥独裁统治下成长并接受教育的一代青年,属战后第三代小说家。60年代为他们提供了与欧洲、与1968年5月法国红色风潮接触的机会。这批当时正在大学学习的作家深受欧洲左派知识分子的影响,积极投身反佛朗哥专制统治的民主运动。这一经历在他们的人文思想和文学创作上留下了深刻的烙印,因而被评论家称为"1968年一代"。

他们的处女作大致问世于1968—1975年,正赶上佛朗哥政权末期,实验小说及结构主义盛行之时,同时也预见小说正逐渐恢复古典叙事成分。在创作初期,一方面这批作家深受西方小说和拉美"爆炸文学"的影响[②],努力吸取外国文学的营养;另一方面,这批新人与他们前辈之间的代沟和冲突越来越明显,"如果战后那代人被迫把目光放在内战上,50年代那批人不忘却那一历史参照,但更多关注的是现实的现状而非过去,'1968年一代'则几乎完全与过去的岁月决裂,只承认十几年里那些被孤立或边缘化的名字和要素,他们开始关注未来,遵循时间加速的逻辑,把未来视为现时。他们的文学人物是年轻人,与长辈处于对立状态,长者的担忧已不再是他们关心的问题。这些新人拥有一种与父辈所使用的语言代码相差甚远的系统,同样他们的雄心也与上代人不同。

---

① 2004年哈易梅·查瓦里(Jaime Chavarri)将《洪荒之年》导演成电影。门多萨与小说家贝内特、加西亚·奥特拉诺及诗人贝勒·希穆费雷(他出版了门多萨的大部分作品)关系密切,他还著有导游书籍《纽约》(1986)、《现代主义的巴塞罗那》(1989);剧本《复辟》(1990);传记散文《巴罗哈,矛盾》(2001)小说《奥拉西奥·多斯的最后历程》(2002)和《马乌里西奥或基层选举》(2006)。

② 1967年加西亚·马尔克斯的《百年孤独》问世,标志着由西班牙出版界力推的拉美新小说达到顶峰,对本土小说的创新起了较大影响。

他们是一些感到被号召去改革社会的年轻人,但不是通过文学创作的渠道,而是通过行动。他们把自我的宣泄留给写作;把展现集体精神留给大街。"①

"1968年一代"拒绝作家的社会承诺义务,认为小说应基于对自身结构和语言的艺术探索,倾向于将人作为一个独立的、与周围现实隔离的个体来探讨他的生存问题。文学不再直接依附于意识形态,而是把它作为边缘因素加入到文学中,许多时候甚至不出现在小说里。佛朗哥独裁统治、反佛朗哥的叛逆及记录这一代人的成长是"1968年一代"作家的3个基本主题,在政治转变过程的头几年记录了他们大学时代的反叛最终是如何趋于失望和存在主义的悲观。

何塞·玛利亚·巴斯·德·索托(1938)毕业于罗马语言文学专业,先后在马德里、昆卡和比托利亚任教,从1965年起担任塞维利亚一所高中的文学教授。后又定居法国波尔图,当函授教师并为报刊撰稿。

巴斯·德·索托善于通过对话建构人物的身世,因此语言成为了解作家及西班牙当代现实的基本要素。他恢复了西班牙文学的一个传统,即戏剧结构的对话体小说。《先行者》(1975)的主人公是战后的一个知识分子,他与参加革命的兄弟之间展开了一场对话,对自身进行无情的分析,陷入巴罗哈式的极端虚无主义。代表作《傍晚的对话》(1972)、《法维安》(1977)、《萨瓦斯》(1982)和《深夜的对话》(1982)四部曲通过一个表面无关紧要的对话,审视了出生于佛朗哥统治时期、在教会学校受教育、在同性恋和手淫中发现性萌动、在青年时代忍受独裁统治的那代西班牙人个体和集体的问题。法维安和萨瓦斯这两位人物之间哲学风格的对话在四部曲中占主导地位,存在主义的疑问使他们面临与家庭、大学、社会环境的辨证冲突(《萨瓦斯》的主体是人物的内心独白和关于上帝、宗教、孤独、死亡、思想和文化的题外话)。两者间谈话的内容异常丰富,但没有思辨特征,读者可以条件反射式地觉察到这些问题。人物通过多种视角,以讽刺和嘲笑的语调,辩论了近几十年来西班牙文化和社会的一些最有意义的问题,对佛朗哥统治进行了批判性反思。②

哈维尔·托梅奥(1932)曾在巴塞罗那大学攻读法律和刑事学,60年代开始文学创作。1967年发表处女作《猎人》,之后陆续推出了《对蓝色失明》(1969)③、《犀牛》(1971)和《敌人》(1974),在这些作品中托梅奥运用实验主义语言、幽默和嘲讽,还加入了很强的梦呓和象征因素来探讨人性。80年代他加快了出书速度,商业价值很高,是西班牙当代作家中作品被改编上演最多的人。

---

① Oscar Barrero Pérez. *Historia de la literatura española contemporánea (1939—1990)*, p.247.
② 处女作《地狱与微风》(1971)讲述一群青少年寄宿在一所教会学校的消极、负面的经历,这部小说后被改编成电影《起来,阿萨尼亚!》(¡Arriba, Hazaña!)。他还著有《落水狗》(1988)、《石头是证人》(1995)和散文集《捍卫安达卢西亚方言》(1981)。
③ 这部小说1986年再版时改名为《旅行的准备工作》。作品讲述一个旅行家尽管遇到各种官僚阻碍,还是得前往一个实际并不存在的想象之地。结果这次旅行变成了最终走向虚无的人生之旅,"远离所有人和一切事物"。

被评论家视为"孤独四部曲"的《密码信的城堡》(1979)、《可爱的怪物》(1985)、《猎狮者》(1987)和《鸽子城》(1988)塑造的是一些基于梦呓、荒诞、象征和幽默的封闭偏执的世界,有时接近于元小说。语言构成了探索和自我反思的一个因素,通过对话或独白突出人物生存的无用、无常和孤独。他们是些反英雄,幻想失去的或无法认识的世界,试图适应现实或在现实中找到自己的生存看见。另一方面,故事的组成部分是互相孤立的,像在一幅超现实主义画中,却显得可信,甚至平常,但它们之间所建立的关系却不是这样:

第一部作品是关于孤独和交流需求的寓言。一个侯爵与世隔绝地生活了 20 年,他不断地以感人的话语表达自己彻底的孤独。侯爵试图通过他的仆人给旧敌公爵送封信,和解两人的关系,以此走出自己的隔绝状态。这封信(由侯爵的声音来阅读)是一个语法混合体,包含了语音和书写方面的游戏,让人难以理解。这一简单的故事情节实际上构筑的是一部关于写作和交流需求的元小说,它要求一个收信人或译者来破解主人公所传达的信息。

在第二部中一件平常的情形很快变得不寻常:长着 6 个手指的年轻人胡安去一个银行参加工作面试,随着会谈的进展他与人事经理之间出现了奇怪的关系和吻合点,他们的谈话围绕着彼此的母亲展开:因为两人的母亲十分相似,胡安的母亲占有欲强,她完全控制着儿子,以至于胡安一辈子都没工作过;经理的妈妈在他 5 岁那年死于一场意外的车祸,在小说的结尾说出了车祸的原因。他们都被母亲所掌控,视其为对抗世界的避风窝,但同时也否定了他们的男性品质。

第三部同样具有表现主义的幽默、相似的结构和处于不寻常情形中的同类人物。主人公即前部小说中的胡安,他生活在一间堆满有关神奇旅行书籍的房子里,与外部世界的唯一接触是一口天井(那里回响着绵绵的秋雨)。从一次打错的电话起主人公开始与一台电话留言女声交谈,这个谈话是单向的,永远也不结束。小说深受卡夫卡的影响,向我们呈现了一个荒诞、空洞的生存故事。

第四部是关于人类孤独的科幻小说,带有很强的道德反思,与卡夫卡的《变形记》相似。这部作品风格简洁,主人公特奥多罗在电脑上玩杀死火星人的游戏,之后上街,发现除了鸽子自己是这座城市唯一的活人。特奥多罗感到孤独无助,因为他与外界保持联系的唯一电话没有答复,电脑也停止运行。特奥多罗无法面对城市的敌意,从攻击型的鸽子(在这里它不是和平的象征)到现代文明的工具,如冰箱、电脑等。小说借特奥多罗的遭遇表达的是遭受当代荒诞的生存环境侵犯的人类所陷入的无助境地。

《以 D 大调进行的对话》(1980)是一部以荒诞语言写就的小说,情节主体仅为胡安和达戈贝多(分别为鼓手和小提琴手)之间的荒唐对话:他们相遇在火车车厢里(车上只有这两位乘客),一路上没有发生什么事,直到最后胡安企图杀死达戈贝多。托梅奥试图通过这一作品反思人类本性的无意义、当代文明的深刻孤独、交流的缺乏、关爱的需求、爱情的重要性。

1990 年托梅奥发表了 3 部作品,短篇小说集《视觉问题》以一群近视者和眼疾患者为人类的代表,反思孤独、命运、无助和屈辱。《近视的管家》与前者情节相似,它建构在两个人物对话的单一基础上(其中一人请另一人在对方国家提供间谍服务)。在这些作品中近视等于无能、局限或无效,它使人们的交流出现问题和困难,迫使近视者缩退到回忆中。《加斯东·德·布易巴列尔受争议的遗嘱》也涉及主人公是否近视的问题。

《东方影院的犯罪》(1995)与其他作品不同,小说素材来源于40年代瓦伦西亚发生的一些真实事件(一位妓女受同居男友的欺辱,最终将他杀死),但作者放弃了真实的时空和凶杀的残暴细节,探讨女主人公的性格,赋予小说以象征的意义(1997年作品被改编成电影)。《乌龟的歌唱》(1998)叙述了一个精神失常的男人的故事,他靠写日记来摆脱孤独,小说传递的是人类无法交流的困境。《萝卜的反抗》(1999)隐射西班牙某些民族主义团体闹独立的企图。《拿破仑七世》(1999)的主人公(一个退休老人)自以为是拿破仑,时常在自家阳台上俯视脚下的城市。托梅奥塑造了一个典型的当代失意病态人物,在他对拿破仑的崇拜中有自身人格分裂的问题。小说戏谑模仿了当代西方社会的运行模式,成功是人生的唯一途径,人人都想当拿破仑。①

费利克斯·德·阿苏亚(1944)出生于巴塞罗那一个富有家庭,毕业于新闻和文哲专业。作为诗人曾入选卡斯特野主编的《9位西班牙最新诗人》,现为巴塞罗那建筑学院美学教授。阿苏亚小说的特点是反思性、实验性和文化性,其中还不乏幽默、嘲笑和讽刺,尤其在后来的作品中关注平庸的现代人困境,表现当代人的失望感。在《耶拿的课程》(1972)里年轻的雨果被家里送到德国耶拿大学,目的是改正他的反叛行为,使他回到正道上。他是一位极有文化、见过世面的人物,借他之口阿苏亚插入了大量哲学、绘画和文学方面的话题。

《由一个傻帽自己讲述的故事》(1986)和《一个受侮辱的男人的日记》(1987)以日记体的方式,从表现主义的视角向我们提供了一幅嘲讽西班牙现实的画面。前者是一部政治失意小说,阿苏亚在此对自己的前期作品进行嘲讽,将他工作过的出版社的氛围漫画化,把主人公短暂的左派经历(乐于指导工人阶级)变成一出滑稽戏。后者收录了主人公从1月2日—8月22日长度不等的日记,记述了他逐渐堕落的过程。这是一位有钱的闲人,父母留给他的财产由叔叔恩里克管理。外部情节发生在巴塞罗那,他所经历并讲述的事件没有什么意思——大量的泡吧、酗酒——,因此读来有时会觉得无聊。《太多的问题》(1994)同样试图批评西班牙当代的政治制度和权力圈子,情节发生在1980年。一些警察、部长、部长秘书等人代表了一个过时的社会机制的各个方面,并且决定着主人公们的命运。

《换旗》(1991)则是一部以内战为背景的历史小说,主人公路易斯是巴斯克民族主

---

① 托梅奥的其他作品有《动物寓言集》(1988)、《最少的故事》(1989)、《鸡老虎》(1990)、《池座》(1991)、《动物感应与爱护动物》(1993)、《珀耳塞福涅的临终》(1993)、《果园的国王》(1994)、《新动物寓言集》(1994)、《飞行器》(1996)、《字母》(1997)、《歌剧院的神秘之处》(1997)、《蚂蚁之国》(2000)、《纵火狂的孤独》(2001)、《邪恶的故事》(2002)、《可充气的玩具娃娃的目光》(2003)和《包列罗舞曲演唱者》(2005)。

义党员,1937年6月前往法国企图购买一架飞机,对佛朗哥叛乱军队实施攻击。但这一计划因党组织领导的干涉而搁浅(他们与其他政治和社会团体达成了可疑的协议),其间路易斯的女友还试图上演一场爱情自杀闹剧。小说塑造了一个被生活的方方面面所困扰的悲剧人物,而故事是由一个女人在1975年11月向怀在肚子里的女儿讲述的。①

比森特·莫利纳-福易克斯(1946)是诗人、剧作家、小说家,1971—1979年在牛津大学任西班牙文学教师,1982—1990年在巴斯克大学教授艺术哲学,1990—1994年任西班牙国家戏剧中心文学指导。多年从事影剧评论和创作。早期小说《竞技者团体》(1979)以同性恋为背景,探索内心世界。在技巧上接近实验主义,打破传统叙事形式,加入大量文化参照。

之后莫利纳-福易克斯开始恢复古典叙事技巧,《鳏父寡母》(1983年"阿索林文学奖")其实是一部自传性回忆录,叙述者的母亲为生下他而难产病故,主人公从小就陷入孤独和神经官能症的困境。而父亲则扮演了一个十分权威的角色,是把儿子带入成年人世界的启蒙者。许多人物介入情节,因此经常使用对话,这也是莫利纳-福易克斯作为剧作家的一种写作手法。

《苏维埃半个月》(1988)是一部反思见证型小说,对"1968年一代"的失败进行个体分析。作品以庆祝第二次世界大战胜利的红军招贴画为封面,描写1967年(苏联十月革命胜利50周年)西班牙建制法公民投票期间,一批年轻的西班牙共产党人从农村来到首都,准备一些起义行动。马德里在这些策反者眼里就像一个剧场,而他们则是喜剧演员。主人公——叙述者劳尔是一个农村青年,他来到马德里上大学,投身学生运动,加入西班牙共产党,反对佛朗哥的独裁统治。几年后政治形势急剧变化,劳尔和同伴们开始失望,因为他们发现过去的愿望和如今的现实之间有很大差距。小说回忆的是20世纪60年代西班牙的政治斗争,但首要的是讲述事件本身,而不是深入分析人物、行为和动机,对当时的社会矛盾只是侧面触及(还涉及政治党派与个人生活的对立)。小说既有柔情和讽刺,也有夸张和变形,语言也抛弃了雕饰,尽可能让读者容易读懂,这样通俗的风格与作家早期的实验主义尝试已完全不同。②

弗朗西斯科·翁布拉尔(1935)是西班牙当代最知名的记者、小说家、散文家之一,出生于马德里,10岁便辍学到外地谋生,曾当过莱昂一家电台的播音员。60年代回到首

---

① 阿苏亚还出版了小说《中断的课程》(1974)、《最后的课程》(1981)、《决定性的时刻》(2000);短篇小说集《3个教化故事》(1975);《诗集》(1968—1989)、《石灰的语言》(1972)、《欢闹》(1983);散文《原始人的悖论》(1983)、《波德莱尔》、《学会失望》(1996)、《强制性阅读》(1998)、《该隐的发明》(1999)、《艺术字典》(1995);报刊文集《出格》(1996)、《辉煌和虚无》(2006)。

② 莫利纳-福易克斯还发表了《巴罗哈的弥撒》(1995),由3个几乎独立的短篇小说构成,形成一个有趣的三角故事;小说《省立恐怖博物馆》(1970)、《胸像》(1973)、《带耳帽的孩子》(1991)、《黄金时代》(1996)、《无头女人》(1997)、《墨西哥大街的吸血鬼》(2002)、《拆信刀》(2006);剧本《章鱼的拥抱》(1979)、《最后的唐璜》(1992);诗集《现实主义者的间谍》(1990)、影评《自来水笔的电影》(1993)、歌剧《不慎重的旅行家》(1990)和《母亲请客吃饭》。

都,开始文学生涯,先是为一些媒体当校对,后任《文学邮差》评论员。他在《国家报》(1976—1988)、《变化 16》(1988—1989)和《世界报》(1989 至今)的专栏文章在读者中享有盛誉,这些文章收录在《我的享乐和我的日子》(1994)。《拉腊。剖析一位花花公子》(1965)奠定了他作为尖锐独特的评论家的地位,《洛尔卡,该死的诗人》(1968)则是他的散文代表作之一。翁布拉尔在《部落的话语》(1994)、《西班牙当代文学词典》(1995)和《从战后到后现代》(1995)等书中对一些同行进行不公平、不尊重的评价,经常引发争论和批评。

翁布拉尔的作品基于对日常生活的记录,将语言的创新、报道、自传和题外话混合在一起,笔调时而抒情时而嘲讽。"他独特的风格和反小说结构继承了拉蒙·戈麦斯·德·拉塞尔纳的传统。但他的作品,或为现实的报道,或为回忆的记录,融合了个人与集体的东西,具有城市风俗主义的特点。另一方面,他的人物缺乏心理刻画,性格更多的是静态、固定和典型化,或是某些特定的生命、情绪、社会观念的象征。"[①]主题有童年和少年世界、内战及战后初期的岁月、性爱、故乡巴利亚多利德省、马德里及周边地区。翁布拉尔的小说可以分为以下四大类:

第一类以故乡为舞台:《浪荡子叙事曲》(1965),这部以巴利亚多利德舞台、带有自传色彩的社会小说揭露了西班牙 60 年代经济发展时期社会所经历的变化(资本主义和消费主义是许多社会问题的温床),而牺牲品则是那些问题少年,他们以街为家,与暴力、强奸、毒品为伍,但同时具有反叛和浪漫的精神。《一把食人刀》(1988)描写两个年轻人处于社会的边缘,为了报复而成为罪犯;《痛苦的省会》(1996)描写一个名叫保罗的少年 30 年代在巴利亚多利德的成长经历,本来他同情被压迫者,最后却因惧怕真正的革命而加入长枪党,体验了爱情、死亡、性和痛苦。

第二类以马德里为舞台:《穿越马德里》(1966),从其副标题"一个空间的略传"就能看出这部作品的真正主人公是马德里。没有传统意义的情节、人物和时间,而是自传性的,探讨"英雄"和性的概念。"我"是一个流浪汉,通过"我"的视角、性爱经历以及出入客栈的三教九流,观察和批判马德里的社会现实。在这部小说中翁布拉尔希望通过性爱造成一种新局面,粉碎旧的社会秩序,使它让位于一个性关系更加自由的新时代。《焦孔多》(1970)以作家本人经常光顾的马德里夜生活场所为舞台,描写出没其间的贵族、妓女、同性恋、吸毒者和喜剧演员。时间浓缩在晚上 9 点到次日清晨 9 点,以年轻英俊、外号叫"焦孔多"的贵族与他的男仆死在同一张床上为结局,向我们展示了马德里的糜烂、颓废和空虚。《一个坏青年的肖像》(1976)描写一个青年作家在文坛艰苦奋斗的经历,展示了漂泊在马德里的文人的生存困境。《波旁交响曲》(1987)以"埃斯佩尔蓬托"手法批判 20 世纪 80 年代马德里某些丑陋的社会习俗;《马德里 1940》(1993)描写一个年轻的长枪党党员来到马德里投身法西斯事业;《马德里 650》(1995)的标题指的是马德里的海拔高度,反映首都一个贫民区下层人的生活,涉及暴力、性、犯罪。

---

① Santos Alonso. *La novela española en el fin de siglo (1975—2001)*, p.104.

第五章
1962—1975：决裂与创新

第三类为自传性小说，反思爱情、死亡、理想和文学：《要是我们知道那就是爱情》(1969)是一部随笔式反思型小说，对作家那代人做了集体回顾。《欧洲女人》(1969)讲述主人公与来自欧洲不同国家的5个女人的情感关系，刻画了一组表面独立，实则为男性玩偶的现代西方女性形象。《神圣的弊端》(1973)尖锐而真实地记录了作者那代人幻想的破灭；《凡人与玫瑰》(1975)为翁布拉尔的最佳小说，采用日记的形式回忆作家5岁的儿子1973年夭折的不幸经历，反思死亡、时间、性、女人、元文学、作家身份，强烈的抒情气息支配全书。"成长小说"《仙女》(1976)是对少年时代的怀旧和风俗记录，通过主人公——叙述者的回忆再现了他在佛朗哥统治时期的情感教育过程：他的文学阅读和创作开端、他的友谊及在教会学校的经历、他梦见仙女与自己在同一条河里沐浴(性启蒙)。人物的人生起伏引发了翁布拉尔的思考，这些反思都放在括号里，行文接近散文。抒情小说《葛丽泰·嘉宝的儿子》(1982)的特点是内心化、片段化、自传性(与作家本人的经历吻合)，时间既非线型也不连贯。

第四类以"弗朗塞西耀"为主人公：《树状的蕨》(1980)主题为永恒的西班牙历史(它的革命、内战、国家的荣耀的耻辱)，写作手法接近寓言。从弗朗塞西耀的记忆和时间隧道出发重塑了西班牙内战(他当时生活在巴利亚多利德的一家妓院里，光顾那里的有许多历史和文学人物)，作家把西班牙的黑暗纪实与妓院报道平行展开。在《有幻觉的恺撒传奇》(1991)里，弗朗塞西耀从共和派的角度剖析了佛朗哥的政治人格和思想体系，特别是这位独裁者与一些持自由主义观点的长枪党党员在意识形态方面的对立和冲突。《亚威农的少女》(1995)书名取自毕加索的同名画，展示的是从毕加索到西班牙内战近四十年的社会生活(舞台为马德里)，混合了政治、文学、文化和个人历史。叙述了弗朗塞西耀与复杂现实的关系、他的文学志向的萌发和发展，他如何"学会操纵文本，即当作家"。小说表现了两个西班牙、两种世界观、新旧两种文学之间的分裂的对立。①

安德雷斯·贝兰加(1941)记者出身，曾在新闻学院任教7年，1966—1975年任罗格斯新闻社的主编。早期发表了反响不大的短篇小说集《苗头》(1967)，小说《弄湿的火药》(1972)因真实讲述了一些出身资产阶级的大学生参加政治民主斗争而遭到新闻审查的不公平对待，作家对他们失败的革命活动进行了无情的批评。另两部短篇小说集《在这边》(1982)和《乘火车或骑羚羊》(1985)怀着理解和柔情走近日常生活中的人

---

① 在《我到希洪咖啡馆的那个晚上》(1977)和《在红衣少女的掩护下》(1981)中，翁布拉尔从观察现实和历史的视角，以片段的场景形式回顾了60年代一段段西班牙政治、社会、文化和日常生活，历史人物与虚构人物混杂其间。同时还不断穿插了翁布拉尔的个人印象、梦想和信念。作品既有讽刺和柔情，也有虚构和荒诞。其他作品有《塔谋雷》、《处女》(1969)、《一个右派孩子的回忆录》(1972)、《可敬的女人》(1976)、《白天的爱情》(1979)、《我的人造天堂》(1976)、《粉红的野兽》(1981)、《炼狱的灵魂》(1982)、《向日葵》(1982)、《颤抖的美》(1985)、《比奥十二世，摩尔卫队和一个独眼将军》(1986)、《我强奸阿尔玛·玛勒的那天》(1988)、《星期天什么也没有》(1988)、《非洲的火光》(1989)、《迪尔诺·加尔万升天了》(1990)、《才子佳人纪事》(1991)、《红色时代》(1993)、《荣耀的肉体》(1995)、《路易斯·比维斯的笔记本》(1996)、《一个小偷的历练》(1997)；短篇小说集《玫瑰与鞭子》(1994)、《爱情与伟哥的故事》；《马德里三部曲》(1984)、《波旁家族回忆录》(1992)、《共和国回忆录》(1993)；散文《阴茎的传说》(1985)、《后现代导游手册》(1987)、《政治与情感日记》。

与事。

贝兰加的作品具有现实主义特点,代表作《乡下女人》(1984)曾遭到8家出版社的拒绝,后由诺格尔出版社发表后立刻获得成功,评论界和读者一致认为这是一部与众不同的小说。它的结构不是传统的章节,而是7个逸闻故事组成的环型小说。贝兰加以十分不同的语言风格(农村的口头俗语、官方语言、宗教语言、社会学术语)见证了1949年(第一个故事)至1981年(最后一个故事)的西班牙生活。叙述者以第二人称的形式与女主人公萨拉对话(在她身上可以看到贝兰加的影子,有评论家认为这是一部隐秘的自传[作家本人的名字在第5个故事中作为一个人物的笔名出现]),他的视角其实就是萨拉的意识。因此叙述者与女主人公的距离只是为了给故事提供一个表面的客观性,让作家可以躲在叙述者背后,不直接表现他的价值判断。

萨拉出生于1940年,在卡斯蒂利亚的一个小镇莫雷尔(小说的主要舞台)度过最初岁月,长大后到马德里闯天下,从事记者职业。她经历了乡村传统和城市进步的冲突,在萨拉眼里这两种现实各有利弊,但从情感上说她是赞美乡村,鄙视都市。作品以十分有表现力但正在消亡的农村语言,重塑了一些被工业文明所吞噬的农村环境、传统、人际关系,揭示它们所面临的问题。同时以幽默和抒情的语调、大量的内心独白讲述萨拉的人生起伏和情感心理。《乡下女人》是对逝去时光的美好回忆,是一部避免了不必要承诺的社会记录,深刻而真实地呈现了西班牙40年的生活画面及各式人物的人性记录。贝兰加把不知该如何抓住的流逝时间定格在表面最无关紧要的细节中,而不是体现在重大事件上。整部作品流淌着一种甜蜜的感伤和幽默,它伴随着糊涂的女主人公:"什么也不会改变你的孤独"。

胡安·何塞·米亚斯(1946)是马德里文学院教师,他的作品表现了当代人的内心苦闷、隔阂、孤独、失败和自我反省的愿望。处女作《三头犬即阴影》(1974年"芝麻奖")的主人公是一位少年,他逃离自家阴郁的住宅后在一个满是老鼠的地下室里给父亲写了一封长信。尽管这部作品的情节指向一段具体的历史(内战的失败),与卡夫卡的小说、法国存在主义、意大利现实主义的道德和爱伦坡的恐怖小说氛围联系在一起,但米亚斯远离了见证性和意识形态化的创作手法,揭示了一个充满反思与叙事、暗示与公示、公众与私密之间紧张关系的世界。

《溺死者的眼神》(1977)作为西班牙民主过渡时期第一部重要小说,奠定了米亚斯在"1968年一代"中的地位,为西班牙小说摆脱实验主义话语打下了最坚实的基石之一。作品以第三人称客观的视角和侦探小说的结构记录了外号叫"维生素"的路易斯生命最后一天的生活(详细描写了路易斯在马德里大街小巷的游逛,目的是反映人物的苦闷和宿命),同时通过时间的跳跃和内心独白插入他对过去的回忆(路易斯遗弃妻子胡里娅和幼女,专门偷盗药店;妻子随后与他的同学豪尔赫同居)。《溺死者的眼神》有几个有趣之处:错误的命运、不果敢的性格、像旧病复发似闪回的少年岁月、性行为对其他问题的掩盖、最后警察的围捕。所有这些以显微镜式的精确加以描述,电影的客观写实技巧和心理存在主义意图提供了米亚斯小说世界的密码。

第五章

1962—1975：决裂与创新

《空花园》(1981)不仅是死人的花园,而且是主人公罗曼成年后梦魇般寻找往昔时挖掘出的童年和少年,他活着就是要报复对别人的仇恨。小说通过这个孤独人物的回忆重构了历史与现时之间的关系。《一纸空文》(1983)开头像一部黑色小说:33岁的路易斯自杀了,他的朋友作家马诺罗和警察探长康斯坦蒂诺分别调查此案。小说文本开始是以马诺罗的手稿形式呈现在我们面前,"我的朋友,路易斯……是一个小说人物"。多亏了探长的足智多谋,结果恰好相反:其实是马诺罗杀死了路易斯,将朋友的一份私人手稿(其中记录了他从叛逆到顺服的转变过程,并称之为"一纸空文",因为这是不对外人公开的私密笔记)窃为己有,改变签名,以作者的身份出现。《一纸空文》看似一部侦探小说,实际上是对这一文学体裁的戏谑模仿,呈现了生活与写作之间的竞争过程。

在《死的字母》(1984)中主人公是一个公务员,他对掌握世界的社会机制感到厌倦,决定参与一个恐怖组织的谋反计划,从政府内部与体制作战。但当他渗透到一个宗教组织后,不仅没有达到目的,反而由猎人变成了猎物,社会、制度和组织结构远远超过了他个人的力量。《死的字母》"是一部寓言式小说,表达了个人无法对抗群体,人与环境的痛苦辨证关系,对立力量的不平等导致个人不可避免的自我毁灭"[①]。

米亚斯笔下的人物活动在一个现实和虚构没有明确界限的世界里,在他们的生命中常常存在着一个真实的、极相似的人或一个想象的对立面。《这就是孤独》(1990)中女主人公埃莱娜与她母亲就是如此,"经历过的生活"与"写出来的生活"在这部作品中交汇。中年妇女埃莱娜与丈夫关系不和,于是雇了一个私人侦探去跟踪丈夫的行动,并向她提交报告。接着母亲去世,埃莱娜开始反思自己的生活和与他人的关系(母亲、丈夫、女儿、兄弟),她感到孤独、害怕和痛苦。现在她反过来要求侦探带着主观色彩跟踪观察自己的生活,另外埃莱娜还找到了母亲留下的日记(记录她一生的坎坷),现在女儿可以用理解的眼光看待母亲了。她发现自己是母亲既远又近的对立面,母女俩都想逃离家庭的束缚,摆脱她们无用的生活,寻找自我。于是埃莱娜开始像母亲一样写日记,写作和阅读(侦探对她的观察报告)成为她生存的需要,对她来说意味着生活。埃莱娜终于掌握了自己的生命,承受起女性身份。

《傻瓜,死人,私生子和无影人》(1995)是米亚斯小说创作的转折点,这4个词对应的是主人公赫苏斯人生4个阶段的特征,他在一家企业身居要职,但企业的重组使他失去了工作。这一危机帮助赫苏斯发现自己一辈子都是戴着面具生活,他必须恢复真正的自我。最后赫苏斯出走西班牙,到丹麦谋生,从零开始。伴随主人公个体故事的是对当今西班牙社会的揭露和批判,因为在这样的社会里为了达到目的可以不择手段,作家的教化意图隐藏在嘲讽和戏谑背后。

《字母顺序》(1998)的主题是"人像幽灵那样真实,像真实生活那样神奇",米亚斯在这部小说里提出两个问题:语言的日益贫乏;生存的日益非真实化。作品分两部分,可以当成两个短篇小说来看。在第一部分主人公胡利奥(13岁少年)以第一人称讲述自

---

① Santos Alonso. *La novela española en el fin de siglo (1975—2001)*, p.126.

己的经历：父母离异，母亲再婚，他生病卧床，神志不清，开始做梦，与他爱慕的姑娘劳拉发生关系。第二部分（由第三人称叙述）则是20年之后，成年的胡利奥当了一名平庸的记者，他无法适应任何秩序，只能躲避在幻想和字母顺序中（写作），因为这里尊重一些游戏规则。胡利奥为自己虚构了两个偶然的情人、一个家庭和一个儿子（也是13岁）。在这部小说中真实的事物变得无形，而想象的东西像真实事物一样出现。①

何塞·安东尼奥·加夫列尔·伊加兰(1940—1993)记者、小说家、散文家、评论家和诗人。1963年毕业于马德里大学法律系，同年前往巴黎，在索邦大学攻读新闻专业。出版过诗集《笛卡尔说谎》(1977)、《像这样的一个国家不是我的》(1978)和《诗歌1970—1985》(1988)。曾主持文学杂志《细嘴松鸡》、《经济现状》和《欧洲人》。1972年加夫列尔·伊加兰发表小说处女作《参照点》，他的作品向我们呈现的是对当代人的消极印象，探讨他们冲突的内心，反映现实但不抛弃记忆的分量。1981年出版了两部具有存在主义色彩的社会小说，《被囚的记忆》是一位老人除夕之夜的内心独白，他在孤独中回顾自己的生活，沉浸在色情和冥世的痴迷状态中；《一溜烟》讲述马德里一个罪犯的故事，他生活在一个极端暴力和攻击性的圈子里，与各种不幸对抗：产生他的社会（而他又鄙视这个社会）、以他为首的犯罪团伙（他必须时刻显示自己的权威）、通过孕育一个儿子来肯定自己的雄性。这两部作品除了描写人物所处的日常平庸环境，还对他们进行了深刻的心理分析。

《有文化的傻瓜》(1987)是部加尔多斯式的历史小说，主题是西班牙抗击拿破仑军队入侵的独立战争，情节发生在1808年7月西班牙独立战争爆发不久的马德里。主人公佩德罗，一个所谓的傻瓜，其实是受过启蒙主义教育的记者（被妻子抛弃），他不情愿地卷入到一起谋反事件。在支持法国军队一派和抗击者一派之间动摇徘徊，这一犹疑立场最后断送了佩德罗的生命。立场在这部作品中质疑了危难时代知识分子所扮演的角色和悲剧，以怀疑主义的目光分析了西班牙的现代历史。

加夫列尔·伊加兰对历史的兴趣和对西班牙政治的失望在《许多年之后》(1990年哥伦比亚"卡兰萨奖")达到顶峰，这是第一部以一定的文学严肃性涉及西班牙政治过渡的小说，是关于承诺、文学创作及时间流逝的痛苦比喻，作家以浓烈的抒情色彩探询和见证了他那代人的内心波折和起伏命运。两位少年伙伴（小说头几章讲述主人公在故乡的生活，具有很强的自传性）流亡法国时相遇，佛朗哥去世后两人回到西班牙，结果却令他们失望。胡利安在赌场游戏中找到自己的信仰，同时沉浸在小说创作中；西尔维里

---

① 米亚斯的《你别往床下看》(1999)包含了两部平行的小说，一个指涉另一个。在第一部中人物坚持寻找另一个自我；在第二部中几双鞋子漫游世界去寻找自己的身份。但实际上作品的主题是我们藏在床底下的幽灵的分量，它是我们不喜欢的、害怕的东西，生活中所有黑暗的事物。其他作品有小说《回家》(1990)、《孤独三部曲》(1996)、《两位女人在布拉格》(2002年"小说之春奖")、《偶数、奇数和白痴》(2003)和《迷惘的奸夫淫妇的故事》(2003)。短篇小说集《居丧的春天及其他故事》(1992，充分发挥了作家的幽默感，将神奇性与日常因素融合在一起)、《她想象及比森特·奥尔加多的其他着魔念头》(1994)和《珍宝岛的故事》(1994)；报刊文集《跟你有关的某事》(1995)、《露天的故事》(1997)、《身体与假体》(2000)。

奥投身政治活动,为理想和政治献出自己的一切。《许多年之后》代表了一个时代的见证(从1960年至今),两位人物可以被看成作家那代人的典型(把理想视为改变世界的工具),他们的人生和情感走过了西班牙政治变革的最重要阶段。

拉斐尔·阿尔古约尔(1949)是巴塞罗那自治大学美学教授、诗人、散文家、哲学家、小说家。处女作《兰佩杜萨岛,一个地中海故事》(1981)①被视为"近年西班牙文学创作中最非典型的小说之一":1937年主人公雷奥纳尔多在等船前往兰佩杜萨岛时遇到了一个陌生女子依雷内(美杜莎的化身),被她深深吸引后强奸了她。第二天依雷内神秘失踪,留下一张字条,答应将来与他在兰佩杜萨岛相会。30年后雷奥纳尔多再次去兰佩杜萨岛旅行,与一个年轻、漂亮、新来的女子外出(美杜莎的另一个化身,她是前来报复的),结果第二天淹死了。阿尔古约尔运用古希腊神话的要素,以巴洛克风格的语言将雷奥纳尔多与依雷内的激情故事变成美杜莎神话的现代翻版,他对兰佩杜萨岛的风景、废墟、现代人与古代人之间对应关系的描写十分成功。

《袭击天堂》(1986)和《落下,无形的河》(1989)也同样采用旅行的结构,人物四处漂游不定。《恶的理由》(1993)是一部反思人类境遇的寓言小说,阿尔古约尔讲述一座幸福城市的历史,它无意识地生活在自己舒适的天堂里,突然一场没有预料到的瘟疫出现,使城市变得不稳定。它行动起来想根除瘟疫,这时出现了救世主、拯救者、闹事者和权力篡夺者,直到灾难被战胜。居民们又忘记了那场瘟疫,因为最好是生活在无意识中。一个忘记自己历史的民族注定要犯同样的错误,作者以寓言的方式和批评的态度向我们呈现了现代社会的景象。

《穿越欧洲号》(1998)是一部受到评论界赞扬的小说,讲述一个流亡苏联的西班牙战争孤儿在前苏联体制崩溃时回到祖国,发现历史是如何改变了他的生活。阿尔古约尔还著有诗集《知识的骚动》、《死亡谷的决斗》;散文集《深渊的吸引力》、《关注艺术的3个目光》、《英雄,唯一的英雄》、《作为艺术品的世界之末》和《幻望的智慧》。

爱德华·门笛古蒂(1948)毕业于新闻专业,在《世界报》从事文学批评并撰写有关边缘世界的报道。70年代开始短篇小说创作,陆续推出了《文身》(1973年"芝麻奖")和《灰烬》(1974年"希洪咖啡馆奖")。门笛古蒂小说的特点是幽默与严肃和谐相处,深入同性恋和易装癖的世界,展示故乡加的斯某些资产阶级家庭的衰败,表面平庸的故事其实很有深度。

《一个糟糕的夜晚任何人都有》(1982)以1976年2月23日晚在马德里议会发生的一起企图推翻刚刚建立的政治民主制度的军事政变为背景,主人公——叙述者是一个来自南方的易装癖男子,他一面担心政变会剥夺他这类人刚获得的性取向自由,一面回忆自己的往昔(他的爱情和幻想)。作家通过人物之口既重申了性别身份的选择自由,也对西班牙国王、议员和叛乱军人进行了身份中肯、辛辣的评价。小说的另一大特点是语言幽默而伤感,富有戏剧性和荒谬色彩,把安达卢西亚地区的典型口语转化成文学

---

① 兰佩杜萨岛:地中海佩拉杰群岛中的最大岛,位于马耳他和突尼斯之间。

语言。

《最后的会谈》(1984)讲述一个老贵族家庭因无法适应新时代的变化而衰败的故事,随之而来的是一个新的社会群体(以古董商马克斯为代表)的出现。他一步步获取阿玛利亚一家的家具、珠宝,两人最后的会谈题目是马克斯购买她的祖宅和圣诞画。这象征着女主人公彻底的破产,因此也意味着她人生的失败、彻底的孤独和毁灭(母亲与一个德国建筑师私奔,丈夫与女秘书出走,同性恋儿子在宗教里寻找寄托)。

《天使的跳跃》(1985)描写两位男子相爱却不能相守的爱情悲剧。一位同性恋男子在男友阿丰索自杀后返回马德里,以第一人称感伤的语气回忆起他在南方故乡的往事。小说由一系列的反差组成:过去与现在、南方乡镇与首都、主人公与阿丰索、真正的爱情与一夜情之间的对比,整部作品流露出一种悲观的生活态度。

《7个同性恋反对佐治亚州》(1987)则是一部充满幽默的性爱小说,7个生活在美国佐治亚州的西班牙同性恋男子用录音机录下他们各自的生活报道(他们的性取向、爱情经历),寄给当地的警察局长,以抗议歧视同性恋的法律,试图消除当地人对同性恋的成见。

《更好的时光》(1989)讲述一个易装癖安东尼奥从1968年夏至今的变化过程。当年的革命青年如今是人到中年的男子,被男友抛弃,陷入物质和感情的破产边缘。但安东尼奥继续捍卫自己的性身份和自由权,他的人生演变折射出昨日与今天、青春与成熟、革命激情与适应新体制之间的反差。

《瘸腿雄鸽》(1991)还是描写同性恋和贵族衰败这两个主题,具有自传色彩,是门笛古蒂的最佳之作。主人公——叙述者,一个10岁男孩费利佩,1958年来到加的斯的祖父母家度夏养病。在老宅这个微观世界里他作为成人关系的被动观察者,逐渐发现家人和仆人之间的奇怪关系和不正常的思维行动。费利佩失去了纯真,步入成熟,他发现自己与别人不同。夏天结束时费利佩意识到自身的变化,他从一个男孩成长为一个男人。短篇小说集《三月之火》(1995)继续《瘸腿雄鸽》的主题,但不是它的续集。

《保加利亚情侣》(1993)的主人公是一个生活在马德里的保加利亚男人,他向我们展示了男性卖淫的世界。《天生这么性感不是我的错》(1997)涉及的主题为变性问题,最新作品为《哥萨克人的吻》(2000)。

古斯塔沃·马丁·加尔索(1948)毕业于心理学专业,他的小说故事来自神话、《圣经》故事、民间故事、传说和面对生活的惊讶,展示小世界里感情的复杂性、世界性和永恒性以及获得幸福的不可能性。早期的《没有用过的灯光》(1985)和《水边的一顶帐篷》(1991)反响不大,《泉水的语言》(1993)是他的成名作,凭借想象和激情再现了圣何塞生平的一个传奇故事(回忆他在圣母玛利亚和耶稣身边度过的岁月),开辟了一条文学创新之路。《新生活》(1996)是一个被关进监狱的女子的回忆和梦想,她为一段爱情发狂,这种陌生的感情使她思考、兴奋、恐惧,沉浸在一个梦想和回忆的世界里。《尼阿和贝尔》(1997)通过一个外星人在尼阿和贝尔这两个女人家里生活的故事,深入到女性世界;《自然主义者的笔记》(1997)则是一部抒情的内心化小说,分析了爱情的本质。《玛尔塔和费尔南多的故事》(1999)描写60年代一对进步青年的幸福爱情。

《小小继承人》(1997)起源于作家对童年的回忆,时间从内战爆发之前至60年代。一个17岁的女孩蕾美选择了一个6岁的孤儿易斯玛,将他变为自己的"继承人",因为她让易斯玛参与、分享自己的梦想、不幸的爱情故事和她最后的绝望。马丁·加尔索塑造了一个封闭、有限的微观世界,那里上演了人类的各种激情:爱情、淫荡、友谊、醋意、背叛、嫉妒等。

《女梦想家》(2002)是一部古色古香的寓言,涉及爱情与死亡、激情与毁灭、命运与惩罚、快乐与痛苦之间的关系,尽管情节发生在一个真实的舞台(卡斯蒂利亚运河)。小说讲述了两个女性人物的两个爱情故事,共同之处在于其不幸的结局,特别是一个女人为另一个女人的镜子(阿乌劳拉是阿德拉的延伸,同样两个抛弃她们的男性人物也是一类人)。从一开始这两个故事就平行展开,但逐渐互相渗透,因为阿乌劳拉和男友胡安听一个老巫婆讲关于阿德拉的爱情悲剧(此事发生在阿乌劳拉小的时候)。她俩构成了屈服的、受压迫的女性互补的两个形象:前者因为敢于选择自己的命运,后者因为被动地接受男性的选择而双双受到惩罚。[①]

曼努埃尔·维森特(1939)法律专业出身,还学过艺术和新闻,现担任《国家报》的艺术和政治评论员。他的小说以批判的、悲观的、嘲讽的和抒情的方式来对待现实,处女作《复活节和橘子》获1966年"阿尔法瓜拉小说奖"。《头戴夹竹桃的无政府主义者》(1979)通过塑造一个独特的无政府主义者形象(他周围的人物都是真实的),表现了作家对西班牙社会政治形势的失望。《该隐的叙事歌谣》(1986)重塑了《圣经》中该隐的形象,但把人物置于现代纽约。《海韵》(1999年"阿尔法瓜拉小说奖")是一部环型结构的爱情小说,运用了"魔幻现实主义"手法和近乎诗意的语言。

自传体小说《对抗天堂》(1992)、《开往玛尔瓦罗莎的有轨电车》(1994)和《比亚·巴雷里亚的花园》(1996)分别回忆在政治和道德的压抑时代作家所度过的童年、青少年(意识的觉醒)和在马德里的成年(一群"1968年一代"年轻人在一所被遗弃的房子的花园里聚会,随着房子的修复他们逐渐分离。作家忧伤而嘲讽地记录了从60年代到社会工人党上台这段西班牙历史,描写了首都的政治和文学氛围)。[②]

费利克斯·格兰德(1937),诗人、小说家和文学评论家。出生于梅里达,1957年移居马德里,从事过各种职业,如牧羊人、酒贩、职员、售货员。从1961年起为文学杂志《拉丁美洲日志》的编辑(自1983年起为主编)。

《街道》(1980)是一部融合了"社会现实主义"和"存在主义"的小说,在叙述日常生

[①] 马丁·加尔索还出版了短篇小说集《女人的朋友》(1992)、《暗潮》(1994年"米格尔·德利韦斯奖")、《独臂公主》(1995);散文集《蓝线》(关于神话、童话、梦想和想象力)。

[②] 维森特还著有《天使或新信徒》(1980)、《城市纪实》、《别把你的脏手放在莫扎特身上》、《从希洪咖啡馆到依达卡》、《死神在高杯子里喝水》(1992)、短篇小说集《离散》(1997)、《最好的短篇小说》(1997)、《异教时刻》(1998)、《玛蒂斯的女友》、《你将绝处逢生》(2005);文集《丢失子弹的军火库》(1989)、《沿着记忆之路》(1992)和《赞成享受》(1993);剧本《波尔哈·波尔西亚》(1995)。

活的过程中加入了存在主义的基调和对人类孤独、贫困、与周围环境不和谐的反思。主人公是一个在死亡边缘的人,物质上的贫穷造成了他在社会上的孤立、内心的痛苦和毁灭,作品对西班牙的社会原则和道德进行了公开的批评。短篇小说集《隐喻》(1991)依然是从不妥协的立场与现实、意识形态和社会政治保持承诺和异议的作品,作家揭露了一个懒惰、缺乏不同声音的社会,运用片段化结构来表现在不公平的现行体制和秩序下的各种冲突。小说构成了一个讽刺、辨证的隐喻,展示了社会权力的矛盾,它利用民主原则,打着绝对民主和平等的旗帜,使个人变得粗俗。[1]

---

[1] 格兰德还发表了小说《比如,二百》(1969)、《寓言》(1975);文学评论集《西方,小说,我》(1970)、《关于战后西班牙诗歌的笔记》(1970)、《22位西班牙小说家》(1971)、《歌颂自由》(1984)、《短暂的生活》(1985)、《11位艺术家和一位上帝:关于拉美文学的文章》(1986)、《加西亚·洛尔卡与弗拉门戈》(1992);诗集《石头》(1963年"阿多纳依斯"奖)、《受威胁的音乐》(1966)、《白色幽灵》(1967年"美洲之家奖")、《今晚我可以写最忧伤的诗句(1967—1969)》(1971)、《水车》(1986)、《公开信。选集》(1987)、《会谈》(1997)、《大地之歌》(1998);短篇小说集《骑士们,这个世界是险恶的地方》(1985)、《失望》(1994)、《关于爱情和分离》(1995)、《茶和糕点》(2000)。

第六章
西班牙民主过渡时期的小说

  1975年11月佛朗哥的去世标志着36年独裁统治的结束,继位的卡洛斯国王宣布与佛朗哥专政独裁决裂,"开始不流血的、非暴力的民主化进程"。1977年西班牙进行了战后首次普选,西班牙共产党获得合法地位。1978年通过新宪法,1979年恢复议会君主制,取缔了新闻审查禁锢,作家从此享受到被剥夺已久的创作自由。流亡国外的作家、流传国外的小说(如胡安·马尔塞、胡安·戈伊狄索洛等人的作品)纷纷恢复合法地位或得到正确评价,可以在国内正式出版。西班牙对欧美其他国家的文化和艺术了解得更加全面、及时,而本国文学也日益受到国际文坛的注目。1976年西班牙创办了面向全球西语世界的"塞万提斯文学奖",1977年"27年一代"诗人比森特·阿莱克桑德雷被授予诺贝尔文学奖。同年《国家报》创刊,它是西班牙最大、最有影响、具有左派倾向的报纸。那一年西班牙政府还成立了文化部,取代佛朗哥时期的信息旅游部。但1978—1982年许多西班牙知识分子对民主变革感到失望,他们发现新一代政治家并没有解决历史遗留问题的办法。

  尽管如此,宽松自由的政治环境还是允许作家从事各种流派、风格的尝试,小说在各种题材、形式上都得到全面发展。"依然流行20世纪特有的存在主义导向,要么通过一种'个人'的方式,叙述者感到自己完全与所讲述的事件相关,要么以'证人'的形式,避免传达评判和评论;第二人称叙述更加常用,用来表达意识觉醒的过程,使人物能铺展自我,对自己的态度进行评判;出现了大量的回忆性小说,叙事方式多样;在价值缺乏所导致的破除神话潮流中,倾向于戏谑地处理人物或所讲述的事件(不管是否为当代的);继续创作历史小说和接近新闻报道、纪事的小说,几乎总是为从叙述者角度所看到的事实辩护;幻想小说也仍然存在,或寻找乌托邦世界,或面对生存的悲观主义追求一个自由的空间。"①

  80年代现实主义依然有效并呈现多元化,提倡一种开放的现实观(包括想象、梦幻、非理性和荒诞);恢复了讲故事的艺术,强调情节的错综复杂。70年代的实验主义热潮已经退去,某些过度的文化主义倾向得以节制。农村题材的小说结合了揭露社会

---

① María Dolores de Asis. *Última hiora de la novela en España*, Madrid: Península, 1996, pp. 428—429.

（表达"农村总是被奴役"的观点）和抒情回忆（试图恢复正在逐渐消亡的农村文明）两大主题。通过回忆的方式恢复外省过去的历史是一群小说家偏爱的主题之一，其中较突出的有路易斯·马特奥·迭斯的《外省车站》和《岁月的源泉》；胡安·佩德罗·阿帕里西奥的《法语年》和《小吃部素描》；何塞·玛利亚·梅里诺的《金锅》。也有要求恢复人物和心理探究的小说，如索莱达·普埃托拉斯的《波尔图》（1986）和阿尔瓦罗·庞波的《相似者》。另一些作家通过荒诞和象征的手法探讨生存的意义，像格尔文苏的《目光》（1987）；还有人继续创作幻想小说，如桑切斯·费洛西奥的《亚尔福斯的见证》（1986）。

塞拉在80年代发表了两部小说，《献给两位死者的马祖卡舞曲》（1983）是一首加里西亚挽歌，通过口述形式和片段化结构回忆发生在内战期间的两桩谋杀案及其复仇事件，反映了"捍卫自己的传统文化与象征着大城市及新时代的外来者之间的矛盾"。瞎子手风琴手高登效当年在一家妓院工作，他只在两个场合演奏了马祖卡舞曲《我的小玛利安》，而这两次演出与两起谋杀案吻合：一次是1936年11月农民加穆索被商人法比安杀死，另一次是1940年1月加穆索的亲戚为他复仇杀死法比安。叙述者罗宾将这些事件记录下来，并加入了自己对孤独的反思。小说的时间向前扩展到西班牙与摩洛哥之间的北非战争，向后延伸到内战结束后，以入地狱的方式重构了整个内战。塞拉巧妙地运用了大量的加里西亚方言（小说的最后附有一个加里西亚语——西班牙语词汇表），展现了当地的风俗民情、古老传说和美丽风光，作品充满了浓郁的地方色彩。

《基督对亚利桑那》（1988）的主题还是病态的性欲、无节制的暴力和死亡。小说情节发生在1880—1920年美国亚利桑那州西部的一个村庄，那里冬天和夏天一样炎热，这样的气候导致当地居民失去理性，热血沸腾，倾向于暴力和性（村里的男人和女人只有在交媾的半小时才暂时忘记彼此的仇恨和蔑视）。主人公——叙述者"从天真无邪的儿童堕落为让人望而生畏的魔鬼，书中叙述了他的一系列暴行。全书通篇都是逗号（只有最后一个句号），而且每隔两三页就引用一段圣母连祷经"①。

70—80年代是**德利韦斯**的又一创作高潮。《被废黜的王子》（1973）回到了前期作品的童年和外省世界。主人公是一个3岁男孩，地点就在他家住的一套典型的资产阶级公寓里。小说的时间也很短，从上午10点到晚上9点（每小时为一章）。人物不多，除了小主人公，还有他的父母和女仆。这个孩子由于妹妹的出生而失宠，为了引起母亲的注意，他假装吞咽了一颗钉子。小说就是对主人公在这段时间内作息活动的描写，对他在这个紧要关头的心理进行研究，客观主义的描写给人留下的却是诗意的印象。

---

① 沈石岩：《西班牙文学史》第412页。塞拉的其他作品有《卡蒂拉》（1955，以委内瑞拉为故事背景）、《王八的作用》（1977）、《圣安德烈斯的十字架》（1994，描写一桩发生在某个宗教派别内的信徒集体自杀事件）、《失败者的暗杀》（1994）、《锦熟黄杨木》（1999）；短篇小说《飘去的云》（1945）、《风车和其他短篇小说》（1956）、《判决的鸡蛋》（1993）、《家族故事》（1999）；回忆录《老朋友》（1961）、自传《轻活》（1959）；《性爱字典》（1976）等。

第六章

西班牙民主过渡时期的小说

《我们先辈的战争》(1975)是一部对话体小说,只有开头和结尾两章是对事件的叙述。主人公巴西非科(西语的意思是"和平")是一位卡斯蒂利亚农民,他在狱中的7个晚上通过7段内心独白向狱医坦白自己的人生历程(一个善良、淳朴、对暴力感到厌恶的人如何成为社会的牺牲品)。在《卡约先生被争夺的选票》(1978)里德利韦斯以挽歌的形式突出了城市商业社会与老卡斯蒂利亚农村独有的孤独世界之间的反差。年轻一代放弃了农村,移民到工业化的城市,使最后一些古老文化的拥有者陷入无望之地,也令那些关于大自然的口头智慧因无法传承而逐渐消失。在西班牙战后第一次民主大选期间一群政客来到农村寻求投票,他们与农民的短暂接触引发了冲突。小说重申了农村人与城市人相比的单纯,在政治宣传、政党大会这些虚假攻势面前农民感情的自然(小说于1986年被改编成电影)。《无邪的圣人》(1981)是一部社会现实主义小说,描写一群过着近乎原始生活的边缘人,他们极端敏感,会以暴力犯罪的方式回击任何对他们感情和人格的侮辱。这些"无邪者"的单纯、耿直与那些有权有势、任意妄为的高傲少爷之间的冲突只有靠暴力来解决,但德利韦斯认为农民的反抗行为是应该原谅的。

在《一个60岁花哨老头的情书》(1983)里,一位65岁的退休记者不断给一个56岁的寡妇写求爱信,想结束自己的单身生活。他是一个令人尊敬、谨慎而软弱的人,他的求爱信反映了主人公的孤独、对爱情商业化的惋惜和对音乐的热爱。《文物》(1985)描写一群农民与考古学者因一件凯尔特人时代的文物而发生冲突,因为前者受贪婪的驱使,不接受补偿,不让后者带走文物(农民把考古学者绑架了)。《377A,英雄潜质》(1987)是德利韦斯以内战为直接主题的唯一作品,这部中欧模式的"成长小说"讲述卡斯蒂利亚一个贵族家庭衰落的历史(1927—1939)以及唯一的后代何瓦西奥(有作家的影子)从童年到成年后以海军身份参加内战、为所谓的正义事业奋斗历程中所受的失望教育(他在内战中发现了自己的真正本性、他的恐惧、家人和社会强加于他的英雄面具)。最后何瓦西奥放弃了人生的错误道路,对英雄主义的意义和特征进行反思,揭示那个冲突的年代完全决定了人物的生存和行为方式。[①]

从80年代起**胡安·戈伊狄索洛**的写作风格再次发生显著变化,在他的创作中占主导地位的是对神秘主义以及个人灵魂的关注,其原因是戈伊狄索洛对穆斯林神秘主义产生浓厚兴趣,对西方(特别是西班牙)现实社会排斥反感,开始进入"净化静修阶段"。

[①] 德利韦斯的独白体小说《灰色背景里的红衣女士》(1991)是作家对亡妻的纪念:主人公——叙述者尼可拉斯(即德利韦斯的化身)是一个有名的画家,自从爱妻安赫去世后感到生活失去了意义。他向女儿写了封长信,吐露自己的心里话,回忆重塑妻子的外在和道德形象。尼可拉斯不仅回顾往昔,而且也谈论现时,正值佛朗哥统治末期,他的两个儿子因政治原因刚刚从监狱释放出来。其他作品有《南风下的午睡》、《在那些世界里》、《家无隔夜粮》、《肩上扛着猎枪》、《我生命中的一年》、《我的女友,河鳟》、《周日的石鸡》、《两次汽车旅行》、《S.O.S.从我的作品看进步的意义》(1976)、《我说完了》;散文《我作品中的卡斯蒂利亚》、《卡斯蒂利亚、卡斯蒂利亚特征和卡斯蒂利亚人》、《在西班牙打猎》、《捕猎红石鸡》、《我的世界和这个世界》、《欧洲、车站和客栈》和《老卡斯蒂利亚的古老故事》。

《墓地》(1980)由14个表面不同的爱情故事构成（不同的场景、舞台和历史），但它们其实只是同一个故事在旋转舞台上的复制，演员表演了同一情节的不同版本。小说与口语传统相联系，男主人公（即作家本人的化身）是个游吟诗人，他作为西方天堂的堕落天使（做了变性手术），与一个满身溃疡但性功能极强的穆斯林产生了爱欲交织的激情，于是在马拉喀什的自由市场上奔放、自由、自足地讲述他们的爱情故事。这两种文明之间的断裂使得作者能够通过语言和意象的精彩游戏，抨击我们社会的某些禁忌和神话。《墓地》超越了对西方社会及其消费主义的拒绝，以自然和原始的东西来对抗现代文明，是对摩洛哥所代表的穆斯林文化的致敬（对摩洛哥集市的描写很精彩）。

《战役结束后的风景》(1982)以一个巴黎穆斯林移民区为背景（那里的土耳其人、摩洛哥人和库尔德人是三等公民，从事着最低贱的职业），主人公（即作家本人）是个离奇古怪的反英雄，他游荡在穆斯林区，梦想通过革命行动根除消费主义帝国，提出要通过第三世界的入侵消灭由巴黎所代表的西方文明（此区所有的街名和公共建筑都改用阿拉伯语称呼）。这部小说将西方神秘主义诗歌与苏菲神秘主义宗教结合起来，抒情性和散文性大于叙事性，强化了幽默，内心化和发泄的表达以不那么刺耳的方式和手法加以表现。

《孤鸟的品德》(1988)揭示了作者内心的不安，体现了面临死亡威胁和艾滋病攻击（它是压迫的隐喻）的痛苦而狂热的同性恋身份。片段化的情节在主人公（即戈伊狄索洛本人）的大脑里流动，在他生病的梦呓中将自己与被迫害的圣胡安·德·拉克鲁斯等同起来（这位神秘主义者在乌贝达修道院的一间禅房里度过他生命的最后几天）。主人公的性爱经历与圣胡安·德·拉克鲁斯的神秘主义经历相提并论，对后者进行了异端阐释，试图把它与苏菲教派的神秘主义结合起来（他们的文章在小说中作为次文本出现）。在叙述者的话语意识流中插入了各种极为主观的、心理活动的回忆（黄金世纪、宗教裁判所的镇压、内战等），似乎表明小说不只是语言（也不只是参照物，甚至也不是两者之和），过分单纯地讲究文体是没有任何出路的。

《四十》(1991)书名"影射海湾战争进行了40天，伊斯兰教认为人的灵魂死后存在40天，作品中的主人公作家体弱多病，于40岁方开始写作并且已写了40部作品"。[①]这部小说由40个段落组成，是一个梦呓性质的作品，代表了戈伊狄索洛最近几年对死亡、灵魂及色欲的神秘主义的关注：主人公跨越生死障碍去陪伴女友，她的灵魂处在人间与地狱之间的世界里。对地狱苦难的观察为涉及灾难和毁灭的主题（包含人类之间的战争，具体指海湾战争）提供了机会，反映了战争所造成的灾难。

《马克思一家的传奇》(1993)讲述阿尔巴尼亚难民抵达意大利之后发现西方天堂是有限的，天堂的大门向他们关闭。在这种走投无路的状况下只有马克思对资产阶级贪婪的批评和揭露站得住脚，过去的集权制度被现在的金钱主义代替。马克思家族的某些成员变成叙述者所撰写的小说的主人公，将他们所经历的遭遇与许多年后东欧国家

---

① 沈石岩：《西班牙文学史》，第445页。

第六章
西班牙民主过渡时期的小说

的垮台进行对比,反映了柏林墙倒塌之后新的国际秩序。在此历史与虚构、现实与过去的层面交织在一起。《围困之地》(1995)描写前南斯拉夫国内冲突中萨拉热窝所遭受的围困,隐喻人类所陷入的没有出路的困境。

回忆录《禁区》(1985)和《在分邦的王国》(1986)记录了作家童年时代所经历的内战以及与"巴塞罗那派"、"马德里派"成员的交往。戈伊狄索洛向我们描述了西班牙和法国的风景,讲述了他作为参与政治活动的知识分子在巴黎的流亡生活。其中最紧张的时刻要数他与法国作家热内[①]的会面和与女友莫尼卡·兰格常常冲突的情感关系。在这两部书中戈伊狄索洛与西班牙告别,奔向自由和同性恋(把后者视为对男权社会禁区的冒犯)。[②]

第一节
纪实小说

受美国流行的"新报道"影响,70年代末西班牙文坛出现了一种新现象,即创作小说式的散文、纪实报告式的小说和诗歌式的宣言。小说、历史和新闻报道加强了彼此之间的联系,越来越难以区分各种文学体裁之间的界限:"政治、社会及生存见证的书自身便包含着为小说提供营养的素材…… 如今出现了让批评家糊涂的各种文本,因为它们同时涉猎了两个领域。"[③]如果记者打算写一种读起来像小说的报道,把人物的主观或情感生活与客观资料融为一体,小说家就会承担起证人的角色,创作一种新闻纪录式的小说,其结果是政治性、纪实性兼容的非虚构型小说(报告文学、纪实小说)成为西班牙文坛的一股新潮流,这在一个曾相当长时间里不能自由谈论政治的国家是一个正常现象。

豪尔赫·桑普伦(1923)曾在法国索邦大学攻读哲学,是龚古尔学院院士。1939年流亡法国,1943—1945年被关进集中营,1953年以费德里科·桑切斯的名字加入西班牙共产党从事抵抗运动,长期担任西共在国内的地下组织与流亡国外的领导机构之间的联系人。1964年因与西共领导人发生分歧而被开除党籍,1988—1991年担任西班牙

[①] 热内(1910—1986):一个由罪犯和被社会遗弃的人转变成的作家。作为小说家,他把情欲的和往往是淫秽的题材变成世间一切皆为诗意的幻梦。热内是个叛逆者,一个最极端的无政府主义者,拒绝各种形式的社会纪律和政治义务。

[②] 戈伊狄索洛的其他作品有《马德里》(1995)、《苏丹红衣妻子》(1997)、《花园的星期》(1998)、《操,喜剧》(2000)。散文集《末尾的辎重车》(1967)、《布兰科·怀特的英语作品》(1972)、《自由、自由、自由》、《逆流》、《西班牙和西班牙人》、《不同政见》(1977)、《撒拉逊纪实》(1981)、《在卡巴多西亚走进高迪》(1990)、《以车臣为背景的战争风景》(1996);纪录片剧本《伊斯兰祷告注目点》;纪实报道《萨拉热窝日志》(1994)、《疾风中的阿尔及利亚》、《文学森林》(1995)、《奔走》;诗集《预言、烦扰与启示》(2006)。

[③] Marcelo Covián. "Desde un despacho editorial: la situación literaria elabora sus propias defensas", *Camp de l'arpa*, 1978, p.15.

文化部长,现定居巴黎。

桑普伦最早用法语从事文学创作,出版了小说《长途旅行》(1963年"佛门托奖"和"抵抗运动奖")、《拉蒙·梅卡德尔的第二次死亡》(1969)、《昏迷》(1979)和《那个星期天》(1980)。虚构成分和历史资料是他小说人物的经历和矛盾的参照和反映,其中包含了大量的自传因素,构成作家对政治承诺的反思。他的第一部西班牙语作品《费德里科·桑切斯的自传》(1977)是一部自传性小说,讲述他在流亡国外的西共内部的活动历程、与西共领导人发生冲突的原因,理清了作者与西共的恩怨,对西共的各个方面进行反思。这部作品的出版在西班牙民主过渡时期的政坛引发了一场地震,由于桑普伦在其中加入了太多的自传资料,有评论认为它不再是小说。他后来还以这个人物出版了《费德里科·桑切斯向诸位告别》(1993)。

《内特切夫回来了》(1988)也是一部纪实政治小说,故事发生在1986年12月17日,一个前恐怖分子内特切夫放弃了武装斗争的信仰,脱离恐怖组织(影射"埃塔")。因此他过去的战友决定对这个"叛徒"实施报复,将他暗杀。作品触及了西班牙当代社会的一个毒瘤,即恐怖主义组织对民主制度的挑衅。

《白山》(1986)的主题是反思文化,桑普伦认为当人越是封闭在文化的抽象框架里,就越远离现实,越容易趋于最扭曲的残酷和报复,因此从很多意义上讲,文化会使人失去理智。这部小说的3个男性人物都是文化人,他们生活在一个抽象概念的世界里,面对基本的生存问题时不能正常地反应,最终像动物似的行动。另一方面,桑普伦利用蒙太奇手法将小说人物与一些历史人物(如卡夫卡、陀斯妥耶夫斯基、歌德等)并行刻画,以加深对文化主题的探讨。①

劳尔·格拉·加里多(1935)是药物学博士,曾在西班牙"科学研究高等理事会"工作,后转向文学创作,担任西班牙作家协会主席、巴斯克电台电视台顾问。他是一位对社会持批评态度的小说家,作品涉及西班牙当代历史的冲突性问题(特别是巴斯克民族分裂主义问题),但与"社会现实主义"无关。格拉·加里多揭露的是人道主义原则与主导当今社会的物质主义之间的不协调、不一致,但有时也抱有希望的语调。他对小说形式的探索和研究是有目共睹的,早期的《加塞雷斯人》(1969)、《既非英雄也非什么》(1969)及《啊呀!》(1972)就显露出实验主义倾向,并在《色情作家》(1972)、《一个人才的流失》(1973)和《假设》(1975)中得以巩固(后者探讨的是通过电脑创作一部小说的可能性)。

格拉·加里多的代表作是《〈资本论〉的不寻常阅读》(1977),其中均衡交错着3条看似不同和独立的情节:第一条是巴斯克企业家里萨拉加被绑架,一名记者来到他的家乡,向邻里、朋友、合伙人及雇员询问当事人的情况和他的生活环境;第二条是里萨拉加的一长段内心独白,回忆自己的生活,反思生活中的一些重要事件(这两条关于绑架者身份和故事结局的悬念手法使作品接近侦探小说类型)。第三条是里萨

---

① 桑普伦还著有《战争结束了》(1967)、《喧闹》(1982)、《写作或生活》(1995)、《再见,夏日的阳光》(1998)、《我将以他的名字生活,他将以我的名字死去》(2001);电影剧本《坦白》、《南方的道路》、《两个回忆录》。

第六章
西班牙民主过渡时期的小说

拉加在被绑架期间阅读马克思《资本论》所引发的思考,这是最能证明此部作品政治意义的部分。

《哥本哈根不存在》(1979)的舞台是丹麦首都哥本哈根,但它的参照物实际上还是民主转型时期的西班牙。那时西班牙人误以为哥本哈根是一个自由世界,在那里可以为所欲为。小说有过去和现在两个时间层面:主人公在佛朗哥时期曾去哥本哈根旅行,在那里与抵抗组织建立了联系,年轻的他受到革命热情的感染。如今的主人公变成了一位军火商(他的政治立场模糊了),他再次来到哥本哈根,但只是为了寻找性自由,他的目标就是年轻姑娘,以为在性放纵中可以抓住正在失去的青春。事实上,不论在过去还是现在,他心目中的哥本哈根并不存在,那不过是其未实现的理想的象征。但在小说的结尾这个象征具体化了,因为主人公摆脱一切去寻找自由以拯救自我。

《钨之年》(1984)的故事情节发生在40年代的比尔索地区。在当地发现了钨矿,这是德国人和盟军生产钢材所必需的矿石。村民为了生存试图把钨从山里挖出来,纳粹和游击队员为了各自的政治军事利益也介入此事。小说融合了政治阴谋、粗暴的爱情和个人奋斗等主题。

《信》(1990)再次涉及恐怖主义和巴斯克地区的问题(时空为80年代的圣塞巴斯蒂安),企业家路易斯50岁生日那天收到一封信,被要求为"埃塔"的所谓革命事业赞助一大笔钱。这封信使路易斯充满恐惧和孤独,因为他发现自己对此事的态度在家人、同事和政府中造成了不理解和排斥。小说是以自传形式创作的,常常使用内心独白的手法。格拉·加里多揭露了巴斯克地区被暴力和怯懦玷污了的社会肌体,尽管已建立了民主制度,但暴力悲剧还是渗透到西班牙人的日常生活中(不仅在巴斯克地区)。[①]

拉米罗·皮尼利亚(1923)是位自学成才的巴斯克作家,大器晚成,他的创作深受福克纳和加西亚·马尔克斯的影响。1958年凭借《偶像》获得《信使报》大奖,《盲目的蚂蚁》(1960)则为他赢得更大声誉。这是一部极具表现力的悲剧作品,描写一户原始落后的巴斯克村庄居民为了得到燃料不顾生命危险去打捞一艘满载煤炭的英国沉船,结果大儿子丧命,在这场悲剧中生存的本能战胜了理智。作者采用了福克纳的技巧,叙述者伊斯玛艾尔是男主人公萨瓦斯的儿子,他从现时回忆14岁那年参加的那一事件。每一章的开头都由他叙述一个故事,然后穿插其他人物的见证,从不同的视角审视那场悲剧。

皮尼利亚在他的小说中总是歌颂巴斯克民族的价值观和勇气,《长绿芽的时候》(1969)的主人公是一位13岁男孩,因一起愚蠢的车祸而瘫痪。就是这样一个残疾人坐在轮椅上居然调查清楚一桩杀人案,小说的节奏对应了主人公身体运动的迟缓。《子宫》(1971)歌颂的女人和母性,小说讲述一位巴斯克老人希望在圣伊西多罗节那天把他

---

① 格拉·加里多还出版了《孔雀毛、狗皮鼓》(1977)、《爱看电视的男人》(1982)、《大海是个坏女人》(1987)、《爱情的甜蜜对象》(1990)、《去内地省旅行》(1991);短篇小说集《暗藏的麦克风》(1979)、《斯哥特征兆》(1994)、《这么多无辜者》(1996)和《运河里的卡斯蒂利亚》(1999)。

的庄园及所有的土地都献给能为他生下一个儿子的女人,结果他这一奇怪的愿望实现了。《跳跃》(1975)则是一部达尔文式的寓言,跨越了家族、巴斯克民族和西班牙整个国家半个世纪的历史。

《赤色分子安东尼奥·B》(1977)是一部纪实见证性的作品(结构上是传统的流浪汉小说模式),向我们呈现的是一些小说化的"真实事件"。主人公以第一人称讲述他从1934年出生至今所经历的种种不幸:安东尼奥不知道自己的父亲是谁,母亲向村里有权有势者(神甫、法官)卖身以报答他们的恩惠,当地的贫困,他坐牢受刑的经历,当替罪羊的命运,国民自卫队滥用职权,他与一个单身母亲(她与自己的父亲乱伦)的婚姻。当他指控这对父女乱伦时却被官方认定是疯子,被关进一个疯人院,随后又逃出此地,从事矿工职业。总之作品展现的是一幅佛朗哥独裁统治下的批判性的、震撼人心的社会全景画面。

皮尼利亚晚年花费18年时间创作了《朱山碧谷》三部曲——《战栗的土地》(2004)、《赤裸的身体》(2005)和《铁灰》(2005),展示了从19世纪末到现今的巴斯克地区的历史变迁,被认为是关于巴斯克历史的最佳小说。作品以皮尼利亚的故乡黑特芎为背景(它的海滩、附近的矿区、村落、大城市毕尔巴鄂),描写两个巴斯克家族的兴衰,再现了民族主义传统与伴随工业化产生的社会主义之间的尖锐斗争。他还著有农村题材的《骨头》(1998)。

阿马斯·马塞罗的《他们自身的上帝》(1989)也采用了接近新闻报道的纪实形式(作品基于大量的文献资料),介于回忆录和内部见证之间(时间跨度从1968年冬天马德里大学的学生运动到1988年12月14号反对社会党政府的大罢工)。作品分三部分:"玛尔斯的战场"、"自由的阴谋"和"依照模式"。小说讲述"1968年一代"青年怀着乌托邦的理想为西班牙的民主制度奋斗,他们自以为是上帝,能够拯救西班牙。而事实上这些人只是凡夫俗子,现实政治的发展令他们失望和妥协,他们放弃自己的理想,成为政治权力的牺牲品。小说中不仅有虚构的人物,还有一些真实的人物出现(主人公马塞罗即作家本人的化身)。《我们曾经是玛莉莲的那些年》(1995)以个人回忆录为基础,对西班牙社会工人党政治家的执政行为进行批评性新闻报道,反思了西班牙20年民主政治生活(主要是费利佩·冈萨雷斯执政期间)。作家在小说中引入了众多真实人物,特别是政客和记者,把他们作为政治失落和历史失败的证人,同时也不掩饰自己的意识形态演变过程。《这样在哈瓦那与在天堂一样》(1998)表达了作家对古巴的真诚热爱,作品既现实又隐喻,其人物或生活在哈瓦那或流亡海外,但都充满激情。

第二节

侦探小说

侦探小说在西班牙是舶来品,从 50 年代末到 60 年代这个体裁开始在西班牙本土化。1953 年马里奥·拉克鲁斯①发表侦探小说结构的《无辜者》,托马斯·萨尔瓦多②则出版了《囚犯的绳索》(1954 年"国家文学奖")和《水坑》。他们把情节设计在西班牙,塑造西班牙人物,努力提升侦探小说的文学价值。作家也不再使用笔名。这些侦探小说的现实主义风格和对西班牙社会的批评态度有别于那些纯粹靠理性公式破案解谜的作品。20 世纪 70 年代美国的黑色小说引入西班牙,侦探小说家哈米特(1894—1961)和钱德勒(1888—1959)在西班牙文坛产生重大影响,国内开始出现模仿者。1980 年意大利作家翁贝托·埃科发表《玫瑰的名字》,将知识、历史和侦探结合在一起。同时这一时期欧美侦探电影和电视剧的热播、出版界对侦探小说的兴趣和赞助对西班牙侦探小说的发展影响很大。在"社会小说"衰落、作家们走内心化道路的情况下,侦探小说是记录当今现实的有效途径之一,它不仅仅是一种娱乐体裁,在这种流派中突出的是广泛的城市社会阶层和劳工冲突,有意避免一切说教,强调的是社会行为的方式,而不是社会矛盾;幽默、嘲讽和滑稽模仿的介入缓和了它见证式的态度。

阿方索·格罗索的《善终》(1976)、《客人》(1978)、《伊斯坦布尔的邮件》(1980);格拉·加里多的《裸体的瑞典女人》(1979)、《死的习惯》(1980)和《一美元上的字迹》(1982)都采纳了侦探小说的形式。埃斯特尔·图斯盖慈在《致命的叮咬》(1979)中塑造了第一个西班牙女私人侦探形象。另一些作家则利用侦探悬念小说的某些技巧为自己的创作

---

① 马里奥·拉克鲁斯(1929):"巴塞罗那派"成员,长期从事出版业和电影编剧创作。作品数量很少,只有 3 部。他的创作与当时的潮流不合,自认为是一个"狙击手",与任何流派无关,倾向于描写心理复杂又混乱的人物。《屠夫的帮手》(1972)呈现的是造纸商和书商的腐败世界,揭示两代人的冲突。还著有《下午》(1955)。
② 托马斯·萨尔瓦多(1921—1984):批评家、小说家,"批评奖"和"北方"出版社的创建者。出生于巴伦西亚,1941—1943 年前往俄国,在佛朗哥的"蓝色军团"服役,回国后加入国民自卫队,自 1944 年起定居巴塞罗那。1951 年发表处女作《巴尔加里约的故事》,开始其文学生涯。他的作品一般都是侦探小说,如《不法行为》(1960)以 20 世纪 20 年代的巴塞罗那为舞台,描写一群人试图暗杀本地市长一案,作家对人物进行了心理分析。萨尔瓦多是那一时代最多产的作家,但产量过多也影响了作品质量。萨尔瓦多不太关心小说艺术方面的问题,也不注重人物的心理描写,而是看重小说情节的设计和演变。他倾向于展示人类的悲惨命运、现实生活令人不快的那些方面,文笔辛辣、尖锐。另一方面,萨尔瓦多还创作了一些科幻的、纯粹想象性的、智性化的小说,如《黑暗中的对话》(1956),其人物体现了作者对爱情关系的抽象观点。其他小说有《加林波》(1952)、《抢风调向》(1954)、《250 师》(1954)、《今晚他独处》(1954)、《抢劫犯》(1955)、《丹吉尔饭店》(1955)、《懒人》(1956)、《炎热的雨》(1958)、《狱卒》(1958)、《船只》(1959)、《煽动者》(1960)、《我给你们介绍马诺罗》(1965)、《照片中的西班牙战争》(1966)、《K》(1968)、《西班牙皇家大街行字典》(1970)、《一个叫遥远的地方》(1979)、《给许多人手准备的诱饵》(1979)、历史小说《海盗大主教》(1982)、《白色公司》(1984);短篇小说集《在很长时间里》(1959)、《玛素福,空间游荡者》(1959)、《玛素福的新历险》(1960)、《向阳的一堵墙》(1964)、《7 个问题》(1981)和遗作《为一次旅行准备的骆驼》(1984)。

服务,如贝内特的《一起犯罪的迹象》(1980)注重故事的曲折发展(舞台还是雷希翁农村地区),暴力、阴谋、色情和迫害狂构成这部情节剧的主体,人物也不再带有神秘色彩,而是具有风俗主义特征,趋于道德和肉体的双重自我毁灭。

伊萨克·蒙特罗的《真实的艺术》(1979)从一件表面事故出发,阐明干一件无懈可击的罪行所必备的原则和标准。小说逐渐披上研究犯罪的外衣,而最后的结果是叙述者坦白自己就是罪犯,受害者是他的妻子,而非他的情人。这部作品看似探讨侦探小说的理论和实践过程,实际上是对现实和现实主义文学的反思。蒙特罗的另一部作品《暴风雨中的鸟》(1984)娴熟地运用了《真实的艺术》里的侦探小说技巧,勾勒出佛朗哥死后那些年西班牙警察的面目、佛朗哥时代那些政客改换门庭以及恐怖主义的骚扰,指出这些人的腐化和意识形态的卑鄙与佛朗哥时期一样,很难进步。

门多萨的《中邪的地下室之迷》(1979)、《橄榄的迷宫》(1982)和《女士梳妆台的历险》(2001)介于流浪汉小说与侦探小说之间,人物相同,讲述一位曾被关进疯人院的无名侦探塞费里诺最奇特、最荒诞的历险。在第一部作品中,一个教会女子学校的女生神秘失踪,警察求助于塞费里诺。此人出身低贱,熟悉低层社会,他不得不从疯人院出来,凭借自己的智慧和经验使真相大白。但警方没有兑现恢复他人身自由的承诺,最后塞费里诺又被送回疯人院。"该书反映了西班牙从独裁向民主化过渡的那些年社会上的种种矛盾,明显具有塞万提斯、巴罗哈和巴列-因克兰作品的痕迹,也有美国推理小说的影响。但作者没有全部照搬这些小说的结构模式,而以现实主义原则使作品充满诙谐讽刺的荒诞韵味。漫画式手法主要体现在作者诙谐幽默的语言运用上,除了奇情异想的表达方式外还带有某种古怪的巴洛克文风,跌宕起伏的故事情节与正在走下坡路的实验派潮流大相径庭。"[1]

第二部的案情有了新变化,塞费里诺接手的是一桩勒索赎金的绑架案。绑匪要求在马德里交付赎金,但由于发生意想不到的事,于是又返回巴塞罗那,直到最后才发现橄榄厂卷入了这件绑架案。破案成功后他再次回到疯人院。在第三部中,主人公出院,开始新的生活。他在巴塞罗那一个街区当理发师,但卷入一起杀人案,被迫再次当侦探以免自己被控告杀人。

《一部轻喜剧》(1996)也是充满悬念的侦探小说,讲述一个平庸的剧作家因卷入一起暗杀而不得不游走于战后50年代巴塞罗那各个社会阶层以证明他的无辜。门多萨成功地把不同的风格融在一起(从最优雅的到最粗俗的),对环境的描写也十分准确(戏剧界、加泰罗尼亚上流资产阶级、下层社会),是他最好的作品之一。

巴斯·德·索托的《奥斯陆综合症》(1998)的主人公是两个退休者(一个是大学老师,另一个曾是警察),这两位业余侦探调查一起女孩绑架案(或失踪案),为此他们搜索了西班牙南部的几个村镇和挪威。小说为我们提供了一幅关于西班牙现实的幽默、嘲讽和疑虑的画面以及作者对侦探小说模式的看法。格尔文苏的《世上的一个负担》(1999)

---

[1] 沈石岩:《西班牙文学史》,第538页。

和《别追捕杀人犯》(2001)既是侦探小说,又对这种小说体裁的结构机制进行了反思。阿帕里西奥的黑色侦探小说《马洛在马德里或波兰寡妇的案子》(1996)呈现一幅权力、贫穷和人类野心的辛辣扭曲画面。警察马洛离职调任到马德里,被迫接手调查一桩表面无关紧要的流窜抢劫外国寡妇案。但通过马洛的遭遇作家塑造了一个堂吉诃德式的人物,他不得不面对弱肉强食的游戏规则,尽管最后破了案,但他一无所获,还得承受在政治游戏中失败的负荷。同一人物、同一类型的创作出现在《大雾》(2001)里。

曼努埃尔·巴斯克斯·蒙塔尔万(1939—2003)是西班牙文坛最多面和多产的作家之一(诗人、记者、传记作家、小说家),毕业于巴塞罗那大学当代历史专业并获新闻硕士学位。早期发表诗集《一个情感教育》(1967)、《不成功的运动》(1969),创作先锋派文学,短篇小说集《想起达德》(1969)和散文《亚正常宣言》(1970)是巴斯克斯·蒙塔尔万最具实验主义色彩的作品。1974年前后他的作品发生重大转变,开始从事与大众文化紧密相连的侦探小说创作,利用互文性将电影和喜剧手法引入小说。为巴斯克斯·蒙塔尔万奠定盛名是以贝贝·卡瓦罗为主人公的系列小说,这位加里西亚人第一次出现在《我杀死了肯尼迪》(1972)里,他原为西班牙共产党员,后投靠美国联邦调查局,当上肯尼迪家族的保镖。这部作品不像一般的小说,而是"一个保镖的印象、观察和回忆录的总汇",历史人物与虚构人物混杂其间。

贝贝·卡瓦罗是西班牙侦探小说里最重要的形象,他接连出现在《文身》(1974)、《经理的孤独》(1977)、《南方的海》(1979)、《中央委员会的暗杀》(1981)、《曼谷的鸟》(1983)、《亚历山大城的玫瑰》(1984)、《温泉浴场》(1986)、《中锋傍晚被暗杀》(1988)、《希腊迷宫》(1991)、《破坏奥林匹克》(1993)、《罗丹,不死不活》(1994)、《弟弟》(1994)、《奖》(1996)和《布宜诺斯艾利斯五重奏》(1997)里。贝贝·卡瓦罗是一个特别的侦探,无所不知(特别是对酒、烹饪、香烟、女人十分在行),是个国际人(无论在巴塞罗那、马德里,还是在曼谷或阿姆斯特丹都游刃有余),会说英语、法语、德语、意大利语和葡萄牙语。生活和命运掌握在他手中,是个"超人"。但贝贝·卡瓦罗具有矛盾的性格,他宣称自己无政治党派(嘲笑和挖苦西班牙的政治权力及其机制),但他的道德观是左派的,亲近民众;他的行动游离于法律之外,目的是履行法律;他鄙视罪犯,揭露跨国公司的欺诈行为,但也反对警察机器;他拒绝文化陈列,但被文化所包围。在《中央委员会的暗杀》中不仅有对左派丧失权力的惋惜,而且批评了党派的宗教色彩。《奖》涉及西班牙文坛的一些内幕:小说的单数章节介绍文化界的人与事,揭露某些人的虚伪和自私;复数章节展开贝贝·卡瓦罗对大财阀拉萨录在某一文学颁奖典礼上被暗杀的案件(对颁奖仪式的描写相当纪实,一些真实人物纷纷出场)。

在这个系列之外,《加林德斯》(1990)也是一部侦探小说,只不过这里的侦探已不是贝贝·卡瓦罗,而是一位美国女大学生穆里艾,她正在做一个关于巴斯克流亡政治家加林德斯生平和死亡的博士论文。加林德斯先是流亡多米尼加,后转往美国,在哥伦比亚大学担任法律教授,并与美国中央情报局有联系。1956年他被多米尼加总统特鲁希略派来的刺客暗杀,以报复他写的一本关于这位独裁者的书(书中透露总统的爱子其实是个私生子)。而穆里艾因为不顾导师和中央情报局的反对坚持要调查清楚加林德斯的死亡真相,她最后的结局与加林德斯相似。

《扼杀犯》(1994)的主人公阿尔贝特犯了34件罪行(包括杀死自己的父母),在被捕入狱后写下自己作为波士顿扼杀犯的回忆录。巴斯克斯·蒙塔尔万借这个人物之口对当代社会流行的政治意识形态原则、心理分析学和精神病学、人类的情感教育、社会行为等提出质疑,阿尔贝特的回忆录是"野心勃勃地揭露对我头脑的操纵"。①

胡安·马德里(1947)毕业于萨拉曼卡大学当代历史专业,从1974年起担任杂志《变化16》的编辑。作为西班牙黑色侦探小说的最出色作家之一,他的作品大多以马德里(市中心的几条主要街道、北部的富人区和南部的贫民区)为舞台,经常可以遇到看破红尘、失意、处于社会边缘的硬汉以及表面像绅士的大盗,具有强烈的社会批评意图。

《朋友的一个吻》(1980)是私人侦探托尼(拳击手出身)传奇的第一部,小说以西班牙民主转变时期为背景,描写主人公与马德里一个法西斯团伙的对抗,以侦探小说的形式向我们呈现了西班牙腐败的画面。在《表象不骗人》(1982)里托尼不再是拳击手,而是在马德里一家舞厅当巡视员。一天他目睹政客兼金融家卡索被暗杀,认出其中一个凶手,于是警察审问了他。接着发生了一系列可疑的死亡,包括死者的司机失踪。托尼开始自己进行调查,他越深入下去,局势越发复杂。结局是托尼揭开了警察的腐败、残忍和肆意;马德里金融家的道德沦丧;走狗们的无赖无耻,矛头直指包容这些罪恶的社会体制。在《失聪》(1990)中当过警察的托尼讲述他个人的历史:他的童年和少年深受贫穷和恶劣的家庭环境影响,他努力奋斗想走出那个卑微的世界,但还是失败了。

属于托尼侦探系列的还有《无事可做》(1984)、《家里的礼物》(1986)、《旧情》(1994)、《女人和女人》(1995)和《未清算的账》(1996)。《屈指可数的日子》(1993)则因

---

① 《钢琴师》(1985)是巴斯克斯·蒙塔尔万最有意思的作品之一,他提出了一个敏感问题,即艺术家是否应该为一个政治承诺而牺牲自己的作品和自身发展,尽管这会导致他的艺术枯竭。主人公钢琴师阿尔贝托为了参加西班牙内战而放弃了在巴黎的艺术前途(从1936年到1984年,从巴黎到巴塞罗那),他的道义选择正好构成了他个人的失败(参加武装斗争、入狱、在酒吧伴奏谋生)。小说描写了他的政治意识、信仰的发展和失落,总之是一部关于个人信仰危机的作品。《阿特萨瓦拉的快乐小伙子》(1987)运用了50、60年代反资产阶级的"社会小说"素材,从多重视角描写一群城里的小伙子在1974年夏天到地中海沿岸的阿特萨瓦拉村度假的故事。小说分4章,每章由一个不同的人物(送奶工、作家、上流社会的太太和法官的秘书)以第一人称来叙述那个夏天的经历。人物之间的反差十分明显,特别在对待那些"快乐小伙子"的同性恋问题上,这部作品通过嘲讽手段的独特运用打破了社会、政治、家庭及性法则的神话。《要么当恺撒,要么什么都不是》(1998)叙述一个家族为获取权力而不惜代价、毫无廉耻的故事。巴斯克斯·蒙塔尔万还是《国家报》的专栏作家,与《胜利报》也长期保持合作关系,出版了《有关信息的报告》(1963)、《西班牙情感纪实》(1971)、《美国在西班牙的渗透》(1974)、《佛朗哥时期的情感纪实》(1976)、《如何在16个月零1天里清除佛朗哥主义》(1977)、《我与令人不安的人物的午餐》(1984)、《虚构政治的故事》(1987)、《佛朗哥将军自传》(1992)、《胡安·卡洛斯国王宫廷里的一个波兰人》(1996)和《民主城市建构中的文学》(1998)等散文集。其他作品有小说《幸福结局》(1974)、《马克思主义问题》(1974)、《一个想当亨弗莱·博加特却不太走运的男人的故事》(1974)、《暴饮暴食》(1996);短篇小说集《三个爱情故事》、《皮格马雷翁及其他故事》(1987)、《在普拉多暗杀国王及其他卑鄙的故事》(1987)、《幽灵的故事》(1987)、《父母与子女的故事》(1987)、《三部训诫小说》(1988)、《来自猴子星球的传单》(1995);诗集《在花样女孩的阴影下》(1973)、《布拉格》(1982)和《记忆与欲望》(1986)。

被搬上银幕而获得巨大成功。①

弗朗西斯科·加西亚·帕冯(1919—1989)在马德里大学获罗马语族文学博士,有幸远离内战。这一距离使他能够保持自由主义精神,并以不加掩饰的嘲讽来观察佛朗哥统治下的西班牙现实。1944—1945年在奥维多服兵役,为处女作《奥维多附近》(1946)的问世提供了灵感。从50年代初起加西亚·帕冯担任马德里戏剧艺术高等学校的文学教授,研究和评论西班牙戏剧,先后出版了《西班牙社会戏剧(1865—1962)》(1962)、《文本与舞台》(1971)等专著。之后成为该校校长、达乌鲁斯出版社社长、《西班牙人报》社长。

为加西亚·帕冯赢得巨大声誉的是系列侦探小说《普利尼奥的故事》(1954—1968)、《维蒂萨王国》(1968)、《圆柏的冲动》(1969)、《红脸修女》(1969)、《普利尼奥的新故事》(1970)、《下雨的一周》(1971)、《普利尼奥的葡月》(1972)、《在鲁易德拉湖的声音》(1973)、《最后一个星期六》(1974)、《又是星期天》(1978)、《无声的案件和普利尼奥的其他故事》(1980)和《入睡者的医院》(1981)等,这些作品在70年代被搬上电视,它们使侦探小说西班牙化,充满乡土气息和幽默感,因为小说的风格是现实主义的,它的人物、环境和情节直接取自西班牙人熟悉的日常生活和现实,是新闻式故事。另一方面,加西亚·帕冯的侦探小说都以故乡托美略索镇(拉曼切地区)警察局长普利尼奥为主人公,他在所有方面都表现得像一位地道的西班牙人,这位足智多谋的警察和他的搭档兽医罗塔里奥,不使用精密高级、不可想象的手段,而是凭借敏锐的观察和强大的直觉能力来侦破一系列凶杀事件。幽默和嘲讽是这些作品的基本要素,同时不断出现的是记忆和回忆。小说的基调是回忆性的,通过这种方式对西班牙当代生活进行批评,对逝去的时间进行反思,恢复历史。另外在这些作品中犯罪情节处于次要地位,最重要的倒是作家对语言的关注。

但加西亚·帕冯也擅长将现实与想象、热烈的抒情与冷峻的批判、辛辣的讽刺和甜蜜的慈爱结合起来,有时也会创作一些神奇的故事,如《2000年的战争》(1967)就是一部科幻短篇小说集,这在60年代现实主义盛行时期是个相当特别的作品。他还写了大量自传性的短篇小说,如《妈妈的故事》(1952)回忆童年世界,主角是他病重的母亲,场景充满感情和温柔;《共和国的故事》(1961)讲述作家的青少年时代生活(正值西班牙第二共和国成立);《自由党人》(1965)以内战为背景;《国民派》(1977)描写内战的尾声。《已经不是昨天了》(1976)是部回忆录式的小说,回忆第二共和国时期及内战的历史。②

安德鲁·马丁(1949)毕业于心理专业,用西班牙语和加泰罗尼亚语创作。《假体》(1980年"犯罪圈子"奖)讲述的是罪犯和调查者之间的暴力故事:囚犯米格尔为报复而袭击并抢劫装甲运输车,与追捕他的警察发生了殊死冲突。《马与猴子》(1984)涉及非职业

---

① 马德里的另一部作品《野玫瑰的残余物》(1999)舞台转到纽约的一个边缘社区,一位马德里摄影师试图在那里创作一部关于拉美移民的小说。他还著有短篇小说集《一份干得漂亮的活》(1981)、《一份容易的活》(1984)、《你别理睬女人》(1984)、《黑暗的马德里纪实》(1994)、《热带丛林》(1987);纪实报道《黑手》(1999,调查军队镇压安达卢西亚地区无政府主义运动);小说《天堂饭店》(1986)、《丹吉尔》(1997);13集电影剧本《中央纵队》(1989)。

② 他还著有《一位猎头的回忆录》(1953)、《空荡的车》(1965);短篇小说集《迪尔特阿福艾拉的钟》(1955)、《蒙特西诺斯的山洞和其他故事》(1974)、《贝雷帽的花园》(1980);《新的风俗文章》(1972)。

化的罪犯以及犯罪与毒品之间的关系,短篇小说集《事件》(1984)则以报刊上的纪实报道为蓝本。他对城市问题的批判性观点表现在《出于对艺术的爱》(1987)和《巴塞罗那联运》(1988年"哈米特奖")里,后者描写国际犯罪组织进入西班牙以及他们之间的背叛。《拿刀的男人》(1993年"哈米特奖")从结构上看是10个相对独立的短篇小说,但内容相似,是一个描写杀手的系列故事,并且超越了侦探小说的模式,具有元小说的特征。①

豪尔赫·马丁内斯·雷韦特(1948)出生于马德里,曾学习物理和新闻专业,在首都从事记者工作。他的小说创作始于1979年发表的两部见证性小说《情焰的日子》和《对加尔韦斯来说太过分了》,主人公是记者兼侦探加尔韦斯,他运用侦探调查作为揭露社会的手段,披露了一桩房地产诈骗案。《加尔韦斯在巴斯克地区》(1983)中主人公是一个瑞典跨国公司的职员,驻维多利亚分公司的经理被恐怖组织"埃塔"绑架,加尔韦斯奉命去解救他。在付赎金的过程中加尔韦斯遇到了一具又一具尸体、一条又一条假线索,但最后还是凭借智慧和直觉找到了真正的凶手,开始的嫌疑犯最后是无辜者。在这部小说中超级英雄加尔韦斯被塑造得更有人性,他不断犯错、落入圈套、自相矛盾,但更加可信,接近读者。马丁内斯·雷韦特还著有《信使》(1981)、《最后一杯咖啡》(1989)和关于西班牙内战的历史三部曲《艾布罗河战役》(2003)、《马德里战役》(2004)、《加泰罗尼亚的陷落》(2006)。

佩德罗·卡萨尔斯(1944)的侦探小说对情节的发展及毒品世界很感兴趣,描写青少年犯罪及其他有强烈现实意义的题材。许多作品都是以律师萨利纳斯为主人公,如《首要权力》、《虞美人》、《中间人》(1983)、《针对银行家的匿名信》、《谁在二月份获胜》。《针管》(1986)以一个女孩在英国因吸毒过度而死为小说起点;在《可卡因先生》(1987)中萨利纳斯调查一起交通"事故",结果遭到暗杀;《请玩游戏》(1988)的舞台是豪华的秘密赌场;《国王的篝火》(1989)是历史小说和侦探小说的混合体;《可卡因失去控制》(1996)和《记住你是凡人》(1998)还是以毒品和犯罪为题材。

第三节

心理小说

在心理小说中私人领域完全代替了集体领域,心理探索替代了战斗性的揭露。时代的大问题没有吸引作家的注意力,他们关注的是自我的剖析,作品中占主导地位的是怀疑主义,缺乏意识形态的承诺。已经没有主题小说,也没有暗藏的信息。绝对的真理

---

① 马丁的其他作品有《学习并沉默》(1979)、《卡波内先生不在家》(1979)、《用刀刺老人》(1980)、《死者的时刻》(1985)、《最意想不到的一天》(1986)、《重症监护》(1989)、《穿反的衬衣》(1990)、《耶稣在地狱》(1990)、《如果是或不是》(1990)、《锤击》(1990)、《刀刺》(1990)《你最喜欢的东西》(1994)、《看在夏娃的分上》(1994)、《玩杀人游戏》(1995)、《日常幽灵》(1996)、《法官与原告》(1996—2002)。

让位于相对的主观主义,这种私密化视角必然带来抒情因素的出现,甚至不乏通过记忆、回忆、感官印象回归主观主义,使诗意小说复苏。

阿尔瓦罗·庞波(1939)毕业于马德里大学文哲系,1966—1977年在英国生活,获得伦敦伯克贝克学院文学学士学位,2002年当选西班牙皇家院士。庞波倾向于把小说知识化,同时加入幽默、暗示、暧昧的元素,喜欢将现实与象征连接起来。他惯于重复一些主题,如主人与仆人的关系、同性恋以及封闭的家庭环境(人物的行为在那种背景下受宿命的支配)。庞波把小说作为动作加悬念的故事来建构,这是西班牙当今小说的特征。他的现实主义是以分析人物的心理、行为、与他人关系为基础,是对一个堕落的社会环境的批评。"这些人物与自己的内心世界斗争,寻找自我身份,在一个解体的家庭环境中像孤立的岛屿,尽管如此其成员依然保持着关系。"[1]

处女作《相似者》(1979)是一个集体人物小说,人物虽然不多,但是都有心理或感情问题,各自隐藏着失败的同性或异性乱伦激情(玛利亚和冈萨罗都爱上了哈伊梅,而他却偏向于同性恋)。他们处于一种灰暗的心理状态,将自己的身份模糊化。庞波把心理现实主义手法与充满悬念的结构融合起来(平行、对立地描写人物的日常经历,不断借助暗示和隐射)。小说的结论是:事实只是与现实相似,但不是现实本身。人只有否定自身本能才能获得自由,尽管是孤独的自由。

《芒萨尔的芒萨尔式屋顶的英雄》(1983)[2]使庞波一举成名,这部现实主义作品具有许多巴洛克传统和超现实主义的特征。它的环行结构体现在小说以同一段描写一座带芒萨尔式屋顶的法国式房子的话作为开头和结尾,而且这段话指出了书名的含义。芒萨尔式屋顶具有双重象征意义,因为那里居住着小说的主要人物(一个桑坦德尔上流资产阶级家庭);另外这种屋顶象征性的斜坡面暗示着主人公库斯-库斯逐步的堕落。这个玩世不恭的少年养成偷窥成年人生活的习惯,他发现婶婶与一名店员的不正当关系,便以此要挟婶婶。在小说结尾这个女性人物离开了人世,库斯-库斯也经历了一场失败的情感教育。另一个重要人物是仆人胡利安,他不得不承受着别人对自己的侮辱,同时还要掩饰同性恋身份。小说刻画了西班牙上流资产阶级的颓废腐败世界,同时指出年轻人在这种环境里不可避免地堕落。作品的新颖之处在于大量运用了讽刺、幽默、风俗主义批评以及对人物关系的戏谑分析。

《养子》(1984)戏谑描写的还是上流社会不可避免的衰败和没落,其成员都是些堕落、疲惫和无能的人,这些人物的特点是缺乏内涵,软弱病态。最突出的是潘丘,一个40岁的单身汉,与一个老仆人生活在一幢大房子里,沉浸在过去的回忆和对去世母亲的想念之中。他当作家的志向破灭了,而且因为没能生育孩子而领养了母亲的一个朋友的儿子,目的是获得他在世上的永存。

---

[1] Santos Alonso. *La novela española en el fin de siglo (1975—2001)*, p. 132.
[2] 芒萨尔(1598—1666):17世纪中叶法国巴洛克建筑风格时期建立古典主义风格的主要建筑师。1635年在布卢瓦的加斯东府邸部分重修工程中,屋顶建为陡峭的折线屋顶,后被称为芒萨尔式屋顶。

《无关紧要的犯罪》(1986)是一部反映两代人冲突的佳作,其基本主题为病态的性取向、爱与性之间的差别。银行职员奥尔特加出版过小说,曾经是个小有名气的作家(他向朋友评述作家职业的困难、幽默在作品中的重要性)。作为中年同性恋者,他小心翼翼地对外界保留自己的隐私。在与没有社会地位、及时行乐的年轻人基罗斯相遇并发生关系之后,这一切被打乱了。他们以为在对方身上找到了感情归宿,两人之间形成了一种几乎与外界隔离、权力支配的关系。但最后还是一场没有出路的感情悲剧,一人被毁灭,另一人出逃。庞波探究人类关系(不论是同性还是异性)中权力与控制所掩盖的诡秘,叹息理想在一个物质主义的平庸现实面前的屈服。

《铱铂合金的尺子》(1990)由两部分组成:第一部分是介绍性的,呈现马德里富裕资产阶级表面幸福和谐的生活:玛利亚是完美的家庭主妇,是衡量她的家庭和朋友的尺子;马丁是大学老师、作家,事业有成。但这一局面在第二部分改变了,马丁在度过了10年婚姻生活后与妻子的关系破裂、分手,变成一个古怪的犬儒主义信徒,尝试写一部反映自己家庭空虚、平庸、无用生活的小说(即我们手头阅读的这部作品)。庞波在此分析了现代家庭的人际关系(没有沟通、没有人生方向、充满失败和矛盾),探讨了文学与生活之间的界限。

《国王陛下讲述的永恒女性的幽灵》(1993)有很多自传成分,舞台为桑坦德尔(第二次世界大战的最后几年)。主人公豪尔赫以第一人称讲述他从童年向少年的过渡,初恋的经历,内战对他、对他的初恋爱尔克(德国孤女,被豪尔赫的亲戚收养)和朋友"中国人"(他也爱上了爱尔克)生活产生的影响和变化。豪尔赫自以为是国王,因为他能思考、发言、回忆、独处。小说语言十分口语化,非常幽默。

《有女人的地方》(1996)再次探讨家庭机制,女主人公——叙述者讲述50—60年代度过的少年、青年经历和个人理想的逐渐消沉。她出生于西班牙北部坎塔布里亚沿海地区一户衰败的母系家族,与其他家庭完全不同并像一个孤岛似的抵抗社会的世俗。母亲向小女儿灌输鄙视男人和婚姻的观念,但这种教育并未使主人公幸福。在很长一段时期她以为幸福在于完美,而完美的代表就是她的家庭。然而成年后的主人公在家庭成员身上只找到欺骗和平庸,最后被过分看重面子的家人赶出家门,她开始为自己的独立生活而奋斗。①

何塞·玛利亚·格尔文苏(1944)是诗人、小说家和电影评论家,曾担任"阿尔法瓜拉"和"达乌鲁斯"两家出版社的文学部主任。作为西班牙最早和最坚定的实验主义作家之一,格尔文苏宣称自己是为了反对"社会小说"而开始文学创作。他的小说特征是内心反省,人物建构自我(或毁灭自我)、审视自我、评判自我、为自己的生活寻找新的出路,

---

① 庞波的短篇小说集《关于缺乏实质的故事》(1977)具有自传成分,十分坦率地涉及性主题。在《塞莱莉亚·塞西莉亚·比亚洛博的电视痛苦》(1995)中女主人公塞莱莉亚在丈夫(一个著名作家)去世后在电视聊天中讲述自己所承受的痛苦、孤独、不安和不确定。《对抗自然》(2005)探讨的还是同性恋问题,他还著有《回收的故事》(1997)、《一扇朝北的窗户》、《附近》和《晴朗的天空》(2001)。

许多时候人物的这种脑力活动(从记忆到反思)是通过内心独白来表现的。从早期的实验主义到后来结构和叙述的扎实,形式的创新与对现实的分析在格尔文苏身上达到了完美的结合。

处女作《水银》(1968)引领西班牙小说的创新潮流,试图通过语言、结构和叙事技巧的革新超越"社会小说"的局限。《水银》拒绝合乎逻辑的情节,采用内心独白、拼贴手法和其他排版、字体方面的自由选择(缺少标点符号),向乔伊斯、卡夫卡、科塔萨尔、博尔赫斯、马丁·桑托斯等文学大师致敬。但同时它仍然富有社会意义,因为小说是对生长在战后贫瘠和有限的知识氛围中的那一代西班牙青年人的写照:他们有一定的文化,但内心充满不安,对生存感到厌恶和痛苦。另外对语言、文学、爵士音乐和喜剧电影的引述在作品中占据了头版,同时《水银》的主人公正在写一部同名小说(元文学的特征)。在一个处于不断自我反思过程的个体面前,外在的社会参照物已丧失。《水银》中的内心独白时而有序,时而混乱,抛弃了传统现实主义的客观描写。在现实主义作品里作者和人物的距离是明确界定的,而在这部小说里两者实际上是《水银》的同一个作者:格尔文苏是他自己小说里的人物。

从70年代起格尔文苏的实验主义倾向减弱了,着重创作见证性的小说,其人物大多孤独、苦恼、承受无法沟通的痛苦,他们徘徊于日常琐事与梦幻之间,抗拒无聊和自由。《海外游客》(1976)通过回忆男主人公维克多与4个女人失败的爱情、婚姻关系,揭示了婚姻忠贞观念对当代人的无效、人类道德的混乱、病态的爱情受虐狂。格尔文苏认为政治和家庭承诺之类的价值观已经无效,如今消极和犬儒哲学取代了信仰和承诺,这种观点在《夜晚在家》(1977)中重复。小说叙述了两个昔日情人切斯皮尔与保拉在圣塞巴斯蒂安短暂而痛苦的相会,回忆起他们在一个夜晚的相遇和相爱。通过男主人公与妻子皮拉尔、情人保拉各自凌乱回忆的片段(融合了第一、第二、第三人称),逐步揭示了切斯皮尔对待生命和意识形态立场的明显变化(他从活跃的政治家变成一个懦弱者),对过去经历的回顾融合了幽默、失意、柔情和性爱。

《月亮河》(1981)的主题是渴望重新获得失去的和谐(它源自消亡的激情),"据说月亮河在某处穿越那种和谐"。主人公费德尔是一个面临自我毁灭的人,他对抗的是一个世俗平庸的社会。小说的结构几乎是环型的,在第一和最后部分主人公——叙述者在被人杀害的临终时刻,怀着柔情、带着嘲讽向我们讲述他追求一种整体激情和内心和谐的失败过程:费德尔遇到了特雷莎(整体激情的化身),但没有认出她是谁便失去了她。费德尔继续换女人,直到结婚他才意识到特雷莎是自己需要的和谐和激情。费德尔再次遇到特雷莎,重新经历了一场炽热的激情,但他发现,激情只是他个人的问题,而不是和谐的整体。《月亮河》向我们展示了格尔文苏的永恒世界:在40年佛朗哥统治时期西班牙人残酷的情感学习和性生活演变,压抑、保守、僵化的情感教育导致不可能的爱情。主人公怀疑、下决心、犯错误、纠正、享受、受苦,最后失败,逃避成为生存和在孤独中死去的手段。

《被等待的人》(1984)的背景是战后西班牙社会中胜利者与失败者两个阶级的对

抗。主人公莱昂是他那个时代政治局面的见证者，目睹胜利的一方按照自己卑鄙的私利行事，因而他始终处于与外部世界对立的状态中。小说呈现了莱昂在人生道路上寻找自我的内心冲突。《目光》(1987)的焦点是主人公在犯罪之后的一个不眠之夜激烈的内心活动，分析他在一个无故突然的行为中杀人的心理过程。故事是从人物的视角展开的，他的目光不安地注视着犯罪场面。小说融合了心理、道德、历史和现实要素，探讨深陷恐惧、惊愕、迷失方向、无法逃避自我、寻找心灵平静的主人公内心的挣扎和对自我意识、潜意识的分析。

《许诺的天堂》(1991)触及在政治斗争中成长起来的西班牙年轻一代的失意和绝望，对这种心态进行了痛苦的反思。两个步入不惑之年的人物（他们曾是大学同学，20年未谋面），如今一个是已婚的企业经理，另一个是酗酒的诗人、教师。一天夜里两人在一个德国机场相遇，这次相遇引发了他们对过去的回忆，他们那代人曾期望获得一片新的、许诺的天堂，与西班牙工人社会党一起获得权力。但在如今这个社会，只有金钱和成功才是重要的，他们没有得到梦想的公平、正义和平等。《感情》(1995)的主人公是两位女性，她们不得不面对一个矛盾的现实，小说显示了格尔文苏对时间的流逝和人的孤独境遇这类问题的永恒关注和不安。《世上的一个负担》(1999)是他最富雄心的作品：缺少叙述者和注释，以直白的对话构筑了一个独特、深刻、有吸引力的情节。小说反思的是感到不满和无耻的当代人，尽管他拥有了往日被视为幸福的灵丹妙药。[①]

恩里克·比拉-马塔斯(1948)出生于巴塞罗那，曾学习法律和新闻。1968年自动流亡巴黎，寻找更自由的创作空间。比拉-马塔斯的作品是散文、新闻报道、日记、游记和小说的混合物，很难对它加以分类。他常运用先锋派技巧，在虚构和现实之间的界限流动，并且常常有自传因素。比拉-马塔斯的弱点是讲故事、塑造人物和编织情节，但他强化了其他要素，运用独特的小说结构。无论是短篇小说集《我从不去影院》(1982)、《典范的自杀》(1991)、《虚构的回忆：第一部个人选集》(1994)还是长篇小说《镜中女人在欣赏风景》(1973)、《有文化的女杀手》(1977)和《诽谤》(1984)，占主导地位的是幽默、想象和文化参照，他以引言或致意的方式参照卡夫卡、胡安·鲁尔福、科塔萨尔、佩索阿等大师。

《眼皮底下》(1980)是一部真正的"反小说"，它呈现的是一部小说的内在构成、创作者与人物的互相渗透，是"叙述者的失败之旅或在作者之国的一次文学旅行比喻"，这里"国家"指的是小说素材。《眼皮底下》里面出现了一个内在作者大卫，他一连创作了3部小说，一步步塑造人物，讲述他们的生活，学会像小说人物那样说话。与此同时《眼皮底下》还描述任何构思小说、什么是人物的现实，探讨意象的作用。但最后我们发现真正的作者不是大卫，而是他的妻子艾娃，而大卫不过是小说中的一个人物。

《便携式文学简史》(1985)是一部后现代作品，它使比拉-马塔斯在拉美和葡萄牙闻名。小说描写了秘密社团"珊蒂"的成立、短暂的存在和荒谬的活动，它又称"便携者社

[①] 他还发表了《假面具》(1970)、《西班牙传统短篇小说》(1996)、《入睡者的头》(2003)、《死神来自远方》(2004)和《这面冰墙》(2005)。

团",因为其艺术家成员必须避免自己的作品过于沉重,能够装在一个小提箱里携带。此社团1924年成立于尼日尔河畔,成员有加西亚·洛尔卡、杜尚、怀特·本亚明、瓦莱里·拉尔博、乔治娅·奥基夫①、菲茨杰拉德等人,他们的活动是为策划阴谋而策划阴谋(1927年叛徒阿雷斯特·克劳雷将它解散)。要成为"珊蒂"派条件是无节制的疯狂、完美的单身机器(极度的性感、没有任何感情承诺)、不断游走于巴黎、纽约、布拉格、维也纳等大都市,并不厌其烦地讲故事。这部作品以小说的形式(一个表面真实的集体传记)构成了对20世纪初先锋派傲慢、挑逗、冒险的"便携者社团"致意。它嘲弄了叙事规则,对文学本身的概念进行置疑。

《没有后代的子女》(1993)以批评和讽刺的笔调描写了西班牙最近40年的多侧面历史,不同的主人公出现在表面没有关联、各有独立题目的故事中。他们都是些没有后代的子女,出于各种各样的原因不愿意生育后代,因不同的缘故远离社会并且不需要任何帮助,与社会形成一个冷漠的距离。《远离维拉克鲁斯》(1995)是比拉-马塔斯最复杂也最有意思的作品,不仅融合了游记、日记和小说,而且散发着独有的幽默感。小说反映的问题也正是他一直关注的东西:生活与文学的关系,旅行与冒险,孤独与衰老,疯狂与自杀,这一切是通过三兄弟的生活悲剧来体现的:老大安东尼奥是一位游记作家,最后自杀;老二马克西姆是一位怪诞的画家,死于暗杀;老三恩里克是一位旅行者(从墨西哥维拉克鲁斯到西班牙巴塞罗那和马略卡岛),认为"街道比书本教的东西更多",他试图把自己的生活变成一项艺术。恩里克27岁时两个哥哥已经不在人世,他也觉得自己老了,失败了,是个"活着的死人"。于是恩里克隐居到马略卡岛,续写安东尼奥未完成的小说《堕落》,将他们三兄弟的经历以悲伤而幽默的方式讲述出来。最终恩里克在文学(记忆和写作)中找到生存的安慰,这是他在这个陌生世界上幸存的唯一可能,是对他称之为"真正生活"的保护。《远离维拉克鲁斯》从自杀和暗杀的意义出发,无情地剖析了爱情的毁灭力量、生命与死亡、快乐和恐惧之间的界限。它是对生命脆弱的反思(面对死亡和不幸的威胁),是对人类本性不稳定意识的肯定。比拉-马塔斯大量模仿、引用了许多知名作家的作品和话语,其目的是将生活与文学、真实与虚构混合起来。"生活本身并不存在,如果不讲述它,那种生活仅仅是某一逝去的东西,但仅此而已。"

在《奇怪的生活方式》(1997)这部以巴塞罗那为舞台的现实主义小说中,主人公——叙述者(一位作家)一边记录他生命中最重要的一天所发生的事件(他像间谍似的观察、监视邻居的生活),一边以小说的形式回忆自己的过去,叙述自己的经历。因此这部作品既具有心理小说的特征,又包含元文学的戏谑模仿。比拉-马塔斯利用这个人物来探讨小说创作过程、作家与现实的关系,特别是现实主义小说与幻想小说之间的争议(同时向葡萄牙作家佩索阿致意)。

---

① 怀特·本亚明(Walter Benjamin, 1892—1940):德国20世纪前半叶最重要的文学评论家。
瓦莱里·拉尔博(Valery Larbaud, 1881—1957):法国小说家兼评论家。
乔治娅·奥基夫(Georgia O'Keefe, 1887—1986):美国女画家,以描绘大自然的半抽象绘画著称。

《垂直旅行》(1999年"罗慕洛·加列戈斯小说国际奖")的题目不仅是指一次地理上的由北向南的垂直旅行(从法国波尔图到葡萄牙的里斯本、马德伊拉),而且暗示一个人生和道德的历程(从天堂落到地狱),将悲剧与喜剧结合起来。小说讲述两个平行的故事。第一个故事的主人公费德里科,一个70多岁的巴塞罗那有钱人,在结婚50年后被妻子赶出家门,不得不开始一次垂直旅行,学着重新开始生活。途中他遇到的人都遭受了某种危机,在旅行结束时费德里科治愈了感情创伤,找到了自己的人生之路。第二个故事的主人公是佩德罗,他定居在马德伊拉,在费德里科下榻的饭店工作。这个年轻人想当作家,于是把费德里科变成自己想写的那部小说的主人公(两个故事在这个元文学游戏中重合)。

《巴特贝之流》(2000)以美国小说家、诗人梅尔维尔(1819—1891)的《代笔者巴特贝》(1853)为灵感,关注那些放弃写作的作家,是部否定小说和写作的作品。它类似于一篇元文学散文,叙述者(一个孤独的职员)以第一人称从1999年7月8日开始写日记,中间不断收集引言、评论、传记片段,对许多作家(从梅尔维尔到托尔斯泰)进行了批评的、讽刺的或挖苦的评论。

《蒙塔诺的毛病》(2002)则批评那些不会写作的人,不仅针砭了文学弊端,而且披露了最近几年文学界出现的各种反常现象。作品由5部分组成:第一部分是一个叙述者从一本日记的注释出发写成的小说,书名就叫《蒙塔诺的毛病》;第二部分是一本关于日记体作家的文学词典;第三部分是一个讲座和一个剧本;第四部分是一本日记;第五部分是对前几种文本的象征升华。所有这一切其实都是那位叙述者人格分裂的结果(他的生活是多重的、模糊的、混乱的),他作为一个文学病人出现在作品里,虚构了一个不存在的儿子(即蒙塔诺),把母亲的名字用作自己的文学笔名。实际上叙述者和蒙塔诺都是比拉-马塔斯的化身,为了铲除那些文学弊病主人公变成了堂吉诃德,他的秘书成了桑乔,两人游历于巴塞罗那、布达佩斯、里斯本、维也纳、瑞士等地,纠正文学之敌所犯下的错误:保守虚伪的作家、商业出版商、鄙视思想的评论家。在这部小说中比拉-马塔斯还对自己和他那一代作家进行了自我批评,可以看作是他文学和人生原则的宣告。[①]

第四节

文化小说

20世纪70年代左右开始文学创作的"新新诗人"明显具有大量参照艺术和文学的

[①] 比拉-马塔斯常为一些报刊撰稿,文章收录在《最慢的旅行家》(1991)、《口中的恶意:与18位作家的谈话》(1994)、《星期天的西服》(1995)、《为了消灭约整数》(1997)、《来自紧张的城市》(2000)中。《一个永远的家》(1988)是一个口技演员在一个阿拉伯国家的回忆录,作为叙述者,他一人模拟数种声音,直到找到自己的声音。还著有小说《巴黎永不完结》(2003)、《巴萨本多博士》(2005)。

第六章

西班牙民主过渡时期的小说

倾向,因而他们所写的小说被称为"文化小说",如诗人安东尼奥·科利纳斯(1946)的两部作品《在南方的一年》(1985)和《致弗朗塞斯卡的长信》(1986)就是"文化小说"的代表。这一流派是多元的,有时它回忆逝去时代的氛围,与历史小说相混;有时细腻地描写精致的环境,与审美活动相连;有时重塑文学、传说或神话主题,其动机是反思创作过程。

赫苏斯·费雷罗(1952)出生于萨莫拉,青少年时代是在巴斯克地区度过的。毕业于巴黎大学古希腊历史专业,现为电台和电影编剧。他的头两部作品皆以东方为背景,"由于我读过许多中国诗歌,看过以中国为背景的电影,突然觉得自己有能力写一部关于阴与阳、男性与女性相互传染,男人逐渐女性化、女人逐渐男性化的小说,这是我固有的一个着迷想法。"①

《贝尔韦尔·阴》(1981)具有通俗小说的特征(冒险、异国情调和感官刺激),赋予东方主义一种现代气息,摆脱了它的自卑情结和不良的社会意识,令人想起20世纪初的现代主义。主人公是一对怀孕7个月就早产的龙凤胎,弟弟叫贝尔韦尔·阴,姐姐叫尼亚·阳,他们是雌雄对立又统一的象征,而且阴的眼睛能照亮全城,阳能通过表面现象预知未来。他们历险的舞台几乎都在上海、广东、澳门等地,时间从19世纪20年代英国人向中国输入鸦片到1949年上海解放。作为人类行为的参照点,缺乏伦理、道德或性规则在《贝尔韦尔·阴》都表现出来,读者惊讶地目睹了弑杀父母、乱伦和种族灭绝,仿佛这一切都是一场游戏。

《鸦片》(1986)还是一部历险小说,置身于西藏,讲述一个奇怪的、结局悲惨的爱情故事。从《贝芭夫人》(1987)起费雷罗回到西方的现实城市世界,仍以爱情和死亡为主题。这部作品"表面上看是由两个独立的故事组成,但实际上是同一个人物在不同时间和空间的故事,是小说套小说"。②《德波拉·布伦》(1989)是一部流浪汉小说模式的存在主义小说,反映女主人公在几个城市寻找归宿之后的道德堕落,同时见证她所生活的时代。《多普勒效应》(1990)的结构是奏鸣曲式的,分序曲、快板、行板和终曲4个部分,塑造了一位令人着迷的问题女人。《最后的宴会》(1997)是一部心理小说,讲述一个中产阶级家庭4个成员在圣诞夜晚宴上演的一出戏剧性故事。《眼里的魔鬼》(1998)则是关于人际关系的乡土主义作品,主人公喜欢用摄像机拍摄周围人的生活,但不幸导致一场大火,他母亲的情人葬身火海,这一悲剧又引发男主人公与死者的女儿之间产生了爱恨交织的复杂关系。③

米格尔·桑切斯-奥斯蒂斯(1950),诗人、小说家、散文家,法律系毕业后从事律师职业,后转向文学创作。"他拥有一个自我的文学世界,主题通常是挖掘历史、再现西班牙

---

① Sergio Vila-Sanjuan. *Pasando página. Autores y editores en la España democrática*, Barcelona: Destino, 2003, p.151.
② 沈石岩:《西班牙文学史》,第544—545页。
③ 费雷罗还著有《野人爱利思》(1991)、《阿马多尔或一位幸运男子的故事》(1996)、《深渊的天使》(2005)、《13朵玫瑰》(2006)。散文集《雾的时代》(1990)论述世界的不牢靠。

外省城市窒息封闭的生活、令人失望的平庸、年轻时代梦想的破灭、家庭的衰败、一个世界和一些生活方式的消失、时间的流逝、记忆的背叛。人物都是些怀疑主义者（想逃离这种环境），看破红尘，生活总是把他们引向失败、毁灭或死亡。"①故乡潘普罗那是桑切斯-奥斯蒂斯小说的中心参照点之一，经常作为逃避之地出现，但也是幸存者的回忆之地。

《月球乘客》(1984)是一部具有社会批判意图的喜剧小说，幽默地再现了潘普罗那闭塞的外省世界。两个人物（恩里克和爱德华多）一夜的狂欢和喧闹、幽默的场景、模糊的历史记忆与时间的流逝、幻想的缺乏、友情的失败交织在一起。

《丹吉尔——酒吧》(1987)表现的是由无形的幻想和欲望构成的外省生活，表达了不可能恢复往昔岁月的企图，探讨了人类心灵最幽暗的一部分。主人公受一种渴望了解的心理和一种可疑的无知驱使，回到阔别15年的丹吉尔（它只是一个地理参考范围）②，他在那里度过了一生最紧张的青春岁月。现实宿命地引导他找到一些事件的真相，而他没有意识到自己就是参与者，或许还是嫌疑犯。桑切斯-奥斯蒂斯以细腻的含混重塑了遥远过去中一段幻想的破灭，尽管这是一个常见的主题，但悲伤的氛围还是笼罩了读者。

《伟大的幻想》(1989)通过描写3个男人之间的关系来歌颂和反思友谊，小说由一个无名图书馆员与巴约那的一名律师拉瓦丁之间的3段谈话组成（第1、3、5章）。前者发现了一位陌生作家大卫的手稿，对他产生兴趣；后者与大卫有过来往，于是向前者讲述发生在二三十年前的往事，即路易斯、大卫和加布里埃之间的友谊、幻想和失落。第2、4、6章是3个月后图书馆员誊写这一谈话记录时的回忆、疑问、怀疑和反思。这部作品真正的主人公是拉瓦丁，因为读者是通过他的口述走进3个男人的生活，而他根据自己的需要补充或隐瞒事实。在这部小说中空间具有相当重要的意义，巴约那（即潘普罗那）是一个死气沉沉、窒息的外省城市，那里盛行的是谣传和诽谤，它决定了人物荒废、无目标的生活，只能看看电影、读读书、在咖啡馆聊天。相反巴黎是自由、解放、扩张之地，逃离巴约那的路易斯在那里靠做汽车生意发财；大卫在巴黎可以自由地过同性恋的生活，同时开始文学创作。被朋友抛弃的加布里埃在巴约那经营一家影院，他生活在老电影里，梦想着一个充满幻想的世界，逐渐失去了现实感。这3位人物出身不同，有各自的性格和才气，但分享着同样的梦想，他们的人生经历虽然不同但结果都是悲剧。

从《锯鱼》(1992)起桑切斯-奥斯蒂斯的写作方式发生变化，它与《花园中的一个地狱》(1995)和《恐惧之箭》(2000)构成一个系列。这3部作品具有鲜明的批判性和见证性，包含了鲜活的传记素材，揭露潘普罗那这样的外省城市所代表的西班牙当代社会的

---

① Fernando Valls. *La realidad inventada-Análisis crítico de la novela española actual*, Barcelona: Crítica, 2003, p. 225.

② 丹吉尔：摩洛哥港市，位于直布罗陀海峡入口处。1923—1956年为国际共管城市（1940—1945年间曾被西班牙单独占领）。1960年摩洛哥完全恢复主权，现为自由港。

封闭、短路和无理性主义。《不存在这样的地方》(1997)是一部回忆录式的小说,主人公(一个反佛朗哥的学生)试图通过回忆把所有外界的毒素清理干净,因为他需要把长年积累在内心的情感、年轻时代未实现的梦想和恶魔倾诉出来,摆脱与他周围的人(一群生活在幻想中的失败者)的联系,逃离平庸和狂热,消除过时的政治幻想和无理性的原则(这些东西曾支配他与别人的关系)。作品赞成一种自由的生活,构筑起对最压抑的家庭环境里个人道德窒息的反抗。这种揭露倾向在另一部描写恐怖组织"埃塔"腐败世界的小说《中国盒子》(1996)里同样存在。①

佩德罗·萨拉鲁基(1954)出生于巴塞罗那,曾学习心理、哲学、文学等专业,参与创办了杂志《心理日历》。处女作《第十交响曲》(1979)把文化主题与讽刺手法结合起来:在一个失落于沙漠间的神奇村庄克内哈引进了印刷厂,农民组成游击队以建立自己的乌托邦。但军队镇压了这一民众运动,之后克内哈变成一个旅游景点,在它的音乐厅上演 Ludwig 的新交响乐,"他的第十交响乐:海"。这部小说的人物和情节具有寓言模仿的特征,以便作家展示他的讽刺、幽默和笑话。《博尔丹男爵的神奇历险》(1981)描写的是一个衰败的贵族博尔丹男爵的历险记:他组织了一次南极探险,迷失在冰天雪地里,他的雪橇落入一个极地缝隙,结果男爵掉进神奇的阿特兰蒂达城。当地居民把他视为上帝,将他任命为皇帝。新君主委托宠臣(柏拉图、拉伯雷、莫尔等)建立一个乌托邦,让臣民过上幸福生活。但每次企图都失败,一群阿特兰蒂达人起来造反,最后找到的是男爵冻僵的尸体。萨拉鲁基运用想象和才华来嘲讽政府的专制、精英的无能和乌托邦概念的无法实现。

成名作《布景员之夜》(1986)可以看成是一部元小说,作品的结构是片段化的,受电影的影响,分成小小的叙事段落,由一位缺乏灵感的作家来回忆和反思 20 世纪 50 年代西班牙伊维萨岛上发生的一些奇怪和悲剧性事件(那时岛上的生活着两群人:一组是当地西班牙人,封闭保守;另一组是外国人,包括德国纳粹军官、一个放荡不羁的姑娘和一个美国画家)。《青蛙的负责人》(1990 年"批评眼光奖")则为萨拉鲁基赢得更大声誉,《沉默的故事》(1994)以第一人称平铺直叙地讲述了主人公计划与女友共同写一部关于沉默的书,从不同的角度反思什么是沉默,但这个企图并未实现。这个元文学手法仅仅是一个借口,其实是想讲述这对情人所经历的一个非常老套的爱情和不忠的故事。②

---

① 桑切斯-奥斯蒂斯斯还著有小说《魔术师的纸片》(1981)、《美国人的庄园》(1987)、《在巴约那,檐廊底下》(2001)、《迷雾的内核》(2001)、《死亡飞行员》、《巴科的船》;文集《交汇的话语(1995—1998)》(1999)、《马德里的步行者》(2003);诗集《神游的门廊》(1979)、《关于一个孤独的散步者》(1985)、《想象的王国》(1986)和《城市的发明》(1993)。

② 萨拉鲁基的《阿斯托里亚饭店》(1997)是一部侦探悬念小说,叙述一起发生在 1957 年巴塞罗那的保皇派阴谋,其结果是对佛朗哥时期的生活进行了平静的分析。《一项艰巨的使命》(2005)讲述西班牙内战幸存者的故事,情节为战后一个男人接受一项使命,去暗杀前第三帝国的一个间谍,这一艰巨的任务导致主人公重新审视自己的生活。其他作品有《3 个卑鄙的计划》(1986)、《左轮手枪的布鲁斯舞曲》(1991)、《献给情人和小偷》(2000);短篇小说集《邪恶的画廊》(1983,1989)和《灾难之家素描》(1989);广播剧《小船素描》。

第五节

历史小说

西班牙的历史小说是从国外传入的,1951年阿根廷作家胡利奥·科塔萨尔翻译了法国女作家玛格丽特·尤斯纳尔的《亚德里亚诺回忆录》,在西班牙成为畅销书。英国杰出诗人和小说家罗伯特·格雷夫斯的历史小说《克劳狄一世》(1934)在西班牙出版后也深受读者的欢迎,这无疑刺激了本土历史小说的创作。**亚历杭德罗·努涅斯·阿隆索**[①]推出了描写罗马帝国强盛时期的五部曲:《紫红布结》(1956)、《大马士革人》(1958)、《银子十进位》(1959)、《石头与恺撒》(1960)和《火柱》(1962)。主人公是一位反抗罗马征服者的银行家,他假装忠实于罗马,其实是为了保护自己的利益,这个人物代表了犹太民族对入侵强国的仇恨。

如今历史小说是西班牙文坛一个非常时髦的流派,它探索过去,选择历史名城和历史重大事件作为小说的舞台及背景,以著名历史人物为主人公,把作品置于历史现实的氛围中。创作历史小说大致有以下几个途径:重构历史、虚构历史、分析历史对当代现实的重大影响、利用所述历史在时间上的距离作为运用不同写作风格的动机。

双语作家**特伦西·莫伊斯**(加泰罗尼亚语和西班牙语)[②]对古埃及、意大利文化和历史十分迷恋,亚历山大城是其文学创作的源泉之一。历史小说《我们殉道者的圣母》(1983)描写罗马帝国的衰落;《你别说那是一场梦》(1986)叙述的是罗马帝国统治者安

---

① 亚历杭德罗·努涅斯·阿隆索(1905—1982);1929年底赴墨西哥从事新闻工作,同时开始文学创作,1950年作为记者前往罗马和巴黎。1953年以心理小说《水银一滴》(1954)引起关注,作品详细分析了墨西哥画家巴勃罗·科西奥斯在他人生最后12个小时的思想活动及自杀动机。《第二个末日》(1955)讲述一位孤独失意的船长来到一座海岛,邂逅一个女子,两人一见钟情,爱情使这位对生活失去希望和兴趣的船长重新找到了人生的乐趣。努涅斯·阿隆索前期小说的特点是具有一种强烈的智性主义,葬送了现实主义;他的小说世界是狂热的、垂死的,其主人公在长篇内心独白之后往往不可救药地自杀或沉沦。其他作品有《你在时间中的出场》(1955)、《当堂阿尔丰索为国王时》(1963)、《拍卖的荣誉》(1964)、《原罪》(1965)、《没有明天的黄昏》(1971)、侦探小说《正当怀疑时》(1971)和《裸体王后》(1974)。

② 特伦西·莫伊斯(1943—2003)是西班牙同性恋文学的开创者,给人的形象是极富挑逗性、独立性和后现代精神。20岁时前往巴黎,后又去英国、意大利、埃及和希腊旅行。在与相恋多年的男演员恩里克·玛霍分手后,把自身的情感经历艺术地再现在《你别说那是一场梦》中,他化身为克娄巴特拉,而玛霍即安东尼奥。莫伊斯的作品易读,并常常运用神话、电影、滑稽剧、自传和色情等因素。处女作为《主要陋习之塔》(1968),1969年凭借《一个荒凉海滩上的浪花》获得第一届"Josep Pla奖"。以当代西班牙妇女为主人公的现代题材小说《阿斯特拉罕羔羊的爪子》(1991)、《非常女性》(1995)和《女流氓和女名人》(1999)幽默而辛辣地描写了20世纪末马德里上流社会妇女的生活(其中一些是西班牙社会、文化和演艺圈的真实人物,她们的世界完全由表面形象所操控)。《天使的性别》(1992)展现的是60年代加泰罗尼亚的文化生活,《我的电影不朽者》(1993)探讨的是电影艺术,《狮身人面像的伤口》则反思了19世纪埃及浪漫主义时期的问题。还著有《玛丽莲死的那天》(1970)、《男性世界》(1971)、《阿玛米,阿尔弗雷多!或星星的粉墨》(1984)、《寡妇萨西娅》(1988)、《瞎子竖琴演奏者》(2003)、《我将吻你的尸体》;游记《尼罗河上的特伦西。埃及情感旅行》(1970)、《三次浪漫的旅行》(1987)和《意大利纪实》;色情文集《夜晚不美丽》(1994);回忆录《星期六电影院》(1990)、《彼德·潘的吻》和《天堂的外人》(1998)。

第六章

西班牙民主过渡时期的小说

东尼奥与克娄巴特拉之间的爱情悲剧，贵族化的巴洛克表达方式占据明显的主导地位；《亚历山大城之梦》（1988）讲述安东尼奥与克娄巴特拉死后亚历山大城的陷落。在《美的苦涩才能》（1996）中希腊克里特岛画家克伏登返回埃及寻找女儿，正值法老四世统治下，也是首个一神教诞生和衰落的时期。

安东尼奥·加拉[①]的《胭脂红的手稿》（1990）虚构了格拉那达奈斯尔王朝末代苏丹穆罕默德十一世巴布迪尔的回忆录，他在位期间（1482—1492）不断发生内乱，1483年第一次进攻卡斯蒂利亚，战败被俘，为获释签订《科尔多瓦条约》。1492年格拉那达沦陷，穆斯林在西班牙的统治结束，巴布迪尔于1493年流亡摩洛哥。小说第一部分回忆他的青年时代和初恋，第二部分讲述他被俘和获救的经历以及与卡斯蒂利亚贵族的接触，第三部分涉及摩尔王国的内部斗争，第四部分涵盖他战败落入基督徒军队手中的那段时光。在这部历史小说中巴布迪尔的爱情生活（他是双性恋者）、军事和外交活动占据了很大的篇幅，也描写了穆斯林和基督徒不同的文化习俗。

在历史小说中最有意思的是那些既不忽视历史重塑的真实性，又使所述历史的意义接近于当前现实的作品，如**路易斯·贝伦格尔**[②]的《背风面。被遗忘者的纪实》（1973）以作家本人的家庭成员和经历为素材，描写加的斯地区一户有名的水手家庭莫莱诺·德·盖拉的家族史（他们的职业兴衰和海员的生活），时间跨度从特拉法加战役到伊丽莎白二世流亡，同时还追溯到18世纪古巴和菲律宾这些西班牙殖民地的历史。作家放弃了实验主义技巧，创作手法上接近"魔幻现实主义"。**阿马斯·马塞罗**的《被烧毁的船只》（1982）运用一种迂回交错的片段化语言、与"魔幻现实主义"相似的风格，展现了西班牙征服美洲、在新大陆建造城市的画面，赋予西班牙征服者痴狂的神奇故事以真实性。《知善恶树》（1985）的舞台还是前部作品中那个想象的世界萨尔巴格，时间则转移到

[①] 安东尼奥·加拉（1936）：剧作家、诗人、小说家。在塞维利亚和马德里大学分别获法律、哲学、政治和经济学学士学位。90年代成为畅销书作家，《土耳其激情》（1993）讲述一位性压抑的西班牙中年妇女去伊斯坦布尔旅行时结识了一个土耳其商人，与之产生了一段浪漫激情故事。《花园那一边》（1995）的主人公是安达卢西亚地区一个上流社会贵妇，她厌倦孩子们的冷漠、丈夫的不忠，于是与一位年轻男子发生关系，随后出走卢旺达，在那里的一个慈善机构工作，以此来救赎自己。《上帝的域外》（1999）叙述的是一位曾经的修女所经历的爱的激情。还著有剧本《伊甸园绿色的田野》（1963年"卡尔德隆·德·拉巴尔卡奖"）、《镜子中的蜗牛》（1965）、《太阳照在蚂蚁窝上》（1965）、《11月份一点草》（1967）；诗集《亲密的敌人》（1959）；短篇小说集《冬至》（1963）和《陪伴》（1964）；小说《三人规则》（1996）；文集《晚熟的心》。

[②] 路易斯·贝伦格尔（1923—1979）：出生于一个职业海员和航海工程师家庭，居住在西班牙南部重要港口加的斯，因而他的大部分作品以安达卢西亚为背景。贝伦格尔喜爱打猎，所以处女作《胡安·洛冯的世界》（1967）通过一个农村野蛮的打猎者自传，对这项活动展开了一组描写，并涉及偷猎问题。主人公洛冯是一个具有积极意义的英雄，自由、诚实、正直、忠实于他的原则，与大自然亲密共存，具有民间智慧，在他的领地能控制一切。《落尽的海潮》（1969）是一部福克纳式的小说，采用内心独白和自由间接引语作为它的基本叙事手法。主人公是一位老水手（作家在塑造这个人物时求助于自然主义的视角），他的个人和家庭冲突像是连载小说。他与洛冯一样，是一个原始的人（在他周围活动着另一些不正常的人物）。但与洛冯不同的是，这位水手的道德意识更多的是阴暗，而非光明，因为他无法控制自己的冲动。贝伦格尔的实验主义倾向在《绿柴火》（1972）中加重，小说的情节是侦探式的，以安达卢西亚农村的破落贵族为主人公，加入了作家本人童年和少年经历的自传因素。其他作品有《处女卡塔利娜之夜》（1975）、《塔马德阿，秋天的女友》（1980）。

1898—1975年。

卡洛斯·罗哈斯的《宗教裁判所的判决》(1968)是一部巴洛克式的历史小说,背景为17世纪一个充满迷信和巫术的环境,语言在其中占据首要地位。《阿萨尼亚》(1973)是西班牙第二共和国总统曼努埃尔·阿萨尼亚(1880—1940)的传记式小说,勾勒出共和国的失败命运和他本人的不幸遭遇(战后流亡病逝在法国)。罗哈斯虽然不是长枪党人,但对它的创始人普里莫·德·里维拉非常感兴趣。于是围绕关于此人的传言虚构了《何塞·安东尼奥·普里莫·德·里维拉未出版的回忆录》(1977):普利莫·德·里维拉在内战中没有被佛朗哥枪毙,而是被秘密送到俄国,在那里度过了16年囚徒——流亡者生涯。在此期间斯大林与他进行交谈,谈话涉及托洛茨基的流亡和被暗杀、西班牙内战、莫斯科的审判、德国与俄国的战役、斯大林的独裁统治。

《烈士谷》(1978)讲述画家戈雅在费尔南多七世专制统治下最后几年的生活,同时还交替描写了佛朗哥的最后时刻。这两个相差百年的不同历史时代是通过一位研究戈雅生平的老师联系起来的,而且两位统治者具有许多相似之处。同一主题出现在《我,戈雅》(1991)里。《奇思异想的绅士和诗人费德里科·加西亚·洛尔卡升到地狱》(1980)记录了"27年一代"著名诗人洛尔卡的生平、悲剧性死亡和他在天堂的生活(这部分运用了幻想小说的手法)。这位被暗杀的诗人在天堂以第一人称重构自己生平的两个时刻:一个在死之前,另一个与调查的他死亡有关。小说同时还分析了西班牙的民族性以及人类的行为。《审判戈多伊》(1992)则刻画了西班牙历史上的一个著名的首相奸臣戈多伊(他与当时的王后有染);《阿方索·德·波旁与魔鬼对话》(1995)再现了国王阿方索十二世的内心独白。①

何塞·埃斯特万②的处女作《里艾哥的赞歌》(1984)以西班牙自由主义政治家、军事家拉斐尔·德尔·里艾哥(1785—1823)为主角,用近乎口述的形式回忆他1823年抗击法国军队的入侵、被捕、被判处死刑的经历。里艾哥在临死之前回顾1812年颁布《加的斯自由宪法》期间发生的事件(这一宪法得到全国的支持,国王费尔南多七世被迫宣誓承认),反思自己在西班牙社会生活和政治问题中扮演的角色。《游历的西班牙》(1988)则延续了前部作品的时间,在第一部分里年迈多病的作家布兰科·怀特回忆西班牙自由主义者1823—1831年流亡伦敦的经历。第二部分则虚构了西班牙军事家托里霍斯(1791—1831)写于1830年8月—1831年12月11日的日记,这位自由主义者因费尔南多七世复辟而流亡英国,后组织一支军队企图颠覆专制政权,结果被俘,被费尔南多七世下令枪毙。这两部小说都分析了历史对西班牙现状的影响,捍卫西班牙人民的自由。

---

① 罗哈斯的其他作品有《妖巫夜会》(1970)、《路易三世,牛头怪》(1970)、《罗马国王和其他故事》(1978)、《萨拉热窝之梦》(1982)、《与曼努埃尔·玛利亚的会谈》(1983)、《三仙女的金苹果园》(1988)、《阿托查花园》(1990)和《国王的私生子》(1999)。

② 何塞·埃斯特万(1935):出版商兼文学评论家,出版了《西班牙社会小说家(1928—1936)》(1977,与冈萨罗·圣东哈合作)、《何塞·埃斯特万眼中的巴列-因克兰》;小说《爸爸飞行的那一年》和《共和国的马德里》;短篇小说《希洪咖啡馆》(1996)。

第六章

西班牙民主过渡时期的小说

托伦特·巴列斯特尔的《显然，我不是我》(1987)将历史性、真实性和神幻性融合在一起，把玩现实提供的多种可能性。小说描写一所美国大学的几位老师对一个无名的加里西亚作家进行历史和文学方面的研究，其唯一目的是表达和隐瞒现实，让事实相对化。在《我是菲洛梅诺，尽管不乐意》(1988)中主人公以回忆录的传统手法有序地重构他一生缓慢的成熟过程和个人命运轨迹，所以小说的副标题是"一位失业先生的回忆录"，显露出作家一贯的嘲讽。通过回顾菲洛梅诺从少年到成年在爱情、文学、政治等方面一系列不凡的经历、事件和立场，再现了西班牙从30年代普里莫·德·里维拉将军上台到第二次世界大战广阔的历史风云。与《J. B.的萨迦/赋格》相比，《我是菲洛梅诺，尽管不乐意》虽然没有在艺术创新方面有更大的突破，但它引人入胜的情节、充满幽默和调侃的口语化语言、强烈的时代感，为托伦特·巴列斯特尔赢得了广大的读者，缩短了这位学者型作家与通俗文学的距离。《受惊的国王逸事》(1989)充满幽默和夸张，情节出发点为一个西班牙国王坚持要看王后裸体，这个无关紧要的故事为托伦特·巴列斯特尔提供了把一些具有一定影响的历史要素嵌入小说的借口：宗教裁判所、不同教派间的冲突、不治国的君主以及与政治权力相关联的宗教(1991年此部小说被改编成电影，获西班牙电影学院8项"戈雅奖")。[①]

路西亚诺·加西亚·艾西多[②]的处女作《萨拉曼卡的红色石英》(1993)以19世纪初法国军队入侵西班牙为历史背景，通过主人公(一位亲法医生的儿子)第一人称的回忆，再现了那些年发生在萨拉曼卡的动荡局势，特别是传统主义者与亲法分子之间的意识形态冲突(作家将真实人物与虚构人物混合在一起)。**赫苏斯·费雷罗**的历史小说有一种试图超越历史现实、解释世界的意愿。在《神灵的秘密》(1993)中若干个人物/叙述者讲述从古代到第二次世界大战的几个人类重要的历史时刻，不同的历史时空被安排在同一个平面上，充满了阴谋、性爱、博学和沉思。《胡安内罗或新人类》(2000)以文艺复兴时期为背景，描写通过炼金术和犹太神秘教手段创造一个人的故事，刻画了历史人物和文学人物企图不朽的心理。

阿尔瓦罗·庞波利用历史小说来表达他对现实和人类生存的看法，《毫无可能》

[①] 托伦特·巴列斯特尔的《越位》(1969)以马德里文化界、社会界和金融界为戏谑对象，塑造了一些有意思的人物，例如金融寡头、知识型妓女，揭露了进入消费社会、伪造时代的西班牙在知识、文化、经济等方面的腐败和堕落，具有巴列-因克兰的特征。《达芙妮和梦想》(1983)是一部文化性自传，将作家童年和青年时代的回忆与虚构混合起来，其中幻想扮演了重要角色。《我保留声音，让出话语》(1990)是作家与卡门·贝塞拉的谈话录，为我们提供了许多了解托伦特·巴列斯特尔生平和创作的线索。其他作品有短篇小说集《恢复的阴影》(1979)、《熟睡的公主去上学》(1983)、《或许风把我们带往无限》(1984)、《风之玫瑰》(1985)、《奇妙的岛屿》(1991)、《佩佩·安苏雷斯的小说》(1994)、《琼·雷卡尔德的婚礼》(1995)、《蹉跎的年代》(1997)、《多美尼佳》(1999);报刊文集《一个不妥协者的回忆录》(1997)。

[②] 路西亚诺·加西亚·艾西多(1928)：萨拉曼卡大学教师，从事过新闻和电影评论。代表作《静止的心》(1995)是一个侦探小说，通过对一起发生在20世纪初萨拉曼卡一家慈善医院的暗杀事件调查(取自一个真实案例)对西班牙社会进行了批评；《太阳的疲惫》(1996)入选西班牙"国家文学奖"、《爱情、无知和其他过分行为》(1999)以纯熟的语言描写爱情和仇杀故事。还著有散文《萨拉曼卡，乌纳穆诺的伟大隐喻》(1983)、《在萨拉曼卡临终》(1986)。

(1999)是一部反教会、反武力的作品，以优美的准确重构了12世纪的氛围(十字军东征、骑士团、游吟诗人文化)，塑造了一个内心复杂矛盾的人物阿卡尔多(他徘徊于梦中的理想与经历的失意之间：首先在家庭，处于母亲的控制之下；然后在著名的阿基塔尼亚威廉宫廷任职，最后参加十字军，当上基督教骑士)，讲述了一段充满暴力、诱惑、愤怒、忏悔、绝望的故事，阐明不可能将宗教与战争、精神与政治、爱情与残酷结合起来。类似的题材出现在费利克斯·德·阿苏亚的《曼苏拉》(1984)里，后者描写的也是13世纪中叶加泰罗尼亚一支十字军东征的故事(小说实际上向我们解释了作家那代人的失望，他们登上反佛朗哥的战舰，直到1975年，害怕上岸之行)①。

德利韦斯的《异教徒》(1998)是他的第一部历史小说，也是篇幅最长的一部作品。以作家偏爱的巴利亚多利德及周边的老卡斯蒂利亚为舞台，以皮货商萨尔塞多一家两代人的生活为中心，描写了16世纪中叶西班牙文艺复兴时期不宽容的社会、宗教环境。主人公是一个接受新教改革原则的失败者(因为当时的西班牙帝国维护的是正统的罗马天主教)，追求正义，不惜付出生命也要使信仰与行为吻合，结果被宗教裁判所当作异教徒烧死。德利韦斯在此分析了人类的本性和行为、人在世上的绝对孤独和所承受的诸多限制(信仰的不自由、不宽容、贪婪、强权施暴等)。

赫苏斯·费尔南德斯·桑托斯的《无名的女人》(1977)通过发生在同一个舞台(莱昂山区的一个村子)的3个互相重叠交织的故事(它们的历史时间不同：中世纪、战后和现在)来寻找、探索时间。最古老的那个故事具有强烈的神秘感，被构思成一首赞美莱昂山区神奇和神秘的诗歌，呈现出一种接近于谣曲的古老世界的氛围，并暗含着对某一内战的参照。女主人公是胡安娜·加西亚，根据传说她曾在托罗勇敢作战。战后的这个故事聚焦在游击队员的经历上，当代故事则刻画了两个拒绝离开故土的农民(他们是村里唯一的居民，由于农民迁移到城市，村子变空了)，他们一边庆祝"女战神"节，一边回忆内战岁月的仇恨和失败。

《墙外》(1978)的情节发生在16世纪末，当时的西班牙帝国已处于衰落，被饥饿、瘟疫和贫穷所困扰，这一历史和社会状况体现在一个修道院的境遇上：一群叫花子前往修道院讨饭，一些妇女也投靠此地以逃离苦难。女主人公(一位修女)叙述了本修道院的破落和修复(当地贵族盲信一个圣洁修女的虚假奇迹，为此捐资)，她爱上了后者(将那位神奇修女理想化)并见证了后者与贵族的女儿为争当修道院院长所发生的冲突。这部作品呈现的是一个充满嫉妒与狡诈、信仰与迷信、世俗与神圣互相干扰的氛围，同时涉及女同性恋关系(在设想女同性恋生活时根本没有提到男性规则)，它在任何时候都没有作为一种有罪的关系出现在修道院这个特殊的环境里。小说的行文具有节奏感，文体讲究，接近16世纪苦行主义作家的文风。

费尔南德斯·桑托斯利用在西班牙国立图书馆找到的一位卡布雷拉岛集中营幸存

---

① 曼苏拉(Mansura)：埃及代盖赫利耶省省会，位于下埃及尼罗河三角洲达米埃塔河东岸。1250年法国路易九世国王在这座城市被俘。

第六章
西班牙民主过渡时期的小说

者的日记①创作了《卡布雷拉岛》(1981)。主人公是一个喜欢冒险的流浪汉,他加入拿破仑军队入侵西班牙时的商队,结果在巴依冷战役中被俘,被关在卡布雷拉岛。那里除了军人还有他们的家属、情人、妓女、商人等各式人物。囚犯们为生存而奋斗,希望有朝一日获得自由。作家构思这个故事是为了指出西班牙独立战争所带来的两种抉择:一是通过向新思想的开放使西班牙现代化,而带来新思想的正是法国入侵者;二是停滞在本国保守落后的传统模式里,小说围绕这两种立场展开了争论。

《"希腊人"》(1985年"塞维利亚协会奖")是一部关于天才画家多米尼柯·狄奥托科普洛,外号"希腊人"的传记小说。作品的主要叙述者为与他共同生活了一辈子的恋人赫罗尼玛,但也有其他人物的介入:女仆玛利亚和她的儿子,"无敌舰队"的士兵;佛朗西斯克,画家忠实的仆人和密友;豪尔赫,画家的儿子、艺术继承人。他们一起讲述"希腊人"的生平:出生于希腊干地亚岛,1560—1576年旅居意大利,最终定居西班牙托莱多(费利佩二世把首都迁离此城),旧都利用画家为中间人试图恢复往日的地位。小说描写了国王对"希腊人"的不理解(他的画作《圣莫里斯的殉教》人物服饰上的黄色与藏青令人炫目的对比,引起国王的不满,命人另作)、他与教会的斗争、回归祖国的愿望和西班牙人民对这位艺术家的热情赞赏。

卡洛斯·普约尔(1936),文学博士,长期从事法国文学的研究、翻译和批评工作。作为小说家,普约尔习惯把人物置于一个历史时刻并重塑这段历史,他的作品分为法国和英国两大系列:法国三部曲之一《时间的影子》(1981)的历史时空为18世纪末的罗马,主人公是一位年轻的法国寡妇,她逃离法国和大革命。小说结束于夏多布里昂任法国驻罗马大使的那些年,其中穿插了大量真实和虚构的人物(包括西班牙作家莫拉丁)、历史事件(拿破仑入侵西班牙)和逸事。第二部《西班牙之旅》(1983)转到1833—1876年的西班牙卡洛斯战争,虚构了巴尔扎克《人间喜剧》里的一个人物比多克的一场历险。在这部小说中他变成了警察头子、模范丈夫、为正义事业奋斗的理想主义者。巴尔扎克本人也出现在此,他隐藏在一个秘密避难所里,以逃避债主的跟踪。《空气之地》(1984)是三部曲中最具象征性的作品,是对普鲁斯特及《追忆逝水流年》的致敬:普鲁斯特的故居成了小说中女主人公的家(普鲁斯特和自己所塑造的人物也出现在此部小说里),这位老夫人怀旧地回忆起往昔的帝国时代,逃避时间所带来的现代性。

英国三部曲为《在克里米亚是秋天》(1985)、《最遥远的夜晚》(1986)和《英国花园》(1987)。第一部发生在19世纪中叶伦敦世博会期间,主人公查威是一个不知道自己身世的西班牙小伙子,父亲死于流亡英国的西班牙策反分子手里。无依无靠的查威开始了流浪冒险生涯,期间结识了邓肯爵士(诗人,拜伦的崇拜者),成为他的仆人。但没料想到这一关系将查威引上一条情感学习的道路,并且他的生活将漂泊于伊斯坦布尔、塞

---

① 1808年西班牙独立战争期间,西班牙人在巴依冷(Bailén)战役中打败了法国军队,迫使何塞·波拿巴放弃马德里。这场胜利在欧洲引起轰动,因为是一个弱国战胜了一个强国。卡布雷拉岛是在巴依冷战败的法国军队的集中营。

巴斯铁亚和克里米亚,卷入英国人发起的战争。最后一部的情节发生在一个英国殖民地城市,但中心舞台是男主人公海沃德的别墅。小说主要叙述的不是在这座城市发生的革命,而是革命所造成的不安和动荡,所有这一切都是通过海沃德的视角呈现给我们的。他常常引用文学和电影人物来刻画他周围的人,时而幽默,时而嘲讽,时而怀疑,于是我们看到了一场英国人眼中的殖民地血腥革命。①

何塞·路易斯·圣佩德罗(1917),经济学教授,1990年当选西班牙皇家学院院士。著有"时间的圈子"三部曲:第一部《十月,十月》(1981)是一部复杂的实验性小说,以佛朗哥建立政权之前的那个时代为背景。作品突出的主题是性爱,圣佩德罗以弗洛伊德的心理分析基调描写了主人公与其他次要人物之间的自恋情结、受虐狂、同性恋、双性恋等性爱故事。

第二部《年老的美人鱼》(1990)和第三部《王宫》(1993)在结构上的相似之处是它们的双重情节。前者以公元3世纪的埃及亚历山大城为舞台,一条线索是帝国下层社会的社会、政治纪实,另一条情节是"航海者"阿拉穆与宫女格兰卡的爱情故事(她曾是美人鱼)。小说再现了那个时代的风土人情,力图通过与历史的并行关系来反思权力与爱情的对立,解释当前时代。后者的两条并行情节是:1930年玛尔塔前往阿兰胡埃斯王宫②调研西班牙19世纪的历史,结识了"黑夜先生"哈诺斯,与之经历了一场不同寻常的爱情(他出现在玛尔塔的不眠之夜中,并且当电影人来镇上拍电影时将有一个令人惊讶的结局)。另一方面从玛尔塔的研究工作中引出卡洛斯四世时期的一个宫廷故事和阿兰胡埃斯暴动(尽管出现了许多知名的历史人物,故事集中在国王的大管家堂阿隆索及他的仆人罗克身上)。③

爱德华多·阿隆索(1944)毕业于奥维多大学文哲系,现担任一所中学的西班牙文学教授。他是一位擅长在小说中处理时间的大师,作品采取了一种内心旅行的形式,能够把过去与现时之间的细微界限抵消,达到现时的回忆是对过去的转化这种程度。他所

---

① 普约尔的最新作品为悬念小说《每次我们说再见的时候》(1999)。还著有文集《写作任务》(1998)和《日本扇子上的俳句》(1998)。

② 阿兰胡埃斯:西班牙中部马德里省城镇,17世纪成为王室夏宫和狩猎驻留地。

③ 圣佩德罗的《斯德哥尔摩大会》(1952)是一部见证性小说,描写一位四十多岁的西班牙数学老师前往斯德哥尔摩参加一个学术会议,这次国外之行意味着他的生活将发生很大混乱。作家突出了当时西班牙地方主义可笑的吝啬、因袭与北欧人的活力、非基督教主义之间的反差,具有很多幽默成分。《带走我们的河》(1961)则与前部作品颠倒过来,在此是通过一个爱尔兰知识分子的视角(他沿塔霍河旅行)来见证西班牙伐木工人的生活(他们把木材通过塔霍河运到阿兰胡埃斯)。在这部小说中作者把古希腊哲学家赫拉克里特及西班牙诗人曼里克对河水的比喻融合在一起,他在这一史诗般的劳作中看到人类生活的象征意义。《裸体的马》(1970)对西班牙外省城市某些虚伪、假正经的性伦理进行嘲讽。《埃特卢里亚人的微笑》(1985)是一部传统技巧的小说,描写一位参加过反法西斯战争的意大利老农民在身患癌症之后,来到米兰与儿子一家共同生活,看着他年幼的孙子学会走路和说话,由此发现新的、不同的生活意义。他甚至有时间爱上一位女人,在他身上体现了人性的柔情。圣佩德罗还发表了短篇小说集《远处的海》(1992)、《边境》(1995);小说《女大公爵》(1982)、《当地球转动》(1993)、《阿道夫·埃斯佩霍的塑像》(1994)、《岁月的影子》(1994)、《西奈山》(1998)、《同性恋情人》(2000)。《何塞·路易斯·圣佩德罗。必要的写作》(1996)是一部文学传记,收录了作家的访谈和小说片段,披露了他的写作方式、他对生活的看法和向左派意识形态靠近的过程。

第六章

西班牙民主过渡时期的小说

讲述的几乎所有故事都能把最日常的现实变为一种主显节,在神秘和迷惑之间开辟出一条清醒之路。《蔓生植物》(1980)和《静止的海》(1981)同属"诗意小说",舞台都是阿斯图里亚斯地区的一个村庄莫尔特拉,都以第一人称叙述,时间和主题皆为内战和佛朗哥的独裁统治,具有象征、揭露和嘲讽的意图。

《冬夜无眠》(1982年"阿索林奖")的历史背景为17世纪西班牙菲利佩四世时期:1639年12月7日晚西班牙大诗人弗朗西斯科·德·克维多被堂路易斯·德·阿罗(奥利瓦雷斯公爵的侄子)在梅迪纳塞利公爵的家逮捕,控告他与法国大使的间谍行为,要求他在一份批评国王宠臣奥利瓦雷斯的备忘录上签字,被诗人拒绝。围绕着这个事件,作者精心构建了菲利佩四世统治时期的历史框架、宫廷阴谋、节日和风俗,展示了西班牙文化和历史的广博知识。另一条情节线是克维多与奥利瓦雷斯公爵的妻子丽丝的爱情故事,作家深入到这位诗人的情感世界,对克维多的爱情生活做了大胆的猜测。在写作层面上则是叙事人称不断交替(第一人称用于克维多的回忆,第三人称用来叙述),用词典雅(注重使用西班牙巴洛克时期的语言)。小说反思了知识分子与权力的关系(通常是困难和矛盾的),是当代西班牙文学倾向历史小说的一个例子。

在《阿兰胡埃斯的花园》(1986)中阿隆索重构了两个不同的历史时期和两个相似的爱情故事:当代一位侏儒演员多明戈爱上了女演员萨拉,有趣的是他俩在一部电视剧里分别扮演17世纪菲力普四世时期一位宫廷侏儒小丑塞巴斯蒂安和王后安娜,他一直默默地爱着王后。两个不可能的爱情关系由一对人物加以体现,"戏如人生,人生如戏"。

《紫葳树的花》(1991)则以18世纪卡洛斯三世时的马德里为舞台,书名指代的是一种不可能的、短暂的、受恋人自身局限的爱情。启蒙时代的新思潮与旧传统(宗教裁判所的黑暗、对思想自由的不理性压制、权力的任意施暴)之间的争论体现在3个人物身上:拉努萨侯爵,50岁的启蒙知识分子,从法国回来后试图过一种平静、充满天伦之乐的生活,同时在文化方面具有雄心;年轻妻子莱奥诺尔,不甘于贤妻良母的角色,寻找浪漫的爱情和激情;吉塞比诺,被阉割的意大利歌剧演员,是莱奥诺尔的情人。她代表了当时在欧洲发生、在西班牙酝酿的一个社会变化,即为了感情而放弃理智。虽然莱奥诺尔与吉塞比诺的爱情是无法实现的,但她通过梦想逃离了世俗现实。[①]

阿图罗·佩雷斯-雷韦特(1951)记者,作家。1973—1994年担任报纸、电台和西班牙电视台的战地记者,并因在前南斯拉夫战争中的新闻报道而被授予"阿斯图里亚斯王子奖",1993年凭借电视节目《街上的法律》荣获"电波奖",2003年当选西班牙皇家学院院士。除了《科曼切人领地》(1994)是一部关于前南斯拉夫的战争记录(1996年被搬上

[①] 阿隆索的《比亚埃尔莫萨》(1993)是一部寻根小说,主人公埃尔维拉是一位流亡墨西哥的西班牙人的女儿,很小就回到故乡阿斯图里亚斯。如今40岁的她决定在丈夫的陪伴下返回墨西哥,追溯在比亚埃尔莫萨城(塔巴斯克州首府)度过的童年。埃尔维拉独自漫步在小城的街上,遇到了幼时的保姆罗莎乌拉,她找到了自己的根。这次旅行好似沿着自己的肉体和思想行走,掏空了她的内心,把她变成了另一个女人。《猫的幻想》(1990)是一个短篇小说,主题为告别童年,是一次时间和记忆之旅。主人公的一只猫是他的亲密伙伴,一天猫失踪了,它的消失就像逝去的童年。阿隆索还发表了文化小说《希法诺亚宫殿的肖像》(1992)。

银幕），《战争画家》(2006)反思作家在萨拉热窝、埃塞俄比亚和萨尔瓦多长期担任战地记者的经历，他的作品大多介于历史小说与侦探小说之间，以西班牙19—20世纪历史为背景，以马德里和塞维利亚舞台。佩雷斯-雷韦特善于掠夺历史，把历史小说化。处女作《轻骑兵》(1986)以西班牙反法独立战争为背景，描写法国军队与西班牙农民、游击队之间的战斗。作品游历了拿破仑时代的环境，可以看到大仲马的影子。在《大仲马俱乐部》(1993)里这两个法国历史人物的影响更加明显，主人公卢卡斯·科尔索的姓氏就源自拿破仑的出生地科西嘉。① 另一部以拿破仑为背景人物的是《鹰之影》(1993)，叙述1812年法国入侵俄国的一场战役。当时拿破仑军队处于劣势，一个由西班牙囚犯组成的兵营被征入法国军队，他们试图逃走并加入到俄国人的阵营。《特拉法尔加海角》(2004)则再现了1805年10月21日西法联军在特拉法尔加海角同英国海军进行的一场惊心动魄的海战。战役以拿破仑的惨败而告终，此役改变了世界历史。

《击剑师》(1988)是一部关于冒险、侦探、背叛和政治操纵的小说（由佩德罗·奥莱亚导演成电影），呈现的是1868年的马德里环境（当时的西班牙政治正处于动荡时期），但暗示的是20世纪的金钱权力和政治野心泯灭了诚实和忠诚。在《击剑师》里出现了一个独特的图书馆和他所有主人公的一种行为方式：一个古典的人，有一定的审美情趣，不逃避现实，但没有功利思想，坦然面对自我。击剑师哈伊梅已经年过半百，在生命的最后阶段他只活在怀旧里，维护着仅存的荣誉。这时他遇到了神秘的阿德拉，一个迷上击剑的美丽女子。从那一刻起哈伊梅的生活彻底改变了，他卷入了一个神秘的阴谋和一场充满激情的恋爱。

《佛兰德斯木板画》(1990)讲述的是一个神秘事件的破解：年轻的美术修复师胡利娅在一幅15世纪的佛兰德斯木板画（画的是两个骑士在下象棋）里面发现了一句神秘的话，"谁杀死了骑士？"。这引起了她的兴趣，于是决定解开这个迷。她的密友、古董商恺撒和象棋专家穆尼奥斯也参与此事，他们发现了这幅画的历史（在画里找到一起谋杀案的所有要素：杀手、被害人、动机）以及此案所对应的一个预谋计划。而恺撒和穆尼奥斯最后也死于暗杀，这样历史与现代、游戏与生活开始紧密纠缠在一起。象棋在这部作品中是计划行动的寓言，是战争和暗杀的代用品，是生命与死亡的联系，是人类生活的一面镜子。②

佩雷斯-雷韦特与女儿合作发表的系列小说《阿拉特里斯特上尉历险记》以菲利佩四世统治时期为历史背景③。第一部《阿拉特里斯特上尉》(1996)发生在17世纪20年代哈布斯堡王朝的马德里，主人公阿拉特里斯特是佛兰德斯军团的一位老兵，在一次伏击战中失去了最好的战友，他答应死者的最后请求：照顾好他的儿子易尼科，让他远离

---

① 藏书家卢卡斯想调查《九扇门》这部作品的唯一真正手稿的下落（小说作者在17世纪被宗教裁判所烧死，手稿的拥有者也自杀了），他通过侦察手段进入宗教裁判所的档案室。1998年《大仲马俱乐部》被改编成电影。

② Jim McBride 将此部作品导演成电影，并获当年"侦探文学大奖"(Gran Prix de la Literatura Policíaca)。

③ 2006年Agustín Díaz Yanes 将这个系列小说执导成西班牙有史以来投资最大的电影，演员有Viggo Mortensen、Elena Anaya、Javier Cámara、Juan Echanove、Anadna Gil。

第六章

西班牙民主过渡时期的小说

军人的职业。阿拉特里斯特回到西班牙后艰难度日,易尼科成为他的助手(易尼科崇拜主人的勇敢、诚实和剑术,多年后由他来回忆叙述在主人身边经历的事件)。阿拉特里斯特接受宗教裁判所的任务去暗杀两个英国人,动手时他的直觉提醒自己不该杀这两人,于是放了他们。后来我们知道这两个英国人一个是查尔斯王子(英国王位继承人),另一个是布金汉姆伯爵。从那一刻起阿拉特里斯特遭到宗教裁判所的一次次尾随、暗杀,我们跟随主人公的脚步游历了马德里最有代表性的大街、酒吧和宫殿。同时作家还引用了那个时代一些著名诗人(克维多、洛佩、加尔德隆)的诗歌,这一切使得小说的氛围更加逼真自然。

在第二部《纯净血统》(1997)中阿拉特里斯特上尉继续其冒险生涯,当他正要回到佛兰德斯老军团时,在朋友克维多的调解下卷入一场案子:一个女人被扼杀在圣希内斯教堂对面的一把椅子上,手里拿着一袋钱和一个手写的条子。与此同时在一个修道院的墙后也发生了一些神秘事件,而阿拉特里斯特上尉受雇去解救一个新入教的姑娘。第三部《布雷达的太阳》(1998)再现的是 1625 年西班牙军团围攻布雷达的战役[①],叙述者还是易尼科(他第一次参战)。第四部《国王的金子》(2000)舞台回到塞维利亚,第五部为《穿黄色坎肩的骑士》(2005)。[②]

劳尔·鲁伊斯(1947—1987)在巴塞罗那从事教育工作,写过儿童文学、诗歌、散文,但主要的文学成就在于通过自由虚构创新了历史小说。鲁伊斯的历史小说概念是一个包括梦幻、想象及事件的综合作品,同时具有大量的文化参照。一次意大利南方之旅给了他创作"陶尔米纳系列"的灵感[③],这个历史四部曲戏谑地向我们呈现了一幅西方文化图(介于幽默和神话之间),其人物是永恒的,他们穿越历史。第一部《陶尔米纳的暴君》(1980)虚构了一场发生在梵蒂冈的政变,塑造了两个主要人物:一个是暴君希亚冯,另一个是编年史家、行吟诗人阿纳尔多(当他完成任务后被希亚冯斩首)。第三个人物是教皇西克斯图斯六世(希亚冯的兄弟),他不出场,但被前者引证。小说的时间从神话

[①] 布雷达:荷兰西南部北布拉班特省城市。位于马克河与阿河汇合处。拿骚伯爵亨利三世于 1531—1536 年间筑城建堡,直至 19 世纪始终为马克河畔的主要城堡。此后西班牙与拿骚为争夺该城多次作战。1648 年根据威斯特伐利亚和约归属荷兰。

[②] 佩雷斯-雷韦特的《一个有关荣誉的事件》(1995)是一部关于爱情和荣誉的作品,情节紧张、充满绝望的幽默:一个刚出狱的卡车司机在一家公路俱乐部认识了玛利亚,她的处女权已经被皮条客"葡萄牙人"出卖了。Enrique Urbizu 将此作改编成电影"Cachito"。《鼓皮》(1995)运用了教会阴谋和侦探手段:黑手党看上了塞维利亚一座地处黄金地段、具有历史价值但年久失修的教堂,为此有人向梵蒂冈通风报信。于是一位教士受梵蒂冈派遣来到此地,奉命调查在这个"杀人以自卫"的教堂里发生的神秘犯罪。这部小说的环境布局相当陈旧:好像在塞维利亚只有吉卜赛女郎、失意的斗牛士、神甫和贵族。《南方的女王》(2002)采用双线结构:一条是外部故事(走私毒品,政客警察的腐败、洗钱、争夺毒品市场、各国黑手党),另一条是内在故事(女主人公特蕾莎从 23 岁到 34 岁的个人历史,如何从一个纯洁少女变成毒品女王)。利用"闪回"手法从故事的结尾来回溯重构所发生的一切,以第三人称讲述故事,以第一人称(叙述者为一个记者——作家)采访当事人,写下关于特蕾莎的报道。还著有小说《地图》(2000)、文集《海盗准许证》(1993—1998)、《有冒犯的念头》(2001)、《特拉法尔加海角》(2004)、《你们不会活捉我》(2005)。

[③] 陶尔米纳:意大利西西里岛东部墨西拿省城镇,著名的冬季游览胜地,约公元前 210 年归属罗马。

起源到 20 世纪(希腊理想主义、罗马帝国的政治、十字军东征、文艺复兴时期的扩张主义、洛克克的轻浮、法国大革命、原子弹、1968 年红色风潮)。情节从 3 个方面展开:希亚冯的生活及与其他人物的关系,阿纳尔多正在撰写的关于海岛和岛上统治者的编年史,希亚冯与阿纳尔多的对话(对后者的作品进行评论、解释和补充)。

这部历史寓言小说对西方历史和文化持一种富于想象和戏谑模仿的观点。一方面鲁伊斯在世界观和写作上是一位巴洛克作家,另一方面他又是集大成者,所塑造的人物都属于不朽者行列。他们在不同的时代贯穿历史,变成各自身份的典范。希亚冯不仅是一个独裁者,而且是历史上所有专制者的典型代表,集中了他们所有个性化的特征。同时小说展示了西克斯图斯六世与希亚冯之间冲突的演变,寓言性地揭露了教会的宗教权力与国家的世俗权力之间的争斗。

四部曲之二《西克斯图斯六世,一个无限的教皇职位难以置信的叙述》(1981)的情节表面上只限于主角西克斯图斯六世一天的生活,但小说在不同的层面上展开(回忆、梦想、想象和经历过的):一次宗教裁判所的审判、圣马拉基亚斯的预言、一次升天、一次下地狱、一系列的谒见、一个书信集、一个红衣主教的日记等。显示出作者对天主教会各个方面的兴趣。《阿纳尔多·德·蒙费拉离奇而有名的故事》(1984)为"陶尔米纳系列"之三,是行吟诗人阿纳尔多在登上神秘岛与希亚冯相会之前在里巴利岛写的回忆录,描述了他在罗马、佛罗伦萨、威尼斯等地不同时期的游历(19 世纪或 18、16、11 世纪)。阿纳尔多在书中还指出了历史小说的三大要素:首先是修辞(掌握语言),其次是敏感能力(创造惊奇和神幻的能力)和智慧(懂得安排所写的东西)。时间和空间被打乱、混合,不同时代的人物共同生活在一起。鲁伊斯也认为自己只是利用了"其他的时间和空间来讲述我的事情和我的时代"。

最后一部《弗拉维·阿尔威西的文章》(1985)取自《西克斯图斯六世》中弗拉维与西克斯图斯六世的一次会见,鲁伊斯在这部作品中借助历史来批评当前的政治权力对全世界的隐秘操纵。弗拉维是一个杂志的领导,1984 年遭到暗杀,留下一些私密的文章(关于他个人生活经历的一些重要方面,其中自我反思的部分是以最纯粹的报刊风格呈现的,而他的爱情史则以第二人称从回忆的角度来写)。原来弗拉维在 1981 年采访了西克斯图斯六世,了解到一个国际秘密组织"白手"(隐射白宫)的存在,它试图控制全球的政治、经济和意识形态,甚至可以暗杀教皇。不久西克斯图斯六世死于奇怪的情形,弗拉维意识到他调查此秘密组织的危险,于是把自己的手稿交给了一个公证员,即现在发表的《弗拉维·阿尔威西的文章》。①

莱奥波尔多·阿桑科特(1935)是文学评论家、小说家,曾担任《目录》的副主编、《新邮局》的编辑顾问。70 年代末开始创作以犹太西班牙人和穆斯林西班牙人为灵感、以

---

① 鲁伊斯在《有一个非常遥远的福地》(1987)中故事的舞台移到了一个美国小镇,时间也更近。不同的叙述声音和不同的事件、人物满足了作者纯叙事的要求。他还著有小说《月亮的密码》(1992)、诗集《生活的流逝》、散文《关于塔尖的一部主要著作》、影评《白痴的眼光》。

异国环境为舞台的历史小说,将性爱(他的爱情往往是不可企及的,结局悲惨)与神话研究结合起来。《犹太新娘》(1977)把读者带到了中世纪西班牙犹太人被驱逐之前所居住的城市(从杜德拉城的犹太人区到1238—1492年奈斯尔王朝统治下的格拉那达)。小说的主要情节是德波拉(在婚礼前夜死去的新娘)与巴鲁切的爱情悲剧,她在巴鲁切心中诱发了一种过度的、宿命的爱情,他在不同时空不停地寻找死去的恋人。而化身在不同女性躯体里德波拉象征着犹太传统中的流浪灵魂,同时这些连续的化身也使得作家可以加入新的性爱故事(德波拉与巴鲁切的爱情结合直到后者也去世后才达到高潮,两人这时都化身在一对王子公主身上,只不过此刻德波拉变为王子,而巴鲁切是公主)。小说的另一个情节是:一位皈依天主教的犹太人后代在17世纪的西班牙、罗马和巴勒斯坦寻找他的民族之根和文化宗教身份。

《法蒂玛,女奴》(1980)的故事时间回到公元10世纪(当时的伊比利亚半岛处于阿拉伯人的统治下),对当时繁复的爱情仪式和阿拉伯世界做了真实全面的描写和记录。主人公——叙述者法蒂玛,莱昂地区的一位基督教姑娘,讲述自己如何被迫皈依伊斯兰教,作为女奴被调养成宫女,获得人身自由后在科尔多瓦和巴格达又成为许多权贵的情人,只能把自己的爱情追求局限在一段同性恋关系里。

《布拉格的犹太教士》(1983)、《耶路撒冷,一个爱情故事》(1986)和《莫扎特,爱情与过失》(1988)同样是出色的历史小说。在后一部作品中莫扎特挣扎在对父亲、母亲、他周围一切的爱以及不能使任何人幸福的负罪感之间,同时不间断地混杂着对他的一些歌剧主题、情节、歌唱家的介绍,非常细致地描写这些舞台演出。[①]

胡安·埃斯拉瓦·加兰(1948)出生在哈恩,毕业于格拉那达大学英语文学专业,后前往英国留学,1983年获博士学位,现任一所中学的英语教授。埃斯拉瓦·加兰是一位多面作家,创作小说、散文、翻译。他对中世纪历史和安达卢西亚地区十分感兴趣,许多小说以这一时空为背景舞台。《寻找犀牛》(1987)便发生在15世纪末,那时统治卡斯蒂利亚的国王是恩里克四世(外号叫"无能者"),他派骑士胡安·奥里德去非洲寻找治疗性无能的药,即犀牛的角。作者有意使用了仿古的语言,对应小说情节发生的年代。

《我,汉尼拔》(1988)、《我,尼禄》(1991)和《克娄巴特拉,尼罗河之蛇》(1993)分别以3位罗马帝国时代的著名人物为主人公,描写他们不平凡的一生。《瓜达尔基维尔河》(1990)定位于13世纪,《稳重的绅士》(1994年"塞维利亚协会奖")依然是一部历史小

---

① 阿桑科特的《被禁止的爱情》(1980)则包含了侦探、政治和性三大因素,小说叙述一个22岁的左派恐怖分子米格尔逃脱警察的追捕,遇到一个妓女爱莎,她把米格尔藏在自己家里。在此期间爱莎继续卖淫,但米格尔发现她其实是个男人,男扮女装。爱莎为了报复米格尔,将他交给了警察。《西班牙之夜》(1981)运用电影技巧和冒险小说、政治小说、爱情剧的手法,叙述一些流亡海外的无政府主义工会分子策划暗杀佛朗哥的行动。《她,母狼》(1980)是西班牙当代小说中唯一描写变狼狂题材的作品(民间认为恶魔附身于一条黑狼来到人间):一条大母狼在月夜吃掉了一大批牲口后被捕获,丹尼尔用一根木棍强暴了它,然后给它浇上汽油,点火想烧死它。这时下起一场暴雨,母狼乘机逃跑。到了另一个满月时间出现了一个美丽的女人玛利亚,当丹尼尔引诱她时玛利亚恢复母狼的原形,吃掉这个男人,为自己报了仇。阿桑科特还著有神秘小说《难以置信的情人》(1982)。

说,以塞万提斯为主人公,其舞台为 16 世纪末、17 世纪初的塞维利亚。《剩余的圣饼》(1995)是一出伏尔泰式的讽刺剧,讲述一个神父的冒险经历(他在教皇访问完之后必须守护剩余的圣饼)。①

赫苏斯·托尔巴多(1943)出生于莱昂,在马德里攻读完新闻专业后曾长时间在欧洲旅行,后来又在巴西、开罗等地执教,现定居马德里,为西班牙电视台、电台和报纸撰稿。处女作《腐败》获 1965 年"阿尔法瓜拉小说奖",《在今天这个日子》(1976)是部见证性小说,从一个假设出发,即如果内战是共和派获胜的话,那么如今的西班牙现实将会是怎样的(佛朗哥及追随者流亡古巴,等待墨索里尼支持的国际阴谋组织颠覆共和国政权)。

《朝圣者》(1993 年"塞维利亚协会奖")的舞台为圣地亚哥之路,时间为 11 世纪,朝圣之路的鼎盛时刻。讲述马丁(一个被剥夺财富继承权的法国人)在前往圣地亚哥·德·冈波斯德拉的朝圣路上、在教士和异教徒身边所经历的许多意外和情感故事,塑造了一个无根、半流浪汉半圣徒的人物形象。《沙子王国》(1998)也是历史小说,1969—1975 年西班牙人放弃了殖民地依福尼,此事在当时没有引起什么反响,因为那时西班牙人正关注佛朗哥时代的结束。②

何塞·希梅内斯·罗萨诺(1930)毕业于法律和文哲专业,是《卡斯蒂亚北方报》的主编,专长宗教和社会问题。他所塑造的人物大多是被环境和历史左右的苦恼人,在四部曲《乌尔城的萨拉》(1989)③、《小穆德哈尔人》(1992)、《乌伊多布罗老师》(1999)、《约拿的旅行》(2002)中,第一部和最后一部取自《圣经》的两个故事;第二部的主角是西班牙神秘主义诗人、修道士胡安·德·拉克鲁斯(时间为 16 世纪);第三部的主人公乌伊多布罗是虚构的(时间为 20 世纪)。这几部作品之间存在着许多互文性,比如先知约拿在《小穆德哈尔人》已经出现,在《乌伊多布罗老师》中也提及他;而在《约拿的旅行》中提到《乌尔城的萨拉》这本书。

《约拿的旅行》是一个道德寓言,先知约拿受上帝的派遣,前往尼尼微城,警告当地人如果不停止犯罪就将被毁灭。小说讲述了此次任务的原委、约拿与妻子的关系、旅行

---

① 《小姐》(1998)是一部爱情小说,依旧以塞维利亚为主要舞台(也扩展到俄国和德国),时间则从佛朗哥军事政变前夜到第二次世界大战之后。女主人公卡门的父亲和兄弟在内战初期被杀害,她本人被强奸。卡门决定参加一项由斯大林在俄国组织的行动,偷一架施图卡式俯冲轰炸机。俄国和德国分别派各自的人在西班牙内战中试验这种新型飞机,而卡门却爱上了参与此事的德国军官。埃斯拉瓦·加兰还发表了散文集《大学问家书桌的秘密》(1987)、《哈恩王国的城堡和瞭望台》(1989)、《哥伦布之谜以及美洲的发现》(1991)、《圣殿骑士和其他中世纪之谜》(1992)、《宗教裁判所的故事》(1992)、《多比亚司的旅行》(1992)、《我们父母的性别》(1993)、《罗马的爱情生活》(1996);小说《你精辟的爱》(1990)、《残酷的故事》(1990)、《主教的奔驰车》(1990)、《大教堂》(1991)和《母骡》(2003)。

② 托尔巴多的其他作品有《家教》(1966)、《将军和其他假设》(1967)、《仇恨的形成》(1968)、《爱情的故事》(1968)、《西班牙的惊恐》(1976)、《鲸鱼》(1982)、《白银之路》(1988)、《我,巴勃罗·德·达尔索》(1990)、《百人队长的声音》(1990)、《圣母像及其他丢失物的检查员》(1991)、《莫拉曾在这里》;散文集《年轻人的欧洲》、《年轻人在野外》;游记《没有好好洗礼的土地》。

③ 乌尔城:现称穆盖耶尔丘,古代美索不达米亚南部(苏美尔)的重要城市。

过程和尼尼微城最后的获救。通过这一外在旅行作家对知识分子与权力的关系进行了道德教化，塑造了一个谦卑的智者形象，因为约拿拒绝被别人当为救世主、英雄，他始终认为自己不过是个小小的先知。①

第六节

表现主义小说

这一时期一个有意思的倾向是表现主义，它是"一种从畸形的和表现主义视角审视西班牙历史现实的批判性、辨证性作品，从某种意义上讲吸取了巴列-因克兰和他的怪诞小说传统。"②

曼努埃尔·德·洛佩(1949)在走上文坛之前是工程师和经济师，曾因政治原因在故乡布尔戈斯被监禁，1969 年流亡国外（在法国、日内瓦和伦敦生活），直到 1993 年才回国。处女作《阿尔贝蒂娜在加拉芒特人之国》(1978)是对普鲁斯特的致意，但反响不大。《世纪的秋天》(1981)首先是用法文创作的，主人公圣地亚哥（根据他表弟曼努埃尔的叙述）放弃 60 年代在马德里的一切（当时的首都正处于反独裁的政治动荡中），回到自己的故乡和原初身份，化解孤独。但这两种生存方式都没有给圣地亚哥提供他所期望的目标，因为无论在首都还是在农村，天堂都不存在。在农村新环境中，刚开始在圣地亚哥看来是美丽自然的东西，很快就消失了，他只能在一个酒吧里打发时光。小说将现实与梦想、经历与幻觉混合起来，所传达的信息是不可能找到梦想的、不存在的天堂。

《苦艾酒的嘴唇》(1983)开始是一部恢复童年和青年时光的小说，主人公弗雷笛，一个从幼年起失去父母的孤儿，通过与其他人物的对话回忆自己的过去。但作者将现实与梦呓、怪诞融合起来，很难分清它们之间的界限。无论是经历过的还是想象的情形，都达到了无节制的程度，打破了日常环境的正常状态。小说中的人物都是一些不适应社会、被命运抛弃的人，总在寻找某个无法发现的东西，与自己的过去或现时抗争，前途无法预料。

《马德里大陆客运公司》(1987)是一部自传性作品，以战后荒诞的西班牙为背景：小说一方面描写了各种矛盾的、令人惊讶的世界，另一方面塑造了寻找自我的人物。主人公依旧是个孤独的人，他开始了一次没有明确目的地的旅行，寻找未知的根源。所有的

---

① 希梅内斯·罗萨诺还发表了小说《一个秋天的故事》(1971)、《悔罪服》(1972)、《蝾螈》(1973)、《五月的圣徒》(1976)、《大宅门的决斗》(1982)、《拉比·伊萨克·本·叶乌达的寓言和迂回表达》(1985)、《红玉米粒》(1988)、《安赫拉的婚礼》(1993)、《毕达哥拉斯定理》(1995)。在《伙伴们》(1997)里 3 个人物探究自己的过去；《女士们》中的两位上了年纪的女士，厌烦了电视，开始阅读圣阿古斯丁及斯皮诺塞的著作。还著有日记《一根蜡烛之光》(1996)、《小字笔记本》(2003，收录了作家写于 1993—1998 年的读书心得)；短篇小说集《嘴唇上的一个手指》(1996)；诗集《这么大的毁灭》(1992)、《如此短暂的光辉》(1995)和《尤丽狄茜的时光》。

② Santos Alonso. *La novela española en el fin de siglo (1975—2001)*, p.140.

疑问和调查集中在弄清楚谁是他的父亲(是一个有纳粹背景的商人还是一个鼓手或一个几内亚黑人),而这一切其实都是为了展示一种忧虑、不安、无助的现实观。《菜单上的十月》(1989)有很多自传因素,主人公——叙述者其实就是作家本人,他回忆自己从事文学的开端以及70年代在一个公社的失败经历。小说将梦想与现实融合起来,充满悲观主义色彩。

《黑暗中的美人》(1997)则是一个侦探结构的悬念小说,以一位真实女性为原型(这位佛朗哥时期一个将军的遗孀充当了50年代西班牙一些作家的保护人),讲述了发生在西班牙北部一个小村庄的暗杀与自杀、爱情与阴谋的故事:一个将军的孙子在律师(叙述者)的陪伴下去祖父的故乡要求继承他的遗产,遇到了将军的遗孀。围绕着这个神秘的女人展开了一个激情、痴迷、混乱的世界(遥远的往事对肮脏、混浊的现实产生的宿命后果和无法避免的结局),从心理分析的角度探讨了复杂的人际关系和人类的灵魂。①

安东尼奥·索雷(1956)出生于马拉加,从事电视编剧工作并为报刊撰稿。处女作为《夜》(1986年"巴亚多利协会奖"),同年发表《不属于任何人的土地》。在这些作品里他描写处于社会边缘、前途未卜、在任何地方都感到陌生、不适应社会规则的那些人的生活。在索雷的创作中可以看到他在马拉加度过的童年生活的影响,甚至在他的一些人物身上能找到自传的痕迹(这两部作品于1992年汇集在短篇小说集《夜里的外国人》里)。第一部长篇小说《激情模式》(1993年"安达卢西亚奖",但发行不广)讲述在一个残酷的世界里一个妓女与一个电影放映员的激情故事。

真正使索雷成名的是《边缘的英雄》(1995年"安达卢西亚批评奖"):瞎子里内拉对他的女邻居着迷(每晚都能听到她做爱的声音),于是把隔墙挖薄,日夜监听她的动静。一天瞎子发现了女邻居与丈夫合伙杀死了一个嫖客,他试图以此来敲诈自己无法企及的欲望对象。索雷,一位失败的作家、瞎子的密友(作家本人的化身),成为里内拉引发的事件的见证人,他调查其中的隐情和动机,同时反思现实与欲望之间的鸿沟。

《死去的舞女》(1996)属于"成长小说",舞台为60年代的巴塞罗那(成年人的世界)和马拉加(少年世界),讲述女主人公鲁比(一个刚到舞厅的年轻、神秘的舞女)、企业家毛里西奥和摄影师费利克斯之间的三角恋爱故事,而这一切都是由一个马拉加男孩远距离观察叙述的(他的哥哥也在那个舞厅工作,不断给他寄信和照片)。由此少年人的世界被一系列激情和混乱的爱情侵入,引发了他的恐惧和渴望,向他敞开生活喧嚣的迷宫,即将接受生命之战的洗礼。

《忧郁的招魂士》(2001)舞台还是马拉加,时间为1971年。情节的出发点为在野外发现了一具年轻舞女的尸体,一个专业记者和一个警察争着调查此案(描写了妓

---

① 曼努埃尔·德·洛佩的《非洲花园》(1985)从一个亲临非洲的作家视角来叙述埃塞俄比亚革命;侦探小说《游历的珍珠》(1998年"小说之春奖")融合了暴力、性、病态、幽默和悬念。他还著有小说《托蒂·唐的朋友》(1990)、《傍晚的莎士比亚酒吧》(1993);短篇小说集《献给老虎的音乐》(1999)。

院的氛围、郊区的犯罪分子、警察与法官在执法过程中的同谋关系)。这些都是由一位招魂士召唤死者和生者的声音,让他们(以第一人称)来讲述各自的梦想、幻想、欲望和孤独。

《我现在说的名字》(1999 年"小说之春奖")虚构的是发生在内战期间马德里一位 20 岁的战士与一个已婚妇女的爱情故事,具有浓厚的伤感主义。《英国人的路》(2004)讲述从少年到成年的过渡,涉及爱情和友谊的主题(2006 年由安东尼奥·班德拉斯执导成电影)。《鳄之梦》(2006)的主人公因政治原因在佛朗哥时期被监禁了 10 年,之后出国,如今生活在一个气候寒冷的国家,想对他往日的敌人进行报复。小说从这个囚犯孤独的视角回顾了西班牙 20 世纪下半叶的政治生活(佛朗哥政权的反对派进行反独裁统治的武装斗争)。

曼努埃尔·隆加雷斯(1943)毕业于法律和历史哲学专业,1967 年起从事记者职业。处女作《病人》(1964)是一部风格简洁、直白的客观主义小说,《胸衣的小说》(1979)介于反思、文献和研究之间,它一方面呈现了 20 世纪初隐秘、被放逐的不寻常现实(人物和舞台构成一个以性爱关系为中心的封闭世界),另一方面是对性爱问题的详细研究(利用"拼贴画"手法把 20 年代有代表性的性爱小说片段剪辑在一起)。作家将叙事和思辨有机地结合起来,语言为巴洛克风格,运用了文字游戏、省略法和其他修辞技巧。

《帕维亚的小战士》(1984)是一部戏剧化的表现主义小说,一个不真实的闹剧,融合了戏剧、音乐剧、说唱剧和小说的因素。一群因年龄关系而放弃舞台的演员聚集在一起,回忆他们往日的生活,在他们的记忆中再次上演过去的故事,各式人物(贵族和平民、士兵和喜剧演员、妓女和修女、艺术家和野蛮人、强盗和神父)共存于人生的大舞台。在这些回忆中现实与虚构混合,如女舞蹈家多拉、作曲家贝南西奥和词作者安德雷尼奥的回忆重合。小说是对西班牙现实的扭曲、怪诞再现,揭示了人类的不幸,对权力、暴力、爱情、性和命运进行了反思。

《春天行动》(1992)包含了前部作品的不少要素,再次回到歌剧和喜剧演员的世界,但侧重对西班牙当代政治的社会批评:两个当权者让昔日的一个大学同学(如今是一所高中的老师,还生活在乌托邦的理想中)参加一项文化冒险行动,即创作一部歌剧,以此赢得一个受他们操纵的官方戏剧奖。隆加雷斯通过描写一些傀儡似的人物以最尖刻的讽刺批评了西班牙的政治欺骗、个人堕落和行政腐败,上演了一台西班牙的社会道德剧。

《浪漫主义》(2001)重塑了从佛朗哥去世到 1996 年右派上台这一民主变革时期特权阶级(以马德里萨拉曼卡上流社区极右派家族阿尔塞一家 3 代女性人物为代表)和内战失败者适应新时代的两种方式,他们对现实的看法包含了两个浪漫主义倾向:前者自认为高人一等,努力想保住原有的特权地位,开始与左派政治家建立经济关系;后者怀有平等的理想,力图达到社会平等。但事实上一切照旧,每个阶级依然处在原先的地位上,没有实质的变化。权力、金钱、野心和腐败葬送了弱者的浪漫梦想,所有的反抗最终都归于平静。小说对西班牙当代社会的政治权力和社会结构进行了深刻的伦理反思。①

第七节

战后第二代女性小说

1975年佛朗哥时代的结束标志着西班牙女性文学开始迎来它最繁荣的阶段,一大批女作家在文坛(尤其是小说界)崭露头角,她们的作品成为西班牙当代文学不可缺少的组成部分。与战后第一代女作家相比,第二代受欧美文学影响更大,视野更加开阔,女性独立意识更强。在她们的作品中能看到更多欧美女作家的影响,如西蒙·德·波伏瓦、弗吉尼亚·吴尔芙、多丽丝·莱辛和玛丽·麦卡锡。她们将女权主义引入文学创作,反思并探究女性文学的特殊性。其基本出发点是讨论女性文学是否仅仅指由女性写的作品,还是指那些从女权主义立场提出关于女性新问题的作品。②

第二代女作家大多数来自马德里和巴塞罗那的中产阶级,受过高等教育,许多人是职业妇女,从事新闻、出版、文化和教育工作,文学创作是第二职业。她们对妇女在社会上的处境和地位十分敏感,对自身所遭受的不公平待遇持抗议立场,对传统的爱情婚姻观念提出质疑。题材一般以揭示女性内心世界、描写家族历史、刻画被置身于社会生活之外的女性为主,侧重内心分析和话语的抒情色彩。很多作品从自传性经历出发,提供当代西班牙社会的见证。③ 女作家感兴趣的是把20世纪后半叶深刻影响到女性命运的问题移植到文学中来,如妇女所受的充满限制性偏见的教育;缺乏实现自我的自由(从属于父权和夫权);活动天地狭小(一些女作家把这点与女性的无聊和失望联系起来);错误的情感教育对女性的消极影响(爱情是她们唯一全部的生活);宗教、艺术、文化、神话所提供的女性传统模式。卡梅·列拉对女性小说的具体特征做了如下阐述:

"其主题无疑是不同的,而且继续保持不同……女作家通常把自己视为主体—客体,因此她回忆童年(这一直是对自身的回归);在镜子面前观察自己……然后环视四周的家庭圈子。我认为无须记得是弗吉尼亚·吴尔芙指出妇女对现实主义小说做出贡

---

① 《我活着不能没有你》(1995)缓解了表现主义基调,减弱了社会批评的意图。小说讲述一个爱好足球的女孩莫尼卡追随马德里竞技队,试图在足球爱好中找到逃避现实的出路,但这并未给她提供解决人生困境的药方。隆加雷斯还著有《表象》(1992)和短篇小说集《歧途》(1999)。

② 这方面的著作有蒙塞拉特·罗伊格的《妇女时代?》(1980)、《女权主义》(1981)、《寻找新人文主义的妇女》(1981);洛德斯·奥尔蒂斯的《作为象征表达的女性肉体》(1982,探讨女性写作与女性肉体之间的关系);卡门·马丁·盖特的《从窗户上看:西班牙文学的女性视角》(1992)。

③ Biruté Ciplijauckaité 认为"以回忆录或自传形式的写作不仅代表了一种对写作本身的不断探索,而且像一条通向认识自我的路,这两方面不可避免地结合起来,把人与语言等同起来,并坚持有必要为新女性作家创造一种特殊的语言。"见 *La novela femenina contemporánea (1970—1985). Hacia una tipología de la narración en primera persona*, p.70.

献很正常；她们描写自己所见的东西。显然女性更细腻地描写感觉,她们的语言在颜色的形容上更丰富,在家庭环境的参照上更准确。"①

1. 女性与性爱

西班牙历史上是一个天主教影响根深蒂固的国家,对性(特别是同性恋、易装癖)一直持禁忌和否定的态度。一般只有男作家描写性爱,而女作家则很少敢在自己的作品中公开涉及这个敏感主题。在战后小说里性爱仅仅作为背景题材偶尔出现在苏亚雷斯·卡雷尼奥的《最后时刻》(1950)、路易斯·罗梅罗的《昨天的信》和达里奥·费尔南德斯·弗洛雷斯的《劳拉,模糊的镜子》里。直到60年代,性爱作为与现实主义主题和风格决裂的途径才获得重要性,它的作用是强调政治对个人最隐私的权利所造成的扭曲后果。在胡安·戈伊狄索洛的《身份特征》、卡米洛·何塞·塞拉的《1936年马德里圣卡米洛的夕祷、祭日和八日节》和胡安·马尔塞的《只带一个玩具隐居》中,性爱是个体自由退居的最后一个避难所,是个人权利最微小的表达方式。从70年代起,随着独裁统治末期政治和思想的逐步开放,这个主题以更加多样的形式出现：或作为政治主题的一部分(批判而又伤感地回忆战后的西班牙环境),或作为独裁岁月所经受的道德和审美经历的诱导物,或出现在一个异国、历史的回忆文本内。在那些半自传性质的小说,如阿亚拉的《快乐的花园》和翁布拉尔的《树状的蕨》,处理性爱这个题材时抒情与残酷、幽默交织在一起。

在女性小说中性爱是作为抒情的回忆主题来对待的,重点是性解放,同时公开探讨同性恋问题。"女性作家强调的是对性的接受或排斥；性爱描写的灵感来源于自我满足和情感关爱；更多的是情绪、感情描写,而非外在的生理细节。对女性自身肉体的外在描写比对她伴侣的身体描摹更重要(后者只局限于下身)。感情或家庭冲突(因失败或失望)是性爱冒险的根源。从结构上看,女性小说是一连串事件的铺展,它们的密码在小说的最后几页……更重要的是女作家(特别是加泰罗尼亚女作家)塑造的那些女主角,她们尽管出身良好家庭,却不断更换情人……或许这些群居的人物是夸张的,她们代表了一种失败、一种反应,一种对旧禁忌的解脱。"②

埃斯特尔·图斯盖慈(1936),作家兼出版商,在战后接受的是巴塞罗那上流社会的精英教育,从60年代初起执掌鲁门出版社。她对女同性恋这个敏感题材的探讨引起评论界和读者的广泛注意,图斯盖慈的创作受法国女权主义理论家兼作家艾莱娜·西苏"肉体写作"理论的影响,为女性模式的分析提供了一系列新的视角。图斯盖慈提倡一种双性恋,相对于女人与男人的关系,她赋予女性之间的关系同等甚至更大的重要性,女同性恋是作为针对男性性规则的一种选择而出现的。

图斯盖慈的"女性三部曲"《每年夏天的同一片海》(1978)、《爱情是个孤独的游戏》(1979)和《最后一场海难后的搁浅》(1980)总体思想是揭示社会环境对妇女的毁灭性影

---

① Carme Riera. "Literatura femenina: ¿un lenguaje prestado?", *Quimera*, No. 18, 1982, pp. 9—12.
② Pablo Gil Casado. *La novela deshumanizada española (1958—1988)*, p. 242.

响。其中的女主角都是出生于战后加泰罗尼亚上流资产阶级的成年女性,她们没有能力获得基于真实关爱的真正生活,处于道德习俗和家族利益的包围之中,受传统性别角色限制,她们的个人发展受到阻碍。于是这些"现代夏娃"失望地迷失在自身及周围的世界里,充满危机感,采取与传统道德和家庭规则决裂的态度和行为(同性恋、吸毒、思想混乱),艰难奋斗以达到成熟(不妥协、不放弃)。三部曲在时间上呈直线递进,开始于战后,结束于80年代。舞台都是一些封闭的微型世界,表面上缺乏外在的社会环境描写(但不断有时空的跳跃)。另外三部曲的女主人公都叫爱利雅,而与她发生同性恋情感纠葛的女人都叫克拉拉。她们虽然同名,但并不是同一个人物,以此使三部曲具有某种内在的联系,勾勒出这些年西班牙妇女个人和社会处境所经历的演变过程。

《每年夏天的同一片海》是一部抒情性爱小说,包含了许多自传性心理分析。女主人公——叙述者是一位50岁的大学老师,她的生活无聊,缺乏意义(母亲是待人冷漠的资产阶级太太,丈夫是一个唐璜式的导演,对妻子冷落,女儿跟外祖母一样自私无情)。于是选择了来自哥伦比亚的女大学生克拉拉作为情人,与之产生了一段情爱与肉欲的激情碰撞。爱利雅需要发现肉体,需要克拉拉作为对话者倾听自己的回忆和叙述,以便真正认识作为女人、情人、作家的自我。克拉拉变成了女主人公的镜子,帮助她找到了真正的自我,使她完成了对内心历程的回顾以及对自身性别的重新发现和认识。但在小说的结尾,爱利雅却不知道该如何处理与克拉拉的同性恋关系,也不知道该如何对待真正的自我,于是再次回到那场失败的婚姻,既使自己失望,也辜负了克拉拉的爱。从这个意义上讲,《每年夏天的同一片海》超越了性爱机器,因为女主人公通过反思在佛朗哥统治时期度过的失意童年和少年、她的家庭根源、大学教育和失败的婚姻(这一切导致了爱利雅目前情感和生存危机),揭露了西班牙女性的际遇,对加泰罗尼亚资产阶级的生活方式和价值道德体系进行了严厉的批判,向天主教会和传统道德提出挑战。

《一去不复返》(1985)被视为西班牙当代小说中对性爱和同性恋探讨最深刻的作品,书名来自作品开头的一句诗"纯洁的青春/你一去不复返"。女主人公埃莱娜嫁给了一个电影导演,有两个孩子和两个情人。她年轻时企图改变世界的愿望落空了,她所崇拜的神(上帝、马克思、弗洛伊德)都死了。年过半百的埃莱娜既没能力走出少年时代的幻想,也不知道如何面对衰老,是个彻底的失败者。

《嘴唇上的蜜》(1997)继续描写前面这些作品独特的爱与性世界,再次出现两个女人之间充满激情、但同时导致不可挽回的宿命的同性恋故事。沿着这条性爱线索,小说对70年代加泰罗尼亚进步大学生的道德和意识形态进行了见证式、批判性和社会性的描写。《私人通信》(2001)融合了现实和虚构、记忆和幻想,女主人公给她生命不同时刻所爱的4个人写了4封信:母亲、一个文学老师、一个出身贫寒但具有出众戏剧才华的年轻人和一位执迷不悟的唐璜。她在这些信里不仅想反映个人的变化(在委内瑞拉长期流亡之后60年代末回到巴塞罗那,第一次婚姻触礁),而且试图反射出从内战末期到佛朗哥死后不久的西班牙社会政治变化。

短篇小说集《7个目光落在同一片景色》(1981)由7个短篇小说组成,以第三人称

第六章

西班牙民主过渡时期的小说

讲述主人公萨拉对人生不同阶段（童年、少年、青年、成年）的家庭生活7种境遇的回忆，其主题是孤独、死亡、冷漠、情感教育。《疯女孩和其他故事》（1996）则带有很多自传成分，图斯盖慈把这些短篇定义为伦理小说。

图斯盖慈塑造的女性形象具有一些共同特征：不漂亮，不诱人，甚至腼腆、胆小；孤独和从小缺乏母爱是她们渴望女性关怀、偏离到同性恋的主要原因。她们一方面耽于声色，但另一方面并不缺少知识能力（通过阅读、写作和想象构筑自己的天地，逃避女性弱势的命运）。图斯盖慈深刻细腻地刻画了女性痛苦的内心世界（运用缓慢的时间感，将互文性文本插入人物的意识流中，解释她们的过去），以自传性的片段再现事件和回忆（取消标点符号，扩展意识流，减少、压缩情节），但没有逻辑的串联。她对性爱场面的描写充满诗意和抒情（大量使用了与大海、水族、黑暗的洞穴、深渊有关的术语，这些词汇与女性性别相连），很少有赤裸裸的直白。对民间神话、古代象征物及性仪式的参照和暗示是为了让读者理解表现女性人物心理机制的那些隐喻和意象。图斯盖慈的作品被视为性爱小说的一个典范，但它们又不仅仅是性爱小说，因为包含了对资产阶级社会的猛烈批评，对几代妇女受歧视和压制的际遇进行了揭露。①

安娜·玛利娅·莫伊斯（1947）：诗人、小说家和翻译家，现为"布鲁格拉"出版社社长。在哥哥特伦西·莫伊斯的引导下很早就与巴塞罗那文学界建立联系和友情，是唯一入选卡斯特野的《9位西班牙新新诗人》（1970）的女作家。1967年莫伊斯主动写信给当时流亡在外的"27年一代"女作家罗萨·查塞尔，寻求一个开放的、有素养的对话者。她的文学才华和批判眼光引起查塞尔的注意，两位不同时代的女作家之间的通信持续了好几年，并于1998年结集出版，书名为《从海到海》。

莫伊斯的《瓦特，你为什么离去？》（1973）是对处女作《胡利娅》（1970）的再创作，一些相同的人物（胡利娅、她父母、兄弟、外婆和爷爷等）再次出现，但小说的主题改变了。② 以日记体方式描写60年代初巴塞罗那资产阶级上流社会的一个男孩对另一位神秘男子瓦特的同性恋感情（其实瓦特只是男主人公性意识中的幻想产物）。主人公挣扎在内心情感与天主教道德的冲突之中，对同性恋怀有罪孽感。作品是对战后一代青年（内战胜利者和失败者的儿女）情感教育的回顾和剖析，他们过早地颓废，因为这代人虽然没有亲身经历内战（生活在父辈回忆的阴影下），但无法获得一种精神和感情的自由。莫伊斯的短篇小说集《危险的品德》（1985）里的第一个故事描写了佛朗哥时期的一位将军夫人与另一个女人沉默而放荡的同性恋激情，这个危险的关系导致她丈夫精神

---

① 图斯盖慈还发表了《玛塞拉的小兔子》（1981）、《女猫王》（1994）、《摩西之书》（1987）、《摩西之后》（1989）、《性爱故事》（1990）和《一个不大说谎的女出版商的自白》（2005）。
② 《胡利娅》以60年代巴塞罗那一个极端保守的工业资本家族为背景，描写这一虔诚的天主教徒家庭精神和人格分裂的故事。小说的结构是环型的：20岁的胡利娅是那个时代反叛、幼稚的大学生代表，对世界怀着无名的恐惧（这是她从小被抛弃，在孤独中成长的后果）。接着她的记忆跳回到5岁时的童年，胡利娅的父母以天主教的道德标准看待任何行为，然而他们自己的生活却充满混乱和堕落。虽然维持着婚姻，但各人过着独立的生活（母亲有一个情人）。小说的结尾再次回到现在，胡利娅企图自杀。

失常。①

卡梅·列拉（1948）：出生于帕尔玛·德·马略卡岛，是巴塞罗那自治大学文哲系的教授、小说家、散文家、编剧。最早的两部短篇小说集《亲爱的，我把大海献给你做礼物》（1975）和《我把海鸥作为证人》（1977）是用加泰罗尼亚语创作的，后改编收录在西班牙语选集《女人的话》（1980）里。这些作品是对西班牙政治过渡时期妇女现实的见证（在技巧上强调对话、使用元文学手法、借助个人回忆），触及到女同性恋题材，作家的观点为同性恋是正常的、真实的。《亲爱的，我把大海献给你做礼物》讲述一个发生在西班牙民主变革之前加泰罗尼亚语地区的女同性恋故事，女主人公在临产之前回忆起15岁时与一位中学女老师的爱情经历，因担心自己会死于生产，于是决定给初恋的情人写一封信（但是隐瞒了她的真实性别，读者直到最后才发现她的情人是个女的）。《我把海鸥作为证人》与前部作品形成对话，小说讲述的是同一个故事，但这次是从女教师的角度展开的。她屈服于巨大的社会压力而放弃了这段恋情，造成15年后她精神失常而被关进一个心理治疗所，靠重温那个"不正常"的爱情度日，恋人死于难产加重了她的病情。②

总之，西班牙女作家的"写作不是为了激起性欲的想象，而是为了讲述妇女完整的生活。不在性活动的描写上铺展，而更多的是聚焦内心的感受。女作家把性因素的操纵理解为妇女被屈服的首要原因之一，她们研究这些行为、现存的神话及可能的解决办法。关注这一问题的女作家不止一位坚持认为有必要把性爱小说与色情写作区分开来……"③

2. 女性与写作

女性意识的觉醒和分析很多时候是通过写作进行的，它是女性自我心路披露和感情释放的一个重要手段，因为创作像一面镜子反映了女性的内心情感和思想。女性小说中的很多女性人物都从事与写作、创作有关的工作，这其实暗含了对女性创造力的维护。妇女为了获得艺术创造力，不仅需要"自己的一间屋子"，还必须拥有自

---

① 莫伊斯还出版了以奥地利王后西西公主的生活为灵感的小说《黑色华尔兹》（1994）；短篇小说集《那个我每天见到的红头发男孩》（1971）、《雾与其他小说》（1988）、《我对自己的真实生活毫不知晓》（2002）；诗集《甜蜜吉米的民歌》（1969）、《叫我石头》（1969）和《没有时间给鲜花》（1971）；儿童文学《原始时代的奇妙丘陵》（1973）、《机器人。痛苦》（1982）、《米格龙》（1986）；文集《玛利亚·希罗娜：自由的绘画》（1977）、《杰出的堕落女性》（1996）、《24小时与"不善交际的圣女"团体》（2005）。

马约拉尔的《隐秘的和谐》（1994）也塑造了一对从少年时就结下友情的女同性恋（她们又各自有男性情侣），她们之间的关系是平等、互助、互补的，没有一般爱情关系中的那种依附和支配。

② 列拉的《在天上和更远的地方》（2000）描写一对修女于19世纪中叶前往古巴的历险。《灵魂的一半》（2004）是对战后及内战受害者的记录（女主人公从寻找1960年失踪的父母为起点，开始了一场自我寻根的历程）。还出版了短篇小说集《反对陪伴的爱情及其他故事》（1991）；小说《通过中间人》（1989）、《英语课之夏》（2006）；日记《等待的时间》（1999）；文论集《巴塞罗那派》（1988年"阿那格拉马散文奖"）、《卡洛斯·巴拉尔的诗歌》（1990）、《在你的墨水里有毒和茉莉花》（1991）、《主张幸福的人。50年代加泰罗尼亚团体诗选》（2000）、《加泰罗尼亚女性诗选》（2003）、《从加泰罗尼亚民族主义角度看三百周年的〈堂吉诃德〉》（2005）。

③ Biruté Ciplijauskaité. *La novela femenina contemporánea (1970—1985), Hacia una tipología de la narración en primera persona*, pp. 166—167.

己的生活和经历。卡梅·列拉的第一部长篇小说《献给多梅尼哥·瓜里尼的一个春天》(1981)呈现了70年代30岁左右的西班牙妇女所经历的传统情感教育(把她们培养成献身爱情的人)与新的女权主义要求的平等自由之间的矛盾二分法。《自尊心问题》(1987)通过女主人公与女友书信往来的形式,坦白了职业女性寻找人生坐标和幸福的心路历程。外在的坚强不能掩盖她内心的脆弱和无助,她仍希望能找到一个坚实的肩膀作为依靠。

马丁·盖特的《变幻莫测的云》(1992)具有明显的自传成分,试图通过两位同窗女生的平行生活文学化地挖掘她本人青年和成年时代生活的一部分。两位出身上流社会的妇女分离三十多年后的偶然相遇导致她们以书面的、对话式的内心独白对少年时代的友谊、成年后情感和婚姻的失败进行回忆和反思:索菲娅(马丁·盖特的化身)是个失意的妻子,她立志文学创作,在作品的开头便宣称要写一部小说;玛里亚娜是成功的心理医生,她把写作视为对灵魂的治疗,她鼓励索菲娅写一部关于她俩的小说,以重新整理各自破碎的生活。于是写作成为她们彼此交流的工具,索菲娅写日记,玛里亚娜写信。写作成为揭示自我身份、内心反思和对外倾诉的手段。

马丁·盖特的另一部作品《奇怪的是生活》(1996)是一部"成长小说",风格介于诗歌和口语化之间。小说的题目是女主人公阿格达(一位35岁的马德里档案管理员)创作的一首摇滚歌词,她热爱写作和摇滚乐,正在做关于一个18世纪冒险家的博士论文。母亲去世后,阿格达在孤独沉思中发现了生活的价值,并引发了对往昔的回忆(她从少年时代起便与父母决裂,婚后丈夫常年出差在外)。阿格达需要寻找自我,反思生活、死亡和生存,"为了逃离地狱必须借助魔鬼的帮助"。作品以第一人称从内心化的视角讲述了这位女性丰富的内心世界和生活,写作成为她摆脱人生生活困境的途径。

玛尔塔·波尔塔(1930)毕业于马德里康普鲁登塞大学文哲系,曾留学哥伦比亚,当过记者,现为康普鲁登塞大学信息科学系教师[①]。在小说创作上,她以心理分析和内心化的技巧探讨人类孤独和无法沟通的问题,尤其渴望深入女性心理。《盲目地试探着》(1966)讲述一位已婚妇女因受丈夫冷落而狂热地爱上他人,陷入通奸。随着儿子的出世她开始明白应该为别人活着,作品反映了作家本人的基督教观念。从《向月亮咆哮》(1970)起波尔塔开始关注人类的境遇,在这部内心分析的作品中,一位与情人分手的中年妇女在失眠之夜开始内心独白,以此让我们深入她孤独和失败的内心,作家通过爱情向读者传递人类生存的不安。《背叛的代价》(1983)是四十不惑的女主人公回忆自己生活经历的独白,一方面呈现出她过多的不幸:年老患病的母亲去世;丈夫生癌死亡;失去年轻时的宗教信仰;与情人分手。另一方面探究或寻找支配这位妇女生存状态(她痛苦,是孤独的牺牲品)的理由和不公平之处。

[①] 波尔塔还著有学术文集《墨西哥大革命的叙事过程》(1977)、《佩德罗·帕拉莫的符号学分析》(1981)、《鲁尔福:暴力的原动力》(1984);小说《暴死者》(1967)、《紧挨阴影》(1968)、《坠落的天使》(1994)、《我和他,我们三人》(2002)和短篇小说集《20个》(1973)。

然而在《正路》(1975)中生存的冲突体现在创造者(小说家)与创造物(文学作品)之间的斗争,文学作品被视为作家发现自我的途径。小说的叙述者是一位爱好文学创作的女记者,她得到一个在亚马逊丛林的天主教团工作的西班牙女护士阿梅里雅的日记,于是通过她的笔向我们讲述了阿梅里雅与神父达米安(她的上司)精神和肉体双重结合的经历。波尔塔后期的小说都是沿着这个方向创作的,把写作与性行为相提并论。《一个色情天地》(1982)涉及人物、性别和创作过程三者之间的微妙关系:女作家艾尔维拉被表妹埃莱娜的故事所吸引,在两人的相遇和交往中发生了同性恋关系。这是一次诱人的经历,写作行为在其中出现时充满了肉欲:"我的舌尖将怎样经过你的嘴,用我的肉体而非我的语言来描绘它。艾尔维拉,你是肉体,在性高潮中颤动的肉体,被我的手震动,语言变成肉体,变成欲望。"①

蒙塞拉特·罗伊格(1946—1991)英年早逝,巴塞罗那大学西班牙语文学系毕业后留校任教,同时兼任电视评论员和记者。她曾加入西班牙共产党,具有强烈的社会政治意识。"罗伊格继承了内战失败者的政治理想,是左派和女权主义者。她以司汤达的方式创作小说,沿着生命之路用写作这面镜子来反映她周围的世界。"②罗伊格把文学创作看成是一种精神治疗法,因为它能够表达其他方式所无法表露的感情,她的作品见证性地刻画了加泰罗尼亚小资产阶级的生活,审视了妇女的处境。女性三部曲《再见,拉莫娜》(1972)、《樱桃时节》(1978)和《紫色时刻》(1980)描写了从内战到70年代两代加泰罗尼亚妇女的生活,在最后一部中女性人物通过写作获得了自身意识。小说一开始就出现"艺术赋予生活以秩序"这句格言,主人公娜塔丽娅(职业摄影家)公开表示:"我觉得有必要用话语来拯救所有那些被历史,大历史,即男人的历史弄得不确切、被谴责或理想化了的东西。"③

娜塔丽娅开始收集、记录个人及家族内外三对女性人物的历史:她和母亲的女友卡蒂为自由叛逆的职业女性,单身姨妈巴德利西娅与家庭妇女阿格内丝(她丈夫与娜塔丽娅有过婚外情)则是顺从忍让的传统妇女,母亲朱笛和诺尔玛(记者兼作家,即罗伊格的化身)在事业和家庭上更平衡,也更矛盾。之后她委托诺尔玛把自己的笔记、日记、信件改编成一部小说,在这部逐渐成形的作品中娜塔丽娅(第一人称叙述)、诺尔玛和女友阿格内丝(第三人称叙述)各自的生活经历获得了小说化的发展,交替推动情节的展开,同时重视各片段之间的相互启示和说明。在这一创作过程中,解放了的妇女一步步揭示自己的弱点,而传统的小女人却渐渐获得力量(被丈夫抛弃的阿格内丝最后拒绝回到他的身边),她们用女性的"共同语言"书写自己的历史。④

---

① Marta Portal. *Un espacio erótico*, Madrid: Ibérico Europea de Ediciones, 1982, p.184.
② Pilar Nieva de la Paz. *Narradoras españolas en la transición política*, Madrid: Fundamentos, 2004, p.191.
③ Montserrat Roig. *La hora violeta*, Barcelona: Ediciones 62, 1980, p.17.
④ 罗伊格还著有《情感学习》(1971)、《语言的巫师》(1975)、《日常歌剧》(1982)、《我去封锁圈的旅行》(1982)、《金色的针》(1986)、《青春的歌唱》(1990)、《悦耳的声音》(1992)、《请说你爱我,即便这是假话》(1993)。

3. 女性与幻想

一些西班牙女作家企图完全打破现实与虚构之间的界限，拒绝现实作为概念和感觉在她们小说中存在。其作品的"相同之处在于传递一种扭曲的现实视觉，经常呈现外表畸形化的过程和受病态行为影响的人际关系。象征性空间是人物复杂心理和情绪的真正外在延伸，常常被设计为封闭和孤立的氛围，是发生在那里的有冥世观色彩的事件的完美框架。"①

马图特的幻想小说《被遗忘的国王古度》(1996)讲述一个东欧古国的中世纪传奇，主题为权力之争、善与恶之战、权势者与卑微者之间永恒的辨证关系。《阿兰玛诺斯》(2000)还是定位于一个模糊的中世纪，同样的宫廷故事(加入了神话人物，如仙女和精灵)。幻想因素赋予人物双重性(既有人性的一面，也有超人性的特征)，试图战胜平庸现实的局限。②

安娜·玛利亚·纳瓦雷斯(1939)在故乡萨拉戈萨大学获文学博士学位并留校任教，以诗著称。在小说处女作《朱丽叶·奥维斯的归来》(1981)中，女作家虚构了一个被遗忘的女画家朱丽叶·奥维斯并以抒情的语言和实验主义的技巧完成了对她传记的自由重构；她生活在30—40年代的巴塞罗那、巴黎和马德里，从一个农村少女成长为先锋派画家，而这位女艺术家的反抗、激情、感情的孤独、行为的肆意导致她最终的疯狂和毁灭。朱丽叶·奥维斯的生活结果成为女作家内心幽灵的反映，这个疯女人的形象实际上是女性艺术家对自我身份的绝望寻找。《格查尔迷宫》(1985)通过主人公的自白历数了他的个人情感关系(大部分是不幸的，使他的内心处于不稳定的状态，人格分裂)，特别是他没有满足的愿望，即凭借想象力的神奇幻想摆脱日常生活的俗规惯例。主人公放任自己的想象，叙述了与他个人现实无关、发生在不同历史时代的故事(从遥远的特洛伊时代、中世纪到19世纪)。他变形化身在各种动物的外表下，充当文化和历史的见证者、观察员。③

克里斯蒂娜·费尔南德斯·库瓦斯(1945)出生于巴塞罗那，曾学习法律和新闻。大学毕业后去拉美旅行，在那里生活了两年。还在开罗呆过一个冬天，学习阿拉伯文。她的第一部短篇小说集《我妹妹埃尔娃》(1980)是纯幻想小说的最佳代表，也是对哥特文

---

① Pilar Nieva de la Paz. *Narradoras españolas en la transición políticas*, p. 314.
② 马图特的其他作品有《只光着一只脚》(1984)、《安蒂奥基亚的圣母和其他故事》(1990)、《不属于任何一方》(1993)、《睡美人的真正结局》(1995)和《被禁止的游戏之家》(1996)。
③ 安娜·玛利亚·纳瓦雷斯还著有小说《银鸥的下午》(1981)、《我的姨妈艾利莎》(1983)、《满清官员的情妇》(2002)；短篇小说集《装进一个蓝色信封的两个小伙子》(1976)、《在私密的城市散步和其他相遇》(1987)、《布卢姆斯伯里的故事》(1991)、《国王萨卡里亚斯》(1992)、《3个女人》(1995)、《两岸的故事》(2001)；诗集《另一个美德》(1970)、《在最后一身皮肤旁边》(1973)、《火漆的残余和熬夜的蜡烛》(1975)、《在话语里》(1976)、《来自秘密的火》(1978)、《爱情诗》(1979)、《阴影的诱惑》(1980)、《西绪福斯的间谍》(1981)、《新、旧居所》(1983)、《月亮的嘴唇》(1989)、《话语的镜子》(1991)、《你将找到另一个海》(1993)、《心潮起伏》(1998)、《写在寂静中》(1999)、《对抗话语》；文论《4个西班牙小说家》(1974)、《夫人和她的扇子》。走进20世纪的女性文学(从弗吉尼亚·吴尔芙到玛丽·麦卡希)》(2000)。

学的奇妙恢复。"它们发生在极限状况下,触及到那些模糊地带,那里事物的是与非同时存在,并不断出现与一种犹疑的现实不可分离的神秘。"① 这些故事取消真实与非真实之间的界限,占主导地位的是一种情感,一种感官印象,其结尾是开放的、含糊的,这有助于在读者心中造成一种不舒服的惊讶。这4个短篇小说显示出人际关系的复杂性对费尔南德斯·库瓦斯所产生的不可抗拒的吸引力,它的黑暗本质赋予这些幻想小说以神秘和非现实性。它们之间的联系还表现在采用了一种特殊的空间,即远离城市、独处于大自然中间的真正微观世界,在这里被迫共同生活的居民获得了一种特殊的象征意义。

《布鲁马尔的小丘》(1983)与前一部有很多共同点:每本书都收录了4个短篇,都是以第一人称叙述,尽管人物表面上各不相同。在题材上存在着对超自然因素及元小说的偏爱(寻找躲在表面正常的日常生活背后的神奇而不可解释的方面),故事都发生在封闭的、折磨人的空间里。费尔南德斯·库瓦斯擅长营造神秘的环境,着迷于梦呓般的回忆(关注童年世界和以为忘却了的童年时代的恐惧),赋予她的短篇小说一种独特的含糊和暧昧。这些作品受英国哥特小说氛围的感染,属于恐怖小说,如《恐怖的角度》(1990)在寥寥几页里浓缩了一个丰富和混乱的现实。面对她小说的准确和严谨,读者感到一股不可抗拒的感染力和吸引力。

幻想历险小说《赦免之年》(1985)标志着费尔南德斯·库瓦斯终于从短篇小说跳跃到长篇小说领域,是对爱德加·爱伦·坡、斯蒂文森和笛福的致敬,但发生在20世纪。作品叙述一位在神学院求学的年轻人离开学校踏入生活,在妹妹的帮助下进行了一次旅行。他先去巴黎,在经历了一系列可怕的意外之后,到达一个孤岛。在那里主人公不得不面对生存的挑战,这引发了他内心的激动,他想彻底摆脱自身。费尔南德斯·库瓦斯以同样准确的话语和想象力勾画出一系列似乎从我们现今世界消失了的冒险、风暴、海难、不安分的水手、荒凉的海岛、奇怪的野人以一种似真似幻的优雅出现在我们的时代。

《秋千》(1995)的故事氛围也十分神秘奇怪,有点恐怖。女主人公回到母亲度过童年的故乡,想近距离地了解老家的真实情况。那里住着3个单身舅舅,他们似乎平静地生活在另一个时代,但显得十分奇怪,而且那种平和的表象在女主人公的探究下被打碎了。②

阿德莱达·加西亚·莫拉莱斯(1945),诗人、小说家。曾当过教师、模特、演员和翻译。她笔下的许多女性人物都相信超自然或神奇事物的存在,也相信爱情的疯狂。所以她强调自己作品中的神幻因素,并成功地塑造出真实与幻想界限模糊的世界,但对语言实验并不感兴趣。中篇小说《南方》(1983,后被搬上银幕)和续集《贝内》(1985)的主

---

① Rosa María Pereda. "La sorpresa literaria de Cristina Fernández", *El País*, 21 de noviembre de 1980, p. 37.

② 费尔南德斯·库瓦斯还出版了儿童文学《出售影子的人》(1982)、短篇小说集《与阿加莎在伊斯坦布尔》(1994)、剧本《亲姐妹》(1998)、传记《埃米莉亚·帕尔多·巴桑》(2001)、自传《已经不存在的东西》(2001)。

人公是一位有乱伦倾向的女孩,她回忆自己的童年,回想起那个神话般的南方,那里曾经有过现已消失的爱情。同时她追踪自杀的父亲所留下的痕迹,发现造成这个事件的原因。

《美人鱼的沉默》(1985)通过象征和神话描写了一种病态的爱情:小说由一位女性旁观者来叙述女主人公爱尔莎(孤独的哑女)对很久以前见过一面,但几乎不认识的男人产生了一种过度的爱情(他的消失使爱尔莎更加爱他)。陷入情网的她只有通过催眠术才能表达自我,于是把自己的恋爱激情用文字倾诉出来。但这不正常的感情始终处于现实与梦幻的之间,这种围绕爱的激情所产生的幻觉随着尤利西斯神话中美人鱼的消失而逐渐化解。爱尔莎"充满抒情色彩的叙述与本书叙述者理性的诉说及本镇其他妇女对她的沉默反应形成反差。当爱尔莎看到激情成为泡影时,她便选择了死亡的道路。但不管是自溺、跳楼或跳崖,她的躯体不是由于地心引力而下降,而是向天际上升。作者以这种反常的现象来肯定女性的力量和她们的最后胜利。"①

《我的姨妈阿德莱达》(1995)与前部小说风格相似:女性以第一人称通过回忆某些事件来描写奇异而神秘的农村世界。女性内心的力量源自孤独,她们不依赖于现状而生活。成年的玛尔塔回忆自己不幸的童年和少年岁月(她幼年失母,只好去韦尔瓦农村的阿德莱达姨妈家生活),在严厉的纪律管束下成长起来。这些经历给她成长过程带来许多失败,但在那一苛刻的环境下玛尔塔发现了一个隐秘的激情世界。

从《吸血鬼的逻辑》(1990)起加西亚·莫拉莱斯的风格开始变得更加明晰,环境和氛围不再那么含蓄。她重新探讨女性世界,分析人际关系和情感。女主人公——叙述者艾尔维拉前往塞维利亚参加弟弟的葬礼,到那才发现弟弟可能并没有死,并且对一个男人阿尔丰索产生了奇怪的好感。此人对朋友们具有极大的影响力,善于操纵、利用别人,是一个社会吸血鬼。《纳丝米雅》(1996)的女主人公尽管早已皈依伊斯兰教,但仍无法忍受丈夫把第二个妻子带回家里,为此决定结束15年的婚姻生活,离家出走。纳丝米雅从现在的角度以第一人称重塑那些年的夫妻生活,反思一夫一妻制和一夫多妻制以及西方和穆斯林世界在这个问题上的反差。

《孤独的女人》(1996)是一组深入女性灵魂、分析女性心理的短篇小说集,主人公是一群40岁左右的城市知识女性(以马德里和塞维利亚为舞台),喜爱阅读和音乐,疏远电视和大众媒体。她们大多在经历了不幸的情感或婚姻生活后对生存和人际关系持悲观态度,不再对爱情抱幻想,自愿选择了孤独。从某种意义上说,这些女性人物就是作家本人,她将自己的经历化为人物的素材。另外,男性人物在这些作品中扮演的是次要角色,他们不过是一个必要工具以显示男性没有能力创造爱情。但女性人物并不把男人视为她们不幸的罪魁祸首,也从不指责他们,只是她们不相信永恒的爱情和持久的两性关系,从这点上看,《孤独的女人》并非一部女权主义作品。

《一个邪恶的故事》(2001)穿插了两条情节线索(从两个主人公各自的角度来叙

---

① 沈石岩:《西班牙文学史》,第522页。

述):安德雷娅在继承了一笔遗产之后开了家画廊,在开业典礼上结识了比她年长许多的著名雕塑家奥克塔维奥,两人一见钟情。婚后安德雷娅住到丈夫家,渐渐开始了解这个男人,发现他是一个神秘、易怒的人,隐藏着一个可怕的秘密。随着对奥克塔维奥心理和行为的逐渐深入,她感到自己被孤独、恐怖和孤立所把持,与丈夫形成了一种爱/恨、吸引/厌恶的关系。①

克里斯蒂娜·贝里·罗西(1941)诗人、小说家。出生于乌拉圭,毕业于比较文学专业,从1963年起开始文学创作,陆续发表了短篇小说集《活着》(1963)、《被遗弃的博物馆》(1969)、《可怕的征兆》(1970);小说《我表兄弟的书》(1970),成为当时乌拉圭最具影响的女作家之一。1972年流亡西班牙,1975年入西班牙籍,定居巴塞罗那。

贝里·罗西使用幻想小说的不同技巧,创作了《疯子的船》(1984)、《一个被禁止的激情》(1986)、《爱情的孤独者》(1988)、《宇宙的衰落》(1988)、《性爱幻想》(1989)、《陀思妥耶夫斯基的最后一夜》(1992)和《爱情是一个硬性毒品》(1999)。她的作品是一个语言和想象力的盛宴,开始的时候探讨童年世界以及儿童的独特视角,后来转而分析成年人复杂、暧昧的激情关系。其写作的主要特点是丰富的隐喻、暗示一切但不将其点明。②

4. 女性与社会

一些西班牙女作家具有强烈的社会意识,敢于直面现实,反映和揭露西班牙妇女的不幸遭遇和命运,女性作为个人和社会人的觉醒在她们的创作中占据着重要地位。她们的小说以个人和女性集体的经历为素材,涉及妇女私人和职业领域,回忆重塑在佛朗哥时期度过的童年和青年时光。这些自传成分具有很大代表性,读者很容易与作品所揭示的个人和社会问题产生共鸣。

罗莎·蒙特罗(1951)是西班牙当代最负盛名的女作家和记者之一③,她的文章和小说给1975年佛朗哥去世后的西班牙新一代人(特别是妇女)的思维方式打上了很深的

---

① 加西亚·莫拉莱斯在《梅蒂娜小姐》(1997)中探讨了自杀和同性恋问题(两位姊妹相会于一个墓地,通过她们的叙述重构了亡故妹妹的生平)。其他作品有小说《埃克托尔的女人们》(1994)、《艾利萨的秘密》(1999);短篇小说《群岛》(1981年"芝麻奖",1983年被改编成电影)和《事故》(1997)。

② 贝里·罗西还著有短篇小说集《恐龙的下午》(1976)、《孩子们的反抗》(1980)、《徒劳的博物馆》(1983)、《魔鬼的城市及其他故事》(1992)、《隐秘的灾难》(1997)、《我热爱你及其他故事》(2000);散文集《关于写作》(1991)、《当吸烟是一种享受的时候》(2003);传记《胡利奥·科塔萨尔》(2001);评论集《克里斯蒂娜·贝里·罗西》(1984);诗集《一场海难的描述》(1975)、《疏散》(1976)、《普通语言学》(1979)、《雨后的欧洲》(1987)、《野蛮的巴别城》(1991)、《又一次爱神》(1994)、《那一夜》(1996)、《初恋》(1996)、《船只的静止》(1997)、《爱情与失恋之歌》(1998)、《不安的缪斯》(1999)、《流亡政权》(2003)、《终于独处》(2004)、《欲望的战略》(2004)。

③ 1968年蒙特罗进入马德里大学文哲系学习,与那时的独立先锋剧团"牛虻"和"卡诺"合作。第二年她决定转学到马德里新闻学院,改学新闻专业,并开始从事实习记者的工作。从1976年起蒙特罗为西班牙《国家报》工作,在此报上常撰写专栏文章和访谈录,受到广大读者的喜爱和欢迎。迄今为止她已出版了《西班牙永远给你》(1976)、《国家报的五年》(1982)、《赤裸的生活》(1994)、《女性小传》(1995)、《访谈录》(1996)和《激情》(1999)等多部文集。1978年她成为第一位获得"曼努埃尔·德尔·阿尔克采访奖"的女记者。此后蒙特罗还陆续获得"全国新闻工作报道与散文奖"(1980)、"世界采访奖"(1987)和"新闻奖"(1993)。还出版了短篇小说集《梦想的巢穴》(1991)、《情人与情敌》(1998)、《只有死鱼顺流而下》(1999)、《地狱中心》(2002)、《波士顿插图及其他旅行》(2002)和《透明国王的故事》(2005)。

烙印,"代表了一种持久的、尤其是捍卫女性地位的义务。"①蒙特罗从纪实小说起步,处女作《失恋纪实录》(1979)的书名已明白地点出了此书的风格。小说问世于妇女解放运动达到顶峰的时刻,通过引入大量的女性话题而激发起女性的自我意识:

"在它出版的那年被视为革命性的作品,因为它从女性的视角展现性机制。代表了一种几乎对传统模式的颠倒:在传统的展示中通常是男人吹嘘他们的征服,讲述性经历;这次我们从女人的嘴里,从女人的视角听到了这些。"②

女主人公安娜与蒙特罗本人一样,是一位职业记者,想当作家。她生活在一个倦怠和因循守旧的环境里,努力想把握自己的生活,却无法前进。安娜虽然有过不少失败的感情经历,但仍把她的老板理想化。直到与他有过一夜情后才发现此人与一般的自私已婚男子没什么区别,并非自己心目中的那种理想男人,他绝对不会为了她而与自己的妻子离婚,这使她感到失望和沮丧。她想把这些事记录下来,包括她采访的许多有类似情感遭遇的妇女生活:"安娜想最好有一天能写点什么。当然,是关于每天的生活……它将是安娜们的、所有女人和她自己的、如此不同又如此相同的一本书。"③

于是她把这些系列采访报道并列组合起来,形成一个故事集,以第三人称来讲述安娜和她的那群女友的爱情和婚姻经历(也经常穿插每位女性的内心独白来表现各自的心理活动)。这些女人都没有丈夫,但几乎都有孩子,想要独立,但没有男人又无法生活。她们经济上获得独立,可能在大历史中也获得了成功,却在日常的小历史中失败。安娜担忧的是像她那样的自由女性却不得不与一个不接纳她们的世界不停地争吵,她的经历以及她所采访的那些妇女的生活涉及人与人之间关系的不同方面,如女性对男性的依赖,对自由的寻求,在一个男权社会女性的个人和职业问题,单身母亲的经济和情感奋斗,在西班牙这样一个堕胎和避孕皆为非法的国家它给女性所带来的身心负担,妇女解放与性自由的错误等同,无法在平等的基础上保持一种长期的男女关系,在男性社会里同性恋的困境等④。评论家指出,在《失恋纪实录》中可以看到西班牙妇女在社会政治转型时期所要经历的各种变化和困境。⑤

《德尔塔函数》(1981)依然保持了相当纪实的叙事风格,它所描写的各种女性生存状况仍具有一定的代表性。如果说《失恋纪实录》是群体女性爱情和生活失意的故事,《德尔塔函数》则探讨了女主人公露西亚与3位男人的爱情关系。与处女作中安娜的女权主义思想相比,露西亚更多关注的是形而上学的问题:青年时代的孤独和老年时代的

---

① Santos Sanz Villanueva. "Introducción a la novela", *Historia y crítica de la literatura española. Los nuevos nombres: 1975—1990*, Barcelona: Crítica, 1992, p. 264.

② Biruté Ciplijauckaité. *La novela femenina contemporánea (1970—1985). Hacia una tipología de la narración en primera persona*, pp. 192—193.

③ *Crónica del desamor*, Madrid: Debate, 1979, p. 9.

④ Phyllis Zatlin. "Women novelists in democratic Spain: freedom to express the female perspective", *Anales de la literatura española contemporánea*, vol. 12, 1987, p. 30.

⑤ Cristina de la Torre. "Women as innovators: Spain's Rosa Montero", *SAMLA*, 31 de octubre de 1985.

死亡,生命的美好和短暂。在形式上蒙特罗开始增加小说的虚构手法,与处女作中的集体人物不同(没有谁是真正意义上的主人公,她们的故事平行发展),现在只有一个女主人公来串联这些事件,情节也不再是连续的发展,而是在两个不同的时空交替发生,间或还插入其他短暂的回忆。露西亚以叙述者的身份撰写回忆录,回忆她生命中两个不同阶段的生活:一个是20世纪80年代她30岁时在马德里的一个星期,当时正要上演她导演的第一部电影(改编自《失恋纪实录》,只不过电影的结尾与小说的结局不同:在露西亚的电影里安娜在一个水库里自杀了);另一时期是2010年她满60岁之前患脑瘤在一个疗养院生命垂危的几个月。描写她年轻时代生活的那几章以星期一至星期天为标题,与她临终的最后几天连续的日期交替,制造出一种时间上的紧张和戏剧性的悬念,最后把两个时间和人物融为一体。①

《我将待你如女王》(1983)可以称为女权主义小说,一些评论家甚至把它视为"黑色小说",因为作品叙述了出没于马德里老城一个低级夜总会的几对下层男女的悲惨生活和经历,浪漫的拉丁舞曲与他们压抑、有时甚至暴力的生活形成强烈反差。如果说前两部作品是一种带有明显女权主义意识的报告文学,《我将待你如女王》显示了蒙特罗的小说家本领,直接和间接引语的自由运用、书信体和内心独白的加入,使得第三人称的描述具有了多重视角,让人物彼此观察和描写。女性的梦想、欲望和遭遇达到了更深层次,而作者的意图也很明显,她想揭示的是,不同背景的女性其命运是相同的,即受男性的欺辱,但又没有能力独身过幸福的生活。②

《亲爱的老板》(1988)涉及现代社会人际关系的不同方面,如对他人的依附,商业社会中权力和金钱的残酷竞争、对自由的寻求。男主人公塞萨尔是个卑鄙小人,对这位曾为出色画家(他有一幅作品收藏在现代艺术博物馆)和广告公司经理来说,现代商业社会残酷的竞争造成了他事业的下滑和精神的堕落,如今他得看美国老板的脸色行事,在绘画上也越来越丧失创造力。不堪承受各种非人性待遇和精神压力的塞萨尔绝望到竟然诱奸他最亲密的女友,借口是她"用讨厌的女权主义激怒了自己"。塞萨尔对女权主义抱排斥态度,斥责女性在繁殖后代领域的"独裁地位",他对女友的所作所为便是这种

---

① Elizabeth J. Ordóñez 指出,在《德尔塔函数》里,女性肉体在死亡的过程中重新经历了一场界定自我的性别学习、精通和成熟过程:伊波利托是个已婚的自私男子,尽管对露西亚许诺过很多爱的誓言,却不会为了她而与自己的妻子离婚;她已故的丈夫米盖尔是位数学家,露西亚与这位敏感、正直和忠实的男人度过了自己最美好的岁月;里卡尔则是她的老友,一位古怪的单身汉,他默默地爱着露西亚,并陪伴她走过最后一程路。这3个男人分别扮演同谋、冒险者和伴侣的角色,他们都试图读懂女性肉体这个文本。作为电影导演的伊波利托读错了女人的意图;米盖尔则以一种温柔的大度阅读女性的肉体和欲望;里卡尔多怀着关爱和坦率阅读露西亚的回忆录(和肉体),作为最后一位对话者,里卡尔的评论直接参与了露西亚回忆录的写作过程。他评价说她的自传更多的是虚构,而非事实,因为她删除了一些细节,改变了一些事实,把其他人物的生活经历据为己有。

见"Multiplicidad y divergencia: voces femeninas en la novelística contemporánea española", *Breve historia feminista de la literatura española (en lengua castellana)*, V. La literatura escrita por mujer (Del s. XIX a la actualidad), Anthropos, 1998, p. 234.

② Kathleen M. Gleen. "Victimized by misreading: Rosa Montero' Te trataré como a una reina", *Anales de la literatura española contemporánea*, XII, 1—2 (1987).

偏执心理的产物。过去评论界一直认为女作家无力塑造好男性人物,但蒙特罗的作品显示"她不仅能理解和展现女性题材及形象,而且在表现男性方面具有同样的能力"①。

蒙特罗的后期小说朝更大的想像和神秘世界起飞,因为"幻想是表达现实的另一条途径,一个更加全面的途径,因为生活是一个谜。人们所谓的现实主义是一个有限的观念。"②《美丽和阴暗》(1993)从女孩芭芭的角度描述一个边缘世界,一个颓废和充满危险的环境,一些奇怪而痛苦的、但同时也神秘和神奇的无赖人物(女性占主要地位)。小说的主题是生存的痛苦、强者与弱者的关系、害怕成长、个人成熟的过程、掌握知识的困难,揭示了一系列的对立(童年/成年、幸福/不幸、天真/残酷、曾经拥有的东西/失去的东西、经历的生活/向往的生活)。作品也反思了语言的力量,它能够创造比现实更真实的世界。③

《食人肉者的女儿》(1997年"小说之春奖")的女主人公露西娅,一位已经失去青春和美貌的40岁中年妇女,被她的邻居,年仅21岁的性感男子亚德里安所吸引,重新焕发性爱的激情。而构成小说表面情节的拉蒙(与露西娅共同生活了10年的伴侣)在机场遭绑架、黑手党的阴谋、寻找失踪者的荷兰之行(中间还穿插了她的另一位80岁的老邻居向她讲述的20世纪初西班牙无政府主义过渡时期发生的故事),其实都不过是为露西娅与亚德里安的相遇和结合制造借口。在这一感情经历中露西亚对婚姻、爱情、性、孤独、理想、观点、乌托邦、利益、权力、目的与手段、腐败等进行反思,她剖析个人的生活,从而发现了真实的自我。

《家里的疯女人》(2003)是蒙特罗最个人化的一部著作,很难将其归类。④ 在这本书中她引用了圣特雷莎⑤的一句格言:"想象力是家里的疯女人",并把各种体裁(小说、散文、自传)混合起来,探索幻想和梦想、疯狂和激情、艺术创作的疑问和担忧。在书中我们看到歌德向权贵谄媚达到荒唐可笑的巴塞罗那程度;托尔斯泰是一位激进主义者;蒙特罗小时候是个小矮人,20岁时与一个著名男演员发生过一段古怪的情感关系。但这一切我们不能全信,因为作者已把文学与生活融为一体,并借鉴别人的传记,以散文的笔调塑造了自己的形象。

美塞德丝·索里亚诺(1950—2002)的小说一般是反思、批判和见证性的,针砭我们时代个人和社会的矛盾、消费社会的弊病、意识形态的脱离、建立在现有权势上的原则。同时索里亚诺坚持一种冒险的创作,每部小说都不一样,不向低级的消费趣味妥协。处

---

① Concha Alborg. "Cuatro narradoras de la transición", *Nuevos y novísimos: algunas perspectivas críticas sobre la narrativa española desde la década de los 60*, Society of Spanish and Spanish-American Studies, 1987, p. 23.
② José María Plaza. "Rosa Montero: Horror y belleza", *Leer*, No. 65, junio de 1993, p. 53.
③ José María Martínez Cachero. *La novela española entre 1936 y el fin de siglo*, Madrid: Castalia, 1997, pp. 603—604.
④ 蒙特罗因这部作品荣获2005年意大利格林扎尔·卡武尔文学奖。
⑤ 圣特雷莎(Santa Teresa de Jesús, 1515—1582):西班牙宗教神秘主义文学的代表作家。

女作《否定的故事》(1989)以反思的方式回顾从佛朗哥末期至今西班牙政治、社会、意识形态变革过程中几个代表性人物的演变和他们与环境、社会结构的冲突(主要人物为一男一女,由后者来叙述)。小说不仅批判了当代西班牙的陈规陋习、平庸卑鄙,而且把矛头指向权力、指向左派政党的非民主化运作。

《反对你们》(1991)分为两部分,第一部分有7章,分别是7个无名人物的内心独白(他们因为缺乏勇气和承诺而导致失败和绝望),再由一个第三人称叙述者加以评论,从他们的内心冲突中得出结论;第二部分由一个叙述者讲述几对人到中年的夫妻失败的经历,他们处于人生的十字路口,感到迷茫和失落。

《谁认识奥托·威宁格?》(1992)既是一部存在主义作品,也是一部社会小说,因为它一方面叙述了女主人公人生和情感的成长历程、她的家庭关系,另一方面对1960年的西班牙(一个封闭的国家,在政治和教育方面墨守成规,但在经济上开始资本主义的发展计划)进行了批判性描写。主人公是一个社会观察者,她陷入一个不舒服的现实状况里(外界形势决定着人物的生活,个人条件也使她处于生存的烦恼、疾病、性爱、女性境遇等多方面困惑中),因此她与外部世界之间的平衡被打破了,小说充满苦涩和失意。

《一段谨慎的距离》(1994)保持了相似的社会承诺,男主人公为了逃避消费社会政治经济压力对人道主义的瓦解,保持一种理性自由的生活,自愿远离大都市,在盲目的进步触角达不到的地方生活,与当代非理性社会保持一段谨慎的距离。她还著有《小生活》(1989)。

孔苏埃洛·加西亚(1935)出生于穆尔西亚,先后在马德里和柏林攻读文学,现定居德国慕尼黑,在那里出版了《信天翁的小说》(1977)和《心的手》(1981)。1982年以口述的形式为索莱达·雷阿尔撰写了传记《索莱达·雷阿尔的监狱》,讲述这位战后遭到佛朗哥政权镇压的西班牙女共产党员16年里在西班牙各种监狱的生活经历,是一部对佛朗哥镇压共和派人士的真实而充满激情的记录。

《路易斯在奇妙王国》(1982)是一部女权主义小说,通过一对夫妇婚姻的失败表达出女人与男人在爱情、性、婚姻上截然不同的态度和行为。女主人公——叙述者克拉拉将自己与丈夫路易斯10年的婚姻生活(包括他这些年的无数情妇)记录下来,其中的幽默、嘲讽和戏谑是基于路易斯大量的言行不一:对他来说,所有的关爱,所有的人际关系,都是以性为原则;对克拉拉来说,丈夫所要求的性关注先是变成一种强迫,然后成为男性自私的例子。想当作家的克拉拉把自己的婚姻经历化作文学素材(写作为她提供了自我觉醒、破除男性神话的手段),思考和分析她与路易斯性冲突所暴露出的一个深刻问题,即要求职业独立的妇女感到自己被男性伴侣所限制和贬低,她们感到失望和失意。结果是夫妻之间产生一系列很难解决的分歧和矛盾,导致最后的分手。

5. 女性与历史

历史小说在战后至今的西班牙始终是一个断断续续但持久发展的流派,在政治过渡的 70 年代达到繁荣。一些女作家也开始创作历史小说,把人物和情节置于西班牙近代历史的时空和环境中,这一体裁为她们提供了逃避现实的空间或道德反思的基础。卡门·库尔特兹的《原来如此通过》三部曲——《在海的另一边》(1973)、《旅行》(1975) 和《回归》(1976)——通过两个家庭从 1830 年到西班牙内战保持了一个世纪的友谊来描写加泰罗尼亚人移民新大陆的历史①。梅塞德斯·萨利萨奇丝的《坏疽》(1975) 融合了历史小说和连载小说(爱情、金融诈骗、通奸、背叛)的特征,通过主人公卡洛斯·翁德罗在监狱 3 天回忆他 59 年生活中那些最有意义的时刻,重构了从普里莫·德·里维拉上台到佛朗哥政权末期巴塞罗那的社会生活。卡洛斯是一位出身卑微的人,靠不择手段发迹,成功之后感到不满足。他后悔自己出于无止境的野心而干的坏事,野心是他所属的巴塞罗那上流资产阶级的真正坏疽。在这部作品中萨利萨奇丝对一个特定时代和一个特定阶层(加泰罗尼亚商业资产阶级)最消极的习俗(自私、贪婪、虚荣和虚伪)进行了道德反思,《变异的细菌》(1996) 则是对前部作品的补充。卡梅·列拉的《在最后的蓝色中》(1994) 讲述发生在 17 世纪末马略卡岛上犹太人受宗教裁判所迫害的故事。它不是忠实的历史再现,而是从真实的历史出发,构思一部揭示宗教的不宽容可以达到非人道极限的作品。它的结构是古典式的,第一部分介绍人物(比较概念化,好人和坏人),第二部分叙述对犹太人的逮捕,第三部分则描写对他们的审讯和折磨。

洛德斯·奥尔蒂斯(1943) 毕业于马德里大学地理历史系,1962 年加入西班牙共产党,1968 年放弃所有党派转而从事文学创作,现为西班牙皇家高等学院艺术史教授。处女作《记忆之光》(1977) 塑造了一个"问题英雄",被公认为"1968 年一代"的见证:1967 年恩里克因反对佛朗哥统治而被捕,出狱后开枪打死了妻子的狗,结果被关进疯人院。出院后恩里克放弃一切,失去政治信仰,隐居在依比萨岛上,在酒精和毒品中毁灭自我。这是一部关于失败者的小说,我们无法知道是否是他爸爸的粗野(父亲指责儿子缺乏男性)、母亲的自私、兄弟的嫉妒、女友性生活的混乱、政治帮派的教条导致了恩里克精神失常。从写作角度看,《记忆之光》汇集了不同的方式,混合了几类叙述者,以此来扩大叙事视角,根据不同话语者而采用不同的语言水准。另一方面,它的内容代表了一种对佛朗哥统治最后几年西班牙政治和知识界现实既批判又失望的观点。毫无疑问,这是一部描写人物矛盾的心理分析小说,尤其是在他们意识形态层面,他们个人的冲突和变化。当恩里克不能承受自己的矛盾时,信念的放弃导致他的自我毁灭。

奥尔蒂斯的作品常常反思权力与爱情的关系,见证她所生活的时代。在以 12 世纪

---

① 这个系列作品具有很浓的自传色彩,库尔特兹的父亲是哈瓦那人,母亲则出生在美国。书中的毛里西奥和苏珊分别对应的是作家的父母,玛里昂则是作家本人。

初为背景的历史小说《乌拉卡》(1982)里奥尔蒂斯让一位具有争议性并被官方冷落的历史人物用女性话语为自己树碑立传。乌拉卡(1080—1126)是卡斯蒂亚王国第一位女王,她从父亲阿方索六世的手中继承王位。1090年结婚,生下儿子,即后来的阿方索七世。她的第二任丈夫阿方索一世与她多次发生冲突,并于1114年将她休掉。在她统治时期不得不与儿子、丈夫争斗、议和,1123年阿方索七世逼她退位,并将她囚禁在巴尔卡巴多修道院。面对过去的一切,乌拉卡通过自白和回忆来反思自己的政治和人道行为,在执政期间如何扮演女王、母亲和女人的三重角色。乌拉卡的一生充满戏剧性和悲剧性,是对那个时代的见证,她的虚构性自传推翻了官方历史对她的不公正评价和定位,从女性的立场反思了权力与责任、爱情与婚姻的关系。"奥尔蒂斯从女性角度重新书写历史,激烈质疑由男性建构和传达的西方文化传统所暗含的历史和评价。与其他当代女作家相同,她的意图是强调历史作为与权力利益相关的上层建筑、作为在任何情况下都充满特定的意识形态和世界观的非客观叙述,它的价值。"①

另一部历史小说《自由》(1999)还是以一位女性为主人公,阿克德是一个获得了自由的女奴,她在古拉丁哲学家塞内加的培养下成为一个理想的女伴。通过阿克德对她当罗马暴君尼禄情人那段时光的回忆,小说重塑了罗马帝国的生活。②

卡门·戈麦斯·奥赫亚(1945)出生于西班牙北部城市希洪,她的中篇小说《法比娅和其他女人》(1981年"老虎胡安奖")从个人意识出发描写城市妇女(不同社会地位和个人际遇)的历史,其主题是时间对这些女人的生活所造成的不可避免的破坏性影响。作家法比娅是个有文化的中产阶级妇女,在经历了一次个人危机之后离开自己的恋人,放弃工作,避居在一个老街区,全身心投入写作。在那里法比娅接触到许多有吸引力但又无法理解的妇女,她从自家窗户上客观而疏远地观察女邻居们(不停的家务劳作,磨损的婚姻,空洞而残酷的家庭主妇生活),她们对传统角色的接受引发了这位知识女性的反思。作品的基调是嘲讽,对人物和环境采取了怪诞变形的手法。

《征兆之歌》(1982)接近"历史幻想"小说,具有加里西亚幻想传统和拉美作家"魔幻现实主义"的双重影响(语言极富讽刺、幽默和怪诞的变形)。作品的背景是19世纪末到20世纪初的加里西亚农村,女主人公康丝坦萨嫁给了堂塞贡多,一位典型的北方长子。她反抗男权主义的道德和权力,与小叔子通奸。在移民墨西哥多年后,拒绝跟丈夫返回西班牙,留在新大陆,成为当地一个印第安部落的首领。作品通过描写康丝坦萨和她女儿伊索尔两代女性的生活,回顾了西班牙"复辟时期"的历史。叙述打乱了年代顺

---

① Pilar Nieva de la Paz. *Narradoras españolas en la transición políticas*, p.398.
② 奥尔蒂斯的《在像这样的日子里》(1981)涉及的是恐怖主义,再次塑造了一个典型的男性人物。《天使长》(1986)是一幅当代社会的生动描绘,《作战之前》(1992)分析了西班牙80年代后期的生活。《生命的源泉》(1995)涉及的是器官走私和收养儿童的问题,《灾难的法蒂玛》(1998)所收录的6个短篇小说都是关于孤独的故事。还著有儿童文学《未来的旅行家》(1982);剧本《黑里科的城墙》(1980)、《本德奥》(1983)、《费德拉》(1984)、《玖德丝》(1988);散文集《交流与批评》(1977)、《了解兰波和他的作品》(1979)、《政治文章》、《床》、《开罗》(1985)、《激情之梦》(1997);小说《喀耳刻的动机》(1988)、《孩子脸》(2002)。

第六章

西班牙民主过渡时期的小说

序,既讲述西班牙本土的生活,又涵盖了殖民地的生活。①

帕罗玛·迪亚斯-马斯(1954)曾在巴斯克大学任罗马语族文学教师18年,现为西班牙高等科学研究中心语言所研究员。第一部历史小说《圣格里阿尔的冲动》(1983)试图模仿阿斯图里亚斯地区的传说,重塑中世纪亚瑟王骑士小说和罗曼采的世界。《在阿尔多里乌斯的脚印之后》(1984年"加塞雷斯奖")和短篇小说集《我们的千年》(1987)重回中世纪,探讨有关时间的话题,认为时间不可避免地导致毁灭和死亡。《肥沃的土地》(1999)以13世纪加泰罗尼亚封建社会为背景,讲述一位骑士的生活和宿命。小说结合了《圣经》素材(如上帝的诅咒、创世纪、启示录、出埃及记、外族入侵、兄弟之间的残杀)、古希腊罗马史诗(如阿尔男与约翰的爱情令人想起阿喀琉斯与帕忒洛克罗斯的恋爱)、中世纪史诗(骑士谣曲)。小说将人类价值的升华与理想化(爱情、友谊、孝顺、勇敢、真诚、慷慨、慈悲、英雄主义和荣誉)与超越时空的人类不幸(痛苦、绝望、嫉妒、报复、残酷、无理、社会不公、对生与死的蔑视)融合起来,从一个神话的概念出发对人类的生存进行反思。

《威尼斯之梦》(1992)是迪亚斯-马斯最著名的小说,结构独特,头4章分别使用了流浪汉小说、书信体小说、连载小说和回忆录小说的体裁来讲述4个独立的故事。它们的共同点在于都以马德里为舞台,都或隐或现地描写了乱伦情节,还有一幅17世纪油画的曲折经历。第5章讲述巴勃罗和格拉西亚的故事,而在前几章出现的那幅画是他们婚礼的礼物。《威尼斯之梦》的寓意主题是:"错误"(令人尊敬的老人)为瞎子"真理"(美丽而不幸的少女)指路(无人相信她)。"记忆"用一个筛子筛选回忆里的金子,留下重大的,放过细小的。迪亚斯-马斯在这部作品里探讨的是"历史"的相对真相和重塑过去的不可能性,同时在直觉与理智、文学幻想与历史理性之间捍卫前者。②

恩里克塔·安东林(1941)是职业记者、作家,专长艺术。安东林是家中的长女,战后艰苦的生活压力迫使她去读师范专业,但一直没有放弃自己的文学理想。作为小说家她能够捕捉、传达日常生活的精致,以极其敏感的手法刻画人物的心理和情绪,融合了

---

① 戈麦斯·奥赫亚的《玛里恩没有写完的小说》(1988)讲述的是两位完全不同的女性之间的亲密友谊:一位是玛里恩,作家,具有较强的伦理感;另一位则较粗俗平庸,她也意识到自己的非道德观。小说是由后者来叙述的,但中间常被玛里恩创作的诗歌、歌谣和短篇小说打断。《圣灵降临节》(1989)通过一个酗酒女人的日记向我们呈现了西班牙启蒙思想家、改革家霍韦亚诺斯(1744—1811)不正统的形象。这位女子在乡间长期疗养,想戒掉酗酒的毛病,在那家的一个精致抽屉里她发现了霍韦亚诺斯被遗忘的《日记》。小说交替叙述了那位女子日常琐碎的生活以及那本《日记》给她的印象。这些印象几乎都与霍韦亚诺斯的性格有关,与人们惯有的这位启蒙思想家的印象十分不同。我们在这里看到的是一个感性的、不自信的人,一个关心儿童的人,也是一个酗酒的双性恋者。《银女孩》(1993)的主人公是13岁的玛利亚·罗加塔和她的朋友阿亨塔,故事发生在阿斯图里亚斯一个村庄的夏天。在这部作品中可以看出作家对语言的兴趣和对边缘人的偏爱。还著有《加西亚·洛尔卡》(1974)、《恩里克·德·麦斯悲惨而可笑的故事》(1976)、《赫卡忒的狗》(1985)和《孤挺花的石榴红》(1998)。

② 迪亚斯-马斯的创作涵盖了戏剧、散文和小说,著有关于散居世界各地的西班牙犹太人后裔的剧本《提供情报的女人》(1983年"托莱多城市奖")、散文集《塞法尔迪人:历史、语言和文化》(1986)、短篇小说集《根据古代文献写的天才、叛徒、智者和自杀者的传记》(1973)、小说《像一本合上的书》。游记《一个叫欧亨尼奥的城市》(1992)从作家本人在一个不典型的北美城市的经历出发,反思文化身份和社会价值。

严肃与幽默。代表作为《带翅膀的母猫》(1992年"老虎胡安奖")、《被毁灭的地区》(1995)、《风度翩翩的女人》(1997)和《夜行》(2001)构成的四部曲。安东林以记忆为基础,重构了女主人公从童年、青年到老年的个人和社会回忆,展示了作家对西班牙战后外省社会生活的个人观感。第一部的时空为1950年9月的托莱多(战后的贫困、压抑和恐怖),小说从一个9岁女孩的视角(成年的"我"与童年的"你"对话)叙述父亲的神秘失踪,她一直不明白其中的缘故(家人也从未对此事做令她信服的解释)。她的初恋男友(一个小提琴手)也离她而去。第二部的时间为1951—1955年,舞台还是托莱多。"我"和家人住在一个遭受内战毁灭的街区(书名指的不仅是地理空间,而且影射人物的心理空间,他们面对的是战后道德、物质的双重贫乏),小学艺术老师自杀,女同学死于肺结核,而"我"则因家庭贫困无法接着上初中。第三部的时间到了1980年,成年的"我"与少年时的那位小提琴手共同生活了20多年后被抛弃,导致"我"出现心绞痛,处于生与死的交锋中。父亲的失踪也有了答案,他因保护几个共和派而受到军事法庭处决。女主人公——叙述者力图通过写作重构她破碎的生活,揭露战后西班牙人所承受的痛苦和恐惧。在第四部中"我"在医院病床上倾听童年时代的一个朋友讲述自己的生活(因为失恋而犯罪的故事),他的经历与"我"的童年有很多相关点。四部曲的共同点是女性人物无法挽回地失去生命中的某些重要东西(特别是失去男性——父亲、丈夫、朋友),这造成了她心理的死亡。①

比拉尔·贝德拉萨(1951)是历史学博士,现为艺术史教师、翻译,曾任瓦伦西亚自治区文化专员。她的处女作《红宝石相》(1987)分析的是18世纪,比较了启蒙运动与撒旦主义。《蛇的嫁妆》(1988)从历史题材出发,融合现实与幻想,最后走向流浪汉小说。在贝德拉萨的后期小说中神秘和恐怖扮演了主要角色,《小小的激情》(1990)的主人公一面体验自己的经历,一面研究文艺复兴时期的历史事件(其中加入了恐怖小说的要素)。《静止的新娘》(1994)也是历史小说,它的神秘和恐怖氛围建立在一个不寻常的情节上:一个亡故的小伙子通过变形为一个人造动物回到世上。贝德拉萨还发表了短篇小说集《陵园》(1995)、《有爬行动物的风景》(1996);散文集《瓦伦西亚短暂的巴洛克时期》(1983)、《美人,谜和噩梦》(1983)、《激情之梦》(1996)、《爱的机器。人造肉体的秘密》(1998)。

6. 女性与神话

西班牙女作家还经常使用神话传说作为创作革新的要素,把神话故事、幻想因素和古代传说加入到小说中,强化人物个体思考的重要意义。这表明女作家的文化素质日益提高,她们对西方文化传统相当熟悉和了解,并且意味着妇女有能力进入过去几乎无

---

① 安东林的最新小说为《幸福结局》(2005),女主人公玛里娅德是一位独立、高雅且多愁善感的女人,失恋之后为了忘却感情创伤,外出寻找一个遥远的前辈托马斯。20世纪初他在西班牙北方当工程师,计划修建一条窄轨铁路。他的生活是一个谜,在亲戚眼里是一个没出息的男人,为了一个外国女人而抛弃一切,走向堕落。玛里娅德寻找这对恋人的踪迹,为的是得到一个幸福的结局。她还著有短篇小说集《与丽达的故事》(2003)、访谈录《没有遗忘的阿亚拉》(1993)。

法涉足的那一文学领域。

努里娅·阿玛特(1950)获西班牙语文学学士和信息科学博士学位,曾在哥伦比亚、墨西哥、柏林、巴黎和美国等地生活,现为巴塞罗那大学图书馆系教师。处女作《婚礼面包》(1979)是一部诗意小说,因为她使用的语言具有浓厚的抒情性和强烈的个人风格。《那喀索斯和阿尔莫尼娅》(1982)从古希腊田园牧歌小说的模式出发,从中吸取了一些要素,并根据作家本人独特的世界观和生活观对它们加以改变,反映了新一代女作家对爱情和婚姻的自由和开放的观念。这部小说的主题还是爱情的力量和神秘,描写一位年轻、有前途的作曲家那喀索斯(他有着长期的同性恋关系)在一个极其敏感、热爱舞蹈和大海的女人阿尔莫尼娅的引诱下开始了一段短暂而充满激情的异性恋(经常使用互文性文本,特别是古典音乐)。阿玛特把关于那喀索斯的神话、达芙妮斯与赫洛亚[①]的古希腊爱情故事融合在一起,将古典神话作为对两个当代人物行为象征性解释的密码(同时从女权主义角度重新审视古典神话)。女主人公回忆从少年到成年的成长历程、家庭环境、与父亲的俄狄卜斯情结、与母亲的冲突,对自己进行心理分析。母亲的不幸去世导致阿尔莫尼娅拒绝为人母,做了绝育手术(对她术后的描写采用了与海洋有关的"肉体语言")。[②]

7. 女性与城乡

另一些西班牙女作家出生在农村,在那里长大后离开故土去城市寻求个人发展,她们"从自己的童年记忆出发恢复农村世界的典型人物和环境,留下一些即将消亡的传统生活方式的记录。后期与这些舞台和人们的分离为她们提供了必要的视角来感受和塑造停滞在昨日的农村家族天堂与不稳定和变化中的城市世界的强烈反差。"[③]

玛里娜·马约拉尔(1942)是文学评论家、作家、马德里康普鲁登塞大学文学老师,用西班牙语和加里西亚语进行创作。故乡的人物、风景、习俗是她作品的主要素材,融合了对外部现实的批判、人物的内心反思及想象力。处女作《又是坎迪达》(1979)讲述一个加里西亚酋长的家庭变故;《在另一边》(1980)描写的还是与前部作品有关的一个家庭故事。短篇小说《塔钟》(1991)的情节也发生在一个加里西亚的小村庄,那里生活着两个单身的双胞胎姐弟,他们单调的生活似乎没有任何变化,只有那座塔钟记录着时间的流逝。《唯一的自由》(1982)的女主人公离开马德里,回到坐落在布雷特马的故居(这是马约拉尔虚构的一个加里西亚村庄,是她许多小说的舞台),一面养病,一面在3位姨妈的请求下撰写家族历史。

《对抗死亡与爱情》(1985)包含了3个故事,3个被爱情和死亡打上烙印的生活,

[①]《达芙妮斯与赫洛亚》是希腊作家郎戈斯创作的第一部田园散文式的爱情小说,也是希腊爱情小说中最受欢迎的一部,描写两个弃儿达芙妮斯与赫洛亚被莱斯沃斯岛的牧羊人抚养长大,逐渐相爱,最后结婚的故事。

[②] 阿玛特的另一部小说《隐私》(1997)以内心独白的形式描写一位处于崩溃边缘的女人对生活、死亡、疯狂和文学的反思。她还著有《我们都是卡夫卡》(1994)、《灵魂的国度》(1999);短篇小说集《盗书贼》(1988)、《短暂的爱情》(1990)、《怪物》(1991)、《旅行非常艰难》(1995)、《妇女的世纪》(2000)。

[③] Pilar Nieva de la Paz. *Narradoras españolas en la transición política*, p. 45.

都围绕着艾斯美拉达(一个著名拳击手和女律师的女儿)展开。她逃离布雷特马闭塞的氛围和可怕的工厂,以另一个名字开始了一个新生活。在她的身边出现了一个青年时代的朋友费尔南德斯,他是一个奇怪的侦探,以敲诈勒索为生。另一个女性人物是里塔,她是有钱但无聊的当地酋长,操纵着肮脏的游戏。不断威胁的死亡和不可企及的爱情使这3个人物的命运交织在一起,对过去的回忆和不可言喻的负罪感一直伴随着他们。

《隐秘的和谐》(1994)塑造了一对从少年时就结下友情的女同性恋(她们又各自有男性情侣),她们之间的关系是平等、互助、互补的,没有一般爱情关系中的那种依附和支配。《给予生命和灵魂》(1996)的叙述者是一位女作家,她为了理解自己的情感历程,把另一个女子阿美利亚的经历视为注解:这个女人新婚之夜在巴黎的一个旅馆被丈夫抛弃,除了睡衣她没有任何行李。《天使的影子》(2000)同样探索的是一个离异女人的情感和心理。①

埃莱娜·圣地亚哥(1941)属于"莱昂派"作家,在故乡莱昂读完师范专业后移居马德里,继续攻读文科,后放弃学业转而从事文学和绘画。她的作品"以农村为背景,记忆与儿童/少年的视角结合,回顾和表达人物的情感学习,导致他们孤独、妥协或失意的失败经历、恢复失去的时间和空间。童年的角色是不理解和不沟通的多面体,同时也是通往外界惊奇的一扇窗户,是对人物内心的反思。"②前期小说走内心化道路,具有强烈的抒情性,风格考究。自传《酸楚的日子》(1980)回忆她在故乡农村度过的童年;在《曼努埃拉与世界》(1985)中记忆的回忆与现时构成一个多声部旋律:过去作为被记忆恢复的空间,是人物开始涉世时的孤独和生命体验;现时是没有自卫能力、没有保护的女主人公面对一个意外事件时的紧张状态。《贝瓦》(1988)的背景为内战和战后,从儿童惊讶的目光观察成年人世界与儿童世界之间的不理解,对西班牙许多村镇的历史现实(经受了军人和教会权力意志的任意践踏)进行了客观和批判性的描写。

从《吃惊的情人》(1994)起圣地亚哥的叙事风格发生变化,转向肆意的幽默和辛辣的嘲讽,对现实采取疏远的接近。男主人公解释自己在一个农村环境里周旋于一群女人的生活,这些女人在他身上寄托了无法抗拒的激情和欲望。而他是一个不适时结婚的人,爱情不专一,感情的渴望从未满足,但又不允许身边的女人满足自己。《平静的爱情》(1997)讲述一个女孩与一个已婚男人发生在过去和现在的爱情纠葛:幼时面对世界和家庭无助的阿威在雷奥平静的爱情中寻找安慰,而婚姻不幸、空虚的雷奥看到自己内心对阿威的爱在成长。如今成年的阿威最终获得了丧偶的雷奥的爱情,他也在阿威身

---

① 马约拉尔还出版了小说《种一棵树》(1981)、《悲伤的武器》(1994)、《亲爱的女友》(1995)、《他曾叫路易斯》(1995)、《记住,肉体》(1998)、《在洋玉兰树下》(2004);短篇小说集《死在他的怀里》(1989);文集《罗莎里娅·德·卡斯特罗的诗艺》(1974)、《文本分析(西班牙诗歌和散文)》(1977)、《叙事手艺》(1989)、《西班牙浪漫主义女作家》(1990)和《小说人物》(1990)。

② Pilar Nieva de la Paz. *Narradoras españolas en la transición políticas*, p.143.

上找到了自己生活的唯一理由。①

8. 其他女作家

罗莎·雷加斯(1933)是出版商、作家、职业翻译,1937—1940年随父母流亡法国,在那里接受的是世俗教育。毕业于巴塞罗那大学哲学专业,1964—1970年在"塞伊克斯·巴拉尔"出版社工作,1970年创立并经营"趣味科学"出版社(出版文学、政治、经济、哲学、建筑等方面的书籍)和巴桑出版社(出版儿童读物)。1984—1994年在日内瓦、纽约、华盛顿和巴黎等地任联合国翻译,1994—1998年担任马德里"美洲之家"会长,2004年被任命为西班牙国立图书馆馆长。

处女作《阿尔马托尔回忆录》(1991)通过阿尔马托尔与农村世界的冲突,叙述这位一直处于男性(父亲、丈夫、情人)保护之下的妇女最终将命运掌握在自己手里的历程。《蓝》(1994)描写一位有着丰富社会阅历的已婚女记者与一个小城市年轻男子充满激情但最终失败的爱情故事,舞台从纽约到巴塞罗那和希腊岛屿,其中大海的意象在小说里具有明显的象征意义。短篇小说集《可怜的心》(1996)从不同的角度叙述了发生在战后及民主时期加泰罗尼亚的9个爱情故事。《月亮啊月亮》(1999)通过4个孩子在祖父去世后对家族历史的回忆(他们的父母是共和派,而祖父母则是保守派),描写了西班牙战后(特别是巴塞罗那的)那些黯淡岁月。《多罗特阿之歌》(2001)则叙述一位从事分子生物的女教师在她父亲留下的别墅里所获得的发现,同时随着研究的深入,她对自身、对激情和欲望的了解日渐明晰。②

索莱达·普埃托拉斯(1947)出生于萨拉戈萨一个中产阶级家庭,14岁随家人移居马德里。在首都攻读新闻专业,1971—1974年普埃托拉斯随丈夫留学挪威和美国,获加利福尼亚大学文学硕士学位。1975年回国后当过记者、教师、文化部官员、出版社主编,同时开始文学创作。普埃托拉斯深受英美现实主义作家的影响,尤其是美国的黑色侦探小说在她叙事风格的形成上留下很深的烙印。处女作《双重武装的强盗》(1979年"芝麻奖")和成名作《留下黑夜》(1989)都借鉴了侦探小说的结构和手法,人物(很多时候是外国人)游走于异国舞台,失意的爱情(或同性恋)和青年时代理想的破灭是其基本主题。

普埃托拉斯的个人经历和家庭见闻为她的文学创作提供了大部分素材。她宣称文学与生活的界限不是截然分明的,很多现实生活中的真实事件和人物,经作家改头换面之后便走进了她的作品。这使得普埃托拉斯的小说基本上以中产阶级的生活、情感和

---

① 圣地亚哥还出版了小说《我们是黑暗》(1977)、《一个紫红色女人》(1979)、《卑微的人》(1981)、《有人上来》(1985)、《隐秘的天使》(1998,以童年为素材)、《探寻到冬天》(2001);传记《豪尔赫·纪廉》(1982);诗集《之后,沉默》(1978)和《窗户与话语》(1983);短篇小说集《故事》(1997)。

② 雷加斯的其他作品有游记《日内瓦》(1988)、《在查姆的月光下旅行》(1995,叙述1993年在叙利亚逗留3个月的经历);短篇小说集《巴塞罗那,一天》(1998);诗集《爱情与战争之歌:1993—1995》(1995)、《更多的歌:1995—1998》(1998);散文集《自海上》(1997)、《一场个人革命》(1997)、《西班牙:一个新眼光》(1997)、《创作、幻想和生活》(1998)、《我的血脉之血:孩子们的历险》(1999)、《阴影,别无他物》(1999)。

追求为蓝本,善于从他们平淡的生活琐事中挖掘出不平凡的立意,平铺直叙、貌似简单的故事情节往往隐藏着出人意料的结局。与其他女作家不同的是,普埃托拉斯喜欢从男性的视角来描写女性人物的感情和生活,这一方面拉开了她与人物的距离,避免许多女性文学作品对号入座的误解,另一方面更加客观地塑造了女性形象,揭示出妇女在男性社会中的真实地位和遭遇。如《双重武装的强盗》、《人人都在撒谎》(1986)和《阿雷那尔的日子》(1992)都是透过一个男性的眼睛来观察、审视、分析他周围的女性世界以及她们对自己情感成熟的影响。《博格夫人》(1999)风格相似,从男主人公的内心世界入手,回忆他少年时代对一个朋友的母亲博格夫人的暗恋。

普埃托拉斯非常崇拜巴罗哈的写作风格,在她的作品中也时常能见到松散的、片段化的结构和出没无常的人物、逸事。《波尔图》(1986)就是由3个相对独立的短篇小说构成,连接它们的是波尔图,因为3个故事都发生在这座法国城市,另外还有一个共同的女性人物莉莲穿插其间,作品探讨了爱情、友情、孤独、大自然、死亡等主题。[1]

克拉拉·桑切斯(1955)的小说具有存在主义色彩,手法则是现实主义和风俗主义,充满幽默,展示了人物面对外部世界所感到的孤独。处女作《宝石》(1989)描写的是在一个难以令人满意但又无法反抗的现代社会里不稳定、失望的人际关系。《夜晚没有不同》(1990)继续类似题材的挖掘,从《搁置的宫殿》(1993)起桑切斯的创作发生转变,更加商业化,寻求更多的女性读者。小说不再围绕一群身处逆境的集体主人公,而是塑造了一个女性人物,挖掘她的内心世界,分析生活中的细小事物在她身上所引发的情感,叙述她的成长过程以及过去的经历对其现状的影响。《自瞭望台》(1996)的人物类似前一部作品,一个40岁的女人面对母亲脑溢血住院的痛苦状况,开始审视自己的生活。她发现自己在生活中一直扮演着逆来顺受的角色(与丈夫的被动关系),从她的回忆中我们可以看到女主人公的失败、矛盾和悔恨。《日常的神秘》(1999)以第一人称直白的语言回忆一个女教师数年前爱上一个男生的爱情经历。《天堂的最新消息》(2000年"阿尔法瓜拉小说奖")描写一位名叫弗朗的少年在马德里近郊别墅区的无聊生活(他与母亲的矛盾关系)。小说充满了生活的琐碎,而聊作点缀的友情与爱情在假道学的指引下一点点地变形、蜕化。

克拉拉·哈内丝(1940)诗人、翻译家(获1997年"国家翻译奖")、小说家,出生于巴塞罗那,是著名出版商何塞·哈内丝的女儿。毕业于纳瓦拉大学文学系,并获巴黎索邦那大学比较文学硕士学位。她的诗人名气要大于小说家,出版了多部诗集。[2] 在小说

---

[1] 普埃托拉斯还发表了短篇小说集《一种道德疾病》(1982)、《海湾潮流》(1993)、《来参加我婚礼的人》(1998)、《与女友们告别》(2000年NH最佳故事集奖);小说《如果傍晚信使来到》(1995)、《一个意外的生活》(1997)、《银玫瑰》(1999)、《一件大衣的故事》(2005);散文集《隐秘的生活》(1993年"阿那格拉马散文奖")、《另一个人的回忆》(1996)、《生活在变动》(1996)和《与我母亲》(2001)。

[2] 哈内丝的诗集有《被战胜的星星》(1964)、《人类极限》(1973)、《寻找科内尼娅》(1975)、《个人诗选1959—1979》(1979)、《精神错乱之书》(1980)、《爱神》(1981)、《活着》(1983)、《坎巴》(1986)、《化石》(1987)、《宝石匠》(1988)、《丰饶的新月》(1990)、《标志》(1990)、《火玫瑰》、《影子天使长》(1998)等。

方面,发表了《阿贝尔·米切里的夜晚》(1965)、《分裂》(1969)、《致阿德里娅娜的信》(1976)、《梦中的马》(1989)、《海市蜃楼》(1991)、《亚丁的男人》(1991)。哈内丝还是优秀的散文家,所著的传记《福雷德里科·蒙波未知的生活》获1975年散文"批评奖",还出版了游记《罗马尼亚的田间小路》(1981)和回忆录《花园和迷宫》(1990)。作为翻译家,翻译了《罗马尼亚诗歌》(1973)和一些中国诗歌。

玛露哈·托雷斯(1943)从事过各种新闻工作(从战地记者到采访人物和主持专栏),现为《国家报》记者,出版了文集《像一滴水》(1995)和传记《战地女人》(1999)。她的头两部小说《爱情的盲目》(1991)和《哦,是他!》(以流行歌唱家胡利奥·伊格莱西亚斯为主人公)没有什么反响。具有自传成分的《如此近的一股热》(1997)则获得评论界的肯定,作品融合了电影技巧和题外话,讲述一个女人的故事。还出版了《当我们活着的时候》(2000)、《雨人》(2004)和游记《可爱的美洲》。

第七章
世纪末的西班牙小说

80年代西班牙加入欧盟,巩固了它在政治、经济和文化等方面的现代化成果,迈进福利社会。民主制度正常化,文化进入商业市场。同时也涌现了一代新作家,他们大多出生于1949—1960年,不了解战后的艰难岁月,但童年和少年是在西班牙经济现代化期间度过的。他们的青年时代则赶上佛朗哥政权衰败、西班牙逐渐向民主社会过渡的转折关头,参与了反独裁的学生和工人运动。这批作家创作题材各异,形式多样,风格不同,各自都有把握生活和文学的独特视角,很难将他们划入某一流派。在他们的作品中,无论是情节发生的背景舞台,还是在接受外国大师影响方面,都显示出一股咄咄逼人的国际化倾向。有时甚至不愿直接涉及本国的现实生活,拒绝以西班牙现当代历史作为他们小说的主题:

"这种拒绝部分是基于文学原因:正像大家知道但不是所有的人都愿意承认的那样,西班牙的小说传统不仅少而且贫乏;不仅贫乏,而且只是现实主义的;当它不是现实主义时,则常常是乡土主义的…… 西班牙作为题材,不论是背景的或表面的,都是我和我这一代人实在厌烦了的东西…… 我们评价50年代和大部分60年代的小说创作,结果是完全可以轻视的:粗俗,毫不细腻,笨拙,过于明显地使用文学之外的话语…… 在我们看来,社会小说是那些年的象征,而且是对佛朗哥时代的西班牙所经历的知识贫困处境的真实反映。"[①]

第一节

"1980年一代"

安东尼奥·穆尼奥斯·莫利纳(1956)毕业于格拉纳达大学艺术史专业,1974—1995年在马拉加市政府任公务员,之后移居马德里。1996年穆尼奥斯·莫利纳成为西班牙最年轻的皇家语言院士,2004—2006年任塞万提斯学院驻纽约分院院长。作为"1980

---

① Javier Marías. *Vidas escritas*, Madrid: Siruela, 1992, pp. 49—50.

年一代"中的佼佼者,穆尼奥斯·莫利纳承认自己的小说素材部分来自西班牙当代历史(西班牙内战,佛朗哥统治,地下抵抗运动)。他的两个基本主题是:重塑少年和青年时代的世界;参照和反思西班牙内战及其后果。拯救记忆和虚构记忆是穆尼奥斯·莫利纳小说的出发点,在他的作品中常常有第一人称"我"的叙述者。

1986年(西班牙内战爆发50周年)发表处女作《那块福地》,获得杂志《变化16》为发掘文坛新人而设的"伊加罗文学奖"。小说的题目系拉丁语,意为"那个幸福的",为贺拉斯所创,后又被西班牙文艺复兴的代表作家路易斯·德·莱昂神父(1527—1591)引用。它也指书中的主要人物之一哈辛托·索拉纳所撰写的著作,同时也表明他远离人世尘嚣的愿望。①小说的出发点是大学生米那亚为逃避政治迫害回到故乡玛希娜②,开始做一个被人遗忘的"27年一代"诗人哈辛托·索拉纳(虚构的历史人物)的论文。作品分3部分,采用了环型结构,第一、第三部分从米那亚的角度叙述他对索拉纳(当地人都以为他于1947年被宪警杀害了)的研究是如何随着亲戚曼努埃尔的回忆(他与"死者"的友谊,"死者"的文化活动、1937—1947年的政治环境)、诗人未发表的作品以及对事件的其他证人的采访而逐步完善。索拉纳其实并没有死,而是在曼努埃尔家的女仆伊内斯的陪伴下过着秘密的隐居生活。当曼努埃尔发现他俩在自己原先的洞房里幽会时,心脏病发作死去。索拉纳最后出现在死者的葬礼上,让米那亚的调查有了意想不到的结局。另一方面他还回顾了自己60年代的政治活动和爱情经历(他与伊内斯的相遇、对她的爱慕和后者的回避)。第二部分则由索拉纳叙述,他曾与曼努埃尔的妻子交往,引起曼努埃尔母亲的不满,她唆使一个艺术家在儿子新婚之夜杀死媳妇。索拉纳在内战中当兵负伤,战后被囚禁。1945出狱后投奔曼努埃尔,在他的庇护下创作《那块福地》,1947年索拉纳与宪警发生冲突"死去"。《那块福地》时间跨度从西班牙内战至1970年(米那亚完成论文,返回马德里),恢复和重塑了西班牙那一段失败的历史,刻画了西班牙几代人特定的历史命运。

以历史解释现实的主题在《里斯本的冬天》(1987)里重现,尽管是在较为限定的时间范围内。穆尼奥斯·莫利纳塑造了一个植根于爵士乐和美国黑色电影的小说空间,由一个被动的叙述者——旁观证人回忆、讲述爵士乐钢琴师圣地亚哥与一个神秘女子鲁克莱西娅毁灭性的爱情故事(穆尼奥斯·莫利纳塑造的女性人物通常是神秘、纷乱、复杂、无法把握,像都市沙漠里的海市蜃楼)。故事的进展由黑色小说的情节线索牵引(鲁克莱西娅偷了丈夫的一幅名画,因而被他一直追踪;爱上她的圣地亚哥带着她逃到里斯本),汇集了悲伤、暗杀、欺诈、逃跑到陌生的城市。小说的主题是阐述作家的爱情观,即

---

① 沈石岩:《西班牙文学史》,第550页。
② "玛希娜"是穆尼奥斯·莫利纳以故乡乌贝达为原型塑造的小说世界,他后来的一些作品都发生在这个舞台。如《马德里的神秘》(1992)讲述圣周期间玛希娜的一幅基督像被盗,一位年轻记者前往首都调查此案。同一类型的人物再次出现在《掌握秘密的人》(1994)中,主人公离开故乡去马德里,结果被卷入一个无政府主义律师1974年企图推翻佛朗哥政权的离奇阴谋中。《月球上的风》(2006)具有强烈的自传色彩,以1969年7月20日阿姆斯特朗登上月球为背景,描写玛希娜山区一个13岁男孩(即作家本人)的童年和少年成长经历以及他与父亲的关系。

爱情是一种追求、是相遇和分离,是一种毁灭性的痴迷,被宿命和不可能性所主宰。里斯本作为一座被提示的城市,在这里是一个宣泄的空间,一个与其说是可能的、不如说是不真实的地方,是一个文学性回忆。

《贝尔特内布鲁思》(1989)①则演绎了一出发生在战后马德里、交织着阴谋、神秘、悬念和爱情的间谍历险记(1991年由比拉尔·米罗执导成电影)。主人公——叙述者达曼(他的名字取自博尔赫斯的短篇小说《南方》的主人公)曾是共和军上校,现流亡英国,为一个反佛朗哥地下组织工作。60年代达曼奉命回到马德里,寻找并除掉打入组织内的警察卧底安德拉底(他其实是被冤枉的)。20年前达曼曾执行过类似的任务,这使他亲眼目睹了多年前的一个事件在非法政治活动家的地盘上再次被重复,真正的幕后黑手是贝尔特内布鲁思(叛变的地下组织领导人)。"全书只有主人公一人讲述故事,排除人物间的任何对话方式,即便是对外在事物的描绘或往事的回忆也都是通过叙述者之口传达给读者的。这种不间断地讲述故事的形式使得这部小说接近于早期的口头叙述文学模式。"②

《波兰骑士》(1991)是部具有自传性质的小说(以玛希娜为背景舞台),回顾了20世纪后半叶西班牙的政治、经济和社会变革过程(包括19世纪最后几十年的广阔历史画面),也记录了农村发生的变化(埃斯波托西家族4代人的经历),恢复了内战失败者的尊严(流亡海外的共和派军官加拉斯上校的遭遇)。小说分三部分:"声音的王国"、"暴风雨中的骑士"和"波兰骑士"。他们分别涵盖了男女主人公曼努埃尔(埃斯波托西家族第4代人,现在联合国当同声翻译)和娜蒂雅(加拉斯的女儿)的童年、少年和成年生活。他们都来自玛希娜,如今他们团聚在纽约的一家旅馆房间里,一边看加拉斯留下的一幅伦勃朗名画《波兰骑士》和他的世交、摄影师雷特拉蒂斯塔托付的一箱老照片,一边重构往事及他们共同的命运。

从《满月》(1997)起穆尼奥斯·莫利纳的小说发生了一个重大变化,他第一次关注现实世界,触及暴力和恐怖主义这两个棘手的社会问题及其后果,对西班牙当代社会流行的几个观点提出质疑:接受暴力,将其视为自然的、无法避免的现象;鄙视他人,庆贺残暴;无助者在强权者面前的恐惧。《满月》讲述一位刚从北方的毕尔巴鄂调到南方的检察官(他在毕尔巴鄂曾与恐怖组织"埃塔"交过手),负责调查一起安达卢西亚女孩被强奸和杀害案。对罪犯的侦破是为了展现被牵连者的社会缩影:从女孩的父亲(一位左派人士)到女教师,从耶稣会神父到"工人委员会"的创建者,他们组成了一幅生动的西班牙当代各阶层画面。

《卡洛塔·费因博格》(1999)的情节出发点为两位西班牙男子在彼得堡机场的一次偶然相遇:克劳迪奥是文学教师,前往布宜诺斯艾利斯做一个讲座;马尔塞罗是企业经

---

① 贝尔特内布鲁思是骑士散文传奇《阿马迪斯》中的男主人公阿马迪斯苦修时使用的别名,意为"忧郁的美男子"。
② 沈石岩:《西班牙文学史》,第552页。

理,性格外向,等待去迈阿密的航班。他向前者讲述了自己在布宜诺斯艾利斯一家旅馆与一位神秘女人卡洛塔的秘密爱情故事。之后不久克劳迪奥在马尔塞罗住过的同一家旅馆遇到了同一位女子,同样为她着迷(她是一个吸血鬼),发现了现实与虚构之间爱情和死亡可以共存的模糊边界。①

哈维尔·马里亚斯(1951)系出名门,父亲是西班牙著名哲学家胡利安·马里亚斯(奥尔特加·伊加塞特的弟子),幼年时曾随父亲在美国生活,与纳博科夫做过邻居。毕业于马德里大学英语文学专业,深受亨利·詹姆斯、康拉德和托马斯·布朗②的影响,是西班牙当代最英美化的作家之一。1979年因翻译英国作家劳伦斯·斯特恩(1713—1768)的小说《商第传》而获西班牙"国家翻译奖",1974—1977年任巴塞罗那"阿尔法瓜拉"出版社文学顾问,1983—1985年在牛津大学教授西班牙文学和翻译理论(此地成为他好几部小说的舞台),1987—1992年任马德里康普登塞大学翻译理论教授,2006年当选西班牙皇家学院院士。

胡安·贝内特是马里亚斯的恩师,他的文学生涯得到这位前辈的大力提携。1968年刚读完大学一年级的马里亚斯便跑到巴黎,决定写一部故事发生在北美的小说,这就是他1971年发表的《狼的领地》。作品通过参照美国文学、40—50年代的好莱坞电影、新闻和电视,描写了20年代一个美国自由职业者家庭在姑妈死后破落,3个子女分道扬镳。他们在全美各地不择手段地钻营谋生,引发了一系列偷盗、报复和暗杀丑闻,这在一定程度上反映了西方的种种社会问题。

《穿越地平线》(1972)是部历险小说,采用了故事套故事的手法,情节发生在20世纪初:作者——叙述者阅读英国小说家爱德华·埃利斯的一部遗作,作品讲的是另一位小说家维克多因好奇而试图调查苏格兰钢琴家胡福被绑架一案。渴望发现真相的他加入了一艘远航的帆船,这艘船在地中海停留之后开往阿特兰蒂达。于是在这次奇怪的冒险旅行中发生了犯罪、对抗、激情的爆发、警察的调查,直到起义的摩尔人开枪在船上造成的损伤使探险结束。

《时间的君主》(1979)由5个描写人类无法沟通的文本组成:两个是短篇小说,一个是散文,一个是游记,最后一个是戏剧结构的小说。这些不同体裁的文本建立于无所不在的内心独白之上,它作为唯一的单向交流,以对称和平行为基础,构成作品的主角。

从80年代起马里亚斯的作品主要是分析人类复杂的内心世界,具有浓重的文化主义色彩。"他的人物是自身遭遇的叙述者,处于个人思想与外在刺激之间。从人物个性来看,他们是典型的当代人,与大众不同,不被大众理解,因此是流亡在一个不利世界里

---

① 穆尼奥斯·莫利纳还发表了报刊文集《城市鲁滨逊》(1984)、《鹦鹉螺的日记》(1986)、《奥梅雅人的科尔多瓦》(1991)、《虚构的现实》(1992)、《战斗热情,一段军事回忆》(1995,回忆作家服兵役的经历)、《曼哈顿的窗户》;短篇小说集《其他生活》(1988)、《毫无另一世界的东西》(1993)、《表象》(1995)。

② 托马斯·布朗(Thomas Browne,1605—1682):英国医生、作家,以沉思录《一个医生的宗教信养》为人所知。

的日常普罗米修斯的候选人。"①《世纪》(1983)介于心理小说和抒情小说之间，提出寻找个人命运的问题。作品由9章组成，奇数章使用第一人称，主人公是一个退休、年迈、多病的警察局线人，他以私密的语气回忆自己的过去(患精神病的父亲和离家出走的母亲对自己成长的消极影响)，讲述自己的现状(妻子离他而去，年轻时当英雄的理想破灭，精神状态越来越差)；偶数章使用第三人称，与主人公的叙述交替出现，回顾他的青年时代。

《伤感的男人》(1986)是一部性爱喜剧，一出滑稽歌剧，它不是在舞台上演出，而是秘密地呈现在书中人物的厅堂上。主人公——叙述者是个孤独、伤感的歌剧演员，艺名叫"那不勒斯"，因职业演出的需要经常外出旅行。他去马德里排演威尔第的歌剧《奥赛罗》期间，某天早晨做了一个梦，梦里出现了4年来他的生活片段，于是他向我们讲述了4年间的爱情经历(与《奥赛罗》的情节相似)："那不勒斯"结识了银行家马努的妻子娜塔利娅，他抒情的嗓音征服了她。马努因妻子不忠而痛苦失望，最后自杀，是真正的"伤感男人"，而娜塔利娅在跟随"那不勒斯"4年之后也悄然离去。在这部作品中马里亚斯将梦境与现实两个层面融合在一起，以便人物坦白自己内心的隐私。

《万灵》(1989)是一部抒情并且部分自传的小说(书名是为了纪念果戈理的《死魂灵》)，叙述"我"(即作家本人的化身)在牛津大学两年任教期间的经历(与两位牛津大学同事的接触，与一个已婚女人的短暂爱情关系)，重构了这所英国知名大学的氛围。马里亚斯选取了大学知识分子精英的精致、现代要素，探讨"我"与世界的关系(没有描写任何具体的故事，只是讲述人物的印象)，嘲讽了支配某些大学同事行为的准则。《明天你的脸庞》(2002)的主人公许多年前也曾在牛津大学任教，如今又回到英国。根据一位有着超凡记忆的退休老教授的看法，主人公属于少数具有一种天赋或不幸的人：能够看到人们将来会干什么，今天就知道明天他们的面孔将会是什么样，知道谁将背叛我们或对我们忠诚。

最佳之作《如此纯洁的心》(1992)是对人类心灵和情感的分析和探讨，题目取自莎士比亚名剧《麦克白》中麦克白夫人的一句话"我的手染上了你的颜色，但我羞愧于怀着一颗如此纯洁的心"，描写发生在过去和现在的双重婚姻悲剧。主人公——叙述者胡安讲述自己新婚的曲折、蜜月旅行和因分离而造成的夫妻隔阂，试图对自身的情感体验进行理性的分析。同时他想了解发生在40年前自家的一个神秘事件(父亲兰斯的第二任妻子特雷莎蜜月旅行回来便开枪自杀)，恐惧、怀疑和不祥预感陪伴着这一私密的探究过程。胡安(他母亲是兰斯的第三任妻子、特雷莎的妹妹)在偷听到父亲对媳妇的倾诉后才明白了整个案件的由来：父亲的第一任妻子死于父亲的暗杀，因为他想与美貌年轻的特雷莎结婚；而特雷莎的自杀是由于她得知了丈夫杀人的真相，觉得自己是这一悲剧的始作俑者。

《明天在战斗中请想着我》(1994—1995年"罗慕洛·加列戈斯小说国际奖")的书名

---

① Santos Alonso. *La novela española en el fin de siglo (1975—2001)*, p.138.

取自莎士比亚《查理三世》中的一句台词①。主人公——叙述者维克多是个刚离异的电视台三流编剧,应文学爱好者玛尔塔的邀请去她家赴晚餐(利用她丈夫去伦敦出差的机会)。晚餐后两人进入卧室,结果女主人公突感不适,死在维克多的怀里。这一意外事件使维克多措手不及,不知是该通知玛尔塔的丈夫德昂,还是扔下死者和她两岁的儿子逃走。这一故事又引出维克多对自己失败婚姻的回忆和德昂的婚外恋(他去伦敦实际上是逼情妇做人流)。马里亚斯在这部作品中把眼光投回到马德里,向我们展示了当代西班牙人的婚姻爱情困境和人人自欺的现象。"生活在欺骗中或被欺骗很容易,它是我们的本性","但当我们最终知道这一点时我们却觉得无法忍受。"②

《时间的黑背》(1998)书名依然来自莎士比亚的一部作品,被作家本人视为最富雄心的小说,混合了虚构、自传、元文学和反思等因素(没有清晰的小说结构),探讨了马里亚斯关注的两个文学问题:古典叙事模式不足以讲述某些事件,协调传记与虚构的困难。马里亚斯分析了今天小说是什么,现实与虚构的关系(两者之间的界限),叙述者的职能是什么,应该怎样阅读一个小说文本。③

路易斯·兰德罗(1948)出生于巴达霍斯,少年时随家人移居首都,在马德里大学攻读西班牙文学专业时开始创作短篇小说。他是一位大器晚成的作家,倾向于简单,具有独到的想象力。语言风格成熟辛辣,在任何情况下都不会减弱阅读的快感。

41岁兰德罗发表处女作《晚年的游戏》(1989),一鸣惊人。这部小说概括了在生活、事件、记忆的阴影下构筑而成的整个文学生涯,这是场游戏,文学在其中扮演重要角色,而在游戏里谎言和梦想改变了现实。主人公格雷戈里奥是一个小职员,早年有当作家的远大理想。随着青春的逝去而逐渐忘记了自己的抱负,直到有一天意外地接到在外省跑销售的同事希尔的电话(此人的志向是当化学家和思想家),才重新想起自己的理想。格雷戈里奥为了满足希尔的好奇心,开始把自己虚构成不得志的天才作家法罗尼。希尔也将对方理想化,赋予想象中的法罗尼以权势,为他虚构了一个传记。正如小说题目所暗示,这两位一辈子不得志的人物,各自因对方的谎言而暂时实现了年轻时的梦想。但格雷戈里奥害怕希尔发现自己的身份真相,于是逃离单位和家庭。在一家客栈遇到了一个巫师邻居,此人的观点是,如果格雷戈里奥和希尔通过幻想和闹剧获得了幸福,那么就值得撒谎。经他点拨,格雷戈里奥前往希尔所在的村庄,与他团聚。两人决定在那里买些土地,从事农业,永远生活在谎言的愉悦幻想里。《晚年的游戏》受拉

---

① 英文原句为:"Tomorrow in the battle think on me, / and fall the edgeless sword; despair, and die!"
② *Mañana en la batalla piensa en mí*, Madrid: Alfaguara, 2000, p.427.
③ 马里亚斯的《狂热与长矛》(2002)情节发生在一个周六到周日上午,在第一部分《狂热》中主人公德萨去拜访比德,一位牛津大学的退休教授,并参加他主办的晚会。之后德萨被英国特工机构俘获。第二部分《长矛》讲述德萨在英国特工机构从事的工作,即翻译别人的生活(把他观察一个人后所看到的东西叙事性地翻译出来)。马里亚斯还著有短篇小说集《当她们入睡时》(1990)、《当我曾是凡人》(1996);散文集《逝去的激情》(1991)、《幽灵的生活》(1995)、《影子之手》(1997)、《当我不忠时我将得到爱》(1998)、《他们将把我变成一个罪犯》(2003);传记《书写的人生》(1992)、《审视》(1997);文论集《文学与幽灵》(1993)、《看上去什么也不喜欢的男人》(1996)、《自从我见到你》(1999);小说《舞与梦》(2004);译作《如果我再次醒来》(1997)。

美"魔幻现实主义"小说的影响,把现实与神奇幻想很好地结合起来,揭示了人类生存的脆弱和不确定。

《幸运的骑士》(1994)以回忆的方式(从1993年)讲述1976—1977年西班牙政治变革时期一个乡村5个人物的5个故事(他们每天呆在村里的广场上,注视时间和生命的流逝):女教师阿玛利娅对村里男人产生了巨大的吸引力;历史老师贝尔米罗关注智性问题;商人胡利奥崇拜哲学家奥尔特加·伊·加塞特和亚历山大大帝,具有政治野心;侍童鲁西亚诺的天真和埃斯特万迟到的激情。《神奇的学徒》(1999)叙述的是一个中年男子马蒂亚斯的故事,他在平庸的社会里过着单调的生活,直到有一天偶然、好奇和直觉促成了一桩冒险,使他超越了自己灰色的人生,在这一行动中高尚与卑鄙作为同一事物的正反两面显示出来。①

拉斐尔·齐尔贝斯(1949)职业记者、作家,他的小说具有社会性、批判性和辨证性,审查了西班牙当代社会(从佛朗哥时期至今)意识形态、政治和个人等方面的矛盾冲突。处女作《米牟》(1988)是一部基于人物与环境之间辨证关系的黑色小说,以第一人称平铺直叙的方式讲述一个西班牙老师在菲斯大学一学期逐渐堕落的经历,特别是他适应所处环境的企图,在这点上小说达到了最深刻的程度。主人公陷入一个神秘的境遇(无法解释的失踪和死亡,警察的介入、有组织的流氓活动),被一些同样神秘的人物包围,不断地酗酒、调情,而他本人并未意识到危险。最后冲突是如此激烈,以至于他只能逃跑。在整个故事情节中突出的是氛围的神秘和含糊。

《在最后的战斗中》(1990)以当代马德里为舞台,塑造了一群在自身矛盾和内心混乱面前屈服的资产阶级集体人物(叙述者利用其余人物的声音来构筑一个多侧面、多视角的故事,时间不断往前或向后跳跃)。这些人上大学时都曾积极参与社会现实、政治和文化,有过追求平等的善良意图。如今作为成功者搭上了福利社会的快车,将公众形象和权力置于意识形态和承诺之上。小说揭示的重要一点是阶级的对立和斗争依然决定着西班牙人的日常生活。

《清秀的笔迹》(1992)、《猎人的射击》(1994)、《长期行军》(1996)和《马德里的陷落》(2000)构成一个系列,批判性地分析西班牙当代历史中意识形态与社会的矛盾、人物与现实之间的辨证关系。在第一部中暮年的安娜给儿子写了一封特别的坦白信,回顾自内战以来的家族历史:战后她与丈夫托马斯为生存而奋斗;叔叔安东尼奥因是共和派战士而被判处死刑,经过重重困难获释。之后与伊莎贝尔结婚,做生意发财,但这个本来没有利益成分的爱情逐渐变成一个典型的忘恩负义的婚姻。小说一方面见证了内战失败者因缺乏希望和幻想而承受战争的后果,贫穷抹去了高尚的情感,激起了卑鄙的动

---

① 兰德罗的《吉他手》(2002)具有自传成分,主人公——叙述者艾米利奥(即兰德罗本人)从成年的视角回顾他的少年、从青年到成年的过渡,讲述他与各种人物的相遇,每个人都对他的人生走向起了作用:艾米利奥原本是汽车修理工,在表哥的影响下想当吉他手。经历了各种曲折之后他放弃没有前途的音乐生涯,成为作家。还著有文集《作家职业》(1994)和传记《字里行间:故事或生活》。

机;另一方面,反思了文化的力量(体现在安娜的写作和伊莎贝尔的书法笔迹上,前者的生活在很大程度上受后者的影响)。

对历史记忆的社会分析和对权力的思考在第二部中得到加强,小说涉及的是战后西班牙社会道德和物质的贫乏,刻画了佛朗哥经济发展时期的真实面貌。男主人公卡洛斯在死亡临近时重组自己的生活片段,通过他的自白回忆让我们看到了一个内战胜利者按照现存社会秩序行事而"合法"获得的一切:财富、地位、奢华的生活、美貌的女人。但在情感和家庭关系上他却失败了,妻子、儿女和情妇是他犯错的镜子。

第三部是对一个民族集体记忆遗忘的反抗,小说的第一部分从战后开始,当时西班牙处于失败和前途未卜的状态,舞台分散在不同的城市,刻画了不同阶层的典型家庭,人物为生存而奋斗;第二部分集中在60年代的马德里,此时的西班牙荡混乱,大学生和工人参加民主革命运动,警察对他们进行无情的镇压。作品分析了西班牙内战、战后的独裁统治及60年代的抵抗运动,描写了一段充满痛苦和失败、求生和行动、寻找乌托邦和革命变化的长期行军。

第四部分析并解释了一个具体的历史时间,即佛朗哥统治的最后一天(1975年11月19号)。小说刻画了一群对立的人物,他们看待现实的不同态度和方式意味着从此西班牙社会将发生重大的历史变化。作家客观地描述了那一天:佛朗哥临危,马德里以及他所代表的一切即将陷落。西班牙人在等待,一些人担心前途难测,另一些人期待变化甚至革命。马德里的确陷落了,但什么也没发生,因为权力、金钱和武器不在工人和大学生手里,而是掌握在佛朗哥派系的政治家、企业家、警察手中。叙述者不断借助各式人物的思想、行动、视角和回忆来揭示历史决定论,即历史改变事物以便一切照旧。

亚历杭德罗·甘达拉(1957)是马德里康普登塞大学思想史教师,他的作品被视为"新浪漫主义"小说,呈现的是一个非人性的社会,生活在其间的是虚无主义的人物。《中距离》(1984)展示了西班牙文学中未曾涉猎的一个题材:一位中长跑运动员内心的衰老。作者把人的生命比作长跑,有不同阶段或距离,有一个已知终点——死亡。主人公"查罗"以第一人称讲述他从13岁作为村里年轻的长跑运动员到成年后在首都的失败经历,揭示了竞争作为现代社会的基石的残酷性。作品以多声部的技巧来安排结构:现在时指的是他写回忆录的这个时刻,过去时用来描述往昔的经历。小说没有传统的章节,而是按照人物的一系列危机分成16部分。在赛跑之前和之间出现在"查罗"脑海里的是失去的爱情、训练的岁月、他所遇到的那些失败者的痛苦(预言了自己未来的失利)。甘达拉以一种细腻的工笔派风格把思考与经历混合起来,这部作品的兴趣点在于描写垂死状态的能力,虽然人物拒绝被战胜,但什么也不能使他避免人生的失败。

《盲目的希望》(1992)由两个情节组成一个多声部(主人公为同一个人物):马丁是一位参加摩洛哥战争的西班牙士兵,他牺牲后又在沙漠里复活过来(这是作家的意图),开始有意识地回忆自己的过去;另一个情节讲述马丁在摩洛哥战争中的经历。这个多声部建立在对话基础上,呈现出真实与象征层面的融合。①

哈维尔·加西亚·桑切斯(1955)是一位加泰罗尼亚作家,在巴塞罗那文学协会担任小说理论老师。曾受《世界报》的派遣,报道了几次环法自行车大奖赛,由此写下了纪念环法自行车赛的《惠斯山》(1994)和5次大奖赛冠军得主西班牙人因杜拉印的传记《因杜拉印,一种克制的激情》(1997)。在小说创作方面,加西亚·桑切斯从一开始就探索人物的内心世界、他们的人生态度和爱情,描写发生在人物身上的那些未知及不可预见的事物,擅长内心独白。在他新浪漫主义的作品中,人物被激情所控制,任何事情都可能发生,并能将平静变成可怕和可悲的情景。"在人类野心不可能企及的高度与人类有限的本性之间所造成的紧张中,在那个不可弥补的缝隙中,哈维尔·加西亚·桑切斯找到了展开他小说的空间。爱的激情是那种紧张和令人疯狂的不可企及的形象范例。"②

《南风夫人》(1985)记录了男主人公汉斯的激情独白(他病态地爱慕一位女同事奥尔佳),制造了人类的野心与受限的本质之间的张力。通过汉斯的坦白、回忆和反思,我们看到了一个试图在爱情的迷宫里找到自我的人物,而不可能得到的欲望对象将主人公逼入疯狂的边缘。《卡罗利娜·冯·贡德罗德致贝蒂娜·布伦坦诺的最后一封情书》(1986)属于对人类激情研究(特别是同性恋)的小说化处理,作家以一种细腻到几乎无形的风格把读者带到了德国浪漫主义的第一阶段。那是一个不确定的时代,一种新的情感观正呼之欲出。卡罗利娜在自杀之前给贝蒂娜写了一封长长的情书,向她倾诉长久埋在自己心底的爱慕之情(回忆起两人共同生活的经历、个人秘密和知心话)。小说家或许加大了一种注定失败的情感的病态活力,但使得一位女性对另一位女性的爱和激情获得了一种不屈从于浪漫主义运动理论公式的表达(暗示的意象、不安的氛围、对自然界的升华、怀旧的欣赏、沉默的语言和目光、内心独白)。这部带着历史考古学面具的小说涉及了一个十分现代的话题,因此时间上的距离不是一种视角方法,而是微妙地处理人类最隐私感情的一个较好手段。③

《打字员》(1989)是一部日记体小说,主题还是人类的疯狂(对一个达到残酷极限的社会进行诊断)。主人公是一个将自己封闭在一个语言世界里的作家,打字机所写下的字母构筑起他的自我天地。通过写作这位作家可以恢复往昔、预支未来,但同时也会陷入疯狂,做出不理智的行为。《最悲惨的故事》(1991)是对女性心理的幽默分析:一位出

---

① 甘达拉的《高潮点》(1986)探讨个体生存的一些痛苦问题(主人公是一位大学教授,他与两位女人保持感情关系),《民事》(1989)呈现出一幅幅批判现实、有时又加以讽刺的画面。在《玻璃》(1997)中5个人物各自叙述自己在社会关系和人际关系上的失败经历,揭示福利社会里政治派别、知识分子团体为了获取权力、金钱和名望而不择手段的丑陋现象。其他作品有《弓箭手的影子》(1990)、《天之尽头》(1990)、《一个小爱情》和《我们世界的最新消息》(2001);《真正的创作语言》(1998年"阿那格拉马散文奖")。

② Darío Villanueva y otros. *Historia y crítica de la literatura española. Los nuevos nombres*:1975—1990, Barcelona:Crítica, 1992, p. 393.

③ 贝蒂娜·布伦坦诺(Bettina Brentano)是德国浪漫主义诗人、小说家和剧作家克莱门斯·布伦坦诺(1778—1842)的妹妹,与歌德有书信之交。

身小资的年轻女记者伊雷内,思想开放,她寻找符合自己梦想的白马王子,结果遇到一个神秘的音乐家。他完全控制了女主人公的一切,把自己的喜好和恶习强加在女友身上。加西亚·桑切斯在这部作品中的性爱描写有时接近色情小说,一方面反映了一位妇女爱情与性欲的烦恼,另一方面描写了她的感情历程,其意图是想说明,没有什么比自我毁灭的激情更悲惨的了。①

胡斯托·纳瓦罗(1953)出生于格拉纳达,是诗人、小说家、评论家和翻译家。起初从事诗歌创作,著有诗集《游泳者》(1985)、《一个飞行员预见他的死亡》(1987年"批评奖")和《视觉》(1987)。他赞成纯文学,故事的分量不大,行文充满比喻,如《替身的替身》(1988)虽然包含了两个悬念故事,但重要的是出色的语言表达,而不是所讲述的事件影响。②

《妹妹死神》(1990)包含了更多的小说内容,但还是隐去了一些材料,所以故事显得比较隐晦。一个男人回忆他少年时的经历,将内心复杂的恐惧、幽灵和欲望释放出来,这些东西最终变成现实:父亲的死亡造成年幼的主人公无依无靠,妹妹则把自己孤独地关在家里。小说还讲述了鲁比和乌尔苏娜这两位女人之间的关系(前者最后自杀)。③

《父亲的家》(1994)是一部抒情历史小说,主人公是"蓝色军团"战士,参加过第二次世界大战,因受重伤于1942年7月被送回家乡马拉加(又转到格拉纳达),预言他只能活6个月。于是作品围绕着那段接近死亡地狱的生活展开,主人公回忆起在故乡度过的岁月,对在内战中死去的父亲感到心痛。最后他成为佛朗哥时代的成功者,重现了战后初期西班牙社会全貌,揭示少数人的暴力和腐败以及大多数人的恐惧。纳瓦罗的最新小说为《空管员的灵魂》(2000)。

佩德罗·莫利纳·坦波雷(1955),作家和电视编剧。出生于马拉加,曾在阿根廷生活了3年,与拉美文化圈有着密切的合作。1991—1994年担任马德里"美洲之家"的文化官员,现在西班牙国立图书馆负责文化交流。小说《鲸鱼》(1987)是一部"新浪漫主义"作品,试图将大自然神化。小说刻画了某些青年人内心的不妥协,但建立一个公社、与大自然和谐相处的计划只获得了不长久的成果。这是因为大自然跟城市一样,已经不复为一个田园世界,而是一个变形的镜子。《鲸鱼》是那种幻想破灭的实录,他们无望地

---

① 加西亚·桑切斯的《秘密爱情》(1987)带有历史小说的色彩,3个故事的时空放在过去的时代和外国舞台,表现主人公的不幸命运。《化石生活》(1996)是一部悲观的小说,主人公为一个不幸的卖报员,他意识到自己的生活将变成一块化石。《其他人》(1998)从全知全能的角度叙述了人类的毁灭(时间集中在短短的几个小时内)。他还著有散文《认识荷尔德林和他的作品》、诗集《日光的愤怒》、儿童文学《奥斯卡,田径运动员》、《奥斯卡,奔跑的历险》和《西庇阿的梦想》(1998);短篇小说集《冬天的变异因素》(1985)、《永恒的理论》(1985);小说《继续绿眼睛的神秘》(1985)、《对邪恶理智的批评》(1991)、《缺乏灵魂》(2001)和《上帝已经走了》(2003年"阿索林奖")。

② 这部小说的结构为两个互补的部分:"替身的替身"和"达尔西案"。情节发生在内战期间蓝色海岸的上流社会颓废、奢华和充满幻觉的环境里,叙述了花花公子安东尼奥和他的替身、乌拉圭百万富翁内尔森的混乱、曲折的经历(他们卷入了一场报复中)。

③ 鲁比再次出现在《隐秘的事故》(1990),她是一个德语翻译,回家后发现房客汉娜失踪了。从那一刻起鲁比渐渐远离自己的生活,与情人分手去调查汉娜的过去,了解她自杀的企图和记忆的丧失。

寻找幸福,就像搁浅在海滩的鲸鱼。莫利纳·坦波雷的写作分寸把握得非常好,没有肤浅的伤感主义。在主人公阿德里安身上交织着着迷和失意的整个过程,他不是理智清醒的象征,却是天生善良的典范。

《再见,永远的父亲》(1997)介于流浪汉小说与代沟小说之间,男主人公以第一人称回顾自己的过去,决定把自己在一个极端意识形态化的国家所经历的童年和少年的真相讲述出来。而最残酷的斗争则发生在他父亲与儿子之间,这是一个奇怪的家庭,完全由价值观组成,在家庭内部每天都展开激烈的对抗,甚至发生死亡。

《为了如此的激情》(2005)以1988年动荡的阿根廷为舞台(当时这个拉美国家正遭受着严重的经济危机和军事压力,处于灾难的边缘),主人公安德烈斯被一家西班牙报社派往布宜诺斯艾利斯当记者,在那里他结识了一个神秘的舞女玛利亚娜,与之经历了一场复杂、强烈、毁灭性的激情。性爱、欲望、爱情、背叛、欺骗和懦弱决定着马德里和布宜诺斯艾利斯所代表的旧大陆与新大陆之间艰难的相聚、分离和靠近。①

贝尔纳多·阿萨加(1951)是以巴斯克语和西班牙语写作的诗人、小说家,与巴斯克音乐保持密切关系(创作了许多巴斯克语歌词)。他的小说关注巴斯克地区的问题,如民族自治和恐怖主义。成名作《奥巴巴口可》(1988)由26个独立的短篇小说组成,《孤独的男人》(1993)是第一部直接触及恐怖主义的作品,被评论界视为当年的最佳小说。之后又推出了《两兄弟》(1995)和《那些天空》(1996),后者涉及"埃塔"囚犯重新入狱的问题。《一个叫萨拉的间谍》(1996)讲述卡洛斯派间谍马丁·萨尔笛亚斯的故事。他还著有以巴斯克地区为舞台的短篇小说集《奥巴巴的故事》(1997)、《手风琴手的儿子》(2006);文集《疯子的名单和其他字母表》(1998);诗集《来自城市》(1976)、《埃塞俄比亚》(1978)和《诗歌 & 杂交品种》(1990)。

曼努埃尔·里瓦斯(1957)记者出身,曾任《加里西亚报》副主编。作为一个畅销的小说家、诗人和散文家(以加里西亚语和西班牙语写作,被视为加里西亚当代文学的最突出代表),他的作品一般以故乡加里西亚为舞台,探讨人类情感、社会和生态问题。里瓦斯擅长短篇小说,如获1990年"批评奖"的《一百万头母牛》、关于农村题材的《亲爱的,你想要我什么?》(1996)②、获1996年"全国小说文学奖"的《一百个爱情故事》等。

长篇小说《木匠的铅笔》(1998)以西班牙内战为背景,是对第二共和国的致敬。小说的情节线索是一个有着共和国理念的医生(丹尼尔)这些年的见证:他被监禁,受到极

---

① 莫利纳·坦波雷还著有小说《母亲母鸡非洲》(1985)、《马德里人》(1989)、《最后两个女人》;游记《去两个西藏旅行》(2001)和《沉睡的火山。中美洲之行》(与罗莎·雷加斯合著,2005年"伟大旅行家奖");电视作品《西藏迷宫》和《扬子江:崭新的中国和古老的河流》。

② 其中的同名短篇小说被改编成电影《蝴蝶的舌头》。

其严厉的判刑,两次被带到刑场,但都神奇地逃过了死亡。①

伊格纳西奥·马丁内斯·德·皮松(1960)出生于萨拉戈萨,毕业于西班牙语和意大利语文学专业,自1982年起定居巴塞罗那。他的作品不仅把各种文学形式并置在一起,而且将高雅与流行、现实与幻想混合起来,取消了它们之间的界限。马丁内斯·德·皮松最擅长的领域是短篇小说,塑造具有启发性的内心世界,挖掘复杂的家庭关系和童年世界,以细腻和暗示的笔触勾勒出一个人物和一个不安的情节,取消现实与幻想的界限。如《有人在秘密观察你》(1985)、《欧洲萤》(1993)、《好时光的终结》(1994)和《家庭照片》(1998)。第一部长篇小说《龙的柔情》(1985)从形式上看依然保持着短篇小说的结构,其中童年的记忆扮演着重要角色。一位生病的少年走进现实,对他来说,事实是如此含糊,它们的发生就如想象的报道。

《安托法加斯塔》(1987)的主人公胡利安是一位失败的作家,他反思许多同行对他人作品进行欺骗性模仿的现象(也就是说剽窃),对政治上不择手段往上爬的人、某些文学奖项的颁发以及西班牙的文化小圈子做了戏谑的嘲讽。在《秘密城市的新地图》(1992)中一位漫画家租了一个离他年轻时度假的家很近的别墅,由此回忆起自己的人生和情感成长历程。他来自社会底层,靠个人奋斗获得今日的成功。在这一过程中表妹阿莉西娅扮演了重要角色,是男主人公——叙述者深爱的对象,陪伴着他经历了人生的风风雨雨。

《二级公路》(1996)以简洁的语言描写一个15岁少女与父亲沿地中海岸的一次旅行,揭示父女之间复杂的关系。《美洲之行》叙述的是30年代一群西班牙人前往好莱坞、为西班牙语市场改编电影的经历。《美丽的玛利亚》(2001)回到家庭和童年,讲述玛利亚成长、走向生活的故事(她遇到了无法抵御的诈骗犯、快乐的理想主义者和无可救药的失败者)。《女性时代》(2003)叙述20年前西班牙妇女所遇到的困难,当时的民主进程因军事政变而差点夭折,它成为4位西班牙妇女人生历程的背景。《埋葬死者》(2005)对发生在西班牙内战期间多斯·帕索斯的译者何塞·罗弗雷斯·巴索丝遭暗杀的隐晦事件进行充满激情的调查。

阿古斯丁·塞莱萨雷斯(1957),文学评论家、作家(卡门·拉福雷的儿子),出版了关于母亲的传记《卡门·拉福雷》(1982)。处女作为短篇小说集《绿狗》(1989),之后发表的《惊呆的骷髅》描写8个无根的人物追求梦想,成为自身命运的囚徒:在这些最终愿意来西班牙生活的人物中有一个俄国人(他通过奇特的水管对话爱上了一个陌生的女士);一个文雅的法国人(他爱好美食,为了获得一个神秘的甜点食谱而放弃了自己舒适的生活);一个日本人(他是攀缘爱好者,寻找真理的顶峰,结果在对一个女人脚的欣赏中找

---

① 此外里瓦斯还发表了小说《土豆食堂》(1991)、《在野蛮的陪伴下》(1994)、《丢失的子弹》(1996);诗集《隐约听见的书》(1981)、《没有一只天鹅》(1989)、《夜晚的村庄》(1997);散文集《加里西亚,大西洋的盆景》(1994)、《新闻是一个故事》(1997)、《加里西亚,加里西亚》(2001)、《沐浴中的女人》(2004)、《加里西亚王国里的一个间谍》(2004);短篇小说集《她,该死的灵魂》(1999)、《移民的手》(2001)、《失去的呼唤》(2003)、《英雄》(2006)。

到了崇高境界）。

第一部长篇小说《朱丽叶的耐心》（1997）是一部元文学游戏之作，仿佛现实与虚构之间不存在界限。女主人公朱丽叶与安德烈斯偶然相遇，之后两人便禁闭在她的公寓里。在这个简单的情节中加入了人物的内心探索、记忆的往返、梦想、时间、爱情、疑问和欲望，还有对文学创作的思考。①

费利佩·贝尼德斯·雷耶斯（1960），诗人、小说家。毕业于加的斯大学西班牙语言文学系，先后担任《世纪末》、《复兴》和《安达卢西亚之书》等文学杂志的主编。第一部诗集为《在庄园的逗留》（1979），《手写的天堂》（1982）则受"现代主义"影响，显示了他的诗歌天赋和独创性。《虚幻的世界》（1985）放弃了自传成分和虚伪的情感，《坏同伴》（1989）收录了一些可以当作梦呓故事来读的长诗，《诗歌1979—1987》和《敞开的行李（1992—1996）》汇编了他的抒情诗，《不可能的生活》则获得1996诗歌"批评奖"。

在小说创作方面，《天堂的财产》（1995）回顾了童年生活，《烟》（1995年"塞维利亚协会奖"）是一部关于失败的尊严的作品，充满抒情气息，人物怪异，如主人公卢卡斯把现时视为通往未来的过渡。②

弗朗西斯科·萨杜艾（1961），职业记者、作家，他的作品属于纯"社会小说"，与人类命运保持承诺，其创作根源要回溯到"半个世纪派"的现实主义。《灾难的激情》（1987）呈现的是在一个混乱的世界受欺辱的人的遭遇，他们从天堂被抛向边缘世界。《英雄的悲伤》（1988）是一部存在主义小说，主人公——叙述者斯蒂法诺少校负责对"黄种人"的战役，征服了哥尔女神的领地。当他应该受罚时却得到奖励，这便是他失望的开始，于是对自己的行为进行反思。

《半人马的皮》（1995）不仅是对一个社会现实的见证，而且反映了个人与不利的社会环境之间的辨证关系。在这部小说里暴力是人物的日常食品，死亡是一种解脱。主人公卢卡斯是一个"反英雄"，他与自身斗争，体验了道德的崩溃。作家指出，在一个都市现实里只有一种生存方式：保持一种神话的英雄式的态度。③

《泰玛曼案件》（1999）继续描写个人与世界不可避免的冲突，人物面临逃跑或毁灭的命运。男主人公大卫因过去的不幸经历而想逃离他的日常城市环境，在一个地中海海滩寻找不可能的出路，但周围的人再次将他卷入一场无法逃脱的事件中（其中掺杂了爱情、激情、疯狂、背叛、报复、野心、暗杀和死亡）。小说以"拼贴画"手法、内心独白、省

---

① 塞莱萨雷斯还发表了小说《净界里的楼梯》（1991）、《细微的痕迹》（1992）、《我的女游客》（2001）。游记《阿斯图里亚斯》（1994）；回忆录《假如我告诉你》；传记小说《影子面具》。

② 贝尼德斯·雷耶斯还著有小说《精灵的渔篓》（1991）、《关于诸位》（1992）、《单数，13排》（1996）、《世界的男友》（1998）、《后来的更坏》（1999）、《怪物的思想》；短篇小说集《一个危险的世界》（1994）、《失败的方式》（1997）；自传《世纪人》（1997）；文集《背阴看台》（1997）、《人才市场》、《包装纸》、《西方和东方》、《宝拉的拉法埃尔》、《海难者的行李箱》；诗集《毒药柜台》、《作者的清样》、《特别的影子》。

③ 萨杜艾还著有《无限的圈子》（1983）、《红影子》（1986）、《眼睛的荒漠》（1986）、《肉》（1991）、《千夜城》（1992）、《神奇的电台》（1994）、《床》、《多种动机》、《血的故事》（2001）。

略细节等技巧造成一种含糊、暧昧的氛围。①

第二节

"莱昂派"

20世纪80年代中叶在西班牙文坛涌现了一群出生或成长于莱昂地区的作家，他们是路易斯·马特奥·迭斯、何塞·玛利亚·梅里诺、胡安·佩德罗·阿帕里西奥和胡里奥·利亚马萨雷斯等。从70年代中期起这些作家开始发表处女作（其中一些人以诗歌创作开始其文学生涯），他们的成名作大多是由阿尔法瓜拉出版社在80年代初推出的，80年代中期获奖频频，其作品受到评论界和读者的关注和好评，文学评论界把这群作家称为"莱昂派"。

"莱昂派"作家私交甚好，无论是年龄、生活环境、成长的年代还是受教育的圈子、社会阅历和政治见解都十分接近。在文学创作上也有过多次合作，如1963—1968年他们在莱昂创办了诗歌杂志《天窗》，探讨文学理论问题。1977—1979年阿帕里西奥、梅里诺和迭斯共同虚构了一位名叫萨比诺·奥尔达斯的莱昂作家，宣称他在内战后流亡美国，佛朗哥去世后返回故土。他们以这位虚拟作家的名义在马德里《民众报》上发表了大量的文章，主要围绕两个主题展开探讨：

（1）莱昂的身份。在莱昂要求自治的困难岁月里他们挖掘、重申莱昂的历史根源，发表介绍故乡的作品，如阿帕里西奥与梅里诺合写的游记《埃斯拉河之路》（1980），迭斯的《巴比亚山区的故事》（1981），参与电影《故事会》（1983）的拍摄，为杂志《莱昂》和《莱昂大地》撰稿。②

（2）西班牙文学现状。他们远离当时文坛流行的实验主义，主张一种新的小说创作方向，即重新重视情节，文学作品与生活互相渗透，迷恋故事的叙述，恢复个人的小领域，把游戏、想象和地方色彩视为通往世界性的途径。

这些文章后汇集在《凤凰的灰烬》（1985）一书中出版，这项合作既是3位莱昂作家

---

① "1980年一代"作家还有何塞·安赫尔·冈萨雷斯·塞因斯（1956，索利亚）：在巴塞罗那获得文学学士，从1982年起定居意大利，创办了杂志《群岛》。他受贝内特的影响很大，短篇小说集《相遇》（1989）的9个爱情故事描写各种人际关系。在成名作《一个被激怒的世界》（1995）中一个校对员毫不留情地审视自己的生活，他的这种人生态度以及对工作力求完美的追求与自身微不足道的生活形成强烈反差。作品语言复杂，重申了在一个技术化、情感迟钝化的世界激情和情感的重要性。还著有《回到世上》（2003）。
何塞·奥维赫罗（1958，马德里）：大学毕业获地理与历史硕士学位，曾在德国侨居数年，目前居住在布鲁塞尔，1988—2000年担任译员。著有《传记考查员》（1993）、《英雄的怀念》（1997）、《中国之行》（1998）、《逃出帕莱莫》（1999）、《米基不幸的一年》（2003）、《民族状态》、《我们大家获救的故事》、《人是什么》和《别人的生命》（2005年"小说之春"奖）。
② 埃斯拉河是流经莱昂的一大河流。巴比亚山坐落在莱昂境内。《莱昂》由马德里"莱昂之家"主办。故事会（*El Filandón*）是莱昂地区的一个传统，妇女们晚上聚集在一起，边织布边讲故事。

生命、知识和文学的一次历险,也是他们共同的文学意识表达。"莱昂派"小说通常以故乡莱昂地区的人、事、景和风土习俗为创作素材,追忆被工业文明吞噬的村庄以及在那里度过的童年,刻画并批评外省城市平庸、刻板和保守的小资生活,努力将当地传统的民间口头文学、神话传说融入到后现代小说的创作中。虽然他们的影响远不局限在莱昂地区,但他们的作品赋予家乡一种独特的审美形式。"莱昂派"的创作特点在于如何对待现实,如何在小说中捕捉/重塑现实:迭斯酸甜的幽默,阿帕里西奥辛辣的讽刺,梅里诺对幻想和元小说因素的运用,利亚马萨雷斯的抒情和怀旧。这些作家的共同点在于他们的小说具有明显的内心化倾向,展示人性,揭示一个正在消失的世界,回忆故乡的过昔。

路易斯·马特奥·迭斯(1942)出生于莱昂地区比亚布里诺小镇,法律系毕业后在马德里市政府负责档案处的工作,业余时间从事写作,2001年当选为西班牙皇家院士。"他是一个天生的小说家,很接近莱昂地区的故事会传统,能够把一个小逸事扩展开来,把它肢解、复制成多面体。"[①]迭斯和爱德华多·门多萨是以最令人信服的方式恢复西班牙叙事传统的作家,他的古典源泉,特别是塞万提斯(堂吉诃德是他童年的偶像)和巴列·因克兰所提供的营养,使他通过对现实批评性的观察,把小说处理成对我们时代准确的戏谑模仿(引入幽默和讽刺,机智的意外和被极限状况所阻挡的冒险)。在迭斯的作品中记忆/回忆是想象世界与真实世界的交汇点,人物出没于幽灵般的环境,通过对话塑造自我,幽默和嘲讽是保持清醒和距离的手段。

迭斯模仿战后意大利"新现实主义"手法(这些作家非常依赖他们所生活的城市,在其作品中具体的城市空间获得了与人物相似的主导地位,在情节的发展中起到主导作用),他的大部分小说发生在20世纪中叶西班牙的外省(以莱昂地区为蓝本),以个人经历和记忆为素材,通过一个轻微变形、但又被宽容的幽默缓和了的有色眼镜来观察那里空虚、封闭和保守的生活。"我的个人经历,我的记忆,就好比是小说的空间。我承认自己属于现实主义,我很难把自己的生活经历与写作分开,但我对现实有一种幻影式的观点,外省被束缚的那些年滋养了它,并把它变成了一个充满象征启示的世界。我的经历,我的世界就像那个古老的大箱子,一个人不断地在里面翻找,虽然不是出于怪癖,而是因为有一个吸引人的象征世界。"[②]

迭斯的小说创作从《毒药备忘录》(1973)起步,在这个短篇小说集里我们已经可以看到纪实与幻想、批评与情感、莱昂风情与地中海风景的融合。他80年代的作品尽管是现实主义的,但具有象征和隐喻的投影,作家关注西班牙最近的历史,对一座城市或一个外省进行神话式的小说化。《外省车站》(1982)发生在战后的莱昂,主人公马克斯是一位二流记者,他突然得到一条重要信息:一个被遗弃的大宅发生火灾,结果发现它

---

① Ricardo Senabre. "La novela española, hacia el año 2000", *Letras de Deusto*, No. 66, enero-marzo de 1995, p. 34.

② Entrevista en *ABC Literario*, 13 de diciembre de 1986, p. 9.

是一个地下屠宰场,当地的一些头目卷入了这个肮脏的交易。马克斯开始调查此事,但因与市政府的利益及腐败相冲突,最后不得不放弃调查。在这部侦探结构的现实主义小说中,突出的是对一个政治腐败(市政选举的阴谋)、警察暴力、新闻审检、黑手党操纵的外省城市的神化,那里缺乏自由,市民屈从于官方的摆布。这一切对西班牙外省生活的批评性回忆,构成了对现实堕落、腐败、诋毁的见证。但在这部城市小说中作家更感兴趣的是对不同人物的刻画,而非情节。主人公与克劳蒂娅(一个没有前途的女演员)、蒂娜(妓女)产生了一段超越世俗的爱情,只有爱情才是现实生活中唯一值得赞美和留恋的东西。另外,在这部小说里车站具有象征意义,它作为一个交通地点,很好地传达了那种迁徙、变换的感觉。按作家的话来说,突然一天早上醒来你感到必须离开某地,在大街的拐角你的生活就发生了变化。

迭斯把旅行视为人类生活的比喻,并把它作为小说常用的结构手法。在代表作《岁月的源泉》(1986)中迭斯通过对佛朗哥时期现实的怪诞模仿、对一座外省封闭城市的神化和其故事的象征性,把现实主义引向了极限。50年代一群教友会成员找到了一只箱子,里面装着一些手稿,描述一股能保持永恒青春的泉水,于是这些教友开始外出寻找这个神奇之泉。他们这次糊里糊涂的郊游充满了一系列未曾预见的相遇和意外(人物都有暴饮暴食的习惯,喜欢出格的冒险),当发现手稿是假的、神泉是一场美梦时(这一切都是同城的敌人所为),他们决定进行报复,使当地举办的花节遭受重大损失。迭斯"借寻找一个神奇的泉水追求的不过是让其主人公摆脱受摧残的生活,他们在冒险中寻求的是一个梦想、一个通过想象和幻觉超越日常形势的神话。"①只有这样《岁月的源泉》的集体主人公才能够逃脱佛朗哥时期令人窒息的社会政治形势,通过丑陋的无节制和胡言乱语来改变现实。这部小说在反映现实生活的层面上增加了幽默和变形手法,想象和虚构变成一种向往已久的自由象征和叙事手段。

《最后的祷告》(1990)是迭斯最具塞万提斯小说特征的作品,同时传承了伏尔泰哲理故事的传统,作品的运作像一个完美的钟表装置,充满意外。秋季的一个周日5位牧师应附近一个乡村神父的邀请去那里郊游、喝午茶,这次外出将以最出乎意料的方式改变他们的生活。在圣地亚哥之路上他们遇到一个怪人躺在地上,这个流浪汉朝圣者将变成一种毁灭性的天使,触动牧师的观念,置他们的生存于危险境地,仿佛发动了一场道德和物质上的反叛。在那个被梦想和秘密情感冲击的下午,没有什么是肯定的、确凿的,牧师们渐渐感到自己偏离到一个很难回头的堕落之路。

《遇难者档案》(1992)具有元文学的反思色彩,通过回忆恢复了西班牙外省的生活,叙述了主人公费尔明在寻找生活意义过程中的转变。他是市政府档案员(与作家本人职业相同),通过手头的档案寻找前任赛利塞斯留下的蛛丝马迹,因为这位陌生的同事在官方文档中留下了一份遗嘱,其中包含了一个秘密的自白。为了找到他以及相关的

---

① Santos Alonso. *La novela española en el fin de siglo (1975—2001)*, p.151.

证人，费尔明也进行了旅行。

从《迷失之路》(1995)起虽然小说的时间还是 20 世纪 50 年代，但摆脱了具体的城市空间，迭斯开始构建一个想象的、传奇的、神话般的"塞拉玛"地区，一个隐喻死亡、空虚、失败、孤独和文化贫瘠的地域，从此拥有了自己的小说舞台。① 主人公塞巴斯蒂安是一个常年在外出差的商人，听从公司指示改变自己的行程去寻找失踪的同事。在这一过程中他回忆起过去所遇到各种紧急情况和自己的胡作非为（穿插了不少歌颂美酒和性爱的副线故事和次要人物，把作品变成不同叙述、视角和故事的交叉点）。作品的结构类似于"流浪汉小说"，主人公不断穿梭往来于各种旅行之中，除了身体上逃离现实，他还在梦想、酒精和性爱中寻找出路。

《灵魂的目光》(1997)放弃了前面作品中的对话，取消了幽默，采用不太具体的时空，特别是改变了视角，让人物（一个公务员）从内心讲述自己的孤独和不可能的爱情，逐渐意识到自己的遇难者身份。小说叙述了男主人公罗梅洛长达 50 年的爱情故事（他所受的偏激的情感教育、与 3 个女人的爱情关系、命运与偶然因素的介入、爱的激情和生理需求的交织）直到患病住进医院。他的一个病友扮演了叙述者的角色，将罗梅洛的回忆记录下来。

《凡人的天堂》(1998)舞台位于一个 50 年代的城市奥笛阿尔，情节的开端是现实主义的，但很快就进入幻想领域。主人公米诺接到一个奇怪的电话（好像是从坟墓里打来的），让他去给一个刚去世的叔叔守灵。于是米诺进入了一场城市幻想历险，走进一个存在主义迷宫，里面充斥着阴间和幽灵般的人物。主人公在死者的陪伴下逐渐发现了一个陌生现实最不寻常、神秘和黑暗的地方。②

"迭斯参照了一种对外省生活批评的但又是宽容的观点——源自塞万提斯。作家选择的眼光在那里起作用。他在那里挑选了一些主题，从对不可挽回的衰败的反思到对一些社会关系和一些占据着作家故乡同一地位的人的文化活动毫不客气的批判。所以可以说他是一个外省作家，如果我们不因此而理解为一种还原的见证，而是塑造了一

---

① 迭斯还创作了以"塞拉玛"为舞台的三部曲《荒原精神》(1996)、《天堂的废墟》(1999)和《天黑》(2003)。在这个地区那里生活着被作家称为"失败的英雄"的人物，他们要么古怪可笑，充满活力，要么身体有缺陷，这是他们人生失败的写照（其中很多是宗教界人士，对作家来说，他们代表了某种程度上的神圣和超脱）。这些人物无法实现自我，但常常坚持一个寻找的过程。他们身上的一切都指向时间冷漠的流逝，生命走向不可避免的死亡。第一部由 15 章组成，第一章是对"塞拉玛"的介绍，其余各章由不同人物叙述，构成对"塞拉玛"的回忆和再现。在第二部中主人公伊斯马艾尔是驻"塞拉玛"的医生，在内战前一个不确定的年代发现了 19 世纪后半叶在当地行医的一个同行留下的资料，其中包括一本病历档案（即死者名册，每一章死去一个人物）。伊斯马艾尔从这个被遗忘的档案里恢复了大量曾生活、安息在"塞拉玛"的人物和故事，是对与孤独、死亡和毁灭共存的一个梦想的记录。第三部的书名指射人物身体和心灵的黄昏时刻，主人公是一位从外地回到"塞拉玛"的无名老人（作品的唯一情节是他在火车站遇到一只流浪的狗和一个外出的年轻人），他承受着衰老的痛苦，失去记忆和意识，像幽灵似的走向死亡。

② 迭斯是写短篇小说的高手，著有《康乃馨与芒刺的伪传》(1977)、《八月的炭火》(1989)、《较小的不幸》(1993)、《阁楼上的岁月》(1998)、《生活的话语》(2000)、《正午的魔鬼》(2001)、《故事之树》(2006)；小说《冬天的幽灵》(2004)、《贫困的光辉》(2005)和《心里的石头》(2006)；诗集《烟的信号》(1972)、报刊文集《小说的前途》(1992)。

个具有世界性效应的比喻。"①

何塞·玛利亚·梅里诺(1941),诗人,小说家。他的童年和少年是在莱昂地区度过的,马德里大学法律系毕业后曾在文化部和教育部工作。梅里诺以写诗开始文学生涯,著有诗集《包围塔里法》(1972)、《远离家的生日》(1973)和《看着我,美杜莎》(1984),所以在他的小说里可以看到优美的文笔、丰富的词汇和睿智的描写。梅里诺认为故乡对自己有很大的启发和激励,无论是童年听到和读到的故事还是当地农村的景色和悠久的历史氛围,都为他的创作提供了无尽的源泉。梅里诺善于把想象与现实、梦幻与生活融合起来,在他的故事中幻想或梦境与真实具有同等的地位,小说处于非现实的范围,但又深深地扎根于现实主义。梅里诺一方面倾向于在人物的内心世界虚构故事,另一方面喜欢在小说中融入历史、传说、神话和传统。他"提倡一种开放的现实观,不矛盾地包括了想象的、非理性的事物和梦境,通过收复被理性主义拒绝了的那些领域以及回归个人和家庭之根来恢复个体的身份。"②

《安德烈斯·乔斯的小说》(1976)是一部典型的元小说(从书名就可以看出这是小说套小说的结构),其中包含了两个原本可以独立的故事:一部心理小说(主人公安德烈斯·乔斯,一位中年作家,刚被确诊患恶性癌症,他在即将到来的死亡面前注视生命的逐渐消失,感到生存的痛苦和无奈);一个科幻故事(乔斯正在创作的一部科幻小说和他笔下的人物:外星人翁斯、马特奥和亚松森)。这两个故事通过一个巧妙的结构融合成一个整体:

乔斯以第一人称叙述自己在镇上的日常生活、他与特雷莎及阿芒多之间的三角爱情关系、他那部多年前动笔、如今临终之前急于完成的小说(写作对他来说是挽救生命和摆脱生存痛苦的一个手段)。乔斯又以第二人称回忆自己童年在农村的生活,寻找已经消失的村庄(实际上就是寻找逝去的时光)。而他的那部科幻小说是以第三人称加以叙述的:马特奥和亚松森的爱情故事;外星人翁斯先化身为狗后变成人的经历。这两条线索平行发展,穿插其间的便是乔斯。他在写给好友"胖子"的信中对自己的作品做了一系列的阐释和反思,把写作过程变成了作品的中心主题。乔斯思考语言的运用,维护语言的简洁,反对巴洛克式的繁复;探讨故事与叙事话语之间的关系,自问小说的虚构是应该屈从于真实性还是应该把两者结合起来。乔斯向读者呈现了在小说中构思另一部小说的困难,即把一个寓言的、玄学的内容与一个科幻小说的背景结合起来。乔斯作为梅里诺笔下的小说人物,在这部作品中是以一个真人的身份出现的,而在故事的结尾他与自己塑造的科幻人物翁斯融为一体,这样就完全取消了真实与虚构之间的界限。

《金锅》(1981)从记忆出发,运用神话、传说、史诗等材料,叙述主人公回归故乡,在那里找到自己的命运和历史的故事。一位恐怖组织成员在炸毁一座核电站的行动中负

---

① Santos Sanz Villanueva. "Luis Mateo Díez, entre la crítica y la invención", *La página*, No. 1, 1989, p. 1.

② Darío Villanueva. *Letras españolas 1976—1986*, Castalia, 1987, p. 63.

伤,他在半清醒半昏迷状态中回想起自己的生活(学校的岁月,在祖父和表哥身边度过的幸福暑假,不愉快的家庭关系)。小说的这部分内容是现实的,而幻想部分由主人公不清醒的意识构成(他回到远古时代,祖先所在的土著村落崇拜一口金锅,接下来是罗马人的殖民化、蛮族的入侵、阿拉伯人的统治、征服墨西哥、抗法独立战争)。此时人物试图恢复他童年的天堂、他的根。为此他放弃一切,最终定居在那个祖先的村落。与前部小说侧重现实/梦幻、作者/人物、文学/生活、现实主义/幻象的对立和互补相比,《金锅》更多的属于现实的生活层面。作家摇摆于对一个亲切的农村世界的回忆及对现实的神化(科技的进步)反思之间。

《黑岸》(1985)的书名暗示小说的主题就是探究由梦境、神话、想象和文学构成的"黑岸"。受《一千零一夜》的影响,这部作品也采用了"中国套盒"的结构,即故事中套故事,一个梦是另一个梦组成部分。在一个不确定的醒来之梦中,主人公前往一个中美洲国家旅行。在当地炎热的城市,一个刚开始不过为消遣之地的美术馆逐渐变成了他最大的魔念,因为在那里的画像中他遇到了自己平时做梦的痕迹。主人公找到一幅他前辈的画像,这就在他的现实中引入了过去的迹象,令他想起童年时的传说(发生在一个热带丛林的神秘氛围里)。主人公头脑中浮现的这些故事导致他感到压抑,于是决定去热带丛林旅行,寻找走出迷宫的途径(他已经不清楚自己是在做梦还是在观察梦见的东西)。在旅途中一位老同胞(他是主人公之前梦里的一个人物)向他讲述了一系列连环的故事(美术馆里的画像和他童年时代的意象神秘地解释了这些故事),真实的或梦幻的人物、地方融合在一起。在那个半梦半醒的黑岸中一切都失去了逻辑,主人公是一个介于现实和虚幻之间的人物,他意外地进入了偶然、幻觉、惊讶、回忆及可能性的领域,就像是落入了卡尔德隆笔下的人物塞希斯孟多似梦似真的深渊。梦、镜子、表象、隐秘的力量把主人公推向一个宿命的高潮,他发现了事件发生中的不寻常关系。

梅里诺能够把当代的写作技巧与历险小说或其他题材的素材(如恐怖小说)完美地结合起来。由《梦想的金子》(1986)、《逝去时代的土地》(1987)和《太阳的眼泪》(1989)构成的历史小说三部曲《混血纪实》素材来源于历险小说和西印度纪实,是对16世纪西班牙在美洲开发和殖民的反思。主人公——叙述者米盖尔,一个15岁的少年,是典型的混血儿(父亲是殖民军首领科尔特斯的战友,母亲是印第安人)。他讲述自己跟随教父离开墨西哥故乡,加入到寻找神秘黄金国的冒险征程中(第一部),穿过中美洲、巴拿马和尤卡坦半岛(第二部),到达正处于内战中的秘鲁(第三部)。在这一漫长的极限历险中米盖尔经历了各种海难、背叛、艰难和陷阱,这些遭遇常常通过故事套故事的手法加以描述,明显受口头文学的影响。

梅里诺善于把他的主导题材(恢复失去的童年)与大量交叉重叠的故事结合起来,为此常常使用元小说的模式。在《空气的中心》(1991)里出现了一个作家人物胡里奥,通过他来重申梅里诺的文学理念。胡里奥想写一部关于他童年的小说,于是向儿时的伙伴马格达莱娜和贝尔纳多建议去寻找多年前失踪的另一个朋友黑蒂,而寻找她也意

第七章
世纪末的西班牙小说

味着寻找他们失去的天堂,努力恢复失去的童年。

《卢克雷西娅的幻觉》(1996)是一部以 16 世纪西班牙文艺复兴时期为背景的小说,少女卢克雷西娅是一个真实的历史人物,从小就有启示录显圣的能力(她预见了"无敌舰队"的惨败,费利佩二世王朝的结束)。因而宗教裁判所将她关进监狱并施以酷刑,卢克雷西娅的生活变成一场噩梦。小说准确地分析了西班牙黄金世纪的蒙昧主义和非理性主义,它是当权者对付无辜者的手段。①

胡安·佩德罗·阿帕里西奥(1941)出生并成长于莱昂,这座城市是他文学创作的关键之地,回忆录小说《多么幸福的时光》(2000)重温了阿帕里西奥在故乡度过的童年和少年时光。1975 年发表短篇小说集《猴子的起源》,显示了阿帕里西奥作为小说家虚构故事的能力。他把科幻小说的因素和表面上为史料的虚假信息加入到现实主义创作中,其用意是颠覆达尔文进化论,提出一个新观点,即自私和权力欲阻碍了人类的发展。在创作初期阿帕里西奥不赞同当时文坛流行的极端实验主义,作为替代,他主张想象:"想象作为我们本性的象征镜子,依然具有那种不可替代的坚实性,正如一些人所说,生活经历在想象中找到了它自身财产的一个基本部分。"②

在前几部作品中阿帕里西奥比较重视情节和人物的启示,明显表露出他的揭露意图,但从不求助于传统的临摹现实主义,而是采用巴列-因克兰式的夸张、扭曲的嘲笑和讽刺:"我在世界面前有一个自己的眼光,它的固定成分是讽刺,漫画……我的温煦世界围绕着人类权力的关系,围绕着意志的奉献,那种存在于所有关系中的隐瞒的暴力。"③第一部长篇小说《关于恺撒的事》(1981)是一个幽默、可怕、真实的戏谑模仿,融合了不同的声音和视角,通过一位将军的故事(影射佛朗哥)来反映独裁统治末期的生活。此人只想着万寿无疆,为此与死亡进行了科学的、可笑的斗争:他的躯体会死,但大脑不会。大脑被收藏在一个圣杯里,继续统治社会。最后一只狗吞食了他的大脑,这个结尾几乎是梦呓般的,令人想到巴列-因克兰的著名反独裁小说《独裁者班德拉斯》。

阿帕里西奥捍卫一种从本地、家庭的地域中获取营养,但又不是完全模仿性地依赖现实的小说,因为他把虚构的现实看作是具有世界性的自治实体:"在其他文学里通行的东西,即划定一块文学领地的边界,并加以承认(意大利作家在某种程度上遵循托尔加所说的话,'世界性是没有国界的地方性',已经这么做了),在我们(莱昂作家)中间就

---

① 梅里诺的《秘密王国的故事》(1982)收录了一系列乡土主义的短篇小说,其共同点是加入了幻想因素。通过文学恢复历史,并且情节都发生在莱昂地区。《我不是一本书/夏季火车》(1992)讲述一队青少年游历欧洲的经历,充满了寓言含义的奇事和神秘。还著有短篇小说集《失踪的旅行者》(1990)、《收容区的故事》(1994)、《15 个故事和一个寓言》(1998)、《4 支夜曲》(1999)、《奇怪日子的故事》、《想象的日子》;儿童文学三部曲《白纸页本》、《回归白纸页本》和《再见,白纸页本》(1999);小说《城内》(1998)、《无形人》(2000)、《继承人》(2003)。

② Juan Pedro Aparicio y Luis Mateo Díez. "Diálogo entre la verdad y la mentira de la literatura", *Diario* 16, 11 de junio de 1994.

③ Pilar Trenas. entrevista con Juan Pedro Aparicio, *ABC*, 20 de junio de 1982.

好像是种大胆的行为。"①受到评论界好评的《法语年》(1986)以"拼贴画"手法隐喻通过写作了解真相的困难,它的舞台就是一个省会城市,从地理上看可与莱昂吻合。上世纪60年代初随着西班牙经济的发展,许多法国女人到莱昂参加西班牙语暑期班,一个法国男人乘降落伞飞到莱昂,他引起了当地一个美女的爱慕,而另一个西班牙男人也默默地爱着她。从这些情节出发,阿帕里西奥对佛朗哥统治进行了表现主义的审视,放肆、有时甚至是丑陋的幽默、情欲占有显著地位。法国人关于当地一个神话的版本与官方(政客,神职人员,警察局长)刻意维持的版本冲突,而其实从某种意义上说前者的神话版本更符合本地的实质。另外《法语年》还揭示了参加过内战的那代人与在战后长大的新一辈人由于意识形态和世界观的不同而产生的冲突。

《食品店素描》(1988)还是以同一座外省小城市为舞台,但时间不是佛朗哥统治时期,而是现在的民主社会。作家以当代讥诮的目光审视民主制度下的西班牙社会运作机制,对当政权力(市政府和富人家族的酋长式操控)持批评态度。小说由12章组成,是对12个人物的素描,他们着迷于财富、权力和政治,构成了一部当代西班牙社会的辛辣寓言。作品讲述了两个神秘事件:一位共和国时期的足球前锋失踪案(他被当地人视为正义的化身);当地最有影响的莫萨古拉一家的故事(女儿布兰卡16岁怀孕后失踪)。穿插在这两个神秘事件中的是一个关键人物比达尔,布兰卡的初恋,如今的卫生局长。他对莫萨古拉家族企业进行食品卫生检疫,结果不符合卫生标准,准备将它关闭,由此他发现了当地权势家族的邪恶和卑鄙。《食品店素描》重现了真实与神奇、日常与异常诸多因素的融合、现时与过去的时空交替。

《黑夜的外表》(1994)可以有两种读法,第一种是将它看成历史小说:阿兰达的国民军叛乱、阿斯图里亚斯矿区民兵的回击;第二种是把它读解为表现主义小说,把军事叛乱置于次要地位,着重描写1936年7月18日发生的一件不寻常之事:几只老虎从马戏团逃走(法西斯叛乱的象征),当地居民口口相传,将老虎的逃跑神化。小说还加入了一段爱情故事,《食品店素描》中的女性人物布兰卡再次出现,她在内战期间到阿斯图里亚斯前线担任护士,她与丈夫及情人之间的三角爱情故事被视为"内战的一个比喻"(黑夜暗示的就是西班牙内战)。

《食品店素描》里的比达尔又成了《前往莱斯特的旅行者》(1998)的主人公,在坐火车从伦敦到莱斯特的途中,他向另一位旅行者讲述自己的另一次火车之行(寻找让他度过人生最美好也最可怕之夜的一个女人)。比达尔进入了两个平行的世界(真实的感觉世界和隐蔽的变态世界),追逐一个不可能的梦想(与他的生命之行吻合)。因此这部小说里白天与黑夜的象征性十分重要,前者允许人物和事物保持自然外表,后者则把他们

---

① Aparicio y otros. "Encuentro de narradores leoneses", *Insula*, No. 572—573, 1994, p. 4.

托尔加(Miguel Torga, 1907—1995):葡萄牙诗人,日记作家。其有力的、高度个性化的文学风格和对各种题材的处理为他在20世纪葡萄牙文学中赢得一席重要位置。

第七章
世纪末的西班牙小说

变成了可怕的怪物和暴力的生灵。作品隐喻了人类生存的不确定性。①

胡里奥·利亚马萨雷斯(1956),诗人、小说家和记者。出生于莱昂山区一个村庄,在他度过了难忘的童年生活后,村庄被新建的水库淹没了。"对一个人来说,没有任何东西比童年时代的经历更为重要的了。"于是对童年生活的回忆、村庄的毁灭、人畜的死亡,甚至农村文化的消亡都成为利亚马萨雷斯文学作品的主要内容。在游记小说《遗忘之河》(1990)中他沿塔霍河逆流而上,寻找童年时代生活过的地方。这是一次充满怀旧情绪的徒步旅行,利亚马萨雷斯企图找回失去的自我,寻找自我的根源,甚至想重新生活于昔日的"存在"之中,恰恰因为这种"存在"已无可挽回地被遗忘了。《无声电影的场面》(1994)是对前部作品的发展,作家从童年的一些老照片和老电影镜头中生发回忆,写作变成了一种恢复昔日时光的手段,把历史从遗忘中拯救出来。②

利亚马萨雷斯法律系毕业后很快就放弃律师职业去马德里从事新闻、电视和电台工作。他首先出版了《公牛的迟缓》(1979)和《雪的记忆》(1982年"豪尔赫·纪廉诗歌奖")两部诗集,主题为时间、孤独和记忆,引起评论界的注意。第一部小说《月色狼群》(1985)可看成是历史小说,因为它以西班牙内战为背景,描写阿斯图里亚斯地区的共和军战线崩溃,4个战士在人烟罕至的坎达布连卡群山藏身,躲避佛朗哥军队的追捕和迫害的经历(作品由4部分组成,时间分别为1937、1939、1943和1946年)。作者利用历史视角来阐述人与自然原始融合的主题,他诗集中所隐藏的农村神话在这部小说中得以突出,具体化为丛林里4个被围捕的男人。在山里求生对他们来说意味着只能靠动物的本能生存,共和国的理想和奋斗在大自然的极限面前消退。唯一的幸存者安赫尔深夜从山上溜回村子,临终的父亲叫他永远不要回家,因为"在这块土地上永远不会得到原谅"。妻子注定终生要在寂寞中等待一头山中的"狼"。在小说的结尾,安赫尔乘火车离开故乡,这次最后的旅行是"前往遗忘或死亡","我只听见拖曳着我的火车又黑又冷的嘈杂声。我的眼里和眼外只有雪。"《月色狼群》注重的不是情节的突变,而是孤独和暴力的内心化。作品里所有的日常事物都染上了战争和死亡的阴影。为了渲染这一氛围,利亚马萨雷斯大量借用了电影"淡入淡出"的技巧,使不同时空的情景和场面的转换自然融合在一起。③

利亚马萨雷斯的小说充满诗意,因为作为诗人,他对现实的看法是诗意的。《黄雨》(1988)描写人类的孤独,受迫害及所处的边缘地位,笼罩其间的是那种不可避免的消亡感。创作这部小说的契机源于作家80年代前期对西班牙北部索里亚省一个被遗弃村

---

① 阿帕里西奥的其余作品有《关于旧大陆的冲突、创伤、捕获、殡葬和毁灭的散文》(1981)、游记《横贯坎塔布连的煤车》(1982)和旅游书籍《莱昂》(2003)。

② 利亚马萨雷斯认为"写作就是力求从忘却中挽回历史","回忆就像一架任性的照相机,它有时会自动地、甚至在你毫无思想准备的情况下,显现出某种图像来,有些你认为已经忘记了,又有些你记得特别清楚,而你完全不是要有意记住他们。"

③ 1986年此部作品由作家本人改编成电影剧本,被成功地搬上银幕,拍摄地点就选在莱昂山区一个即将消亡的小村庄。

庄的访问，那次经历，伴随着作家本人在故乡莱昂村镇的生活积累，最终产生了《黄雨》（故事场景搬到了比利牛斯山区一个被遗弃的村庄）。利亚马萨雷斯的世界观接近墨西哥作家胡安·鲁尔福，整部作品是村里最后一位居民的独白，他试图重构记忆，恢复与农村文明相关联的集体记忆：

《黄雨》没有波澜起伏的故事情节，没有人物的性格冲突。在死神面前叙述者向我们回忆起村里其他那些消失的居民，让我们面对他头脑的迷失和在这个孤寂村庄里不连贯的感觉。在这部小说中风景分享了主人公的地位，颜色和象征物的运用非常重要（黄色的雨、黄色的空气、黄色的秋叶和白色的大雪），它们是孤独、悲哀、时间流逝和死亡的象征，"时光犹如一场淅淅沥沥的黄雨慢慢熄灭熊熊烈火"。《黄雨》和《月色狼群》有许多共同之处：它们描写的景色相似（北方潮湿和寒冷的风景），都讲述了一种不可阻挡的衰落。前者触及的是农村传统在现代文明面前的衰败，后者回忆的是共和军战士无法抵抗佛朗哥独裁统治的迫害，这两场战斗同样都是绝望和失败的。

利亚马萨雷斯"童年和少年时代所认识的农村及周围环境在他小说中的再现和影响勾勒出一些身份特征，它们源自对恢复逝去时空的怀旧挖掘。或许因为他意识到村庄、村民的死亡和毁灭，所以作家的世界观和文学梦想集中在对处于消失危险中的农村文明和风景的神化上，人物都属于孤独的失败者，被剥夺了他们的自然环境，对物质生存感到诧异，为独立而奋斗。"①

"莱昂派"作家所取得的注目成绩打破了西班牙文坛长期以来由"马德里派"和"巴塞罗那派"作家占主流地位的局面，尽管迭斯依然认为在西班牙文坛外省作家要想出人头地很艰难，在远离大都市的小地方创作不易被人注意，还是得到马德里或巴塞罗那发展，这也就是为什么"莱昂派"作家目前都定居首都的缘故。但不管怎样，这些外省作家为西班牙读者带来了他们不曾熟悉和了解的外省村镇的生活画面，使他们看到了隐藏在现代化的西班牙背后的另一个传统的、正在消亡的西班牙。

"莱昂派"关注身边的现实，关注那些小舞台上演的人间悲喜剧，因为他们认为本土的才是世界的，不必刻意追逐后现代潮流。"莱昂派"主张以现实为小说创作的灵感，但也能够创造比现实世界更丰富的想象天地（梅里诺对元小说的反思）；寻找并恢复自我的根系，把小说建立在这些本源之上（虚构世界的自主性并不排除对现实的不同承诺）；挖掘莱昂地区的集体记忆，突出叙事本身（迭斯和梅里诺讲述的故事源自他们小时候听到的民间口头传说，这又赋予了他们的作品一种浓厚的神奇氛围）；农村文明的消亡（在利亚马萨雷斯和梅里诺的作品里）伴随着作家本人童年的逝去；莱昂作为他们创作的参

---

① Santos Alonso. *La novela española en el fin de siglo (1975—2001)*, p.157.

利亚马萨雷斯的《加纳林的葬礼。西班牙最后一位异教徒的伪福音》(1981)揭示了强大的机械文明灭绝了许多传统生活方式这一人类矛盾的发展史。自传体小说《马德里的天空》回顾了80年代充满活力、不安和变化的马德里生活，主人公（即利亚马萨雷斯的化身）是一个刚从外地来到首都的年轻人，梦想成功、征服世界。利亚马萨雷斯还著有报刊文集《在巴比亚》(1991)、《无人倾听》(1995)、《马德里的游客》(1998)；电影剧本《世界屋脊》(1995)；《在雪上》(1996，收录了他的一些诗歌和小说片段)、游记《在山后》(1998)。

考点(尤其是在迭斯和阿帕里西奥的小说里),构成了典型的西班牙外省生活:同一个城市地理,城市和居民鲜活的生存画面,失意的人物试图通过冒险或虚构不存在的世界来超越自身周围的环境。另外这些诗人作家精致抒情的语言风格令人称道,他们的小说往往有一种浓重的诗意迎面袭来,伤感、孤独、怀旧、反思、宽容、嘲讽、神话和传统自然地呈现在读者面前,为我们打开了走进西班牙民族心灵和历史的一扇窗户。

第三节

战后第三代女性小说

阿尔穆德纳·格兰德斯(1960)毕业于马德里康普登塞大学历史系,之后从事出版和新闻工作,2002年获"胡利安·贝斯泰罗奖"。1989年凭借处女作《璐璐的阶段》获得性爱文学"垂直微笑奖",一举成名。格兰德斯总是从女性的角度来创作纪实性很强的小说,涉及她的国家、城市(马德里)以及她那一代人的意识形态、情感和个体的冲突。格兰德斯的基本主题是童年、记忆、性欲(大胆描写女性情爱世界)和生存。"半个世纪派"对她影响很深,特别是胡安·加西亚·奥特拉诺的作品。

《璐璐的阶段》描写了一段漫长的爱情故事,揭示了肉欲语言的复杂性和明快的抒情性,同时反映了西班牙现实独特的曲折。主人公——叙述者"璐璐"的名字在西方文化中象征着新型、独立、反叛的女性,是一个女唐璜。她讲述自己从少年到成年(15—31岁)独特的情感学习历程以及后来投身于无止境的性爱游戏,远离一切感情关系,无耻地进行性交易(导致她身体和道德的毁灭)。小说的结论是色情根本无助于个人自由,而是助长了人的堕落。作品深入女性的性爱世界,试图挖掘复杂的爱情关系,着重描写性经历(它驱使不愿看到性欲死亡的恋人触犯自身平衡的极限)。①

《马莱娜是一首探戈曲名》(1994)与前部作品一样,还是采用了自传模式,以一个女性声音,从女权主义的角度来讲述马德里一个典型的资产阶级家庭半个世纪的家族史(情节发生在马德里和厄斯特列马杜拉,时间跨度大约为半个世纪,重点是战后),其中3代妇女的人生经历是主线(性爱是家庭关系和社会关系的决定性因素)。她们分成两派:奶奶索莱达、姨妈马格达莱娜和"我"属于叛逆独立的女性(奶奶在第二共和国期间居然在男人俱乐部跳过脱衣舞;姨妈出家当了修女,周游天下;"我"没有体面的职业,当过探戈舞女,被男友抛弃,与母亲疏远);外婆、妈妈和双胞胎姐姐都叫雷依娜(西语的意思是"女王、王后"),她们漂亮,讲究穿着,恪守本阶级的道德准绳和游戏规则,只与上流精英人士来往。从保守资产阶级的眼光来看,这些"雷依娜"是完美的女性,是"乖女孩"。

---

① 1990年由Bigas Luna将此部作品搬上银幕。

进入而立之年的"我"反思和对比这两种女人的生活,借马格达莱娜姨妈之口说出了两者之间的本质区别:"马莱娜,你知道一个弱女人(女巫)和一个女强人(仙女)之间的唯一差别吗?——马格达莱娜问我,我摇头否定——区别在于弱女人能够骑到她最够得着的女强人背上,吸她的血,但我们这些女强人却没有任何人的背可骑,因为指不上男人,没有别的办法时我们只得吸自己的血,我们就这样生存。"①此话深刻而尖锐,它一针见血地指出了两种类型的妇女的不同。"女巫"是寄生虫,"仙女"则是独立自强的女性。格兰德斯所塑造的这两组女性形象具有相当的代表性和象征性,打破了传统的女性判断标准和模式。

《我将称你为别尔内斯》(1991)是一个现代版的《鲁滨逊漂游记》,以当代马德里为舞台。男主人公贝尼多是个孤独的城市鲁滨逊,遇到了曼努艾拉,一个又单纯又难看的女人,在她身上看到了自己的另一半,于是把她变成自己的别尔内斯(鲁滨逊的仆人)。但贝尼多超越了鲁滨逊,他重塑了尤利西斯的形象,一个展开人生历练的追求者。

《女性榜样》(1996)收录了7个短篇小说,主人公都是当代马德里妇女,她们遭受了一些不幸的经历,在童年和记忆中寻找自我。《人文地理地图》(1998)是一部"新风俗主义"小说,依然以女性人物为主人公。4位中年妇女为出版一个地图册而共同工作了3年(1993—1995),期间她们以第一人称叙述各自的人生和情感经历(包括对童年和家族历史的回忆)。这些私房话的倾诉是为了战胜孤独或走进幸福的天堂,其共同点是没有能力处理好个人独立与家庭的关系,即在承担女儿、妻子和母亲的角色时不放弃自我。②

胡安娜·萨拉贝特(1962)由于父母是流亡法国的西班牙共和派人士,所以她出生于巴黎,并毕业于图鲁兹大学法语文学系。萨拉贝特从事过记者、文学评论和翻译职业,她的文学创作始于《船只维修处》(1996),讲述一对夫妻在尼加拉瓜寻找自我的故事。同时又出版了一部关于爱情、凶杀、与往昔和解的小说《未来的东西在燃烧》(1996),描写一个男人在一个酒吧里认出了一个女人,他曾在80年代爱恋过她,因为她而被殴打和威胁,两人的重逢勾起了对往事的回忆。这两部作品的主人公都是孤独的人,是一个没有绝对真理的世界里的失败者(萨拉贝特从不同角度用长句子来刻画他们)。在她的成名作《镜子之海》(1998)中,3个年轻人寻找自己的人生之路,力图克服前代人的错误。短篇小说集《只有空气》(1999)的主人公也是一些无根的青年人。

对西班牙内战(包括第二次世界大战)的回忆和反思是萨拉贝特作品的主题之一,如《冬季自行车赛场》讲述一位犹太女孩1942年7月16日在德国军队占领巴黎之后机智地逃走,与死神擦肩而过,而她的母亲和弟弟却永远地留在了德国奥斯维辛集中营。50年后,即1992年,女主人公对那段流亡生活和战争遭遇进行了痛苦的回忆和反思。

---

① Almudena Grandes. *Malena es un nombre de tango*, Barcelona: Tusquets, 1994.
② 格兰德斯还发表了小说《困难的曲调》(2002)、《纸版城堡》(2004);短篇小说集《路过的车站》(2005);报刊文集《巴塞罗市场》(2003)。

《盲夜》(2004)也是以内战为背景,将她父母、祖母对内战的记忆变为己有。文集《愤怒的女儿。被内战打碎的生活》(2005)则收录了多位著名西班牙女作家在内战中的经历和回忆。还著有游记《中央车站》(1999)。

北冷·戈贝纪(1963)毕业于法律系,曾为各种报刊做采访。前两部作品为存在主义小说,涉及人与人之间的依赖关系(以第一人称叙述)。处女作《地图的比例》(1993年"胡安虎奖")以简洁的语言描写一个悲伤的爱情寓言,探讨了人类生存中的先验论时空观。主人公布里姆爱上了布莱索,但又害怕她。他所期待的其实是他害怕的,结果便是不安、迷失,逃离感知世界,拒绝空间,颠覆时间,在一个死胡同里寻找出路。布里姆代表和表达的是隐秘的恐惧、内心的折磨和主观的魔念,他的故事典型地隐喻了个人与外部现实的分裂。《触摸我们的脸》(1995)介于戏剧和集体心理治疗之间,主人公是一个戏剧老师和他的学生们。主题为人类的规划和向往的失败,个人生活只有在群体中才有意义。

从《空气的征服》(1998)起戈贝纪开始转向社会小说,试图历史地见证西班牙当代社会,反思个人与社会的矛盾。作品的主题是友谊的意义和价值、金钱和社会承诺:卡洛斯(一个小企业家)向两位好友玛尔塔和圣地亚哥借了一大笔钱用于企业投资,虽然最后他把钱还上了,但比预定的时间要晚,这一事情改变了3个人物之间的关系和友谊。小说展示了他们的失望,因为他们不知道自己年轻时代的理想变成了什么。

在《真实的东西》(2001)里一个次要女性人物伊雷内讲述男主人公戈梅斯社会升迁的故事,他唯一的生活目标是在长期等待和学习之后进行一场报复。小说再现了一个非意识形态化社会的风貌(缺乏实质的价值、道德的腐败、编织权力之网的新奴仆)。戈贝纪还著有《枕头的冰凉一面》(2004)。

玛蒂尔德·阿森西(1962,阿利坎特)毕业于巴塞罗那自治大学新闻系,在阿利坎特电台工作了3年,之后调到西班牙国家电台负责地方新闻。她创作了一系列历史小说,如《琥珀大厅》(1999)讲述第二次世界大战期间纳粹把前苏联的珍宝掠走,其中包括一座完全由琥珀建成的18世纪大厅,一位西班牙女古董商设法破解这个谜。

《伊阿戈布斯》(2000)结合了历史知识和神秘小说的技巧,为我们描绘了中世纪动荡的社会画面。一个军事教派的僧侣加尔塞兰受教皇胡安二十二世的派遣,调查在处决圣殿骑士团长之后发生的两起神秘死亡(他的前任克莱门特五世及法国国王费力佩四世)。从此加尔塞兰开始了一场复杂的冒险(从当时教皇所在地法国的阿维尼翁到巴黎,然后沿着朝圣的圣地亚哥之路),他逐渐揭开了一个不局限于这两起死亡的阴谋,发现了被解散的圣殿骑士团所暗藏的巨大权势。

在《最后一位加图》(2001)里,主人公萨利娜修女,国际知名的古文字学家,在梵蒂冈城的地下秘密档案办公室里受命破解一个埃塞俄比亚人尸体上出现的奇怪文身:7个希腊字母和7个十字架,在尸体旁边还找到了3段看似没有价值的木头块。所有的怀疑都指向一点,即这些遗物实际上是基督的真正十字架。萨利娜必须找出在这些世界各地教堂圣物神秘失踪的背后有谁在操纵,于是她经历了一场充满谜团的冒险:基于

7宗罪的7次考验,带她前往7座城市,从罗马到哥伦比亚的安蒂奥基亚,经过意大利的拉文纳、希腊的雅典、耶路撒冷、康斯坦丁堡和亚力山大城,设法调查谁是最后一位加图。

《失落的根源》(2005)的主人公是一个计算机信息员,他为了发现使弟弟身体萎缩的一种怪病前往古印加帝国和亚马逊流域,因为治病的药方隐藏于一个在印加文明之前消亡的古代文明里。这一历险揭开了许多令人震惊的历史秘密。最新小说为《一切都在天空下》(2006)。

路易莎·卡斯特罗(1966),诗人、小说家,毕业于马德里康普登塞大学语言学专业,曾在哥伦比亚大学和纽约大学攻读电影,现为《ABC》报文学评论员。在《跟我父亲旅行》(2003)中女主人公劳拉以第一人称叙述她与父亲乘坐火车旅行,这使她有机会回顾两人之间的关系:父亲是个海员,因职业关系长期离家在外。他在劳拉眼里是个陌生人,但父亲的世界是神奇的、美好的。她与母亲生活的世界则是现实和艰难的,为了摆脱贫困生计而奋斗。小说情节看似简单,在由曾祖父、祖父、表兄弟、邻居等人组成的大家庭里,劳拉逐渐学会生活、写作和成熟。这部小说的语言是诗意的,加里西亚和大海构成了作品隐秘的主人公。

《第二位妻子》(2006)讲述一对年龄相差悬殊(男的57岁,女的25岁)、出身截然不同的夫妻感情破裂的过程。丈夫加斯帕尔是位艺术教授,属于加泰罗尼亚上流资产阶级;妻子胡利娅是个作家,来自加里西亚一个普通工人家庭。随着时间的流逝,当初的激情逐渐让位于心理暴力和残酷的情感报复。加斯帕尔不再是表面上那个有魅力、有才华的知识分子,而是一个懦弱、自私、卑鄙的小人,以他为代表的加泰罗尼亚精英社会(他的儿子、父亲)在胡利娅眼中失去了光环。这部小说是对当今西班牙社会所谓的进步、宽容等虚伪现象的批判。①

露西娅·埃塞巴里亚(1966,比斯开)在瓦伦西亚接受教育,后定居马德里,毕业于新闻专业。2000年9月前往苏格兰,在阿伯丁大学当访问作家,在那里教授剧本写作课程,同年被阿伯丁大学授予名誉博士学位。散文集《未来的夏娃,未来的文学》(2000)揭开了出版界的内幕,对文学与女性的话题发表见解;《在偶像妇女的怀抱里》(2002)则分析了妇女在当今和过去社会及文学中的角色。埃塞巴里亚的对女性处境的明确看法,特别是妇女在文学界的地位使她成为西班牙当代最受争议的小说家、散文家之一。

处女作《爱情、好奇、壮举和疑问》(1997)得到了安娜·玛利娅·马图特的肯定,并于2001年由作家本人将它改编成电影剧本。小说讲述的是90年代马德里3个女人(一个家庭妇女、一个女经理和一个女学生)在社会风俗急剧变化的背景下所经历的遭遇,

---

① 卡斯特罗先后发表了小说《床绷》(1990)、《黄热病》(1994)、《漂白剂的秘密》(2001年"阿索林奖");诗集《最终的奥德塞:遗作》(1984)、《宦官的诗歌》(1986年"依贝里翁诗歌奖")、《活人》(1988)、《大扫帚和大扫帚》(1988)、《炮兵的惯例》(1990年"胡安·卡洛斯国王诗歌奖")、《鲸鱼》(1992)、《我将给自己立座骑马的塑像》(1997)和《只用一面旗打信号:1984—1997》(2004);报刊文集《匆忙岁月的日记》(1998);短篇小说集《踢屁股一脚和其他故事》(2004)。

第七章
世纪末的西班牙小说

毒品、性和自传成分构成作品的基本特征。成名作《贝雅特丽丝和天体》(1998)讲述一位女青年因与父母关系紧张而逃离马德里,前往苏格兰,经历了各种同性及异性恋爱。小说有很多对话和性爱场面描写,但埃塞巴里亚使用的是抒情语言。《关于一切有形和无形的东西》获得 2001 年"小说之春奖",再次得到评论界的好评。①

艾斯比多·弗莱雷(1974,毕尔巴鄂)少年时代曾当在一个合唱团过女高音演员,与何塞·多明戈合作,这使她有机会去许多欧洲国家旅行,了解不同的文化。18 岁时弗莱雷把音乐放到次要地位,开始在德乌斯特大学攻读英语文学专业。在弗莱雷的作品中总是有某种神奇的、幻想的或超自然的成分,处女作《爱尔兰》(1998)是部中篇小说,描写少儿的天真和淘气。《永远是十月的地方》(1999)实际上是一部短篇小说集,呈现的是神话城市奥易雷阿(一个激情被含糊的道德所隐藏的地方)光怪陆离的景象。

真正让作家成名的是《冰冻的桃子》(1999),它既是小说中一个人物(祖父)喜爱的甜点,也构成一条情节线索。一个年轻的女画家跟她祖父一起生活之后渐渐发现了家族里的一些神秘事件:内战毁了他们的生活,家里的一个女儿失踪,她的两个兄弟从某种意义上说要对这件事负责。他俩又有了自己的两个女儿,都取了失踪妹妹的名字——艾尔莎。家族所有的人都试图掩盖这一事件,因为他们感到羞愧。

《音乐中的音程》(2001)是一部发生在一个年轻女子与一位成熟的离异男演员之间的爱情故事(以歌剧和电影的世界为背景),在这一关系中她失败的初恋扮演了重要的角色。小说以自传回忆的形式展开,主人公是一位需要保护和关爱的脆弱女子,这使她生活在一个封闭的世界里,身陷于两个男人的爱情中不能自拔(多年前的初恋男友像一个幽灵似的伴随着她)。小说的结构是环型的:往事在现时中重复,两个爱情故事平行展开,一个人物是另一个人物的反射。②

欧亨尼娅·里格(1972,奥维多)曾在奥维多、图鲁兹和布鲁塞尔学习法律及国际关系。目前定居马德里,从事小说、剧本和报刊文章的写作。2000 年发表处女作《忧伤的情人》,得到评论界的一致好评。里格的小说具有诗歌的浓度,有时她的散文让我们想起了诗歌的节奏。在一个片段化的叙事中采用诗歌的结构、重复和镶嵌的手法。《白色的死亡》(2002 年"阿索林奖")以女主人公之口讲述西班牙一个家庭 3 代人的经历(它也是一个时代的历史),将一个农业西班牙的景象与政治过渡时期主人公的童年印象交织在一起,展现了一个幽谷的神奇和一个不存在的城市,女主人公的回忆和经历构成一首献给亡弟的挽歌。情节的线索是女主人公寻找比她小 1 岁的已故弟弟,他的死亡是白色的,因为"他 16 岁就死了,留下所有的空白纸页和待写的章节,因为不能在冰上点

---

① 埃塞巴里亚还著有小说《一个处于平衡的奇迹》(2004)、《我不为爱情痛苦》(2005);短篇小说集《我们跟其他女人不一样》(1999)、《一个普通的爱情故事》(2003);电影剧本《我将幸存下来》(1999)、《我爱你,亲爱的》(2001)、《我生命中的女人》(2001);诗集《地狱车站》(2001)、《爱情与享乐的行为》(2004)。

② 弗莱雷还著有小说《强盗宾卡威克的最后一次战斗》(2001)、《时间逃跑》(2001)、《夜晚等着我们》(2003)、《长着蓝色阴部的女神》(2005);短篇小说集《凶险的故事》(2001)、《我的游戏》(2004);散文集《初恋》(2000)、《当吃饭是件下地狱的事,一个食欲过盛的女人的自白》(2002)。

燃篝火，也不能思考一个死者的未来"。还著有小说《秘密年纪》(2004)、《旅途中的妇女》和散文集《在无眼母牛的国度》(2005)。

美塞德丝·阿巴德(1961)曾在法国和巴塞罗那自治大学攻读信息科学，当过翻译和演员，写过剧本、广播剧、报刊评论。她的作品幽默地揭示了社会矛盾，处女作为短篇小说集《安息日的轻微放荡》(1986)，获当年性爱小说"垂直微笑奖"，并赢得评论界和读者的好评。之后又推出了《夫妻的幸福》(1989)、《只要你告诉我在哪里干这事》(1991)、《刮风》(1995)和《朋友与幽灵》(2004)等几部短篇小说集。第一部长篇小说《血缘》(2000)描写的是一位母亲与女儿之间爱恨交织的矛盾关系，她影响了女儿一辈子的生活。还出版了文集《你给自己授称号吧》(2002)。

艾尔维拉·林多(1962)出生于加的斯，12岁移居马德里，在首都学习新闻专业，当过播音员、演员和编剧。处女作《马诺里多·夹福达斯》(1994)以她的一个广播剧人物为原型，讲述马德里贫民区一个儿童的故事，获得意想不到的成功，于是成为她许多小说的主人公，如《可怜的马诺里多》(1996)、《马诺里多·夹福达斯的丑事》(1997)、《马诺里多在路上》(1998)和《马诺里多有一个秘密》(2002)。

1994年林多的剧本《丛林法则》上演，10年后又公演了她的《大蛋糕的意外》。作为电影编剧，林多除了把马诺里多的故事搬上银幕，还与他人合作了《我生命的第一夜》(1998)，改编了丈夫安东尼奥·穆尼奥斯·莫利纳的小说《满月》(2000)、《语言攻击》(2000)和《晴朗的天空》(2001)。著有小说《我与这个无耻的人》(1999)、《另一个街区》(2000)、《比死亡更意外的事》(2002)、《你的一句话》(2005)；文集《夏日红葡萄酒》(2001)。

伊蕾内·左艾·阿拉美达(1974，马德里)在哥伦比亚大学获得比较文学博士学位，目前在马德里的卡洛斯三世大学任教。她对文学实验感兴趣，认为她这代人是影视文化的一代。《巡游的梦想》(2004)是一部奇怪的小说，因为它向我们展示了独特的散文表现方式以及对其他领域的图解因素的利用，如视觉媒体或广告。主人公德奥在失去爱情后失意地逃离马德里，移居布鲁塞尔，在那儿找到一份飞行技师的工作。然而在他的旅行工作期间，特别是在认识了神秘的女人诺艾雅之后，他意识到自己的梦想可以延续，他开始寻找自我、寻找自己的命运。

保拉·伊斯基耶多(1962，马德里)为心理学博士，从事文化传播工作，现任教于马德里当代人文学院。伊斯基耶多从小把文学志向与职业舞蹈结合起来，古典芭蕾为其处女作《没有秘密的生活》(1997)提供了灵感，受到评论家的好评。在《你身体上的洞》(2000)里女主人公是一个处于人生低潮的摄影家，她在一个黎明时分回顾导致自己目前消沉状态的失败过去(死于难产的女儿、与丈夫不美满的关系)。女主人公对爱情的偏执造成她放弃自我，完全依赖与丈夫或情人的关系，如今她想反抗爱情。

《过失》(2005)是一部心理悬念小说，一方面男主人公巴勃罗，一个著名的心理医生，过着稳定、有序、有逻辑的生活，但他认为自己犯了一个过失，于是寻找对自我的惩罚；另一方面，比他小10岁的妹妹萨拉是位作家(她认为生活的诗意存在于不可算计、

第七章
世纪末的西班牙小说

没有道理的东西里),感到自己被生活惩罚了,于是需要堕落来证明对她的惩罚有理。巴勃罗阅读妹妹的笔记,试图找到人生这些问题的答案。

新闻报道《毕加索和女人》(2004)讲述了一代画师毕加索与他13个妻子、情妇、女友的感情史,关注女性融入社会的问题。伊斯基耶多还著有短篇小说集《不着急》(2000)、《无名女人》(2002);散文《野蛮爱情的信笺》(2000)。

玛尔塔·桑斯(1967,马德里)是康普登塞大学当代文学博士,现为安东尼奥·德·内布里哈大学教师。在她的作品中突出的是冷静的思想和克制的语言,《寒冷》(1995)中的女主人公以第一人称叙述自己外出旅行,她的游走与男性人物的静止形成对立(她将抛弃男友)。《家禽》(2003)描写发生在2002年马德里的一个故事,人物是一些家禽,它们代表了当代社会的一些个体人:埃斯特万,一个不认同自己身份的工人;艾利亚斯,一个失业者;鲁克雷西娅,一个放弃阅读的老妇,因为她不想为书中人物的经历痛苦;卡罗拉,一个自以为独立的女强人;胡利奥,一个迷失自我的老人;玛塞拉,为立足社会而奋斗。小说充满幽默和嘲讽,刻画了经济衰败的城市中产阶级,他们成为野蛮的商品经济的牺牲品。桑斯还出版了小说《死去的语言》(1997)、《更好的时光》(2001年"批评眼光奖")和《苏珊娜与老人们》(2006)。

内蕾阿·列斯科(1974,毕尔巴鄂)在巴亚多利度过童年和少年时代,18岁时移居塞维利亚,开始新闻专业学习并从事记者工作。2002年发表短篇小说集《偷灵魂的女贼》,第一部长篇小说《蝴蝶之国》(2004年"塞维利亚青年协会奖")以墨西哥、柏林和卡斯蒂利亚为历史舞台,女主人公——叙述者玛里亚娜·恩里克斯是卡斯蒂利亚远征军司令的女儿,她于16世纪中期离开故乡,乘船前往美洲,去寻找梦想的天堂。列斯科还发表了短篇小说集《我会对你述说》。

印玛·图尔堡(1975,赫罗纳)是一位职业记者,曾在好几个城市和国家学习和生活。《上吊者的游戏》(2005)探讨少年激情、记忆、个人与伴侣的隐秘,是对80年代西班牙情感教育的回顾和质疑,舞台为加泰罗尼亚海边的一座小城。桑德拉与大卫是青梅竹马的恋人,但他们的关系是病态和痛苦的,因为两人之间有一个不可告人的秘密。许多年后的一天,桑德拉收到了大卫自杀的消息,从那时起她决定回忆并讲述自己与大卫不同寻常的爱情故事。图尔堡还著有《游牧民族》、《关于毛皮之谜是如何产生的》。

保拉·西富恩特斯(1985,马德里)少年时代是在伦敦度过的,在那里开始对历史(特别是西班牙海军的胜利和失败)产生兴趣。处女作《风暴的航线》是部历史小说,描写哥伦布的私生子埃尔南多跟随父亲前往美洲探险的故事,对主人公来说这意味着从少年向成年世界的过渡。埃尔南多是一个不为人所知的伟大的人文主义者,他创办了哥伦布图书馆,撰写了《远征军司令的故事》(描写他与父亲在美洲的历险经历),《风暴的航线》很多素材便取自这部史实记录。

第四节

"X一代"作家

　　90年代初在西班牙出现了一群年轻作家,他们大多生于60年代末、70年代初,是无根的一代,非常都市化(通常以马德里为舞台)。这批作家倡导一种具有强烈代沟意识的新小说,远离父辈和前人的世界。其经典主题是性、毒品和摇滚乐。人物大多是年轻人,倾向暴力,冷漠无情,非道德化。他们唯一的活动是夜晚外出,出没于酒吧、舞厅或高速公路,吸毒,逃避警察或家庭。使用的语言来自大街,大量采用新词和广告品牌,而且加入了许多当代生活成分,如电影(昆汀·塔伦蒂诺的作品)和摇滚音乐(涅槃乐队、雷蒙斯朋克乐队、猎刀乐队)。这些因素充满活力,极端影视化,对传统文学来说是比较新颖的。从某种意义上讲"反小说"作家马里亚诺·安托林·拉托与何塞·莱瓦是他们的文学榜样,被称为"X一代"。

　　何塞·安赫尔·马尼亚斯(1971)出生于马德里一个富有的资产阶级家庭,毕业于当代历史专业,现定居法国图鲁兹。马尼亚斯自认为是"朋克作家",90年代发表"克朗四部曲",力图反映他那代人的生活,引起西班牙评论界和读者的强烈反响(前两部还被成功地搬上银幕),所以他这一代作家又被称为"克朗的一代"。第一部《克朗的故事》(1994)特点是反文化、任意的暴力和可悲的无助:一群出生富裕家庭的马德里青年(主人公卡洛斯是一个大学生)成长于视觉文化,缺乏情感教育,对暴力着迷(他们所看的电影都是关于暴力和精神病患者的故事)。他们通宵狂欢,生活的基本主题就是性、酒、毒品和摇滚乐。这些人物沉溺于一个封闭的世界,逐渐野蛮化,直到以病态冷酷的方式行事(谈论杀人就像谈论早餐一样自然),可以说这是对西班牙90年代相当一部分青年人生活的写照。

　　第二部《门萨卡》(1995)主题相似,但没有前一部那么成功。第三部《有条纹的城市》(1998)是一部"朋克小说",故事从一个17岁的毒品贩子凯塞的视角展开。舞台还是马德里,这座城市在他吸毒后的眼里是一个变形的、有条纹的世界。当凯塞遇到一个竞争对手时(一个知名人物的儿子),问题出现了,于是开始了一场暗杀、追踪、逃跑的冒险竞赛。第四部《松蔻95》(1999)的主人公是一位年轻有为的作家(即马尼亚斯的化身),正在创作一部侦探小说。他借钱给几个朋友,想让他们在马德里经营的酒吧"松蔻95"摆脱困境。生意没有起色,而财务却出现问题,这也成为主人公推迟完成小说结尾的借口。与此平行展开的另一条情节是两位刑侦人员调查一桩暗杀一个著名电影制片人和几个易装癖者的案件(另一个与色情电影有关的知名制片人成为嫌疑犯)。总之《松蔻95》呈现的是马德里充满性、酒精和暴力的夜晚以及没有生活方向的一群青年的混乱生活。

《我是一个失败的作家》(1996)脱离了年轻人世界,转向大学和文学圈子,是一出关于失败、成功和嫉妒的尖锐寓言。小说以第一人称讲述主人公为了获得创作的成功而经历的从地狱到天堂的过程,他是大学老师,著名文学评论家,但苦于自身缺乏创作能力。这个没有道德、残酷的人为了达到目的不择手段,把一个学生的佳作据为己有。由此开始了一场暴力和犯罪地狱之旅,导致他走向灾难。但荒谬的是,主人公最后通过叙述这段悲剧经历居然获得了自己梦想的文学成就。

《世界泡沫》(2001)的主人公还是一个年轻的作家,苦于如何交付出版社一部新作,于是把自己在两所国外大学(英国布莱顿大学和法国格勒诺布尔大学)度过的两年经历以第一人称的形式记录下来。作品的主题还是夜生活、毒品、性和创作危机。《卡伦案件》(2005)是一部侦探小说,围绕一位著名女作家卡伦的神秘死亡展开了一场调查,逐步发现了她所有的私人隐秘。

胡安·曼努埃尔·德·普拉达(1970,比斯开)毕业于萨拉曼卡大学法律系,现定居马德里,是西班牙当代最有前途的年轻作家之一。普拉达凭借短篇小说集《阴蒂》(1994)一举成名,作品是对文学和妇女的致敬,其灵感来自戈麦斯·德·拉塞尔纳的散文《乳房》,想象力大胆,语言恣肆。第二部短篇小说集《滑冰者的沉默》(1995)显示了普拉达最突出的文学特征:颓废的唯美主义,恣肆的巴洛克风格,过分倾向于讥讽、残酷和病态,把文学界作为审美和情节的基础。

普拉达力图把历史小说与文献报道、商业性题材与巴洛克风格协调起来。第一部长篇小说《英雄的面具》(1996年"批评眼光奖")是一个名叫费尔南多的人物的回忆录,他在回忆中一点点地勾勒出小诗人佩德罗·路易斯·德·加尔威斯的传记。这个戴着不同面具的英雄见证了20世纪头30年马德里辉煌而荒诞、充满活力而贫困的文学生活(当时最有名的作家皆出现于此),却于1940年被枪毙。《空气的角落》(2000)挖掘了20世纪初女诗人兼运动员安娜·玛利亚·马丁内斯·萨西被埋没的形象;《放荡者和边缘人》(2001)则是对西班牙一些波希米亚式人物的文学素描,这3部作品构成了普拉达的"失败三部曲"。

为普拉达赢得更大声誉的是《暴风雨》(1997),具有侦探小说和连载小说的结构,但这部作品希望是对文学的致敬和对艺术本质的探究。故事发生在一个没有具体时间、颓废而富有艺术氛围的威尼斯,主人公——叙述者阿历杭德罗,一位年轻的大学老师和艺术评论家,去那里欣赏乔尔乔涅的名画《暴风雨》。在他4天逗留期间遇到了爱情,也碰到了失败,因为阿历杭德罗被卷入一场神秘的、哥特式的案件里(目睹了一个著名油画伪造者的死亡)。爱情、艺术、威尼斯的颓废景致以及围绕艺术品赝制的犯罪构成了此部小说的主要情节。

《无形的生活》(2003年"小说之春奖")标志着普拉达创作的一个重大变化,即放弃波希米亚式的失败人物,探讨当代问题。小说讲述一个年轻的成功作家在结婚之前去芝加哥旅行(当时美国仍处在9·11恐怖袭击事件的阴影下),这次美国之行改变了他的生活。这是一部灰色小说,触及的是当代人及我们所生活的这个社会的焦虑和不安。

从形式上看类似哥特小说,那些徘徊在城堡里的幽灵被人物的痛苦和苦难所替代。此外还对美国电影所宣传的神话、对那种获得成功的美国梦及个人主义进行了反思和嘲讽。①

本哈明·布拉多(1961),小说家、诗人、散文家,在《国家报》上辟有专栏。他的叙事作品受电影、电视和摇滚乐的影响,其人物主要是年轻人,他们的活动领域是摇滚乐世界、朋友圈子或有冲突的家庭,无法与上代人沟通。死亡和水(海、河、湖、雨、游泳池)构成布拉多小说的两个基本意象。处女作《怪人》(1995)不仅在西班牙而且在拉美都获得好评,刻画了主人公——叙述者的人生历程和多层面个性:对父亲的同情、与母亲有距离的和睦、与朋友的关系、与女人短暂接触时的怀疑主义。这部作品塑造了一位有意识地迷失自我、蔑视自我的当代青年形象,接近美国小说风格,透明、叛逆。

在《你永远不要跟一个左撇子枪手握手》(1996)中 3 个以色列人见证了男主人公的生活和失踪,重构了他遥远的童年(父亲的影响无所不在)和最近的往事(寻找一个无法预见的命运)。这 3 个次要人物的叙述形成了一个神秘不安的氛围,造成一种神话魔法的感觉。《有人靠近》(1998)是一部集动作和反思于一体的小说,主人公——叙述者乌纳易拒绝安全,乐于迷失方向。为了逃避乏味和中立的生活,他开始创作一部小说,其中的人物安德烈斯实际上就是他自己,只不过这两个人物在各自的环境中以十分不同的行为方式处事。乌纳易对文学的痴迷使得他把文学当作现实,通过写作和笔下人物的行动来构筑自己的生活。安德烈斯把他带入一个更加危险的不同现实,把生活变成一个不可预见的冒险,取消了现实与虚构之间的界限。

从《不仅是火》(1999 年"安达卢西亚小说奖")起布拉多的创作发生重大变化,这是他最好的作品。作家从历史的角度来看待现实,反思它的矛盾(文学和年轻人的生活不再是小说的中心主题)。作品讲述马德里一个家庭 5 代人 60 年的历史,从家庭问题出发回顾西班牙当代历史。一方面祖父特鲁曼抗拒对历史的遗忘,他向孙子马塞奥回忆自己因内战而流亡中美洲的经历(他的追求和奋斗)、家族前辈的生活;另一方面萨穆埃尔和鲁丝这对中年夫妻在经历了大学时代的政治活动之后,如今丧失革命幻想,陷入婚姻危机;年轻的玛尔塔生活在没有意识形态对立的虚假社会里,等待她的只能是宿命的结局。②

路易斯·马格林亚(1960)出生于马略卡岛,自 1982 年起定居马德里,学习文学和摄影,当过翻译、出版商和辞典编辑。《虚无缥缈的人》(1993)收录了 5 个短篇小说,围绕同一个主题,同时从结构上构成一本书,书名指的是某些被自己的志向压垮的英雄,他们的成功或失败总是发生在一些迫使他们改变自身价值的环境里。第一个长篇小说

---

① 他还出版了报刊文集《自然保留地》(1998)和《陪伴的动物》(2000)。
② 布拉多在《你想去哪里,你以为你是谁》(1996)中刻画了一个沉浸在冒险小说中的少年。传记《在天使的庇护下》(2002)讲述他与"27 年一代"诗人阿尔贝蒂 13 年的友谊。他还发表了小说《雪是空的》(2000)、短篇小说集《我永远不会活着走出这个世界》(2003);诗集《一个简单的案件》(1987)、《光明派教徒的蓝色心脏》(1990)、《私事》(1991)、《躲避暴风雨的藏身之处》(1995)、《赤道》(2002)。

第七章
世纪末的西班牙小说

《两个路易斯》(2000)是一出关于权力和文化专横的寓言,主人公——叙述者是一个懦弱的人,倾向于无为,因家庭压力而参加工作,进入戏剧界。他目睹了这个圈子里的排挤和暗箱操作,见识了平庸的策划人、演员、批评家和观众。戏剧不仅是支配人物生活的盲目动力,而且是展示社会及其卑劣现象的大舞台。小说批判了所谓的正确政治的原则,即保护私有财产的高贵价值、文化的盈利性、无用职业的合法性。所有这一切都在主人公的内心展开,他不质疑任何事情,只作为无动于衷的旁观者观察它们并远距离地呈现这些现象。

《闯入者和来宾》是一部实验性小说,以日记体(第一人称)叙述男主人公的人生危机(与妻子分居,许多年没有来往的儿子突然回来与他生活,由此引发了父子之间的一场冲突)及其后果。对幸福(与家庭稳定相关)、绝望、消沉、吸毒、健康、工作成就等当代社会的主题进行了探讨。马格林亚还出版了短篇小说集《贝林达与怪物》(1995)、长篇小说《化学家庭》(2005)。

安德烈斯·伊巴涅斯(1961),小说家、文学评论家。《世界的音乐》(1995)塑造了一个想象的国家整个地理面貌,吸收了纳博科夫、穆西尔①、莱萨马·利马(1910—1976)这些迥然不同作家的影响。小说讲述一位极具艺术天赋的年轻人布罗克来到一座名为"诸国"的城市,结识了大器晚成的作家阿古斯丁、哈伊美和埃斯特里娅。哈伊美在国立图书馆的研究工作中发现来自一个想象的地区人的踪迹,于是他和布罗克着手寻找进入那个地区的方式。

《里拉鸟的阴影》(2003)是一部冒险小说,是对意识本质的探索,对记忆、身份或自我这些主题的准确反思,对想象力的捍卫。作品讲述一位遥远星球王国的王子阿德纳尔(那里只有王子拥有一本书,因为那个国家没有文字意识,其居民具有记忆一切的能力,不需要书)感到无聊和悲伤,需要进行一次旅行去寻找自我。于是他来到弗罗里亚城(即地球),与一个掌控在"命运部"的社会的压迫作斗争(这是一个奇怪的政治社会,利用一些昆虫来统治居民的意识)。阿德纳尔的旅行是一次自我觉醒之旅,也是一场元文学之旅,因为阿德纳尔到了弗罗里亚城之后才发现自己是当地人人皆知的一个儿童故事里的人物。

哈维尔·塞卡斯·梅纳(1962)毕业于巴塞罗那自治大学西班牙语言文学专业,先后在美国伊利诺伊大学和西班牙希罗那大学任教,并为《国家报》撰稿。作为小说家,塞卡斯·梅纳于1987年推出了第一部短篇小说集《手机》,两年后第一部长篇小说《房客》问世,接下来的《鲸鱼的肚子》(1998)则是一部校园爱情小说。

代表作《萨拉米斯士兵》(2001)②既非传统意义上的小说或自传,也不是散文或新闻报道,而是综合了这些体裁的特点,其目的是让读者相信叙述者所讲述的故事的真实性,恢复被遗忘的内战失败者的记忆。主人公哈维尔·塞卡斯(并非作家本人)是某报刊

---

① 穆西尔(1880—1942):奥地利—德意志小说家,以其未完成的巨著《没有品格的人》著称。
② 萨拉米斯:历史上著名的希腊—波斯海战的发生地。

记者,他从作家桑切斯·费尔洛西奥口中得知其父马萨斯(长枪党第4号人物)在1939年1月的一次遭遇。当时内战已近尾声,失败的共和派决定在逃往法国之前枪毙在押的50名长枪党人。马萨斯趁乱逃脱,但被几个共和派士兵捕获,他们出于人道主义的宽恕之心放过了他。后来马萨斯入阁佛朗哥政府,他知恩图报,千方百计保护这几个共和派士兵。现在轮到哈维尔·塞卡斯穷追不舍,他作为小说的叙述者力图重构这段发生在西班牙内战末期的历史。塞卡斯逐个采访所有的证人,唯独找不到那个释放马萨斯的英雄米拉叶斯。为了让故事有个完美的结局,他不得不杜撰了一个尾声:米拉叶斯跨越西法边境,参加法国抵抗运动,并随盟军攻打德国。战争结束后他隐姓埋名,在法国的一个疗养院里安度晚年。①

马丁·加萨里艾哥·科尔多瓦(1962)毕业于马德里康普登塞大学艺术史专业,现为电影编剧、作家和报刊撰稿人。他的小说充满爱欲和柔情,人物几乎都为一种复杂而单纯的爱情而活着。《我能告诉你什么》(1989年"老虎胡安奖")以幽默、嘲讽和活力叙述了一对恋人的分手,使用了影像技巧,为电影《我爱你的美栩》(1991)提供了蓝本。之后发表了3部以青少年为读者、涉及从青少年走向成熟的小说:《跟你说句傻话:比如,我爱你》(1995)、《模仿罗伯特·卡洛斯的男孩》(1996)和《爱情太不着急》(1997)②。《我没有代价》(1996)则是一部融合了爱情和背叛的黑色小说,最佳之作为《少校的女儿》(1997年"塞维利亚协会奖"),以位于摩洛哥境内的西班牙城市梅利亚为舞台,讲述在那里发生的一出爱情、性、友谊和暴力的故事。《短暂的春天,漫长的冬天》(1999)中的一对人物彼此发誓要终身相爱;《阳光下的雪》(2004)的情节分别发生在80年代的马德里和现在的罗马,融合了黑色小说的悬念和内心化的抒情风格。

洛伦索·西尔瓦(1966,马德里)康普登塞大学法律系毕业后在一家大型能源公司担任律师(1992—2002),同时开始文学创作,为《世界报》和《星期报》撰稿。处女作为《没有紫罗兰的十一月》(1995),接着发表了《内在本质》(1996),它是对权力机制的寓言表现,具有卡夫卡式的风格。主人公——叙述者讲述建造一座大教堂的内幕,逐渐揭开负责这一项目的那个秘密公司的暗箱操作,发现他们企图把教堂变成为自己服务的工具。《布尔什维克的弱点》(1997)接近美国的黑色小说(2004年西尔瓦亲自将它改编为电影剧本),在这部作品中占据头等地位的是对西班牙当代社会某些方面(特别是道德)及现代文化等诸多问题的思考。主人公——叙述者与一位"洛丽塔"式的女孩的爱情开始是

---

① 2003年David Trueba将此部小说搬上银幕。塞卡斯·梅纳的报刊文章收录在《一个好季节》(1998)和《阿伽门农的真相》(2006)里。还出版了学术文集《冈萨罗·苏阿雷斯的文学著作》(1991)、纪实报道《真实的故事》(2000)和小说《光速》(2005)。

② 第一部作品讲述一所高中的学生在9个月的学期里发生的爱情和友谊的故事。2000年Antonio del Real将它导演成电影,由Blanca Jara和Sergio Martín主演。第二部小说由作家本人于1999年改编成电影剧本《你将为爱情做些什么》(Tú qué harías por amor),由Saura Medrano执导,Fele Martínez, Silke, Francisco Rabal主演。马丁·加萨里艾哥·科尔多瓦还出版了小说《有些女孩跟所有女孩一样》(1992)、短篇小说集《长满鲜花的原野》(2000)和文集《爱情与文学》(1999)。

从地狱升往天堂,但在悲剧性结局之后他永远落入罪孽的炼狱。小说探讨了在一个价值趋于麻木和怀疑主义的社会里人类获得拯救的可能性,类似的主题还出现在《隐秘的天使》(1999)里。

西尔瓦在《遥远的池塘之国》(1998年"批评眼光奖")、《不耐烦的炼丹术士》(2000)和《雾与少女》(2002)中塑造了士官贝比拉克瓜和女助手查莫罗这对国民自卫队调查人员,成为西班牙当代侦探小说中最著名的办案搭档之一。《不耐烦的炼丹术士》讲述在马德里国民自卫队总部工作的贝比拉克瓜和查莫罗负责调查一个核电站工程师死亡的案件。这具裸体尸体,没有暴力凶杀的痕迹,被绑在一个公路旅馆的床边。贝比拉克瓜和查莫罗必须深入到被害者阴暗而不可告人的世界里(他令人惊讶的秘密生活、他周围的人、家庭和工作),必须进入到高级妓女、太阳海岸的黑社会以及房地产投机的圈子里,最后得出一个惊奇而又无懈可击的结论。

《我们前辈的名字》(2001)是一部以1921年6—7月西班牙与摩洛哥之间爆发的战争中的真实事件为素材的历史小说,其意图是阐述西班牙在殖民地政策上的悲剧性失误。作品记录了战争的可怕和人类面对所谓的国家理由而感到的恐惧,人物是一些具有英雄气概但无济于事的战争牺牲品。[①]

拉易·罗里加(1967,马德里),作家、编剧和电影导演,曾在纽约生活了5年。他的小说模式是美国的"肮脏现实主义"和"工笔主义",受电影、录像和摇滚乐影响,语言简洁、放荡,常使用口语和黑话,呈现的是性、暴力和毒品世界。成名作《最糟糕的事》(1992)塑造了一个成长于摇滚音乐和漫画电影时代的少年形象,短篇小说集《船员之歌》(1993)收录了罗里加的一些"地下故事"。《英雄》(1993)则是一部无序的散文小说,主人公是一个失意的少年,他把自己关在屋里,沉浸在音乐中,以忘却外部世界。《从天而降》(1995)讲述一个少年在一次抢劫中向保安人员开枪,随后潜逃的故事。《东京不再爱我们》(1999)是他最有意思的作品,通过一个吸毒兼贩毒者的经历将我们带到一个并不遥远的未来。

《发明了曼哈顿的男人》(2004)讲述一个在纽约工作的罗马尼亚人自杀一案(他负责一幢公寓楼的维修,把所有的幻想都寄托在纽约城),作家利用这个情节勾织出纽约的各式人物和故事。小说真正的主人公是纽约城(从上世纪30年代的大萧条到2001年的9·11事件),在这里发生的故事有时体现了暴力和边缘性,有时反映了中产阶级的不安和困惑。小说充满神秘和幽默,像一幅城市拼贴画。[②]

---

① 西尔瓦还著有小说《小便池》(1999)、《运气终结的岛屿》(2001)、《白皮书》(2004年"小说之春奖")和《没有镜子的女王》(2005);短篇小说集《疯狂的爱情》(2002)、《少年专制者》(2003)、《谁也不比别人更有价值》(2005);儿童文学《有朝一日,当我能带你去华沙》(1997)、《沙漠猎人》(1998)、《巴黎的雨》(2000)、《劳拉和事物的中心》(2002)。游记散文《书写的旅行和游客的文章》(2000)、《从里夫到叶巴拉。摩洛哥的梦想和梦魇之旅》(2002)、《影子的线索。罪犯和警察的故事》(2005)、《在异国土地上。在自己的土地上》(2006)。

② 罗里加把《从天而降》拍摄成公路电影《我弟弟的手枪》(*La pistola de mi hermano*),他还著有电影剧本《颤抖的肉体》(2000)、文集《奇怪的日子》(1994)、《第7天》(2004)。

路易斯·曼努埃尔·鲁伊斯(1973,塞维利亚)毕业于哲学和教育学专业,之后在法国凡尔赛大学和巴黎第十大学继续学习。除了文学创作鲁伊斯还从事教育和新闻工作,处女作为《苍蝇的标准》(1998年塞维利亚大学"短篇小说奖")。《只有一件东西没有》(2000)荣获2001年"法兰克福书展国际奖",书名取自博尔赫斯的一首诗,讲述一位女性的故事:她无法忘却死于车祸的丈夫和女儿,这个念头把女主人公变成自己梦魇的牺牲品,而这些奇怪的梦魇又不可思议地在她的日常生活中复制。不久主人公发现家人的死亡不是偶然的,在这一事故中有许多她所不知、被她周围人隐瞒的东西。小说涉及的是忘却的不可能性、无法了解他人,所有这些反思都伴有文学参照:博尔赫斯和爱伦坡的短篇小说、卡罗尔的《艾丽丝漫游奇境记》和《镜中世界》、帕索里尼[①]的小说和电影。

　　《法国序曲》(2003)是一部围绕古典音乐世界、在欧洲不同城市(黑森林、柏林、巴黎、萨尔兹堡)展开的侦探情节小说。《玻璃房》(2004)也是侦探小说,故事发生在1933年纳粹上台的德国。

　　乌纳伊·艾罗里亚伽(1974,毕尔巴鄂)毕业于德乌斯特大学巴斯克语言文学系。曾在出版社工作,现在是中学老师兼翻译。他用巴斯克语写作,再亲自把作品翻译成西班牙语。年仅28岁就凭借处女作《希夏邦马峰上的一辆有轨电车》荣获2002年西班牙"全国小说和故事文学奖",这部作品具有拉美"魔幻现实主义"风格,在结构上则类似科塔萨尔的《踢石游戏》,表面上没有情节主线。可以从头往后读,或从后往前看,甚至还可以从中间起阅读。小说是一个90岁老人鲁卡斯临终前在孤独、疾病、梦幻甚至疯狂的包围下的片段化回忆(回忆亡妻罗莎优雅地登上一辆有轨电车)和渴望(他唯一的梦想是登上喜马拉雅山8千米高的希夏邦马山峰)。在鲁卡斯的故事中(他的童年,他的手工世界)还交织着妹妹玛利亚的生活(她热爱写作和火车)、全身心照顾他直至去世的年轻人马克斯(他在罗玛身上找到爱情)。艾罗里亚伽的后两部小说为《万特·霍夫的头发》(2003)和《布雷达曼》(2006)。

　　圣地亚哥·隆卡格里奥罗(1975)出生于利马,曾在墨西哥生活过一段时间,现定居于西班牙。隆卡格里奥罗当过电视编剧、记者、翻译,写过剧本《你的朋友们永远不会伤害你》和短篇小说集《成长是个忧伤的职业》。美国独立电影对他的文学创作影响很大,处女作《鳄鱼的王子》是一部历史小说,描写20世纪初的亚马逊现实生活。《羞耻》(2005)则是关于隐私、欲望和恐惧的小说,以秘鲁一个封闭家庭为背景:父亲即将死去,母亲收到匿名色情信,儿子观看尸体,一只猫在发情。这些人物虽然生活在一起,但每个人都藏有不可告人的秘密,无法向别人(即便是亲人)倾诉,因此都感到孤独。《红色的四月》(2006年"阿尔法瓜拉小说奖")依旧以秘鲁为舞台,是一部半政治半凶杀题材的作品,其背景为藤森执政时期秘鲁军队与"光明阵线"游击队之间展开的战斗。主人公是一个检察官,他遵从的是刑法和条例,但一系列的暗杀事件使他面临恐怖的威胁。

[①] 帕索里尼(1922—1975):意大利电影导演、诗人和小说家,以其社会批判性的、非正统风格的影片著称。

第七章

世纪末的西班牙小说

阿莱杭特罗·古埃瓦斯(1973)毕业于巴利亚多里德大学西班牙语言文学专业,曾在意大利比萨留学一年,从1999年起为《世界报》撰写专栏。第一部小说《狗食》(1999)没有引起什么反响,第二部《生活不是一出宗教寓言剧》(1999年"批评眼光奖")寻求建构一个当代生活寓言,把司汤达、卡夫卡和巴列-因克兰式的镜子对准现实,同时歪曲或嘲讽普通人的生活态度,呈现出一幅怪诞的、非人性化的当代现实画面。

《烧船》(2005)描写了一个表面上不太寻常的家庭一个星期的生活:丈夫没有工作,幻想当诗人,但他的诗歌从未发表;妻子在外挣钱养家,并极力维护丈夫的形象;儿子是个差学生,常受母亲的指责。小说挖掘的是人与人之间的关系、虚假的情感、无条件的爱情、孤独、生活不稳定的平衡。他还发表了《田园灾害》(2003)。

弗朗西斯科·加萨贝亚(1963)对边缘世界、犯罪圈子和流浪街头的人物感兴趣,这些是他熟悉的主题。处女作《成功》(1990年"老虎胡安奖")是一部黑色情节小说,通过运用叙述者的黑话独白将我们带入巴塞罗那的一个红灯区,那里的地头蛇为争夺地盘和客源而发生冲突(2006年加萨贝亚将它改编成电影剧本)。《你留下》(1993)继续以摇滚乐和毒品为主题,反映了一些人物空虚的生活。《一个西班牙侏儒在拉斯维加斯自杀》(1997)以巴塞罗那底层社区为舞台,描写那里的居民没有意义和人生方向的生活。① 由《残暴的游戏》、《风与珠宝》和《不可能的语言》组成的三部曲《华土西的一生》(2000—2003)情节从70年代开始,以冷静的现实主义手法,通过最底层和最高层人物的叙述,对西班牙民主变革的历史过程进行回顾。

安东尼奥·奥雷胡多(1963,马德里)在美国获得博士学位,并在那里任教7年,现为阿尔美利亚大学西班牙文学教师。他利用历史框架创作了短篇小说《因传说而神奇的叙述》(1996年"老虎胡安奖"),时空为上世纪20年代的马德里"大学生公寓"(那里聚集着当时各文学和艺术流派的精英和糟粕)。长篇小说《坐火车旅行的好处》(2000年"安达卢西亚小说奖")的情节很简单:一个女人在火车上和一个陌生男人相遇并交谈,倾听他讲述自己的生活,这一谈话对她的生活产生了意想不到的后果。历史题材的《重建》(2005)描写1535年路德宗教改革运动中欧洲出现的宗教狂热(揭露了天主教的滥用权威)、权力之争(天主教徒包围、进攻和洗劫了一个与正统信仰不同的城市)和理想的丧失(正统与异教的冲突、为证明自己的真理而献身的信徒)。奥雷胡多还著有《交战信件》(1993)、《家庭信札》(1994)和《在隔离中(21世纪初的新小说家和批评家)》(2003)。

华金·佩雷斯·阿萨乌斯特雷(1976,科尔多瓦)从1998年起定居首都,2000—2002年获得马德里"大学生公寓"创作奖学金。长篇小说《美洲》(2004)是对美国"垮掉的一代"的致意,探讨文学本身以及它与生活的支配关系。佩雷斯·阿萨乌斯特雷虚构了一位认识并跟踪菲茨杰拉德、他妻子珊尔达及海明威足迹的传记作家罗伯特·费尔顿,由

---

① Antonio Chavarrías 将它拍成电影《你将回来》(*Volverás*)。加萨贝亚还著有儿童小说《晚会的秘密》;电影剧本《苏珊娜》、《一个流逝的梦想》、《南极》(1995)、《两个女人》(1998)。

他来讲述这些名人在20年代的纽约和巴黎放荡和豪华的生活（文学聚会、盛大宴会）。小说是对逝去的青春和爱情的挽歌，涉及荣耀和野心、"爵士时代"的光彩、梦想的脆弱。这位虚拟作家还出现在另一部作品《伟大的费尔顿》(2005)里。

佩雷斯·阿萨乌斯特雷还出版了关于中世纪历史的《塞法尔迪人鲁塞娜》(2005)；短篇小说集《致依莎多拉的信》(2001)；中篇小说《橘黄色本子》(1998)；诗集《一种解释》(2000年"阿多纳依斯奖")、《三角洲》(2004)、《红毛衣》(2006)；报刊文集《日冕》(2004)、《波士顿记者》(2006)。

艾罗依·蒂松(1964)诗人出身，现为艺术和戏剧高等学校的文学创作教师、《书籍杂志》的文学评论员。他具有窥见日常情景中的奇怪特征的能力，对时间流逝和爱情的反思是他偏爱的主题。短篇小说集《花园的速度》(1992)具有诗歌的强度，被评论界视为最近25年西班牙最有意思的百部作品之一。第一部长篇小说《野丝》(1995)以精致的语言讲述了一个爱情与死亡的故事，并运用恐怖和嘲讽来塑造一个活在他人生活里的人物。

《歌唱的声音》(2004)的主题是我们在日常生活中对别人或对自己干的坏事：一个周二的中午加夫列尔在地铁车厢里见到了魔鬼，他像普通乘客一样混迹在人群中。加夫列尔对此很肯定，因为他在一生的不同场合已经见过魔鬼。从那次相遇起加夫列尔计算戴着不同面具的魔鬼介入他生活的次数：他回忆起童年去农庄看望祖父母，在一次车祸中幸存下来，他与莫尼卡的爱情，在这个关系中他也发现有一个魔鬼背景，将他的生活复杂化，把自己变成如今这个样子：一个孤独的人。①

尼古拉斯·卡萨里艾哥·科尔多瓦(1970)出身于马德里一个知名作家家族，是马丁·卡萨里艾哥·科尔多瓦的弟弟。处女作《告诉我你想让我做的5件事》(1998)的主人公鲁卡斯在服兵役的最后几个月目睹自己与女友的关系因一个神秘的伙伴冈萨雷斯的出现而动摇，这些情感问题又牵涉到一件毒品案，里面发生了各种背叛和仇恨。《光线猎手》(2005)是一部悬念小说，也是一部关于爱情和成长的作品。情节发生在一座未来的城市，这里有很多大公司，这个社会着迷于消费和视觉的东西。主人公马利克是一个愿意出卖一切的人（包括自己生命），他的生活因一个比他更年轻、更矫揉造作的女人的出现而改变。卡萨里艾哥·科尔多瓦还著有短篇小说集《200颗星星的夜晚》(1998)、文集《文学中的英雄和反英雄》(2000)。

伊格纳西奥·德尔·巴耶(1971，奥维多)的《杀死龙的艺术》(2004年"费利佩·德里戈奖")讲述西班牙内战结束后一位佛朗哥情报机关的副官阿尔杜罗奉命寻找一幅名为《杀死龙的艺术》的文艺复兴时期木板画，它在普拉多博物馆迁移过程中丢失。在调查此画下落期间阿尔杜罗陷入了一个被仇恨和残酷支配的艺术品走私贩卖的世界，他既要面对一个不可能的、毁灭性的爱情，也得找出这幅画所隐藏的秘密。

在《爱情怎么没有改变世界》(2005)中主人公意识到幸福是需要付出代价的，但即

---

① 蒂松的《口才》(2001)也是探讨恶、魔鬼。还著有小说《眨眼》(2006)、诗集《受威胁的一页》(1984)。

便如此他们还是在欲望、背叛、依赖、爱情和失望的漩涡中寻找它。男人和女人、情人和朋友,被各自的孤独联系在一起,交织成一幅脆弱和残暴的拼贴画。德尔·巴耶还著有《波浪来的地方》(1999)和《拳击手的拥抱》(2001年"阿斯图里亚斯青年奖")。

伊萨克·罗萨(1974,塞维利亚)在马德里学习新闻。处女作《坏记性》(2000)追忆过去(主人公调查一个在内战中遭屠杀的村庄所留下的踪迹),具体年代是从西班牙内战到1975年政治变革这一时期。《虚幻的昨日》(2005年"罗慕洛·加列戈斯小说国际奖")以冷静反思的方式描写60—70年代西班牙出现的大学生民主运动,再现了当代西班牙社会的变革过程。主人公是一个大学老师,被卷入一场混乱的事件,导致他出走西班牙,而对这一经历的重构又揭出一个学生的失踪案。小说是对佛朗哥统治时期压迫者与被压迫者、受难者与获益者的见证,在此回忆不是回答,而是对历史的提问。①

卡洛斯·鲁伊斯·萨丰(1964)出生于巴塞罗那,在耶稣会学校接受教育,大学毕业后进入广告界。90年代初开始作家生涯,作品主要面向青少年读者。处女作《雾王子》获1993年"艾德贝奖",1994年前往美国,定居洛杉矶,从事编剧工作。

一方面,鲁伊斯·萨丰喜爱19世纪小说,深受狄更斯、托尔斯泰、陀斯妥耶夫斯基等文学大家的影响;另一方面,他也大量接受了60年代以来的视觉艺术技巧,具有哥特式风格和表现主义色彩。《半夜的宫殿》(1994)以上世纪30年代印度加尔各答为舞台;《九月的光线》(1995)的主人公是一个奇怪的玩具制造商,住在一个满是机器人的大宅里;《玛利娜》(1999)以故乡巴塞罗那为背景。

《风之影》(2001)是鲁伊斯·萨丰最成功的小说,这部哥特式作品在德国、美国和西班牙都成为畅销书②。它的故事情节发生在战后的巴塞罗那,少年丹尼尔11岁生日那天,父亲带他前往"遗忘之书墓园",这是一座专门搜罗被世人遗忘的各种书籍的图书馆。丹尼尔挑了一本胡利安·卡拉斯的小说《风之影》,读后为之着迷。于是他开始寻找这个作家的其他作品,偶然的挑选让他陷入了尘封的纠葛之中,逐渐发现这本书背后所隐藏的许多惊人之谜。一个畸形男子正四处寻找卡拉斯的所有著作,欲将它们焚毁殆尽,而《风之影》可能是最后一本。当神秘作家卡拉斯的轮廓一点一滴浮现时(他年轻时爱上了佩内洛贝,但遭到女方父亲的坚决反对。卡拉斯出走巴黎,已有身孕的佩内洛贝被软禁在地窖里,直到生下一个死婴后身亡。原来佩内洛贝与卡拉斯是同父异母的兄妹,当他知道真相后,决定让自己从这个世界上消失,毁掉所有的作品),丹尼尔的人生也渐渐与他重叠(他开始成长,并且也经历了初恋)。若不及早发现真相,他的亲人都会成为谋杀、魔法和疯狂的牺牲品。《风之影》不仅写出了浓烈的情爱,同时也呈现了魔幻、谋杀和疯狂等情节,故事的结构就像俄罗斯套娃,一个悬念套另一个悬念,丝丝入扣,非常吸引人。

---

① 罗萨还著有小说《世界的噪音》(1998)、剧本《再见,小伙子们》(1998)和文集《科索沃:人道的不在犯罪现场》(2001)。

② 此书于2006年由人民文学出版社推出中译本。

佩德罗·玛艾斯德雷(1967)毕业于西班牙语文学专业,处女作为《家丑》(1995),一年后凭借《用弹弓杀死恐龙》(1996)成名,作者定义这部小说为"诗意现实主义"。《贝尼多穆,贝尼多穆,贝尼多穆》(1997)是一部悲喜剧,讲述了一个40岁的里奥哈男子被妻子抛弃,为治愈这一感情创伤他前往贝尼多穆旅行。《临时旗手》(1999)分析了主人公米盖尔从童年到少年的过渡历程。①

---

① 这代作家还有曼努埃尔·弗朗西斯科·雷纳(1974):诗人,出版过《由肉体和诗句构成的女人——20世纪西班牙女性诗选》。小说《男性圣徒》(2000)描写一位教士在一个外省城市被暗杀,作品对西班牙教会提出批评。还出版了历史小说《安蒂诺不在犯罪现场》(2005)。
安赫尔·加西亚·加里阿诺(1961):马德里康普登塞大学文学理论教师,著有小说《海域图》(1998)、《怀疑的结束》(2004);文论集《文艺复兴时期的诗歌模仿》(1992)。

第八章
流亡小说

1936年西班牙内战的爆发和1939年佛朗哥政权的最后胜利导致大批共和派作家和知识分子流亡国外,他们大多从欧洲转向美洲,在新大陆定居下来,并与当地的文化机构、出版社或杂志合作(如墨西哥学院和经济文化基金会、委内瑞拉华金·莫蒂斯出版社、阿根廷《南方》杂志),继续传播西班牙文化。这些流亡作家虽然有着共同的政治信仰和文化背景,但每个人的文学创作却不尽相同。加上他们分散在世界各地,没有形成统一的流派,也没有相对集中的文学团体,所以流亡小说缺乏共性,只能对一些重要作家分别进行研究和介绍。

流亡小说的主题大致可以归纳为以下四点:(1)回忆过去、重塑直到内战爆发之前的历史是一个普遍的倾向。流亡小说家经常回忆他们的童年、少年的成长过程,无论是以自传的形式还是通过一个完全虚构的人:这是一种可以理解的文学反应,在经历了创伤之后通过小说恢复自己的身份。至于内战本身,奇怪的是很少直接触及这个主题,因为大部分流亡作家怀着超越内战而非复仇的想法。这一超越的愿望导致一种经常表达的观点,即内战不是个人境遇的结果,也不应归咎于某些个人的责任,而是西班牙人在兄弟相残的斗争中互相毁灭这一根深蒂固倾向的致命表现。总之,"在该隐情结中找到对内战的解释,该隐主义是流亡作家写作题材的一个重要方面。"[①](2)见证现实。流亡作家面对内战及其后果,面对眼前的现实,或寻找一个解释,或赞颂无望的胜利。然而,随着时间的流逝,对这些战败流亡者来说,内战变成了一种回忆,他们中的很多人把目光投向定居国的新环境。(3)探索象征性、抽象化和智性的话题。(4)虚构西班牙。他们对西班牙的反思总是围绕内战及其对流亡者所造成的后果展开,常常塑造一个想象的遥远祖国的形象,其中痛苦地混合了吸引和排斥两种对立情感。

在文学创作方面,流亡小说家们继承了30年代"社会小说"的现实主义风格和人性化特征,但加入了创新的技巧。在这些总原则下可以分出不同的色彩:

一些作家,如阿图罗·巴雷亚、拉蒙·何塞·森德尔、埃斯特万·萨拉萨尔·查佩拉(《伦敦的鹦鹉》,1947)、比尔希略·博特利亚·巴斯托(《新民族逸事。战争和流亡小说》,

---

① Jean Canavaggio. *Historia de la literatura española* (Tomo VI, El siglo XX), Barcelona: Ariel, pp. 291—292, 1995.

1953—1988），比较贴近传统。特别有价值的是马克·奥布关于内战的精彩系列小说《神奇的迷宫》(1938—1968)，作家炫耀的是一种词汇丰富、响亮、细腻多变的语言。战前的"非人性化"小说被抛弃了，几年后他发表了《论西班牙当代小说》(1945)，批判"非人性化"倾向，捍卫现实主义传统。

有时现实主义与象征主义结合，赋予小说更大的难度，如拉蒙·何塞·森德尔的《吝啬的特立尼达贺婚诗》、曼努埃尔·安杜哈尔的《家园和苦难》(1945—1990)；或充满乌纳穆诺式的玄学思考，如何塞·拉蒙·阿拉纳的《阿尔穆尼阿塞德的神甫》；或具有人性化的理智主义，如塞贡多·塞拉诺·庞塞拉的《拿伯的葡萄园》。相反另一些作家直接继承了"先锋派"的美学观点，罗萨·查塞尔一直保持这条路线，而弗朗西斯科·阿亚拉则从年轻时代的无菌写作向更沉重、更丰富的小说演变，充满戏剧张力或讽刺的喜剧性，但继续运用他第一阶段的许多风格技巧。保利诺·马西普则为我们留下了一部关于内战的幽默而深刻感人的作品：《哈姆雷特·加西亚的日记》(1944)。

从艺术水准上讲，流亡小说普遍要高于那些胜利者的作品，因为当内战爆发时他们已经是成熟的作家了，而且远离祖国的独裁统治，在创作中没有任何审查限制。流亡作家继承了战前所有的文学流派，流亡本身也丰富了他们的技巧和素养。

第一节

内战结束前已发表作品的流亡作家

拉蒙·何塞·森德尔一生属于共和派，1938 年流亡法国(1939—1965 年，他的作品在西班牙被禁)，随后前往危地马拉和墨西哥，1942 年定居美国新墨西哥州(因为那里保留了西班牙的文化、语言和习俗)，在当地大学教授西班牙文学。1974 年森德尔短期回国，得到西班牙政府和读者的承认和褒奖，获得各种文学奖项。森德尔的小说视角、技巧和主题多样化，但可以找到一些共同点：从社会和存在主义角度关注人性，热衷探索历史变化下恒常的人性。

森德尔流亡前发表的最后一部小说为《反攻》(1938)，系作家根据本人内战时在共和军中服役的经历创作的（马德里保卫战期间担任第一混合旅参谋长），旨在为共和国争取支持（他的妻子和兄弟都被国民军杀害了）。流亡期间森德尔达到了文学生涯的成熟期，除了两部以拉美为背景的作品《墨西卡尧透》(1940)和《吝啬的特立尼达贺婚诗》(1942)①，这个时期的一个创作主题是感伤地、有时理想化地回忆故乡阿拉贡的生活、习俗和风景，在记忆中回到西班牙农村世界，表达作者的亲身经历和感悟。《人类的位置》(1939)是森德尔在流亡中发表的第一部小说，回忆他在童年时代所了解的阿拉贡地区农村的政治派别活动和酋长制氛围，其中诗意和象征的视野超越了历史现实。寓言

---

① 这部小说讲述加勒比地区一个关押犯人的岛上囚犯利用狱长举行婚礼的机会谋反，并杀死狱长。

体小说《星球》(1947)似乎远离内战和流亡的问题,进行玄学方面的研究和探讨。

这一阶段最重要的作品是系列传记体小说《黎明纪事》(1942—1966),主人公何塞·加尔塞斯即理想化的作家本人。这位西班牙共和国的年轻军官战败后被囚禁在法国监狱里,在他36岁决定自杀之前写下这部自传,回顾为共和国事业奋斗的一生,探讨社会和个人需要之间的关系。第一部《黎明纪事》(1942)是作者对战前童年和少年时代主要事件、舞台和场景的回忆;第二部《狂暴的半鹰半马怪兽》(1954)讲述加尔塞斯在一个教会学校学习的经历;第三部《胡列塔庄园》(1957)则回忆他在萨拉戈萨上高中的生活。①

除了上述作品之外,还有一部具有强烈戏剧性的小说《莫森·米扬》(1953)②,描写30年代阿拉贡地区一个农民巴科因为土改而被地主杀害(这位农民英雄体现了基督的形象,他得为西班牙所有的罪孽赎罪)。作品通过神父莫森·米扬之口(他被迫告发巴科的藏身之处,以为这样是救了他)对这段因内战爆发而在西班牙农村引发的暴力和仇恨历史进行了回忆,反映出当时血腥的西班牙政治现实、社会生活和民间风俗。森德尔在这部小说中表达了一种观点,即暴力不是1936年的西班牙那个特定的社会政治环境的产物,而是人类本性的必然宿命。《国王与王后》(1949)也是以内战为背景,从一个有限的视角讲述在革命年代的马德里一位园丁与一位女公爵之间的爱情故事。

在挖掘完对祖国的回忆和流亡之前的经历后,森德尔开始把目光投向遥远的历史,寻找新的创作灵感。历史小说《拜占庭》(1956)便是这一阶段的产物,作品围绕着由加泰罗尼亚人和阿拉贡人组成的十字军东征历史,自豪地回忆那些在敌后骚扰拜占庭军队的英雄业绩。相同的态度表现在《少年强盗》(1965)里,这是一部以19世纪中叶美国西部传奇火枪手比利为主角的小说,叙述了他在新墨西哥州血腥的枪战故事以及悲剧性死亡。

在第三阶段森德尔还创作了以一位美国女学生南西在西班牙研究吉卜赛文化为主题的"南西系列小说",通过这位外国人的视角展示西班牙的文化传统和生活习俗:《南西的论文》(1962)、《南西,吉卜赛学博士》(1974)、《南西和疯子巴托》(1974)、《南西的荣耀和侮辱》(1977)和《致南西的后记》(1982)。森德尔去世之前发表的《羌德里奥在议会广场》(1981)是对1981年2月23日西班牙发生的一场未遂政变的滑稽模仿。③

弗朗西斯科·阿亚拉在第二共和国期间担任外交部官员,内战结束后流亡阿根廷

---

① 《黎明纪事》系列的其他卷为《小伙子和英雄们》(1960)、《古金币》(1963)、《生存水平》(1963)、《预兆的术语》(1966)、《岸边疯子微笑》(1966)、《生活现在开始》(1966)。

② 1960年再版时改名为《致一个西班牙农民的安灵曲》(Réquiem por un campesino español)。

③ 森德尔的其他作品有《殷勤的刽子手》(1952)、《安塞尔莫的桂冠》(1958);历史小说《阿里阿德涅的5本书》(1957)、《卡罗鲁丝·雷克斯》(1963)、《康塞普西翁的傻子》(1963)、《索加罗广场的教皇大赦》(1964)、《昼夜平分时洛佩·德·阿吉雷的历险》(1964)、《3本特雷莎的小说》(1967)、《农神的儿女》(1967);报告文学《在伊格那西奥·莫雷尔的生活里》(1969)、《幸存者》(1978);短篇小说《钥匙》(1960)、《西博拉的训诫小说》(1961)、《高高的牧羊女》(1966)、《塞万提斯的母鸡和其他寓言故事》(1967)、《奇怪的佛提诺斯先生和其他美国故事》(1968)、《狗的月亮》。

10年,在那里教书,创办《现实》杂志,并出版社会学教科书。1950年赴波多黎各大学教授社会学,创办并领导杂志《塔》。从1955年起在美国各大学任西班牙文学教授,继续以西班牙文写作。1976年回国,定居马德里,1983年当选为西班牙皇家学院院士。

从1930年起,纳粹的蔓延、内战和流亡把阿亚拉变成一个有社会责任感的作家,他不断自问知识分子在社会中的作用。在经过了流亡的一段沉默后,阿亚拉开始创作"批判现实主义"小说,1949年发表短篇小说集《篡夺者》,从表面的历史题材出发揭示无论何种权力都是一种篡夺之物。其中最出色的作品《着魔的人》塑造了一位出身卑微的人物,他一心想接近国家的最高权力。在经过复杂的运作后终于达到了自己追求的目标,这时他才发现谁非法占有权力,谁其实是个弱者,更接近于动物而非人类。小说呈现了一种卡夫卡式的非现实氛围,显然是个道德寓言,充满批判的嘲讽。

在阿亚拉的短篇小说里宿命论不是导致一种玄学的探寻,而是讽刺性的伦理主义,这是他小说的一个基本要素。短篇小说集《羔羊的头》(1949,1972年才在西班牙再版)从这个角度探讨内战,涵盖了战前、战中、战后及流亡的历史过程,以失败者的眼光来描写内战:第一篇《信函》讲述在一个村庄调查一个外国人用陌生语言写的一封信,回忆和再现了西班牙战前混乱可怕的氛围;第二篇《塔霍河》描写一个没参加过任何战役的国民军少尉(原来是中学老师),在葡萄园里碰到一个没带武器的共和国民兵,毫无理由地杀死了他。对少尉来说,这样就开始了意识的觉醒,他得出的结论是,战争是无益的。第三篇《羔羊的头》叙述一个内战流亡者在摩洛哥遇到一户犹太人,他们的祖先也是从西班牙流亡海外的。第四篇《回归》是最忧伤、最绝望的一篇:一个流亡者回到故乡,谁也不记得他了,不跟他来往。流亡者再次离去,因为他已经完全失去了祖国。第五篇为《摆脱不掉人言可畏的生活》。

在《猕猴的故事》(1955)中"非人性化"的理智论(与日益活跃的嘲讽结合)把小说引向一种排除对有意义的环境进行参照的本质化叙事,即在这些短篇小说中以象征和荒诞的手法展示人类多层面的愚蠢可笑。《惨死如狗》(1958)开创了"历史神幻小说"的模式,揭示了人类的腐败机制,在手法上则融合了可怕与虚无、幽默与恐吓,达到了怪诞艺术的高峰,也是拉美反独裁小说的先声。小说虚构了第二次世界大战后一个中美洲共和国独裁统治者安东的伪传(他和第一夫人的故事令人想起阿根廷的庇隆和艾娃),叙述者为残疾历史学家路易斯,他坐在轮椅上观察政府高层发生的事件(腐败、阴谋、权术),并加以评论和记录,因为他想写一部关于安东的报道。另一方面,在路易斯收集和准备写作材料时一步步地解释和阐述自己的创作过程(想写什么、想放弃什么、想补充什么,如何重新加工所获得的信息)。从这个意义上讲,《惨死如狗》是一部元小说,呈现在我们面前的是一部手稿的写作过程(复制了大量的日记、信件和报告),伴随着内在作者路易斯的犹豫、错误、修改和补充。这部小说没有对情节发生的那个国家、城市、居民做任何说明和描述,只有这几个象征性的人物存在。

《杯底儿》(1962)是对《惨死如狗》的补充,但在新作中过去的大部分人物已经去世,独裁结束了。如今这个共和国生活在民主政权下,可是腐败继续蔓延,到处充满犯罪。

主人公——叙述者何塞是一个没有文化的富商,被怀疑为暗杀犯,荒诞的是他创作《杯底儿》的目的竟是修正"那个卑鄙的小册子",即《惨死如狗》。阿亚拉运用了大量的心理分析,把一个无道德、无意义的世界通过一个小人物之口呈现给读者,对上流资产阶级进行了尖锐的批评,把前后两部作品巧妙地联系起来。[1]

阿图罗·巴雷亚(1897—1957)出生于马德里一个贫寒的家庭,对社会不公平现象的亲身感受决定了他很早就加入社会主义政党,他是靠自我奋斗和才华在文坛崭露头角。内战爆发后巴雷亚被任命为共和区负责外国记者的新闻审查官,这一职位为他提供了观察战争进展的有利视角。内战即将结束时发表了短篇小说集《勇气和恐惧》(1939),描写在后方和战壕里的生活。

战后巴雷亚流亡伦敦,与一位英国女记者结婚,她对巴雷亚跻身英国文坛起到了决定性的作用。内战、失败和流亡所造成的深刻影响促使作家对往昔生活进行一次如实的良心审查,其结果便是自传三部曲《一个叛逆者的锻炼》(1941—1946)的问世(首先发行的是英文版,西文版于1951年在布宜诺斯艾利斯面世,1985年被搬上西班牙的电视屏幕)。这是由西班牙作家发表的第一部关于西班牙内战的作品,它在西方世界的影响可想而知。在第一集《锻炼》中,巴雷亚以第一人称讲述了他在马德里度过的青少年时代,回忆了19世纪末、20世纪初马德里下层百姓的生活。第二集《道路》叙述的是他在摩洛哥战争中作战的经历,具有明显的批判社会意图。第三集《火焰》则结合作家的个人经历和西班牙的集体历史,见证和记录了马德里的内战场面。

1952年巴雷亚推出《断根》的英文版(西文版于1955年问世),描写一位流亡者回归故土,艰难地重新适应祖国。死后出版了遗作《跑道的中央》(1960),收录了他在不同时期发表的短篇小说。巴雷亚还著有散文《洛尔卡。诗人与他的民族》(1944)及《乌纳穆诺》(1952)。

马克·奥布(1903—1972),小说家、戏剧家、散文家。出生于巴黎,父母分别是德国和法国犹太人。1914年第一次世界大战爆发后举家移居瓦伦西亚,加入西班牙国籍。内战期间他支持第二共和国,担任西班牙驻法国文化参赞。内战结束时逃亡法国,被捕并被关进集中营,后转辗至阿尔及利亚。1942年底出狱后前往墨西哥,在那里定居直至去世。1969年夏、1972年春奥布曾两次返回西班牙,旅行日记《捉迷藏》(1971)便记录了他回归过去,发现祖国变成一个陌生国度的痛苦经历,因为奥布在墨西哥无法察觉西班牙是如何变化的。

西班牙语不是奥布的母语(他11岁才开始学西语),这一特殊关系可以解释奥布作品的一些基本特征。首先,他的多产表明了他享受操纵一个未完全掌控的语言的乐趣;

---

[1] 阿亚拉的其他作品有短篇小说集《棒花牌的A牌》(1963);小说《关于拐骗、强奸和其他失礼行为》(1966)、《宗教法官和其他西班牙故事》(1970)、《快乐的花园》(1971)和《邪恶的花园》(1988);文论集《时间和我》(1997)、《关于胜利和痛苦》(1982)、《面向现时的目光:散文和社会学(1940—1990)》(2006);回忆录《记忆与遗忘》:《从天堂到流亡》(1982)、《流亡》(1983)和《归来》(1988—)。

其次,他的巴洛克倾向仿佛是想显示他运用一种非母语的精湛技巧。奥布的作家生涯开始时受当时《西方杂志》和"非人性化"文学的影响,但共和国时期的社会政治现实很快使奥布明白文学创作能够(也应该)超越一种智力和语言的游戏。奥布的早期创作视生活为一次旅行,抒情散文《地理》(1929)和《绿色寓言》(1933)属于"非人性化"作品。书信体小说《路易斯·阿尔瓦雷斯·贝特雷尼亚》(1934)则与"非人性化"文学决裂,描写一位失意作家自杀的悲剧。

奥布作为小说家真正成名于战后的流亡阶段,他在流亡中完成了历史系列小说《神奇的迷宫》,包括《封闭的战场》(1943)、《血的战场》(1945)、《开放的战场》(1951)、《摩尔人的战场》(1963)、《法国战场》(1965)和《扁桃园》(1968)。奥布是第一位从内战的全面性、复杂性、壮观性入手分析内战这一民族悲剧的西班牙小说家,在他眼里"西班牙是一座迷宫。为了继续生存下去,整整一代年轻人成了我们所遭浩劫的牺牲品。"这些作品被认为几乎可以同佩雷斯·加尔多斯(1843—1920)的《民族逸事》(1873—1912)相提并论,但不得不在墨西哥问世。奥布在这一系列小说中通过一些表面零散的印象、多个参与内战和遭受失败恐怖的主人公,全面分析了西班牙内战的起源、爆发、进展过程及战后的现实,为我们提供了从30年代初普里莫·德·里维拉独裁统治到内战结束后西班牙各个阶层广阔的历史和社会画面。但奥布不仅限于叙述,他还加入了反思、幽默、嘲讽,力图客观概括内战这一社会、政治和军事现象的复杂性。"因近视眼而远离战场的奥布,不是从情节而是从反思的角度关注内战。他更感兴趣的是围绕战争所出现的各种观点,而不是冲突的具体条件。因此除了回忆所经历的事件,情景中出现的少数几个人物常常充当政治和道德辩论的借口。通过那些对话和题外话(它们构成小说的主体),奥布毫不客气地抨击了与他的社会人道主义不相符的左派和右派意识形态。"①

除了《神奇的迷宫》,奥布也在一些短篇小说中片段地涉及内战、流亡及回归祖国的主题,如《并非故事》(1944)、《真实的故事》(1955)、《射门》(1961)和《德哈法墓地》(1963)。

对战前西班牙生活的回顾启发奥布创作了现实主义和乡土主义兼备的小说《善良的企图》(1954),描写20世纪头30年马德里中产阶级的生活。内战继续在作品里出现,但只是作为纯粹的叙事因素;指出主人公人生最后的悲剧性结局,他的善良没有给他带来任何好处,反而被"错误"地枪毙。《巴尔韦德大街》(1961)则更加全面地展现了普里莫·德·里维拉独裁时期马德里广阔的社会和人文画面,试图重建20年代西班牙马德里一个街区的氛围和环境,回忆他近距离了解的知识界生活,把真实人物和虚构人物混合放在舞台上,涉及了大量当时的政治和文学生活。从《某些故事》(1955)起奥布开始放弃见证使命,转向幻想。《胡塞贝·托雷斯·甘巴兰丝》(1958)便虚构了一个并不存在的立体派画家、毕加索之友的传记,重塑了20世纪初巴塞罗那和巴黎的知识界、艺术

---

① Jean Canavaggio. *Historia de la literatura española* (Tomo VI, El siglo XX), pp. 301—302.

界的氛围。①

罗萨·查塞尔的人生轨迹因内战的爆发而改变,她无法忍受这一现状,从1939年起流亡瑞士、巴西和阿根廷,1974年回国。查塞尔是流亡文学中唯一不以内战为中心主题的作家,"她的小说为我们提供了一个内省文学的明确例子,即在创作的想象领域塑造观念、渴望、痴迷、头脑中的现实,放弃事件或具体情节的叙述。"②

查塞尔塑造的女性人物特点是"极其敏感,具有非凡的幻想能力;她们沉浸于自我,不断进行内省。为此逃往大脑创造领域、自我隔绝的能力就显得十分必要。"③《特雷莎》(1941)是关于19世纪西班牙浪漫主义诗人埃斯普龙塞达的情人特雷莎·曼查的一部传记,"作者的意图是以特雷莎的生平为引子,借以探讨成年妇女的心理活动,特别是面对爱情的心态。"④《莱蒂西娅·巴列的回忆录》(1945)讲述一个即将进入青春期的女孩莱蒂西娅(她是纳博科夫塑造的洛丽达的前身)引诱她的男老师,而她父亲错误地指控男老师诱奸自己的女儿,导致他开枪自杀。小说侧重描写人物的内心世界(情感、激情和渴望),隐瞒了许多情节和细节,造成一种神秘隐晦的氛围。

《理智极限》(1960)是查塞尔最长、最好的作品,结合了一种强烈的分析型理性主义和一个独特的想象力。主人公圣地亚哥发现他周围朋友遭受的一系列不幸(受伤、死亡、车祸)正好与自己感到强烈不满的时刻吻合,于是确信自己拥有操控物质世界的超凡能力。圣地亚哥开始有意识地实验这种能力(杀人,让死掉的蝴蝶摇动翅膀),但这一切都未能成功,最后他也以一种突然的、有点神秘的方式死去。在这部情节短暂的小说中,查塞尔采用长段内心独白对人类生存的秘密进行探索和挖掘,刻画了圣地亚哥临终前的心灵历程,其意图是以小说的形式表现妄自尊大、想当上帝的人的罪过。这部作品具有明显的哲理思辨特征,探讨"超人"问题、西班牙民族的妄自尊大性格、在人间天堂的单纯状态(信仰、意志、时间、恐惧、爱情、灵感、幻觉)。另外还对创作过程、文学构思和小说本质等问题进行了阐释。

查塞尔所有作品都以对个人和家族历史的回忆为素材,具有强烈的自传色彩。《从黎明起》(1972)回忆了她在巴亚多利度过的10年童年生活;自传三部曲《马拉维亚斯街区》(1976)、《卫城》(1984)和《自然科学》(1988)展现了整整一个时代,她采用两个主角的技巧将两个不同的社会环境并列在一起。这些作品可以划入"成长小说"的范畴,但

---

① 奥布还著有小说《欧洲的冲动》(1946)、《正反面》(1948)、《从某时至今》(1949)、《弗朗西斯科·佛朗哥死亡的真实历史》(1960)、《纸牌游戏》(1964)、《包围圈》(1968)、《指甲》(1972);剧作《不全的剧本》(1931)、《贪婪的镜子》(1935)、《不》(1952)、《被渴望的女人》;关于西班牙共和派人士流亡法国的《死去以闭上眼睛》、《西班牙文学史教材》;《骚乱》、《脚往前走》、《小说选集》、《墨西哥短篇小说集》(1959)、关于战后独裁统治镇压的《暴卒的故事》(1965);遗作《与路易斯·布努埃尔的谈话》(1985)。

② Pilar Nieva de La Paz. *Narradoras españolas en la transición política*, p. 270.

③ 同上书,第272页。

④ 《欧洲文学史》(第3卷下册),商务出版社,2001年,第883页。

不是一步步而是片段地描写主人公的成长。视角比较宽,不局限于两个女孩的世界。①

梅尔塞·罗多雷达(1908—1983)出生于巴塞罗那一个破落的中产阶级家庭,只上过 3 年学。1928 年她嫁给了叔叔,但很快就对这个近亲婚姻失望,开始在文学创作中寻找寄托。30 年代中期发表了几部小说,但都没有引起关注。内战爆发后罗多雷达积极站在共和派一边,并出版了《阿罗玛》(1938)。作为加泰罗尼亚文学最优秀的女性代表之一(1980 年"加泰罗尼亚文学奖"),罗多雷达涉猎了各种文学体裁(新闻、诗歌、戏剧、小说),从 3 个边缘地位进行文学创作:首先,战后与丈夫和儿子分离,流亡巴黎(这一时期她结识了奥比沃斯,一位已婚、有名的文学界人士,并与之共同生活)。之后辗转波尔图和其他法国城市,靠给人缝补衣服为生。1954 年移居日内瓦,在联合国教科文组织当译员,重新开始文学创作,1974 年回国。其次,用加泰罗尼亚语创作,这个语言在佛朗哥统治时期是被禁止使用的。再次,从女性的角度写作,以自己的生平经历为创作素材(她有过做妻子和情人的不幸生活),细腻准确地刻画女性的渴望和恐惧。

评论界指出"罗多雷达的整体创作经历了从早期作品的心理现实主义和内心化倾向到后来明显偏爱不真实的意象,塑造一个不同于现实的世界,属于象征性的纯粹智力创作。"②代表作《钻石广场》(1962)被视为战后加泰罗尼亚文学最重要的小说,以第一人称讲述了一个出身贫寒的边缘化女人所经历的内战、爱情、痛苦和悲伤,外在视角与内心感觉相结合,语言风格介于抒情和口语化之间。《山茶花大街》(1966)继续研究女性意识,把女主人公的经历放在流浪汉小说的框架内,时间跨度更长。

《海边的花园》(1967)和《破碎的镜子》(1974)描写的是 19 世纪末、20 世纪初加泰罗尼亚上流资产阶级的生活以及这一社会群体的逐渐消亡。花园对这两部小说的建构十分重要,这个意象是生命循环的象征,它所受到的特殊照顾和最后的景象表现了两个巴塞罗那家族历史的不同阶段(从鼎盛到衰落),人物在这里相爱、承受苦难,最终与花园一起消失。

《多少,多少战争》(1980)是西班牙当代幻想小说的最佳作品之一,主人公是位年轻战士阿德里亚,他参加了西班牙内战和第二次世界大战,1940 年当德国军队入侵法国时,他决定逃离前线。小说叙述的是阿德里亚穿越法国原野回家的可怕旅程,在这一过程中常常出现幻想小说的经典因素,如幽灵、表面无法解释的事件、打开通往一个不同现实之门的镜子、梦境、恶魔。但作品与现实的联系从未中断:屠杀、轰炸、被肢解的身体、被毁坏的景色、遍地的尸体。这些扭曲的画面跳出历史背景,变成梦呓的意象。罗多雷达把具有强烈反差的因素不断融合在一起:大自然的美丽与人类的残酷;充满激情

---

① 《时间之前的小说》(1981)收录了查塞尔 6 部未完成的小说以及她对写作、对所走过的失败之路的反思。她还著有短篇小说集《在海上》(1952)、《献给一个疯子圣女的祭品》(1961)、《伊卡达、内夫达、蒂阿达》(1971)、《巴拉阿穆和其他故事》(1989);散文集《农神节》(1971)、《忏悔》(1971)、《称号》(1981)、《残渣》(1986)、《阅读是个秘密》(1989);诗集《井边》(1936)、《被禁的诗歌》(1978)、《诗歌(1931—1991)》(1992);日记《扑满。往》(1982)、《扑满。返》(1982)、《扑满。终点站》(1998)。

② Pilar Nieva de La Paz. *Narradoras españolas en la transición política*, p. 277.

的爱与非理智的恨；最细腻的感觉与良心的完全麻木，这一切造成了一种惊异的、不可信的幻想效果。主人公的人生之旅和他对自己经历的反思具有象征性，即人类的不满和野心导致互相残杀，是《圣经》中"该隐主义"的体现。①

玛利亚·特雷莎·莱昂(1903—1988)是"27年一代"成员，第二共和国成立后，莱昂获得奖学金前往柏林研究当代欧洲戏剧运动，在那里结识了布莱切特。之后她访问了苏联、丹麦、挪威、比利时和荷兰，1933年回国后与丈夫、诗人拉斐尔·阿尔维蒂共同创办了杂志《十月》。内战爆发后他们站在共和派一边，莱昂参加了反法西斯作家联盟，领导国立剧院，组建戏剧游击队，挽救和转移国家文化遗产（如普拉多博物馆的绘画作品）。内战结束后莱昂与丈夫流亡海外38年（法国、阿根廷、意大利），直到1977年才重返祖国。

在早期《写给梦想的故事》(1928)、《带来爱情伤害的美女》(1930)和《冷玫瑰，月亮上的滑冰人》(1934)等短篇小说集里，莱昂倾向于幻想、神秘和梦呓。《当代西班牙故事》(1935)、《你将远远死去》(1942)和《苦涩岁月的寓言》(1962)则侧重社会和政治揭露。在《不避风险》(1941)、《正当游戏》(1959)和《梅内斯特奥丝，四月的水手》(1962)里可以看到历史记录和神话传说之间的交替。莱昂笔下的人物总是抗议暴力和不公，但沉浸在一种诗意的氛围里。1953年她在布宜诺斯艾利斯与丈夫合写了《中国在微笑》，1970年发表回忆录《忧郁的回忆》，1989年出版遗作《屋顶上的自由》。由奥尔佳·阿瓦雷斯编辑的《玛利亚·特雷莎·莱昂。美丽的回忆》(2006)收录了她生前未曾问世的一些文章和照片。②

赫苏斯·伊斯卡赖(1908—1980)职业记者出身，第一次世界大战末期在巴黎领导"埃布罗"出版社，并主编《工人世界报》。伊斯卡赖曾任西班牙共产党中央委员，第二共和国期间开始发表纪实报道和政治评论。内战中问世的报告文学《马德里是我们的》获1938年"国家文学奖"，当年还推出了《内战总记录》。③ 1939年伊斯卡赖流亡国外，曾侨居法国、苏联、古巴等国。他的创作思想受苏俄作家影响较大，以现实主义为主，在所有流亡作家中他或许是唯一贴近、跟踪战后西班牙社会演变过程的人。第一部小说《洼地》（墨西哥，1961）从一个农民家庭短视的角度出发，描写这些昔日的共和国战士为生存而不得不移民到马德里。第二部《城墙废墟》（巴黎，1965）刻画了一群流亡国外的年轻共产党员，他们为执行地下任务而返回西班牙。《加西亚太太在玻璃窗后面》(1965年法文版，1977年西文版)是伊斯卡赖的最佳之作，对内战进行了回忆。计划中的四部曲《流向大海的河》只写了两部：《太阳门广场的一位小伙子》(1973)以第一人称讲述孤儿胡利奥在第二共和国成立前几年的生活遭遇，再现了当时民主运动的历史氛围；《火

---

① 罗多雷达的其他作品有散文集《旅行与鲜花》(1981)、短篇小说集《我的克里斯蒂娜和其他故事》(1967)、《像是丝绸的》(1981)、《死亡与春天》(1989)和《伊莎贝尔与玛利亚》(1992)。

② 莱昂还著有《乐观的悲剧》(1937)、《一颗红星》(1937)、《内战总纪实》(1939)、《历史发言》(1944)、《特雷莎的朝圣》(1950)、《我们每天的家园》(1958)。

③ 1978年此书再版时改名为《我所经历的战争：西班牙前线纪事》(1936—1939)。

山爆发的时候》(1979)则描述胡利奥在内战中成长为记者,最后拿起武器为人民的共和事业奋斗。伊斯卡赖还出版了短篇小说集《迎面的夜》(1962)。

塞萨尔·阿尔科纳达 1939年流亡苏联(逝世于莫斯科),在此期间推出了《西班牙是不可战胜的》(1941)、短篇小说集《马德里的故事》(1942)、《勇敢的游击队员》(1948);剧本《曼努埃拉·桑切斯》(1952年被搬上苏联舞台)。他翻译了不少苏俄作品,也把西班牙文学介绍到苏联。小说代表作《塔霍河》(1970)描写瓜达拉马山区一个由农民和牧羊人组成的游击队在1936年内战期间投入到保卫共和国的战斗。虽然这个故事是虚构的,但它对当时历史环境和形势的细节描写是真实可信的,融合了史诗和先锋派小说的因素。叙述者以"功绩谣曲"的说唱者身份出现,在听众面前回忆内战中的民间英雄的事迹:从游击战发展到组建一支有纪律的正规军,其首领是牧羊人查巴雷霍,他的头脑里逐渐有了社会意识和建立一个新西班牙的要求(中间还穿插了他与一个年轻女教师的爱情故事)。

何塞·拉蒙·阿拉纳(1906—1974)是自学成才的作家,写过诗歌、剧本和散文,但成就最大的是小说。内战期间发表了短篇小说集《坎德拉大叔》(1938),战后曾被拘留在法国集中营,随后定居墨西哥,1972年回到西班牙。小说《阿尔穆尼阿塞德的神甫》(1950)描写内战中一个乡村神甫莫森·哈辛托站在共和派一边,为战争的仇恨和暴力而受难,最终被雇佣军团摩尔人杀害,成为内战的牺牲品。阿拉纳的其他作品有自传体小说《希罗纳犬》(1973)和短篇小说全集《克里斯托·拉依万岁!》(1980)。

何塞·考拉雷斯·艾海阿(1919—1990)通常被视为流亡作家,尽管他是于1950年自愿离开西班牙前往法国的。1936年17岁的考拉雷斯·艾海阿便创作了充满诗意的《钢铁男人》,是战前社会小说的最后表现。战后他从事音乐研究和文学批评,同时出版了短篇小说集《在时间之岸》(1954)。1960年考拉雷斯·艾海阿在法国推出《正面和反面》,小说通过描写不同社会阶层和政治派别的代表性人物的起伏经历(特别是右派),为我们呈现了1939—1954年的西班牙生活,被认为是西班牙"社会现实主义"小说的最佳作品之一。《另一面》(1962)揭示了与表面的西班牙形成强烈反差的真实西班牙,特别是在知识界(作家、艺术家、创作者)可以明显地看到官方独裁世界与官方生活之外的新文化代表之间的分裂。考拉雷斯·艾海阿还著有《激情周》(1976)。

第二节

内战后发表作品的流亡作家

曼努埃尔·安杜哈尔(1913—1994)出生于哈恩,战前曾在马德里、雷里达和巴塞罗那当公务员,也从事新闻工作。1939年被关进法国的一个集中营,后流亡墨西哥,与阿拉纳共同创办了著名流亡杂志《两个西班牙》,并与墨西哥"经济文化基金会"合作长达

10年。1967年回国后加入"联盟出版社",致力于传播海外的西班牙作家及作品。安杜哈尔是一个植根于"98年一代"的作家(以加尔多斯为榜样),特别关注西班牙的问题,他的小说家志向是在流亡中萌发的,奇怪的是在很长时间里他的创作似乎完全忽视了自己流亡者的处境。在发表了一些纯见证性的小说《集中营》(1942)、《从痛苦出发》(1944)之后,安杜哈尔出版了《受伤的玻璃》(1945),以第二共和国及内战之初为背景,描写一代青年的理想因战争而破灭。

代表作《前夕》三部曲由《平原》(1947)、《战败者》(1949)和《拉撒路的命运》(1959)组成(前两部被改编成电视剧)。它们分别以卡斯蒂利亚农村、南方矿山和马拉加小资产阶级世界为舞台,试图重构从20世纪初到内战这一阶段的西班牙社会(涉及酋长制、工人的政治运动和通过个人奋斗改变社会的失败经历),以便了解内战爆发的原因。

1973年出版的《一段历史的诸个故事》受到佛朗哥政权新闻审检的严格删减,因为小说直接触及内战主题(1986年再版)。安杜哈尔使用了创新的技巧,从共和派战士的角度叙述了内战中的多起个体故事(它们形成一个集体的历史),以此避免单一故事的简单化或政治化倾向。《幽灵的约会》(1984)由一位西班牙流亡者的儿子于1960年从墨西哥对西班牙内战进行侦探式的调查,他试图了解这场军事政治冲突以及父亲参与内战的原因,于是参加了那些流亡者的聚会。他从中了解到这一历史悲剧的缘由和父辈们挥之不去的对祖国的思念。《声音和鲜血》(1984)对内战的调查是从内心的现时开始的,着重于内战对西班牙人意识和心理所造成的影响。所有这些作品从意识形态、政治、社会和伦理的角度对20世纪西班牙现实进行探索和反思,展示了西班牙现实的历史观。《一个留藏红色胡子的骑士》(1992)定位于当代,通过两个女人与一个男人之间的三角恋爱关系,表现了生与死、爱与恨、理智与疯狂等复杂人性。[1]

塞贡多·塞拉诺·庞塞拉(1912—1976),小说家、文学评论家、散文家,曾为"社会主义青年联合会"成员,1939年流亡海外,先后旅居圣多明哥、波多黎各和委内瑞拉(于该国去世),从事大学教育。塞拉诺·庞塞拉是流亡作家中最具创新精神的人之一,其主人公实际上就是作家本人,以此反映他的政治和文学观点。小说《给孤独男人的房间》(1964)属实验主义流派,通过一位西班牙非法移民对自己在美国纽约贫民区生活的回忆,反映了远离祖国的孤独和对内战、流亡的反思。在叙事手段上塞拉诺·庞塞拉运用了第二人称,让主人公与自己展开对话。另外将叙事与抒情结合起来,书中的一章仅由3首诗组成。

《身背绿十字架的男人》(1970)讲述16世纪菲利佩二世时期宗教裁判所的一次宗

---

[1] 安杜哈尔把自己所有的小说统一命名为《家园和苦难》,意指所有西班牙人与祖国的痛苦关系,最后一部《神奇的日期》(1990)将故事的时空定在1999年12月31日新千年到来之际的高科技社会,运用巴洛克语言探讨人类的未来。短篇小说集《空旷的地方》(1971)既有对内战和战后流亡的反思,也有对当代西班牙社会问题和当代人困境的描述,还有对青少年时代的回忆。他还著有《流亡中的加泰罗尼亚文学》(1949)、《第一次终审》(1961)、《周年》(1961)、《被盗的梦想》(1961)、《形象本身》(1961)、《钟和链条》(1965)、《原木的影子》(1966)、《信就是信》(1968)、《光束》(1973)、《被扰乱的幻想》(1989)。

教审判,其主题是"绝对权威毁灭人的个性"。遗作《拿伯的葡萄园》1979年在西班牙出版,故事取材《圣经》典故,西班牙犹如以色列国王和王后亚哈和耶洗别合伙抢夺拿伯的那块葡萄园。情节从1936年7月17日内战爆发前夕至内战结束,主人公——叙述者托马斯是一个新闻记者,他见证了这一非常时期发生的大事,但这位共和派知识分子直到被枪决还没明白为什么内战会使西班牙人自相残杀。①

特雷莎·巴米艾丝(1919)是西班牙共产党员,12岁小学毕业后就开始当裁缝学徒,并学会打字。1937年她结识并爱上了洛佩斯·雷梦德(1965—1985年加泰罗尼亚共产党领导人),但两人的恋爱关系失败(16年后他们成为情人,这一地下关系保持了25年)。1938年巴米艾丝前往纽约参加世界青年和平大会,第二年被迫与父亲一起流亡国外。先是移民墨西哥,后又转往布拉格,在那里生活到1964年。1965年巴米艾丝从布拉格又迁往巴黎,1971年结束流亡回国,2001年荣获"加泰罗尼亚文学奖"。

在捷克斯洛伐克的这段岁月是巴米艾丝政治生涯和文学创作的旺盛时期,她与父亲合写的《致布拉格的遗嘱》(1970年"何塞·布拉奖")便记录了作家本人的经历及父亲的回忆录。巴米艾丝的作品具有明显的自传特征,可以看作是与内战有关的一些政治事件的真实见证和回忆,如《死者的回忆》(1981)。②

孔查·卡斯特罗比叶霍(1912—1995)1939—1949年流亡墨西哥,在那里从事教育和考古研究。1950年回国后,投身新闻界,在报刊上发表文学评论。作为小说家她利用内战和流亡的创伤经历创作了两部具有强烈见证色彩的小说《离去的人》(1957)和《仇恨的前夕》(1958)。卡斯特罗比叶霍还出版了儿童文学《7扇门的花园》(1962)和一部诗意小说《丽娜的日子》(1971),描写一个敏感的女孩丽娜对大自然的发现。

---

① 塞拉诺·庞塞拉还出版了文学评论《乌纳穆诺的思想》(1953)和《安东尼奥·马查多,他的世界和他的作品》(1954);短篇小说集《6个故事再加1个》(1954)、《摩羯座的落山》(1955)、《绷带》(1956)、《暗条纹》(1959)、《一种菊花的气味》(1961)和《客人》(1968)。

② 她还著有《爸爸,如果你去巴黎》(1975)、《地下爱情》(1976)、《共和国后方》(1977)、《战争的孩子》(1977)、《你去问阿莉西娅》(1979)、《40岁以后的女人》(1980)、《牧羊杖》(1986)、《布拉格》(1987)、《老妇的反抗》(1989)。

参考书目

Ahumada Peña, Haydée. *Poder y género en la narrativa de Rosa Montero*, Madrid: Pliegos, 1999.

—"Guiños esperpénticos en la narrativa de Rosa Montero", http://www.uchile.cl/facultades/filosofia/publicaciones/cyber/cyber

Álamo Felices, Francisco. *La novela social española. Conformación ideológica, teoría y crítica*, Universidad de Almería, 1996.

Alborg, Concha. *Temas y técnicas en la narrativa de Jesús Fernández Santos*, Madrid: Gredos, 1984.

—"Metaficción y feminismo en Rosa Montero", *Revista de estudios hispánicos*, enero de 1988, vol. XXII, número 1, pp. 67—76.

Alemany Bay, Carmen. *La novelística de Carmen Martín Gaite*, Salamanca: Diputación de Salamanca, 1990.

Alonso, Santos. *La novela en la transición*, Madrid: Puerta del Sol, 1983.

—*Literatura leonesa actual*, Valladolid: Junta de Castilla y León, 1986.

—"Novelistas de los 70", *Doce años de cultura española (1976—1987)*, Madrid: Ediciones Encuentro, 1989, pp. 25—32.

—*La novela española en el fin de siglo: 1975—2001*, Madrid: Marenostrum, 2003.

Álvarez, Blanca. "Merce Rodoreda: un diamante oculto entre el bullicio de la plaza", *Los cuadernos del Norte*, III, 16 (nov—dic de 1981), pp. 34—37.

Antolín, Enriqueta (ed). *Ayala sin olvidos*, Madrid: Espasa Calpe, 1993.

Arnau, Carme. "Introducción a la narrativa de Merce Rodoreda", *Obres completes I (1936—1960)*, Barcelona: Ediciones 62, 1976.

Ballesteros, Isolina. *Escritura femenina y discurso autobiográfico en la nueva novela española*, Bern: Peter Lang, 1994.

Barrero Pérez, Oscar. *La novela existencial española de posguerra*, Madrid: Gredos, 1987.

—*Historia de la literatura española contemporánea (1939—1990)*, Madrid: Edición Istmo, 1992.

Barroso Gil, Asunción, y otros. *Introducción a la literatura española a través de los textos (El siglo XX desde la Generación del 27)*, Madrid: Ediciones Istmo, 1983.

Basanta, Angel. *La novela española de nuestra época*. Madrid: Anaya, 1990.

Becerra, Carmen (ed). *Guardo la voz, cedo la palabra: conversaciones con Gonzalo Torrente Ballester*, Barcelona: Anthropos, 1990.

Beisel, Inge (ed). *El arte de la memoria: incursiones en la narrativa española contemporánea*, Mannheim: Ask, 1997.

Bellver, Catherine G. "The language of eroticism in the novels of Esther Tusquets", *Anales de literatura española contemporánea*, No. 9, enero-marzo de 1984, pp. 13—27.

Beneyto, Antonio. *Manifiesto español o una antología de narradores*, Barcelona: Ediciones marte, 1973.

Bértolo, Constantino. "Introducción a la narrativa española actual", *Revista de Occidente*, No. 98—99, julio-agosto de 1989, pp. 29—60.

Bertrando de Muñoz, Maryse. *La guerra civil española en la novela: bibliografía comentada*, Alfar, 1968.

Burunat, Silvia. *El monólogo interior como forma narrativa en la novela española (1940—1975)*, Madrid: Porrúa Turanzas, 1980.

Caballé, Anna (ed). *La vida escrita por las mujeres.* Vol I. *Lo mío es escribir. Siglo XX. 1960—2001*. Vol. II. *Contando estrellas. Siglo XX. 1920—1960*. Vol III. *La pluma como espada. Del romanticismo al modernismo.* Vol. IV. *Por mi alma os digo. De la Edad Media a la Ilustración.* Barcelona: Lumen, 2004.

Canavaggio, Jean. *Historia de la literatura española* (Tomo VI, El siglo XX), Barcelona: Ariel, 1995.

Cardona, Rodolfo (edición). *Novelistas españoles de postguerra*, Madrid: Taurus, 1976.

Castellanos, Luis. "La magia de lo que pudo ser. Entrevista con Javier Marías", *Quimera*, No. 87, marzo de 1989, pp. 24—31.

Castro, María Isabel de. y Lucía Montero. *Tendencias y procedimientos de la novela española actual (1975—1988)*, Madrid: UNED, 1990.

Cerrada Carretero, Antonio. *La novela en el siglo XX*, Madrid: Editorial Playor, 1983.

Ciplijauskaité, Biruté. *La novela femenina contemporánea (1970—1985), hacia una tipología de la narración en primera persona*, Barcelona: Editorial Anthropos, 1988.

Colmeiro, José F. *La novela policíaca española: teoría y crítica*, Barcelona: Anthropos, 1995.

Conte, Rafael. "Parodia, juego y metanovela en Juan García Hortelano", *El País* (Libros), 4 de abril de 1982.

Davies, Catherine. *Contemporary feminist fiction in Spain: the work of Montserrat Roig and Rosa Montero*, Oxford: Berg, 1994.

—*Spanish women's writing 1849—1996*, The Athlone Press, 1998.

De Asís Garrote, María Dolores. *Ultima hora de la novela en España.* Madrid: Eudema, 1990.

De la Fuente. *Mujeres de la posguerra. De Carmen Laforet a Rosa Chacel: historia de una generación*, Barcelona: Planeta, 2002.

Egido, Aurora. "Los espacios del tiempo *Memorias de Leticia Valle* de Rosa Chacel", No. 86, 1981, pp. 107—131.

Encinar, Angeles. *Novela española actual: la desaparición del héroe*, Madrid: Pliegos, 1990.

—(ed). *Cuentos de este siglo: 30 narradoras españolas contemporáneas*, Madird: Fundamentos,

1995.

Fagundo, Ana María. "Presencia de la mujer novelista en la literatura española", *Letras femeninas*, (Texas), No. IX 1(1983), pp. 3—9.

—"Carmen Martín Gaite: el arte de narrar y la narración interminable", *Literatura femenina contemporánea de España*, Buenos Aires: Ediciones Ocrusaves, 1991, pp. 55—67.

Fernández, Luis Miguel. *El neorrealismo en la narración de los años 50*, Universidad de Santiago de Compostela, 1992.

Ferreras, Juan Ignacio. *La novela en el siglo XX (desde 1939)*, Madrid: Taurus, 1988.

Freixas, Laura. *Literatura y mujeres*, Barcelona: Destino, 2000.

Galdona Pérez, Rosa Isabel. *Discurso femenino en la novela española de posguerra: Carmen Laforet, Ana María Matute y Elena Quiroga*, Universidad de La Laguna, 2001.

Galerstein, Carolyn L. (ed). *Women writers of Spain. An annotated bio-bibliographical guide*, Nueva York: Greenwood Press, 1986.

García, Carlos Javier. *La invención del grupo leonés*, Júcar, 1995.

García Viño, Manuel. *La novela española desde 1939. Historia de una impostura*, Madrid: Libertarias/Prodhufi, 1994.

Gascón-Vera, Elena. *Un mito nuevo: la mujer como sujeto/objeto literario*, Madrid: Pliegos, 1992.

Gil Casado, Pablo. *La novela social española (1920—1971)*, Barcelona: Seix Barral, 1973.

—*La novela deshumanizada española (1958—1988)*, Barcelona: Anthropos, 1989.

Gold, Janet L.: "Reading the love myth: Tusquets with the help of Barthes", *Hispanic Review*, No. 55, 3, verano de 1987, pp. 337—346.

Grohmann, Alexis: *Coming into ones own. The novelistic development of Javier Marías*, Amsterdam: Rodopi, 2002.

Gullón, Germán. "El reencantamiento de la realidad: *La orilla oscura*, de José María Merino", *Nuevos y novísimos. Algunas perspectivas críticas sobre la narrativa española desde la década de los sesenta*, 1987.

Gullón, Ricardo (director). *La novela lírica*, Madrid: Cátedra, 1984.

—*Diccionario de literatura española e hispanoamericana*, Madrid: Alianza, 1993.

—*La novela española contemporánea. Ensayos críticos*, Madrid: Alianza, 1994.

Henseler, Christine. *En sus propias palabras: esscritoras españolas ante el mercado literario*, Madrid: Torremozas, 2003.

Hiriart, Rosario. *Conversaciones con Francisco Ayala*, Madrid: Espasa Calpe, 1982.

Jones, Margaret. *Dolores Medio*, New York: Twayer Publishers, 1974.

Juristo, Juan A. "Gabriel y Galán: la literatura maltratada", *Leer*, No. 63, abril de 1993, pp. 24—26.

—"Luis Mateo Díez: En la novela española actual no hay humor porque falta vitalidad", *Leer*, No. 77, 1995, pp. 44—48.

Landeira, Ricardo. y Luis T. González del Valle (eds). *Nuevos y novísimos: algunas perspectivas críticas sobre la narrativa española desde la década de los 60*, Colorado: The Society of Spanish and Spanish-American Studies, 1987.

Langa Pizarro, M. Mar. *Del franquismo a la posmodernidad: la novela española (1975—1999), Análisis y diccionario de autores*, Universidad de Alicante, 2000.

López, Covadonga. "El paratexto en *Gramática parda*", *Compás de Letras*, No. 2, sep de 1993.

Madrid, Juan. "Novelas de todos los colores", *Cambio 16*, 31 de octubre de 1988, p. 115.

Mainer, José-Carlos. *De posguerra (1951—1990)*, Barcelona: Crítica, 1994.

Manteiga, Robert C., Carolyn Galerstein y Kathleen Mcnerney (eds). "Feminine concerns in contemporary spanish fiction by women", *Scripta Humanistica*, No. 44, Potomac, Md, 1988.

Marco, José María. "En fin... Entrevista con Juan José Millás", *Quimera*, No. 81, 1988, p. 24.

Marías, Javier. "Los reconocimientos", Revista de Occidente, No. 98—99, julio-agosto de 1989, p. 163.

Martín, Salustiano. "Las generaciones mayores", *Doce años de cultura española (1976—1987)*, Madrid: Ediciones Encuentro, 1989, pp. 13—24.

Martinell Gifre, Emma. "*El cuarto de atrás*: un mundo de objetos", *Revista de Literatura*, No. 89, 1983, pp. 143—153.

Martínez Cachero, José María. *La novela española entre 1936 y el fin del siglo*, Madrid: Castalia, 1997.

Martínez, José María. *Generación del 98*, Luis Vives, 1991.

Martínez Menchén, Antonio. "La doble orilla de José María Merino", *Cuadernos hispanoamericanos*, No. 439, enero de 1987, pp. 115—121.

Mayans Natal, María Jesús. *Narrativa feminista española de posguerra*, Madrid: Pliegos, 1991.

Menéndez Peláez, Jesús(Coor). *Historia de la literatura española*, Vol. III (siglo XVIII, XIX, XX), León: Everest, 2005.

Miguel Martínez, Emilio de. *La primera narrativa de Rosa Montero*, Universidad de Salamanca, 1983.

Morales Lomas, Francisco. *Narrativa española contemporánea*, Málaga: Centro de Ediciones de la Diputación de Málaga, 2002.

Morales Villena, Gregorio: "Entrevista con Lourdes Ortiz", *Ínsula*, No. 479(oct de 1986), pp. 1—10.

Navajas, Gonzalo. *Teoría y práctica de la novela española posmoderna*, Barcelona: Ediciones del Mall, 1987.

Navarro Gil, Sandra. *La escritura de Javier Marías* (tesis doctoral), Universidad de la Rioja.

—"La voz del narrador en las novelas de Javier Marías", *Revista de literatura*, No. 129, enero-junio de 2003, pp. 199—210.

Nichols, Geraldine Cleary. *Escribir espacio propio: Laforet, Matute, Moix, Tusquets, Riera y Roig por sí mismas*, Minneapolis: Institute for the study of ideologies and literature, 1989.

—*Des/cifrar la diferencia (narrativa femenina de la España contemporánea)*, Madrid: Siglo XXI de España, 1992.

—"The prison house (and Beyond): *El mismo mar de todos los veranos*", *Romanic Review*, No. 75,

3 de mayo de 1984, pp. 366—385.

Nieva de La Paz, Pilar. "Diez años de narrativa española en *Camp De L'Arpa* (1972—1982)", *Revista de literatura*, No. 119, 1998, pp. 153—176.

—*Narradoras españolas en la transición política*, Madrid: Fundamentos, 2004.

Nolens, Ludovico. "Entrevista con Juan García Hortelano", *Quimera*, No. 6, abril de 1981, p. 10.

Nora, Eugenio de. *La novela española contemporánea*, Madrid: Gredos, 1993.

Ordóñez, Elizabeth. *Voices of their own: contemporary spanish narrative by women*, New Jersey: Associated University Presses, 1991.

Palacios, Gloria. *José Luis Sampedro. La escritura necesaria*, Madrid: Siruela, 1996.

Pedraza Jiménez, Felipe B. y Milagros Rodríguez Cáceres. *Las épocas de la literatura española*, Barcelona: Ariel, 1997.

—*Manual de literatura española (XIII)Posguerra: narradores*, Pamplona: Cénlit Ediciones, 2000.

Pereda, Rosa María. *El gran momento de Juan García Hortelano*, Madrid: Anjana, 1984.

Pérez, Janet W (edición). *Novelistas femeninas de la posguerra española*, Madrid: Porrúa Turanza, 1983.

—*Novela femenina de la posguerra española*, Madrid: Porrúa Turanza, 1983.

—*Contemporary women writers of Spain*, Boston: Twayne Publishers, 1988.

Plaza, José María: "Horror y belleza", *Leer*, No. 65, junio de 1993, pp. 52—54.

Pozuelo Yvanco, José María. *Ventanas de la ficción. Narrativa hispánica, Siglo XX y XXI*, Barcelona: Ediciones Península, 2004.

Requena Hidalgo, Cora. "El narrador en las novelas de Javier Marías", *Espéculo*, Universidad Complutense de Madrid, No. 24, 2003.

Rico, Eduardo G. *Literatura y política (En torno al realismo español)*, Madrid: Edicusa, 1971.

Rico, Francisco. *Historia y crítica de la literatura española*, Vol. VIII, Epoca contemporánea 1939—1980, Barcelona: Crítica, 1980

Ridruejo, Dionisio. "Una lectura de *La saga/fuga de J. B.*", *Historia y crítica de la literatura española, Epoca contemporánea*, Editorial Crítica, 1981, pp. 482—490.

Riera, Carme. "Literatura femenina: ¿un lenguaje prestado?", *Quimera*, No. 18, 1982.

—"La última generación de narradoras", *La novela joven de España* (edición de José Antonio Fortes), Granada: Universidad de Granada, 1983.

Rodríguez Monegal, Emir. "Juan Goytisolo. Destrucción de la España sagrada", *Mundo Nuevo*, 12 de junio de 1967.

Rodríguez Padrón, Jorge. *Jesús Fernández Santos*, Madrid: Ministerio de Cultura, 1982.

Rogers, Elisabeth. "Montserrat Roig's *Ramona, adiós*: a novel of suppression and disclosure", *Revista de Estudios Hispánicos*, No. 20, enero de 1986, pp. 103—121.

Romero Tobar, Leonardo. "La narrativa de Luis Mateo Díez", *Estudios Humanísticos, Filología*, No. 7, 1985.

Ruiz Guerrero, Cristina. *Panorama de escritoras españolas*, Cádiz: Universidad de Cádiz, 1997.

Sanz Villanueva, Santos. "La prosa narrativa desde 1936", *Historia de la literatura española*, Tomo

IV (El Siglo XX), Madrid: Taurus, 1990.

—"La novela española desde 1975", *Las nuevas letras*, No. 3—4, invierno de 1985, pp. 30—35.

—"Últimos narradores españoles", *Las nuevas letras*, No. 5, verano de 1986, pp. 4—7.

—"La novela", *Historia de la literatura española*, *Literatura actual*, Barcelona: Ariel, 1988.

—"La doble facies de García Hortelano", *Compás de Letras*, No. 2, sep de 1993.

Sánchez Arnosi, Milagros. "Juan García Hortelano entre la realidad y el deseo", *Ínsula*, No. 491.

—"Entrevista. Adelaida García Morales: La soledad gozosa", *Ínsula*, No. 472, marzo de 1985.

Santos, Elena. "Entrevista con Eduardo Mendoza", *Cuadernos hispanoamericanos*, No. 562, abril de 1997, pp. 99—110.

Senabre, Ricardo. "La novela española, hacia el año 2000", *Letras de Deusto*, No. 66 (vol. 25), enero-marzo de 1995, pp. 23—38.

Servodidio, Mirella (ed). *Reading for difference: feminist perspectives on women novelists of contemporary Spain*, *Anales de la literatura española contemporánea*, No. 12, enero-febrero de 1987.

Sobejano, Gonzalo. *Novela española contemporánea (1940—1995)*, Madrid: Mare Nostrum Comunicación, 2003.

Solano, Francisco. "Narrativa última", *Doce años de cultura española (1976—1987)*, Madrid: Ediciones Encuentro, 1989, pp. 33—39.

Soldevila Durante, Ignacio. *La novela desde 1936*, Madrid: Alhambra, 1980.

—*Historia de la novela española (1936—2000)*, Volumen 1, Madrid: Cátedra, 2001.

—"La novela española en lengua castellana desde 1976 hasta 1985", *La cultura española en el posfranquismo (1975—1985)*, Madrid: Playor, 1988, pp. 37—47.

Sordo, Enrique. "Un novísimo distinto", *La estafeta literaria*, No. 512, 15 de marzo de 1973.

Spang, Kurt. "Novela y metanovela. Observaciones acerca de *Fragmentos de apocalípsis* de Gonzalo Torrente Ballester", *Revista de Literatura*, No. 106, 1991, pp. 555—581.

Spitzmesser, Ana María. *Narrativa posmoderna española. Crónica de un desengaño*, Frankfurt: Peter Lang, 1999.

Steenmeijer, Maarten. *El pensamiento literario de Javier Marías*, Amsterdam: Rodopi, 2001.

Suñén, Luis. "Cristina Fernández Cubas y Rafael Argullol", *Insula*, No. 415, 1981, p. 5.

—"Consuelo García: dos libros y dos mujeres", *Insula*, No. 437, 1983, p. 5.

—"La realidad y sus sombras: Rosa Montero y Cristina Fernández Cubas", *Insula*, No. 446, 1984, p. 5.

—"Juan Benet: la emoción del estilo", *Leer*, No. 62, marzo de 1993, pp. 24—26.

—"Un maestro de la memoria", *Leer*, No. 67, agosto-sep de 1993, pp. 20—21.

—"Ana María Matute: estrictamente personal", *Leer*, No. 68, octubre-nov de 1993, pp. 24—26.

—"*El amor es un juego solitario* de Esther Tusquets", *Ínsula*, No. 394, sep de 1979, p. 5.

Torrente Ballester, Gonzalo. "Curriculum, en cierto modo", *Triunfo*, No. 8, junio de 1981, pp. 40—47.

—"Nota autobiográfica", *Anthropos*, No. 66—67, 1986, pp. 19—21.

Torres Nebrera, Gregorio. *La obra literaria de María Teresa León* (*autobiografía, biografías, novela*), Cáceres: Universidad de Extremadura, 1987.

—"María Teresa León: los espacios de la memoria", *Draco. Revista de literatura española* (Universidad de Cádiz), No. 3—4, 1991—1992, pp. 349—384.

Troncoso, Dolores. *La narrativa de Juan García Hortelano*, Universidad de Santiago de Compostela, 1985.

Turner, Harriet/Adelaida López de Martínez. *The spanish novel from 1600 to the present*, Cambridge University Press, 2003.

Ugarte, Michael. *Literatura española en el exilio*, Madrid: Siglo XXI de España Editores, 1999.

Urbanc, katica. *Novela femenina, crítica femenina: cinco autoras españolas*, Toledo: Textos Toledanos, 1996.

—"The female voice in contemporary spanish literature: Soledad Puértolas, Merce Rodoreda and Ana María Moix", *Hispania*, No. 75, mayo de 1992.

—"Aplicación de un esquema feminista a novelas de Carmen Laforet. Soledad Puértolas, Carmen Martín Gaite, Ana María Matute y Rosa Montero", *Hispania*, No. 78, mayo de 1995.

Valls, Fernando. *La realidad inventada-Análisis crítico de la novela española actual*, Barcelona: Crítica, 2003.

—"La literatura femenina en España 1975—1989", *Insula*, No. 512—513, 1989.

Vázquez, Juan Gabriel. "Tengo a veces la sensación de no estar ya vivo. Entrevista con Javier Marías", *Revista Lateral*, No. 82, octubre de 2001.

Vila-Sanjuan, Sergio. *Pasando página. Autores y editores en la España democrática*, Barcelona: Destino, 2003.

Vilanova, Antonio. *Novela y sociedad en la España de la posguerra*, Barcelona: Lumen, 1995.

Villanueva, Darío. "La novela", *Letras españolas 1976—1986*. Madrid: Castalia, 1987.

—*El comentario de textos narrativos: la novela*, Gijón: Júcar, 1989.

—"Los nuevos nombres 1975—1990", *Historia y crítica de la literatura española*, Barcelona: Editorial Crítica, 1992.

Villegas, Juan: "Los motivos estructurantes de *La careta* de Elena Quiroga", *Cuadernos hispanoamericanos*, No. 224—225, agosto-sep de 1968, pp. 638—648.

Wang, Jun. *El mundo novelístico de Soledad Puértolas*, Granada: Comares, 2000.

Yerro Villanueva, Tomás. *Aspectos técnicos y estructuales de la novela española actual*, Pamplona: Ediciones Universidad de Navarra, 1977.

Zatlin Boring, Phyllis. "La aparición de nuevas corrientes femeninas en la novela española de posguerra", *Letras femeninas*, IX, 1(1983), pp. 35—42.

—*Elena Quiroga*, Boston, Twayne, 1977.

Zavala, Iris M (Cood). *Breve historia feminista de la literatura española* (en lengua castellana), Tomo V. *La literatura escrita por mujeres* (Desde siglo XIX a la actualidad), Barcelona: Anthropos, 1998.

Letras españolas 1976—1986, Ministerio de Cultura, Castalia.

Letras españolas 1988,Ministerio de Cultura,Castalia.

Narrativa 80:*los encuentros*,Oviedo:Ayuntamiento de Oviedo,1988.

Insula,No. 464—465,1985.

"Voces femeninas en la literatura de la guerra civil española: una valoración crítica al medio siglo de historia",*Letras femeninas*,vol. 12,1986.

"Literatura escrita por mujeres en la España contemporánea",*Litoral*,No. 169—170,1986.

"Narradoras españolas de hoy",*Ventanal*,No. 14,Université de Perpigan,1988.

"Reivindicación:escritoras españolas contemporáneas",*Revistas de estudios hispánicos*,No. 22,1988.

"Narrativa española actual",*Revista de Occidente*,No. 98—99,julio-agosto de 1989.

Narrativa española (1950—1975),*del realismo a la renovación*,Fundación Caballero Bonald,2000.

"Escritoras contemporáneas",*Revista de Occidente*,No. 139,diciembre de 1992.

"Treinta escritoras del siglo XX en lengua castellana",*Quimera*,No. 123,1994.

"La narrativa española actual",*Cuadernos hispanoamericanos*,No. 579,1998.

Espéculo,Revista electrónica cuatrimestral de estudios literarios,Facultad de Ciencias de la Información de la Universidad Complutense,www. ucm. es/info/especulo

www. capitanalatriste. com

张绪华:《20世纪西班牙文学史》,上海外语教育出版社,1997。

董燕生:《西班牙文学》,外语教学与研究出版社,1998。

沈石岩:《西班牙文学史》,北京大学出版社,2006年。

作家作品中西文对照表

- **第一章**

"98年一代" Generación del 98
拉米罗·德·马埃斯图 Ramiro de Maeztu
安东尼奥·马查多 Antonio Machado
米盖尔·德·乌纳穆诺 Miguel de Unamuno
 《战争中的和平》Paz en la guerra
 《爱情与教育》Amor y pedagogía
 《迷雾》Niebla
 《西班牙游历和景象》Andanzas y visiones españolas
 《阿维尔·桑切斯》Abel Sánchez
 《3部训诫小说和一个前言》Tres novelas ejemplares y un prólogo
 《图拉姨妈》La tía Tula
 《殉教者圣马努埃尔·布埃诺》San Manuel Bueno, mártir
 《堂桑达里奥，象棋手》Don Sandalio, jugador de ajedrez
 《堂吉诃德与桑乔的生活》Vida de Don Quijote y Sancho
 《关于生活的悲剧情感》Del sentimiento trágico de la vida
 《诗集》Poesías
 《抒情十四行诗系列》Rosario de sonetos líricos
 《内心的韵律》Rimas de dentro
 《特雷莎》Teresa
 《委拉斯开兹的基督像》El Cristo de Velázquez
 《从福艾德本杜拉岛到巴黎》De Fuerteventura a París
 《流亡谣曲》Romancero del destierro
 《歌谣集》Cancionero

巴列-因克兰 Valle-Inclán
 《秋季奏鸣曲》Sonata de otoño
 《夏季奏鸣曲》Sonata de estío
 《春季奏鸣曲》Sonata de primavera
 《冬季奏鸣曲》Sonata de invierno
 《卡洛斯战争》La guerra carlista
 《事业的十字军》Las cruzadas de la causa
 《篝火的光芒》El resplandor de la hoguera
 《昔日的鹰隼》Gerifaltes de antaño
 《班德拉斯暴君》Tirano Banderas
 《伊比利亚斗牛场》El ruedo ibérico
 《神奇的宫廷》La corte de los milagros
 《吾主万岁！》¡Viva mi dueño!
 《剑的机遇》Baza de espadas
 《神圣之花》Flor de santidad
 《女性。6个爱情故事》Femeninas. Seis historias amorosas
 《阴郁的花园》Jardín umbrío

埃斯佩尔蓬托 esperpento
比奥·巴罗哈 Pío Baroja
 《巴斯克土地》Tierra vasca
 《艾斯戈里一家》La casa de Aizgorri
 《拉布拉斯的长子继承权制》El mayorazgo de Labraz
 《冒险家萨拉卡因》Zalacaín el aventurero
 《神奇的生活》La vida fantástica

247

《西尔威斯特雷·巴拉多克斯的冒险、发明和欺骗》 Aventuras, inventos y mixtificaciones de Silvestre Paradox

《国王巴拉多克斯》 Paradox rey

《完美之路》 Camino de perfección

《种族》 La raza

《游荡的贵夫人》 La dama errrante

《雾都》 La ciudad de la niebla

《知善恶树》 El árbol de la ciencia

《为生活而奋斗》 La lucha por la vida

《寻觅》 La busca

《莠草》 Mala hierba

《红色曙光》 Aurora roja

《黑暗的生活》 Vidas sombrías

《巴斯克田园诗》 Idilios vascos

《往事》 El pasado

《谨慎人的集会》 La feria de los discretos

《最后的浪漫者》 Los últimos románticos

《荒诞的悲剧》 Las tragedias grotescas

《要么当恺撒要么什么也不是》 César o nada

《世界就是这样》 El mundo es así

《堕落的淫荡》 La sensualidad pervertida

《桑蒂·安迪亚的志向》 Las inquietudes de Shanti Andía

《美人鱼的迷宫》 El laberinto de las sirenas

《我们时代的衰落》 Agonías de nuestro tiempo

《齐米斯塔船长之星》 La estrella del capitán Chimista

《世上的大风潮》 El gran torbellino del mundo

《命运的起伏》 Las veleidades de la fortuna

《迟到的爱情》 Los amores tardíos

《幽黑的丛林》 La selva oscura

《艾罗达乔一家》 La familia de Errotacho

《风暴角》 El cabo de las tormentas

《想入非非的人》 Los visionarios

《雷蒂罗公园之夜》 Las noches del Buen Retiro

《狂欢节的疯狂》 Locuras de carnaval

《一个活动家的回忆录》 Memorias de un hombre de acción

《艾尔拉易思的骑士》 El caballerro de Erlaiz

《幽魂之桥》 El puente de las ánimas

《天鹅饭店》 El Hotel del Cisne

《流浪歌手》 El cantor vagabundo

《自道路的最后一个转弯处》 Desde la última vuelta del camino

《失去的青春》 La juventud perdida

《蒙雷温的神父》 El cura de Monleón

《农神节》 Los saturnales

《灰色别墅的晚会》 Las veladas del chalet gris

阿索林 Azorín

《志向》 La voluntad

《安东尼奥·阿索林》 Antonio Azorín

《一个小哲学家的表白》 Las confesiones de un pequeño filósofo

《托马斯·鲁艾达》 Tomás Rueda

《唐璜》 Don Juan

《堂娜伊内斯》 Doña Inés

《费力克斯·巴尔加斯,非现时的骑士》 Félix Vargas, el caballero inactual

《黎凡特之书》 El libro de Levante

《民族》 Pueblo

《超现实主义》 Superrealismo

《作家》 El escritor

《怪癖》 Capricho

《没有黎明的岛屿》 La isla sin aurora

《玛利亚·丰丹》 María Fontán

《奥尔贝娜的女救星》 Salvadora de Olbena

《卡斯蒂利亚的灵魂》 El espíritu de Castilla

《堂吉诃德之路》 La ruta de Don Quijote

《卡斯蒂利亚》 Castilla

《西班牙阅读》 Lecturas españolas

《近年的评论》 Crítica de años cercanos

第二章

"1900 年一代" Generación Novecentista
"欧化的一代" Generación europeísta
"知识分子一代" Generación de los intelectuales
欧亨尼奥·多尔斯 Eugenio d'Ors
奥尔特加·伊·加塞特 Ortega y Gasset
　《新旧政治》 Vieja y nueva política
　《艺术的非人性化》 La deshumanización del arte
　《关于小说的观点》 Ideas sobre la novela
　《作为政治问题的社会教育学》 La pedagogía social como problema político
费德里科·德·奥尼斯 Federico de Onís
知识小说 novela intelectual
极端主义 ultraísmo
马拉农 Marañón
阿美里戈·卡斯特罗 Américo Castro
萨尔瓦多·德·马达里亚加 Salvador de Madariaga
　《阿塞瓦尔和英国人》 Arceval y los ingleses
　《神圣的长颈鹿》 La jirafa sagrada
　《上帝的敌人》 El enemigo de Dios
　《连串的错误》 Ramo de errores
　《安娜同志》 La camarada Ana
　《桑科·邦克》 Sanco Panco
　《我——我和我——他》 Yo-yo y yo-él
　《埃斯基韦尔们和曼里克们》 Esquiveles y Manriques
曼努埃尔·阿萨尼亚 Manuel Azaña
路易斯·阿拉基斯塔因 Luis Araquistáin
　《赫丘利的廊柱》 Las columnas de Hércules
　《美妙的群岛》 El archipiélago maravilloso
　《死者的归来》 La vuelta del muerto
　《科尔普斯·巴尔加》 Corpus Barga
　《被粉碎的生活》 La vida rota
　《刽子手猎兔狗》 Los galgos verdugos
拉蒙·佩雷斯·德·阿亚拉 Ramón Pérez de Ayala
　《另一个兄弟佛朗西斯科》 El otro hermano Francisco
　《在阿耳忒弥斯的标志下》 Bajo el signo de Artemisa
　《山顶上的黑暗》 Tinieblas en las cumbres
　《普罗米修斯》 Prometeo
　《A. M. D. G.》 A. M. D. G.
　《狐狸的爪子》 La pata de la raposa
　《疾驰和舞蹈》 Troteras y danzaderas
　《主日之光》 Luz de domingo
　《利莫内斯一家的罪过》 La caída de los Limones
　《贝拉米诺和阿波洛尼奥》 Belarmino y Apolonio
　《蜜月，苦月》 Luna de miel, luna de hiel
　《乌尔巴诺和西蒙娜的文章》 Los trabajos de Urbano y Simona
　《胡安老虎》 Tigre Juan
　《治其情操的庸医》 El curandero de su honra
　《小径的平静》 La paz del sendero
　《无数的小径》 El sendero innumerable
　《行走的小径》 El sendero andante
　《政治与斗牛》 Política y toros
　《向英国致敬》 Tributo a Inglaterra
加夫列尔·米罗 Gabriel Miró
　《场景编织》 Hilván de escenas
　《我朋友的小说》 La novela de mi amigo
　《上帝的节日》 La fiesta de Nuestro Señor
　《流浪者》 Nómada
　《坟场樱桃》 Las cerezas del cementerio
　《国王的祖父》 El abuelo del rey
　《耶稣受难图》 Figuras de la Pasión del Señor
　《西关萨之书》 El libro de Sigüenza
　《孩子与大人》 Niño y grande
　《我们的圣达尼埃尔神甫》 Nuestro padre San Daniel
　《麻风病主教》 El obispo leproso
　《断裂的棕榈》 La palma rota
　《纹丝不动的烟》 El humo dormido
　《天使》 El ángel
马里内蒂 Marinetti

《未来主义宣言》Manifiesto futurista

《向西班牙人发出的未来主义演说》Proclama futurista a los españoles

拉蒙·戈麦斯·德·拉塞尔纳 Ramón Gómez de la Serna

 《开火》Entrando en fuego

 《娇嫩》Morbideces

 《我的7个词》Mis siete palabras

 《无声的书》El libro mudo

 《不可信的大夫》El doctor inverosímil

 《黑白寡妇》La viuda blanca y negra

 《大饭店》El Gran Hotel

 《水渠的秘密》El secreto del acueducto

 《小说家》El novelista

 《罗萨斯姐妹的别墅》El chalet de las Rosas

 《斗牛士卡拉乔》El torero Caracho

 《香味女人》La mujer de ámbar

 《戴灰色圆顶毡帽的骑士》El caballero del hongo gris

 《晚香玉》La Nardo

 《吕贝卡!》¡Rebeca!

 《底楼》Piso bajo

 《马戏团》El circo

 《黎明》El alba

 《帕尔米拉庄园》La quinta de Palmira

 《6部虚假小说》Seis novelas falsas

 《不连贯的人》El incongruente

 《足迹,庞波》El rastro, Pombo

 《乳房,格雷戈里阿》Senos, greguerías

季洛杜 Giraudoux

科克托 Cocteau

莫朗 Morand

本哈明·哈内斯 Benjamín Jarnés

 《无能的老师》El profesor inútil

 《纸客人》El convidado de papel

 《小人物的疯狂和死亡》Locura y muerte de Nadie

 《陀螺鞭的理论》Teoría del zumbel

 《风的女友》La novia del viento

 《充满活力的维纳斯》Venus dinámica

 《红与蓝》Lo rojo y lo azul

 《与死亡在一起的场面》Escenas junto a la muerte

 《欧佛洛绪娜或优雅女神》Eufrosina o la Gracia

 《斯台方·茨威格。冰冷的山蜂》Stefan Zweig. Cumbre apagada

 《塞万提斯》Cervantes

 《他的火线》Su línea de fuego

罗萨·查塞尔 Rosa Chacel

 《车站,往返》Estación, Ida y vuelta

安东尼奥·埃斯皮纳 Antonio Espina

 《杂色鸟》Pájaro pinto

阿古斯丁·埃斯皮诺萨 Agustín Espinosa

 《罪行》Crimen

马里奥·贝达格尔 Mario Verdaguer

 《一个知识分子和他的烦恼》Un intelectual y su carcoma

萨穆埃尔·罗斯 Samuel Ros

 《口技艺人和哑女》El ventrílocuo y la muda

何塞·迪亚斯·费尔南德斯 José Díaz Fernández

 《掩体》El blocao

 《机械的维纳斯》La Venus mecánica

 《新浪漫主义——关于艺术、政治和文学的论争》El nuevo romanticismo-Polémica de arte, política y literatura

 《费尔明·卡兰的生平》Vida de Fermín Galán

 《阿斯图里亚斯的红色十月》Octubre rojo en Asturias

弗朗西斯科·阿亚拉 Francisco Ayala

 《一个没有灵魂的人的悲喜剧》Tragicomedia de un hombre sin espíritu

 《一个黎明的故事》Historia de un amanecer

 《拳击手和一个天使》El boxeador y un ángel

 《黎明的猎人》Cazador en el alba

安东尼奥·博廷·波朗克 Antonio Botín Polanco

《神曲》La Divina Comedia

《他，她和他们》él, ella y ellos

《海风》Virazón

《快活的鱼》Peces joviales

《幽默主义宣言》Manifiesto del humorismo

《对数》Logaritmo

拉蒙·何塞·森德尔 Ramón José Sender

《磁石》Imán

《7个红色星期天》Siete domingos rojos

《犯罪村庄之行》Viaje a la aldea del crimen

《公共秩序》Orden público

《预兆的术语》Los términos del presagio

《100个人头的夜晚》La noche de las cien cabezas

《威特先生在这地区》Mr. Witt en el cantón

华金·阿德柳斯 Joaquín Arderíus

《我的乞丐》Mis mendigos

《农民》Campesinos

《犯罪》Crimen

《查拉图斯特拉就这样让我多产》Así me fecundó Zaratustra

《尼特女公爵》La duquesa de Nit

《马刺》La espuela

《相同的王子》Los príncipes iguales

《威尼斯客栈的食堂》El comdedor de la pensión Venecia

曼努埃尔·贝纳比德斯 Manuel D. Benavides

《哀叹》Lamentación

《在最深处》En lo más hondo

《坎迪多，坎迪多的儿子》Cándido, hijo de Cándido

《一个30岁的男人》Un hombre de 30 años

《地中海的最后一个海盗》El último pirata del Mediterráneo

《神甫和乞丐》Curas y mendigos

《一场革命的日记》（红色和黑色十月）Diario de una revolución

《欧洲的罪行（我们的战争）》El crimen de Europa（Nuestra guerra）

《新预言家》Los nuevos profetas

《班长指挥这个班》La escuadra la mandan los cabos

安德烈斯·卡兰克·德·里奥斯 Andrés Carranque de Ríos

《一个人》Uno

《困难的生活》La vida difícil

《电影人》Cinematógrafo

第三章

安东尼奥·德·苏维奥雷 Antonio de Zubiáurre

可怕主义 tremendismo

托马斯·博拉斯 Tomás Borras

《马德里秘密警察》Checas de Madrid

佩德罗·加西亚·苏亚雷斯 Pedro García Suárez

《36军团》Legión 36

"1936年一代" Generación del 1936

卡米洛·何塞·塞拉 Camilo José Cela

《帕斯夸尔·杜阿尔特一家》La familia de Pascual Duarte

卡门·拉福雷·笛亚斯 Carmen Laforet Díaz

《一无所获》Nada

《岛屿和魔鬼》La isla y los demonios

《新女性》La mujer nueva

《中暑》La insolación

《转过街角的时候》Al volver la esquina

《将死》Jaque mate

《时间之外的三步》Tres pasos fuera del tiempo

《女死者》La muerta

《女孩和其他故事》La niña y otros relatos

《一对夫妻》Un matrimonio

《文学文章》Artículos literarios

《召唤》La llamada

《纬度35》Paralelo 35

拉斐尔·加西亚·塞拉诺 Rafael García Serrano

《欧亨尼奥或春天的宣告》Eugenio o proclamación de la primavera

《忠诚的步兵》La fiel infantería

《城堡广场》La plaza del castillo

《在河的另一边》Al otro lado del río
《窗户面对着河》La ventana daba al río
《飞船》El pino volador
《失去的眼睛》Los ojos perdidos
《和平持续了15天》La paz dura 15 días
《北方前线》Frente Norte
《当神诞生在厄斯特拉马杜拉》Cuando los dioses nacían en Extremadura
《伟大的希望》La gran esperanza
《五百周年》Quinto Centenario

存在主义小说 novela existencialista

米格尔·德利韦斯 Miguel Delibes

《柏树的影子拉长了》La sombra del ciprés es alargada
《还是白天呢》Aún es de día

贡萨洛·托伦特·巴列斯特尔 Gonzalo Torrente Ballester

《西班牙当代戏剧》Teatro español contemporáneo
《西班牙当代文学概况》Panorama de la literatura española contemporánea
《作为游戏的堂吉诃德》El Quijote como juego
《一个懒散诗人的笔记》Los cuadernos de un vate vago
《评论文章》Ensayos críticos
《哈维尔·马里尼奥》Javier Mariño
《瓜达卢佩·利蒙的政变》El golpe de estado de Guadalupe Limón
《伊菲格涅亚》Ifigenia
《J.B.的萨迦/赋格》La saga/fuga de J.B.
《越位》Off-side
《熟睡的公主去上学》La princesa durmiente va a la escuela
《达芙妮和梦想》Dafne y ensueños
《奇妙的岛屿》Las islas extraordinarias
《风之玫瑰》La rosa de los vientos
《佩佩·安苏雷斯的小说》La novela de Pepe Ansúrez
《琼·雷卡尔德的婚礼》La boda de Chon Recalde
《我保留声音，让出话语》Guardo la voz, cedo la palabra
《恢复的阴影》Las sombras recobradas
《或许风把我们带往无限》Quizá nos lleve el viento al infinito
《踌躇的年代》Los años indecisos
《多美尼佳》Doménica
《一个不妥协者的回忆录》Memoria de un inconformista

何塞·苏亚雷斯·卡雷尼奥 José Suárez Carreño

《人类时代》Edad de hombre
《判刑者》Condenados
《最后几个小说》Las últimas horas
《个人审判》Proceso personal

"阿多纳依斯诗歌奖" Premio Adonais de Poesía
"洛佩·德·维加奖" Premio Lope de Vega

里卡多·费尔南德斯·德·拉雷盖拉 Ricardo Fernández de la Reguera

《当代国家逸事》Episodios nacionales contemporáneos
《古巴英雄》Héroes de Cuba
《共和国》La república
《一个随波逐流的人》Un hombre a la deriva
《当我即将死去的时候》Cuando voy a morir
《匍匐在地上》Cuerpo a tierra
《我们失去了天堂》Perdimos el paraíso
《祝相爱的人幸福》Bienaventurados los que aman
《临时流浪汉》Vagabundos provisionales
《谍报》Espionaje
《英国老师》Maestros ingleses
《梦想家的共和国》La república de los soñadores

苏珊娜·玛奇 Susana March

何塞·路易斯·卡斯蒂略-普切 José Luis Castillo-Puche

《无路》Sin camino

《阿威拉内塔的私密回忆录》Memorias íntimas de Aviraneta

《报复者》El vengador

《幻觉和幽灵之书》El libro de las visiones y las apariciones

《金雀花的苦气味》El amargo sabor de la retama

《你将认识虚无的痕迹》Conocerás el poso de la nada

《肩负着死亡》Con la muerte al hombro

《划分遗产》Hicieron partes

《在40纬度线上》En paralelo 40

《白金》Oro blanco

《疯狗》El perro loco

《如同绵羊被送到屠宰场》Como ovejas al matadero

《在皮肤里面》De dentro de la piel

《无政府主义者耶利米》Jeremías el anarquista

《麻风病人和其他故事》El leproso y otras narraciones

《蝙蝠不是鸟》Los murciélagos no son pájaros

胡安·安东尼奥·德·松苏内吉 Juan Antonio de Zunzunegui

《奇里皮》Chiripi

《奇普利昌德莱》El chiplichandle

《啊呀！这些孩子们！》¡Ay... estos hijos!

《破产》La quiebra

《溃疡》La úlcera

《奖金》El premio

《生活就是这样》La vida como es

《按合同生的儿子》El hijo hecho a contrata

《死亡之船》El barco de la muerte

《船上的老鼠》Las ratas del barco

《这次黯淡的溃散》Esta oscura desbandada

《大地上的一个女人》Una mujer sobre la tierra

《至高无上的利益》El supremo bien

《世界继续》El mundo sigue

《最优美的才能》El don más hermoso

《毕尔巴鄂的生活和景色》Vida y paisaje de Bilbao

《生与死》La vida y la muerte

《我的海湾故事和谎言》Cuentos y patrañas de mi ría

《主持正义的卡车》El camión justiciero

《快乐之路》El camino alegre

《一切都留在家里》Todo quedó en casa

《两个女人之间的一个男人》Un hombre entre dos mujeres

《准备当塑像的人》El hombre que iba para estatua

《两个男人之间的两个女人》Dos hombres y dos mujeres en el medio

《三者为一或烦人的名声》Tres en uno o la dichosa honra

《上帝之路》Los caminos del Señor

《夭折的女儿》La hija malograda

伊格纳西奥·阿古斯蒂 Ignacio Agustí

《犁沟》Los surcos

《灰烬曾是树木》La ceniza fue árbol

《马里奥娜·雷武利》Mariona Rebull

《鳏夫里乌斯》El viudo Rius

《德西德里奥》Desiderio

《7月19号》19 de julio

《内战》Guerra Civil

《说的欲望》Ganas de hablar

《加泰罗尼亚的一个世纪》Un siglo de Cataluña

何塞·玛丽娅·希罗内利亚 José María Gironella

《一个男人》Un hombre

《潮汐》La marea

《柏树相信上帝》Los cipreses creen en Dios

《一百万死者》Un millón de muertos

《和平爆发了》Ha estallado la paz

《被诅咒活下去》Condenados a vivir

《男人们独自哭泣》Los hombres lloran solos
《不安的疑虑》La duda inquietante
《心里藏有许多阴影》El corazón alberga muchas sombras
《我头脑里的幽灵》Los fantasmas de mi cerebro
《我们都注定要消亡》Todos somos fugitivos
《人物、观点、海浪》Personas, ideas, mares
《日本和它的精灵》El Japón y su duende
《中国，无数的眼泪》China, lágrima innumerable
《大海的呼唤》Gritos del mar
《与堂胡安·德·波旁的谈话》Conversaciones con don Juan de Borbón
《在亚洲死于星星下》En Asia se muere bajo las estrellas
《100个西班牙人与上帝》Cien españoles y Dios
《地球的呼喊》Gritos de la Tierra
《圣地的丑闻》El escándalo de Tierra Santa
《100个西班牙人与佛朗哥》Cien españoles y Franco
《温柔的世界，真实的世界》Mundo tierno, mundo real
《在墓地约会》Cita en el cementerio
《福音书的耶路撒冷》Jerusalén de los evangelios
《我，穆罕默德》Yo Mahoma
《在肖邦的影子下》A la sombra de Chopin
《致我亡父的信》Carta a mi padre muerto
《致我亡母的信》Carta a mi madre muerta
《女人，你起来，走开》Mujer, levántate y anda
《路是走出来的》Se hace camino al andar

达里奥·费尔南德斯·弗洛雷斯 Darío Fernández Flórez
《随风而逝的报道》Crónicas al viento
《云的女主人》La dueña de las nubes
《赢得的生命》La vida ganada
《佛罗里达的西班牙人的悲剧和历险》Drama y aventura de los españoles en Florida
《美国的西班牙遗产》The spanish heritage in the United States
《不安》Inquietud
《巨大的漩涡》Maelstrom
《喧闹》Zarabanda
《劳拉，模糊的镜子》Lola, espejo oscuro
《劳拉的新事件和淫邪言行，模糊的镜子》Nuevos lances y picardías de Lola, espejo oscuro
《暗杀劳拉，模糊的镜子》Asesinato de Lola, espejo oscuro
《劳拉的秘密回忆录，模糊的镜子》Memorias secretas de Lola, espejo oscuro
《边界》Frontera
《高级缝纫》Alta costura
《一位少爷的回忆录》Memorias de un señorito
《我在里面》Yo estoy dentro
《法官先生》Señor Juez
《3个被嘲弄的丈夫》Los tres maridos burlados

塞巴斯蒂安·胡安·阿尔伯 Sebastián Juan Arbó
《埃布罗河流域》Tierras del Ebro
《夜路》Caminos de noche
《等待》La espera
《在灰石上》Sobre las piedras grises
《警报夜曲》Nocturno de alarmas
《马丁·德·卡雷达斯》Martín de Caretas
《玛利亚·莫里那利》María Molinari
《蒂诺·科斯塔》Tino Costa
《庄园》La masía
《风暴》La tempestad
《启示录第二部》El segundo del Apocalipsis
《大地与大海上的男人》Los hombres de la tierra y el mar
《回忆录：城市人》Los hombres y la ciudad

《大地与大海之间》Entre la tierra y el mar
《塞万提斯》Cervantes
《比奥·巴罗哈和他的时代》Pío Baroja y su tiempo

托尔夸托·鲁卡·德·特纳 Torcuato Luca de Tena
《地狱里的大使》Embajador en el infierno
《被禁的年代》Edad prohibida
《疯狂的指南针》La brújula loca
《贝芭·尼艾布拉》Pepa Niebla
《致另一世界的信》Cartas al más allá
《写在浪花上》Escrito en las olas
《前任部长先生》Señor ex-ministro
《上帝歪曲的文章》Los renglones torcidos de Dios
《一个正派女孩的烦恼》Tribulaciones de una chica decente
《冷冻的岁月》El tiempo congelado
《别人的女人》La mujer de otro
《冈德雷拉上校的另一个生活》La otra vida del capitán Contreras
《佛朗哥，是的，但是……》Franco, sí, pero...
《梅塞德丝，梅塞德丝！》¡Mercedes, Mercedes!

曼努埃尔·阿尔贡 Manuel Halcón
《一个冷漠女人的内心独白》Monólogo de una mujer fría
《胡安·卢卡斯的历险》Aventuras de Juan Lucas
《大醉》La gran borrachera
《杜艾尼亚斯一家》Los Dueñas
《赤裸裸的廉耻》Desnudo pudor
《曼努埃拉》Manuela
《更进一步》Ir a más
《好心情的故事》Cuentos del buen ánimo

孔查·埃斯皮纳 Concha Espina
《为了死而觉醒》Despertar para morir
《马拉加台利亚的神秘女人》La esfinge maragata

《死人的金属》El metal de los muertos
《露丝美拉的女孩》La niña de Luzmela
《雪水》Agua de nieve
《风之玫瑰》La rosa de los vientos
《甜蜜的名字》Dulce nombre
《红花萼》El cáliz rojo
《后方》Retaguardia
《不可战胜的翅膀》Las alas invencibles
《北极大地》Tierras de Aquilón
《主祭坛》Altar mayor
《在夜与海之间》Entre la noche y el mar
《昨日之花》La flor de ayer
《奴役和自由。一位女囚的日记》Esclavitud y libertad. Diario de una prisionera
《灰色卷宗》La carpeta gris
《红月亮》Luna roja
《在美洲的胜利》Victoria en América
《最强的人》El más fuerte
《一道海谷》Un valle en el mar
《一部爱情小说》Una novela de amor
《生活片段》Trozos de vida
《致星星的爱》Al amor de las estrellas
《我的鲜花》Mis flores
《桅杆》Arboladuras
《爱情治疗法》Cura de amor
《失踪的女孩》Las niñas desaparecidas
《慎重的处女》La virgen prudente
《7道太阳光》Siete rayos de sol
《多枝烛台》Candelabro
《金黄色沙漠》El desierto rubio
《受难的公主》Princesas del martirio
《年幼的修道士》El fraile menor
《堂吉诃德的女人们》Mujeres del Quijote
《种子》Simientes
《燃烧的黑暗》La tiniebla encendida
《银币》Moneda blanca

第四章
"新现实主义"neorrealismo
《蜂房》La colmena

《考德威尔太太跟她儿子说话》Mrs. Caldwell habla con su hijo
《小赖子新传》Nuevas andanzas y desventuras del Lazarillo de Tormes
《阿尔卡里亚之行》Viaje a la Alcarria
《从米尼奥河到比达索》Del Miño al Bidasoa
《犹太人、摩尔人和基督徒》Judíos, moros y cristianos
《俚语词典》Diccionario secreto
《道路》El camino
《我崇拜的儿子西西》Mi idolatrado hijo Sisí
《一个猎人的日记》Diario de un cazador
《一个移民的日记》Diario de un emigrante
《一个退休者的日记》Diario de un jubilado
《红纸页》La hoja roja
《老鼠》Las ratas
《快乐与忧郁》Los gozos y las sombras
《先生来临》El señor llega
《风儿转向的地方》Donde da la vuelta el aire
《凄凉的复活节》La Pascua triste

何塞·玛利亚·卡斯特野 José María Castellet
《读者时刻》La hora del lector
《9位西班牙最新诗人》Nueve novísimos poetas españoles

胡安·戈伊狄索洛 Juan Goytisolo
《小说的问题》Problemas de la novela
《障眼法》Juegos de manos
《在天堂决斗》Duelo en el paraíso
《短暂的未来》El mañana efímero
《马戏团》El circo
《节日》Fiestas
《酒后不适》La resaca
《为了在这里生活》Para vivir aquí
《岛》La isla
《节日尾声》Fin de fiesta
《尼哈尔农村》Campos de Níjar

《拉羌加》La Chanca

阿方索·萨斯特雷 Alfonso Sastre
《现实主义的解剖》Anatomía del realismo
《西班牙杂志》Revista Española
《拉曳》Laye
《文化口音》Acento cultural
《时光》La Hora

"半个世纪派" Generación del Medio Siglo
"社会小说" novela social
"批判现实主义" realismo crítico

伊格纳西奥·阿尔德科亚 Ignacio Aldecoa
《等待三等车》Espera de tercera clase
《无主人的土地及其他故事》La tierra de nadie y otros relatos
《寂静的黄昏》Vísperas del silencio
《心和其他苦果》El corazón y otros frutos amargos
《考古学》Arqueología
《长矛手的马》Caballo de pica
《不偏不倚的角球》Neutral corner
《鸟儿与轰鸟的稻草人》Pájaros y espantapájaros
《巴登-巴登的鸟》Los pájaros de Baden-Baden
《洛伦萨·里奥斯的思乡》La nostalgia de Lorenza Ríos
《火光和鲜血》El fulgor y la sangre
《乘着东风》Con el viento solano
《一段历史》Parte de una historia
《大太阳》Gran sol
《生活依旧》Todavía la vida
《海藻之书》El libro de las algas

拉斐尔·桑切斯·费洛西奥 Rafael Sánchez Ferlosio
《哈拉马河》El Jarama
《阿尔凡威历险记》Industrias y andanzas de Alfanhui
《牙齿,火药,二月》Dientes, pólvora, febrero

《花园的星期》Las semanas del jardín

《亚尔福斯的见证》Testimonio de Yarfoz

《只要神灵没有变化，什么也不改变》Mientras no cambien los dioses, nada ha cambiado

《老鼠的布道》Las homilías del ratón

《更多的坏年头会来，会让我们更加盲目》Vendrán más años malos y nos harán más ciegos

《那些错误的该死的印第安女人》Esas indias equivocadas y malditas

《战神的战场。I. 全国演习》Campo de Marte. I. El ejercicio nacional

《战争的女儿和祖国的母亲》La hija de la guerra y la madre de la patria

路易斯·罗梅罗 Luis Romero

《水车》La noria

《昨天的信》Carta de ayer

《古老的声音》Las viejas voces

《其他人》Los otros

《阴间的那些影子》Esas sombras del trasmundo

《圣诞夜》La noche buena

《潮流》La corriente

《酋长》El cacique

《卡塔赫纳的灾难》Desastre en Cartagena

《战争尾声》El final de la guerra

《7月的3天》Tres días de julio

《为何及如何杀害了卡尔沃·索特罗》Por qué y cómo mataron a Calvo Sotelo

《纸牌城堡》Castillo de naipes

《光洁的绳子》Cuerda tersa

《西班牙酒吧之书》Libro de las tabernas de España

《图达》Tudá

《共和国的正反面（1931—1936）》Cara y cruz de la república (1931—1936)

《迷宫般的达利》Dedálico Dalí

赫苏斯·费尔南德斯·桑托斯 Jesús Fernández Santos

《好样的》Los bravos

《在篝火里》En la hoguera

《光头》Cabeza rapada

《圣徒的仆人》El hombre de los santos

《事实回忆录》Libro de las memorias de las cosas

《将夫人的军》Jaque a la dama

《黎明的良马》Los jinetes del alba

《迷宫》Laberintos

《大教堂》Las catedrales

《关闭的天堂》Paraíso encerrado

《在一位老夫人身边》A la orilla de una vieja dama

《伊甸园的大门》Las puertas del Edén

《爱情与孤独的歌谣》Balada de amor y soledad

《短篇小说全集》Cuentos completos

路易斯·戈伊狄索洛 Luis Goytisolo

《郊外》Las afueras

《同样的话》Las mismas palabras

洛佩斯·帕切科 Jesús López Pacheco

《完美的女模特》Maniquí perfecto

《电站》Central eléctrica

《遮羞布》La hoja de parra

《你们让这沉默生长吧》Dejad crecer este silencio

《我的心叫古蒂叶罗》Mi corazón se llama Cudillero

《我把手放在西班牙上》Pongo la mano sobre España

《被禁止的爱之歌》Canciones del amor prohibido

《为呼吸而战及其他叙事练习》Lucha por la respiración y otros ejercicios narrativos

《与蝙蝠作战及其他故事》Lucha contra el murciélago y otros cuentos

《儿子》El hijo

"墨西哥小说国际奖" Premio Internacional de

Novela de México

胡安·加西亚·奥特拉诺 Juan García Hortelano

《新朋友》Nuevas amistades

《夏季雷雨》Tormenta de verano

《井里的牛仔裤》Los vaqueros en el pozo

《娇姑娘和大男人》Muñeca y Macho

《马德里人》Gente de Madrid

《寓言和米利都人》Apólogos y milesios

《婚礼的准备工作》Preparativos de boda

《夸张》Mucho cuento

《秘密档案》Los archivos secretos

《把雀斑扔到背上》Echarse las pecas a la espalda

《对商业的不理解》La incomprensión del comercio

《50年代的诗歌团体》El grupo poético de los años 50

《分享的纪实》Crónicas compartidas

安东尼奥·费雷斯 Antonio Ferres

《单桅帆船》La balandra

《鹤嘴锤》La piqueta

《战败者》Los vencidos

《两手空空》Con las manos vacías

《在第二个半球》En el segundo hemisferio

《8、7、6》Ocho, siete, seis

《自动漩涡》La vorágine automática

《当从博伊拉斯回来》Al regreso del Boiras

《胜利的岁月》Los años triunfales

《种子》Las semillas

《金蜂鸟和它的长舌头》El colibrí con su larga lengua

《橄榄树的土地》Tierra de olivos

《巨大的享受》El gran gozo

《安东尼奥·费雷斯的短篇小说》Cuentos de Antonio Ferres

《王国的边界》Los confines del reino

《迷惑不解的记忆》La deslumbrada memoria

《没有开垦的广阔平原》La inmensa llanura no creada

《一个失败男人的回忆录》Memorias de un hombre perdido

《在约翰明亮的眼睛里》En los claros ojos de John

阿曼多·洛佩斯·萨利纳斯 Armando López Salinas

《矿山》La mina

《一年又一年》Un año tras año

《漫步在乌尔德思山区》Caminando por las Hurdes

《顺流而下》Por el río abajo

《加里西亚国之行》Viaje al país gallego

安赫尔·玛利亚·德·莱拉 Angel María de Lera

《被遗忘的人》Los olvidados

《恐惧的军号》Los clarines del miedo

《婚礼》La boda

《闷热》Bochorno

《陷阱》Trampa

《我们失去了太阳》Hemos perdido el sol

《葬身之地》Tierra para morir

《肩上扛着行李箱》Con la maleta al hombro

《狂热之徒》Los fanáticos

《一个人出卖自己》Se vende un hombre

《愤怒的岁月》Los años de la ira

《最后的旗帜》Las últimas banderas

《我们这些失败者》Los que perdimos

《无岸之夜》La noche sin riberas

《黑暗的黎明》Oscuro amanecer

《从天堂回来的男人》El hombre que volvió del paraíso

《铁门区的绑架》Secuestro en Puerta de Hierro

《和平与他们一起来到》Con ellos llegó la paz

《走在农村医疗的路上》Por los caminos de la medicina rural

伊萨克·蒙特罗 Isaac Montero

《一个私人问题》Una cuestión privada

《长时间》Las horas muertas

《在春天的尾声》Al final de la primavera

《大概在四月的一天》Alrededor de un día de abril

《"沉默者"大卫的爱情、战争及万能的日子》Los días de amor, guerra y omnipotencia de David el Callado

《秘密文件》Documentos secretos

《需要一个自己的名字》Necesidad de un nombre propio

《烟的信号》Señales de humo

《红色奥罗拉的第一次圣餐和其他故事》La primera comunión de Aurorarroja y otros relatos

《情绪》Estados de ánimo

《莫斯托列斯之梦》El sueño de Móstoles

《亚布拉罕·林肯》Abraham Lincoln

《偷月亮的贼》Ladrón de luna

安东尼奥·拉比纳德 Antonio Rabinad

《一个砖头王国》Un reino de ladrillo

《短暂的接触》Los contactos furtivos

《有时,到这个时候》A veces, a esta hora

《马克在梦中》Marco en el sueño

《无政府主义的修女》La monja libertaria

《惊讶的孩子》El niño asombrado

《死亡时刻》Momento mori

《透明》La transparencia

《获准的游戏》Juegos autorizados

《星星之光》La luz de las estrellas

弗朗西斯科·坎德尔 Francisco Candel

《有一个青春在望》Hay una juventud que aguarda

《城市改变名字的地方》Donde la ciudad cambia su nombre

《杀死了一个人,破坏了一处风景》Han matado a un hombre, han roto un paisaje

《重要的人:民众》Los importantes: pueblo

《重要的人:精英》Los importantes: élite

《候车室》Sala de espera

《职业》El empleo

《烤肉架上的肉》La carne en el asador

《坏心意的男人》Los hombres de mala uva

《去阿德木思之角的旅行》Viaje al rincón de Ademuz

《从不表态的人》Los que nunca opinan

《海明威,比一下腕力!》¡Échate un pulso, Hemingwey!

《烈性人》Temperamentales

《上帝呀,这场吵闹!》¡Dios, la que se armó!

《一个教区的故事》Historia de una parroquia

豪尔赫·费雷尔-比达尔 Jorge Ferrer-Vidal

《上帝的吊杆》El trapecio de Dios

《大猎物》Caza mayor

《阿尔瓦达娜的日记》Diario de Albatana

《在世界的表皮》Sobre la piel del mundo

《生活信念》Fe de vida

《星期六,希望》Sábado, esperanza

《我传唤你,爸爸》Te emplazo, padre

《你和我的日子就是这样》Fueron así tus días y los míos

《劳尔·恩西那斯的小木偶》El pequeño guiñol de Raúl Encinas

《养鸟人》El hombre de los pájaros

《我的山谷的故事》Historias de mis valles

《艾利翁山区之行》Viaje por la Sierra de Ayllón

《杜罗河边境之行》Viaje por la frontera del Duero

拉蒙·涅托 Ramón Nieto

《土地》La tierra

《马蹄莲》La cala

《被剥夺继承权的人》Los desterrados

《发烧》La fiebre

《苦涩的太阳》El sol amargo

《祖国和面包》La patria y el pan

《绝路》Vía muerta

《B 小姐》La señorita B

《修道士》Los monjes

《7 年和几天》Siete años y unos días

《没有可口可乐的世界》Un mundo sin cocacola

何塞·玛利亚·卡斯蒂略·纳瓦罗 José María Castillo Navarro

《害怕的指甲》Las uñas del miedo

《盐披上孝服》La sal viste de luto

《舌头在外》Con la lengua fuera

《手交叉放在裙子上》Manos cruzadas sobre el halda

《嘴上叼着花的孩子》El niño de la flor en la boca

《黑女人卡里达》Caridad la Negra

《狗死在街上》Los perros mueren en la calle

《鸽子的喊叫》El grito de palomas

卡门·马丁·盖特 Carmen Martín Gaite

《温泉疗养地》El balneario

《薄纱窗帘之间》Entre visillos

《束缚》Las ataduras

《慢节奏》Ritmo lento

《连串》Retahílas

《心碎肠断》Fragmentos de interior

《雪花王后》La reina de las nieves

《离家出走》Irse de casa

《亲戚》Los parentescos

《两个神奇故事》Dos relatos fantásticos

《对马伽那孜的审判》El proceso de Macanaz

《瓜达尔霍塞伯爵,他的时代和他的工作》El conde de Guadalhorce, su época y su labor

《流过的水》Agua pasada

《18 世纪西班牙的爱情习俗》Usos amorosos del siglo XVIII en España

《西班牙战后的爱情习俗》Usos amorosos de la posguerra española

《寻找对话者和其他寻找》La búsqueda de interlocutor y otras búsquedas

《永不完结的故事》El cuento de nunca acabar

《小风帽在曼哈顿》Caperucita en Manhattan

《等待未来:纪念伊格纳西奥·阿尔德科亚》Esperando el porvenir: homenaje a Ignacio Aldecoa

《我要求话语》Pido la palabra

《杂记笔记本》Cuadernos de todo

《魔鬼的肮脏交易》El pastel del diablo

《你告诉我》Cuéntame

《妹妹》La hermana pequeña

《连串》A rachas

"希洪咖啡馆"奖 Premio Café Gijón

安娜·玛利娅·马图特 Ana María Matute

《亚伯一家》Los Abel

《去西北聚会》Fiesta al noroeste

《小剧场》Pequeño teatro

《在这片土地》En esta tierra

《死去的孩子》Los hijos muertos

《商人》Los mercaderes

《初忆》Primera memoria

《战士在夜晚哭泣》Los soldados lloran de noche

《陷阱》La trampa

《傻孩子》Los niños tontos

《在半路上》A mitad del camino

《后悔的男人》El arrepentido

《3 人与 1 个梦想》Tres y un sueño

《河》El río

《一些小伙子》Algunos muchachos

《瞭望塔》La torre vigía

《阿尔达米拉的故事》Historias de Artámila

《宝利娜,世界和星星》Paulina, el mundo y las estrellas

《小疯马和小狂欢节》Caballito loco y Carnavalito

《尤利西斯的流浪汉》El polizón de Ulises

《时间》El tiempo

《黑板之国》El país de la pizarra

"西班牙皇家学院文学奖" Premio de Literatura de la Real Academia Española

孔查·阿洛斯 Concha Alós

 《侏儒》Los enanos

 《百鸟》Los cien pájaros

 《篝火》Las hogueras

 《红马》El caballo rojo

 《夫人》La madama

 《厄勒克特拉和你们说话》Os habla Electra

 《我猜，阿尔黑奥死了》Argeo ha muerto, supongo

 《当月亮改变颜色的时候》Cuando la luna cambia de color

 《杀害梦想的凶手》El asesino de los sueños

 《在杏仁树下》Bajo el almendro

 《我是一个自由的男人》Yo soy un hombre libre

 《第三封信》La tercera carta

 《猫王。食人肉的故事》Rey de gatos. Narraciones antropófagas

何塞菲娜·罗德里格斯·阿尔德科亚 Josefina Rodríguez Aldecoa

 《无关紧要》A ninguna parte

 《蔓生植物》La enredadera

 《因为那时我们年轻》Porque éramos jóvenes

 《果园》El vergel

 《一个女教师的故事》Historia de una maestra

 《穿黑衣的女人》Mujeres de negro

 《命运的力量》La fuerza del destino

 《战争的孩子》Los niños de la guerra

 《一个祖母的忏悔》Confesiones de una abuela

 《在远处》En la distancia

埃莱娜·索里亚诺 Elena Soriano

 《小猎物》Caza menor

 《女人和男人》Mujer y hombre

 《疯子的海滩》La playa de los locos

 《海市蜃楼》Espejismo

 《梅德娅55》Medea 55

 《母性的见证》Testimonio materno

 《渺小的生活，过去和现在的故事》La vida pequeña, cuentos de antes y de ahora

 《文学与生活》Literatura y vida

 《3个梦想和其他故事》Tres sueños y otros cuentos

"罗莎·曼萨诺奖" premio Rosa Manzano

埃莱娜·基罗加 Elena Quiroga

 《响亮的孤独》La soledad sonora

 《北风》Viento del Norte

 《血》La sangre

 《街上出事了》Algo pasa en la calle

 《女病人》La enferma

 《面具》La careta

 《最后一场斗牛》La última corrida

 《悲伤》Tristura

 《我写你的名字》Escribo tu nombre

 《深刻的现时》Presente profundo

 《一切都结束了，忧伤的女孩》Se acabó todo, muchacha triste

 《恬静的姑娘和其他故事》Plácida la joven y otras narraciones

 《寄往伽达盖斯的信》Carta a Cadaqués

 《致法拉美略的信》Envío a Faramello

埃米莉亚·帕尔多·巴桑 Emilia Pardo Bazán

多洛雷斯·梅迪奥 Dolores Medio

 《尼娜》Nina

 《我们，里维罗一家》Nosotros, los Rivero

 《休止》Compás de espera

 《明天》Mañana

 《公务员》Funcionario público

 《鱼继续漂游》El pez sigue flotando

 《一位女教师的日记》Diario de una maestra

 《比比阿娜》Bibiana

 《加西亚先生》El señor García

 《安德烈斯》Andrés

《另一种情况》La otra circunstancia
《夏天的闹剧》Farsa de verano
《没有土地的胡安的神奇王国》El fabuloso imperio de Juan sin tierra
《细嘴松鸡》El urogallo
《我记忆中的奥维多》Oviedo de mi recuerdo
《被关进陷阱里的人:一个女小说家的回忆录》Atrapados en la ratonera: memorias de una novelista
《在老阁楼上》En el viejo desván
《科学能唤醒人类?》¿Podrá la ciencia resucitar al hombre?
《来自德国的5封信》Cinco cartas de Alemania

卡门·库尔特兹 Carmen Kurtz
《在水下入睡》Duermen bajo las aguas
《陌生人》El desconocido
《在手指尖上》En la punta de los dedos
《天真的鸽子》Cándidas palomas
《两种黑暗之间》Entre dos oscuridades
《金牛犊》El becerro de oro
《旧法律》La vieja ley
《在石头后面》Detrás de la piedra
《在男人身边》Al lado del hombre
《7个时代》Siete tiempos
《海藻》Las algas
《火的颜色》Color de fuego

梅塞德斯·萨利萨奇丝 Mercedes Salisachs
《第一个清晨,最后一个清晨》Primera mañana, última mañana
《中间的公路》Carretera intermedia
《铁轨的那边》Más allá de los raíles
《一个女人来到村子》Una mujer llega al pueblo
《中断的葡萄收获期》Vendimia interrumpida
《黄叶的季节》La estación de las hojas amarillas
《下坡和上坡》El declive y la cuesta
《最后的冒险》La última aventura
《机密的格言》Adagio confidencial
《在场》La presencia
《你缺席的次数》El volumen de tu ausencia
《苍蝇交响曲》La sinfonía de las moscas
《树皮》La piel del árbol
《从中等规模起》Desde la dimensión intermedia
《花的秘密》El secreto de las flores
《亚当直升机》Adán helicóptero
《鲑鱼的舞蹈》La danza de los salmones
《熟悉的脚步》Pasos conocidos
《所多玛城之行》El viaje a Sodoma
《沉默的呐喊》Los clamores del silencio
《最后的迷宫》El último laberinto
《月亮的反光》Reflejos de luna
《废墟》Derribos

卡门·孔德 Carmen Conde
《生命面对它的镜子》Vidas contra su espejo
《在沉默的手中》En manos del silencio
《黑暗的根源》Las oscuras raíces
《铜》Cobre
《世纪的活人》Vivientes de los siglos
《拉朗布拉大街》La Rambla
《草长密了》Creció espesa la hierba
《我是母亲》Soy la madre
《一去不复返的风》Soplo que va y no vuelve
《诗歌作品(1929—1966)》Obra poética 1929—1966
《致凯瑟琳·曼斯菲尔德的信》Cartas a Ketherine Mansfield
《蓝色阳台的大街》La calle de los balcones azules
《西班牙神秘主义女作家》Escritoras místicas españolas
《生活开始。在摩洛哥度过的童年回忆录》Empezando la vida. Memorias de una infancia en Marruecos
《乘风筝飞上星球》A la estrella por la

  cometa
  《井栏》*Brocal*
  《欢乐》*Júbilos*
  《动词的激情》*Pasión del verbo*
  《没有伊甸园的女人》*Mujer sin Edén*
  《天使长被推翻》*Derribado arcángel*
  《腐蚀》*Corrosión*
  《火山口》*Cráter*
梅塞德斯·佛尔米卡 Mercedes Fórmica
  《泥球》*Bodoque*
  《桑恰山》*Monte de Sancha*
  《失去的城市》*La ciudad perdida*
  《应原告的请求》*A instancia de parte*
  《童年，所见和所经历的事》*La infancia, visto y vivido*
  《我倾听沉默》*Escucho el silencio*
  《破碎的镜子与眼镜》*Espejos rotos y espejuelos*
  《琥珀项链》*Collar de ámbar*
幻想小说 novela imaginativa/fantástica
阿尔瓦罗·龚盖罗 álvaro Cunqueiro
  《墨林和家族》*Merlín y familia*
  《唱诗班指挥纪事》*Las crónicas del sochantre*
  《尤利西斯的青少年时代》*Las mocedades de Ulises*
  《当老辛巴达回到海岛》*Cuando el viejo Simbad vuelva a las islas*
  《一个像俄瑞斯忒斯的人》*Un hombre que se parecía a Orestes*
  《范托·范提尼·德拉·格热尔德斯卡的游历和逃匿》*Viajes y fugas de Fanto Fantini de la Gherardesca*
  《彗星之年 4 个国王的战斗》*El año del cometa con la batalla de los 4 reyes*
  《公元 1000 年的花朵和鸟喙》*Flores del año mil y pico de ave*
  《这里和那里的人》*Gente de aquí y de allá*
  《昔日贵夫人的歌谣》*Balada de las damas del tiempo pasado*
  《圣贡萨罗》*San Gonzalo*
  《骑士，死亡和魔鬼》*El caballero, la muerte y el diablo*
胡安·贝鲁超 Joan Perucho
  《巫师》*El médium*
  《骑士小说》*Libro de caballerías*
  《自然的故事》*Las historias naturales*
  《骑士考斯马丝的历险》*Las aventuras del caballero Kosmas*
  《没有尽头的镜子长廊》*Galería de espejos sin fondo*
  《帕美拉》*Pamela*
  《巴塞罗那的神秘》*Los misterios de Barcelona*
  《玫瑰、魔鬼和微笑》*Rosas, diablos y sonrisas*
  《故事集》*Cuentos*
  《交趾支那的战争》*La guerra de la Cotxinxina*
  《狄安娜和死海》*Diana y el mar Muerto*
  《温泉疗养地的秘密故事》*Historias secretas de balnearios*
  《神奇的动物寓言集》*Bestiario fantástico*
  《拜占庭迷宫》*Los laberintos bizantinos*
  《运用洛夫克拉夫特的技巧》*Con la técnica de Lovecraft*
  《高迪，一种超前的建筑》*Gaudi, una arquitectura de anticipación*
  《胡安·米罗与加泰罗尼亚》*Joan Miró y Cataluña*
  《一种视觉语义》*Una semántica visual*
  《阿比西尼亚的皇帝》*Los emperadores de Abisinia*
  《尼斯福鲁斯和狮身鹰头兽》*Nicéforao y el grifo*
  《伪撰的故事》*Historias apócrifas*
  《隐秘的植物园或假的帕拉切尔苏斯》*Botánica oculta o el falso Paracelso*

《忧郁的花园》Los jardines de la melancolía

第五章

路易斯·马丁·桑托斯 Luis Martín Santos

 《沉默的时代》Tiempo de silencio

 《毁灭的时代》Tiempo de destrucción

马里奥·巴尔加斯·略萨 Mario Vargas Llosa

 《城市与狗》La ciudad y los perros

 《为马里奥守灵的5个小时》Cinco horas con Mario

胡安·贝内特·戈伊塔 Juan Benet Goita

 《你将一事无成》Nunca llegarás a nada

 《你将回到雷希翁》Volverás a Región

 《一段沉思》Una meditación

 《冬季之旅》Un viaje de invierno

 《一座坟墓》Una tumba

 《马松的另一个家》La otra casa de Mazón

 《生锈的长矛》Herrumbrosas lanzas

 《扫罗在撒母耳面前》Saúl ante Samuel

 《在国家》En el estado

 《五个故事和两个寓言》Cinco narraciones y dos fábulas

 《亚玫瑰》Sub-rosa

 《在黑暗中》En la penumbra

 《萨克森的骑士》El caballero de Sajonia

 《灵感和风格》La inspiración y el estilo

 《平民散文》Prosas civiles

 《奇数页》Páginas impares

 《13个半寓言》Trece fábulas y media

 《故事全集》Cuentos completos

 《上帝的天使抛弃了多比亚司》El Angel del Señor abandona a Tobías

 《大地之门》Puerta de tierra

 《在酝酿中》En ciernes

 《内战是什么》Qué fue la guerra civil

 《关于不真实》Sobre la incertidumbre

胡安·马尔塞 Juan Marsé

 《没有什么值得去死》Nada para morir

 《只带一个玩具隐居》Encerrados con un solo juguete

 《月亮的这一面》Esta cara de la luna

 《和特雷莎度过的最后几个下午》últimas tardes con Teresa

 《蒙塞表妹不光彩的故事》La oscura historia de la prima Montse

 《如果告诉你我倒下了》Si te dicen que caí

 《穿金色短裤的姑娘》La muchacha de las bragas de oro

 《总有一天我会回来》Un día volveré

 《基那尔多区巡夜》Ronda del Guinardó

 《双语情人》El amante bilingüe

 《上海魔力》El embrujo de Shanghai

 《壁虎的尾巴》Rabos de lagartija

 《一个盗贼的自白》Confidencias de un chorizo

 《暂时的自由》Libertad provisional

 《女士们和先生们》Señoras y señores

 《在星星上散步》Un paseo por las estrellas

 《胡安·马塞的女人们》Las mujeres de Juanito Marsé

 《罗克西影院的幽灵》El fantasma del Cine Roxy

 《布拉沃中尉》Teniente Bravo

 《洛丽塔俱乐部的爱情歌曲》Canciones de amor en Lolita's club

佩德罗·拉因·恩特拉戈 Pedro Laín Entralgo

 《良心的解脱》Descargo de conciencia

何塞·曼努埃尔·卡瓦列罗·博纳尔德 José Manuel Caballero Bonald

 《九月的两天》Dos días de septiembre

 《玛瑙,猫眼石》Agata,ojo de gato

 《整夜听到鸟儿飞过》Toda la noche oyeron pasar pájaros

 《在父亲家》En la casa del padre

 《混乱之地》Campo de Agramante

 《失败战争的时代》Tiempo de guerras perdidas

 《生活的习惯》La costumbre de vivir

 《猜测》Las adivinaciones

《短时的回忆录》Memorias de poco tiempo

《安特奥》Anteo

《漫长的时光》Las horas muertas

《通俗文艺作品》Pliegos de cordel

《英雄声名狼藉》Descrédito del héroe

《命运的迷宫》Laberinto de Fortuna

《阿尔格尼达日记》Diario de Argónida

《情诗》Poesía amatoria

《活着是为了讲述生活》Vivir para contarlo

《葡萄酒概略》Breviario del vino

"巴拉尔奖" Premio Barral

阿方索·格罗索 Alfonso Grosso

《沟渠》La zanja

《一片很难变蓝的天》Un cielo difícilmente azul

《在太阳的左边》A la izquierda del sol

《渔网的正面》Testa de copo

《高帽子》El capirote

《伊内丝马上就到》Inés just coming

《宝座的守军》Guarnición de silla

《芽月》Germinal

《花开的五月》Florido mayo

《献给玛利亚的花》Con flores a María

《印度的秋天》Otoño indio

《玛利亚的流产》El aborto de María

《烟草店女店主的犯罪》El crimen de las estanqueras

《大教堂钟楼》Giralda

《街道的驻军》Guarnición de calle

《从海峡到西方》A poniente desde el estrecho

丹尼尔·苏埃罗 Daniel Sueiro

《烈士谷》El Valle de los Caídos

《在游戏之外》Fuera de juego

《筛子》La criba

《这些是你的兄弟》éstos son tus hermanos

《最炎热的夜晚》La noche más caliente

《残物及其他不幸》La rebusca y otras desgracias

《谋反者》Los conspiradores

《摩托车独奏》Solo de moto

《脑皮层切口》Corte de corteza

《曼萨那雷斯河的叙事歌谣》Balada del Manzanares

《整个星期》Toda la semana

《杀人的艺术》El arte de matar

《西班牙刽子手。民事绞刑的历史与现状》Los verdugos españoles. Historia y actualidad del garrote civil

费尔南多·基农内斯 Fernando Quiñones

《奥邓西娅·罗梅洛的一千夜》Las mil noches de Hortensia Romero

《海盗之歌》La canción del pirata

《葡萄酒的5个故事》Cinco historias del vino

《战争、大海和其他放纵》La guerra, el mar y otros excesos

《伊比利亚爱情六重奏》Sexteto de amor ibérico

《南风》Viento sur

《古老的国家》El viejo país

《索莱达·阿克斯塔的爱情》El amor de Soledad Acosta

《二重唱》El coro a dos voces

《一部故事小说》Una novela de relatos

《出色的季节》La gran temporada

《拜访》La visita

《时间的眼睛》Los ojos del tiempo

《罪人或影子的翅膀》Culpable, o el ala de la sombra

《残暴的画像》Retratos violentos

《在生命中》En vida

《美洲纪事》Las crónicas americanas

《7个关于斗牛和男人的故事》Siete historias de toros y de hombres

《圣胡安·德·阿基塔尼亚的监禁和出逃》Encierro y fuga de San Juan de Aquitania

265

《关于加的斯和它的歌曲》De Cádiz y sus cantes

《弗拉门戈：生命与死亡》El flamenco: vida y muerte

玄学小说 novela metafísica

《唐璜》Don Juan

曼努埃尔·圣·马丁 Manuel San Martín

《草稿》El borrador

比达尔·卡德洋斯 Vidal Cadellans

《献给一位公主的芭蕾》Ballete para una infanta

何塞·托马斯·卡波特 José Tomás Cabot

《小队》El piquete

曼努埃尔·加西亚·比婪 Manuel García Viño

《西班牙当代小说》Novela española actual

《现实主义和当代小说》El realismo y la novela actual

《关于"西班牙新小说"的资料》Papeles sobre la "nueva novela española"

《画家的画架》El caballete del pintor

《最后的话》La última palabra

《他们玩着将我们杀死》Nos matarán jugando

《无聊者的地狱》El infierno de los aburridos

《失去中心》La pérdida del centro

《53号建筑》Construcción 53

《世纪之桥》El puente de los siglos

《西奈协议》El pacto del Sinaí

《孤独者的庄园》La granja del solitario

《靠山》El pedestal

《蝎子》El escorpión

《官僚的黑暗》Sombras de burocracia

《被愚弄的女人的大会》Congreso de burladas

《大岛》Isla mayor

《黄道上的一个交接点》Un nudo en la eclíptica

《费德拉》Fedra

《污染》Polución

《今天和未来的艺术》Arte de hoy y arte del futuro

《背景里的夜莺》Ruiseñores del fondo

《一个沉没的世界》Un mundo sumergido

《内外的风景》Paisajes de dentro y fuera

《黄道图符号》Los signos del Zodiaco

安德烈斯·波斯奇 Andrés Bosch

《夜》La noche

《私下的致意》Homenaje privado

《暴动》La revuelta

《欺诈》La estafa

《世俗的仪式》Ritos profanos

《魔法师和火焰》El mago y la llama

《石头猎人》El cazador de piedras

《统治的艺术》Arte de gobierno

《今天的回忆》El recuerdo de hoy

卡洛斯·罗哈斯 Carlos Rojas

《从塞拉到卡斯蒂略·纳瓦罗》De Cela a Castillo Navarro

《西班牙人看到和感到的现代西班牙》La España moderna, vista y sentida por los españoles

《由泥土和希望生成》De barro y de esperanza

《未来已经开始》El futuro ha comenzado

《刺杀恺撒者》El asesino de César

《地狱的钥匙》Las llaves del infierno

《无形人的柔情》La ternura del hombre invisible

《阿道夫·希特勒在我家》Adolfo Hitler está en mi casa

《我们为何输掉战争》Por qué perdimos la guerra

安东尼奥·普列托 Antonio Prieto

《人的三个脚印》Tres pisadas de hombre

《晚安，阿尔奎耶斯》Buenas noches, Argüelles

《往后退，小癞子》Vuelve atrás, Lázaro

《与伊利蒂娅的相遇》El encuentro con Ilitia

《献给一个希望的挽歌》Elegía para una esperanza

《致一个死亡的序言》Prólogo a una muerte

《秘密》Secretum

《没有时间的信》Carta sin tiempo

《大使》El embajador

《帕尔玛威尔德骑士的放纵历史》La desatada historia del caballero Palmaverde

《爱情的疾病》La enfermedad del amor

《记忆的广场》La plaza de la memoria

《希俄斯岛的瞎子》El ciego de Quíos

《白岛》Isla blanca

《时间之雨》La lluvia del tiempo

《关于文学体系的符号学散文》Ensayo semiológico de sistemas literarios

《小说的词法》Morfología de la novela

《欧洲文学研究》Estudios de literatura europea

《文本的连贯和重要性》Coherencia y relevancia textual

实验小说 novela experimentalista

元小说 metaficción

《对抗》Antagonía

《清单》Recuento

《五月的绿色延伸到海边》Los verdes de mayo hasta el mar

《远去的火的余光》Estela del fuego que se aleja

《阿基里斯的愤怒》La cólera de Aquiles

《知识理论》Teoría del conocimiento

《砍去风信子的岛屿》La isla de los jacintos cortados

《启示录片段》Fragmentos de Apocalípsis

《你的名字无序》El desorden de tu nombre

《后屋》El cuarto de atrás

《塑像与鸽子》Estatua con palomas

《候鸟的悖论》La paradoja del ave migratoria

《融化的快感》Placer licuante

《眼睛，圆圈，雕鹗》Ojos, círculos, búhos

《吞噬》Devoraciones

《寓言》Fábulas

《克劳迪奥·门多萨的研究和推测》Investigaciones y conjeturas de Claudio Mendoza

《通往天空的楼梯》Escalera hacia el cielo

《专心倾听鸟儿》Oído atento a los pájaros

反小说 antinovela

《玛丽·特里布内的伟大时刻》El gran momento de Mary Tribune

《肤浅的语法》Gramática parda

《我不是一本书/夏季火车》No soy un libro / Los trenes del verano

《安德烈斯·乔斯的小说》Novela de Andrés Choz

《1936年马德里圣卡米洛的夕祷、祭日和八日节》Vísperas, festividad y octava de San Camilo de 1936 en Madrid

《圣周五的早祷仪式》Oficio de tinieblas 5

《海上遇难者的谶语》La parábola del náufrago

胡安·戈伊狄索洛 Juan Goytisolo

《身份特征》Señas de identidad

《堂胡利安伯爵的要求》Reivindicación del conde don Julián

《没有土地的胡安》Juan sin tierra

《墓地》Makbara

《战斗结束后的风景》Paisajes después de la batalla

《孤鸟的品德》Las virtudes del pájaro solitario

《四十》La cuarentena

《马克思一家的传奇》La saga de los Marx

《围困之地》El sitio de los sitios

《禁区》Coto vedado

《在泰法王国》En los reinos de taifa

《马德里》Madrid

《苏丹的红衣妻子》Sultana roja

《花园的星期》Las semanas del jardín

《末尾的辎重车》El furgón de cola

《布兰科·怀特的英语作品》Obra inglesa de Blanco White

《不同政见》Disidencias

《自由、自由、自由》Libertad, libertad, libertad

《逆流》Contracorrientes

《西班牙和西班牙人》España y los españoles

《撒拉逊纪实》Crónicas sarracinas

《在卡巴多西亚走进高迪》Aproximaciones a Gaudí en Capadocia

《以车臣为背景的战争风景》Paisajes de guerra con Chechenia al fondo

《伊斯兰祷告注目点》Alqibla

《萨拉热窝日志》Cuadernos de Sarajevo

《疾风中的阿尔及利亚》Argelia en el vendaval

《文学森林》El bosque de las letras

《奔走》De la Ceca a la Meca

《操,喜剧》Carajicomedia

《预言、烦扰与启示》Profecía, asedio y apocalipsis

胡安·佩德罗·基尼奥内罗 Juan Pedro Quiñonero

《废墟》Ruinas

《V. N. 的文件》Escritos de V. N.

赫尔曼·桑切斯·埃斯佩索 Germán Sánchez Espeso

《摩西五书》Pentateuco

《〈创世纪〉里的实验》Experimento en Génesis

《迁徙征兆》Síntomas de éxodo

《利未人的迷宫》Laberinto levítico

《数字之间》De entre los números

《沙龙的申命记》Deuteronomio de salón

《人民万岁!》¡Viva el pueblo!

《天堂》Paraíso

《假面舞会》Baile de disfraces

《圣物》La reliquia

《冰箱里的炸鸡》Pollo frito en la nevera

《在蝴蝶的翅膀上》En las alas de las mariposas

《梦里的一把刀》Un cuchillo en un sueño

《该杀的女人》La mujer a la que había que matar

安东尼奥·费尔南德斯·莫利纳 Antonio Fernández Molina

《罗伯特 G. 的传记》Biografía de Roberto G.

《思想的空洞》El hueco del pensamiento

《从一边到另一边》De un lado para otro

《根除的脖子》Cuello cercenado

《每天都很灿烂》Todos los días son espléndidos

《一封泥信》Una carta de barro

《饼干的香味》Aromas de galletas

《现实与黑暗的片段》Fragmentos de realidades y sombras

《思想和梦想的过眼烟云》Humo de pensamientos y sueños

《无形的火焰》La llama invisible

《小号独奏》Solo de trompeta

《消失的帐篷》La tienda ausente

《在塞洪达和加木德》En Cejunta y Gamud

《厨房里的一只蜗牛》Un caracol en la cocina

《刚从理发店出来的狮子》El león recién salido de la peluquería

《在一个陷阱里面》Dentro de un embudo

《洋蓟的叶子是一个猫头鹰》La hoja de la alcachofa es una lechuza

《神秘的进行曲》Pasodoble enigmático

《狗世界》Perro mundo

《丝绒球》Pompón

《中国式的影子》Sombras chinescas

《夜晚的果实》Los frutos de la noche

何塞·莱瓦 José Leyva
  《主题》Leitmotiv
  《孤独先生的割礼》La circuncisión del señor solo
  《哦，真傻，虽然比土包子强》Heautontimoroumenos
  《蝙蝠的春天》La primavera de los murciélagos
  《树木入睡的大街》La calle de los árboles dormidos
  《温室》El invernadero
  《欧洲》Europa
  《毕加索，你在那里吗?》Picasso, ¿estás ahí?
  《哪里这么讲都该说悲观主义》Donde dice asimismo debe decir pesimismo
  《运动周》Semana deportiva
  《通过书信服兵役》La mili por correspondencia
  《死路》Vía muerta

佩德罗·安东尼奥·乌尔维纳 Pedro Antonio Urbina
  《空无一物的晚餐》Cena desnuda
  《马戏团的大马车》El carromato del circo
  《在海滩的日子》Días en la playa
  《丢失的那页》La página perdida
  《屋顶孤独的麻雀》Gorrión solitario en el tejado
  《其中一件事》Una de las cosas...
  《其他人》La otra gente
  《海鸥在沙子上的脚印》Pisadas de gaviotas sobre la arena
  《摩涅莫绪涅在美术馆》Mnemósine está en la galería
  《有权势的巴斯克百万富翁的神秘案子》El misterioso caso del poderoso millonario vasco
  《奇妙的房间和其他故事》La habitación maravillosa y otros cuentos

  《阿拉伯的劳伦斯》Lawrence de Arabia
  《大卫，国王》David, el rey
  《胡安·拉蒙·希梅内斯的现代主义态度》La actitud modernista de Juan Ramón Jiménez
  《12首歌》Los doce cantos
  《日常车站》Estaciones cotidianas
  《树叶与影子》Hojas y sombras
  《岁月如镖》Las edades como un dardo
  《不停的呼喊》Incesante clamor
  《引诱者》El seductor
  《最少的胶片》Películas mínimas

胡利安·里奥斯 Julián Ríos
  《二声部独唱》Solo a dos voces
  《符号的戏剧》Teatro de signos
  《幽灵，圣胡安一夜的巴别塔》Larva, Babel de una noche de San Juan
  《庞德魔鬼》Poundemonium
  《凤凰的判决》Auto de Fénix
  《基塔伊的印象：画出来的小说》Impresiones de Kitaj: la novela pintada
  《束缚的爱情》Amores que atan
  《给阿莉西娅的帽子》Sombreros para Alicia
  《话语的性生活》La vida sexual de las palabras
  《怪物们》Monstruario
  《灵魂之桥》Puente de alma

拉蒙·埃尔南德斯 Ramón Hernández
  《屠宰场的公牛》El buey en el matadero
  《墙上的话》Palabras en el muro
  《静止的暴君》El tirano inmóvil
  《夜晚的愤怒》La ira de la noche
  《应邀去死》Invitado a morir
  《永恒的记忆》Eterna memoria
  《这里正发生着什么》Algo está ocurriendo aquí
  《城市寓言》Fábula de la ciudad
  《我向国王求死》Pido la muerte al rey
  《在华盖下》Bajo palio

《夕阳的情人》Los amantes del sol poniente

《逝去的昨天》El ayer perdido

《独自在天堂》Sola en el Paraíso

《各各地》Golgothá

《履历》Curriculum vitae

《国王的秘密》El secreto del rey

马里亚诺·安托林·拉托 Mariano Antolín Rato

《佛教禅宗入门：教义和文本》Introducción al budismo zen：enseñanzas y textos

《鲍勃·迪伦》Bob Dylan

《当接近90万马赫》Cuando 900 mil mach. Aprox.

《De vulgari Zyklon B Manifestante》De vulgari Zyklon B Manifestante

《在居中的空间之间：哇！》Entre espacios intermedios：whamm!

《蜘蛛世界》Mundo Araña

《意识的统一领域》Campos unificados de conciencia

《流放的海》Mar desterrado

《四月布鲁斯》Abril blus

《西班牙皮靴子》Botas de cuero español

《镜中神游》Fuga en espejo

《唯一的平静》La única calma

《别再说了》No se hable más

胡安·赫苏斯·阿马斯·马塞罗 Juan Jesús Armas Marcelo

《地毯上的变色龙》El camaleón sobre la alfombra

《昏迷状态》Estado de coma

《马德里，联邦区》Madrid，Distrito Federal

《内心独白》Monólogos

《服丧的孩子和教皇的厨师》El niño de luto y el cocinero del papa

《阴霾》Calima

《当我们是最好的时候》Cuando éramos los mejores

《几乎所有的女人》Casi todas las mujeres

《老虎的命令》La orden del tigre

《巴尔加斯·略萨。写作的恶习》Vargas Llosa．El vicio de escribir

《当代的冤家对头》Tirios，troyanos y contemporáneos

《另一个群岛》El otro archipiélago

胡安·克鲁斯·鲁伊斯 Juan Cruz Ruiz

《变成碎片的虚无纪事》Crónica de la nada hecha pedazos

《橘子》Naranja

《奥斯陆之梦》El sueño de Oslo

《烟的肖像》Retrato de humo

《沙刀》Cuchillo de arena

《在平台上》En la azotea

《阿斯旺》Asuán

《记忆的领域》El territorio de la memoria

《瑞典人的照片》La foto de los suecos

《一个悬而未决的故事》Una historia pendiente

《一个裸体男人的画像》El retrato de un hombre desnudo

《地平线海滩》La playa del horizonte

《塞莱娜》Serena

《行李超重》Exceso de equipaje

《〈国家报〉的一段回忆》Una memoria de El País

《记忆的时代》Edad de la memoria

《名气的分量》El peso de la fama

埃米利奥·桑切斯·奥尔蒂斯 Emilio Sánchez Ortiz

《头几小时》Las primeras horas

《一个周日5点钟》Un domingo a las cinco

《今天，跟所有日子一样》Hoy，como todos los días

《失败者》El vencido

《致三种孤独的独白计划》Proyecto de monólogo a tres soledades

《零》Cero

《爱德华·威斯特达尔》Eduardo Westerdahl

《独自在世界末日》Apocalípsola

《不愉快的夜晚》La noche mala
《逃离这个寂静》Escapar de este silencio
《打开痛苦的记忆》Abierta memoria dolorida
《雪眼》El ojo de la nieve
《回归失去的脚步。瘟疫日记》Retorno a los pasos perdidos. Diario de la peste
《小说、故事和其他未满足的欲望》Cuentos, historias y otros deseos insatisfechos

米克尔·埃斯皮诺萨 Miguel Espinosa
《官僚派》Escuela de mandarines
《弄虚作假的三角犀牛》La tríbada falsaria
《不知所措的三角犀牛》La tríbada confusa
《阿斯克勒庇俄斯,最后一个希腊人》Asklepios, el último griego
《丑陋的资产阶级》La fea burguesía

巴尔塔萨 Baltasar
《吹毛求疵的人》El criticón

"1968年一代" Generación del 68
爱德华多·门多萨 Eduardo Mendoza
《萨沃尔塔事件真相》La verdad sobre el caso Savolta
《奇迹之城》La ciudad de los prodigios
《洪荒之年》El año del diluvio
《前所未闻的岛屿》La isla inaudita
《没有古波的消息》Sin noticia de Gurb
《奥拉西奥·多斯的最后历程》El último trayecto de Horacio Dos
《马乌里西奥或基层选举》Mauricio o las elecciones primarias
《纽约》Nueva York
《现代主义的巴塞罗那》Barcelona modernista
《复辟》Restauración
《巴罗哈,矛盾》Baroja, la contradicción

贝勒·希穆费雷 Pere Gimferrer
何塞·玛利亚·巴斯·德·索托 José María Vaz de Soto
《傍晚的对话》Diálogos del anochecer

《法维安》Fabián
《法维安与萨瓦斯》Fabián y Sabas
《深夜的对话》Diálogos de la alta noche
《地狱与微风》El infierno y la brisa
《石头是证人》Las piedras son testigo
《先行者》El precursor
《落水狗》Despeñaperros
《捍卫安达卢西亚方言》Defensa del habla andaluza

哈维尔·托梅奥 Javier Tomeo
《猎人》El cazador
《旅行的准备工作》Preparativos de viaje
《对蓝色失明》Ceguera al azul
《犀牛》El unicornio
《敌人》Los enemigos
《以D大调进行的对话》Diálogo en re mayor
《猎狮者》El cazador de leones
《最少的故事》Historias mínimas
《鸽子城》La ciudad de las palomas
《动物寓言集》Bestiario
《鸡老虎》El gallitigre
《加斯东·德·布易巴列尔受争议的遗嘱》El discutido testamento de Gaston de Puyparlier
《视觉问题》Problemas oculares
《池座》Patio de butacas
《动物感应与爱护动物》Zoopatías y zoofilias
《珀耳塞福涅的临终》La agonía de Proserpina
《果园的国王》Los reyes del huerto
《新动物寓言集》Nuevo bestiario
《东方影院的犯罪》El crimen del cine Oriente
《飞行器》La máquina voladora
《歌剧院的神秘》Los misterios de la ópera
《乌龟的歌唱》El canto de las tortugas
《拿破仑七世》Napoleón VII

《可爱的怪物》Amado monstruo

《近视的管家》El mayordomo miope

《萝卜的反抗》La rebelión de los rábanos

《字母》El alfabeto

《可充气的玩具娃娃的目光》La mirada de la muñeca hinchable

《邪恶的故事》Cuentos perversos

《包列罗舞曲演唱者》El cantante de boleros

《蚂蚁之国》La patria de las hormigas

《纵火狂的孤独》La soledad de los pirómanos

《密码信的城堡》El castillo de la carta cifrada

费利克斯·德·阿苏亚 Félix de Azúa

《耶拿的课程》Las lecciones de Jena

《中断的课程》Las lecciones suspendidas

《最后的课程》última lección

《由一个傻帽自己讲述的故事》Historia de un idiota contada por él mismo

《一个受侮辱的男人的日记》Diario de un hombre humillado

《换旗》Cambio de bandera

《太多的问题》Demasiadas preguntas

《决定性的时刻》Momentos decisivos

《三个教化故事》Tres cuentos didácticos

《原始人的悖论》La paradoja del primitivo

《诗集(1968—1989)》Poesía 1968—1989

《石灰的语言》Lengua de cal

《欢闹》Farra

《波德莱尔》Baudelaire

《学会失望》El aprendizaje de la decepción

《强制性阅读》Lecturas compulsivas

《该隐的发明》La invención de Caín

《艺术字典》Diccionario de las artes

《出格》Salidas de tono

《辉煌和虚无》Esplendor y nada

比森特·莫利纳-福易克斯 Vicente Molina-Foix

《省立恐怖博物馆》Museo provincial de los horrores

《胸像》Busto

《鳏父寡母》Los padres viudos

《苏维埃半个月》La quincena soviética

《竞技者团体》La comunión de los atletas

《无头女人》La mujer sin cabeza

《墨西哥大街的吸血鬼》El vampiro de la Calle México

《巴罗哈的弥撒》La misa de Baroja

《黄金时代》La edad de oro

《带耳帽的孩子》El niño con orejas

《现实主义者的间谍》Los espías del realista

《自来水笔的电影》El cine estilográfico

《章鱼的拥抱》Los abrazos del pulpo

《最后的唐璜》Don Juan último

《不慎重的旅行家》El viajero indiscreto

《母亲请客吃饭》La madre invita a comer

《拆信刀》El abrecartas

弗朗西斯科·翁布拉尔 Francisco Umbral

《部落的话语》Las palabras de la tribu

《西班牙当代文学词典》Diccionario de literatura española contemporánea

《从战后到后现代》De la posguerra a la posmodernidad

《有幻觉的恺撒传奇》Leyenda del César Visionario

《塔谋雷》Tamouré

《浪荡子叙事曲》Balada de gamberros

《拉腊。剖析一位花花公子》Larra. Anatomía de un dandy

《穿越马德里》Travesía de Madrid

《洛尔卡,该死的诗人》Lorca, poeta maldito

《一个右派孩子的回忆录》Memorias de un niño de derechas

《神圣的弊端》Los males sagrados

《仙女》Las ninfas

《凡人和玫瑰》Mortal y rosa

《树状的蕨》Los helechos arborescentes

《葛丽泰·嘉宝的儿子》El hijo de Greta Garbo

《处女》Las vírgenes
《要是我们知道那就是爱情》Si hubiéramos sabido que el amor era eso
《欧洲女人》Las europeas
《焦孔多》El Giocondo
《一个坏青年的肖像》Retrato de un joven malvado
《白天的爱情》Los amores diurnos
《我的人造天堂》Mis paraísos artificiales
《在红衣少女的掩护下》A la sombra de las muchachas rojas
《粉红的野兽》La bestia rosa
《炼狱的灵魂》Las ánimas del purgatorio
《向日葵》Las giganteas
《颤抖的美》La belleza convulsa
《波旁交响曲》Sinfonía borbónica
《非洲的火光》El fulgor de áfrica
《一个小偷的历练》La forja de un ladrón
《马德里 1940》Madrid 1940
《马德里 650》Madrid 650
《亚威农的少女》Las señoritas de Avignon
《我到希洪咖啡馆的那个晚上》La noche que llegué al Café Gijón
《比奥十二世,摩尔卫队和一个独眼将军》Pío XII, la escolta mora y un general sin un ojo
《玫瑰与鞭子》La rosa y el látigo
《我强奸阿尔玛·玛勒的那天》El día en que violé a Alma Mahler
《红色时代》La década roja
《荣耀的肉体》Los cuerpos gloriosos
《痛苦的省会》Capital del dolor
《迪尔诺·加尔万升天了》Tierno Galván ascendió a los cielos
《可敬的女人》Las respetuosas
《星期天什么也没有》Nada en domingo
《一把食人刀》Un carnívoro cuchillo
《才子佳人纪事》Crónica de esa gente guapa
《共和国回忆录》Memorias republicanas

《路易斯·比维斯的笔记本》Los cuadernos de Luis Vives
《爱情与伟哥的故事》Historias de amor y viagra
《政治与情感日记》Diario político y sentimental
《阴茎的传说》La fábula del falo
《后现代导游手册》Guía de la posmodernidad
《马德里三部曲》Trilogía de Madrid
《波旁家族回忆录》Memorias borbónicas
"马里亚诺·德·卡维亚新闻奖" Premio de Periodismo Mariano de Cavia
胡安·何塞·米亚斯 Juan José Millás
《三头犬即阴影》Cerbero son las sombras
《溺死者的眼神》Visión del ahogado
《空花园》El jardín vacío
《一纸空文》Papel mojado
《死的字母》Letra muerta
《这就是孤独》La soledad era esto
《回家》Volver a casa
《居丧的春天及其他故事》Primavera de luto y otros cuentos
《她想象及比森特·奥尔加多的其他着魔念头》Ella imagina y otras obsesiones de Vicente Holgado
《傻瓜、死人、私生子和无影人》Tonto, muerto, bastardo e invisible
《偶数、奇数和白痴》Números pares, impares e idiotas
《跟你有关的某事》Algo que te concierne
《孤独三部曲》Trilogía de la soledad
《字母顺序》El orden alfabético
《你别往床下看》No mires debajo de la cama
《两位女人在布拉格》Dos mujeres en Praga
《迷惘的奸夫淫妇的故事》Cuentos de adulteros desorientados
《珍宝岛的故事》Cuentos de la isla del

　　　　《露天的故事》Cuentos a la intemperie
　　　　《身体与假体》Cuerpo y prótesis
安德雷斯·贝兰加 Andrés Berlanga
　　　　《苗头》Barrunto
　　　　《在这边》Del más acá
　　　　《乘火车或骑羚羊》En trenes o en gacelas
　　　　《弄湿的火药》Pólvora mojada
　　　　《乡下女人》La gaznápira
何塞·安东尼奥·加夫列尔·伊加兰 José Antonio Gabriel y Galán
　　　　《参照点》Punto de referencia
　　　　《被囚的记忆》La memoria cautiva
　　　　《一溜烟》A salto de mata
　　　　《启蒙的傻瓜》El bobo ilustrado
　　　　《许多年之后》Muchos años después
　　　　《笛卡尔说谎》Descartes mentía
　　　　《像这样的一个国家不是我的》Un país como éste no es mío
　　　　《诗歌(1970—1985)》Poesía 1970—1985
"卡兰萨奖" Premio Carranza
拉斐尔·阿尔古约尔 Rafael Argullol
　　　　《知识的骚动》Disturbios del conocimiento
　　　　《死亡谷的决斗》Duelo en el valle de la muerte
　　　　《深渊的吸引力》La atracción del abismo
　　　　《关注艺术的3个目光》Tres miradas sobre el arte
　　　　《作为艺术品的世界之末》El fin del mundo como obra de arte
　　　　《幻想的智慧》La sabiduría de la ilusión
　　　　《袭击天堂》El asalto al cielo
　　　　《下落,无形的河》Desciende, río invisible
　　　　《兰佩杜萨岛,一个地中海故事》Lampedusa, una historia mediterránea
　　　　《恶的理由》La razón del mal
　　　　《穿越欧洲号》Transeuropa
　　　　《英雄,唯一的英雄》El héroe y el único
爱德华·门笛古蒂 Eduardo Mendicutti
　　　　《一个糟糕的夜晚任何人都有》Una mala noche la tiene cualquiera
　　　　《7个同性恋反对乔治亚州》Siete contra Georgia
　　　　《更好的时光》Tiempos mejores
　　　　《最后的会谈》última conversación
　　　　《瘸腿雄鸽》El palomo cojo
　　　　《三月之火》Fuego de marzo
　　　　《保加利亚情侣》Los novios búlgaros
　　　　《天生这么性感不是我的错》No tengo la culpa de haber nacido tan sexy
　　　　《文身》Tatuaje
　　　　《灰烬》Cenizas
　　　　《天使的跳跃》El salto del ángel
　　　　《哥萨克人的吻》El beso del cosaco
古斯塔沃·马丁·加尔索 Gustavo Martín Garzo
　　　　《没有用过的灯光》Luz no usada
　　　　《水边的一顶帐篷》Una tienda junto al agua
　　　　《女人的朋友》El amigo de las mujeres
　　　　《暗潮》Marea oculta
　　　　《独臂公主》La princesa manca
　　　　《新生活》La vida nueva
　　　　《尼阿和贝尔》Ña y Bel
　　　　《自然主义者的笔记》Los cuadernos del naturalista
　　　　《玛尔塔和费尔南多的故事》La historia de Marta y Fernando
　　　　《泉水的语言》El lenguaje de las fuentes
　　　　《小小继承人》El pequeño heredero
　　　　《女梦想家》La soñadora
　　　　《蓝线》El hilo azul
曼努埃尔·维森特 Manuel Vicente
　　　　《丢失子弹的军火库》Arsenal de balas perdidas
　　　　《沿着记忆之路》Por la ruta de la memoria
　　　　《复活节和橘子》Pascua y naranjas
　　　　《该隐的叙事歌谣》Balada de Caín
　　　　《对抗天堂》Contra Paraíso

《开往玛尔瓦罗莎的有轨电车》 Tranvía a la Malvarrosa

《比亚·巴雷里亚的花园》 Jardín de Villa Valeria

《头戴夹竹桃的无政府主义者》 El anarquista coronado de adelfas

《天使或新信徒》 ángeles o neófitos

《海韵》 Son de mar

《赞成享受》 A favor del placer

《你将绝处逢生》 Verás el cielo abierto

《别把你的脏手放在莫扎特身上》 No pongas tus manos sucias sobre Mozart

《死神在高杯子里喝水》 La muerte bebe en vaso largo

《离散》 Desencuentros

《异教时刻》 Las horas paganas

《从希洪咖啡馆到依达卡》 Del café Gijón a ítaca

《波尔哈·波尔西亚》 Borja Borgia

《城市纪实》 Crónicas urbanas

《最好的短篇小说》 Los mejores relatos

《玛蒂斯的女友》 La novia de Mattisse

费利克斯·格兰德 Félix Grande

《街道》 Las calles

《隐喻》 Fábula

《石头》 Las piedras

《今晚我可以写最忧伤的诗句(1967—1969)》 Puedo escribir los versos más tristes esta noche (1967—1969)

《受威胁的音乐》 Música amenazada

《白色幽灵》 Blancos spirituals

《比如，二百》 Por ejemplo, doscientos

《西方、小说、我》 Occidente, ficciones, yo

《22位西班牙小说家》 22 narradores españoles

《骑士们，这个世界是险恶的地方》 Lugar siniestro este mundo, caballeros

《失望》 Decepción

《关于爱情和分离》 Sobre amor y separación

《寓言》 Parábolas

《关于战后西班牙诗歌的笔记》 Apuntes sobre poesía española de posguerra

《歌颂自由》 Elogio de la libertad

《短暂的生活》 La vida breve

《11位艺术家和一位上帝：关于拉美文学的文章》 Once artistas y un dios：ensayos sobre literatura hispanoamericana

《加西亚·洛尔卡与弗拉门戈》 García Lorca y el flamenco

《水车》 La noria

《公开信。选集》 Carta abierta．Antología

《会谈》 Conversación

《大地之歌》 La canción de la tierra

《茶和糕点》 Té con pastas

第六章

卡米洛·何塞·塞拉 Camilo José Cela

《卡蒂拉》 La catira

《王八的作用》 Rol de cornudo

《献给两位死者的马祖卡舞曲》 Mazurca para dos muertos

《基督对亚利桑那》 Cristo versus Arizona

《失败者的暗杀》 El asesinato del perdedor

《圣安德烈斯的十字架》 La cruz de San Andrés

《飘去的云》 Esas nubes que pasan

《风车和其他短篇小说》 El molino de viento y otras novelas cortas

《判决的鸡蛋》 El huevo del juicio

《家族故事》 Historias familiares

《老朋友》 Los viejos amigos

《轻活》 La cucaña

《性爱字典》 Diccionario del erotismo

米格尔·德利韦斯 Miguel Delibes

《卡约先生被争夺的选票》 El diputado voto del Señor Cayo

《无邪的圣人》 Los santos inocentes

《被废黜的王子》 El príncipe destronado

《我们先辈的战争》 Las guerras de nuestros

antepasados

《377A，英雄潜质》377 A, madera de héroe

《S.O.S. 从我的作品看进步的意义》S. O. S. El sentido del progreso desde mi obra

《灰色背景里的红衣女士》Señora de rojo sobre fondo gris

《一个60岁花哨老头的情书》Cartas de amor de un sexagenario voluptuoso

《文物》Tesoro

《我说完了》He dicho

《南风下的午睡》Siestas con viento sur

《在那些世界里》Por esos mundos

《家无隔夜粮》Vivir al día

《肩上扛着猎枪》Con la escopeta al hombro

《我生命中的一年》Un año de mi vida

《我的女友，河鳟》Mis amigas las truchas

《周日的石鸡》Las perdices del domingo

《两次汽车旅行》Dos viajes en automóviles

《我作品中的卡斯蒂利亚》Castilla en mi obra

《卡斯蒂利亚、卡斯蒂利亚特征和卡斯蒂利亚人》Castilla, lo castellano y los castellanos

《打猎在西班牙》La caza en España

《捕猎红石鸡》La caza de la perdiz roja

《我的世界和这个世界》Mi mundo y el mundo

《欧洲，车站和客栈》Europa, parada y fonda

《老卡斯蒂利亚的古老故事》Viejas historias de Castilla la Vieja

纪实小说 novela crónica

《他们自身的上帝》Los dioses de sí mismos

《我们曾经是玛莉莲的那些年》Los años que fuimos Marlyn

《这样在哈瓦那与在天堂一样》Así en la Habana como en el cielo

豪尔赫·桑普伦 Jorge Semprún

《长途旅行》El largo viaje

《昏迷》Desvanecimiento

《拉蒙·梅卡德尔的第二次死亡》La segunda muerte de Ramón Mercader

《那个星期天》Ese domingo

《费德里科·桑切斯的自传》Autobiografía de Federico Sánchez

《白山》La montaña blanca

《内特切夫回来了》Netchaiev ha vuelto

《喧闹》La algarabía

《费德里科·桑切斯向诸位告别》Federico Sánchez se despide de ustedes

《写作或生活》La escritura o la vida

《再见，夏日的阳光》Adiós, luz de los veranos

《我将以他的名字生活，他将以我的名字死去》Viviré con su nombre, morirá con el mío

《战争结束了》La guerra ha terminado

《坦白》La confesión

《南方的道路》Las rutas del sur

《两个回忆录》Las dos memorias

"佛门托奖" Premio Formentor

"抵抗运动奖" Premio de la Resistencia

拉米罗·皮尼利亚 Ramiro Pinilla

《偶像》El ídolo

《盲目的蚂蚁》Las ciegas hormigas

《长绿芽的时候》En el tiempo de los tallos verdes

《子宫》Seno

《跳跃》El salto

《赤色分子安东尼奥.B》Antonio B, el Rojo

《朱山碧谷》Verdes valles, colinas rojas

《战栗的土地》La tierra convulsa

《赤裸的身体》Los cuerpos desnudos

《铁灰》Las cenizas del hierro

《骨头》Huesos

劳尔·格拉·加里多 Raúl Guerra Garrido

《加塞雷斯人》Cacereño

《既不是英雄也不是什么》Ni héroe ni nada

《啊呀！》¡Ay！

《色情作家》El pornógrafo

《一个人才的流失》La fuga de un cerebro

《假设》Hipótesis

《〈资本论〉的不寻常阅读》Lectura insólita de El Capital

《哥本哈根不存在》Copenhague no existe

《信》La carta

《孔雀毛、狗皮鼓》Pluma de pavo real, tambor de piel de perro

《钨之年》El año del wolfram

《大海是个坏女人》La mar es mala mujer

《爱情的甜蜜对象》Dulce objeto de amor

《去内地省旅行》Viaje a una provincia interior

《暗藏的麦克风》Micrófono oculto

《斯哥特征兆》El síndrome de Scott

《这么多无辜者》Tantos inocentes

《爱看电视的男人》El telemirón

《运河里的卡斯蒂利亚》Castilla en canal

侦探小说 novela policíaca

《真实的艺术》Arte real

《暴风雨中的鸟》Pájaro en una tormenta

《一部轻喜剧》Una comedia ligera

《中邪的地下室之迷》El misterio de la crispta embrujada

《橄榄的迷宫》El laberinto de las aceitunas

《女士梳妆台的历险》La aventura del tocador de señoras

《奥斯陆综合症》Síndrome de Oslo

《裸体的瑞典女人》La sueca desnuda

《死的习惯》La costumbre de morir

《一美元上的字迹》Escrito en un dólar

《一起犯罪的迹象》El aire de un crimen

《善终》La buena muerte

《客人》Los invitados

《伊斯坦布尔的邮件》El correo de Estambul

《世上的一个负担》Un peso en el mundo

《别追捕杀人犯》No acosen al asesino

《致命的叮咬》Picadura mortal

《马洛在马德里或波兰寡妇的案子》Malo en Madrid o el caso de la viuda polaca

《大雾》La gran bruma

马里奥·拉克鲁斯 Mario Lacruz

《无辜者》El inocente

《下午》La tarde

《屠夫的帮手》El ayudante del verdugo

托马斯·萨尔瓦多 Tomás Salvador

《囚犯的绳索》Cuerda de presos

《不法行为》El atentado

《水坑》El charco

《抢劫犯》Los atracadores

《给许多人手准备的诱饵》Cebo para muchas manos

《为一次旅行准备的骆驼》Camello para un viaje

《黑暗中的对话》Diálogos en la oscuridad

《巴尔加里约的故事》Historias de Valcarrlllo

《加林波》Garimpo

《抢风调向》La virada

《250师》División 250

《今晚他独处》Esta noche estará solo

《丹吉尔饭店》Hotel Tánger

《懒人》El haragán

《炎热的雨》Lluvia caliente

《狱卒》Cabo de varas

《船只》La nave

《煽动者》El agitador

《在很长时间里》Dentro de mucho tiempo

《玛素福的新历险》Nuevas aventuras de Marsuff

《7个问题》Siete preguntas

《玛素福，空间游荡者》Marsuff, vagabundo del espacio

《照片中的西班牙战争》La guerra de España en sus fotografías

《向阳的一堵墙》Una pared al sol

《西班牙皇家大街字典》Diccionario de la real calle española

《我给你们介绍马诺罗》Les presento a Manolo

《一个叫遥远的地方》Un lugar llamado lejos

《海盗大主教》El arzobispo pirata

《白色公司》Las compañías blancas

哈米特 Hammett

钱德勒 Chandler

翁贝托·埃科 Umberto Eco

《玫瑰的名字》El nombre de la rosa

曼努埃尔·巴斯克斯·蒙塔尔万 Manuel Vázquez Montalbán

《一个情感教育》Una educación sentimental

《不成功的运动》Movimiento sin éxito

《想起达德》Recordando a Darde

《我杀死了肯尼迪》Yo maté a Kennedy

《文身》Tatuaje

《经理的孤独》La soledad del manager

《南方的海》Los mares del Sur

《中央委员会的暗杀》Asesinato en el Comité Central

《希腊迷宫》El laberinto griego

《曼谷的鸟》Los pájaros de Bankok

《亚历山大城的玫瑰》La rosa de Alejandría

《温泉浴场》El balneario

《中锋傍晚被暗杀》El delantero centro fue asesinado al atardecer

《破坏奥林匹克》Sabotaje olímpico

《罗丹，不死不活》Roldán, ni vivo ni muerto

《弟弟》El hermano pequeño

《奖》El premio

《布宜诺斯艾利斯五重奏》Quinteto de Buenos Aires

《幸福结局》Happy end

《一个想当亨弗莱·博加特却不太走运的男人的故事》La historia de un hombre que pretende, sin demasiada fortuna, ser Humphrey Bogart

《钢琴师》El pianista

《阿特萨瓦拉的快乐小伙子》Los alegres muchachos de Atzavara

《加林德斯》Galíndez

《扼杀犯》El estrangulador

《暴饮暴食》La gula

《要么当恺撒，要么什么都不是》O César o nada

《三个爱情故事》Tres historias de amor

《三部训诫小说》Tres novelas ejemplares

《在普拉多暗杀国王及其他卑鄙的故事》Asesinato en Prado del Rey y otras historias sórdidas

《幽灵的故事》Historias de fantasmas

《父母与子女的故事》Historias de padres e hijos

《来自猴子星球的传单》Panfleto desde el planeta de los simios

《皮格马雷翁及其他故事》Pigmaleón y otros relatos

《有关信息的报告》Informe sobre la información

《亚正常宣言》Manifiesto subnormal

《西班牙情感纪实》Crónica sentimental de España

《美国在西班牙的渗透》La penetración americana en España

《佛朗哥时期的情感纪实》Crónica sentimental del franquismo

《如何在16个月零1天里清除佛朗哥主义》Cómo liquidaron al franquismo en 16 meses y un día

《胡安·卡洛斯国王宫廷里的一个波兰人》Un polaco en la corte del rey Juan Carlos

《虚构政治的故事》Historias de política ficción

《我与令人不安的人物的午餐》Mis

almuerzos con gente inquietante
《佛朗哥将军自传》Autobiografía del general Franco
《民主城市建构中的文学》La literatura en la construcción de la ciudad democrática
《在花样女孩的阴影下》A la sombra de las muchachas en flor
《布拉格》Praga
《记忆与欲望》Memoria y deseo

胡安·马德里 Juan Madrid
《朋友的一个吻》Un beso de amigo
《表象不骗人》Las apariencias no engañan
《无事可做》Nada que hacer
《一份容易的活》Un trabajo fácil
《天堂饭店》Hotel Paraíso
《失聪》Oídos sordos
《屈指可数的日子》Días contados
《家里的礼物》Regalo de la casa
《你别理睬女人》No hagas caso a las mujeres
《旧情》Viejos amores
《女人和女人》Mujeres & Mujeres
《未清算的账》Cuentas pendientes
《一份干得漂亮的活》Un trabajo bien hecho
《黑暗的马德里纪实》Crónica del Madrid oscuro
《黑手》La Mano Negra
《丹吉尔》Tánger
《野玫瑰的残余物》Restos de carmín
《中央纵队》Brigada central
《热带丛林》Jungla

安德鲁·马丁 Andréu Martín
《假体》Prótesis
《马与猴子》El caballo y el mono
《巴塞罗那联运》Barcelona Connection
《事件》Sucesos
《拿刀的男人》El hombre de la navaja
《学习并沉默》Aprende y calla
《用刀刺老人》A la vejez, navajazos

《卡波内先生不在家》El señor Capone no está en casa
《出于对艺术的爱》Por amor al arte
《死者的时刻》Momento de difuntos
《重症监护》Ciudados intensivos
《如果是或不是》Si es no es
《最意想不到的一天》El día menos pensado
《穿反的衬衣》La camisa del revés
《耶稣在地狱》Jesús en los infiernos
《锤击》A martillazos
《刀刺》A navajazos
《你最喜欢的东西》Lo que más quieras
《看在夏娃的分上》Por el amor de Eva
《玩杀人游戏》Jugando a matar
《日常幽灵》Fantasmas cotidianos
《法官与原告》Juez y parte
"犯罪圈子"奖 Premio Círculo del Crimen

弗朗西斯科·加西亚·帕冯 Francisco García Pavón
《奥维多附近》Cerca de Oviedo
《西班牙社会戏剧（1865—1962）》El teatro social en España (1865—1962)
《文本与舞台》Textos y escenarios
《普利尼奥的故事》Historias de Plinio
《维蒂萨王国》El reinado de Witiza
《圆柏的冲动》El rapto de las sabinas
《红脸修女》Las hermanas coloradas
《下雨的一周》Una semana de lluvia
《在鲁易德拉湖的声音》Voces en Ruidera
《最后一个星期六》El último sábado
《又是星期天》Otra vez domingo
《入睡者的医院》El hospital de los dormidos
《普利尼奥的新故事》Nuevas historias de Plinio
《普利尼奥的葡月》Vendimiario de Plinio
《无声的案件和普利尼奥的其他故事》El caso mudo y otras historias de Plinio
《已经不是昨天了》Ya no es ayer
《妈妈的故事》Cuentos de mamá

《共和国的故事》Cuentos republicanos

《自由党人》Los liberales

《国民派》Los nacionales

《2000年的战争》La guerra de los dos mil años

《一位猎头的回忆录》Memorias de un cazadotes

《迪尔特阿福艾拉的钟》Las campanas de Tirteafuera

《空荡的车》Los carros vacíos

《蒙特西诺斯的山洞和其他故事》La cueva de Montesinos y otros relatos

《贝雷帽的花园》El jardín de las boinas

《新的风俗文章》Nuevos artículos de costumbres

佩德罗·卡萨尔斯 Pedro Casals

《首要权力》El primer poder

《虞美人》Las amapolas

《针对银行家的匿名信》Anónimos contra el banquero

《谁在二月份获胜》Quién venció en febrero

《针管》La jeringuilla

《可卡因先生》El señor de la coca

《国王的篝火》Las hogueras del rey

《记住你是凡人》Recuerda que eres mortal

《中间人》El intermediario

《可卡因失去控制》Disparando cocaína

《请玩游戏》Hagan juego

豪尔赫·马丁内斯·雷韦特 Jorge Martínez Reverte

《情焰的日子》Días de llamas

《对加尔韦斯来说太过分了》Demasiado para Gálvez

《加尔韦斯在巴斯克地区》Gálvez en Euskadi

《信使》El mensajero

《最后一杯咖啡》El último café

《艾布罗河战役》La batalla del Ebro

《马德里战役》La batalla de Madrid

《加泰罗尼亚的陷落》La caída de Cataluña

心理小说 novela psicológica

阿尔瓦罗·庞波 Alvaro Pompo

《关于缺乏实质的故事》Relatos sobre la falta de sustancia

《相似者》El parecido

《养子》El hijo adoptivo

《芒萨尔的芒萨尔式屋顶的英雄》El héroe de las mansardas de Mansarda

《无关紧要的犯罪》Los delitos insignificantes

《铱铂合金的尺子》El metro de platino iridiado

《国王陛下讲述的永恒女性的出现》Aparición del eterno femenino contada por S. M. el Rey

《塞莱莉亚·塞西莉亚·比亚洛博的电视痛苦》Telepena de Celia Cecilia Villalobo

《有女人的地方》Donde las mujeres

《对抗自然》Contra natura

《一扇朝北的窗户》Una ventana al norte

《附近》Alrededores

《晴朗的天空》El cielo raso

何塞·玛利亚·格尔文苏 José María Guelbenzu

《幽灵，老宅》Espectros, la casa antigua

《水银》El mercurio

《假面具》Antifaz

《海外旅客》El pasajero de ultramar

《夜晚在家》La noche en casa

《月亮河》El río de la luna

《被等待的人》El esperado

《目光》La mirada

《许诺的天堂》La tierra prometida

《感情》El sentimiento

《世上的一个负担》Un peso en el mundo

《入睡者的头》La cabeza del durmiente

《死神来自远方》La muerte viene de lejos

《这面冰墙》Esta pared de hielo

恩里克·比拉-马塔斯 Enrique Vila-Matas

《最慢的旅行家》El viajero más lento
《口中的恶意：与18位作家谈话》Veneno en la boca: conversaciones con 18 escritores
《星期天的西服》El traje de los domingos
《为了消灭约整数》Para acabar con los números redondos
《来自紧张的城市》Desde la ciudad nerviosa
《镜中女人在欣赏风景》Mujer en el espejo contemplando el paisaje
《有文化的女杀手》La asesina ilustrada
《我从不去影院》Nunca voy al cine
《虚构的回忆：第一部个人选集》Recuerdos inventados: primera antología personal
《诽谤》Impostura
《便携式文学简史》Historia abreviada de la literatura portátil
《一个永远的家》Una casa para siempre
《典范的自杀》Suicidios ejemplares
《没有后代的子女》Hijos sin hijos
《远离维拉克鲁斯》Lejos de Veracruz
《奇怪的生活方式》Extraña forma de vida
《垂直旅行》El viaje vertical
《蒙塔诺的毛病》El mal de Montano
《巴黎永不完结》París no se acaba nunca
《巴萨本多博士》Doctor Pasavento
《巴特比之流》Bartleby y compañía
《眼皮底下》Al sur de los párpados

梅尔维尔 Melville
《代笔者巴特贝》Bartleby el escribiente

文化小说 novela culturalista

安东尼奥·科利纳斯 Antonio Colinas
《在南方的一年》Un año en el sur
《致弗朗塞斯卡的长信》Larga carta a Francesca

赫苏斯·费雷罗 Jesús Ferrero
《贝尔韦尔·阴》Bélver Yin
《鸦片》Opium
《贝芭夫人》Lady Pepa
《德波拉·布伦》Debora Blenn

《多普勒效应》El efecto Doppler
《野人爱利思》Alis el salvaje
《阿马多尔或一位幸运男子的故事》Amador o la narración de un hombre afortunado
《雾的时代》La era de la niebla
《深渊的天使》Angeles del abismo
《13朵玫瑰》Las 13 rosas

米格尔·桑切斯-奥斯蒂斯 Miguel Sánchez-Ostiz
《锯鱼》Las pirañas
《魔术师的纸片》Los papeles del ilusionista
《月球乘客》El pasaje de la luna
《美国人的庄园》La quinta del americano
《伟大的幻想》La gran ilusión
《丹吉尔酒吧》Tánger-Bar
《花园中的一个地狱》Un infierno en el jardín
《不存在这样的地方》No existe tal lugar
《中国盒子》La caja china
《恐惧之箭》La flecha del miedo
《雾之心》El corazón de la niebla
《马德里的步行者》Peatón de Madrid
《在巴约那，檐廊底下》En Bayona, bajo los porches
《死亡飞行员》El piloto de la muerte
《巴科的船》La nave de Baco
《神游的门廊》Pórtico de la fuga
《关于一个孤独的散步者》De un paseante solitario
《想象的王国》Los reinos imaginarios
《城市的发明》Invención de la ciudad
《交汇的话语（1995—1998）》Palabras cruzadas (1995—1998)

佩德罗·萨拉鲁基 Pedro Zarraluki
《第十交响曲》La décima sinfonía
《博尔丹男爵的神奇历险》Las fantásticas aventuras del Barón Bóldan
《三个卑鄙的计划》Tres trayectos innobles
《布景员之夜》La noche del tramoyista
《邪恶的画廊》Galería de enormidades

《灾难之家素描》Retrato de familia con catástrofe

《青蛙的负责人》El responsable de las ranas

《沉默的故事》La historia del silencio

《给情人和小偷》Para amantes y ladrones

《一项艰巨的使命》Un encargo difícil

《左轮手枪的布鲁斯舞曲》El blues del revolver

《小船素描》Retrato sobre barca

历史小说 novela histórica

《曼苏拉》Mansura

《奇思异想的绅士和诗人费德里科·加西亚·洛尔卡升往地狱》El ingenioso hidalgo y poeta Federico García Lorca asciende a los infiernos

《何塞·安东尼奥·普里莫·德·里维拉未出版的回忆录》Memorias inéditas de José Antonio Primo de Rivera

《阿萨尼亚》Azaña

《宗教裁判所的判决》Auto de fe

《审判戈多伊》Proceso a Godoy

《我,戈雅》Yo, Goya

《毫无可能》La cuadratura del círculo

《异教徒》El Hereje

《神灵的秘密》El secreto de los dioses

《胡安内罗或新人类》Juanelo o el hombre nuevo

《最后的宴会》El último banquete

《眼里的魔鬼》El diablo en los ojos

《无名的女人》La que no tiene nombre

《墙外》Extramuros

《卡布雷拉岛》Cabrera

《"希腊人"》El Griego

《被烧毁的船只》Las naves quemadas

《知善恶树》El árbol del bien y del mal

《显然,我不是我》Yo no soy yo, evidentemente

《我是菲洛梅诺,尽管不愿意》Filomeno, a mi pesar

《受惊的国王逸事》Crónica del rey pasmado

《妖巫夜会》Aquelarre

《烈士谷》El Valle de los Caídos

《与曼努埃尔·玛利亚的会谈》Conversaciones con Manuel María

《三仙女的金苹果园》El jardín de las Hespérides

《阿方索·德·波旁与魔鬼对话》Alfonso de Borbón habla con el demonio

《国王的私生子》El bastardo del rey

《萨拉热窝之梦》El sueño de Sarajevo

《阿托查花园》El jardín de Atocha

《路易三世,牛头怪》Luis III, Minotauro

《罗马国王和其他故事》Reyes de Roma y otros relatos

亚历杭德罗·努涅斯·阿隆索 Alejandro Núñez Alonso

《水银一滴》La gota de mercurio

《第二个末日》Segunda agonía

《你在时间中的出场》Tu presencia en el tiempo

《当堂阿尔丰索为国王时》Cuando don Alfonso era rey

《原罪》Pecado original

《拍卖的荣誉》Gloria en subasta

《没有明天的黄昏》Vísperas sin mañana

《正当怀疑时》Al filo de la sospecha

《裸体王后》La reina desnuda

《紫红布结》El lazo de púrpura

《大马士革人》El hombre de Damasco

《银子十进位》El denario de plata

《石头与恺撒》La piedra y el César

《火柱》Las columnas de fuego

卡洛斯·普约尔 Carlos Pujol

《时间的影子》La sombra del tiempo

《西班牙之旅》El viaje a España

《空气之地》El lugar del aire

《在克里米亚是秋天》Es otoño en Crimea

《最遥远的夜晚》La noche más lejana

《英国花园》Jardín inglés
《每次我们说再见的时候》Cada vez que decimos adiós
《写作任务》Tarea de escribir
《日本扇子上的俳句》Hai-kais del abanico japonés

何塞·埃斯特万 José Esteban
《里艾哥的赞歌》El himno de Riego
《游历的西班牙》La España peregrina
《西班牙社会小说家（1928—1936）》Los novelistas sociales españoles（1928—1936）
《爸爸飞行的那一年》El año que voló papá
《共和国的马德里》El Madrid de la República
《希洪咖啡馆》Café Gijón
《何塞·埃斯特万眼中的巴列-因克兰》Valle-Inclán visto por José Esteban

安东尼奥·加拉 Antonio Gala
《胭脂红的手稿》El manuscrito carmesí
《亲密的敌人》Enemigo íntimo
《伊甸园绿色的田野》Los verdes campos del Edén
《镜子中的蜗牛》El caracol en el espejo
《太阳照在蚂蚁窝上》El sol en el hormiguero
《11月份一点草》Noviembre y un poco de yerba
《冬至》Solsticio de invierno
《陪伴》La compañía
《土耳其激情》La pasión turca
《花园那一边》Más allá del jardín
《三人规则》La regla de tres
《上帝的域外》Las afueras de Dios
《晚熟的心》El corazón tardío

特伦西·莫伊斯 Terenci Moix
《一个荒凉海滩上的浪花》Olas sobre una playa desierta
《男性世界》Mundo macho
《阿玛米，阿尔弗雷多！或星星的粉墨》¡Amami, Alfredo! O polvo de estrellas
《阿斯特拉罕羔羊的爪子》Garras de astracán
《非常女性》Mujercísimas
《女流氓和女名人》Chulas y famosas
《我们殉道者的圣母》Nuestra virgen de los mártires
《你别说那是一场梦》No digas que fue un sueño
《亚历山大城之梦》El sueño de Alejandría
《美的苦涩才能》El amargo don de la belleza
《瞎子竖琴演奏者》El arpista ciego
《尼罗河上的特伦西。埃及情感旅行》Terenci del Nilo. Viaje sentimental a Egipto
《三次浪漫的旅行》Tres viajes románticos
《主要陋习之塔》La torre de los vicios capitales
《天使的性别》El sexo de los ángeles
《我将吻你的尸体》Besaré tu cadáver
《意大利纪实》Crónicas italianas
《狮身人面像的伤口》La herida de la Esfinge
《玛丽莲死的那天》El día que murió Marilyn
《我的电影不朽者》Mis inmortales del cine
《寡妇萨西娅》Sasia la viuda
《夜晚不美丽》La noche no es hermosa
《星期六电影院》El cine de los sábados
《彼德·潘的吻》El beso de Peter Pan
《天堂的外人》Extraño en el paraíso

路易斯·贝伦格尔 Luis Berenguer
《胡安·洛冯的世界》El mundo de Juan Lobón
《落尽的海潮》Marea escorada
《绿柴火》Leña verde
《背风面。被遗忘者的纪实》Sotavento.

Crónica de los olvidados
　《处女卡塔利娜之夜》La noche de Catalina virgen
　《塔马德阿，秋天的女友》Tamatea, novia del otoño
路西亚诺·加西亚·艾西多 Luciano G. Egido
　《萨拉曼卡的红色石英》El cuarzo rojo de Salamanca
　《静止的心》El corazón inmóvil
　《太阳的疲惫》La fatiga del sol
　《爱情、无知和其他过分行为》El amor, la inocencia y otros excesos
　《萨拉曼卡，乌纳穆诺的伟大隐喻》Salamanca, la gran metáfora de Unamuno
　《在萨拉曼卡临终》Agonizar en Salamanca
何塞·路易斯·圣佩德罗 José Luis Sampedro
　《斯德哥尔摩大会》Congreso en Estocolmo
　《带走我们的河》El río que nos lleva
　《裸体的马》El caballo desnudo
　《十月，十月》Octubre, octubre
　《埃特卢里亚人的微笑》La sonrisa etrusca
　《年老的美人鱼》La vieja sirena
　《远处的海》Mar al fondo
　《王宫》Real sitio
　《当地球转动》Mientras la tierra gira
　《西奈山》Monte Sinaí
　《同性恋情人》El amante lesbiano
　《阿多夫·埃斯佩霍的塑像》La estatua de Adolfo Espejo
　《岁月的影子》La sombra de los días
　《边境》Fronteras
　《女大公爵》La archiduquesa
　《何塞·路易斯·圣佩德罗。必要的写作》José Luis Sampedro. La escritura necesaria
爱德华多·阿隆索 Eduardo Alonso
　《蔓生植物》La enredadera
　《静止的海》El mar inmóvil

　《冬夜无眠》El insomnio de una noche de invierno
　《阿兰胡埃斯的花园》Los jardines de Aranjuez
　《猫的幻想》Las quimeras del gato
　《紫葳树的花》Flor de jacarandá
　《比亚埃尔莫萨》Villahermosa
　《希法诺亚宫殿的肖像》El retrato de Schifanoia
阿图罗·佩雷斯-雷韦特 Arturo Pérez-Reverte
　《轻骑兵》El húsar
　《鹰之影》La sombra del águila
　《大仲马俱乐部》El club Dumas
　《击剑师》El maestro de esgrima
　《佛兰德斯木板画》La tabla de Flandes
　《鼓皮》La piel del tambor
　《地图》La carta esférica
　《南方的女王》La Reina del Sur
　《科曼切人领地》Territorio comanche
　《阿拉特里斯特上尉历险记》Las aventuras del capitán Alatriste
　《阿拉特里斯特上尉》El capitán Alatriste
　《纯净血统》Limpieza de sangre
　《布雷达的太阳》El sol de Breda
　《国王的金子》El oro del Rey
　《穿黄色坎肩的骑士》El caballero del jubón amarillo
　《海盗执照》Patente de corso
　《战争画家》El pintor de batallas
　《一个有关荣誉的事件》Un asunto de honor
　《有冒犯的念头》Con ánimo de ofender
　《特拉法尔加海角》Cabo Trafalgar
　《你们不会活捉我》No me cogeréis vivo
劳尔·鲁伊斯 Raúl Ruiz
　《陶尔米纳的暴君》El tirano de Taormina
　《西克斯图斯六世。一个无限的教皇职位难以置信的叙述》Sixto VI. Relación inverosímil de un papado infinito
　《阿纳尔多·德·蒙费拉离奇而有名的故事》

　　　　La peregrina y prestigiosa historia de Arnaldo de Montferrat

《弗拉维·阿尔威西的文章》Los papeles de Flavio Alvisi

《有一个非常遥远的福地》Hay un lugar feliz muy lejos

《月亮的密码》El alfabeto de la luna

《生活的流逝》Discurso del vivir

《关于塔尖的一部主要著作》Un libro capital sobre capiteles

《白痴的眼光》La mirada del idiota

莱奥波尔多·阿桑科特 Leopoldo Azancot

《犹太新娘》La novia judía

《法蒂玛，女奴》Fátima, la esclava

《西班牙夜晚》La noche española

《难以置信的情人》El amante increíble

《布拉格的犹太教士》El rabino de Praga

《莫扎特。爱情与过失》Mozart. El amor y la culpa

《她，母狼》Ella, la loba

《被禁止的爱情》Los amores probihidos

《耶路撒冷。一个爱情故事》Jerusalén. Una historia de amor

胡安·埃斯拉瓦·加兰 Juan Eslava Galán

《寻找犀牛》En busca del unicornio

《瓜达尔基维尔河》Guadalquivir

《剩余的圣饼》Statio orbis

《大教堂》Catedral

《我们父母的性别》El sexo de nuestros padres

《稳重的绅士》El comedido hidalgo

《小姐》Señorita

《罗马的爱情生活》La vida amorosa en Roma

《我，汉尼拔》Yo, Aníbal

《你精辟的爱》Tu magistral amor

《残酷的故事》Cuentos crueles

《主教的奔驰车》El Mercedes del obispo

《我，尼禄》Yo, Nerón

《哥伦布之谜以及美洲的发现》El enigma de Colón y los descubrimientos de América

《多比亚司的旅行》El viaje de Tobías

《母骡》La mula

《克娄巴特拉，尼罗河之蛇》Cleopatra, la serpiente del Niro

《大学问家书桌的秘密》El enigma de la mesa de Salomón

《哈恩王国的城堡和瞭望台》Castillos y atalayas del reino de Jaén

《圣殿骑士和其他中世纪之谜》Los templarios y otros enigmas medievales

《宗教裁判所的故事》Historias de la Inquisición

赫苏斯·托尔巴多 Jesús Torbado

《家教》Profesor particular

《腐败》Las corrupciones

《将军和其他假设》El general y otras hipótesis

《仇恨的形成》La construcción del odio

《爱情的故事》Historias de amor

《西班牙的惊恐》Sobresalto español

《鲸鱼》La ballena

《在今天这个日子》En el día de hoy

《白银之路》Camino de plata

《我，巴勃罗·德·达尔索》Yo, Pablo de Tarso

《百人队长的声音》La voz del centurión

《圣母像及其他丢失物的检查员》El inspector de vírgenes y otras pérdidas

《沙子王国》El imperio de la arena

《朝圣者》El peregrino

《莫拉曾在这里》Moira estuvo aquí

《年轻人的欧洲》La Europa de los jóvenes

《年轻人在野外》Jóvenes a la intemperie

《没有好好洗礼的土地》Tierra mal bautizada

何塞·希梅内斯·罗萨诺 José Jiménez Lozano

《这么大的毁灭》Tanta devastación

《如此短暂的光辉》El fulgor tan breve
《尤丽狄茜的时光》El tiempo de Eurídice
《一个秋天的故事》Historia de un otoño
《悔罪服》El sambenito
《蝾螈》La salamandra
《五月的圣徒》El santo de mayo
《大宅门的决斗》Duelo en la Casa Grande
《拉比·伊萨克·本·叶乌达的寓言和迂回表达》Parábolas y circunloquio de Rabí Isaac Ben Yehuda
《伙伴》Los compañeros
《女士们》Las señoras
《安赫拉的婚礼》La boda de ángela
《毕达哥拉斯定理》Teorema de Pitágoras
《嘴唇上的一个手指》Un dedo en los labios
《一根蜡烛之光》La luz de una candela
《红玉米粒》El grano de maíz rojo
《小穆德哈尔人》El mudejarillo
《乌尔城的萨拉》Sara de Ur
《乌伊多布罗老师》Maestro Huidobro
《约拿的旅行》El viaje de Jonás
《小字笔记本》Cuadernos de letra pequeña

马里亚诺·何塞·巴斯克斯·阿隆索 Mariano José Vázquez Alonso
《乌鸦的黑色盘旋》Negro vuelo del cuervo
《鬼火的歌谣》Balada del fuego fatuo

表现主义小说 novela expresionista

曼努埃尔·德·洛佩 Manuel de Lope
《阿尔贝蒂娜在加拉芒特人之国》Albertina en el país de los Garamantes
《世纪的秋天》El otoño del siglo
《苦艾酒的嘴唇》Los labios de vermut
《马德里大陆客运公司》Madrid Continental
《非洲花园》Jardines de Africa
《菜单上的十月》Octubre en el menú
《傍晚的莎士比亚酒吧》Shakespeare al anochecer
《黑暗中的美人》Bella en las tinieblas
《游历的珍珠》Las perlas peregrinas

《托蒂·唐的朋友》Los amigos de Toti Tang
《献给老虎的音乐》Música para tigres

安东尼奥·索雷 Antonio Soler
《夜》La noche
《夜里的外国人》Extranjeros en la noche
《不属于任何人的土地》Tierra de nadie
《死去的舞女》Las bailarinas muertas
《激情模式》Modelo de pasión
《我现在说的名字》El nombre que ahora digo
《忧郁的招魂士》El espiritista melancólico
《英国人的路》El camino de los ingleses
《边缘的英雄》Los héroes de la frontera
《鳄之梦》El sueño del caimán

曼努埃尔·隆加雷斯 Manuel Longares
《病人》El enfermo
《胸衣的小说》La novela del corsé
《帕维亚的小战士》Soldaditos de Pavía
《春天行动》Operación primavera
《我活着不能没有你》No puedo vivir sin tí
《浪漫主义》Romanticismo
《歧途》Extravíos
《表象》Apariencias

"老虎胡安奖" Premio Tigre Juan
"加塞雷斯奖" Premio Cáceres

埃斯特尔·图斯盖慈 Esther Tusquets
《每年夏天的同一片海》El mismo mar de todos los veranos
《爱情是个孤独的游戏》El amor es un juego solitario
《最后一场海难后的搁浅》Varada tras el último naufragio
《7个目光落在同一片景色》Siete miradas en un mismo paisaje
《一去不复返》Para no volver
《私人通信》Correspondencia privada
《嘴唇上的蜜》Con la miel en los labios
《摩西之书》Libro de Moisés
《摩西之后》Después de Moisés

《性爱故事》Relatos eróticos

《疯女孩和其他故事》La niña lunática y otros cuentos

《一个不大说谎的女出版商的自白》Confesiones de una editora poco mentirosa

《玛塞拉的小兔子》La conejita de Marcela

《女猫王》La reina de los gatos

安娜·玛利娅·莫伊斯 Ana María Moix

《胡利娅》Julia

《那个我每天见到的红头发男孩》Ese chico pelirrojo a quien veo cada día

《瓦特,你为什么离去?》Walter, ¿por qué te fuiste?

《原始时代的奇妙丘陵》La maravillosa colina de las edades primitivas

《机器人。痛苦》Los robots. Las penas

《危险的品德》Las virtudes peligrosas

《米格龙》Miguelón

《雾与其他小说》La niebla y otros relatos

《黑色华尔兹》Vals negro

《叫我石头》Call me stone

《没有时间给鲜花》No time for flowers

《甜蜜吉米的民歌》Balada del dulce Jim

《从海到海》De mar a mar

《玛利亚·希罗娜:自由的绘画》María Girona: una pintura en libertad

《杰出的堕落女性(10位女性素描)》Extraviadas ilustres (10 relatos de mujer)

《我对自己的真实生活毫不知晓》De mi vida real nada sé

《24小时与"不善交际的圣女"团体》24 horas con la Gauche Divine

卡门·马丁·盖特 Carmen Martín Gaite

《从窗户上看:西班牙文学的女性视角》Desde la ventana: enfoque femenino de la literatura española

《变幻莫测的云》Nubosidad variable

《奇怪的是生活》Lo raro es vivir

玛尔塔·波尔塔 Marta Portal

《盲目地试探着》A tientas y a ciegas

《紧挨阴影》A ras de las sombras

《向月亮咆哮》Ladridos a la luna

《正路》El buen camino

《背叛的代价》Pago de traición

《一个色情天地》Un espacio erótico

《坠落的天使》El ángel caído

《暴死者》El malmuerto

《二十个》La veintena

《我和他,我们三人》El y yo, nosotros tres

《佩德罗·帕拉莫作品的符号学分析》Análisis semiótico de Pedro Páramo

《墨西哥大革命的叙事过程》Proceso narrativo de la Revolución Mexicana

《鲁尔福:暴力的原动力》Rulfo: dinámica de la violencia

蒙塞拉特·罗伊格 Montserrat Roig

《情感学习》Aprendizaje sentimental

《樱桃时节》Tiempo de cerezas

《再见,拉莫娜》Ramona, adiós

《紫色时刻》La hora violeta

《日常歌剧》La ópera cotidiana

《妇女时代?》¿Tiempo de mujer?

《女权主义》El feminismo

《寻找新人文主义的妇女》Mujeres en busca de un nuevo humanismo

《语言的巫师》Los hechiceros de la palabra

《我去封锁圈的旅行》Mi viaje al bloqueo

《金色的针》La aguja dorada

《青春的歌唱》El canto de la juventud

《悦耳的声音》La voz melodiosa

《请说你爱我,即便这是假话》Dime que me quieres aunque sea mentira

卡梅·列拉 Carme Riera

《女人的话》Palabra de mujer

《献给多梅尼哥·瓜里尼的一个春天》Una primavera para Domenico Guarini

《自尊心问题》Cuestión de amor propio

《反对陪伴的爱情及其他故事》Contra el amor en compañía y otros relatos

《在最后的蓝色中》En el último azul

《巴塞罗那派》La escuela de Barcelona

《卡洛斯·巴拉尔的诗歌》La poesía de Carlos Barral

《通过中间人》Por persona interpuesta

《在你的墨水里有毒和茉莉花》Hay veneno y jazmín en tu tinta

《亲爱的，我把大海献给你做礼物》Te entrego, amor, la mar como una ofrenda

《等待的时间》Tiempo de espera

《主张幸福的人。50年代加泰罗尼亚团体诗选》Partidarios de la felicidad. Antología poética del grupo catalán de los 50

《我把海鸥作为证人》Pongo por testigos a las gaviotas

《在天上和更远的地方》Por el cielo y más allá

《灵魂的一半》La mitad del alma

《英语课之夏》El verano del inglés

《加泰罗尼亚女性诗选》Antología de poesía catalana femenina

《从加泰罗尼亚民族主义角度看三百周年的〈堂吉诃德〉》El Quijote desde el nacionalismo catalán entorno al Tercer Centenario

安娜·玛利娅·马图特 Ana María Matute

《被遗忘的国王古度》Olvidado rey Gudú

《阿兰玛诺斯》Aranmanoth

《只光着一只脚》Sólo un pie descalzo

《睡美人的真正结局》El verdadero final de la Bella Durmiente

《安蒂奥基亚的圣母和其他故事》La virgen de Antioquía y otros relatos

《不属于任何一方》De ninguna parte

《被禁止的游戏之家》Casa de juegos prohibidos

克里斯蒂娜·费尔南德斯·库瓦斯 Cristina Fernández Cubas

《出售影子的人》El vendedor de sombras

《我妹妹埃尔娃》Mi hermana Elba

《布鲁马尔的小丘》Los altillos de Brumal

《赦免之年》El año de gracia

《恐怖的角度》El ángulo del horror

《秋千》El columpio

《与阿加莎在伊斯坦布尔》Con Agatha en Estambul

《亲姐妹》Hermanas de sangre

《埃米莉亚·帕尔多·巴桑》Emilia Pardo Bazán

《已经不存在的东西》Cosas que ya no existen

阿德莱达·加西亚·莫拉莱斯 Adelaida García Morales

《群岛》Archipiélago

《南方》El sur

《贝内》Bene

《美人鱼的沉默》El silencio de las sirenas

《我的姨妈阿德莱达》Mi tía Adelaida

《纳丝米雅》Nasmiya

《吸血鬼的逻辑》La lógica del vampiro

《埃克托尔的女人们》Las mujeres de Héctor

《梅蒂娜小姐》La señorita Medina

《艾利萨的秘密》El secreto de Elisa

《一个邪恶的故事》Una historia perversa

《事故》El accidente

《孤独的女人》Mujeres solas

克里斯蒂娜·贝里·罗西, Cristina Peri Rossi

《活着》Viviendo

《恐龙的下午》La tarde del dinosaurio

《我表兄弟的书》El libro de mis primos

《孩子们的反抗》La rebelión de los niños

《可怕的征兆》Indicios pánicos

《被遗弃的博物馆》Los museos abandonados

《徒劳的博物馆》El museo de los esfuerzos

inútiles
《魔鬼的城市及其他故事》 La ciudad de Luzbel y otros cuentos
《隐秘的灾难》 Desastres íntimos
《我热爱你及其他故事》 Te adoro y otros cuentos
《疯子的船》 La nave de los locos
《一个被禁止的激情》 Una pasión prohibida
《爱情的单人戏》 Solitario de amor
《宇宙的衰落》 Cosmoagonías
《性爱幻想》 Fantasías eróticas
《陀思妥耶夫斯基的最后一夜》 La última noche de Dostoievski
《爱情是一个硬性毒品》 El amor es una droga dura
《关于写作》 Acerca de la escritura
《当吸烟是一种享受的时候》 Cuando fumar era un placer
《胡利奥·科塔萨尔》 Julio Cortázar
《克里斯蒂娜·贝里·罗西》 Cristina Peri Rossi
《埃沃荷》 Evohe
《一场海难的描述》 Descripción de un naufragio
《疏散》 Diáspora
《普通语言学》 Lingüística general
《雨后的欧洲》 Europa después de la lluvia
《又一次爱神》 Otra vez Eros
《那一夜》 Aquella noche
《初恋》 Primer amor
《野蛮的巴别城》 Babel bárbara
《船只的静止》 Inmovilidad de los barcos
《爱情与失恋之歌》 Poemas de amor y desamor
《不安的缪斯》 Las musas inquietantes
《流亡政权》 Estado de exilio
《终于独处了》 Por fin solos
《欲望的战略》 Estrategias del deseo

罗莎·蒙特罗 Rosa Montero

《西班牙永远给你》 España para ti para siempre
《国家的五年》 Cinco años de país
《赤裸的生活》 La vida desnuda
《女性小传》 Historias de mujeres
《访谈录》 Entrevistas
《激情》 Pasiones
《失恋纪实录》 Crónica del desamor
《德尔塔函数》 La función Delta
《我将待你如女王》 Te trataré como a una reina
《亲爱的老板》 Amado amo
《颤抖》 Temblor
《食人肉者的女儿》 La hija del caníbal
《美丽和阴暗》 Bella y oscura
《地狱中心》 El corazón del tártaro
《家里的疯女人》 La loca de la casa
《梦想的巢穴》 El nido de los sueños
《情人与情敌》 Amantes y enemigos
《透明国王的故事》 Historia del rey transparente
《只有死鱼顺流而下》 Sólo los peces muertos siguen el curso del río
《波士顿插图及其他旅行》 Estampas bostonianas y otros viajes

美塞德丝·索里亚诺 Mercedes Soriano

《否定的故事》 Historia de no
《反对你们》 Contra vosotros
《谁认识奥托·威宁格?》 ¿Quién conoce a Otto Weininger?
《一段谨慎的距离》 Una prudente distancia
《小生活》 Vida pequeña

孔苏埃洛·加西亚 Consuelo García

《索莱达·雷阿尔的监狱》 Las cárceles de Soledad Real
《路易斯在奇妙之国》 Luis en el país de las maravillas
《信天翁的小说》 La novela de Albatros
《心的手》 La mano del corazón

卡门·库尔特兹 Carmen Kurtz
　　《原来如此通过》Sic transit
　　《海的另一边》El otro lado del mar
　　《旅行》El viaje
　　《回归》El regreso
梅塞德斯·萨利萨奇丝 Mercedes Salisachs
　　《坏疽》La gangrena
　　《变异的细菌》Bacteria mutante
洛德斯·奥尔蒂斯 Lourdes Ortiz
　　《记忆之光》Luz de la memoria
　　《乌拉卡》Urraca
　　《在像这样的日子里》En días como éstos
　　《天使长》Arcángeles
　　《喀耳刻的动机》Los motivos de Circe
　　《生命的源泉》La fuente de la vida
　　《作战之前》Antes de la batalla
　　《自由》La libertad
　　《灾难的法蒂玛》Fátima de los naufragios
　　《孩子脸》Cara de niño
　　《未来的旅行家》Los viajeros del futuro
　　《黑里科的城墙》Las murallas de Jericó
　　《玖德丝》Yudith
　　《政治文章》Escritos políticos
　　《床》Cama
　　《本德奥》Penteo
　　《费德拉》Fedra
　　《交流与批评》Comunicación y crítica
　　《了解兰波和他的作品》Conocer a Rimbaud y su obra
　　《作为象征表达的女性肉体》El cuerpo de la mujer como expresión simbólica
　　《开罗》El Cairo
　　《激情之梦》El sueño de la pasión
卡门·戈麦斯·奥赫亚 Carmen Gómez Ojea
　　《法比亚和其他妇女》Otras mujeres y Fabia
　　《征兆之歌》Cantiga de agüero
　　《玛里恩没有写完的小说》La novela que Marién no terminó
　　《圣灵降临节》Pentecostés

　　《银女孩》La niña de plata
　　《加西亚·洛尔卡》García Lorca
　　《赫卡忒的狗》Los perros de Hécate
　　《恩里克·德·麦斯悲惨而可笑的故事》La trágica y grotesca historia de Enrique de Mes
　　《孤挺花的石榴红》El granate de Amarilis
帕罗玛·迪亚斯-马斯 Paloma Díaz-Mas
　　《根据古代文献写的天才、叛徒、智者和自杀者的传记》Biografías de genios, traidores, sabios y suicidas, según antiguos documentos
　　《在阿尔多里乌斯的脚印之后》Tras las huellas de Artorius
　　《圣格里阿尔的冲动》El rapto del Santo Grial
　　《我们的千年》Nuestro milenio
　　《一个叫欧亨尼奥的城市》Una ciudad llamada Eugenio
　　《威尼斯之梦》El sueño de Venecia
　　《肥沃的土地》La tierra fértil
　　《像一本合上的书》Como un libro cerrado
恩里克塔·安东林 Enriqueta Antolín
　　《带翅膀的母猫》La gata con alas
　　《被毁灭的地区》Regiones devastadas
　　《风度翩翩的女人》Mujer de aire
　　《没有遗忘的阿亚拉》Ayala sin olvidos
　　《夜行》Caminar de noche
　　《与丽达的故事》Cuentos con Rita
　　《幸福结局》Final feliz
比拉尔·贝德拉萨 Pilar Pedraza
　　《红宝石相》La fase del rubí
　　《蛇的宝石》Las joyas de la serpiente
　　《小小的激情》La pequeña pasión
　　《静止的新娘》Las novias inmóbiles
　　《有爬行动物的风景》Paisaje con reptiles
　　《陵园》Necrópolis
　　《爱的机器。人造肉体的秘密》Máquinas de amar. Secretos del cuerpo artificial

《瓦伦西亚短暂的巴洛克时期》Barroco efímero en Valencia

《美人、谜和噩梦》La bella, enigma y pesadilla

《激情之梦》El sueño de la pasión

努里娅·阿玛特 Nuria Amat

《婚礼面包》Pan de boda

《那喀索斯和阿尔莫尼娅》Narciso y Armonía

《我们都是卡夫卡》Todos somos Kafka

《隐私》La intimidad

《灵魂的国度》El país del alma

《盗书贼》El ladrón de libros

《短暂的爱情》Amor breve

《怪物》Monstruos

《旅行非常艰难》Viajar es muy difícil

《妇女的世纪》El siglo de las mujeres

安娜·玛利亚·纳瓦雷斯 Ana María Navales

《朱丽叶·奥维斯的归来》El regreso de Julieta Always

《银鸥的下午》La tarde de las gaviotas

《格查尔的迷宫》El laberinto del quetzal

《布卢姆斯伯里的故事》Cuentos de Bloomsbury

《国王萨卡里亚斯》Zacarías, rey

《3个女人》Tres mujeres

《两岸的故事》Cuentos de las dos orillas

《来自秘密的火》Del fuego secreto

《爱情诗》Mester de amor

《新、旧居所》Nueva, vieja estancia

《月亮的嘴唇》Los labios de la luna

《话语的镜子》Los espejos de la palabra

《你将找到另一个海》Hallarás otro mar

《心潮起伏》Mar de fondo

《写在寂静中》Escrito en el silencio

《对抗话语》Contra las palabras

《我的姨妈艾利莎》Mi tía Elisa

《满清官员的情妇》La amante del mandarín

《装进一个蓝色信封的两个小伙子》Dos muchachos metidos en un sobre azul

《在私密的城市散步和其他相遇》Paseo por la íntima ciudad y otros encuentros

《另一个美德》Otra virtud

《在最后一身皮肤旁边》Junto a la última piel

《火漆的残余和熬夜的蜡烛》Resto de lacre y cera de vigilias

《在话语里》En las palabras

《阴影的诱惑》Tentación de la sombra

《西绪福斯的间谍》Los espías de Sísifo

《4个西班牙小说家》4 novelistas españoles

《夫人和她的扇子。走进20世纪的女性文学(从弗吉尼亚·吴尔芙到玛丽·麦卡希)》La lady y su abanico. Acercamiento a la literatura femenina del S. XX(De Virginia Woolf a Mary McCarthy)

玛里娜·马约拉尔 Marina Mayoral

《在另一边》Al otro lado

《唯一的自由》La única libertad

《对抗死亡与爱情》Contra muerte y amor

《隐秘的和谐》Recóndita armonía

《种一棵树》Plantar un árbol

《他曾叫路易斯》Se llamaba Luis

《记住,肉体》Recuerda, cuerpo

《天使的影子》La sombra del ángel

《在洋玉兰树下》Bajo el magnolio

《死在他的怀里》Morir en sus brazos

《塔钟》El reloj de la torre

《给予生命和灵魂》Dar la vida y el alma

《罗莎里娅·德·卡斯特罗的诗歌》La poesía de Rosalía de Castro

《文本分析(西班牙诗歌和散文)》Análisis de textos(poesía y prosa españolas)

《西班牙浪漫主义女作家》Escritoras románticas españolas

《叙事手艺》El oficio de narrar

《小说人物》El personaje novelesco

埃莱娜·圣地亚哥 Elena Santiago
《豪尔赫·纪廉》Jorge Guillén
《之后，沉默》Después，el silencio
《窗户与话语》Ventana y palabras
《故事》Cuentos
《我们是黑暗》La oscuridad somos nosotros
《一个紫红色女人》Una mujer malva
《酸楚的日子》ácidos días
《卑微的人们》Gente oscura
《曼努埃拉与世界》Manuela y el mundo
《贝瓦》Veva
《吃惊的情人》El amante asombrado
《平静的爱情》Amor quieto
《有人上来》Alguien sube
《隐秘的天使》ángeles ocultos
《探身到冬天》Asomada al invierno

罗莎·雷加斯 Rosa Regás
《阿尔马托尔回忆录》Memoria de Almator
《蓝》Azul
《可怜的心》Pobre corazón
《月亮啊月亮》Luna lunera
《多罗特阿之歌》La canción de Dorotea
《日内瓦》Ginebra
《巴塞罗那，一天》Barcelona，un día
《爱情与战争之歌：1993—1995》Canciones de amor y de batalla：1993—1995
《在查姆的月光下旅行》Viaje a la luz del Cham
《自海上》Desde el mar
《更多的歌：1995—1998》Más canciones：1995—1998
《我的血脉之血：孩子们的历险》Sangre de mi sangre
《一场个人革命》Una revolución personal
《西班牙：一个新眼光》España：una nueva mirada
《创作、幻想和生活》La creación，la fantasía y la vida
《阴影，别无他物》Sombras，nada más

索莱达·普埃托拉斯 Soledad Puértolas
《双重武装的强盗》El bandido doblemente armado
《一种道德疾病》Una enfermedad moral
《波尔多》Burdeos
《人人都在撒谎》Todos mienten
《留下黑夜》Queda la noche
《阿雷那尔的日子》Días del Arenal
《如果傍晚信使来到》Si al atardecer llegara el mensajero
《一个意外的生活》Una vida inesperada
《隐秘的生活》La vida oculta
《海湾潮流》La corriente del golfo
《来参加我婚礼的人》Gente que vino a mi boda
《博格夫人》La señora Berg
《银玫瑰》La rosa de plata
《另一个人的回忆》Recuerdos de otra persona
《生活在变动》La vida se mueve
《一件大衣的故事》Historia de un abrigo
《与我母亲》Con mi madre
《与女友们告别》Adiós a las novias

克拉拉·桑切斯 Clara Sánchez
《自瞭望台》Desde el mirador
《宝石》Piedras preciosas
《夜晚没有不同》No es distinta la noche
《停顿的宫殿》Palacio Varado
《天堂的最新消息》últimas noticias del paraíso
《日常的神秘》El misterio de todos los días

克拉拉·哈内丝 Clara Janés
《被战胜的星星》Las estrellas vencidas
《人类极限》Límite humano
《寻找科内尼娅》En busca de Cornelia
《精神错乱之书》Libro de alienaciones
《爱神》Eros
《坎巴》Kampa
《化石》Fósiles

《宝石匠》La pidario
《丰饶的新月》Creciente fértil
《标志》Emblemas
《火玫瑰》Rosa de fuego
《花园和迷宫》Jardín y laberinto
《亚伯·米切里的夜晚》La noche de Abel Micheli
《分裂》Desintegración
《梦中的马》Los caballos del sueño
《亚丁的男人》El hombre de Adén
《个人诗选（1959—1979）》Antología personal 1950—1979
《活着》Vivir
《影子天使长》Arcángel de sombra
《致阿德里娅娜的信》Cartas a Adriana
《罗马尼亚的田间小路》Sendas de Rumania
《海市蜃楼》Espejismos
《福雷德里科·蒙波未知的生活》La vida callada de Frederic Mompou

玛露哈·托雷斯 Maruja Torres
《如此近的一股热》Un calor tan cercano
《爱情的盲目》Ceguera de amor
《像一滴水》Como una jota
《当我们活着的时候》Mientras vivimos
《雨人》Hombres de lluvia
《战地女人》Mujer en guerra
《可爱的美洲》Amor América
《哦，是他！》¡Oh, es él!

第七章

安东尼奥·穆尼奥斯·莫利纳 Antonio Muñoz Molina
《这块福地》Beatus ille
《里斯本的冬天》El invierno en Lisboa
《贝尔特内布鲁思》Beltenebros
《波兰骑士》El jinete polaco
《虚构的事实》La verdad de la ficción
《城市鲁滨逊》El Robinson urbano
《鹦鹉螺的日记》Diario del nautilus
《马德里的神秘》Los misterios de Madrid

《掌握秘密的人》El dueño del secreto
《战斗热情，一段军事回忆》Ardor guerrero, una memoria militar
《其他生活》Las otras vidas
《奥梅雅人的科尔多瓦》Córdoba de los Omeyas
《满月》Plenilunio
《毫无另一世界的东西》Nada del otro mundo
《卡洛塔·费因博格》Carlota Fainberg
《曼哈顿的窗户》Ventanas de Manhattan
《表象》Las apariencias
《月球上的风》El viento de la Luna

"伊加罗文学奖" Premio Icaro

哈维尔·马里亚斯 Javier Marías
《狼的领地》Los dominios del lobo
《伤感的男人》El hombre sentimental
《万灵》Todas las almas
《明天在战斗中请想着我》Mañana en la batalla piensa en mí
《如此纯洁的心》Corazón tan blanco
《舞与梦》Baile y sueño
《审视》Miramientos
《影子之手》La mano de la sombra
《时代的君主》El monarca del tiempo
《世纪》El siglo
《穿越地平线》Travesía del horizonte
《当她们入睡时》Mientras ellas duermen
《逝去的激情》Pasiones pasadas
《书写的人生》Vidas escritas
《时间的黑背》Negra espalda del tiempo
《文学与幽灵》Literatura y fantasma
《当我曾是凡人》Cuando fui mortal
《幽灵的生活》Vida del fantasma
《当我不忠时我将得到爱》Seré amado cuando falte
《他们将把我变成一个罪犯》Harán de mí un criminal
《看上去什么也不喜欢的男人》El hombre

que parecía no querer nada
　《狂热与长矛》Fiebre y lanza
　《明天你的面庞》Tu rostro mañana
　《自从我见到你》Desde que te vi
　《如果我再次醒来》Si yo amaneciera otra vez

劳伦斯·斯特恩 Laurence Sterne
　《项狄传》Tristram Shady

"罗慕洛·加列戈斯小说国际奖" Premio Internacional de Novela Rómulo Gallegos

"因帕克奖" Premio Impac

路易斯·兰德罗 Luis Landero
　《晚年的游戏》Juegos de la edad tardía
　《幸运的骑士》Caballero de fortuna
　《神奇的学徒》El mágico aprendiz
　《作家职业》El oficio del escritor
　《字里行间：故事或生活》Entre líneas：el cuento o la vida
　《吉他手》El guitarrista

拉斐尔·齐尔贝斯 Rafael Chirbes
　《米牟》Mimoun
　《在最终的战斗》En la lucha final
　《清秀的书法》La buena letra
　《猎人的射击》Los disparos del cazador
　《长途行军》La larga marcha
　《马德里的陷落》La caída de Madrid

亚历杭德罗·甘达拉 Alejandro Gándara
　《中距离》La media distancia
　《高潮点》Punto de fuga
　《弓箭手的影子》La sombra del arquero
　《天之尽头》El final del cielo
　《盲目的希望》Ciegas esperanzas
　《民事》Sucesos civiles
　《玻璃》Cristales
　《一个小爱情》Un amor pequeño
　《我们世界的最新消息》últimas noticias de nuestro mundo
　《真正的创作语言》Las palabras de creación en realidad

哈维尔·加西亚·桑切斯 Javier García Sánchez
　《冬天的变异因素》Mutantes de invierno
　《永恒的理论》Teoría de la eternidad
　《继续绿眼睛的神秘》Continúa el misterio de los ojos verdes
　《南风夫人》La Dama del Viento Sur
　《秘密爱情》Los amores secretos
　《打字员》El mecanógrafo
　《最悲惨的故事》La historia más triste
　《卡罗利娜·冯·贡德罗德致贝蒂娜·布伦坦诺的最后一封情书》Ultima carta de amor de Carolina von Gunderrode a Bettina Brentano
　《惠斯山》El Alpe D'Huez
　《化石生活》La vida fósil
　《其他人》Los otros
　《缺乏灵魂》Falta alma
　《上帝已经走了》Dios se ha ido
　《对邪恶理智的批评》Crítica de la razón impura
　《认识荷尔德林和他的作品》Conocer a Hölderlin y su obra
　《日光的愤怒》La ira de la luz
　《奥斯卡，田径运动员》Oscar, atleta
　《奥斯卡，奔跑的历险》Oscar, la aventura de correr
　《西庇阿的梦想》El sueño de Escipión
　《因杜拉印，一种克制的激情》Indurain, una pasión templada

胡斯托·纳瓦罗 Justo Navarro
　《游泳者》Los nadadores
　《一个飞行员预见他的死亡》Un aviador prevé su muerte
　《视觉》La visión
　《替身的替身》El doble del doble
　《死神妹妹》Hermana Muerte
　《隐秘的事故》Accidentes íntimos
　《父亲的家》La casa del padre
　《空管员的灵魂》El alma del controlador

aéreo

佩德罗·莫利纳·坦波雷 Pedro Molina Temboury

《鲸鱼》Ballenas

《母亲母鸡非洲》Madre gallina áfrica

《马德里人》El hombre de Madrid

《再见，永远的父亲》Adiós, Padre Eterno

《去两个西藏旅行》Viaje a los dos Tíbet

《为了如此的激情》Por pasiones así

《最后两个女人》Las dos últimas

《沉睡的火山。中美洲之行》Volcanes dormidos. Un viaje por Centroamérica

贝尔纳多·阿萨加 Bernardo Atxaga

《来自城市》De la ciudad

《埃塞俄比亚》Etiopía

《诗歌和杂交品种》Poemas & Híbridos

《两兄弟》Dos hermanos

《奥巴巴口可》Obabakoak

《孤独的男人》El hombre solo

《那些天空》Esos cielos

《一个叫萨拉的间谍》Un espía llamado Sara

《奥巴巴的故事》Historias de Obaba

《手风琴手的儿子》El hijo del acordeonista

《疯子的名单和其他字母表》Lista de locos y otros alfabetos

曼努埃尔·里瓦斯 Manuel Rivas

《隐约听见的书》Libro de entreoido

《没有一只天鹅》Ningún cisne

《夜晚的村庄》El pueblo de la noche

《加里西亚，大西洋的盆景》Galicia, el bonsai atlántico

《一百万头母牛》Un millón de vacas

《亲爱的，你想要我什么?》¿Qué me quieres, amor?

《一百个爱情故事》Cien relatos de amor

《她，该死的灵魂》Ella, maldita alma

《土豆食堂》Los comedores de patatas

《在野蛮的陪伴下》En salvaje compañía

《木匠的铅笔》El lápiz del carpintero

《丢失的子弹》Bala perdida

《加里西亚，加里西亚》Galicia, Galicia

《沐浴中的女人》Mujer en el baño

《加里西亚王国里的一个间谍》Un espía en el reino de Galicia

《移民的手》La mano del emigrante

《失去的呼唤》Las llamadas perdidas

《英雄》El héroe

《新闻是一个故事》El periodismo es un cuento

阿古斯丁·塞莱萨雷斯 Agustín Cerezales

《绿狗》Perros verdes

《净界里的楼梯》Escaleras en el limbo

《细微的痕迹》Huella leve

《朱丽叶的耐心》La paciencia de Juliette

《我的女游客》Mi viajera

《假如我告诉你》Si te contara

《惊呆的骷髅》Calaveras atónitas

《阿斯图里亚斯》Asturias

《影子面具》Máscara de sombra

伊格纳西奥·马丁内斯·德·皮松 Ignacio Martínez de Pisón

《龙的柔情》La ternura del dragón

《有人在秘密观察你》Alguien te observa en secreto

《欧洲萤》Luciérnagas

《安托法加斯塔》Antofagasta

《秘密城市的新地图》Nuevo plan de la ciudad secreta

《女性时代》El tiempo de las mujeres

《美丽的玛利亚》María Bonita

《埋葬死者》Enterrar a los muertos

《好时光的终结》El fin de los buenos tiempos

《二级公路》Carreteras secundarias

《家庭照片》Foto de familia

《美洲之行》El viaje americano

费利佩·贝尼德斯·雷耶斯 Felipe Benítez Reyes

《在庄园的逗留》Estancia en la heredad

《坏同伴》La mala compañía
《诗歌(1979—1987)》Poesía 1979—1987
《手写的天堂》Paraíso manuscrito
《虚幻的世界》Los vanos mundos
《敞开的行李(1992—1996)》El equipaje abierto (1992—1996)
《不可能的生活》Vidas improbables
《烟》Humo
《精灵的渔篓》Chistera de duende
《关于诸位》Tratándose de ustedes
《天堂的财产》La propiedad del paraíso
《单数,13排》Impares, fila 13
《背阴看台》Palco de sombra
《世界的男友》El novio del mundo
《怪物的思想》El pensamiento de los monstruos
《一个危险的世界》Un mundo peligroso
《失败的方式》Maneras de perder
《世纪人》Gente del siglo
《后来的更坏》Lo que viene después es peor
《人才市场》Bazar de ingenios
《包装纸》Papel de envoltorio
《西方和东方》El ocaso y el oriente
《宝拉的拉法埃尔》Rafael de Paula
《海难者的行李箱》La maleta del náufrago
《毒药柜台》Escaparate de venenos
《作者的清样》Pruebas de autor
《特别的影子》Sombras particulares

弗朗西斯科·萨杜艾 Francisco Satué
《无限的圈子》El círculo infinito
《红影子》Las sombras rojas
《眼睛的荒漠》El desierto de los ojos
《英雄的悲伤》Desolación del héroe
《肉》La carne
《半人马的皮》Piel de centauro
《泰玛曼案件》El caso Timmerman
《灾难的激情》La pasión de los siniestros
《血的故事》Relatos de sangre
《千夜城》La ciudad de las mil noches

《神奇的电台》Mágica radio
《床》La cama
《多种动机》Múltiples móviles

何塞·安赫尔·冈萨雷斯·塞因斯 José Angel González Sainz
《相遇》Los encuentros
《一个被激怒的世界》Un mundo exasperado
《回到世上》Volver al mundo

"莱昂派" escuela leonesa/grupo leonés
《天窗》Claraboya

路易斯·马特奥·迭斯 Luis Mateo Díez
《巴比亚山的故事》Relato de Babia
《凤凰的灰烬》Las cenizas del Fenix
《外省车站》Las estaciones provinciales
《岁月的源泉》La fuente de la edad
《迷失之路》Camino de perdición
《遇难者档案》El expediente del náufrago
《最后的祷告》Las horas completas
《天堂的废墟》La ruina del cielo
《凡人的天堂》El paraíso de los mortales
《正午的魔鬼》El diablo meridiano
《天黑》El oscurecer
《小说的前途》El porvenir de la ficción
《毒药备忘录》Memorial de hierbas
《康乃馨与芒刺的伪传》Apócrifo del clavel y de la espina
《八月的炭火》Brasas de agosto
《较小的不幸》Los males menores
《荒原精神》El espíritu del páramo
《故事之树》El árbol de los cuentos
《冬天的幽灵》Fantasmas del invierno
《贫困的光辉》El fulgor de la pobreza
《心里的石头》La piedra en el corazón
《灵魂的目光》La mirada del alma
《烟的信号》Señales de humo
《生活的话语》Las palabras de la vida
《阁楼上的岁月》Días del desván

何塞·玛利亚·梅里诺 José María Merino
《包围塔里法》Sitio de Tarifa

《看着我，美杜莎》Mírame，Medusa
《远离家的生日》Cumpleaños lejos de casa
《空气的中心》El centro del aire
《金锅》El caldero de oro
《黑岸》La orilla oscura
《梦中的金子》El oro de los sueños
《逝去时代的土地》La tierra del tiempo perdido
《太阳的眼泪》Las lágrimas del sol
《混血纪实》Crónicas mestizas
《卢克雷西亚的幻觉》Las visiones de Lucrecia
《秘密王国的故事》Cuentos del reino secreto
《失踪的旅行者》El viajero perdido
《继承人》El heredero
《无形人》Los invisibles
《收容区的故事》Cuentos del barrio del refugio
《奇怪日子的故事》Cuentos de los días raros
《想象的日子》Días imaginarios
《15个故事和一个寓言》Quince cuentos y una fábula
《4支夜曲》Cuatro nocturnos
《白纸页本》El cuaderno de las hojas blancas
《回归白纸页本》Regreso al cuaderno de las hojas blancas
《再见，白纸页本》Adiós al cuaderno de las hojas blancas
《城内》Intramuros
"小说和短篇小说奖" Premio Novelas y Cuentos
胡安·佩德罗·阿帕里西奥 Juan Pedro Aparicio
《多么幸福的时光》Qué tiempo tan feliz
《猴子的起源》El origen del mono
《埃斯拉河的路》Los caminos del Esla
《横贯坎塔布连山的煤车》El Transcantábrico
《关于恺撒的事》Lo que es del César
《法语年》El año del francés

《食品店素描》Retratos de ambigú
《夜的外形》La forma de la noche
《前往莱斯特的旅行者》El viajero de Leicester
《关于旧大陆的冲突、创伤、捕获、殡葬和毁灭的散文》Ensayo sobre las pugnas, heridas, capturas, expolios y desolaciones del Viejo Mundo

胡里奥·利亚马萨雷斯 Julio Llamazares
《月色狼群》Luna de lobos
《公牛的迟缓》La lentitud de los bueyes
《雪的记忆》Memoria de la nieve
《黄雨》La lluvia amarilla
《加纳林的葬礼。西班牙最后一位异教徒的伪福音》El entierro de Ganarín. Evangelio apócrifo del último heterodoxo español
《遗忘之河》El río del olvido
《无声电影的场面》Escenas de cine mudo
《马德里的天空》El cielo de Madrid
《在巴比亚》En Babia
《无人倾听》Nadie escucha
《马德里的游客》Los viajeros de Madrid
《世界屋脊》El techo del mundo
《在雪上》Sobre la nieve
《在山后》Tras-os-Montes

阿尔穆德纳·格兰德斯 Almudena Grandes
《璐璐的阶段》Las edades de Lulú
《我将称你为别尔内斯》Te llamaré Viernes
《马莱娜是一首探戈曲名》Malena es un nombre de tango
《人文地理地图》Atlas de geografía humana
《困难的曲调》Los aires difíciles
《纸版城堡》Castillos de cartón
《女性榜样》Modelos de mujer
《路过的车站》Estaciones de paso
《巴塞罗市场》Mercado de Barceló
"垂直微笑"奖 premio "La sonrisa vertical"

"胡利安·贝斯泰罗奖" Premio Julián Besteiro
胡安娜·萨拉贝特 Juana Salabert
　　《船只维修处》Varadero
　　《镜子之海》Mar de los espejos
　　《冬季自行车赛场》Velódromo de invierno
　　《燃烧所有的东西》Arde lo que será
　　《只有空气》Aire nada más
　　《中央车站》Estación central
　　《盲夜》La noche ciega
　　《愤怒的女儿。被内战打碎的生活》Hijas de la ira. Vidas rotas por la guerra civil
美塞德丝·阿巴德 Mercedes Abad
　　《安息日的轻微放荡》Ligeros libertinajes sabáticos
　　《夫妻的幸福》Felicidades conyugales
　　《只要你告诉我在哪里干这事》Sólo dime donde lo hacemos
　　《刮风》Soplando al viento
　　《朋友与幽灵》Amigos y fantasmas
　　《血缘》Sangre
　　《你给自己授称号吧》Titúlate
北冷·戈贝纪 Belén Gopegui
　　《地图的比例》La escala de los mapas
　　《触摸我们的脸》Tocarnos la cara
　　《空气的征服》La conquista del aire
　　《真实的东西》Lo real
　　《枕头的冰凉一面》El lado frío de la almohada
艾尔维拉·林多 Elvira Lindo
　　《马诺里多·夹福达斯》Manolito Gafotas
　　《可怜的马诺里多》Pobre Manolito
　　《马诺里多·夹福达斯的丑事》Los trapos sucios de Manolito Gafotas
　　《马诺里多在路上》Manolito on the road
　　《马诺里多有一个秘密》Manolito tiene un secreto
　　《丛林法则》La ley de la selva
　　《大蛋糕的意外》La sorpresa del roscón
　　《我生命的第一夜》La primera noche de mi vida
　　《语言攻击》Ataque verbal
　　《晴朗的天空》El cielo abierto
　　《另一个街区》El otro barrio
　　《我与这个无耻的人》Yo y el imbécil
　　《比死亡更意外的事》Algo más inesperado que la muerte
　　《夏日红葡萄酒》Tinto de verano
　　《你的一句话》Una palabra tuya
玛蒂尔德·阿森西 Matilde Asensi
　　《琥珀客厅》El salón de ámbar
　　《失落的根源》El origen perdido
　　《最后一位加图》El último catón
　　《伊阿戈布斯》Iacobus
　　《一切都在天空下》Todo bajo el cielo
路易莎·卡斯特罗 Luisa Castro
　　《最终的奥德塞：遗作》Odisea definitiva：libro póstumo
　　《宦官的诗歌》Los versos del eunuco
　　《炮兵的惯例》Los hábitos del artillero
　　《只用一面旗做信号：1984—1997》Señales con una sola bandera：1984—1997
　　《匆忙岁月的日记》Diario de los años apresurados
　　《大扫帚和大扫帚》Baleas y baleas
　　《我将给自己立座骑马的塑像》De mí haré una estatua ecuestre
　　《床绷》El somier
　　《黄热病》La fiebre amarilla
　　《跟我父亲旅行》Viajes con mi padre
　　《漂白剂的秘密》El secreto de la lejía
　　《第二位妻子》La segunda mujer
　　《踢屁股一脚和其他故事》Una patada en el culo y otros cuentos
　　《活人》Los seres vivos
　　《鲸鱼》Ballenas
露西娅·埃塞巴里亚 Lucía Etxebarria
　　《未来的夏娃，未来的文学》La Eva futura，

la letra futura

《在偶像妇女的怀抱里》En brazos de la mujer fetiche

《爱情、好奇、壮举和疑问》Amor, curiosidad, proezas y dudas

《一个处于平衡的奇迹》Un milagro en equilibrio

《贝雅特丽丝和天体》Beatriz y los cuerpos celestes

《关于一切有形和无形的东西》De todo lo visible y lo invisible

《一个普通的爱情故事》Una historia de amor como otra cualquiera

《我不为爱情痛苦》Yo no sufro por amor

《我们跟其他女人不一样》Nosotras que no somos como las demás

《我将幸存下来》Sobreviviré

《我爱你，亲爱的》I love you baby

《我生命中的女人》La mujer de mi vida

《地狱车站》Estación de infierno

《爱情与享乐的行为》Actos de amor y placer

保拉·伊斯基耶多 Paula Izquierdo

《无名女人》Anónimas

《没有秘密的生活》La vida sin secreto

《你身体上的洞》El hueco de tu cuerpo

《野蛮爱情的信笺》Cartas de amor salvaje

《过失》La falta

《毕加索和女人》Picasso y las mujeres

《不着急》Sin prisa

玛尔塔·桑斯 Marta Sanz

《寒冷》El frío

《死去的语言》Lenguas muertas

《更好的时光》Los mejores tiempos

《家禽》Animales domésticos

《苏珊娜与老人们》Susana y los viejos

艾斯比多·弗莱雷 Espido Freire

《长着蓝色阴部的女神》La diosa del pubis azul

《冰冻的桃子》Melocotones helados

《爱尔兰》Irlanda

《永远是十月的地方》Donde siempre es octubre

《夜晚等着我们》Nos espera la noche

《音乐中的音程》Diabulus in música

《我的游戏》Juegos míos

《凶险的故事》Cuentos malvados

《强盗宾卡威克的最后一次战斗》La última batalla de Vincavec el bandido

《时间逃跑》El tiempo huye

《初恋》Primer amor

《当吃饭是件下地狱的事，一个食欲过盛的女人的自白》Cuando comer es un infierno, confesiones de una bulímica

欧亨尼娅·里格 Eugenia Rico

《忧伤的情人》Los amantes tristes

《白色的死亡》La muerte blanca

《秘密年纪》La edad secreta

《在无眼母牛的国度》En el país de las vacas sin ojos

《旅途中的妇女》Mujeres en ruta

伊蕾内·左艾·阿拉美达 Irene Zoe Alameda

《巡游的梦想》Sueños itinerantes

内蕾阿·列斯科 Nerea Riesco

《偷灵魂的女贼》Ladrona de almas

《我会对你述说》Te diré y te contaré

《蝴蝶之国》El país de las mariposas

保拉·西富恩特斯 Paula Cifuentes

《风暴的航线》La ruta de las tormentas

《远征军司令的故事》La historia del almirante

印玛·图尔堡 Inma Turbau

《上吊者的游戏》El juego del ahorcado

《游牧民族》Nómadas

《关于毛皮之谜是如何产生的》De cómo nacieron los enigmas de piel

何塞·安赫尔·马尼亚斯 José Angel Mañas

《克郎的故事》Historias del kronen

《门萨卡》Mensaka

《有条纹的城市》Ciudad rayada

《松蔻95》Sonko 95

《我是一个失败的作家》Soy un escritor frustrado

《卡伦案件》El caso Karen

《世界泡沫》Mundo burbuja

"批评眼光奖" Premio Ojo Crítico

胡安·曼努埃尔·德·普拉达 Juan Manuel de Prada

《阴蒂》Coño

《滑冰者的沉默》El silencio del patinador

《英雄的面具》Las máscaras del héroe

《暴风雨》La tempestad

《空气的角落》Las esquinas del aire

《无形的生活》La vida invisible

《放荡者和边缘人》Desgarrados y excéntricos

《陪伴的动物》Animales de compañía

《自然保留地》Reserva natural

安东尼奥·奥雷胡多 Antonio Orejudo

《因传说而神奇的叙述》Fabulosas narraciones por historias

《坐火车旅行的好处》Ventajas de viajar en tren

《交战信件》Cartas de batalla

《家庭信札》Las epístolas familiares

《在隔离中（21世纪初的新小说家和批评家）》En cuarentena (nuevos narradores y críticos a principios del siglo XXI)

华金·佩雷斯·阿萨乌斯特雷 Joaquín Pérez Azaústre

《一种解释》Una interpretación

《美洲》América

《三角洲》Delta

《日晷》Reloj de sol

《波士顿记者》El corresponsal de Boston

《塞法尔迪人鲁塞娜》Lucena sefardi

《致依莎多拉的信》Carta a Isadora

《橘黄色本子》El cuaderno naranja

《伟大的费尔顿》El gran Felton

《红毛衣》El jersey rojo

曼努埃尔·弗朗西斯科·雷纳 Manuel Francisco Reina

《由肉体和诗句构成的女人》Mujeres de carne y verso

《男性圣徒》Los santos varones

《安蒂诺不在犯罪现场》La coartada de Antino

路易斯·曼努埃尔·鲁伊斯 Luis Manuel Ruiz

《苍蝇的标准》El criterio de las moscas

《只缺一件东西》Sólo una cosa no hay

《法国序曲》Obertura francesa

《玻璃房》La habitación de cristal

伊萨克·罗萨 Isaac Rosa

《坏记性》La mala memoria

《虚幻的昨日》El vano ayer

《世界的噪音》El ruido del mundo

《科索沃：人道的不在犯罪现场》Kosovo: la coartada humanitaria

《再见，小伙子们》Adiós, muchachos

圣地亚哥·隆卡格里奥罗 Santiago Roncagliolo

《鳄鱼的王子》El príncipe de los caimanes

《成长是个忧伤的职业》Crecer es un oficio triste

《羞耻》Pudor

《红色的四月》Abril rojo

阿莱杭特罗·古埃瓦斯 Alejandro Cuevas

《狗食》Comida para perros

《生活不是一出宗教寓言剧》La vida no es un auto sacramental

《田园灾害》La peste bucólica

《烧船》Quemar las naves

洛伦索·西尔瓦 Lorenzo Silva

《不耐烦的炼丹术士》El alquimista impaciente

《没有紫罗兰的十一月》Noviembre sin violetas

《布尔什维克的弱点》La flaqueza del bolchevique

《内在本质》La sustancia interior

《白皮书》Carta blanca

《雾与少女》La niebla y la doncella

《遥远的池塘之国》El lejano país de los estanques

《隐秘的天使》El ángel oculto

《没有镜子的女王》La reina sin espejo

《我们前辈的名字》El nombre de los nuestros

《小便池》El urinario

《运气终结的岛屿》La isla del fin de la suerte

《少年专制者》El déspota adolescente

《谁也不比别人更有价值》Nadie vale más que otro

《劳拉和事物的中心》Laura y el corazón de las cosas

《影子的线索。罪犯和警察的故事》Líneas de sombra. Historias de criminales y policías

《疯狂的爱情》Los amores lunáticos

《有朝一日,当我能带你去华沙》Algún día, cuando pueda llevarte a Varsovia

《沙漠猎人》El cazador del desierto

《巴黎的雨》La lluvia de París

《书写的旅行和游客的文章》Viajes escritos y escritos viajeros

《从里夫到叶巴拉。摩洛哥的梦想和梦魇之旅》Del Rif al Yebala. Viaje al sueño y la pesadilla de Marruecos

《在异国土地上。在自己的土地上》En tierra extraña. En tierra propia

尼古拉斯·卡萨里艾哥·科尔多瓦 Nigolás Casariego Córdoba

《告诉我5件你想让我做的事》Dime cinco cosas que quieres que haga

《200颗星星的夜晚》La noche de las 200 estrellas

《光线猎手》Cazadores de luz

《文学中的英雄和反英雄》Héroes y antihéroes en la literatura

伊格纳西奥·德尔·巴耶 Ignacio del Valle

《波浪来的地方》De donde vienen las olas

《拳击手的拥抱》El abrazo de los boxeadores

《爱情怎么没有改变世界》Cómo el amor no transformó el mundo

《杀死龙的艺术》El arte de matar dragones

乌纳伊·艾罗里亚伽 Unai Elorriaga

《希夏邦马的一辆有轨电车》Un tranvía en SP

《万特·霍夫的头发》El pelo de Van't Hoff

《布雷达曼》Vredaman

佩德罗·玛艾斯德雷 Pedro Maestre

《破布》Trapos sucios

《用弹弓杀死恐龙》Matando dinosaurios con tirachinas

《贝尼多穆,贝尼多穆,贝尼多穆》Benidorm, Benidorm, Benidorm

《临时旗手》Alféreces provisionales

拉易·罗里加 Ray Loriga

《最糟糕的事》Lo peor de todo

《船员之歌》El canto de la tripulación

《英雄》Héroes

《奇怪的日子》Días extraños

《从天而降》Caídos del cielo

《东京不再爱我们》Tokio ya no nos quiere

《发明了曼哈顿的男人》El hombre que inventó Manhattan

《颤抖的肉体》Carne trémula

《第7天》El séptimo día

哈维尔·塞卡斯·梅纳 Javier Cercas Mena

《冈萨罗·苏阿雷斯的文学著作》La obra literaria de Gonzalo Suárez

《真实的故事》Relatos reales

《手机》El móvil

《房客》El inquilino

《一个好阶段》Una buena temporada

《鲸鱼的肚子》El vientre de la ballena
《萨拉米斯士兵》Soldados de Salamina
《阿伽门农的真相》La verdad de Agamenón
《光速》La velocidad de la luz

路易斯·马格林亚 Luis Magrinyá
《虚无缥缈的人》Los aéreos
《两个路易斯》Los dos Luises
《贝林达与怪物》Belinda y el monstruo
《闯入者和来宾》Intrusos y huéspedes
《化学家庭》La familia química

本哈明·布拉多 Benjamín Prado
《怪人》Raro
《你永远不要跟一个左撇子枪手握手》Nunca le des la mano a un pistolero zurdo
《有人靠近》Alguien se acerca
《不仅是火》No sólo el fuego
《雪是空的》La nieve está vacía
《你想去哪里，你以为你是谁》Dónde crees que vas y quién crees que eres
《在天使的庇护下》A la sombra del Angel
《一个简单的案件》Un caso sencillo
《光明派教徒的蓝色心脏》El corazón azul del alumbrado
《私事》Asuntos personales
《躲避暴风雨的藏身之处》Cobijo contra la tormenta
《赤道》Ecuador
《我永远不会活着走出这个世界》Jamás saldré vivo de este mundo

安德烈斯·伊巴涅斯 Andrés Ibáñez
《世界的音乐》La música del mundo
《巴里克时代的世界》El mundo en la Era de Varick
《里拉鸟的阴影》La sombra del pájaro lira

弗朗西斯科·加萨贝亚 Francisco Casavella
《成功》El triunfo
《你留下》Quédate
《一个西班牙侏儒在拉斯维加斯自杀》Un enano español se suicida en Las Vegas
《晚会的秘密》El secreto de las fiestas
《华土西的一生》El día del Watusi
《残暴的游戏》Los juegos feroces
《风与珠宝》Viento y joyas
《不可能的语言》El idioma imposible
《苏珊娜》Susana
《一个流逝的梦想》Un sueño fugitivo
《两个女人》Dos mujeres

马丁·加萨里艾哥·科尔多瓦 Martín Casariego Córdoba
《我能告诉你什么呢》Qué te voy a contar
《跟你说句傻话：比如，我爱你》Y decirte una estupidez: por ejemplo, te quiero
《模仿罗伯特·卡洛斯的男孩》El chico que imitaba a Roberto Carlos
《爱情太不着急》Qué poca prisa se da el amor
《有些女孩跟所有女孩一样》Algunas chicas son como todas
《我没有代价》Mi precio es ninguno
《上校的女儿》La hija del coronel
《短暂的春天，漫长的冬天》La primavera corta, el largo invierno
《长满鲜花的原野》Campos llenos de flores
《爱情与文学》El amor y la literatura
《阳光下的雪》Nieve al sol

艾罗依·蒂松 Eloy Tizón
《受威胁的一页》La página amenazada
《花园的速度》Velocidad de los jardines
《野丝》Seda salvaje
《口才》Labia
《歌唱的声音》La voz cantante
《眨眼》Parpadeos

安赫尔·加西亚·加里阿诺 Angel García Galiano
《海域图》El mapa de las aguas
《怀疑的结束》El fin de la sospecha
《文艺复兴时期的诗歌模仿》La imitación poética en el renacimiento

卡洛斯·鲁伊斯·萨丰 Carlos Ruiz Zafón

《雾王子》El príncipe de la niebla

《半夜的宫殿》El palacio de la medianoche

《九月的光线》Las luces de septiembre

《玛利娜》Marina

《风之影》La sombra del viento

第八章

埃斯特万·萨拉萨尔·查佩拉 Esteban Salazar Chapela

《伦敦的鹦鹉》Perico en Londres

比尔希略·博特利亚·巴斯托 Virgilio Botella Pastor

《新民族逸事。战争和流亡小说》Nuevos episodios nacionales. Novelas de la guerra y del exilio

拉蒙·何塞·森德尔 Ramón José Sender

《反攻》Contraataque

《人类的位置》El lugar del hombre

《莫森·米扬》Mosén Millá

《吝啬的特立尼达贺婚诗》Epitalamio del prieto Trinidad

《国王与王后》El rey y la reina

《拜占庭》Bizancio

《黎明纪事》Crónica de alba

《狂暴的半鹰半马怪兽》Hipógrifo violento

《胡列塔庄园》La Quinta Julieta

《小伙子和英雄们》El mancebo y los héroes

《古金币》La onza de oro

《生存水平》Los niveles del existir

《岸边疯子微笑》La orilla donde los locos sonríen

《生活现在开始》La vida comienza ahora

《南希的论文》La tesis de Nancy

《南西,吉普赛学博士》Nancy, doctora en gitanería

《南西和疯子巴托》Nancy y el Bato Loco

《南西的荣耀和侮辱》Gloria y vejamen de Nancy

《致南西的后记》Epílogo a Nancy

《墨西卡尧透》Mexicayotl

《少年强盗》El bandido adolescente

《钥匙》La llave

《西博拉的训诫小说》Novelas ejemplares de Cíbola

《高高的牧羊女》Cabrerizas Altas

《塞万提斯的母鸡和其他寓言故事》Las gallinas de Cervantes y otras narraciones parabólicas

《奇怪的佛提诺斯先生和其他美国故事》El extraño señor Photynos y otras narraciones americanas

《星球》La esfera

《安塞尔莫的桂冠》Los laureles de Anselmo

《殷勤的刽子手》El verdugo afable

《阿里阿德涅的5本书》Los cinco libros de Ariadna

《卡罗鲁丝·雷克斯》Carolus Rex

《康塞普西翁的傻子》Los tontos de la Concepción

《索加罗广场的教皇大赦》Jubileo en el Zócalo

《昼夜平分时洛佩·德·阿吉雷的历险》La aventura equinoccial de Lope de Aguirre

《3本特雷莎式的小说》Tres novelas teresianas

《农神的儿女》Las criaturas saturnianas

《羌德里奥在议会广场》Chandrío en la plaza de las Cortes

《在伊格那西奥·莫雷尔的生活里》En la vida de Ignacio Morel

《幸存者》El superviviente

《狗的月亮》La luna de los perros

弗朗西斯科·阿亚拉 Francisco Ayala

《关于胜利和痛苦》De triunfos y penas

《记忆与遗忘》Recuerdos y olvidos

《从天堂到流亡》Del paraíso al destierro

《流亡》El exilio

《归来》Retornos

《篡夺者》Los usurpadores

《羔羊的头》La cabeza del cordero

《信函》El mensaje

《塔霍河》El Tajo

《回归》El regreso

《摆脱不掉人言可畏的生活》

《惨死如狗》Muertes de perro

《杯底》El fondo del vaso

《猕猴的故事》Historia de macacos

《棒花牌的 A 牌》El as de bastos

《关于拐骗、强奸和其他失礼行为》De raptos, violaciones y otras inconveniencias

《宗教法官和其他西班牙故事》El inquisidor y otras narraciones españolas

《快乐的花园》El jardín de las delicias

《邪恶的花园》El jardín de las malicias

《时间和我》El tiempo y yo

《面向现时的目光：散文和社会学（1940—1990）》Miradas al presente: ensayos y sociología (1940—1990)

阿图罗·巴雷亚 Arturo Barea

《勇气和恐惧》Valor y miedo

《一个叛逆者的锻炼》La forja de un rebelde

《锻炼》La forja

《道路》La ruta

《火焰》La llama

《断根》La raíz rota

《跑道的中央》El centro de la pista

《洛尔卡。诗人与他的民族》Lorca. El poeta y su pueblo

《乌纳穆诺》Unamuno

马克·奥布 Max Aub

《地理》Geografía

《绿色寓言》Fábula verde

《路易斯·阿尔瓦雷斯·贝特雷尼亚》Luis Alvarez Petreña

《捉迷藏》La gallina ciega

《神奇的迷宫》El laberinto mágico

《封闭的战场》Campo cerrado

《开放的战场》Campo abierto

《血的战场》Campo de sangre

《摩尔人的战场》Campo del moro

《法国战场》Campo francés

《扁桃园》Campo de los almendros

《并非故事》No son cuentos

《真实的故事》Cuentos ciertos

《射门》El remate

《德哈法墓地》El cementerio de Djelfa

《某些故事》Ciertos cuentos

《善良的企图》Las buenas intenciones

《胡塞贝·托雷斯·甘巴兰丝》Jusep Torres Campalans

《巴尔韦德大街》La calle de Valverde

《纸牌游戏》Juegos de cartas

《贪婪的镜子》Espejo de avaricia

《欧洲的冲动》El rapto de Europa

《正反面》Cara y cruz

《从某时至今》De algún tiempo a esta parte

《不》No

《包围圈》El cerco

《指甲》La uña

《墨西哥短篇小说集》Cuentos mexicanos

《弗朗西斯科·佛朗哥死亡的真实历史》La verdadera historia de la muerte de Francisco Franco

《不全的剧本》Teatro incompleto

《死去以闭上眼睛》Morir para cerrar los ojos

《暴卒的故事》Historias de mala muerte

《被渴望的女人》Deseada

《西班牙文学史教材》Manual de historia de la literatura española

《骚乱》Subversiones

《脚往前走》Los pies por delante

《小说选集》Novelas escogidas

《与路易斯·布努埃尔的谈话》

  Conversaciones con Luis Buñuel

 《论西班牙当代小说》*Discurso de la novela española contemporánea*

保利诺·马西普 Paulino Masip

 《哈姆雷特·加西亚的日记》*El diario de Hamlet García*

罗萨·查塞尔 Rosa Chacel

 《车站，往返》*Estación, Ida y vuelta*

 《莱蒂西娅·巴列的回忆录》*Memorias de Leticia Valle*

 《理智极限》*La sinrazón*

 《特雷莎》*Teresa*

 《马拉维亚斯街区》*Barrio de Maravillas*

 《卫城》*Acrópolis*

 《自然科学》*Ciencias naturales*

 《时间之前的小说》*Novelas antes de tiempo*

 《在海上》*Sobre el piélago*

 《献给一个疯子圣女的祭品》*Ofrenda a una virgen loca*

 《伊卡达、内夫达、蒂阿达》*Icada, Nevda, Diada*

 《忏悔》*La confesión*

 《井边》*A la orilla de un pozo*

 《被禁的诗歌》*Versos prohibidos*

 《从黎明起》*Desde el amanecer*

 《巴拉阿穆和其他故事》*Balaam y otros cuentos*

 《农神节》*Saturnal*

 《称号》*Los títulos*

 《残渣》*Rebañaduras*

 《阅读是个秘密》*La lectura es secreto*

 《诗歌(1931—1991)》*Poesía 1931—1991*

 《扑满。往》*Alcancía Ida*

 《扑满。返》*Alcancía Vuelta*

 《扑满。终点站》*Alcancía. Estación termini*

 《西班牙时间》*Hora de España*

埃斯普龙塞达 Espronceda

 "成长小说" *novela de formación*

佩雷斯·加尔多斯 Pérez Galdós

 《民族逸事》*Episodios nacionales*

梅尔塞·罗多雷达 Mercé Rodoreda

 《阿罗玛》*Aloma*

 《钻石广场》*La plaza del Diamante*

 《山茶花大街》*El carrer de les Camelies*

 《破碎的镜子》*Espejo roto*

 《多少，多少战争》*Cuánta, cuánta guerra*

 《旅行与鲜花》*Viajes y flores*

 《我的克里斯蒂娜和其他故事》*Mi Cristina y otros cuentos*

 《死亡与春天》*La muerte y la primavera*

 《伊莎贝尔与玛利亚》*Isabel y María*

 《海边的花园》*Jardín junto al mar*

 《像是丝绸的》*Parecía de seda*

玛利亚·特雷莎·莱昂 María Teresa León

 《写给梦想的故事》*Cuentos para soñar*

 《带来爱情伤害的美女》*La bella del mal amor*

 《冷玫瑰，月亮上的滑冰人》*Rosa-Fría, patinadora de la luna*

 《当代西班牙故事》*Cuentos de la España actual*

 《你将远远死去》*Morirás lejos*

 《苦涩岁月的寓言》*Fábulas del tiempo amargo*

 《不避风险》*Contra viento y marea*

 《正当游戏》*Juego limpio*

 《梅内斯特奥丝，四月的水手》*Menesteos, marinero de abril*

 《在屋顶上的自由》*La libertad en el tejado*

 《忧郁的回忆》*Memoria de la melancolía*

 《玛利亚·特雷莎·莱昂。美丽的回忆》*María Teresa León. Memoria de la hermosura*

 《中国在微笑》*Sonríe China*

 《乐观的悲剧》*La tragedia optimista*

 《一颗红星》*Una estrella roja*

 《内战总纪实》*Crónica general de la guerra civil*

《历史发言》La historia tiene la palabra

　　《特雷莎的朝圣》Las peregrinaciones de Teresa

　　《我们每天的家园》Nuestro hogar de cada día

何塞·拉蒙·阿拉纳 José Ramón Arana

　　《坎德拉大叔》El tío Candela

　　《克里斯托·拉依万岁！》¡Viva Cristo Ray！

　　《希罗钠犬》Can Girona

　　《阿尔穆尼阿塞德的神甫》El cura de Almuniaced

赫苏斯·伊斯卡赖 Jesús Izcaray

　　《马德里是我们的》Madrid es nuestro

　　《流向大海的河》El río haica la mar

　　《太阳门广场的一位小伙子》Un muchacho en la Puerta del Sol

　　《火山爆发的时候》Cuando estallaron los volcanes

　　《迎面的夜》Noche adelante

　　《洼地》La hondanada

　　《城墙废墟》Las ruinas de la muralla

　　《加西亚太太在玻璃窗后面》Madame García tras los cristales

　　《我所经历的战争：西班牙前线纪事》（1936—1939）La guerra que yo viví：crónicas de los frentes españoles（1936—1939）

塞萨尔·阿尔科纳达 César Arconada

　　《叶轮机》La turbina

　　《战争罗曼彩》Romances de guerra

　　《占领马德里》La conquista de Madrid

　　《马德里的故事》Cuentos de Madrid

　　《西班牙是不可战胜的》España es invencible

　　《勇敢的游击队员》Los valientes guerrilleros

　　《塔霍河》Río Tajo

何塞·考拉雷斯·艾海阿 José Corrales Egea

　　《钢铁男人》Hombres de acero

　　《在时间之岸》Por la orilla del tiempo

　　《正面和反面》El haz y el envés

　　《另一面》La otra cara

　　《激情周》Semana de pasión

曼努埃尔·安杜哈尔 Manuel Andújar

　　《集中营》Campo de concentración

　　《从痛苦出发》Partiendo de la angustia

　　《家园和苦难》Lares y penares

　　《受伤的玻璃》Cristal herido

　　《前夕》Vísperas

　　《平原》Llanura

　　《战败者》El vencido

　　《拉撒路的命运》El destino de Lázaro

　　《一段历史的诸多故事》Historias de una historia

　　《幽灵的约会》Cita de fantasmas

　　《声音和鲜血》La voz y la sangre

　　《神奇的日期》Mágica fecha

　　《一个留藏红色胡子的骑士》Un caballero de barba azafranada

　　《流亡中的加泰罗尼亚文学》La literatura catalana en el destierro

　　《第一次终审》El primer Juicio Final

　　《周年》Los aniversarios

　　《被盗的梦想》El sueño robado

　　《形象本身》La propia imagen

　　《钟和链条》Campana y cadena

　　《原木的影子》La sombra del madero

　　《信就是信》Cartas son cartas

　　《空旷的地方》Los lugares vacíos

　　《光束》La franja luminosa

　　《被扰乱的幻想》La ilusión subversiva

塞贡多·塞拉诺·庞塞拉 Segundo Serrano Poncela

　　《6个故事再加1个》Seis relatos y uno más

　　《摩羯座的落山》La puesta de Capricornio

　　《绷带》La venda

　　《暗条纹》La raya oscura

　　《一种菊花的气味》Un olor a crisantemo

　　《客人》Los huéspedes

　　《给孤独男人的房间》Habitación para

hombre solo
《身背绿十字架的男人》*El hombre de la cruz verde*
《拿伯的葡萄园》*La viña de Nabot*
《乌纳穆诺的思想》*El pensamiento de Unamuno*
《安东尼奥·马查多,他的世界和他的作品》*Antonio Machado, su mundo y su obra*

特雷莎·巴米艾丝 Teresa Pámies
《致布拉格的遗嘱》*Testamento a Praga*
《爸爸,如果你去巴黎》*Si vas a París, papá.*
《地下爱情》*Amor clandestino*
《共和国后方》*La retaguardia republicana*

《战争的孩子》*Los niños de la guerra*
《你去问阿莉西娅》*Pregúntale a Alicia*
《40岁以后的女人》*La mujer después de los 40 años*
《牧羊杖》*La chivata*
《布拉格》*Praga*
《老妇的反抗》*Rebelión de viejas*
《死者的回忆》*Memoria de los muertos*

孔查·卡斯特罗比叶霍 Concha Castroviejo
《离去的人》*Los que se fueron*
《仇恨的前夕》*Vísperas del odio*
《7扇门的花园》*El jardín de las 7 puertas*
《丽娜的日子》*Los días de Lina*

西班牙主要文学奖获奖名单

"批评奖"(Premio de la Crítica):由批评家托马斯·萨尔瓦多倡议于1956年创办。最初奖励次年在西班牙出版的小说和诗歌。从1976年起扩大到用西班牙4种官方承认的方言写作的作品。它是唯一没有经济奖励的奖项。

1956 *La Catira* (Camilo José Cela)
1957 *El Jarama* (Rafael Sánchez Ferlosio)
1958 *Gran sol* (Ignacio Aldecoa)
1959 *Los hijos muertos* (Ana María Matute)
1960 *Las crónicas del Sochantre* (Alvaro Cunqueiro)
1961 *Tristura* (Elena Quiroga)
1962 *Las ciegas hormigas* (Ramiro Pinilla)
1963 *Las ratas* (Miguel Delibes)
1964 *La ciudad y los perros* (Mario Vargas Llosa)
1965 *Gloria en subasta* (Alejandro Núñez Alonso)
1966 *19 de julio* (Ignacio Agustí)
1967 *La casa verde* (Mario Vargas Llosa)
1968 *El mundo de Juan Lobón* (Luis Berenguer)
1969 *El rapto de las Sabinas* (Francisco García Pavón)
1970 *El hombre de los santos* (Jesús Fernández Santos)
1971 *Guarnición de silla* (Alfonso Grosso)
1972 *El jardín de las delicias* (Francisco Ayala)
1973 *La saga/fuga de J.B.* (Gonzalo Torrente Ballester)
1974 *Los galgos verdugos* (Corpus Barga)
1975 *Agata, ojo de gato* (José Manuel Caballero Bonald)
1976 *La verdad sobre el caso Savolta* (Eduardo Mendoza)
1977 *Barrio de Maravillas* (Rosa Chacel)
1978 *Fragmentos de Apocalípsis* (Torrente Ballester)
1979 *Casa de campo* (José Donoso)
1980 *Dejemos hablar al viento* (Juan Carlos Onetti)
1981 *Sólo cenizas hallarás* (Pedro Vergés)
1982 *El río de la luna* (José María Guelbenzu)

1983 *Gramática parda*（Juan García Hortelano）

1984 *Herrumbrosas lanzas*（Juan Benet）

1985 *Estela del fuego que se aleja*（Luis Goytisolo）

1986 *La orilla oscura*（José María Merino）

1987 *La fuente de la edad*（Luis Mateo Díez）

1988 *El invierno en Lisboa*（Antonio Muñoz Molina）

1989 *El grano de maíz rojo*（José Jiménez Lozano）

1990 *Juegos de la edad tardía*（Luis Landero）

1991 *El metro de platino iridiado*（Alvaro Pombo）

1992 *Leyenda del César visionario*（Francisco Umbral）

1993 *Corazón tan blanco*（Javier Marías）

1994 *El embrujo de Shanghai*（Juan Marsé）

1995 *El estrangulador*（Manuel Vázquez Montalván）

1996 *El hombre solo*（Bernardo Atxaga）

1997 *Bailarinas muertas*（Antonio Soler）

1998 *No existe tal lugar*（Miguel Sánchez-Ostiz）

1999 *Ladrón de luna*（Isaac Montero）

2000 *La ruina del cielo*（Luis Mateo Díez）

2001 *Rabos de lagartija*（Juan Marsé）

2002 *El romanticismo*（Manuel Longares）

2003 *El mal de Montano*（Enrique Vila-Matas）

2004 *Capital de gloria*（Juan Eduardo Zúniga）

2005 *Los girasoles ciegos*（Alberto Méndez）

2006 *Verdes valles，colinas rojas*（Ramiro Pinilla）

西班牙"全国小说和短篇小说文学奖"（Premio Nacional de Literatura de Novela y Narrativa）：每年由西班牙文化部奖励一位西班牙作家的作品（可以用四种西班牙官方所承认的语言创作，并于当年在西班牙出版）。

1977 *Copa de sombra*（José Luis Acquaroni）

1978 *El cuarto de atrás*（Carmen Martín Gaite）

1979 *Extramuros*（Jesús Fernández Santos）

1980 *Mesa，sobremesa*（Alonso Zamora Vicente）

1981 *La isla de los jacintos cortados*（Torrente Ballester）

1982 *Conocerás el poso de la nada*（José Luis Castillo-Puche）

1983 *Recuerdos y olvidos*（Francisco Ayala）

1984 *Mazurca para dos muertos*（Camilo José Cela）

1986 *Xa vai no griffon no vento*（Alfredo Conde）

1987 *La fuente de la edad*（Luis Mateo Díez）

1988 *El invierno en Lisboa*（Antonio Muñoz Molina）

1989 *Obabakoak*（Bernardo Atxaga）

1990 *Juegos de la edad tardía*（Luis Landero）
1991 *Galíndez*（Manuel Vázquez Montalván）
1992 *El jinete polaco*（Antonio Muñoz Molina）
1993 *Estatua con palomas*（Luis Goytisolo）
1994 *El lenguaje de las fuentes*（Gustavo Martín Garzo）
1995 *En el último azul*（Carme Riera）
1996 *¿Qué me quieres amor?*（Manuel Rivas）
1997 *Donde las mujeres*（Alvaro Pombo）
1998 *Reo de nocturnidad*（Alfredo Bryce Echenique）
1999 *El hereje*（Miguel Delibes）
2000 *La ruina del cielo*（Luis Mateo Díez）
2001 *Rabos de lagartija*（Juan Marsé）
2002 *Un tranvía en SP*（Unai Elorriaga）
2003 *Trece badaladas*（Suso de Toro）
2004 *La vida invisible*（Juan Manuel de Prada）
2005 *Los girasols ciegos*（Alberto Méndez）

"西班牙文学国家奖"（Premio Nacional de Las Letras Españolas）

1984 Josep Vicent Foix
1985 Julio Caro Baroja
1986 Gabriel Celaya
1987 Rosa Chacel
1988 Francisco Ayala
1989 Joan Corominas
1990 José Hierro
1991 Miguel Delibes
1992 José Jiménez Lozano
1993 Carlos Bousoño
1994 Carmen Martín Gaite
1995 Manuel Vázquez Montalván
1996 Antonio Buero Vallejo
1997 Francisco Umbral
1998 Pere Gimferrer
1999 Francisco Brines
2000 Martín de Riquer
2001 Miguel Batllori
2002 Joan Perucho
2003 Leopoldo de Luis
2004 Félix Grande
2005 José Manuel Caballero Bonald

"行星奖"（Premio Planeta de Novela）

1952 *En la noche no hay caminos*（Juan José Mira）
1953 *Una casa con goteras*（Santiago Lorén）
1954 *Pequeño teatro*（Ana María Matute）
1955 *Tres pisadas de hombre*（Antonio Prieto）
1956 *El desconocido*（Carmen Kurtz）
1957 *La paz empieza nunca*（Emilio Romero）
1958 *Pasos sin huellas*（Fernando Bermúdez de Castro）
1959 *La noche*（Andrés Bosch）
1960 *El atentado*（Tomás Salvador）
1961 *La mujer de otro*（Torcuato Luca de Tena）
1962 *Se enciende y se apaga una luz*（Angel Vázquez）
1963 *El cacique*（Luis Romero）
1964 *Las hogueras*（Concha Alós）
1965 *Equipaje de amor para la tierra*（Rodrigo Rubio）
1966 *A tientas y a ciegas*（Marta Portal）
1967 *Las últimas banderas*（Angel María de Lera）
1968 *Con la noche a cuestas*（Manuel Ferrand）
1969 *En la vida de Ignacio Morel*（José Ramón Sender）
1970 *La cruz invertida*（Marcos Aguinis）
1971 *Condenados a vivir*（José María Gironella）
1972 *La cárcel*（Jesús Zárate）
1973 *Azaña*（Carlos Rojas）
1974 *Icaria, Icaria...*（Xavier Benguerel）
1975 *La gangrena*（Mercedes Salisachs）
1976 *En el día de hoy*（Jesús Torbado）
1977 *Autobiografía de Federico Sánchez*（Jorge Samprún）
1978 *La muchacha de las bragas de oro*（Juan Marsé）
1979 *Los mares del Sur*（Manuel Vázquez Montalván）
1980 *Volaverunt*（Antonio Larreta）
1981 *Y Dios en la última playa*（Cristóbal Zaragoza）
1982 *Jaque a la dama*（Fernández Santos）
1983 *La guerra del general Escobar*（Juan Luis Olaizola）
1984 *Crónica sentimental en rojo*（Francisco González Ledesma）
1985 *Yo, el rey*（Juan Antonio Vallejo-Nágera）
1986 *No digas que fue un sueño*（Terenci Moix）
1987 *En busca del unicornio*（Juan Eslaván Galán）
1988 *Filomeno, a mi pesar*（Torrente Ballester）
1989 *Queda la noche*（Soledad Puértolas）

1990 *El manuscrito carmesí*（Antonio Gala）

1991 *El jinete polaco*（Antonio Muñoz Molina）

1992 *La prueba del laberinto*（Fernando Sánchez Dragó）

1993 *Lituma en los Andes*（Mario Vargas Llosa）

1994 *La cruz de San Andrés*（Camilo José Cela）

1995 *La mirada del otro*（Fernando G. Delgado）

1996 *El desencuentro*（Fernando Schwartz）

1997 *La tempestad*（Juan Manuel de Prada）

1998 *Pequeñas infamias*（Carmen Posadas）

1999 *Melocotones helados*（Espido Freire）

2000 *Mientras vivimos*（Marruja Torres）

2001 *Canción de Dorotea*（Rosa Regás）

2002 *El huerto de mi amada*（Alfredo Bryce Echenique）

2003 *El baile de la victoria*（Antonio Skármeta）

2004 *Un milagro en equilibrio*（Lucía Etxebarria）

2005 *Pasiones romanas*（María de la Pau Janer）

"阿斯图里亚斯王子文学奖"（Premio Príncipe de Asturias de Las Letras）

1981 José Hierro

1982 Torrente Ballester，Miguel Delibes

1983 Juan Rulfo

1984 Pablo García Baena

1985 Angel González

1986 Mario Vargas Llosa

1987 Camilo José Cela

1988 Carmen Marín Gaite，José Angel Valent

1989 Ricardo Gullón

1990 Arturo Uslar Pietri

1991 Pueblo de Puerto Rico

1992 Francisco Nieva

1993 Claudio Rodríguez

1994 Carlos Fuentes

1995 Carlos Bousoño

1996 Franciso Umbral

1997 Alvaro Mutis

1998 Francisco Ayala

1999 Gunter Grass

2000 Augusto Monterroso

2001 Doris Lessing

2002 Arthur Miller

2003 Susan Sontag

2004 Claudio Magris

"米盖尔·德·塞万提斯文学奖"(Premio Miguel de Cervantes de Literatura):由西班牙文化教育部创办于1975年,1976年首次颁奖,每年授予一位在文学领域的杰出人士。它是西班牙最具影响力和权威性的文学奖项。

1976 Jorge Guillén

1977 Alejo Carpentier

1978 Dámaso Alonso

1979 Gerardo Diego, José Luis Borges

1980 Juan Carlos Onetti

1981 Octavio Paz

1982 Luis Rosales

1983 Rafael Alberti

1984 Ernesto Sábato

1985 Gonzalo Torrente Ballester

1986 Antonio Buero Vallejo

1987 Carlos Fuentes

1988 María Zambrano

1989 Augusto Roa Bastos

1990 Adolfo Bioy Casares

1991 Francisco Ayala

1992 Dulce María Loynaz

1993 Miguel Delibes

1994 Mario Vargas Llosa

1995 Camilo José Cela

1996 José García Nieto

1997 Guillermo Cabrera Infante

1998 José Hierro

1999 Jorge Edwards

2000 Francisco Umbral

2001 Alvaro Mutis

2002 José Jiménes Lozano

2003 Gonzalo Rojas

2004 Sánchez Ferlosio

2005 Sergio Pitol

"纳达尔"小说奖(Premio Nadal de Novela)

1944 *Nada* (Carmen Laforet Díaz)

1945 *La luna ha entrado en casa* (José Félix Tapia)

1946 *Un hombre* (José María Gironella)

1947 *La sombra del ciprés es alargada* (Miguel Delibes)
1948 *Sobre las piedras grises* (Sebastián Juan Arbó)
1949 *Las últimas horas* (José Suárez Carreño)
1950 *Viento del norte* (Elena Quiroga)
1951 *La noria* (Luis Romero)
1952 *Nosotros, los Rivero* (Dolores Medio)
1953 *Siempre en capilla* (Luisa Forrellad)
1954 *La muerte le sienta bien a Villalobos* (Francisco José Alcántara)
1955 *El Jarama* (Rafael Sánchez Ferlosio)
1956 *La frontera de Dios* (José Luis Martín Descalzo)
1957 *Entre visillos* (Carmen Martín Gaite)
1958 *No era de los nuestros* (José Vidal Cadellans)
1959 *Primera memoria* (Ana María Matute)
1960 *Las ciegas hormigas* (Ramiro Pinilla)
1961 *El curso* (Juan Antonio Payno)
1962 *Muerte por fusilamiento* (José María Mendiola)
1963 *El día señalado* (Manuel Mejía Vallejo)
1964 *El miedo y la esperanza* (Alfonso Martínez Garrido)
1965 *El buen salvaje* (Eduardo Caballero Calderón)
1966 *La zancada* (Vicente Soto)
1967 *Réquiem por todos nosotros* (José María San-Juan)
1968 *Un hombre que se parecía a Orestes* (Álvaro Cunqueiro)
1969 *Las hermanas coloradas* (Francisco García Pavón)
1970 *Libro de las memorias de las cosas* (Jesús Fernández Santos)
1971 *El cuajarón* (José María Requena)
1972 *Groovy* (José María Carrascal)
1973 *El rito* (José Antonio García Blázquez)
1974 *Culminación de Montoya* (Luis Gasulla)
1975 *Las ninfas* (Francisco Umbral)
1976 *Lectura insólita de El Capital* (Raúl Guerra Garrido)
1977 *Conversación sobre la guerra* (José Asenjo Sedano)
1978 *Narciso* (Germán Sánchez Espeso)
1979 *El ingenioso hidalgo y poeta Federico García Lorca asciende a los infiernos* (Carlos Rojas)
1980 *Concerto grosso* (Juan Ramón Zaragoza)
1981 *Cantiga de agüero* (Carmen Gómez Ojea)
1982 *La torre herida por un rayo* (Fernando Arrabal)
1983 *Regocijo en el hombre* (Salvador García Aguilar)
1984 *La otra orilla de la droga* (José Luis de Tomás García)
1985 *Flor de sal* (Pau Faner)

1986 *Balada de Caín*（Manuel Vicente）

1987 *La ocasión*（Juan José Saer）

1988 *Retratos de ambigú*（Juan Pedro Aparicio）

1989—1990 *La soledad era esto*（Juan José Millás）

1991 *Los otros días*（Alfredo Conde）

1992 *Ciegas esperanzas*（Alejandro Gándara）

1993 *La razón del mal*（Rafael Argullol）

1994 *Azul*（Rosa Regás）

1995 *Cruzar el Danubio*（Ignacio Carrión）

1996 *Matando dinosaurios con tirachinas*（Pedro Maestre）

1997 *Quién*（Carlos Cañeque）

1998 *Beatriz y los cuerpos celestres*（Lucía Etxebarria）

1999 *Las historias de Marta y Fernando*（Gustavo Martín Garzo）

2000 *El alquimista impaciente*（Lorenzo Silva）

2001 *El niño de los coroneles*（Fernando Marías）

2002 *Los estados carenciales*（Angela Vallvey）

2003 *Los amigos del crimen perfecto*（Andrés Trapiello）

2004 *El camino de los ingleses*（Antonio Soler）

2005 *Un encargo difícil*（Pedro Zarraluki）

2006 *Llámame Brooklyn*（Eduardo Lago）

"简明丛书奖"（Premio Biblioteca Breve）：1958年由 Seix Barral 出版社创办，奖励一部用西班牙语写作、尚未发表的小说，在当时具有很高的声誉，1972—1998年停办。

1959 *Las afueras*（Luis Goytisolo）

1959 *Nuevas amistades*（Juan García Hortelano）

1961 *Dos días de septiembre*（José Manuel Caballero Bonald）

1962 *La ciudad y los perros*（Mario Vargas Llosa）

1963 *Los albañiles*（Vicente Leñero）

1964 *Tres tristes tigres*（Guillermo Cabrera Infante）

1965 *Ultimas tardes con Teresa*（Juan Marsé）

1967 *Cambio de piel*（Carlos Fuentes）

1968 *País portátil*（Adriano González León）

1969 *Una meditación*（Juan Benet）

1971 *Sonámbulo del sol*（Nivaria Tejera）

1972 *La circuncisión del señor solitario*（José Leyva）

1999 *En busca del klingsor*（Jorge Volpi）

2000 *Los impacientes*（Gonzalo Garcés）

2001 *Velódromo de invierno*（Juana Salabert）

2002 *Satanás*（Mario Mendoza）

2003 *Los príncipes nubios*（Juan Bonilla）

2004 *La burla del tiempo*（Mauricio Electorat）
2005 *Una palabra tuya*（Elvira Lindo）
2006 *La segunda mujer*（Luisa Castro）

"埃拉尔德小说奖"（Premio Herralde de Novela）：由 Anagrama 出版社创办于 1983 年，取它的出版商 Jorge Herralde 的名字命名，每年颁奖一次。

1983 *El héroe de las mansardas de Mansarda*（Alvaro Pompo）
1984 *El desfile del amor*（Sergio Pitol）
1985 *El silencio de las sirenas*（Adelaida García Morales）
1986 *El hombre sentimental*（Javier Marías）
1987 *Diario de un hombre humillado*（Félix de Azúa）
1988 *La quincena soviética*（Vicente Molina-Foix）
1989 *La gran ilusión*（Miguel Sánchez Ostiz）
1990 *Accidentes íntimos*（Justo Navarro）
1991 *La historia más triste*（Javier García Sánchez）
1992 *El sueño de Venecia*（Paloma Díaz-Mas）
1993 *Aves de paso*（José María Riera de Leyva）
1994 *La ciudad doble*（Carlos Perellón）
     La historia del silencio（Pedro Zarraluki）
1995 *Un mundo exasperado*（José Angel González Sanz）
1996 *Las bailarinas muertas*（Antonio Soler）
     Los cuerpos de las nadadoras（Pedro Ugarte）
1997 *La noche es virgen*（Jaime Bayley）
1998 *Los detectives salvajes*（Roberto Bolaño）
1999 *París*（Marcos Giralt Torrente）
2000 *Los dos Luises*（Luis Magrinyá）
2001 *Ultimas noticias de nuestro mundo*（Alejandro Gándara）
2002 *El mal de Montano*（Enrique Vila-Matas）
2003 *El pasado*（Alan Pauls）
2004 *El testigo*（Juan Villoro）
2005 *La hora azul*（Alonso Cuesto）

"巴塞罗那城市奖"（Premio Ciudad de Barcelona）

1950 *Cuando voy a morir*（Ricardo Fernández de la Reguera）
1952 *Amor solo*（Gerardo Diego）
1953 *El Medium*（Juan Perucho）
1954 *Duermen najo las aguas*（Carmen kurtz）
1955 *La tarde*（Mario La Cruz）
1956 *Una mujer llega al pueblo*（Mercedes Salisachs）
1957 *Las uñas del miedo*（José María Castillo-Navarro）
1958 *El asesino de César*（Carlos Rojas）

1961　*Homenaje privado*（Andrés Bosch）

1962　*El niño asombrado*（Antonio Rabinad）

1964　*Con las manos vacías*（Antonio Ferres）

1971　*La vida callad de Fderico Monpou*（Clara Janés）

1972　*Saga/fuga de J.B.*（Torrente Ballester）

1975　*La vida callada de Federico Mompou*（Clara Janés）

1976　*Los verdes de mayo hasta el mar*（Luis Goytisolo）

1977　*Escuela de mandarines*（Miguel Espinosa）

1978　*Al paso alegre de la paz*（Manuel Barrios）

1979　*El amor es un juego solitario*（Esther Tusquets）

1980　*Viajes y flores*（Mercé Doloreda）

1981　*Las voces de Laye*（José Luis Giménez-Frontín）

1982　*Bélver Yin*（Jesús Ferrero）

1983　*Vivir*（Clara Janés）

1984　*Ronda del Guinardó*（Juan Marsé）

1985　*Las virtudes peligrosas*（Ana María Moix）

1986　*La ciudad de los prodigios*（Eduardo Mendoza）

1987　*La noche del tramoyista*（Pedro Zarraluki）

1988　*El delantero centro fue asesinado*（Manuel Vázquez Montalván）

1989　*Todas las almas*（Javier Marías）

1990　*El responsable de las ranas*（Pedro Zarraluki）

1992　*Mabel Bárbara*（Cristina Peri Rossi）

1993　*Vendrán más años malos y nos harán más ciegos*（Sanchez Ferlosio）

1995　*Vals negro*（Ana María Moix）

1996　*Donde las mujeres*（Alvaro Pompo）

1997　*El verdadero final de la bella durmiente*（Ana María Matute）

1999　*Luna lunera*（Rosa Regás）

2000　*Bartleby y compañía*（Enrique Vila-Matas）

2005　*Contra natura*（Alvaro Pompo）